雪心賦 辯譌 正解

설심부 변와 정해

역주 김상태

머리말

풍수는 태곳적부터 동양에서 내려온 경험의 산물이지 어떤 제도하에 이루어진 것은 아니다. 경험을 통한 상상의 스토리라고 볼 수도 있으나 그 경험치를 하나하나 퍼즐처럼 맞춘 생활과학이다.

풍수를 전혀 모르는 사람은 풍수가 신화(神話)처럼 들릴지도 모른다. 풍수를 공부하는 사람들은 상상 지리학의 묘사를 인문과학적으로 받아들이는 내면의 세계가 가미된 것으로 생각한다. 그래서 풍수를 공부하는 사람은 먼저 발응(發應)이 있다는 신념을 가지고 상상력의 세계를 펼쳐 이론과 답산을 통하여 몸으로 체인(體認)하며 경험을 쌓아가는 것이 중요하다. 풍수 지리서는 풍수가들의 상상력의 원형이 살아 숨 쉬는 경험의 자취이자 길잡이다.

<설심부(雪心賦)>는 '내 마음을 눈처럼 하얗게 닦아서 옛 비결을 밝히고 꼭 기록하여 보배처럼 간직하도록 하여 그릇된 사람에게는 보여주지 말고 후학에게 신중하게 전하여 무궁하도록 하라(發明古訣。以雪吾心 切記寶而藏之 非人勿示 愼傳後之學者永世無窮)'고 하는 말에서 제목을 결정한 것으로 추정이 된다. <설심부>는 풍수 형기론으로서는 몇몇 서적 중 우위를 다툴 만큼 최고의 책이라 할 만하다.

역자는 원래 토목공학을 전공하였으며 풍수에 남다른 관심이 있어 여러 풍수 원전을 보던 중 이론에 나오는 명당이란 이미지를 늘 머릿속에 떠올리면서 어떻게 하면 풍수에 좀 더 잘 접근할 수 있을까 하는 호기심을 가지게 되었다. 비록 한문 전공자는 아니지만 시중에는 현재 <설심부>의 완역이 없어 감히 번역에 도전해 보았다. 설심부의 내용을 어떻게 하면 제대로 번역할 것인가 하는 데는 어려움이 매우 많았다.

설심부 변와 정해

『雪心賦 辯譌正解』, 臺灣竹林印書局印行 인쇄본 번역을 하는 도중에
『雪心賦 辯譌正解』, 掃葉山房藏板 목판본을 구하여 원문을 일일이 대조
해서 틀린 곳을 바로잡으면서 고군분투하였다.
서원대학교 손문호 전 총장님이 감수를 해주셔서 번역하는 데 많은 도움이
되었다. 그러나 부족한 부문은 풍수를 공부하는 후학들에게 맡기고 역자는
여기서 마무리하려고 하니 감회가 남다르다.

번역을 시작한 지 어느덧 3년,
시작이 반이라고 했듯이 어느새 끝이 보이네요.
독자 여러분들에게 이 역서가 풍수연구에 도움이 되길 바라면서 번역의 의
견이 있다면 많은 채찍을 가하여 애정을 보여주시면 오류를 바로잡을 기회
가 되면 수정하고자 합니다.
감사합니다.

포항 비학산 자락에서
문석 김상태

목 차

雪心賦 正解 卷 一

第一章 論山川理氣

蓋聞天開地闢 山峙川流 二氣妙運於其間 一理竝行而不悖[1] 氣當觀其融
結 理必達於精微
천지가 개벽하고 산천이 치류(산이 숫고 냇물의 흐름)할 때 음양의
두 기(二氣)가 그 사이에 묘하게 일리(一理)가 함께 운행하여 어그러
짐이 없었다고 한다. 기(氣)는 마땅히 그 융결을 살펴야 하고, 이치
는 반드시 그 정미함에 이르러야 한다.

蓋聞者 卜氏自述所聞以起語也 闢與開同 峙聳立也 流行也 二氣陰陽也 一理一元
之理卽太極也 悖相反也 融會合也 決凝聚也 精微理之極致也。
개문(蓋聞)은 저자 복응천이 들은 바를 자술한다는 말로 시작함을 뜻한다. 벽
(闢)과 개(開)는 같이 열린다는 뜻이다. 치(峙)는 (산이)우뚝 숫음을 뜻한다. 유
(流)는 흐른다는 뜻이다. 일리(一理)는 일원(一元)의 이치, 곧 태극을 뜻한다.
패(悖)는 서로 어긋난다는 뜻이다. 융(融)은 모여 합침을 뜻한다. 결(結)은 응
결하여 모인다는 뜻이다. 정미(精微)는 정교하고 미묘하여 이치[理]가 최고(最
高)의 경지(境地)인 것을 뜻한다.

此卜氏欲敍地理之所由起 故溯天地之開闢與山川之峙流 推其理氣而言之 蓋天地之
初 混沌未判無有山川之可言也 旣而開闢 風氣相摩 水土相盪 則剛者峙而獨存 柔
者流而漸去 於是乎山川形焉 形者氣之著也
 이것은 복응천이 지리가 생긴 유래를 서술하고자 하여 천지가 개벽하고 산천
이 생성될 때 그것을 이기(理氣)의 개념으로 미루어 말한 것이다. 대개 천지의
처음으로 개벽하기 전에는 혼돈(混沌)상태로 판단되지 않아 산천이라 할 수 있
는 것이 없었다. 개벽한 뒤에야 비로소 바람 기운이 부딪치고 물과 흙이 뒤섞

---

1) 음양이 비록 이기로 나뉘었으나 이는 본래 일리(一理)다. 음 중에 양이 있고 양 중에 음이
   있으니 이른바 一理竝行而不悖라 고로 二氣와 一理가 묘하게 함께 운행한다는 뜻이다.
   ◦辯譌(변와) : 바로잡음. ◦悖(패) : 서로 상반되다. 어그러지다. ◦莫非(막비) : 아닌 것이 없
   다.~임에 틀림없다. ◦含(함) : 품다.

여 움직이면서, 강한 것만 높이 솟아 홀로 남고 부드러운 것은 점점 흘러내려가 이리하여 산천이 나타나니 형상에는 기가 드러난 것이다.

夫山水一剛一柔 一動一靜 莫非二氣妙運于其間矣 氣者理之用也 易曰一陰一陽之謂道 蓋孤陽不生 獨陰不成 陰陽相配 方成造化 故山含陰陽而爲山 水含陰陽而爲水 至山夾水行 水隨山轉 此又陰不離陽陽不離陰 莫非一理竝行而不悖矣

산수의 강유(剛柔)와 동정(動靜)은 모두 음양의 두 기(氣)의 사이에서 미묘하게 운행하여 생기는 현상이다. 기(氣)의 현상은 이(理)의 작용[用]이다. <역>에 이르기를 '일음일양(一陰一陽), 즉 음양의 교류를 일컬어 도(道)라 한다' 라고 했다. 대개 양(陽)이나 음(陰) 하나로는 생성하지 못하고 음양이 서로 배합되어야 비로소 조화가 이루어진다. 산도 음양을 품어[含] 산이 되고, 물도 음양을 품어 물이 된다. 산은 물을 끼고 행도(行度)하고, 물이 산을 따라 돈다. 또한 음은 양을 떠나지 못하고 양은 음을 떠나지 못함이니 모두 하나의 이치[理]에 병행하여 어긋남이 없다.

然氣當觀其山水止聚而融會凝結 斯爲靈氣之攸鍾 理必竭²⁾其目力心思而通達精微 斯爲明理之高上 有志於斯道者 豈可漫言易窩哉

그러나 기(氣)를 살펴 마땅히 산수가 머물러 모여 융회 응결하는 것을 살펴야 한다. 그것은 영기(靈氣)가 오래 모인 것이다. 이(理)는 반드시 안목과 생각을 다하여 정교하고 미묘함[精微]을 통달하여야 한다. 그래야 밝고 높은 이(理)에 도달했다고 할 수 있다. 이러한 도에 뜻을 둔 자라면 어찌 함부로 말하거나 쉽게 바꾸겠는가?

此賦爲地理而作 只宜就地理上發明 不宜泛論以晦其旨 謝氏求其說而不能得 故浮泛釋之後 又爲之增改者 亦俱未明確也 以後凡如此類者甚多 不能枚擧 惟讀者詳之.

이 책 설심부는 (풍수)지리를 위해서 지은 것이다. 단지 지리의 현상과 이치를 밝히는 데 써야 한다. 널리 말하여 그 참된 뜻을 흐려서는 안된다. <사씨>는 그 이론을 추구했으나 (참뜻을) 얻지 못했다. 개략적인 주석을 달고 또 더하거

---

2) 竭(갈) : 다하다.。窩(와) : 감추다(藏). 바뀌다(轉折).。晦(회) : 분명(分明)하지 않다.。泛論(범론) : 널리 논(論)함.。浮泛(부범) : 표면적이다.。浮(부) : 대충.。愚夫(우부) : 어리석은 남자.。臆度(억탁) : 근거가 없이 제멋대로 추측함.。臆(억) : 가슴.。臆見(억견) : 자기 혼자만의 생각.。測度:따지어서 헤아림.。推求(추구) : 탐구하다.。不可(불가) : 옳지 않다.

설심부 변와 정해

나 고쳤으나 역시 명확하지 못했다. 이후에도 이와 같은 사람들이 매우 많아 일일이 열거할 수 없으니 독자가 상세하게 살피는 것이 마땅하다.

由智士之講求 豈愚夫之臆度

지혜로운 선비[明師]라야 이 책을 강론하여 이해를 구할 수 있을지 니, 어찌 어리석은 자가 근거가 없이 마음대로 헤아릴 수 있겠는가?

臆胸臆也 承上言山川之理精微奧妙 未易知也 必有高明之師講論而推求之 非愚昧 之夫可以臆見而測度之也 此卜氏甚言地理要得明師眞傳 不可自作聰明而有誤也

억(臆)은 제멋대로 추측한다는 뜻이다. 위를 이어 산천의 이치는 정교하고 오 묘하여 쉽게 알 수 없다는 것을 말한 것이다. 반드시 고명한 선비가 강론을 듣 고 탐구하여야 한다. 어리석은 자가 제멋대로 추측하여 헤아릴 수 있는 것이 아니다. 이는 복응천이 지리는 고명한 스승의 진수(眞髓)를 전수(傳授) 받아야 한다는 것을 강조하여 말한 것이다. 스스로 총명하다고 생각하여 잘못을 범해 서는 안된다는 것이다.

體賦於人者 有百骸九竅[3] 形著於地者 有萬水千山. 自本自根 或隱或顯

사람에게 부여된 신체에는 백 가지 뼈와 아홉 개의 구멍이 있듯이 땅에 나타난 형상에는 수많은 물과 산이 있다. 산수는 스스로 근원이 되거나 뿌리가 되어 숨기도 하고 나타나기도 한다.

賦與也 百骸身之骨節也 九竅耳目口鼻大小便也 此借人以喩地之形也 形山水形也 著表立於外也 本根山水之本根也 隱現山之起伏水之出沒也

부(賦)는 준다는 뜻이다. 백해(百骸)는 신체의 골절이다. 구규(九竅)는 귀· 눈·입·코 항문[똥]과 요도[오줌]이다. 이는 사람을 빌어 땅의 형상을 비유한 것이다. 형(形)은 산수의 모양이며 저(著)는 밖으로 드러난 것이다. 본근(本根) 은 산수의 원뿌리이다. 은현은 산이 기복하여 물이 나타나고 사라지는 것이다.

承上文二氣而言 山川與人物莫非二氣之所運 卽人亦可以明之 蓋體賦於人以稟氣者

---

3) 九竅(구규) : 目(눈)·鼻(코)·耳(귀) 각각 2규(竅)와 口(입)·요도(尿道)와 항문(肛門).。大小便(대 소변) : 똥과 오줌.。表立(표립) : 공공연히 드러나다.。莫非 : 아마 ~일 것이다. 임에 틀림 없다.。賦(부) : 천생적으로 타고남. 부여하다.。稟氣(품기) : 타고난 기운이나 원기. ☞賦[= 稟] : 타고 나다.。舒(서) : 흩어지다. 퍼지다.

有百骸九竅之分 而形著於地以鍾氣者 有萬水千山之別 然山水之所來必有自出之本
根 分而爲枝爲派 至山之或起或伏而爲顯 或伏或斷而爲隱 水之或出或會而爲顯 或
沒或去而爲隱 此皆氣之收斂發舒而爲融結之根本也

위 문장의 두 기를 이어 말한 것이다. 산천과 인물이 모두 이기(二氣)의 운행
이 아님이 없으니 사람으로도 설명할 수 있다는 것이다. 대개 사람에게 타고난
신체는 타고난 기로 사람에게 백해구규(百骸九竅)로 나누어진다. 땅에 모인 기
는 (산수의) 형상으로 드러나 만수천산의 구별이 있게 된다. 산수가 흘러오는
것은 반드시 근본으로부터 나와 나누어져 가지[枝]나 갈래[波]가 된다. 산은
일어나기도 하고 엎드리기도 하면서 드러나는가 하면, 엎드리기도 하고 끊어지
기도 하면서 숨기도 한다. 물은 흘러나오기도 하고 모이기도 하여 드러나는가
하면, 사라지거나 흘러가 숨기도 한다. 이는 모두 기가 수렴하거나[收斂] 발서
(發舒)하여 융결하는 근본을 이루는 것이다.

胎息孕育。神變之無窮。
태식잉육은 신비한 변화가 끝이 없다.

胎[4]指穴 言如婦人之懷胎 下文云 龍虎護胎不過穴則爲漏胎 卽此是也 息氣也 子
在胞中呼吸之氣從臍上通于母之鼻息 母呼亦呼 母吸亦吸 故曰胎息 此以胎喩穴 以
息喩氣 胎無脈氣則爲死胎 穴無脈氣則爲死穴 胎息二字不可分

태(胎)는 혈을 가리키는 것으로 부인이 임신한 것과 같음을 말한다. 아래 글에
이르기를 '태를 보호하는 용호가 혈에 이르지 못하면 누태(漏胎)라' 함이 바로
이것이다. 식(息)은 기(氣)다. 자식이 포중(胞中)에서 호흡하는 기는 배꼽 위를
따라 어미 코로 호흡하는 것과 통한다. 어머니가 숨을 내쉬면 아이도 내쉬고
어머니가 숨을 들이쉬면 아이도 들이쉰다. 그러므로 태식(胎息)이라고 한다. 이
것은 태를 혈로 비유하고 식을 기에 비유한 것이다. 태에 맥기(脈氣)가 없으면
죽은 태[死胎]이고 혈에 맥기가 없으면 사혈(死穴)이다. 태와 식 두 글자는 불
가분 관계이다.

---

4) 일반적으로 태식잉육(胎息孕育) 부모산 아래의 낙맥처(落脈處)가 태(胎)이고, 혈(穴)이 맺힌
봉우리(穴星)까지 이어진 줄기(入首) 중간에 잘록한 곳(束氣處:結咽)이 식(息)이며, 만두(巒頭:만
두)는 잉(孕)이요. 육(育)은 혈처(穴處)이다. 즉 태식잉육(胎息孕育)의 과정은 나의 혈이 맺
는 과정이다. 여기서는 태(胎)는 혈을 가리키고, 식(息)은 기(氣)이라고 했는데 일반적인 이
론과 차이가 있다. ◦懷胎(회태) : 아이를 뱀. ◦포중(胞中) : 자궁. ◦鼻息(비식) : 호흡. 코
로 쉬는 숨. ◦吐脣(토순) : 전순.

설심부 변와 정해

言孕者 氣之藏聚融結 土肉之內 如婦人之懷姙也 育者氣之生動 分陰分陽 開口吐<u>脣</u> 如婦人之生産也 此皆借喩穴之生氣也 神者生氣莫測之謂也

잉(孕)이란 기가 모여 흙 속에 융결하여 간직하면 부인이 임신한 것임을 말한다. 육(育)이란 기가 생동하고 음양으로 나뉘어 개구하여 토순이 생겨 난 것으로 부인이 출산하는 것과 같다. 이는 모두 혈의 생기를 비유한 것이며 신(神)은 생기가 이루 헤아릴 수 없음을 말한 것이다.

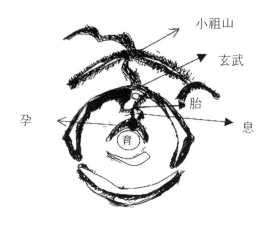

<그림1-1-1> 태식잉육(胎息孕育).[5]

承上言 山水旣自本根而隱顯 則由是而氣之融結可觀矣 夫山之結穴爲胎 有脈氣爲息 氣之藏聚爲孕 氣之生動爲育

위를 이어 말한 것이다. 산수가 본근으로부터 숨었거나 드러나면[隱顯] 이로 말미암아 기가 융결한 것을 볼 수 있다. 대저 산의 결혈이 태(胎)가 되고 맥기(脈氣)를 가지면 식(息)이 된다. 기가 머물러 모이면 잉(孕)이 되며 기가 생동하는 것이 육(育)이다.

<u>猶如[6]</u>婦人有胎有息 能孕能育而生氣之變化無有窮盡 若神之所爲莫測其端也 郭氏云 萬里之山各起祖宗而見父母胎息孕育然後成形 由此觀之則<u>穴山爲父母</u>而胎息孕育之言穴 無疑矣

마치 부인이 태가 생겨 호흡하여 임신하면 낳을[育] 수 있듯이 생기의 변화가

---

5) 용의 혈 결지 방법으로는 결인속기법(結咽束氣法)과 태식잉육법(胎息孕育法). 용의 좌우선법(左右旋法)이 있다.
6) 猶如(유여) : ~와 같다. 。有(유) : 생기다. 。育 : 낳다. 。見(현) : 드러내다. 。窮盡(궁진) : 다하여 없어짐. 즉 무궁무진하다.(有無窮無盡) 。機(기) : 우주만물을 생성해내는 것. 기틀.

무궁무진하여 신이 하는 일[所爲]과 같이 그 실마리를 예측할 수 없음과 같다는 것이다. 곽씨 이르기를 '만리의 산은 각각 조종(산)에서 시작하고 부모(산)은 태·식·잉·육을 드러낸[見] 후에 형상을 이룬다' 라고 했다. 이로 미루어 보면 혈산은 부모(산)이고 태·식·잉·육은 혈을 말한 것을 의심할 것이 없다.

故自祖宗言之則穴山爲子孫 自胎息孕育言之則穴山爲父母 此又不可不知也 謝氏董氏謂山之分受再起爲胎7) 胎之前去過峽爲息 息前再起穴山爲孕 形止爲育 誠爲大謬 假如分一節龍脈結穴 將何處爲胎 何處爲息 由此推之 其謬可知 田氏改註亦謬今正之

그러므로 조종에서부터 (혈산과 혈을) 말하면 혈산은 자손이고 태·식·잉·육에서 말하면 혈산은 부모이다. 이것을 또한 알지 못해서는 안된다. 사씨와 동씨는 '산이 나누어졌다가 기를 모아[受] 다시 시작하는 것이 태(胎)이고, 태의 앞으로 나간 과협이 식(息)이며, 식의 앞에 다시 솟은 혈산이 잉(孕)이고, 형상이 멈춘 것은 육(育)8)이다' 하는데 참으로 큰 오류이다. 분맥한 일절 용맥이 결혈하였다면 어느 곳이 태이고 어느 곳이 식이 되는가? 이로 미루어 추측컨대 그 오류를 알 수 있을 것이다. 전씨가 고친 주석도 오류가 있어 이번에 바로 잡는다.

生旺休囚 機運行而不息
생왕휴수의 기틀이 운행하여 쉬지 않는다.

生旺休囚指水言 生者水生於氣 卽書云 源生於氣也 旺者水來聚堂 卽書云 朝於太旺也 休者水藏蓄而去 卽書云澤於將衰也 囚者水出口之處 兩山交牙關鎖 猶如囚物而不令去卽書云流於囚謝也 此卜氏本葬書之論水而摘字成句也 機者水之運動之機也

생왕휴수(生旺休囚)는 물[水]을 지칭하여 말한 것이다. 생(生)이란 물이 기(氣)로부터 생겨나는 것이다. 『책<葬經>』에 이르기를 '물의 근원은 기(氣)에서 생겨난다' 고 했다. 왕(旺)은 물이 흘러와 명당에 모인 것이다. 『책』에 이르기를 '물이 크게 왕성하여 모인다[朝]' 고 했다. 휴(休)는 물이 모였다가[藏蓄]

---

7) 현재 일반적으로 쓰이는 태의 개념과 상이하다. 현재 낙맥처를 태라 한다.
8) 기가 생동하는 곳으로 음양(陰陽)이 나누어지고 개구(開口)하고 전순이 있어야 한다.

10

흘러가는 것이다. 『책』에 이르기를 '못에서 머지않아 물이 줄어든다[衰]'고 했다. 수(囚)란 물이 나가는 곳에 양산(兩山)이 교아(交牙) 관쇄(關鎖)하여 마치 물체에 갇혀 흘러가지 못하게 함과 같은 것이다. 『책』에 이르기를 '물이 갇혔다가 흘러나간다'고 했다. 이는 복응천이 본래 장서에서 물을 논한 글자를 뽑아내어 구절을 만든 것이다. 기(機)란 물이 운동하는 기틀이다.

祖宗父母胎息
孕育[圖]

太祖→宗→少祖→父母→

→胎→息→孕→育→穴

<그림1-1-2 > 조종부모 및 태식잉육도.

**上言穴內氣也 此言水外氣也 外氣所以聚內氣故穴以得水爲先 夫水源於生氣 朝於
太旺 澤於將衰 流於囚謝 蓋氣溢而爲水 水又去而不去 反淸以養氣 氣水循生其機
運行而無有止息之時 卽書云以返不絶也**

앞에서 혈의 내기를 말하였는데 여기서는 물의 외기를 말한 것이다. 외기는 내기를 모이게 하는 것이므로 혈은 득수를 우선으로 한다. 대저 물은 생기(生氣)에서 발원[始源]하고, 물이 가장 왕성할 때 모이고, 머지않아 쇠하는 데서 못[澤]의 물은 갇혔다가[囚] 다시 흘러나간다. 대개 기가 넘쳐 물이 된다. 물은 또 흘러가나 가지 않고 돌아오면 맑아져 기를 기른다. 기와 물이 생성되어 순환하는 기틀이 운행하여 쉴 새가 없다. 곧 『책』에서는 '반복하여 끊어지지 않는다'고 말한다.

諸註生旺休囚[9]**謂水生於北 旺於東 休於南 囚於西之類 殊不知此論五行之生剋也**

---

9) 형상과 방위의 생왕휴수.(巒頭理氣論生旺休囚.)
1.형상은 방위를 따져 方位別로 五行(東은 木, 南은 火, 가운데는 土, 西는 金 , 北은 水)이 정해진다. 형상에는 五行의 모양(五形山)이 있다. 이는 음양의 이치가 된다. 하지만 절대적 진

又謂木生於亥旺於卯死於午絶於申之類　殊不知此論五行之生死也　且如此說則生旺運行休囚止息矣　文義不貫　又謂　山聚水會爲生旺　山飛水走爲休囚　如此則機有時[10]而運　有時而息　亦非正解　觀上言穴之變化　此言水之運行　正舍　下文地靈之意　讀者詳之

여러 주에서 생왕휴수(生旺休囚)는 물[水]은 북(北)에서 생하여 동(東)에서 왕(旺)하고 남(南)에서 휴(休)하고 서(西)에서 갇힌다(囚)고 하는 유(類)를 말한다. 이러한 논리는 오행의 생극을 전혀 모르기 때문이다. 또 목(木;88향법에 木局)은 해(亥)에서 생(生)하고 묘(卯)에서 왕(旺)하며 오(午)에서 사(死)하고 신(申)에서 절(絶)한다는 유(類)를 말한다. 이 논리도 오행의 생사를 전혀 모르는 것이다. 또 이와 같이 말한다면 생왕(生旺)은 운행(運行)이고 휴수(休囚)는 그침[止息]이 되어 문장의 뜻이 일관되지 못하게 된다. 또 산수가 모이면 생왕이 되고 산수가 나는 듯 달아나면 휴수가 된다고 한다. 그렇다면 기틀이 때로는 운행하기도 하고 멈출 때도 있다는 것이 되니 바른 해석은 아닌 것이다. 위에서 혈의 변화를 말하고 여기서는 물의 운행을 말한 것이 아래의 문장에서 지령의 뜻을 정확하게 포함하고 있는 것임 독자는 상세하게 알 수 있을 것이다.

리는 아니다.
　①木形山이 북쪽에 있으면 水生木이 된다.➔ 生(생)
　②木形山이 동쪽, 火形山이 남쪽, 土形山이 가운데 또는 四維土
이고, 金形山이 서쪽, 水形山이 북쪽에 있으면 形象과 方位가 모두 비교적 旺하다.
　➔ 旺(왕)
　③ 목형산이 남쪽에 있으면 목생화가 된다.(洩氣) ➔ 休(휴)
　④ 목형산이 서쪽에 있으면 金剋木이 된다.(剋을 당함.) ➔ 囚(수)
<출처> https://blog.naver.com/profdhyoon/221753154121

2. 생왕휴수(生旺休囚)
오행이 만나는 관계에서 이뤄지는 왕쇠(旺衰)를 말하는 것으로 旺·相(生)·休·囚·死로 나뉜다. 같은 오행이_만나면 旺(왕), 나를 生해주면 相(상), 내가 생해주면 休(휴), 내가 극(剋)하면 囚(수), 상대가 극하면 死(사)이다. 여기서 相을 生이라 했다. 『장서역주』,비봉출판사, 허찬구역주, 잡편, p.331.

3. '사람의 생명은 기운이 모인 것이니, 기운이 모이면 태어나고 기운이 흩어지면 죽는다'고 했다(人之生 氣之聚也 聚則爲生 散則爲死). <출처>『장자』知北遊(지북유)

10) 有時(유시) : 경우에 따라서·때로(는)。。藏蓄(장축) : 간직해두다. ☞藏(장) : 저장하다. 。謝(사) :물러나다. 빠지다. 。摘(적) : 뽑아내다. 발췌하다. 。지령인걸(地靈人傑) : 환경결정론으로 자연환경이 인간에게 미치는 영향으로 인간의 능력보다 오히려 자연환경을 그 결정요소로 본다. 즉 인간은 환경의 산물로 간주, 자연환경을 원인으로 인간을 결과물로 본다. 。神機(신기) : 신묘(神妙)한 계기(契機). 기(氣).

地靈人傑 氣化形生。孰云微妙而難明 誰謂茫昧而不信。

지령은 인걸이니 기가 변화하여 형체가 생성된다. 누가 미묘하여 밝히기 어렵다고 말하겠는가? 누가 망매(茫昧)하여 믿지 못하겠다고 말하겠는가?

此結上文言 山水融結旣得陰陽之正氣與運化之神機則地靈攸鍾而人傑斯出 總由山川之氣以化而應 山川之形以生焉

이는 위 문장의 맺음말이다. 산수의 융결이 음양의 정기와 운화[변화]의 신기를 얻으면 땅의 신령스러운 기운(地靈)이 모이는 곳은 뛰어난 인재[人傑]가 나온다. 모두 산천의 기운이 운화하고 감응하여 산천의 형상이 생겨나는 것이다.

蓋有氣斯有形 有化斯有生 一定之理也 嵩嶽降神生甫及申 泰山毓[11]秀多産聖賢 是皆地靈而人傑也 如山水廣大 出人度量寬宏 山水逼窄 出人胸襟狹隘 山端正而水清平 出人平易正大 山峻急而水冲激 出人凶狠乖戾山倏看[12]而倏變其形 出人多詭詐 山渾然而丘壑愈深 出人多深藏 山動而勢均 水多而流亂 出人多淫 峰尖水秀則人文盛 山高水長則福澤大 山水明秀則人貌美 山水粗濁則人貌醜

대개 기가 있으면 형이 있고 운화[변화]가 있으면 생성이 있음은 불변의 이치이다. '숭악에서 신(神)이 내려와 중산보[甫]와 신백(申伯)을 낳고 태산(泰山)은 뛰어난 인재를 낳고 길러 성현이 많이 나온다' 하니, 이는 모두 땅의 기운이 신령하여 걸출한 인물이 나오는 것이다. 산수가 넓고 크면 그 기운을 받고 태어나는 인물은 도량이 넓고 크며, 산수가 핍착(逼窄;형세가 가깝고 좁아 꽉

---

11) 毓(육) : 양육하다. ◦鍾靈毓秀 : 천지간의 영기를 모아 우수한 인물을 낳고 기른다. 즉 산천의 수려함과 (그러한 곳으로부터의) 인재 배출을 가리킴. ◦度量寬宏(도량관굉) : 도량이 넓고 크다. ◦胸襟狹隘(흉금협애) : 마음이 좁다.◦狹隘(협애) : 좁다. ◦平易正大 : 겸손하고 온화하며(平易) 공정하고 의젓하다(正大).◦凶狠乖戾(흉한괴려) : 사납고 성격이 비뚤어지다.◦倏(숙) : 빨리 달리다. 갑자기.☞ 看(간) : 달리다.◦渾然(혼연) : 둥글어 모가 없는 모양.◦詭詐(궤사) : 간사한 거짓으로 남을 속임.◦丘壑(구학) : 언덕과 골짜기.◦深(심):인정이 두텁다.◦藏(장) : 마음속에 지님. ◦均(균) : 따르다.
◦산의 기운은 물을 따라서 다니는 것으로 좋고 나쁜 형세를 만나면 그것이 멀거나 가깝 거나 간에 감응(感應)이 따르지 않을 수 없다. (山之氣運 水隨而行 凡遇吉凶形勢 若遠若近 無不隨感而應.)　　　　　　　　　　　　　<출처> 『장서역주』, 허찬구역주, p.278.
12) 倏(숙) : 갑자기。看(간) : 면(面)하다. 향하다. (~에) 달리다.

막히면)하면 태어나는 인물은 도량[마음]이 좁다. 산이 단정하고 물은 맑고 평온하면 나오는 인물은 겸손하고 온화하며[平易] 공정하다. 산이 가파르고 물이 충격하면, 나오는 인물은 흉악하고 괴려[乖戾]하다. 산을 잠간 마주하였으나[倐看] 변하는 형상은 나오는 인물은 대부분 남을 속인다.[詭詐] 산이 둥글고 언덕과 골짜기가 깊을수록 나오는 인물은 인정이 두텁다.[深藏] 산이 역동적이고 세가 그에 따르고 물이 많아 어지럽게 흐르면, 나오는 인물은 대부분 음란하다. 봉우리가 첨리하고 물이 수려하면 인문이 성(盛)하고, 산이 높고 물이 길게 흐르면 복택이 많다. 산수가 밝고 수려하면 사람의 외모가 아름다우며, 산수가 거칠고 탁하면 사람의 외모가 추하다.

以至13)富貴貧賤賢愚壽夭是皆隨其氣化而形生焉 即今天下之名地其出英雄富貴 皆有形跡之可考 故因形以察氣 因氣以究理亦可推測而知 孰云 地理微妙而難明 福蔭之說渺茫暗昧而不可信哉 葬書云 氣感而應 鬼福及人 斯言足徵

부귀 빈천(富貴貧賤)과 현우 수요(賢愚壽夭)에 이르기까지 이 모두는 기의 변화를 따라 형체가 생겨나는 것이다. 오늘날 천하의 명지에서 영웅이 태어나고 부귀한 자가 태어나는 것은 모두 형적이 있어 고찰할 수 있다. 그러므로 형(形)으로부터 기(氣)를 살피고 기로부터 이치를 궁구해도 추측[推測]하여 알 수 있다. 누가 지리는 미묘하여 밝히기가 어렵고 복음(福蔭;음덕)의 설은 막연하고 애매하여 믿을 수 없다고 했는가? <장서>에 이르기를 '기가 감응하면 귀복(鬼福)이 후손에게 미친다'고 했다. 이 말은 검증하기에 충분하다.

右段論山川理氣

此段論山川理氣 而結之以應驗 以明地理之不可不信也 文義起結甚明而諸註不能分者由于未曾細玩耳

이 단락은 산천이기를 논하여 결혈이 영험한 것은 (풍수)지리를 믿지 않을 수 없음을 밝혔다. 문장 뜻의 시작과 끝이 심히 명확하나 여러 주석이 분별하지 못한 것은 지금까지 세밀하게 익히지 못했기 때문이다.

---

13) 以至 : ~에 이르기까지.∘渺茫(묘망) : 막연하다.∘暗昧(암매) : 애매하다.∘以(이) : 하다.∘起結(기결) : 시작과 끝∘未曾(미승) : 지금까지~못하다.∘由于(유우) : ~ 때문에.∘玩(완) : 익히다.

설심부 변와 정해

第二章 論地理要略
제2장 지리를 요약하여 논한다.

古人卜宅。有其義而無其辭14)。後哲著書。傳於家而行於世。

옛사람들이 주택이나 무덤을 정할 때 생각[뜻]은 있었겠지만 글로 남긴 것은 없었다. 후세의 명사가 책을 지어 가문에 전한 후에 세상에 널리 퍼뜨리게 되었다.

卜占 卜宅之吉凶得失也 宅陰陽二宅也 義意義也 辭文辭也 後哲後世明師也 書地理書也

복점은 택(宅)의 길흉과 득실을 점쳐서 정하는 것이다. 택(宅)은 음택과 양택 두 가지이다. 의는 사물이 지니고 있는 뜻이다. 사(辭)는 문장의 글귀이다. 후철은 후세의 명사이다. 글이란 지리서이다.

此卜氏引古人以叙15)著書之由而自寓作賦之意也 總承上文之意而言地理之說 從來尙矣 古先聖賢亦曾擇地而卜 如太王之胥周宇 衛文之相楚丘 周公之卜逢澗 孔子之卜宅兆 皆是也 但有卜宅之意義而未有著立之文辭 至於後世陶郭楊曾輩出 始演義著書 發明地理 開示來學 其書始傳於家 終行於世 天下信而習之 此乃地理之宗而葬法之所由起也 下文遂承言之

이는 복응천은 옛사람을 인용하여 책을 저술한 이유를 서술하고 설심부를 지은 뜻을 스스로 빗대어 나타낸 것이다. 윗 문장의 뜻을 총괄적으로 계승하여 지리설이 줄곧 숭상되어왔음을 말한 것이다. 옛 성현들도 일찍이 땅을 택하여 점을 쳤다. 예를 들면 태왕은 주나라의 터전을 살펴보았으며, 위문공은 초구[地名]를 살펴보았고, 주공은 봉간[地名]을 살펴보았으며, 공자는 묘지[宅兆]를 살펴보았다는 것이 모두 이것이다. 다만 복택의 생각은 있었으나 그때까지 저서로 이루어진 것(문장)은 없었다. 후세에 이르러 도간, 곽박, 양균송, 증문천 등이

---

14) 義(의)는 口傳心授(구전심수)한 것. 辭(사)는 文字(문자)로 記錄(기록)한 것을 의미함. 辭 (사) : 쓰다. 글을 씀. ◦寫作(사작) : 글을 짓다. 저작하다. ◦行(행) : 널리 퍼뜨리다.[傳]

15) 叙(서) : 서술하다. ◦寓(우) : 빗대어 나타내다. 寓意(우의) : 다른 사물에 빗대어 의도한 뜻을 드러내거나 풍자함. ◦從來(종래) : 여태까지. 줄곧. ◦尙(상) : 숭상하다. ◦胥(서) : 보다.[卜.相] ◦宇(우) : 나라. ◦未有(미유) : 아직~이 없다. ◦立(립) : 이루어지다. 만들다. 演義(연의) : 사실을 부연(敷衍)하여 알기 쉽게 설명하다. ◦開示(개시) : 명시. 분명히 하여 보임. ◦來(래) : 그 이후(以後)로.

나와 비로소 생각을 부연하여 책을 써서 지리를 명백하게 밝히고 후학들에게 알 수 있도록 보였다. 그 책이 처음에는 집안에서 전해오다가 마침내 세상에 널리 전하여져 천하가 (그 책을)믿고 익히게 되었다. 이것이 곧 지리의 조종이고 장법이 생긴 유래이다. 아래 문장에서 이어 말한다.

葬乘生氣。　脈認來龍。
장사는 생기를 타야하고 맥은 내룡으로 식별한다.

葬16)之爲言藏也　藏先人之遺骸也　乘如乘車乘馬之乘　坐乘正中也　乘之一字盡作用之法矣　生氣者一元運化之氣17)結聚而不散也　乘生氣者納骨於生氣之中而坐乘之18)也

장(葬)이란 매장한다는 말이다. 선인의 유해를 매장하는 것이다. 승(乘)이란 수레를 타거나 말을 타는 승과 같으니 한 가운데[正中]에 앉아 타는 것이다. 승(乘)이라는 한 글자가 모두 통하는 법이다. 생기(生氣)란 일원(一元)의 기의 유행 변화[運化之氣]가 단단하게 모여 흩어지지 않는 것이다. 생기(生氣)를 타는 것은 생기의 한 가운데에 유골을 안치[納骨]하여 올려놓아 그것(생기)을 타는 것이다.

氣則言乘　脈則言接　蓋脈從後來　故云項接　氣從下升　故云坐乘　接則有緩急之義　乘則有淺深之理　故接脈乘氣各有精義　非謂乘卽接也　葬書云　淺深得乘19)　風水自成

---

16) 葬(장) : 장사(葬事)를 지내다.。藏(장) : 묻다. 매장(埋藏)함.。坐(좌) : 올려놓다.[얹다]。用(용) : 통하다.。一元(일원) : 사물이나 현상의 근원이 오직 하나인 것.。納骨(납골) : 유골을 안치하다.
17) 최한기가 기(氣)의 운동과 변화를 강조하기 위하여 쓴 개념 조선 후기 실학자 최한기는 기(氣)의 운동과 변화를 강조하기 위하여 이 개념을 썼다. 운화(運化)란 본래 하늘과 땅의 운행과 기상의 변화 등 자연의 움직임과 변화를 총괄하여 지칭한 말로 천지의 운화, 음양오행의 운화 등으로 쓰이다가 기로써 자연현상을 설명하는 성리학적 세계관이 보편화됨에 따라 기의 유행 변화를 가리키는 말로 쓰이게 되었다.
　　　<출처> (http://waks.aks.ac.kr/subject.aspx?dataID=21209;한국학 진흥사업).
氣에는 運化之氣와 形質之氣가 있다. 形質之機는 運化之氣에 의하여 이루어 진다.
　　　　　　　　　　　　　　　　　　　　<출처> 한국민족문화대백과사전.
18) 坐乘之에서 之는 생기를 가리킨다.
19) <출처> 『葬書』,「氣感篇」。得以: ~할 수 있다. 천심(淺深)의 판단은 혈심(穴深)을 정하는 일로 장사(葬事)의 생명이므로 상황을 정확히 파악하여 처리해야 한다.。升(승) : 오르다.。得(득) : 얻다. 이루어지다.。非謂(비위) : ~라는 뜻이 아니다.。梗(경) : 곧다.。塊(괴) : 덩어

斯言可證 如項受耳受之說 乃是正接斜接之義也 一說脈如樹之枝梗 聚成一線 故言接脈 氣如枝之果實 結成一塊 故言乘氣 此說亦妙

기(氣)는 승(乘)이라 하고 맥은 접(接)이라 한다. 대개 맥은 뒤따라 오기 때문에 목덜미에 접한다고 하고, 기(氣)는 아래에서 올라오기 때문에 (시신)을 올려놓아 기를 타게 한다고 한다. 접함에서는 완급(緩急)의 뜻이 있고, 승함에는 얕고 깊은 이치가 있다. 그와 같이 접맥과 승기에는 각각 정교한 뜻이 있다. 승은 곧 접이라고 하자 않는다. <장서>에 이르기를 '얕거나 깊은 곳에 혈심을 정하여 생기를 타면 풍수는 저절로 이루어진다' 고 했다. 이것은 증험이 가능한 말이다. 예를 들어 목이나 귀로 받는다는 설은 곧 정접(正接)과 사접(斜接)의 뜻이다. 일설에 맥이 나무의 가지가 곧게 모여 일선을 이루는 것 같아 맥에 접한다고 한다. 기는 가지의 과실과 같이 맺혀서 한 덩어리를 이루는 것 같아 승기라고 한다. 이 설도 역시 오묘하다.

脈山脈也 認識認也 凝神[20]注目 詳察來龍形勢 想其性情 會之於心 應之於目也 龍者山之行度 起伏轉折 變化多端 有似於龍 故以龍名之 認來龍者 觀其祖宗 項面肩背 降勢落脈 辨其个字正從 審其行度過峽 看其到頭星體 落脈入穴 節節細認 是也 若特結則來龍當從祖山落脈上認起 若分結則來龍當從分脈上認起 若騎龍貼身結則來龍當從過峽上認起 方有頭緒 此又不可不知也

맥은 산의 맥이다. 인(認)은 분별하여 안다. 정신 집중하여 시선을 모아 주의하여 보고 내룡의 형세를 자세히 살피고 그 성정(性情)을 생각하여 마음에서 깨닫고 눈으로 감응한다. 용은 산의 행도가 기복전절(起伏轉折;일어나고, 엎드리고, 구르고, 꺾어짐)하여 변화가 다단함이 용과 비슷하므로 용이라 명명한 것이다. 내룡을 식별하는 것은 그 조종의 항면(項面)과 견배(肩背), 강세와 낙맥을 관찰하고, 개자(个字)로 바르게 호종하는 지를 변별하고, 그 행도와 과협을 살펴서, 도두의 성체가 낙맥하여 혈에 들어오는 마디마디를 세밀하게 식별하여 분별하는 것이 이것이다. 만약 특별히 결혈하면 내룡이 조산으로부터 낙맥한 맥 위에 생긴 것으로 판단한다. 만약 분결(分結)하면 내룡이 분맥한 맥위에 (혈이)생긴 것을 분별하여 안다. 만약 기룡의 용신에 붙어 결혈하였다면 마땅히 내룡 과협상에서 (혈이)생기는 것을 분별하여 아는데 비로소 단서[頭緒]가 있는 것을 이 또한 반드시 알아야 한다.

리. ◦線(선) : 줄기.
20) 凝神(응신) : 정신을 집중하다. 깊이 생각하다. ◦注目(주목) : 어떤 사물(事物)을 주의(注意)해서 봄. ◦會(회) : 깨닫다. ◦頭緒(두서) : 일의 앞뒤를 가리다. 단서.

言擢[21]葬之法要乘生氣爲主 方能藏遺骸安神魄以蔭所生也 然生氣亦難察矣 大約脈之活動者爲生 粗硬者爲死 龍勢推左則左爲生右爲死 龍勢推右則右爲生左爲死 脈來勢強則薄處爲生厚處爲死 脈來勢弱則厚處爲生薄處爲死 脈來性急則緩處爲生急處爲死 脈來性緩則急處爲生緩處爲死 瘦中取肉則瘦處爲死而肉處爲生 飽中取飢則飢處生而飽處死[22]

천장의 법은 생기를 타는 것을 위주로 해야 한다는 말이다. 그래야 비로소 유해(遺骸)를 매장하여 영혼[神魄]을 평안하게 함으로써 살아있는 소생에게 음덕을 받게 할 수 있다. 그러나 생기는 역시 살피기 어렵다. 요점은 맥이 활동하면 살아있는 것이고, 거칠고 단단하면 죽은 것이다. 용세가 좌측으로 이동하면 좌가 살아있는 생룡이 되고 우는 죽은 사룡이 된다. 용세가 우측으로 이동하면 오른쪽은 살아있는 생룡이 되고, 좌측은 죽은 사룡이 된다. 맥의 내세가 강하면 멈춘 곳[薄處]이 살아 있는 것이 되고, 두터운 곳[厚富]이 죽은 사룡이다. 맥의 내세가 약하면 후부한 곳이 살아 있는 것이고 척박한 곳이 죽은 용이다. 오는 맥이 급하면 완만한 곳이 생이 되고 급한 곳은 사가 된다. 오는 맥이 완만하면 급한 곳이 생이 되고 완만한 곳이 사가 된다. 수척한 가운데[瘦中]에는 살찐 곳[肉]을 취하면 수척한 곳은 사가 되고, 살찐 곳은 생이 된다. 볼록한 가운데[飽] 들어간 데[飢]를 취하면 들어간 곳이 생이고, 볼록한 곳이 사가 된다.

乘之者乘風則氣散 高[23]不可過圓毬 界水則氣上 低不可過薄口[24] 卽小明堂 是也 左右不可過蝦鬚蟹眼 總要 在眞水一合之中卽太極暈是也 然後以斟酌生氣之厚薄而準於淺深之間 所以合高低左右淺深 納骨於其中而無偏脫漏洩之患 始得乘其氣也

기를 승함에 있어서 바람을 받으면 기가 흩어지니 위로는 원구(圓毬)를 지날 수 없다. 물이 경계를 이루면 기는 앞으로 나아가 아래로는 박구(薄口)를 지날

---

21) 擢(천) : 나타나는 吉한 일이다. ◦推(추) : 바뀌다. 이동하다. ◦厚(후) 두텁다. 후부(厚富)하다. ◦飽(포) : 속이 꽉 차다. 배부르다. ◦飢(기) : 모자라다. ◦薄(박) : 멈추다. 모이다. 얇다(얕음). (땅이) 척박하다.

22) <출처>『發微論』生死篇

23) 高(고) : (높이가) 높다. 위↔低(저) : 지대가 낮다. ◦上(상) : 앞으로 나아가다. ◦總要(총요) : 아무래도 ~해야 한다. ◦據(거) : 증거(證據). ◦乘氣之法 : 승기(乘氣)되는 지점[穴:땅기운이 응결된 위치]을 찾아내는 법.

24) 自毬簷下有一坦窩者而名曰葬口 自葬口下有一小明堂而則其薄口 二砂隱隱合襟于薄口之下者虫乙鬚也. 二水微微交會于合襟之端者蝦鬚也.卽金魚界水也.此四科之證佐也

<출처>『일립속(一粒粟)』

설심부 변와 정해

수 없다. 즉 소명당(小明堂)이 그것이다. 좌우로는 하수수(蝦鬚水)와 해안수(蟹眼水)를 넘어가서[過]는 안된다. 아무래도 진수가 조금이라도 (좌우의 하수와 해안에)모여야 가운데가 곧 태극훈(太極暈)이다. 그런 다음에 생기의 후박(厚薄)을 헤아리고 천심(淺深)의 사이를 기준하여 고저 좌우 천심을 맞춘 그 가운데 납골(納骨)하여 치우치거나 기가 빠져나가는 걱정이 없도록 해야 비로소 그 생기를 받을 수 있다.

然氣不自成 必依脈而立[25] 蓋脈則有跡而氣本無形 所以乘氣之法又以認脈爲先 而不可據其到頭一節便認爲眞

그러나 생기는 스스로 이루어지지 않는다. 반드시 맥의 기운에 의지하여 생긴다. 대개 맥은 자취(모양)가 있으나 기는 본래 형상이 없으므로 승기의 법 또한 맥을 살펴 아는 것이 먼저이다. 그 도두 한 마디[到頭一節]에 의거하여 곧 진혈이라 판단하는 것은 불가하다.

疑龍經云 後龍生峰是根荄[26] 前頭結穴[27]是花開 根荄若眞穴不假 蓋從種類生出來 又巧拙 賦云 若還只看好頭而 假穴常常眞穴見 開枝伏舊有遮闌 過形只是無針線

<의룡경>(下編)에서 이르기를 '후룡에 생긴 봉우리가 초목의 뿌리[根荄]라면, 도두 앞쪽의 결혈은 바로 꽃이 핀 것이다. 주성[주산]이 진짜라면 혈이 가짜일 수 없으니, 대개 근본인 주산의 종류에 따라 (용맥이 뻗어와)혈이 생기는 것이다' 라고 한다. 또 <교졸부>에 이르기를 '만약 단지 도두가 보기 좋은 것만 살핀다면, 가혈이 항상 진혈처럼 보인다. 가지를 펴고[開枝;지각을 개장하고] 엎드려서 예로부터 차란하고 있으니, 지나가는 모양이 단지 바느질이 안된 재 봉선과 같(이 맺힘이 없)다' 라고 했다.

---

25) 立(립) : 이루어지다. 나타나다.
26) 荄(해) : 풀뿌리.。生出(생래) : 나오다. 생기다.。若還(약환) : 만약.。常常(상상) : 항상.。舊(구) : 옛날(부터).。침불인선(無針不引線) : 바늘이 없으면 실을 꿰지 못한다는 뜻으로 중개 가 없으면 일을 이루지 못한다는 말. 바로 침선은 용맥의 이어짐이 없으면 혈이 생기지 않음 을 말한다.

27) **결혈(結穴)의 흐름도**

주성[주산이나 현무] ➡ 입수룡(入首龍) ➡ 결인속기(結咽束氣) ➡ 화생뇌(化生腦; 승금) ➡ 혈장(穴場;穴坂) ➡ 혈(穴;育)

所以必須於來龍之祖出 看其降勢落脈以辨其眞假 若在行龍身上[28]分脈 只就其分
脈處以辨其眞假 龍脈旣眞 又看其行度過峽 節前認之 以至入首結穴脈貫於中 而不
走脫 始爲得之

그런 이유로 반드시 내룡의 조산이 뻗어 나오면 그 강세와 낙맥을 살펴 진가(眞假)를 분별해야 한다. 만약 행룡하는 용신에서 분맥을 하였다면 다만 분맥처에 다가가서 그 분맥의 진가를 살펴야 한다. 용맥이 참이면 또 그 행도 과협을 살펴서 그 마디[절] 앞에서 판별해야 한다. 입수에 이르러 결혈한 맥이 가운데로 이어져 벗어나 않아야 비로소 진혈을 얻었다 할 수 있다.

故原其起者 原其脈絡之所從來 乘其止者 乘其三氣之所止聚也 嘗言 千里來龍只看
到頭一節 是謂龍脈來遠 不必拘其淨陰淨陽 只看到頭一線之脈 從其方入穴之分 辨
陰陽五行 以便於選擇趨避 非謂只看到頭一節 便認爲眞而不必認來龍也 讀者詳之

그러므로 맥의 시작을 찾는 것[原]은 맥락이 어디서 왔는지[所從來]를 근본을 구명하는 것[原]이다. 맥락이 멈춤[止]을 탄다는 것[乘]은 삼기(三氣: 천기.지기.인기)가 멈추어 모인 곳[所止聚]을 탄다는 것이다. 일찍이 이르기를 '천리래룡(千里來龍)은 다만 도두일절(到頭一節)만 살핀다'는 말이 있다. 용맥이 멀리서 오면 정음정양(淨陰淨陽)에 구애받을 필요가 없이 다만 도두 일선의 맥을 보고 입혈할 방위를 따라 나누고 선택과 추피에 편리하도록 음양오행으로 분변한다. 도두 한 마디만 보고 바로 진혈이라 판별하여 내룡을 분별할 필요가 없다는 것이 아니다. 독자들은 잘 살펴야 한다.

穴總三停。山分八卦。

혈은 삼정[天 · 地 · 人]을 총괄적으로 살펴야 하고, 산은 팔괘로 나눈다.

穴者 生氣止聚之處 如人身鍼灸之穴 脈氣所鍾也 停者 氣之停止也 三停 上停中停
下停卽天地人三才穴也 八卦 乾坎艮震巽離坤兌 後天八卦也 分八卦者 蓋一卦管三
山八卦該二十四山 分辨其卦位 使人知陰陽五行生剋之理 以便于選擇趨避 非謂用
卦倒也

---

28) 上(상) : ~에서. ◦ 就(취) : 가까이하다. 접근하다. ◦ 走脫(탈주) : 위험을 벗어나다. 도주하다. ◦ 原(원) : 찾다. 추구하다. 구명하다. ◦ 認爲(인위) : 여기다. 생각하다. ◦ 總(총) : 통틀어 두루 살펴보다.

혈이란 생기가 멈추어 모이는 곳으로 사람 몸에 침과 뜸을 놓는 혈과 같아 맥기가 모이는 곳이다. 정(停)이란 기가 정지하여 머무르는 것을 말한다. 삼정은 상정·중정·하정 곧 천·지·인의 삼재혈이다. 팔괘는 건·감·간·진·손·이·곤·태의 후천팔괘이다. 팔괘로 나눈다는 것은 대개 하나의 괘에 삼산(三山)을 관장시키고 팔괘에 24산을 해당시켜 그 괘의 위치를 분변하여 사람들로 하여금 음양오행 생극의 이치를 알게 하여 추피를 선택하는데 편리하도록 하려는 것이다. 괘례를 사용하여 산을 보라는 말이 아니다.

言生氣所止之處穴法雖多　而總之則有三停焉　又當辨之　庶不失高低之宜也　又入首星體身聳手直　如人之立　則氣浮於上而爲天穴　入首星體身仰[29]足伸　如人之眠　則氣注於下而爲地穴　入首星體身屈手抱　如人之坐　則氣藏於中而爲人穴　或有星體氣旺而上中下俱有穴者　又當隨其穴之高低而攤之　斯生氣可乘矣

생기가 머무는 곳에 혈을 찾는 방법이 비록 많을 지라도 요약하면 삼정이 있으니 마땅히 그것을 분별하여 높고 낮음의 적절함을 거의 벗어나지 않아야 한다는 말이다. 또 입수성체(入首星體)가 몸은 우뚝하고 손은 곧아 마치 사람이 서 있는 것과 같으면 기는 위로 떠서 천혈(天穴)이 된다. 입수성체가 몸은 머리를 쳐들고 발은 펴고 사람이 누워 잠자는 것과 같으면 기는 아래에 모여 지혈(地穴)이 된다. 입수성체가 몸이 구부러지고 손으로 감싼 것이 마치 사람이 앉아 있는 것과 같으면 기는 가운데에 갈무리되어 인혈(人穴)이 된다. 혹 성체의 기가 왕성하여 상·중·하 모두 혈이 있는 것은 다시 마땅히 혈의 높낮이에 따라 천장하여 그 생기를 탈 수 있다.

至於八卦亦龍穴之山所當分也　蓋八卦分則方位辨　而陰陽五行生剋之理　可得而知矣.　若不分卦則山向莫辨　而選擇趨避之法　無由施矣　下文云　立向辨方的以子午針爲正　此之謂也

팔괘에 관하여 말하면 역시 용혈의 산을 마땅히 분별해야 하는 경우이다. 대개 팔괘로 나누면 방위가 변별되어 음양오행이 생극하는 이치를 인식하여 알 수 있다. 만약 팔괘로 나누지 않는다면 산향을 분별할 수 없어 추피를 선택하는 법을 시행할 수 없다. 아래 문장에 이르기를 '입향에 방위의 확실한 기준은 자오침으로 결정한다'는 것이 그 말이다.

---

29) 仰(앙) : 머리를 쳐들다. ∘失(실) : 벗어남. ∘可得(가득) : 인식되다. ∘無由(무유) : ~할 수 없는. ∘施 : 시행하다.

存30)乎人者 莫良於眸子。昧於理者孰造於玄微。

사람에게 살피는 데는 눈동자보다 더 좋은 것이 없다. 이치에 밝지 못한 자가 어찌 현미한 경지에 이르겠는가?

眸子目中瞳子也 此引孟子之言 亦斷章取義也 蓋人身之精華全在于目 故察地理者 莫善於眸子也 言龍穴葬法 非有目力之巧者莫能辨之 然目力之巧 又須明理之極 若 心不明乎 理于孰能造於玄微也 故心思目力 乃察地之切要也

눈동자(眸子)란 눈 가운데 동자(瞳子)를 말한다. 이는 맹자의 말을 단장취의(斷章取義)하여 인용한 것이다. 대개 사람 몸의 뛰어난 부분은 모두 눈에 있다. 그러므로 지리를 살피는 데는 눈보다 더 좋은 것이 없다. 용혈장법은 정교한 안목[目力之巧]이 없으면 변별할 수 없다는 말이다. 그러나 정교한 안목은 반드시 이치에 밝아 극에 달해야 하는 것이니, 마음이 이치에 밝지 아니한다면 무엇에서[于孰] 현미한 경지에 이를 수 있겠는가? 그러므로 밝은 마음과 정교한 안목은 땅을 살피는 데 아주 중요하다.

惟陰陽順逆之難明。抑31)鬼神情狀之莫察。

다만 음양 순역은 밝히기 어렵고 게다가 귀와 신의 정황은 살필 수 없다.

來而伸者爲神 反而屈者爲鬼 喩山水曲直反正也 情性情也 狀形狀也 承上言察地之 貴於心思目力者 惟是陰陽順逆之難明 抑以鬼神情狀之莫察耳

---

30) 存(존) : 살피다. 생각하다. 。乎(호) : 에. 。莫良於(막량어) :～보다 좋은 것은 없다. ☞ 。於(어) : 보다. 。良(량): 뛰어나다. 좋다. 孰造於玄微(숙조어현미) : 무엇(어느. 어느 것)으로 현미함에 이르겠는가? 。造:이르다. 。斷章取義(단장취의) : 자신의 생각이나 주장을 대변하기 위해 글쓴이의 원래 의도와는 상관없이 남의 문장 중 앞뒤 문장을 생략한 채 한 구절을 인용하는 행위를 가리키는 표현이다. 。精華(정화) : 정수(精髓)가 될 만한 가장 훌륭하고 뛰어난 부분. 。造(조):이루다. 。心思(심사) : 마음.생각. 。目力 : 目力之巧. 目力之巧(목력지교) : 다양(多樣)한 형상(形象)에 대하여 눈을 통한 식별능력(識別能力) 。切要(절요): 매우 중요함.[緊要]

31) 抑(억) : 게다가. 。情狀(정상) : 상황. 정황. 。伸(신) : 펼치다. 。屈(굴) : 구부리다. 。間(간) : 가운데. 섞이다. 교차하다. 。紛紛(분분) : 어지러워진 모양. 섞이다. 。灼然(작연) : 뚜렷하다. 명백(明白)한 모양. 。默定(묵정) : 그침이 나타나지 않는 바를 결정 즉 짐작. 。默(묵) : 나타나지 않음. 。微茫(미망) : 희미하다. 뚜렷하지 않다.

설심부 변와 정해

뻗어와 펼치는 것은 신(神)이요 반대로 굽은 것은 귀(鬼)이다. 산수의 형체가 곡직반정(曲直反正)함을 비유한 것이다. 정(情)은 성정(性情)이며 상(狀)은 형상(形狀)이다. 위의 말을 이어 땅을 살피는데 생각과 목력을 귀하게 여겨야 한다. 다만 그것은 음양순역을 밝히기 어렵고 더욱이 귀신의 정상을 살필 수 없을 뿐이다.

蓋<u>陰陽之氣運行於山水之間</u> 順逆多端最爲難明 或山順來水逆轉 水順來山逆轉 或大勢順而小勢逆 大勢逆而小勢順 或龍順穴逆 龍逆穴順 沙順水逆 水順沙逆 又<u>龍身行度一順一逆</u> 又立穴之法 順中取逆 逆中取順 順逆紛紛難以盡言 目非<u>灼然有見</u>鮮 不以順爲逆 以逆爲順者矣

대개 음양의 기는 산수의 가운데에서 흘러[運行] 순역이 다단하여 밝히기가 가장 어렵다. 혹 산이 순래(順來)하면 물은 역전(逆轉)하고, 물이 순래하면 산이 역전한다. 혹 대세(大勢)는 순(順)하나 소세(小勢)는 역(逆)하고, 대세는 역하나 소세는 순하다. 혹 용은 순(順)하나 혈은 역(逆)하다. 사(沙)는 순하나 물[水]은 역하고, 물은 역하나 사는 순하다. 또 용신의 행도가 한번 순하고 한번 역하면 또 입혈법은 순한 가운데[順中] 역을 취하고[取逆] 역한 가운데 순을 취해야 한다. 순역은 뒤섞여 복잡하여 말로 다 하기가 어렵다. 정교한 안목이 아니면 뚜렷하게 보이는 것이 적다. 순을 역으로 여기지 말고 역을 순으로 여기지 말라.

大要明順逆者 先要知山水之大勢 默定於數里之外 而後能辨順逆於咫尺微茫之間也 至山水一曲一直 一反一正 內而性情則剛柔有異 外而形狀則常變不同 猶乎鬼神之性狀變態多端 令人莫察

순역을 밝히는 요첩은 먼저 산수의 대세를 몇 리 밖에서 짐작[默定]하여 알고 난 뒤에 가까운 곳에서 분명하지 않아(미망한 것이 섞여) 순역을 분별할 수 있다. 산수가 한번은 굽이쳐 구불구불하고 한번은 곧게 오거나, 한번은 거꾸로 가고 한번은 올바르게 가운데로 오면, 안으로는 성정이 강유(剛柔)의 다름이 있고, 겉으로는 형상이 상변(常變)하여 다르다. 마치 귀신의 성정이나 형상이 변태가 다단하여 사람들로 하여금 살필 수 없게 한다.

布[32]八方之八卦 審四勢之四維。 有去有來 有動有靜。

---

32) 布(포) : 배치하다. 안배하다. ◦蜿蜒(완연) : 뱀 같이 꿈틀꿈틀 가는 모양. (산·강·길 등이)

팔방에 팔괘를 안배하고 사세의 사유를 살펴보면 오고 감이 있고, 움직임과 고요함이 있다.

布列也 八方東西南北四隅也 八卦解見前審詳究也 四勢前後左右之大勢 卽葬書以左爲靑龍右爲白虎 前爲朱雀後爲玄武 是也 四維者言四勢各有各義爲之維 卽葬書云 玄武垂頭朱雀翔舞靑龍蜿蜒白虎馴頫 是也 不可作四隅解 去來動靜俱就山水言 포는 늘어놓다는 뜻이다. 팔방은 동서남북(四正)과 동남·동북·서남·서북[四隅]이다. 팔괘에 대한 풀이는 앞에 있으니 보고 상세히 논구(論究)하라. 사세는 전후좌우의 대세로 곧 <장서>에서 좌는 청룡, 우는 백호, 앞은 주작, 뒤는 현무라 한 것이 그것이다. 사유는 사세가 제각기 뜻을 가지고 있는 것을 연결[維]함을 말한다. 곧 <장서>에서 현무가 수두(垂頭)하고, 주작은 상무(翔舞)하며, 청룡은 완연(蜿蜒)하고, 백호는 순부(馴頫)한다는 것이 그것이다. 사우(四隅)까지 풀이할 수는 없다. 거래동정(去來動靜)은 모두 산수를 가지고 말한 것이다.

承上言欲明順逆察情狀 則宜先布八方之八卦 以辨其方位 後審四勢之四維 以觀其局勢 則山水必有去處必有來處 或有來而復去 或有去而復來 以至來而有動 止而有靜 靜而復動 動而復靜 皆可得而知也 知去來則知順逆矣 知動靜則知情狀矣 又何患於難明而莫察也 下四句正承來去動靜而言 不可分段
위의 글을 이어 말한 것이다. 순역을 밝히고 성정과 형상을 살피려면, 마땅히 먼저 팔방의 팔괘를 안배하여 그 방위를 변별해야 한다. 다음에 사세의 사유(四維)를 살펴 그 국세를 관찰하면 산수는 반드시 가는 곳이 있으면 오는 곳이 있다. 혹 왔다 다시 가기도 하고, 혹 갔다 다시 오기도 한다. 오면 동(動)하고 멈추면[止]은 정(靜)하고 정하면 다시 움직이고 동하면 다시 멈춤은 모두 인식하여 알 수 있다. 오고 감을 알면 순역을 알고, 동정을 알면 성정과 형상[情狀]을 알 수 있다. 또 어찌 밝히기 어렵고 살필 수 없음을 염려하랴? 아래 네 구는 바로 내거동정을 이어 말하는 것이니 단락을 나누어서는 안된다.

迢迢[33]山發跡 由祖宗而生子生孫。汩汩水長流 自本根而分支分派。

구불구불한 모양。◦馴頫(순부) : 유순하게 머리를 숙이다。◦垂頭(수두 : 머리를 숙임 ↔。蹲踞(준거) : 쭈그리고 앉다。 ◦可得(가득) : 인식되다。◦得(득) : 얻다。깨닫다。

설심부 변와 정해

아득하게 먼 산이 시작한 자취[發跡]는 산의 근본인 조종(祖宗)으로 부터 자손이 생겨난 것 같고 루루(泪泪)는 강물이 길게 흘러와 물의 시원처(始源處)로부터 지천(支川)으로 나누어진다.

迢迢遙遠貌 發跡山之出身處也 祖宗山之本也 子孫山之支也 泪泪涵流貌 本根水之源頭也 支派水之分流也

초초(迢迢)는 아득하게 먼 모양이고 발적(發跡)은 산의 출신처이다. 조종(祖宗)은 산의 근본이고 자손(子孫)은 산의 가지[갈래]이다. 루루(泪泪)는 강물이 흐르는 모양이고 본근(本根)은 물이 시작되는 곳이며 지파(支派)는 물이 나뉘어 흐르는 것[分流]이다.

承上文來去而言 而動靜之意亦在其中矣 蓋來者何 山之所起 水之所發 是也 其去者何 山之所止 水之所趨 是也 故山之迢迢發跡而來 必先起祖宗之山 而後分幹分枝相傳而去 亦猶人之有祖宗 而後生子生孫也 水之泪泪長流而來 必先自本根而出 而後分支分派散流而去 亦猶人之有祖宗 而後流傳爲支派也 所以山水 隨其大小長短 莫不各有祖宗子孫之聯屬 亦莫不各有本根支派之分 則能卽此而推之 則來去動靜之大概 亦瞭然在目中矣 又何有順逆情狀之難辨也

위 문장을 이어 내거(來去)를 말한 것인데 동정(動靜)의 뜻도 그 속에 있다. 대개 온다는 것은 무엇인가? 산이 솟아 물이 발원[시작]하는 것이 그것이다. 간다는 것은 무엇인가? 산이 멈추고 물이 흐르는 것이 그것이다. 고로 산이 아득하게 먼 출신처에서 오는 것은 반드시 먼저 조종의 산에서 비롯하여 줄기와 가지로 나눈 후에 서로 전수(傳授)하여 간다. 또한 마치 사람은 조상[祖宗]이 있고 나서 뒤에 아들을 낳고 손자를 낳는 것과 같은 것이다. 물이 끊이지 않고 길게 흘러오는 것은 반드시 먼저 시원처[本根]로부터 흘러나온 후에 지파가 나누어 흩어져 흘러간다. 역시 사람과 같이 조종이 있고 후에 흘러 전하여 지파(支派)가 된다. 그래서 산수는 그 대소장단을 따라 산은 각기 조종과 자손으로

---

33) 迢迢(초초) : (길이) 매우 멀다. 。發(발) : 비롯하다. 。泪(루·누) : 물. 。遙(요) : 멀다. 아득함. 。涵(함) : 중국 광둥성 동부를 흘러 산터우 부근에서 남중국해로 흘러 들어가는 강. 。趨(추) : 달리다. 향하여 가다. 。聯屬(연속) : 관련(이 있다). 。여기서 명당은 소명당으로 金魚水가 모이는 평탄한 곳을 말한다. 즉 명당은 혈전에 물이 흘러와 모이는 곳이다.(明堂者 穴前注水之處也) 。從(종) : 따르다. 모이다. 。出(출) : (안에서 밖으로) 나가다. 。之(지) : 쓰다. 사용하다. 。以受(이수) : 받아들이다.

연속(聯屬)되지 않음이 없고, 물은 각기 시원처와 지파로 나누어 지지 않음이 없다. 이를 가까이 하여 추리할 수 있으면 내거동정의 대략도 눈에 분명해진다. 그러니 어찌 순역의 성정과 형상을 변별함에 어려움이 있겠는가?

入山尋水口。登穴看明堂。
산에 들어가면 수구를 찾아보고 혈장에 올라가면 명당을 보라.

水口者衆水從出之處 爲龍穴之門戶也 此言尋水口者 指小水口而言也 尋小水口則龍穴易得 昔人謂大水之中 尋小水者 是也 明堂者穴前注水之處也 像王者之明堂以受朝貢也 此言 看明堂者 指小明堂而言也
수구란 여러 물들이 따라 나가는[從出] 곳으로 용혈의 문호이다. 여기서 수구를 찾아보라는 말은 소수구(小水口)를 가리켜 말한 것이다. 소수구를 찾으면 용혈은 구하기 쉽다. 옛 사람들이 '큰 물 가운데서 작은 물을 찾아보라' 말한 것은 그런 뜻이다. 명당이란 혈전에 물이 모이는 곳이다. 상왕은 명당에서 조공을 받는다. 여기서 명당을 보라는 것은 소명당을 가리켜 말한 것이다.

言山水本不相離 而水尤[34]爲關鎖 龍穴之物 故入山尋地 先要尋水口 若水口沙頭交插 重重關鎖 兩邊星峰如禽獸人物等形 回顧向內 合抱水轉 更有華表捍門羅星鎮塞 不見水出則局內旺氣不洩 龍身不散 必有大結作 若一重關闌 內亦結穴 倘傾流眞出 漫 無關闌 定不結穴 縱有龍結穴 內氣走洩 亦不悠久 故觀水口之緊漫則知內地之有無 察水口之峰巒則知內地之大小
산수는 본래 서로 분리될 수 없고, 물은 특히 관쇄되어야 하며 용혈의 무리이므로 산에 들어가 땅을 찾을 때는 먼저 수구를 찾아야 한다는 말이다. 만약 수구사의 용호의 머리(頭)가 서로 엇갈려서[交插] 겹겹이 관쇄하고, 양쪽의 성봉이 금수(禽獸)나 인물(人物) 등과 같은 모습으로 안(의 혈)을 향하여 돌아보고

---

34) 尤(우) : 더욱. 특히.。交插(교삽) : 서로 공유하다. 즉 분지(分枝:용호)의 엇갈림.。插(삽) : 엇갈리다.공유하다.。合抱(합포) : 에워싸다.。漫(만) : 흩어지다.。無(무) : 하지 않다.。關鎖(관쇄) : 좌우사가 마치 문을 닫아걸듯 긴밀하여 물이 빠져나가지 못하게 생긴 모양.。鎮塞(진색) : 막아 지키다.。塞(색,새) : 막다(색). 변방(새).。關闌(관란) : 빗장을 걸어 차단하다. 즉 막다.[=關塞:관색]。逃移(도이) : 도망가 떠나다.。倘(당) : 만약 ~이라면. 만일[=縱]. 。眞 : 변함없다.。縱(종) : 설사 ~일지라도. 비록 ~이라도.。緊漫(긴만) : 긴밀함과 산만함. 。華表捍門(화표한문) : 峰獨聳爲華表(봉우리가 홀로 솟은 것은 화표이고), 兩山幷峙爲捍門 (양쪽 산이 아울러 솟은 것은 한문이다.) ◇羅星:羅星卽水口處水流中突起的土石洲阜(나성은 수구처 흐르는 물 가운데 흙이나 돌이 퇴적하여 이루어진 언덕 즉 모래톱)
◇羅城(나성) : 또 원국(垣局)이라 한다. ≠羅星

모여 에워싸면 물이 돌아 나오고, 다시 화표 한문 나성(羅星)이 (수구를)지켜 막아 물이 흘러나가는 것이 보이지 않으면, 국내의 왕성한 기운이 새어나가지 않고 용신은 흩어지지 않아 반드시 크게 결혈하게 된다. 만약 한 겹만 관란하여도 안에 결혈이 있다. 경사져 진수가 흘러나가 흩어져 관란하지 않으면[無] 반드시 결혈하지 못한다. 설령 용이 결혈을 하였다 하더라도 내기가 새어나가 역시 오래가지 못한다. 그래서 수구의 긴만(緊漫)을 살피면 수구 안의 땅[內地]에 (혈의)유무를 알고, 수구의 봉우리[峰巒]를 살피면 내지의 대소를 알 수 있다.

疑龍經云 要尋大地尋關局 關局大小水口山 又云 到此先看水口山 水口交牙內局寬 便就寬容平處覓35) 斷然有穴在其間 故尋水口者爲尋地之要訣也 然水口有大小之分 統轄聚會幾里 則水口卽在幾里之間 統轄數十里百里 則數十里百里之山水 皆來照應 而爲大水口 內中諸地則各有近身小水口
<의룡경>(상편)에 이르기를 '대지를 찾으려면 수구를 막아주는 빗장 국세[關局]를 찾아야 하고, 빗장 국세의 크고 작음은 수구산에 달려있다' 하고, 또 이르기를 '이 곳에 이르러 먼저 수구산을 살펴, 수구가 교아하고 내국이 넓으면 곧 넓은 모양을 취하여 평탄한 곳을 찾으면 단언코 그 근처[間]에 혈이 있을 것이다' 라고 했다. 그러므로 수구를 찾는 것이 명당을 찾는 비결[要訣]이다. 그러나 수구는 대소의 나눔이 있다. 몇 리에 모여 있는 물을 통합하여 관리하면[統轄] 수구도 몇 리 사이에 있다. 수십리 수백리를 통합하여 관리하면 수십리 수백리의 산수가 모두 뻗어와 조응하여 대수구를 이룬다. 안의 모든 땅은 각각 명당 가까이에 소수구가 있다

夫大水口之間 多有眞龍翻身逆轉 當衆水洋朝36)而結大地 若只作門戶之山 自是壁立 嵯峨 欹斜 醜惡 無枝脚遮護 孤露單寒 僅可作壇廟而已 此又不可不知也
대저 대수구의 사이에는 진룡이 몸을 돌려 역전(逆轉)하면 응당 중수가 흘러들어와 대지를 맺는다. 만약 다만 문호를 만드는 산이 저절로 깎아지른 듯이 서 있고[壁立] 험준하게 높이 솟고[嵯峨] 한쪽으로 기울고[欹斜] 보기 흉하고[醜

---

35) 覓(멱)은 寬(관)으로 오기로 판단됨. ☞覓(멱) : 찾다. 구하다.◦交牙(교아) : 용호 내(龍虎內)의 좌우지각[枝葉; 牙]이 톱니 물리듯 교차하고 있는 형상.◦寬容(관용) : 넓은 크기.◦容(용) : 모양.◦통할(統轄) : 통합하여 다스리다.◦할(轄) : 관리하다.

36) 洋朝(양조) : 큰 물이 (임금을 배알하듯 혈장을 향하여) 흘러들어 오다.◦枝脚(지각)은 용(龍)의 좌우에 붙어있는 가지를 말한다.◦不得不(부득불)~ : 반드시 ~해야 한다.

惡], 막아 보호해주는 지각(枝脚)이 없어 홀로 노출되어 외롭고 쓸쓸하면[孤露單寒] 겨우 신단과 사당만을 만들 수 있을 뿐이다. 이러한 곳은 또한 반드시 알아야 한다.

由[37]入山而登穴則當看小明堂之有無 以辨穴之眞假 蓋穴猶胎也 穴前微茫界合處略有坦夷 形影可容一人側臥 名曰小明堂 所注蝦鬚蟹眼之眞水 猶如母血藏聚滋養胎氣 故穴得此而成 氣得此而聚也

입산하여 등혈하면 당연히 소명당의 유무를 살펴서 혈의 진가(眞假)를 분별하여야 한다. 대개 혈은 태와 같다. 혈 앞에 미망 계합처에 약간 평탄한[坦夷] 모양(形影)이 있어 가히 한 사람이 옆으로 누울 수 있으면 소명당이라 한다. 하수(蝦鬚)와 해안(蟹眼)의 진수가 모여드는 곳으로 마치 모혈(母血)을 모아 저장하여[藏聚] 태기(胎氣)를 자양시키는 것과 같다. 혈은 그 물을 얻어 이루어지고, 기는 그 물을 얻어 모이게 된다.

楊公云 結時須有小明堂 氣止水交方是穴 入式歌云 小明堂在圓暈下 立穴辨眞假 若登穴不見小明堂則氣無由其聚非穴也 故看明堂者爲認穴之要訣也

양공이 이르기를 '혈이 맺을 때는 반드시 소명당이 있고, 물을 만나 기가 멈추면 그것이 바로 혈이라'고 했다. <입식가>에서는 '소명당은 원훈(圓暈)아래 있으며 이루어진 혈에 대한 진가를 분별해 준다'라고 했다. 만약 혈에 올라 소명당이 없으면(不見) 기가 모일 수 없으므로 혈이 아니다. 고로 명당을 살피는 것은 혈을 찾는 비결인 것이다.

至論小明堂平坦窩聚如仰掌[38]鋪氈爲吉 陂瀉缺陷爲凶 此不過論其吉凶之形而未發明其吉凶之理 蓋穴前眞水有出無入 固賴小明堂之聚泮 而小明堂之緊要 尤在兩股眞沙之交抱 眞沙交則眞水聚而明堂吉 眞沙不交則眞水不聚而明堂凶 此不易之理也

소명당을 논하면서 앙장포전(仰掌鋪氈:손바닥을 위로 향한 것 같고 담요를 깐 같다)한 것처럼 평탄한 자리가 갖추어지면(있으면) 길하고, 한쪽으로 쏟아지는

---

37) 由(유) : 행하다。微茫界合處(미망계합처) : 穴上(혈상)에서 좌우로 나누어 미망수가 혈 아래에서 만나는 곳。可容(가용) : 가능하다.

38) 仰掌(앙장) : 손바닥은 위로, 손등은 아래로 향하는 모양。↔ 覆掌(복장)。窩(와) : (사람·물체 따위가 차지한) 자리. 곳. 둥지。聚(취) : 갖추어지다。窩聚(와취) : 깃들다. 머무르다.[棲]。泮(반) : 나누다。緊要(긴요) : 중요하다. 절실하다。似有似無(사유사무) : 있는 듯 없는 듯하다.

설심부 변와 정해

급경사[陟瀉]나 꺼진 것[缺陷]은 흉하다고 한다. 이는 그 길흉의 형상을 비유한 것에 지나지 않는 것이며 길흉의 이치를 밝힌 것은 아니다. 대개 혈 앞에서는 진수가 나가는 것은 있으나 들어오는 것이 없으면 소명당의 물이 모이거나 나눠집[聚洴]에 의지하며, 소명당이 긴요한 것은 특히 양고의 진사가 서로 환포[交抱]하는 데에 달려 있다. 진사가 교포하면 진수가 모여 명당은 길하다. 진사가 교포하지 않으면 진수가 모이지 않아 명당은 흉하다. 이는 바꿀 수 없는 이치이다.

然眞沙內微茫之陰沙　眞水內微低之小水　皆是彷彿高低　依稀繞抱　隱隱然似有似無非留心細察　未易明也

그러나 진사 내에 미망의 음사와 진수 안에 미미하게[微低] 작은 물[小水]은 모두 고저가 비슷하고 요포(繞抱)가 희미하여 형체가 있는 듯 없는 듯 은은(隱隱)하니 마음을 기울여 세밀하게 살펴보지 않으면 밝히기 쉽지 않다.

此論小明堂固爲緊要而中堂大堂亦當詳之　龍虎內水合處　名曰　中明堂亦名內明堂不宜太闊　太闊近平曠蕩　曠蕩則不藏風　又不宜太狹　太狹近平局促　局促則不貴賢必須闊狹適中　窩平方圓合格　而無傾瀉[39]崩陷欹斜返射爲吉　龍虎外水合處　名曰大明堂　亦名外明堂　要寬展明暢而不逼窄　四山圍繞而不空缺　諸水聚會而不散漫爲吉

이처럼 소명당을 논하는 것이 본래 중요하지만 중명당과 대명당도 마땅히 상세하게 살펴야 한다. 용호 내에 물이 모이는 곳을 중명당 또는 내명당이라 한다. 너무 넓으면[太闊] 마땅하지 않다. 태활하면 근처의 평지가 넓다. 광탕하면 장

---

39) 傾斜(경사) : 欹斜(의사) : 한쪽으로 비스듬히 기울어짐.。斜欹(사의) : 경사지다.。崩陷(붕함) : 무너져서 함몰되다. 푹 꺼지다.。返射(반사) : 되돌아 치다. ☞返(반) : 돌아오다. 돌려주다. 고치다.。寬展(관전) : (장소가) 넓다.。明暢(명창) : 막힘이 없다. ☞明 : 확실하다. ☞暢 : 열다. 막힘이 없다.。逼窄(핍착) : 좁다.。散漫(산만) : 제멋대로이다.。崩落(붕락) : 무너져 내리다.

<해설>
。切忌元辰傾瀉長 : 절대로 꺼리는 것은 혈 앞을 지나는 물이 비스듬하게 쏟아지듯 길게 흘러가는 것이다.
。山囚水流 虜王滅侯 : 『청오경』에서 혈이 (좌우)산에 갇히고 (앞으로) 물이 직류하며~
-山囚 : 明堂逼塞不寬舒也(명당이 꽉막혀 넓게 펼쳐지지 못한 것이다.)。逼塞(핍색):형세가 꽉 막힘
-水流 : 元辰直溜不縈紆也(원진수가 똑바로 급류로 흘러 혈을 휘감지 않는 것이다)

풍이 안된다. 또 너무 좁으면[太狹] 마땅하지 못하다. 태협하면 근처 평지의 국세가 좁고 국세가 좁으면 신분이 높고 어진 사람[貴賢]이 나오지 않는다. 반드시 넓고 좁음이 적당하고[適中], 우묵하고 평평함[窩平]과 모나고 둥근 것[方圓]이 격에 어울리고, 경사(傾瀉)·붕함(崩陷)·의사(欹斜)·반사(返射, 되돌아와 쏘는 것 등이 없으면 길하다. 용호 밖에 물이 만나는 곳을 대명당 또는 외명당이라 한다. 외명당은 넓게 펼쳐 막힘이 없고 좁지 않아야 하고, 사산이 에워싸 공결하지 않고, 모든 물이 모여 산만하지 않아야 길하다.

명당을 4개로 나누어
소명당(小明堂: 金魚水가 합치는 平垣이 있는 곳)·중명당(中明堂: 案山의 안쪽)·외명당(안산의 바깥쪽)·내명당(청룡과 백호로 둘러싸인 안쪽)
1) 내명당(內明堂): 내청룡, 내백호와 안산이 감싸준 공간.
2) 외명당(外明堂): 외청룡, 외백호와 조산이 감싸준 공간.

<사진1-2-1> 명당의 종류

今人泥於明堂容萬馬之說 一槪以寬濶爲上 多貪大堂立穴作向 殊不知堂局寬濶則風吹氣散 焉有[40]結作 故凡結穴之處 必須內堂窩聚收住 元辰去水 然後外面另有開蔽 明堂容受衆水 羅列遠秀 斯爲全美 故內外明堂不可不辨也

---

40) 焉有(언유) ~ : 어찌 ~하는 자가(일이) 있으랴 라는 반어적인 표현이다. ∘焉有結作(언유 결작) : 어찌 결작이 있으랴? ∘另(령) : 다른. ☞ 『지리오결(地理五訣)』에서 '明堂容萬馬 水口不通舟: 외명당(外明堂)은 만 마리의 말을 수용할 수 있을 정도로 넓어야 하고, 수구는 배가 다닐 수 없을 정도로 좁아야 한다'고 하였다.

설심부 변와 정해

지금 사람들은 명당을 만 마리의 말[萬馬]을 받아들일 수 있을 만큼 넓어야 한다는 설에 집착하여 하나같이 모두 넓은 것을 으뜸으로 여기고 대부분 큰 명당을 탐하여 입혈(효穴) 작향(作向)한다. 당국이 넓으면 바람이 불어 기가 흩어지게 된다는 것[風吹氣散]을 전혀 모른다. 어찌 혈을 맺을 수 있겠는가. 고로 대저 결혈하는 곳에는 반드시 내명당이 우묵하게 갖추어져[窩聚] 거두어 머물게 해야 한다. 원진수(元辰水)가 흘러나간 후에 외면에 또 다른 개폐가 있어 명당에 여러 물을 받아들이고 사(砂)의 나열이 멀고 수려하면 이것이 곧 전미(全美)한 것이다. 그러므로 내·외명당은 분별해야 한다.

至於[41]局勢大小 又當以龍論之 千里來龍者有千里氣象 百里來龍者有百里規模 若小龍結作其局勢必小結 不可貪大局勢以自誤也 故大堂不若中堂之切近 中堂又不若小堂之至要 尋龍認穴當留意於小明堂也 若高山之穴 又多無明堂 只有穴前小明堂衆收眞水 古云 從來高之小明堂 惟看兜堂與外洋者是也 蓋高山之穴 多仰承天淸之氣 以氣爲水 不必聚水也

국세의 대소를 말하자면 또 용으로 논하는 것이 마땅하다. 천리래룡은 천리의 기상이 있고 백리래룡은 백리의 규모가 있다. 소룡이 혈을 맺으면 그 국세는 반드시 작게 만들게 된다. 만약 잘못 판단하여 큰 국세를 탐해서는 안된다. 그러므로 대명당은 중명당이 가까운[切近]것 만 못하고, 중명당은 또 소명당[至要]같이 중요하지 않다. 용을 찾고 혈을 식별하는 데는 마땅히 소명당에 유의해야 한다. 고산의 혈은 또 대부분 명당이 없고 단지 혈 앞의 소명당은 진수를 많이[衆] 거두어들인다. 옛말에 '본래부터 높은 곳의 소명당은 다만 둘러싸인 명당[兜堂]과 안산 바깥에 물[外洋]을 살피면 된다'고 했는데 그 말이다. 대개 고산의 혈은 대부분 하늘을 쳐다보아 하늘의 맑은 기를 이어받아 기를 물로 간주하므로 반드시 물이 모일 필요는 없다.

嶽瀆[42]鍾星宿之靈。賓主盡東南之美。

---

41) 至于(지우) : ~으로 말하면.。不若(불약) : ~만 못하다.[不如].。切近(절근) : (아주) 가깝다.。從來(종래) : 본래부터.。두당(兜堂): 언월(偃月;반달)의 형(形)이 된다. ☞ 兜(두):둘러싸다.
42) 嶽(악) : 큰 산.。瀆(독) : 큰 강.
1.오악(五嶽).
。中國(중국)의 五嶽(오악)
 오악[五嶽] 중의 동쪽에 동악[東嶽]인은 泰山(태산), 西쪽에 서악[西嶽]인 華山(화산) ,中央에 중악[中嶽]인 崇山(숭산), 南쪽에 남악[南嶽]인 衡山(형산), 北쪽에 북악[北嶽]인 恒山(항산).

오악과 사독은 성수의 영기를 모으고 빈주(賓主;조산과 주산)는 모두 동남이 좋다.

嶽五嶽也　東泰西華南衡北恒中崇山也　瀆四瀆也　江淮河濟是也　此擧嶽瀆以該山水耳　賓者穴之朝山也　主者穴之主也　東南者猶之南北相對之謂也　此引王勃之言斷章取義也

악(嶽)은 오악(五嶽)이다. 동은 태산(泰山), 서는 화산(華山), 남은 형산(衡山), 북은 항산(恒山), 중앙은 숭산(崇山)이다. 독(瀆)은 사독(四瀆)이다. 양자강(揚子江)·회수(淮水)·황하(黃河)·제수(濟水)가 이것이다. 마땅한 산수로 악독(嶽瀆)을 열거한 것 뿐이다. 빈(賓)이란 혈의 조산(朝山)이고 주(主)란 혈의 주산이다. 동남이란 남북과 상대하여 말한 것이다. 이 역시 왕발의 말을 단장취의(斷章取義:앞뒤 문장을 생략한 채 한 구절을 인용함)한 것이다.

言旣得水口與明堂　又當看其山水朝對何如　夫山水之形非塊然43)之物也　原鍾乎星宿之三耳　蓋陰陽五行原屬一氣　在天成象　在地成形　星之照臨　地之所鍾　上下相感而應故　山淸水秀　山環水繞　其氣融結　必有鍾乎星宿之靈也　所以朝山主山原彼此有情　兩相眷顧猶如賓主相對而盡交好之意　以見結作之眞矣

수구와 명당을 얻고 나서는 또 마땅히 그 산수의 조대(朝對)가 어떤지 살펴야 한다는 말이다. 대저 산수의 형상은 흙덩이로 여기는[塊然] 물건이 아니다. 원래 성수의 세 가지 기운이 모인 것이다. 대개 음양오행은 원래 하나의 기에 속하며 하늘에 있으면 상(象)을 이루고 땅에 있으면 형(形)을 이룬다. 별이 조림

◦韓國(한국)의 五嶽(오악)

東쪽에 金剛山(금강산), 西쪽에 九月山(구월산), 南쪽에 地異山(지리산), 北쪽에 妙香山(묘향산), 韓國의 太祖山 白頭山(백두산)

2.中國(중국)의 四瀆(4독)

揚子江[岷山;민산], 黃河[崑崙山;곤륜산], 淮水[桐栢山:동백산], 濟水[王屋山:왕옥산]

43) 然(연) : 그렇다고 여기다. ◦原鍾乎星宿之三耳(원종호성수지삼이) : 원래 성수로 인하여 모인 세 가지 (기운)일 뿐이다. ◦猶如(유여) : ~와 같다. ◦眷顧(권원) : ~을 돌보다. ◦見(견): 변별(辨別)하다.

☞『주역』「계사상전(繫辭上傳)」象者　日月星辰之屬　形者　山川動植物之屬　變化者　易中著策卦爻陰變爲陽陽化爲陰者也 (상이라는 것은 해, 달, 별의 무리이고, 형이란 산천, 동식물의 무리이다. 변화(變化)라 함은 역경 중(易中)의 시책(著策;筮竹;산가지)과 괘효가 음이 변하여 양이 되고 양이 달라져서 음이 되는 것이다.) 여기서 象은 陽氣가 행하는 바이고 形은 陰氣가 행하는 바이다.

설심부 변와 정해

(照臨)하면 땅에 기가 모여 상하 서로 감응하여 응하기 때문에 산은 푸르고 물은 수려하고, 산이 둥글게 환포하면 물은 감싼다. 그 기의 융결은 반드시 성수의 영기를 모은 것이다. 그래서 조산과 주산은 원래 피차 유정해야 한다. 서로 돌보는 것이 빈주가 마주하여 모두 만나 좋아하는 뜻이 있는 것 같으면 결작이 참된 것으로 판단한다.

楊公云 大抵山形雖在地 地有精光屬星次 體魄在地 光在天 識得星光眞精藝[44] 盖謂大地結穴之處 上有星光照臨 如有將相之人 必有將相之星臨之 識得星光所臨 便知吉穴之所在也 此必上曉天文 下明地理者 方能知之 非按羅經方位 星辰之徒 所可曉也 故習地理者 只當察山川之形勢 不必信方位星辰之說也

양공이 이르기를 '대저 산형이 비록 땅에 있을 지라도 땅이 가지고 있는 정기[精光]는 별의 무리에 속한다. 체백(體魄)은 땅에 있으나 정광은 하늘에 있으니 (산형의 근원인) 성광을 제대로 알면 (땅을 보는) 참으로 정교한 재능이다'고 했다. 대개 대지의 결혈처에는 위에 성광(星光)이 조림한다. 마치 장상의 인물이 있으면 반드시 장상의 별이 그에 임하는 것과 같다. 성광이 조림하는 곳을 알면 곧 거기에 길혈이 있는 곳을 알 수 있다. 이는 반드시 위로는 천문을 알고[曉] 아래로는 지리에 밝은[明] 사람이라야 비로소 결혈처를 알 수 있다. 나경에 의거하여 방위와 성진을 따지는 무리들이 알 수 있는 바가 아니다. 고로 지리를 학습한 사람은 마땅히 산천의 형세를 살펴야지 방위성진의 설을 믿어서는 안된다.

立向[45] 貴迎官而就祿。作穴須趨吉而避凶。

---

44) '精光天識得星光眞精出'을 <의룡경>에 준하여 '光在天識得星光眞精藝'으로 수정하고 번역함.
　◦識得(식득) : 인식하여 알다.◦曉(효) : 알다. ◦明(명) : 밝다. 알다.[曉] ◦按(안) : 의거하다.
45) 입향(立向) : (재혈한 후) 좌향을 결정하는 것.◦作穴(작혈) : (자연적으로) 혈이 되다. 정확한 위치인 정혈을 정하다. ◦裁穴(재혈) : 재혈이란 명당의 자리를 찾은 후에 그 자리에 시신을 안치하기 위하여 구체적으로 시신을 안치할 위치(천광할 곳을 표시)를 정하는 일이다.
　☞ 裁穴(재혈) ≠裁截(재절) : 비보 진압풍수.
☞四局의 臨官方(88향에서)에 일치시키는 것.→영관(迎官)하고 임관방(臨官方)을 녹(祿)이라 하니 취록(取祿)이라 한다. 즉 영관취록(迎官取祿)은 정해진 혈(穴)에서 향(向)을 정하고 향(向)의 전면(前面)이나 좌·우측(左右側)에 귀사(貴砂) 귀봉(貴峰) 지호(池湖)가 있을 때 이를 정확하게 임관방(臨官方) 일치시키는 것을 영관(迎官)이라 한다. 임관방(臨官方)을 녹(祿)이라 칭하니 취록(取祿)이라 하고 발복이 크고 귀(貴)하다고 하는 것이다. 이와 같은 결과를

입향은 영관취록을 귀하게 여기고, 작혈은 모름지기 길함을 따르고 흉함을 피하여야 한다.

官祿者尊貴之名也　官星[46]有二格　一是本主山前更有山　一是案山背後逆拖山　山前者本主氣旺融結不盡　故餘氣曉出開有明堂復突起爲官星　此當面見之者爲見面官　案外者龍虎氣足包裹有餘　故迸裂發洩結成應案上出官星　或外來作案拖出官星者　亦是此在前不見者爲現世官　然現世官亦有見之者　謝氏云案外官星照穴前是也

관록이란 존귀한 이름이다. 관성에는 두 격이 있는데 하나는 이것이 본래 주산 앞에 또 산이 있는 것이다. 또 하나는 안산 뒤에 반대로 산이 끌고 나간 것이다. 산이 앞에 있는 것은 본래 주산의 기운이 왕성하여 혈장이 융결할 때 (왕성한 기가) 모두 없어지지 않고 여기(餘氣)가 분명하게 나와 넓어져[開] 명당이 되고 다시 돌기하여 관성을 만든 것이다. 이는 마주하여 보이는 것이 현면관(見面官)이다. 안산 밖에 용호의 기운이 충분히 안을 감싼 여기이다. 그러므로 갈라진 곳으로 세차게 흘러나와 엉겨 마주하는 안산 앞으로 나가서 관성이 생긴 것이다. 혹 바깥에서 뻗어와서 안산을 끌고 나가 관성을 만들어도 역시 이것은 앞에 있어 보이지 않으니 현세관(現世官)이 된다. 그러나 현세관도 보이는 경우가 있다. 사씨가 이르기를 '안산 밖에서 관성이 혈전에 조응하고 있다'고 함이 바로 그것이다.

凡朝案秀異者亦謂之官　如無朝案則以水爲官　祿指穴後祿儲[47]峰言　或主山或樂山皆是也　如在水鄉則以澄凝在前者爲官　環繞在後者爲祿也

대저 조안(朝案)이 빼어난 것을 또한 관이라 한다. 만약 조안이 없으면 물을 관으로 삼는다. 녹은 혈 후의 녹저봉을 가리켜 말하거나 주산이나 낙산은 모두 녹저봉이다. 만약 물가에 있는 마을[水鄉]이 있으면 혈전에 맑은 물이 모이는 것을 관(官)으로 삼고 뒤를 둥글게 감싼[環繞] 것을 녹(祿)으로 삼는다.

☞봉분과 내광의 좌향이 相異한 경우 : 봉분은 천기를, 내광은 지기를 받기 위함이다.

맺기 위해서는 좌향(坐向)뿐 아니라 분금(分金)에까지 적용되는 것이다.

46) 관성(官星)은 안산이나 조산 뒷면에 붙어있는 사격으로 안산이나 조산의 기운을 혈 쪽으로 밀어주어 혈의 발복을 더 크게 하는 역할을 한다. ○開(개) : 넓어지다. ○迸(병) : 솟아 나오다, 세차게 흘러나옴. ○發洩(발설) : 발산하다. ○上(상) : 앞으로 나아가다.

47) 儲(저) : 쌓다. ○托(탁) : 의지하다. ○傍(방) : 곁. 기대다. ○挨(애) : 가까이 가다. ○閃(섬) : 피신함. ○切要(절요) : 긴요(緊要)하다. ○庶得(서득) : 겨우 얻다.

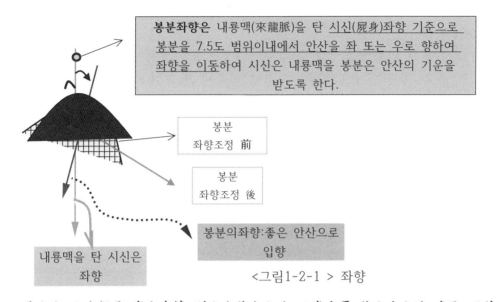

봉분좌향은 내룡맥(來龍脈)을 탄 시신(屍身)좌향 기준으로 봉분을 7.5도 범위이내에서 안산을 좌 또는 우로 향하여 좌향을 이동하여 시신은 내룡맥을 봉분은 안산의 기운을 받도록 한다.

봉분
좌향조정 前

봉분
좌향조정 後

봉분의좌향:좋은 안산으로
입향

내룡맥을 탄 시신은
좌향

<그림1-2-1 > 좌향

承上言 山水旣靈 賓主有情 則立向作穴之法 又當究焉 然立向之法 貴取 面前之官星 有情 向我者而迎之 背後之祿儲有情 托我者而就之 至作穴之法 如後應有情則靠後 前朝有情則向前 左邊有情則傍左 右邊有情則傍右 須擇有情而吉者趨之 如殺當壓則壓之 當脫則脫之 當閃則閃之 當剪則剪之 須審無情而凶者避之 至挨生棄死之法 尤作穴之切要者 故立向作穴各盡其法 庶得山水之靈 如賓主之情矣

위를 이어 산수가 신령하고 빈주(賓主;주산과 안산)가 유정하면 향을 정하고 혈을 만드는 법[立向作穴]을 마땅히 강구하여야 한다는 말이다. 또 입향법(향을 정하는 법)에서는 귀함은 앞의 관성이 유정하여 혈[我]을 향하면 맞이하고, 배후의 녹저봉이 유정하면 내[穴]가 가까이하여 의탁하여 취하는 것이다. 작혈법에서는 후응(後應)이 유정하면 뒤에 의지하고, 전조(前朝)가 유정하면 앞을 향하고, 좌변이 유정하면 좌로 의지하고 우변이 유정하면 오른쪽에 의지한다. 반드시 유정하고 길(吉)한 것을 택하여 그것을 따라야 한다는 것이다. 만약 살기는 마땅히 제압해야 하면 제압하고 살기를 벗어나야 할 것 같으면 벗어나고 살기를 피해야 할 것 같으면 피해야 하고 살기를 잘라야 할 것은 잘라야 한다. 반드시 무정하고 흉(凶)한 것을 살펴서 피하라는 것이다. 생기를 가까이 하고 [挨] 사기를 버리는 법은 작혈하는데 더욱 중요하다. 그러므로 입향 작혈에 모든 법은 빈주의 감정과 같으면 산수의 신령함을 겨우 얻을 수 있을 것이다.

今術士不知立向之法　只以羅經格之　陰龍立陰向　陽龍立陽向　　竟48)失其官祿之情
向非正向　也成又迎水立向者　不知迎堂中上靜之水與下沙迎收之水　而反迎來邊尚
動之水　與上沙順關之水　以致　上沙逼來水短　下沙寬去水長　堂局不正　朝對無情　反
福爲禍　誠可嘆[歎]也

오늘날의 술사들은 입향법을 모른다. 다만 나경으로 측정하여 음룡(陰龍)은 음
향(立陰)을 하고, 양룡은 양향(陽向)을 하여 마침내 관록[혈전에 맑은 물이 모이는
것을 관(官)으로 삼고 뒤를 둥글게 감싼[環繞] 것을 녹(祿)이라 함]의 유정함을 잃어버
리니 향이 바른 향이 이룬 것이 아니다. 또 영수입향(迎水立向)에 있어서도 그
렇다. 명당 가운데에서 머물고 있는 물을 향하는 것과 하사[下沙]가 맞이하여
물을 받아들이는 것을 모르고 오히려 흘러오는 쪽의 항상 움직이는 물과 상사
(上沙)가 순관하는 물을 받아들이게 된다. 상사가 좁아 흘러오는 물은 길이가
짧고, 하사가 넓어 흘러가는 물이 길어진다. 그러니 당국이 바르지 못하고 조
대(朝對)가 무정하면 오히려 복이 화가 된다. 진실로 탄식할 일이로다.

必援49)古以證今。貴升高而望遠。
반드시 옛것을 인용하여 현재에 증거로 사용하고, 높이 올라가서 멀
리 바라보는 것이 중요하다.

援引也　古謂古格也　今謂今作也。此結上起下之辭　言　立向作穴不可自作聰明　必須
多看古格是何龍穴如何作法　而引之以證今時之作法　與古人相合與否　再三斟酌而後
可以無差也　至於尋龍之法又貴升乎高山頂上　望四面之峰巒　觀兩旁之水勢　看祖山
何處起　分龍何處止　界水何處會　則局勢之大概可得而知矣

원(援)은 인용하는 것이고 고(古)는 옛 격식을 말하며 금(今)은 현대적 방식으
로 만드는 것을 말한다. 이것은 위의 구절을 결론짓고 아래의 구절로 시작하는
것이다. 입향하여 혈을 조성하는데 자기가 총명하다고 해서는 안된다는 말이

---

48) 竟(경) : 마침내.。格之(격지) : (나경으로 어느 방위로 용이 오는가) 찾다, 조사하. ☞ 格
(격) : 재다. 측정함.。格定(격정) : 용(龍)이 들어오는[來龍] 방위와 혈의 좌향과 물이 시작
되고[得] 나가는[破] 방위 등을 나경을 이용하여 방위를 재어 알아보는 행위.。迎水立向(영
수입향) : 물을 향하여 (길흉여부를 판단하여) 입향하다.。迎(영) : ~를 향하여. 맞이하다.。
以致(이치) : ~이 되다.。逼(핍) : 좁다.。寬(관) : 넓다.

49) 援(원) : 인용하다. 증거로 끌어 들이다.。今作(금작) : 옛 방식에 의하지 않는. 현대적 방
식으로 만드는 것。作(작) : (어떤 모양을) 나타내다. 만들다. ~로 여기다.。如何(여하) : 어
떻게. 。法(법) : 방법. 방식.。可以(가이) : 할 수 있다. ~해도 좋다. 괜찮다.。至于(지우)
: ~으로 말하면.

　　　　　설심부 변와 정해

다. 반드시 옛 격식을 많이 살펴보아야 하고 어떤 용혈에 어떠한 장법[作法]으로 하였는 지를 인용하여 오늘날 장법[作法]에 증거로 삼아 옛 사람과 장법[作法]과 서로 부합하는지 여부을 재삼 헤아려 본 다음에 차이가 없으면(無) 괜찮다[可以]. 심룡법으로 말하면 또 높은 산 정상에 올라가 사면의 봉우리를 살펴보고 양측의 수세를 살펴보아 조산이 어느 곳에서 솟았는지, 분룡(分龍)은 어느 곳에서 멈추는지, 계수(界水)는 어느 곳에서 합수하는지는 국세의 대략적인 것을 깨달아 알 수 있을 것이다.

辭樓下殿 不遠千里而來。 問⁵⁰⁾祖尋宗 豈可半途而止。
사루와 하전은 천리를 멀다 하지 않고 뻗어옴은 태조산으로부터 종산[소조산]을 잇는데 어찌 도중에서 그치겠는가?

樓殿⁵¹⁾謂龍之起祖處 星峰高大氣象軒昻 猶如樓殿之形 故以此名之 不必分高尖曰樓 高平曰殿也 聳起高山分龍曰祖 又名太祖山 龍至中間再起星峰分本支曰宗 又名少祖山. 承上言尋龍之法貴升高望遠者 蓋大龍出身其星峰必高 其行度必遠 辭樓下殿而來 或至千里而止 故尋龍者必問祖山起於何方 又尋宗山起於何節 或有中幹出脈 或有旁枝分脈 詳察其本末行止 不可憚於遠陟 只看到頭一二節而不及尋宗 或到宗而不及問祖 至半途而止也
누(樓)와 전(殿)은 용의 태조산이 시작하는 곳이다. 성봉이 고대하고 기상이 늠름하여 누전의 형상과 같으므로 그래서 명명한 것이다. 반드시 높고 뾰족한 것은 누(樓)이고 높고 평평한 것은 전(殿)이라고 나눌 필요는 없다. 우뚝 솟은 고

---

50) 問(문) : ~로부터 . 찾다.◦尋(심) : 잇다.◦半途(반도) : 중도(中途) . 도중.◦軒昻(헌앙) : 의기가 당당하다. 늠름하다.◦以此(이차) : 그래서. 이 때문에.◦憚(탄) : 꺼리다.◦至半(지반) : 중간에 이르다.◦離(리) : 떠나다.◦全在(존재) : ~모두~에 (달려)있다.◦關節(관절) : 중요한 부분.◦預識(예직) : 미리 알다.

51) 용루보전(龍樓寶殿)은 모두 화성(火星)이다. 하나의 뾰족한 것이 가운데에 홀로 높으면 용루(龍樓)라 한다. 무리의 뾰족한 것이 평탄하게 나열된 것은 보전(寶殿)이라 한다. 이것은 조산(祖山)의 대격(大格)이다.『감룡경』에서는 높고 뾰족한 것은 누(樓)이고 평탄한 것은 전(殿)이라고 했다. 입식가에서는 조산(祖山)의 높은 정상은 누전(樓殿)이라 했다.(龍樓寶殿皆火星. 一尖居中獨高曰龍樓. 衆尖平列曰寶殿.此祖山之大格也.撼龍經. 高大是樓. 平是殿. 請君來此細推辨. 入式歌. 祖山高頂名樓殿. 上有雲霓現) <출처>『地理啖蔗錄』

산이 분룡하면 조(祖)라고 하고 또 태조산이라 한다. 용이 중간에 이르러 다시 성봉을 일으키고 본지(本支)를 나누면 종(宗)이라 하고 또는 소조산(少祖山)이라고 한다. 심룡법은 높이 올라 멀리 바라보는 것을 소중하게 여긴다는 앞의 말을 이은 것이다. 대개 대룡이 출신하면 성봉은 반드시 높고 그 행도는 반드시 멀어 사루하전이 뻗어오거나 혹 천리에 이르러 멈추기도 한다. 그러므로 용을 찾는 자는 반드시 태조산이 어느 방위에서 시작하였는지를 찾고, 또는 소조산은 어느 마디[節]에서 기봉을 하였는지를 찾고, 혹 중간(中幹)에서 출맥하였는지, 혹 방지(旁枝)에서 분맥을 하였는지 그 본말과 행지(行止)를 상세하게 살펴야 한다. 멀리 올라가는 것[遠陟]을 꺼려서 다만 도두(到頭) 1·2절만 살펴서 소조산을 찾지 못하거나 소조산에 이르렀으나 태조산에 이르지 못하고 도중에 포기해서는 안된다.

蓋龍之眞假正從貴賤美惡 全在祖宗落脈處分 辨此 尋龍之大關節也 所謂 尋地須先認祖宗 更於離祖察行踪 辭樓下殿峰巒秀 預識前途異氣鍾 是也 然祖宗樓殿 龍長固有之 龍短亦有之 隨其長短而觀之 以定其結作之大小 又不可泥於千里之一言也 대개 용의 진가(眞假)·정종·귀천·미악은 모두 조종 낙맥처의 분맥(分脈)에 달려 있다. 이것을 변별하는 것이 심룡의 가장 주요한 부분이다. 이른바 '땅을 찾는다는 것은 모름지기 먼저 조종을 알아내고 다시 태조산을 떠난 후부터 행적을 살피는 것이다. 사루하전(辭樓下殿)의 봉우리가 수려하면 장래[前途]에 기이한 기운이 모인다는 것을 미리 알 수 있다'라 함이 그것이다. 그러나 조종의 누전(樓殿)은 용이 길면 당연히 있지만, 용이 짧아도 또한 있다. 그 장단을 살펴서 결작의 대소를 정하여야 한다. 천리를 거쳐 온다는 말 한마디에 집착하지[泥於] 말라.

<그림1-2-2 > 용루(龍樓)

<그림1-2-3 > 보전(寶殿)

<출처> 지리담자록

설심부 변와 정해

祖宗聳拔者 子孫必貴。

조종산이 높이 솟아 빼어나면 (태어나는)자손은 반드시 귀하게 된다.

祖宗解見上 聳高聳也 拔超拔[52]也 上文子孫單指分支言 此子孫指結大言 承上言尋
龍須尋祖宗者 蓋祖宗爲衆山之根 水貴乎儲蓄豊厚力量重大 若祖宗之山高聳尊嚴超
群拔衆 形如樓臺殿閣 星如聚講歸垣 此祖宗之地至貴者

조종에 대한 풀이는 윗글에 있다. 용(聳)은 높이 솟아남이고 발(拔)은 아주 빼
어남이다. 위 문장의 자손은 단지 분지(分支)를 가리켜 말하며, 여기서의 자손
은 맺음이 큰 것을 가리켜 말한다. 위 말을 이어 심룡은 모름지기 조종을 찾아
야 한다는 것이다. 대개 조종은 뭇 산의 뿌리가 된다. 물이 모여 풍부해져 역
량이 크게 되는 것을 귀하게 여긴다. 만약 조종의 산이 높이 솟아 존엄하여 무
리 중에서 빼어나고[超群拔衆] 형상이 누대와 전각과 같고 성봉이 취강(聚講)
이나 귀원(歸垣)과 같으면 이러한 조종의 땅은 지극히 귀하다.

若祖山頂上有雲蒸氣[53]靄養蔭龍池 此又其氣盛之徵也 如此尊貴則發脈前去結穴必
貴美異衆 猶如王侯子孫自不失安富尊榮 形家謂起家須用好公婆者 此之謂也

만약 조산 정상에 수증기가 구름이 되어 아지랑이 같고[雲蒸氣靄], 음덕을 기
르는 연못[養蔭龍池]이 있다면 이는 또 그 기가 왕성한 징조이다. 이와 같이
(조종이) 존귀하면 맥을 만들어 앞으로 나가 결혈하면 반드시 무리에서 뛰어나
귀하고 좋다. 마치 왕후자손은 저절로 생활이 편안하고 부유하며 지위가 존귀

---

52) 超拔(초발) : 빼어나다. 발탁하다. 。儲蓄(저축) : 모으다.
① 五星聚講格은 오성(五星)취강은 오성인 금·목·수·화·토(金·木·水·火·土) 오성산이 모여 일어
난 것이며, 빽빽하게 높이 솟아 마치 사람들이 서로 모여 강론(講論)하는 모양과 같다. 태조산
、소조산이 되고, 복력이 지극히 귀하며, 오성의 상생상극을 논하지 않는다.
② 五星歸垣格은 목(木)은 동쪽에 있고, 금(金)은 서쪽에 있으며, 화(火)는 남쪽에, 수(水)는
북쪽에, 토(土)는 중앙에 거(居)하여 각각 방위의 마땅함을 얻으면 그것을 일러 귀원(歸垣)이라
한다. 이 격(格)은 가장 귀(貴)하여 만에 하나도 만나기 어렵다. 조산(祖山)에 이것이 있으면
복력福力이 더욱 크다. 주(主)는 성현이 나오고 그 다음로는 왕후재보(王侯宰輔)가 나오며, 백
세에 남는 極貴人[장수와 벼슬한]이 나오고 , 壯元하는 神童 나온다.
③ 오성연주격(五星連珠格)은 금·목·수·화·토의 오성이 구슬을 꿴 것처럼 일렬로 연결하여 틈
이 없는 형상과 같다 해서 붙여진 이름이다. 오성취강격은 상극(生克)관계를 논하지 않는 데
반해 이 오성연주격은 상생상극 관계로 이어지는 것이 다를 뿐이다.
53) 蒸氣(증기) : 수증기. 。靄(애) : 아지랑이. 。用(용) : 베풀다. 。好(호) : 잘. 안녕히. 。公婆(공
파) : 시부모.

하고 영화로움을 잃지 않는 것과 같다. 형가(形家)에서 '가문을 일으키려면 반드시 조상을 잘 모셔야 한다'라 함을 이른 것이다.

賓主趨迎54)者 情意相孚。
손님과 주인이 문안을 드리고 영접하는 것 같으면 정[情意]으로 서로 믿게 된다.

賓主解見上文 孚孚契也 夫祖宗爲穴之根本而賓主又爲穴之配對 若穴場旣貴而賓山主山又兩相朝揖 如賓主之趨候迎接 則情意自然相孚契也.
빈주에 대한 해설은 윗글에 있다. 부(孚)는 믿고 뜻이 맞는 것이다. 무릇 조종은 혈의 근본이 되고 빈주는 또 혈의 짝[配對]이 된다. 만약 혈장이 빼어나고 [貴] 또 빈 주산이 또 서로 조읍하여 마치 빈주가 문안을 드리고 맞이하는 같으면 정[情意]으로 자연스럽게 서로 믿고 뜻이 통하는 것과 같을 것이다.

右必伏 左必降 精神百倍。前者呼 後者應 氣象萬千。
오른쪽의 백호는 반드시 부복하고 왼쪽의 청룡은 항복하면 원기[精神]가 백배가 된다. 앞에서 부르고 뒤에서 응답하면 기의 징후[氣象]는 천배 만배가 된다.

취강(聚講)　　　귀원(歸垣)　　　五星連珠格

<그림1-2-4 > 五星 聚講格 및 歸垣格 , 連珠格

<출처>『인자수지』

---

54) 見(견) :∼에 보인다.[있다.] ◦解(해) : 풀이하다. ◦契(계) : 뜻이 통하다. ◦趨候(추후): 찾아뵙고 문안을 드리다. ☞趨(추) : 향하다. 候(후) : 문안하다. ◦迎接(영접) : 영접하다. 맞이하다. ◦萬千(만천) : 주로 추상적인 면에서 수량이 매우 많음을 형용.

右白虎 山也 左青龍 山也 伏俯伏也 降降伏也 夫左右二山爲穴之侍衛 前後諸山爲
穴之迎送 穴場旣貴 則右而白虎必恬軟俯伏[55]左而青龍必巽順降伏 如貴人之坐堂而
左右侍從斂聲下氣則尊貴之精神自加百倍 至前後迎送之山層層擁護重重擺列 如前
者有呼而後者卽應 若大將之登臺而前後士卒唯唯聽命則威嚴之氣象自有萬千 如此
左右前後周全無缺則爲局勢之至美者山

오른쪽은 백호산이고 왼쪽은 청룡산이다. 복(伏)은 머리숙여 엎드림[俯伏]이며
항(降)은 내려와 엎드림[降伏]이다. 무릇 좌우 2산은 혈을 시위하고 전후의 여
러 산들은 혈을 영송한다. 혈장이 이미 좋으면 우백호는 반드시 유순하게 부복
하고, 좌청룡은 반드시 유순하게 항복한다. 마치 귀인이 명당에 앉아있고 좌우
시종(侍從)들이 조용히 숨을 죽인 듯 같으면 존귀한 정신이 저절로 더하여져
백배에 이를 것이다. 게다가 앞뒤에서 영송하는 산들이 층층이 옹호하고 겹겹
이 나열하여 앞에서 부르면 뒤에서 대답하는 것 같으면 대장군이 대에 오르고
전후의 사졸들이 순종하여 시키는 대로 명을 따라 는 것 같아 저절로 위엄이
서려 기상은 저절로 헤아릴 수 없이 많다. 이와 같이 좌우전후가 두루 온전하
여 결함이 없으면 국세가 지극히 좋은 산이다.

辨山脈者 則有同幹異枝。
산맥을 분별하면 곧 같은 간룡에서 다른 지룡이 생겨나기도 한다.

幹枝喩脈之正旁也 正脈猶樹之本身也 旁脈猶樹之椏枝[56]也 幹龍跌斷過峽 頓起祖
山 成簡星體 開面展肩 列屛列障降勢 落脈正出 謂之幹中幹 其分去龍身不可與祖
山竝立 必退後數丈 從祖山肩背後 轉去 分枝回來作護 方顯祖山之尊貴 若非幹龍
作祖山 只從幹龍起頂處 或硬腰上 分出脈去 再自起祖山 開面落脈 正出 謂之枝中

---

55) 백호순부 (白虎馴頫) ☞恬軟俯伏(염연부복) : 유순하게 엎드리다. ∘恬(념) : 편안하다. ∘軟
(연) : (말·태도 따위가) 부드럽다. ∘斂聲下氣(염성하기) : 숨소리를 숨기고 숨소리를 낮춤.
斂(렴) : 감추다. 氣(기) : 호흡. ∘唯唯(유유) : 무엇이든지 시키는 대로 함. ☞ 唯 : 예하고
대답하다. ∘聽命(청령) : 명령에 따르다.[복종하다]. ☞聽:들어주다. 받아들이다. ∘俯伏(부
복) : (땅에) 엎드리다. 굽실거리다. ∘巽順(손순) : 공손하다. ∘擺列(파열) : 배치하다. 벌여
놓다.
56) 椏枝(아지) : 나뭇가지가 갈라진 부분이며 여기서는 지각을 의미한다. ※ 椏(아) : 나뭇가지
가 갈라진 부분. ∘分枝(분지) : 원줄기(간룡)에서 갈라져 나온 가지(지룡). ∘跌斷(질단) : 끊어
질 듯하나 이어짐. ∘丈(장) : 1장은 10척(尺)이며, 약 3.33m. 사람의 키 정도의 길이를 가리
킴.
☞ 과협(過峽) : 협(峽)의 정(情)이 아름다운지 추악한지를 보면 용기(龍氣)의 길흉(吉凶)을 안
다. 진실로 진룡(眞龍)의 지극한 정(情)은 땅을 보는 중요한 수단이다.

幹 若從幹龍肩旁分出脈去謂之幹中枝 從枝龍肩旁分山脈去謂之枝中枝

간지는 맥을 정맥과 방맥으로 비유한[喩] 것이다. 정맥은 나무의 본신[줄기]과 같고 방맥은 나무의 아지(椏枝)와 같다. 간룡은 질단과협(跌斷過峽)하여 조산을 돈기하여 하나의 봉우리[星體]를 만들고, 개면하여 어깨를 펼쳐[展肩: 용호를 열어] 병풍장막을 치는 듯이 내려온 세와 떨어진 맥이 바르게 나간 것을 간중간(幹中幹)이라 한다. 나뉘어 떠나가는 용신은 조산(祖山)과 나란히 드러낼 수 없으니 반드시 뒤로 몇 장(丈)을 물러나 조산의 어깨와 등을 따라 뒤로 돌아 나가야 분지룡은 돌아와 (조산을)보호하여 비로소 조산의 존귀함을 들어낸다. 만약 간룡이 조산(祖山)을 만들지 못하면 간룡을 따라 솟아오른 꼭대기 부분이거나 경요(硬腰) 상에서 분출한 맥이 나와 다시 조산을 일으키고, 개면하고 낙맥하여 바르게 생겨나온 것을 지중간(枝中幹)이라고 한다. 만약 간룡 어깨의 옆에서 나뉘어 나와 맥이 가는 것을 간중지(幹中枝)라고 하며, 지룡의 어깨 옆에 맥이 생겨 나온 것을 지중지(枝中枝)라고 한다.

承上言 山惟有祖孫賓主左右前後之不同 <u>所以有幹枝之分也</u> 故山之發脈由幹中出 則爲中幹 而結正穴 從左右山 則爲旁枝 而結旁穴 及分爲左右護衛 朝案關闌 是皆始同於幹而 <u>終異於枝也</u> 然幹枝之行度 尤宜辨之 令人見一高山峻嶺 便曰此是幹龍 見一平坡小崗 便曰此是枝龍 豈知疑龍經云 正龍身上不生峰 有峰皆是椏枝送 若是幹龍頓起祖山 又貴有高峯 不可以不生峰 概論也 更有一等幹龍 正脈不在 大障中抽 只要出脈處 成個星體 開面正出 兩邊夾輔不孤 有枝脚橈棹 有起伏頓跌 餘枝皆爲我從 此是幹龍變幻[57]天地秘藏之意 使人難認 謂之疑龍 留待後人 不可盡執中間爲幹龍 旁邊爲枝龍也 吳景鸞云 幹枝明而嫡庶分 嫡庶分而力量見 <u>蓋承接祖宗之正脈者爲嫡</u> 分受祖宗之旁脉者爲庶 俱能結穴 但力量有輕重耳 若左右之護衛 則當以奴僕視之 而不得與庶同論也 又有嫡變爲庶 庶變爲嫡者 嫡變爲庶者 蓋嫡脉結穴 其分去 龍身爲護作從而變爲庶也 庶變爲嫡者 蓋分來龍脉 轉身頓成星體 開面正出 而變爲嫡也 亦當詳之

산이 오직 조손(祖孫)과 빈주(賓主)가 있고, 좌우전후의 차이가 있는 까닭은 줄기와 가지의 나뉨에 있다는 것을 앞에 말한 것이다. 산의 발맥이 줄기의 가운데서[由] 나오면 가운데(中)가 간(幹)이 되어 정혈을 맺는다. 좌우에 따르는 산은 곁가지[旁枝]가 되어 방혈을 맺고 나뉘어 좌우를 호위하고 조안(朝案)으로 관란(關闌)한다. 이 모두 처음에는 줄기가 같으나 끝에 가서는 가지와 다르다.

---

57) 變幻(변환) : 갑자기 나타났다 없어졌다 함. ◦盡(진) : 멋대로 하게하다.

설심부 변와 정해

[異於] 그리하여 줄기와 가지의 행도(行度)는 더욱 마땅히 분별해야 한다. 사람들이 하나의 고산준령을 보고 곧 '이것이 바로 간룡이다' 라고 하고, 평탄한 언덕이나 나지막한 산을 보고 곧 '이것이 지룡이다' 라고 한다면, 어찌 '간룡(正龍) 위에 봉우리를 만들지 않았는데, 봉우리가 있는 모두 아지(椏枝:지룡)에서 나온다' 라는 <의룡경>의 말을 안다고 하겠는가? 간룡에 조산이 문득 생기면 소중한 것은 고봉에 있다. 봉우리가 생기지 않았다고 일반적으로 주장[槪論]해서는 안된다. 더욱이 으뜸은 간룡에 있지만 정맥이 없다면, 큰 장막[大障] 중에서 뻗어 나온[抽] 출맥처에서 하나의 성체를 이루고 개면하여야 정맥이 생겨난다. 양변에 용호사가 협보하여 외롭지 않고, 지각과 요도(橈棹)가 있고 기복과 돈질하면서 여지(餘枝)가 모두 나를 따르는 호사가 되면 이것은 간룡이 갑자기 나타났다가 없어지는[變幻] 천장지비(天藏地秘)의 뜻은 사람들에게 알기 어렵게 한다. 그것을 일러 의룡(疑龍)이라 한다. 그냥 두어 후인들을 기다릴 일이지, 함부로[盡] 중간을 잡아 간룡하고 옆의 것은 지룡이라 해서는 안된다. 오경란이 이르기를 '줄기와 가지를 밝혀 적서를 구분하고, 적서를 구분하니 역량이 보인다' 라고 했다. 대개 조종의 정맥(正脈)을 승접하면 적(嫡)이 된다. 조종의 방맥(旁脉)을 분수하면 서(庶)가 된다. 두 가지 모두 결혈이 가능하지만 역량의 경중이 있을 뿐이다. (방맥이라도) 좌우의 호위가 있다면 마땅히 노복(奴僕)으로 볼 수 있으니 서(庶)와 같이 논해서는 안된다. 또한 적이 변해서 서가 되는가 하면 서가 변해서 적이 된 것도 있다. 적이 변해서 서가 된 것은 대개 적맥(嫡脉)이 결혈하고 나누어진 것으로, 용신(龍身)이 호(護)가 되어 따르고[從] 변하여 서(庶)가 된 것이다. 서가 변하여 적이 된 것은 대개 분래의 용맥이 변신하여 갑자기 성체를 이루고 개면하여 정맥으로 나와 적으로 변한 것이다. 이 역시 마땅히 자세히 살펴야 한다.

論水法者　則有三叉九曲。
수법을 말하면 삼차구곡[삼합수와 구곡수]이 있다.

水法者謂水之情勢合法也 若情勢不合法則用改變 趨避之法 非如方位星卦水法之謂也 三叉者謂穴前左右有三交 又水會於明堂卽三合水也 九曲者謂之玄水出入明堂前也 不必泥定九字
수법이란 물의 정세(情勢)가 합법한가를 말한다. 만약 정세가 적합하지 않으면 개변(改變)하여 사용한다. 추피지법은 방위 성괘 수법과 같은 것을 말함이 아니다. 삼차(三叉)란 혈 앞에서 좌우로 세 번 교차하는 것을 말한다. 또 명당에 물이 모이면 곧 삼합수(三合水)라고 한다. 구곡(九曲)이란 지현수(之玄水)가 명당 앞에서 들락날락[出入] 하는 것을 말한다. 반드시 구자(九字)에 집착할 필요는 없다.

言山枝幹之分而水亦有三叉九曲之異 然有三叉會堂九曲來朝 可以徵地之大貴矣 楊公云 三叉九曲來對面 子息朝金殿 是也

말하자면 산은 가지와 줄기로 나누어지고 물도 삼차와 구곡의 차이가 있다. 그래서 삼차수가 명당에서 모이고, 구곡수가 흘러오면[來朝] 크게 귀한 땅이라는 징조라 할 수 있다. 양공이 이르기를 '삼차와 구곡수가 이르러[來] 대면하면 자식이 어전[金殿]에 배알한다' 라 함이 이것이다.

<그림1-2-5 > 구곡수. <출처> 『인자수지』

卜云其吉 終焉允臧[58]. 吉地乃神之所司 善人必天之克相. 將相公侯胥此焉出 榮華富貴何莫不由.

점에서 길하다고 이르면 끝에 가서 정말로 좋다[允臧]. 길지는 신이 소관[所司]하고, 착한 사람은 반드시 하늘이 도와준다. 장상공후가 모두 길지에서 나온다. 영화부귀가 어찌 (길지에) 비롯되지 않는 것

---

58) 允(윤) : 정말로. ∘臧(장) : 좋다. ∘所司(소사) : 관장하는 바. ∘克(극) : 능히. ~할 수 있다. 능히 ~하다. ∘相 : 돕다. ∘胥(서) : 모두. ∘莫不由(막불유) : ~에 말미암아 않음이 없음. ∘信(신) : 정말로. 진실로. 확실하다. 확실히. ∘矣(의) : 단정. 결정. ∘~矣 : ~이다. ∘與(여) : 주다. ∘關係(관계) : 조건. 원인. 영향. ∘總結(총결) : 총괄(하다). 즉 종합하여. ∘改變(개변) : 바꾸다.

이 있겠는가?

允信也 臧善也 此詩詞也 胥皆也 此總結上文言 龍穴砂水旣擇焉而卜得其吉則以之
葬親 必能安神魂 蔭子孫 終久 信其善矣 然吉地不可妄求 此乃神之所司 不易輕與
人 惟有積善之人則天必默相之而與以吉地也 蓋吉地爲靈秀攸鍾 關係甚重 如將相
公侯皆從此地而出 榮華富貴無一不由於斯 則欲得吉地者當積善以求之可也

윤(允)은 확실하다. 장(臧)은 좋다는 말인데 이는 시의 글귀이다. 서(胥)는 모두라는 말이다. 이는 위 문장을 종합하여 말한 것이다. 용혈사수(龍穴砂水)를 선택하였으면 그에 대해 점을 쳐서 길하다면 그곳에 친부모를 장사함으로써 반드시 신명과 혼백을 평안하게 하고 자손에게 음덕이 오래 갈 것이니 참으로 [信] 좋다. 그러나 길지는 함부로[妄] 구할 수 없다. 이는 신명의 소관으로 사람에게 가벼이 쉽게 주지 않는다. 오직 적선하는 사람이라야 하늘이 반드시 말없이 도와 베풀어 길지를 준다. 대개 길지는 신령스럽고 빼어난 기운[靈秀]이 모이는 곳[攸]으로 조건[關係]이 매우 중요하다. 장상공후가 모두 이러한 길지를 따라 나오고 부귀영화가 길지에 비롯되지 않는 것이 하나도 없다. 길지를 구하고자 하는 자는 마땅히 적선해야 구할 수 있을 것이다.

知之者不如好之者 毋忽斯言。得於斯必深造[59]於斯 蓋有妙理。
(지리를) 아는 것은 (지리를) 좋아하는 것만 못하다. 이 말을 소홀히 여기지 말라. 지리를 체득하려면 반드시 지리를 깊이 연구해야 한다. 대개 묘한 이치가 있다.

此引聖賢之言 以勉後之學者 知之好之之字與二斯字皆指地理言 夫積善固爲求地之
本而學問又爲擇地之要 故知此地理者不如好之者而欲求得之于心也 好之而有得于
斯 又必深造於斯而精進不已也 蓋地理精微奧妙 非窮思研究 不能造其極也 故學地
理者 一要 明師傳授 二要 心靈思巧 三要 多看仙跡 四要 讀書明理 五要 專心致
志 六要 心術端正 方可以言斯道 若無此六者 不可輕視地理 妄言亂行有誤世人 愼
之戒之

이 말은 성현의 말씀을 인용하여 후대의 학자들을 격려[勉勵]하려는 것이다.

---

59) 深造(심조) : 깊이 연구하다. ☞造(조) : 양성하다. 기르다.。不已(불이) : (계속하여) 그치지 않다. 。致志(지지) : 뜻을 두다.。心思(심사) : 생각.。靈巧(영교) : 머리 회전이 빠르다. 。戒(계) : 조심하고 주의하다. 삼가다.。仙跡(선적) : 明師所占地(명사소점지)

지지호지(知之好之)에서 지(之) 자와 두 개의 사(斯)자는 모두 지리를 가리키는 말이다. 대저 적선이야말로 진실로 땅을 구하는 근본이 되며, 학문은 또한 길지를 선택하는 요체이다. 이 지리를 아는 것은 지리를 좋아하는 것만 못하여 지리를 마음으로 구하고 얻어야 한다. 지리를 좋아하고 깨달으면 또한 반드시 지리를 깊이 연구하고 정진을 계속하여 그치지 않아야 한다. 대개 지리는 정미하고 오묘(奧妙)하여 온갖 힘과 노력을 기울여 연구하지 않으면 그 지극함에 이를 수 없다. 고로 지리를 배우는 사람은 첫째 명사에게 전수받을 것이며[明師傳授], 둘째 마음이 신령스럽고 생각함이 영민하여야 하며[心靈思巧], 셋째 선적을 많이 살펴보고[多看仙跡], 넷째 책을 읽고 이치에 밝아야 하며[讀書明理], 다섯째 마음을 다하여 뜻이 이르게 하여야 하며[專心致志], 여섯째 심보[마음을 쓰는 속 바탕]가 단정하여야 한다[心術端正]. 그래야 비로소 이 지리의 도를 말할 수 있다. 만약 이 여섯 가지를 갖추지 못한 채 지리를 경시하여 망언하거나 난행으로 세인들을 오도해서는 안된다. 삼가하고 삼가 하라.

右段論地理要略
위의 단락은 지리의 요점을 논한 것이다.

此段論 來龍生氣順逆動靜 祖宗賓主左右前後 明堂水口立向作穴 山脈水法是皆爲
地理之要略 而以善勸勉學 結之也 文義甚是明白 惜乎諸註錯分雜亂 今正之
이 단락에서 논한 것은 내룡·생기·순역·동정·조종의 빈주·좌우 전후·명당·수구·입향·작혈·산맥·수법 등이 모두가 지리의 요점이다. 이 단락은 지리를 열심히 공부하라고 잘 권하는 말로 끝맺었다. 글의 뜻이 심히 명백하나, 아쉽게도 여러 주석(諸註)에 잘못 분별하고 뒤섞어 어지럽게 한 것을 이제 바로 잡았다.

第三章 論分合向背倒杖卦例

要明分合60)之勢。 須審向背61)之宜。

---

60) 용맥을 보호하면서 따라온 물이 혈장의 입수도두(入首倒頭)에서 물이 혈 위에서 팔자(八字)모양으로 양쪽으로 나누어졌다가 혈 아래서 다시 합쳐져 상분하합(上分下合)하는 것을 말한다. 나누어지는 물을 分水 또는 해안수(蟹眼水)라고 하고, 합쳐지는 물을 합수(合水) 또는 합금수(合襟水) 또는 금어수(金魚水)라 한다.
61) 宜(의) : 적합하다. 옳음.。蠢(준) : 조잡(粗雜)하다.。枯(고) : 생기가 없다.。分別(분별) :구

분합의 형세를 밝혀야 하고, 반드시 향배가 적합한지를 살펴야 한다.

分合指水言勢 謂衆水分合之勢也 向山面相向也 背山背反背也 面秀背粗 面潤背枯
面厚背薄 面凹背凸 面平緩背陟峻 向背與背面稍有分別 背面指龍穴言 龍有祖山也
背面大障之背面 一節之背面 穴有星體之背面 但有面而不爲他處作用也 若正龍中
行則又無分背面矣 向背皆沙水言 然水之向背易見 沙之向背難知 如山來護衛朝對
似向也 若死硬粗蠢飽突而不開面 則雖有來向之形而無眞向之情也 故審向背單指沙
言 宜猶義也 謂向背之義也 言尋龍察穴要明水分之勢 又須審砂向背之宜 蓋龍脈之
來則有分水以導之 龍脈之正則有合水以界之 故分於何處 或前合後合左合右合 明
其大勢則龍脈之來止 可得而知矣 然有三分三合 穴之前後爲一分合 起主至龍虎所
交爲二分合 祖龍至界水大會爲三分合 此龍穴之大分合也

분합(分合)은 물을 가리켜서 말한 것이다. 세는 여러 물들이 분합(分合)하는 세
를 이른다. 향(向)이란 산면(山面)이 서로 마주 향하는 것이다. 배(背)란 산이
반대 방향으로 향하여 반대로 등진 것이다. 면(面)은 수려하고 배(背)는 거칠
다. 면은 윤택하고 배는 거칠고, 면은 두터우며 배는 엷고, 면은 오목하고 배는
블록하고, 면은 평평하고 완만하며 배는 가파르다. 향배(向背)와 배면(背面)은
조금 다르게 구분한다. 배면은 용과 혈을 가리켜 말하는 것이다. 용(龍)에는 조
산이 있다. 배면에는 크게 개장(開帳)한 배면과 일절(一節)의 배면이 있다. 혈
에는 성체의 배면이 있다. 단지 면이 있으나 다른 곳에 영향을 미치지는[作用]
않는다. 만약 정룡이 가운데로 행룡하면 배면의 나눔이 없다. 향배란 모두 사
(沙)와 물(水)를 말한다. 그러나 물의 향배는 쉽게 보이지만 사(砂)의 향배는
알기 어렵다. 만약 산이 뻗어와 호위하여 조대(朝對)가 향(向)과 같으나 만약
생기가 없어 딱딱하고[死硬] 거칠고 조잡하며[粗蠢] 배부른 듯 블록하게 솟아
[飽突] 개면하지 못하면 비록 향해서 오는 형상이 있어도 참된 향[眞向]의 정
이 없는 것이다. 고로 향배를 살핀다는 것은 단순히 사(沙)를 가리켜 말한 것
이다. 마땅함[宜]이란 옳음[義]과 같다. 향배의 옳음을 말하는 것이다. 용을 찾
고 혈을 살피려면 물의 분합지세를 밝히는 것이 필요하고, 또 반드시 사(砂)의
향배가 마땅한가를 살펴야 한다는 것이다. 대개 용맥이 뻗어오면 물이 나뉘어
서 인도(引渡)함이 있고, 용맥이 바르면 합수하여 경계를 이룬다. 고로 어느 방
향에서 나누어지고 전후좌우 어느 곳에서 합쳐지는지 그 대세를 밝히면 용맥이
뻗어와 멈추는 것을 알 수 있다. 그러나 용혈에는 삼분삼합(三分三合)이 있다.

별(하다). 식별(하다). ◦ 不得而知(불득이지) : 알 방법이 없다. 알 수가 없다.

혈의 전후에 일분합(一分合)이 있고, 주산을 일으켜 용호에 이르러 만나는 곳이 이분합(二分合)이 되고, 조룡(祖龍)이 물을 경계로 하여 크게 만나면 삼분합(三分合)이 된다. 이것이 용혈의 대분합(大分合)이다.

水自毯上分來下合爲第一合則小八字水也 大八字水分來下合爲第二合 起主水分來下合爲第三合 此穴間之小分合也 若有合無分則其來不眞而內無生氣之可乘也 有分無合則其止不明而外無堂氣之可愛也

물이 승금[毯] 위에서 나누어 내려와 (소명당)아래에서 합하여 제일합(第一合)을 이루면 소팔자수(小八字水)이다. 대팔자수(大八字水)가 나뉘어 내려와 (중명당)아래에서 합하여 제이합(第二合)을 이룬다. 주산에서 시작하여 물이 나누어 내려와 (대명당)아래에서 합한 것이 제삼합(第三合)을 이룬다. 이것은 혈 공간의 소분합(小分合)이다. 만약 합은 있고 분이 없으면 용이 뻗어 내려오는 것이 참이 아니고 혈안에는 탈만한 생기가 없다. 분은 있는데 합이 없다면 그 멈춤이 불명하여 밖에 명당의 기라고 소중히 여길 만한 것이 없다.

神實經曰 三合三分見穴土乘金之義 兩片兩翼察相水印木之情 此穴中62)之證驗也 然第一分合之水 乃繩路之小水 有影無形 必須體認精到方能明之 然水之分合固鉗龍脈之來止而沙之向背尤見脈止之眞的

<신보경>에서 이르기를 '삼합삼분(三合三分)은 혈토와 승금의 뜻을 나타낸다. 양쪽 양익(兩翼) 즉 선익으로 상수와 인목의 성정(性情)을 살핀다'고 하였다. 이것[三合三分,兩翼]으로 혈이 부합하는지[中] 증험할 수 있다. 그러나 첫째의 분합수는 먹줄과 같이 이어지는 작은 물(길)로서 흔적만 있지 형체가 없으므로 반드시 체인(體認)하여 정밀함에 이르러야 비로소 알 수 있다. 그러나 물의 분합은 원래 용맥이 오고 멈춤을 제한하고[鉗], 사(砂)의 향배는 더욱 맥이 참으로[眞的] 멈춘 것을 드러낸다.

若水來交合而沙或反背 則雖有合之勢而無相向之情 是合非眞合止非眞止也 縱有脈止氣結未必63)無凶無禍 故向背之宜不可不審也 發微論云 向背者言乎其性情也 其

---

62) 中(중) : 부합(符合)하다.◦證驗 : 증험(하다). 검증(하다).◦繩(승) : 먹줄.◦鉗 : 제한하다. 구속하다.

63) 未必(미필) :꼭 그렇다고 할 수 없다. ◦周旋(주선) : 상대하다.◦厭棄(염기) : 싫어하다.◦矯飾(교식) : 거짓으로 겉만 그럴듯하고 보기 좋게 꾸밈.◦機(기) : 조짐. 단서.◦灼然(작연) : 뚜렷하다.

向我者必有周旋相與之意 其背我者必有厭棄不顧之狀 雖或暫焉矯飾 而眞態自然不
可掩也 所以觀形貌者得其僞 觀性情者得其眞 向背之理明而吉凶禍福之機灼然 故
嘗謂地理之要不過山水向背而已矣 分合八字圖附後穴法總圖內

만약 물이 와서 만나나 사(砂)가 혹 반대로 등지면 비록 합하는 세가 있을지라
도 서로 향하는 정은 없다. 그 만남은 참된 만남[眞合]이 아니고, 멈춤도 참된
멈춤[眞止]이 아니다. 설령 맥이 멈추어 기의 맺힘이 있다 하더라도 흉화가 없
다고 단언할 수 없다[未必]. 그러므로 향배의 마땅함을 반드시 살피지 않을 수
없다.『發微論』「向背篇」에 이르기를 '향배(向背)란 성정(性情)을 말한다.
나를 향하는 것은 반드시 마주 상대하여[周旋] 사귀려는[相與] 뜻이 있고, 나
를 등지는 것은 반드시 싫어하여[厭棄] 돌아보지 않는 형상[狀]이다. 비록 혹
시 잠시[暫焉] 거짓으로 꾸며 감춘다 하더라도 참 모습은 그대로라 가릴 수 없
는 것이다. 형모를 살피는 것은 가짜를 알 뿐이기에, 성정을 살펴야만 진짜를
알 수 있다. 그래야 향배의 이치가 분명하고 길흉화복의 단서[機]가 뚜렷해진
다'고 했다. 그래서 일찌기 '지리의 요체는 산수향배에 지나지 않을 뿐이라'
한 것이다. 분합팔자도는 뒤에 혈법 총도내 첨부하기로 한다.

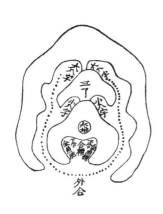

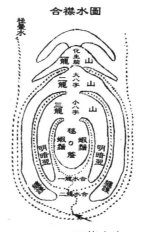

合襟水圖

三龍水合

<그림1-3-1> 삼분삼합도 <출처>『인자수지』

散則亂 合則從。 群以分 類以聚。
흩어지면 어지럽게 되고 합하면 따르게 된다. 무리지어 나뉘고 끼리
끼리 모인다.

承上分合向背而總言之64) 夫山水分散則東西亂行而不相顧 山水會合則相從還向而
不違背 其始也 山以群而分枝 水以群而分派65) 其終也 所分之枝或爲護托或爲朝
案 所分之派或會注於前 或交纏於後山 山則以山類而聚 水則以水類而聚也 所以分
合向背之義不可不知也

앞의 분합과 향배를 이어 전체적으로 말한 것이다. 대저 산수가 나누어 흩어지
면 동서로 어지럽게 가서 서로 돌아보지 않는다. 산수가 한곳에 모여[相從] 방
향을 돌려[還向] 서로 호종하면 배반하여 달아나지[違背] 않는다. 처음에는 산
이 무리지어 지룡으로 나뉘고 물은 무리지어 지류로 나뉜다. 끝에 가서는 나누
어진 지룡이 혹 호탁(護托)하거나 조안(朝案)이 된다. 나누어진 지류는 혈 앞에
모여들거나 혹 후산에 섞이어 감싼다. 산은 산끼리 모이고 물은 물끼리 모인
다. 이런 까닭에 분합과 향배의 뜻은 반드시 알지 않으면 안된다.

是以66)潛藏須細察 來止要詳明。

그러므로 용맥이 잠장(潛藏)한 것은 모름지기 세심하게 살펴야 하고,
오고 멈춤은 반드시 상세하게 밝혀야 한다.

潛藏者龍脈之隱伏也 來者脈之起也 止者脈之結也 龍脈有初中求分三落67) 且落脈
結穴之處便是止處 不必拘以龍盡爲止也 承上言山水惟其有分散合聚之異 是以龍脈
融結汨 或而不露者 必須細審之以辨其眞結68) 至龍脈之所由來及所由正者 必要詳
明之 以審其眞的 不然則來非眞來 止非眞止 鮮不誤認矣

잠장(潛藏)이란 용맥이 뚜렷하지 않아 감추어진 것이다. 온다는 것은 맥이 생
긴 것이다. 멈춘다는 것은 맥이 맺히는 것이다. 용맥은 초·중락이 있어 삼락
(三落)으로 구분한다. 또 낙맥하여 결혈한 곳이 바로 멈춘 곳으로 반드시 용이
다하여 멈추어야 한다는 말에 구애받을 필요는 없다. 앞의 말에 이어 산수는

---

64) 總言之(총언지) : 총괄적으로 설명하다.∘總(총) : 전부의. 총괄적인.∘會合(회합) : 한곳에
　　모임.∘違背(위배) : 떠나다.∘護托(호탁) : 혈을 환포하여 보호.

65) 派(파) : (물)갈래, 지류(支流). 物以類聚(물이류취) : 물건은 종류대로 모인다.즉 성질이 비
　　슷한 것끼리 어울려 모인다는 뜻. ∘護托(호탁) : 侍衛하거나 뒤에 받치는 鬼星. 즉 혈후(穴
　　後)의 지각(枝脚)이 평평(平平)하게 환요(環繞=둥그렇게 두름)함을 탁산(托山)이라고 하며,
　　혈(穴)의 좌우(左右)를 환포(環抱)한 산(山)을 호(護)라고 한다.

66) 是以(시이) : 그러므로. 그래서.∘隱伏(은복) : 숨어 있다. 엎드려서 숨음.

67) 初中求分四落을 문맥상 初中求分三落으로 수정함. 삼락은 初落·中落·三落으로 용맥을 구
　　분한다.

68) 眞釼을 眞結로 수정하여 번역함.∘汨(골) : 물에 잠김. 가라앉음.∘不(불) : ~하지 아니하
　　다.

분산되거나 모이는 차이가 있다는 말이다. 그래서 용맥의 융결이 가라앉아[泅] 혹 드러나지 않는 수가 있으니 반드시 세심하게 살펴 진결(眞結)를 변별해야 한다. 용맥이 와서 바른 이유를 반드시 상세하게 밝혀 그 진적(眞的)을 찾아야 한다. 그렇지 않으면 오는 것이 참으로 오는 것이 아니고 멈춘 것이 참으로 멈춘 것이 없는 것을 오인하지 않는 것이 적다.

山聚處水或傾斜 謂之不善 水曲處山或散亂 謂之無情[69]
산이 모이는 곳에 물이 혹 경사져 흐르면 불선(不善)이라 하고, 물이 굽이쳐 흐르는 곳에 혹 산이 흩어져 어지러우면 무정(無情)이라 한다.

承上言龍脈貴乎細察而詳明者 蓋山之與水相爲體用 必要山聚水曲 方爲全美 若龍脈止處 山旣團聚於此而水或傾瀉斜流[70]則謂之不善非吉地也 水旣曲繞於此而山或散漫亂雜則謂之無情非眞結也 故脈止之處不可忽略也
용맥은 세밀하게 살피고 상세하게 밝히는 것을 중요하게 여긴다는 앞의 말을 이은 것이다. 대개 산과 물은 서로 체와 용을 이룬다. 반드시 산이 모이고 물이 구비쳐 흘러야 바야흐로 전미하다. 만약 용맥이 멈춘 곳에 산이 모여 있다 하더라도 물이 혹 비스듬하게 기울어져 매우 빠르게 흐르면 불선(不善)이라 하여 길지가 없다. 물이 이곳을 굽이굽이 감싸고 있다 하더라도 산이 혹 흩어지고 어지럽게 섞여 있다면 무정(無情)이라 하니 진결이 아닌 것이다. 고로 맥이 멈춘 곳은 소홀히 해서는 안된다.

取小醇而遺大疵[71] 是謂管中窺豹。就衆凶而尋一吉 殆猶緣木求魚。

---

69) ○不善(불선) : 좋지 않다·나쁘다. ○無情(무정) : 여기서 자연을 사람처럼 감정이 있는 것으로 취급하여 의인화하여 非環抱(비환포)·飛走(비주)·直流(직류)·反背(반배)·직충(直沖) 등을 무정하다고 한다.
70) 傾斜(경사) : 비스듬히 기울어짐. ○瀉流(사류) : 매우 빨리 흐르다. ○團聚(단취) : 한자리에 모이다. ○忽略(홀략) : 소홀히 하다. ○忽(홀) : 疏忽(소홀)히 하다.
71) 小醇(소순) : 작은 아름다움. 산수의 작은 마디. ☞ 醇(순) : 순수하고 좋다. ○大疵(대자) : 큰 병·산수의 대세. ○遺(유) : 잊다·빼먹다. 豹(표) : 표범. 殆(태) : 거의.
○管中窺豹(관중규표) : 대나무 관으로 표범을 훔쳐보다. 표범 전체가 아니라 표범의 얼룩점 하나밖에 보이지 않는다는 뜻으로, 견문과 학식이 좁음을 이르는 말. 보는 시야가 좁고 작음.
○緣木求魚(연목구어) : 나무 위에 올라가 물고기를 잡으려고 한다는 유래로 이루지 못할 일을 무리하게   하려함. ○小視(소시) : 슬쩍보다. ○문(文) : 무늬·반점. 因(인)[=緣(연)] : 인하다·

작은 산수의 마디[작은 아름다움]를 취하여 산수의 대세[큰 흠]를 놓치면 이는 대나무 구멍으로 표범을 들여다보는 꼴이고, 많은 중흉 가운데 한 가지 길한 것[一吉]을 찾아 취하다면 거의 연목구어와 같다.

醇美也 遺失也 疵病也 管竹管也 窺小視也 豹文獸也 緣因也 小醇指山水小節言 大疵指山水大勢言 衆凶指山水言 一吉指穴言 言龍脈之止處 固要山聚水曲矣 又要看其山水之大勢與其吉凶如何 使大勢若聚則奇形怪穴而愈眞正 大勢若散則巧穴天然而反虛假

순(醇)은 아름다움이고 유(遺)는 놓침이다. 자(疵)는 병이요. 관(管)은 대나무 관이다. 규(窺)는 엿보는 것[小視]이다. 표(豹)는 무늬가 있는 짐승이다. 연(緣)은 인(因)함이다. 소순(小醇)은 산수의 작은 마디를 가리켜 말한 것이다. 대자(大疵)는 산수의 대세를 가리켜 말한 것이다. 중흉(衆凶)은 산수를 가리켜 말한 것이다. 일길(一吉)은 혈을 가리켜 말한 것이다. 용맥이 멈춘 곳은 당연히 산이 모이고 물이 굽이쳐야 하고 또한 산수의 대세와 길흉이 어떠한지를 살펴야 한다는 말이다. 만약 대세가 모였으면 기형 괴혈이라도 더욱 진정된 혈이고, 대세가 흩어져 있으면 교혈이 천연적이라도 도리어 공허하고 가짜인 혈이다.

如只取其小節之美而遺其大勢之病 則所見者小所失者大 是謂管中窺豹 只見一斑[72]而不能見其全也 若山吉水吉斯可求穴 如山飛水走則爲衆凶 欲就衆凶之中而尋一吉之穴 則所欲雖切而所得末由 殆猶緣木求魚 求其地 決不可得也. 所以山水有分有合 有向無背方爲局勢之全美者也 一說大疵謂大山大水不顧而返去 小醇謂小山小水向顧而有情 必無正結 雖結小地亦不獲福 此說亦是

만약 작은 일절의 아름다움만을 취하여 대세의 결점[病]을 놓치면[遺] 드러나는 것이 작고 잃어버리는 것은 많다. 이는 대나무 관으로 표범을 엿본다는 것이니 단지 일부만 보고 그 전체를 볼 수 없다는 것이다. 만약 산수가 길하면 혈을 구할 수 있고, 만약 산수가 비주(飛走)하면 중흉(衆凶)이다. 중흉 가운데 일길(一吉)의 혈을 찾아 취한다면 바라는 바가 비록 절실하다 할지라도 얻을 수 있는 방법이 없다. 거의 연목구어(緣木求魚)와 같다. 그 땅을 구하더라도 결

유래하다.
72) 一斑(일반) : 한 부분· 일부.。末由(말유) : ~할 방법이 없음.。末(말) : ~할 수가 없다. ~할 길이 없다. 無稱指示代詞로 莫, 無와 같다.

코 얻을 수 없다. 그래서 산수가 분합을 하여 (혈장)을 향(向)하고 배(背)가 아니면 곧 국세가 전미(全美)한 것이다. 어떤 학설에 대자(大疵)란 대산대수가 (혈을) 돌아보지 않고 반거(返去)하는 것을 말하고 소순(小醇)은 소산소수가 (혈장)을 향(向)하여 돌아보아 유정한 것을 말함이니 반드시 정결(正結)이 없다. 비록 소지에 맺음이 있다 해도 역시 복을 얻지 못하리라고 한다. 이설 역시 옳다.

訣73) 以言傳 妙由心悟。

비결은 말로 전해지나 이치의 오묘함은 마음으로 연유하여 깨닫게 된다.

此承上起下之詞 言尋地之法有眞訣存焉 貴得明師以傳之 更有妙理寓焉 在由心靈 而覺悟之 蓋法可以言傳 巧由心得 固不可自作聰明 亦不可徒執書訣也

이는 앞글을 이어 뒤의 글을 시작하는 것이다. 땅을 찾는 법은 진결에 있으니 명사에게 심지법을 전수받아 아는 것이 귀중하다. 또한 오묘한 이치가 담겨 있으니 그것을 깨닫는 데 심령[마음]에 달려 있다. 대개 비법은 말로 전수될 수 있으나 교묘함은 마음으로 깨우칠 수 있다. 그렇다고 스스로 총명하다고 생각해서는 안되고, 또한 비결의 책에 헛되이 집착해서도 안된다.

旣明倒杖之法 方知卦例74)之非。

이미 도장법을 알았으면 이제 괘례의 그릇됨을 알 것이다.

言倒杖者地理之眞訣也 卦例者地理之謬說也 今人尋地擺葬 誤75)用卦例者 以其未 明倒杖之法耳 蓋倒杖之法 惟因其入首 星辰脈絡 自然之勢 順適其情 不違其理 俾

---

73) 訣(결) : 비결(祕訣). 。悟(오) : 깨닫다. 。起(기) : (일을) 시작(始作)하다. 。寓(우) : 함축하다. 。在(재) : ~에 있다. 。徒執(도집) : 헛되이 얽매인다.

74) 卦例(괘례) : 四神·八將·<u>三吉·六秀</u>·祿馬·財帛(재백)·천부·천모·보성·생기 등과 같은 것을 말한다. 이러한 것들이 특정한 방위에 있거나 또는 특정한 방위에 와서 특정한 방위로 흘러가야 길하다는 주장이 바로 이 괘례를 준거로 하는데 전혀 근거가 없다는 것이 <u>맹천기의 주장</u>이다.

75) 誤(오) : 잘못하여·무심코. 。因(인) : ~에 의지하다. 。順適(순적) : 딱 적합한 것. 。俾(비) : ~하게 함가깝다· ~하게 함. 。枕(침) : 접(接)하다. 。逾(유) : 넘다·초과하다· 지나다. 。尖(첨) : 끝. 。放棺(방관) : 관을 (내려)놓다. 。左(좌): 맞지 않다. 。推明(추명) : 미루어 밝히다. 。的(적) : 표준·사물을 행하는 기준.

前後左右合乎天然 而枕圓就尖不逾界穴微茫之水的 知生氣所鍾而放棺以乘之也 若依卦位定例以論吉凶 則必變易攛就76) 以致失脈脫氣 反吉爲凶 故卦例自與杖法相左 推明杖法者 方能知其非也

도장이란 지리의 참된 비결이고 괘례는 지리의 그릇된 말이다. 오늘날 사람들이 땅을 찾아 괘례를 무심코 사용하여 천장하는 것은 도장법을 아직 분명하게 알지 못하기 때문일 뿐이다. 대개 도장법은 오직 입수와 성진에 의지하여 맥을 이은 자연의 형세가 그 성정에 적합하면[順適] 그 이치에 어그러지지 않는다. 전후좌우를 자연에 부합하게 하여 뒤에 등근 것에 접하고[枕圓] 앞에 뾰족한 것[尖]을 취하여 혈에 경계가 되는 미망수의 기준을 넘지 않게 한다. 생기가 모인 곳을 알아서 하관하여 생기를 타게 한다. 만약 괘위정례(卦位定例)에 의존하여 길흉을 논하면 반드시 쉽게 고쳐서 천장함으로써[變易攛就] 맥을 벗어나 기를 이탈하여 오히려 길(吉)이 흉(凶)이 된다. 괘례는 원래 장법과 서로 맞지 않으므로[左]장법을 밝히면 곧 괘례가 그릇됨을 알게 될 것이다.

楊公云 細認星辰看其踪跡 切記交襟明堂取穴 要看微茫認其來歷77) 入路分明方可裁截78) 正脈取斜 斜脈取正 橫脈取直 直脈取曲 急脈取緩 緩脈取鬪 雙脈取單 單脈取實 散脈取聚 傷脈取饒 硬脈取軟 軟脈取硬 脈正取中 脈斜取側 脈不離棺 棺不離脈 高不露風 低不脫脈 陰來陽受 陽來陰作 順中取逆 逆中取順 饒龍減虎 更有强弱 十二杖法 依法裁截79) 此槪論杖法也

양공이 말하기를 '성신(星辰)을 상세히 식별하고 그 자취를 살펴서, 교쇄[交

---

76) 遷就(천취)을 攛就(천취)로 고쳐 해석함이 옳다고 판단한다.

77) 來歷(내력) : 지나온 발자취。。切記 : 단단히[꼭] 기억하다。。백회혈(百會穴) : 백회혈은 백 가지 기운이 모이는 곳이라는 의미가 있으며, 정수리의 숨구멍 자리로 몸 가운데 가장 중요한 것이 여기에 들어있기 때문에 백회라고 한다。。鬪(투) : 모이다(湊). 만나다。 。裁(재) : 재단하다. 자르다。。截(절) : 마감하다. 일부분. 구간。。送:보내다.배달하다. 전달하다.

78) 문맥상 裁截을 裁穴로 고쳐서 번역함。。裁穴(재혈) : 재혈이란 명당의 자리를 찾은 후에 그 자리에 시신을 안치하기 위하여 구체적으로 시신을 안치할 위치를 정하는 일이다. ☞ 裁穴(재혈)≠裁截(재절)

79) 『발미론』에서 「재(裁)는 재절(裁截)의 뜻이다. 만약 재절이 아니면 생성(生成)된 정체(定体: 이미 확정된 형상)가 드물다. 재성이란 사람이 일을 한다(裁成者 言乎其人事也)'고 하였는 데 구체적으로 내용을 보면 산천의 융결은 하늘에 있고, 산천의 재성(裁成:재절하여 이룸)은 사람에 달려있다.혹 지나침이 있으면 그 지나침을 마름질(裁截)하여 그 적절함(中)에 맞추고, 혹 미치지 못함이 있으면, 그 부족함에 더하여 그 적절함에 맞춘다. 긴 것은 자르고, 짧은 것은 보태고, 높은 것은 낮추고, 낮은 것은 더하는 것은 당연한 이치다.(山川之融 結在天而山川之裁成在人 或過焉 吾則裁其過使適於中 或不及焉,吾則益其不及使適於中, 裁長補短,損高益下 莫不有當然之理) 그 끝은 탈신공 개천천명(奪神功 改天命)함이다. 즉 비보진압 풍수이론이다. <출처>『발미론』裁成篇

襟]명당을 꼭 기억하여 혈을 취한다. 미망수를 살피고 그 지나온 종적을 식별하여, 기(氣)가 들어온 경로[入路]가 분명해야 비로소 재혈할 수 있다. 정맥(正脈)은 사(斜)를 취하고 사맥(斜脈)은 정(正)을 취하며, 횡맥(橫脈)은 직(直)을 취하고, 직맥(直脈)은 곡(曲)을 취하며, 급맥(急脈)은 완(緩)을 취하고, 완맥(緩脈)은 투(鬪)를 취하며, 쌍맥(雙脈)은 단(單)을 취하고, 단맥(單脈)은 실(實)을 취하며, 산맥(散脈)은 모인 것[聚]을 취하고, 상맥(傷脈)은 두터운 것[饒]을 취하며, 경맥(硬脈)은 연(軟)을 취하고, 연맥(軟脈)은 경(硬)을 취한다. 맥이 바르면[正] 가운데[中]를 취하고 맥이 기울면[斜] 측(側)을 취한다. 맥은 관(棺)을 떠날 수 없고 관은 맥을 떠날 수 없다. (관이)높아도 바람에 노출되지 않아야 하고 (관이)낮아도 맥을 벗어나지 않아야 한다. 음으로 오면 양으로 받고[陰來陽受], 양으로 오면 음으로 받는다[陽來陰受]. 순중(順中)에서는 역을 취하고, 역중(逆中)에서는 순을 취한다. 용(龍)을 요(饒)하게 호(虎)는 감(減)하며[饒減法] 또 강약은 십이장법(十二杖法)에 있으니 도장법에 따라 재절(裁截)하라' 라고 했다. 이것이 도장법의 개론이다.

其用杖之法 持杖指定 來脈入路 以定其內氣 隨轉身看杖所指 以察其外氣 然後將杖後枕圓前對尖 倒一直杖 再將杖 穿[80]對左右微茫護穴之沙 倒一橫杖 以爲葬口中十字 卽天心十道是也 其十字用石灰畵定以爲前後左右準則 又將杖竪在十字中 復前看後看左看右看 察其來脈 想其性情 脈來不急不緩則定穴於中 急則從橫杖向前一二尺 緩則從橫杖退後一二尺 脈斜來推左從直杖挨左一二尺 脈斜來推右從直杖挨右一二尺 斟酌以定倒杖放棺自無毫釐之差也 至於尺數多寡 分在人意會 要不出太極暈二圈[81]之外也

지팡이의 사용법은 지팡이[杖]를 가지고 맥이 들어온 경로[入路]를 확정하여 그 내기(內氣)를 결정하고 몸을 움직여 지팡이가 가리키는 곳을 보고 외기(外氣)를 살피고 그런 후에 지팡이로[將] 뒤에 둥근 봉우리를 베개 삼고 앞에 뾰족한 봉우리[尖]를 마주 대한다. 지팡이를 한번 수직으로[一直] 눕히고 또 곧 지팡이로 좌우의 혈을 보호하는 좌우 미망사를 마주하여 연결하고, 한번 지팡이

---

80) 穿(천) : 묘혈(墓穴). 광중(壙中). 꿰어 연결하다. ∘以爲(이위) : ~라고 여기다. ~라고 생각하다. ∘準則(준칙) : 규칙. 규범. ∘指定(지정) : 확정하다. ∘倒(도) : (옆으로) 넘어지다. ∘穿(천): 꿰어 연결하다. ∘以(이) : ~를 근거(根據)로. ~에 따라. ∘將(장) : ~으로. 곧. ∘畵(화) : 그리다. 계획하다. ∘挨(애) : 가까이하다. ∘意會(의회) : 마음속으로 깨닫다.

81) 微茫砂(선익)와 相水(상수). ∘下地(하지) : 등산(등산)과 對句(대구)로 땅에 내리다. 즉 하장을 하다는 의미. ∘側(측) : 기울다. ∘裝(장) : 속이다. 가장(假裝)하다. ∘開(개) : 비롯하다. 시작함. ∘通(통) : 통하. 깨닫다.

를 횡으로 눕혀서 혈[葬口] 가운데 십자로 하면 곧 천심십도(天心十道)하는 것이 이것이다. 그 십자는 석회(石灰)를 사용하여 전후좌우를 규범으로 생각하여 결정하고 그리고 또 지팡이로 십자가 가운데에[在] 세우고 다시 전후좌우를 보아 내맥을 살피고 그 성정을 생각한다. 내맥이 급하지도 완만하지도 않으면 가운데에 혈을 정한다. 내맥이 급하면 지팡이를 종횡으로 일·이척(一·二尺) 앞으로 나아가고, 맥이 느리면 지팡이를 종횡으로 일이척 뒤로 물러서 향하게 한다. 맥이 좌측을 따라 빗겨오면[斜來] 지팡이를 수직으로 하여[從直杖] 좌측 일·이척(一·二尺) 의지하고, 맥이 우측을 따라 빗겨오면 직장을 따라 우측 일·이척(一·二尺) 의지한다. 짐작하여 도장으로 정해서 하관하면 자연스럽게 조금의 차이도 없게 된다. 척수의 다과을 말하면 분간은 사람들이 마음속으로 헤아리기에 달려있다. 태극훈의 2개 원[圈] 밖으로 벗어나지 말아야 한다.

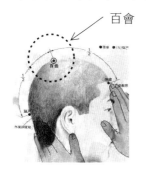

<그림1-3-2 > 백회(百會)

<三寶經>日 兩片三叉穴自然 杖隨斜側枕尖圓 接迎順逆分强弱 个字之中玄又玄 此杖法之謂也 至卦例之非 楊公云 定卦番來是夢中 只觀來歷有無踪 但將兩字鉗龍脈 莫把三星亂指空 兩字分合兩字也 又云 下地不裝諸卦例 登山不用使羅經 又云 不問五音諸卦例 但將好主對賢賓 曾公云 尋龍遠視識眞龍 何問方開卦例通

<삼보경>에 이르기를 '양편 물이 삼차(三叉) 즉 삼합수이면 혈은 저절로 이루어지니, 지팡이로 경사(斜側)를 따라 끝이 뾰족하고 둥근 봉우리[尖圓]를 베개 삼아 맞이하여[接迎;안산을 응대하여)] 순역(順逆;순종과 거스름)으로 강약을 분별하면, 개자(个字) 가운데는 오묘하고 오묘하다'라고 한다. 이는 도장법을 말한 것이다. 괘례의 그릇됨에 대해서는 양공이 이르기를 '괘순서[卦番]로 맥이 온다고 정하는 것은 꿈속 같으니, 다만 내력(來歷)의 종적이 있는지 없는지를 보면 된다. 다만 두 글자[분합의 兩字]로 용맥을 구속[鉗]하고 천성[三星]을 가지고 어지러이 허공을 가리키지 말라.'라고 했다. 양자란 분합 (分合) 두 글자이다. 또 이르기를 '하장(下葬)할 때 모든 괘례로 가장하지[裝] 말고,

설심부 변와 정해

산에 올라서는 나경을 쓰지 말라'고 했다. 또 이르기를 '모든 괘례로 오행을 판단하지[問] 말고, 다만 좋은 주인은 즉 주산이 현명한 손님 즉 안산을 마주하도록 하라'고 했다. 증공은 이르기를 '용을 찾는 것은 멀리 보아 진룡을 식별하는 것이니, 어찌 괘례를 통하여 방위를 찾는가?'라고 했다.

廖公云 純陰純陽眞惑世 紫微八卦倣其爲 單于梅花[82] 非正論 天星宗廟胡可知 賴公云 內外之水無不廻環 內外之山無不拱顧 自成成富貴大地 不須卦例而亦吉也 朱文公云 第一要緊看巒頭 有了巒頭穴可求 若是巒頭不齊整 縱合天星也是浮 許亮公云 何用天星何用卦 水金定穴此言差 祿馬貴人催官說 到頭終是敗人家 諸葛孔明曰 山川形勢天地之設 天星卦例人之自爲 豈可以星卦始轉山川之形勢者乎

요공이 이르기를 '순음순양은 참으로 세상을 현혹하고, 자미팔괘는 그것을 모방(模倣)한 것이다. 매화역수로 단정(單定)하여 논하는 것은 천성의 정론이 아니고, 종묘(오행)를 어찌 알리오?'라고 했다. 뇌공이 이르기를 '내외의 물이 모두 회환하고, 내외의 산이 모두 공손하게 돌아보아 감싸주면, 저절로 부귀를 이루는 대지가 되니, 반드시 괘례가 아니나 역시 길하다'라고 했다. 주문공이 이르기를 '제일 중요한 것은 만두를 살피는 것이니, 만두를 찾아냈으면 혈은 구할 수 있다. 만약 만두가 단정(반듯)하지 않으면, 설령 천성에 합하더라도 헛된 것이다'라고 했다. 허량공이 이르기를 '천성과 괘례를 어떻게 사용하는가? 수금(水金)으로 혈을 정한다는 말은 그릇된 것이다. 녹마·귀인·최관 등의 설은 마침내[到頭] 결국 집안을 망하게 한다'라고 했다. 제갈공명이 이르기를 '산천형세는 천지가 만든 것이고, 천성괘례는 사람이 인위적으로 만든 것이다'라고 했다. 어찌 성괘로 산천의 형세를 움직이고 돌릴 수 있겠는가?

劉伯溫云 世傳卦例數十家 彼吉此凶用不得[83] 一行禪師術數精 故意僞造卦例經 宗

---

82) 매화역수(梅花易數)는 소강절이 창안한 점법으로 수리역학 매화역수는 우리가 일상생활에서 흔히 사용하는 1,2,3,4,5,6,7,8,9 등 아홉 개의 숫자로써 사람의 사주팔자와 운세를 풀이하는 역학이다.。胡(호) : 어찌. 멀다. 크다.。廻環(회환) : 굽이굽이 감돌다.。無不(무불) : ~하지 않는 것이 없다. 모두 ~이다.。有了(유료) : 찾아냈다.。到頭(지두) : 마침내. 정점(頂點)에 이르다. 결국.

83) 用不得(용부득) : 쓸 수 없다. 쓸모없다.。輒(첩) : 오로지.문득.쉽게.빈번이.。煽惑(선혹) : 충동하여 유혹하다. 부추기어 현혹(眩惑)하게 함.。由此 (유차) : 여기에서.이로써.여기로부터·이리하여.。免(면) : 벗어나다. 어떤 사물의 영향을 받지않다.。識見(식견) : 학식(學識)과 견문(見聞).。鄙陋(비루) : 식견이 좁다.。~不得(부득) : 동사 뒤에 붙어서 '해서는 안된다. 할 수가 없다'를 나타냄。聽信(청신) : (남의 말을 쉽게) 믿다.。未免(미만) : 꼭[불가피하게]~하다.。可

廟五行從此設 顚倒用假來混眞 又云 何用九星竝八卦 生旺死絶俱虛話 免惑時師卦
例言 福無禍有須當察 又云 庸流晚學 識見鄙陋 傳授差訛 認不得眞龍 點不得眞穴
却乃竊取卦例之說 惑世誣民 凡與人擺葬 輒曰 是某來龍宜立某向 合得某卦例 消
得某沙水 其地當出大富大貴 設有不合者 輒曰 其地合不得卦例 消不得沙水 葬之
某房必敗 某房必絶 雖聰明高識之士未免聽信 被其煽惑 可勝歎哉 由此觀之則卦例
之非 先賢闢之 諄諄令之 術士當惕然 猛省改邪歸正 庶免自誤以誤人也 田氏謂 平
洋之地無有形勢之可見者則以天星卦例定之可也 殊不知楊公云 凡到平洋莫問踪 只
觀水繞是眞龍 又何必以星卦定之哉 此說不可信也

유백온이 이르기를 '세상에 전하는 괘례(卦例)가 수십 가지가 있는데, 저것은 길하다 하고 이것은 흉하다 하니 사용할 수가 없다. 일행선사는 술수에 정통하여 고의로괘례경을 가짜로 만들었다. 종묘오행은 이것에 따라 계획하여 행하니, 거짓을 사용하여 전도하니 진짜를 혼란시키는구나' 라고 했다. 또 이르기를 '어찌 구성과 팔괘를 사용하는가? 생왕사절은 모두 헛말이다. 오늘날 풍수가[時師]는 괘례를 말하는 것에 현혹되지 말라.[免惑] 복은 없고 화만 있으니 마땅히 살펴야 할 것이다' 라고 했다. 또 말하기를 '용렬한 후학들(庸流晚學)이 식견이 좁고[鄙陋] 또 잘못[差訛] 전수받아 진룡을 알지 못하면 점혈을 할 수 없다. 오히려 괘례지설을 몰래 훔쳐서[竊取] 혹세무민한다. 무릇 다른 사람에게 천장을 해주면서 오로지 말하기를-이는 어느 방향에서 온 용이니 마땅히 어느 방향으로 정하여야 어느 괘례(卦例)에 어울려 맞고 파구[消]가 어느 사수(沙水)에 맞아야 그 땅에서 당대의 대부 대귀가 나온다고-라고 한다. 어울리지 않아도 오로지[輒] 말하기를 그 곳이 괘례에 합당하지 않아 파구[消]도 (괘례에 맞는)사수를 얻지 못하니 그곳에 매장하면 어느 방(房)은 반드시 실패하고 어느 방은 반드시 절손된다고 한다. 비록 총명하고 높은 지식이 있는 선비라도

: 마주 대하다.。勝(승) : 많음. 지니치다.。闢(벽) : 깨우치다.。諄諄(순순) : 간곡하게 타이르다.。惕(척) : 두려워하다.。猛省(맹성) : 깊이 스스로 반성하다.。到(도) :~에. ~ 에 이르다.
☞청룡은 장방(長房)을 관할하고 백호는 유방(幼房)을 관할함이 확실하다. 만약 4·7·10방(四·七·十房)이라도 청룡으로 점치고, 3·6·9방 (三·六·九房) 역시 백호로 점친다. 가령 장방(長房)은 가장 주요한[第一重] 것을 청룡으로 보고 4방(四房)이면 두 번째의 중요한[第二重] 것을 청룡으로 본다. 만약 첫째로 청룡을 거듭한 것이 좋고[若一重靑龍好]의 청룡이 좋고 제4방의 두 번째 청룡을 거듭한 것이 좋지 못하면[而二重不好] 제1방(第一房)은 길(吉)하고 제4방(第四房)은 불길(不吉)하다. 나머지도 이와 같이 추리한다.
연대(年代)의 길흉(吉凶)도 그렇다. 2·5·8방(二·五·八房)은 명당(明堂) 안대(案對)로 점친다.
<출처>『지리담자록』 ,pp166~167.

설심부 변와 정해

꼭고 말을 믿어 현혹됨을 면치 못하니 탄식하지 않을 수 있겠는가' 라고 했다. 여기에서 보듯이 패례의 잘못을 선현들이 깨우치고[闢] 간곡하게 타일렀다. 술사들은 마땅히 두려워하며 깊이 반성하여 잘못을 고치고 바른 길로 돌아와야 자신이 그릇되어 여러 사람을 그릇되지 아니하게 된다. 전씨가 이르기를 '평지는 형세로 볼 만한 땅이 없으면 천성 패례로 정할 수 있다' 라고 했다. 양공이 이르기를 '대저 평양에는 종적을 묻지 말고 다만 물이 감싸고 있는지를 보면 그곳이 곧 진룡이라' 는 것을 전혀 몰랐던 것이다. 또 하필 성패로 진룡을 정하겠는가? 전씨의 설은 믿을 수 없다.

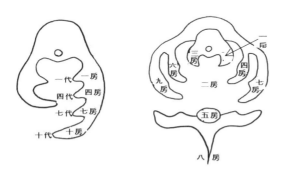

< 그림1-3-3 >　龍虎所主公位及年代[84]

楊筠松의　12杖法

1. 순장(順杖)

順者　順接來脈而正受穴也　來龍頓跌[85]剝換　脫卸已盡　至將入首處　不强不弱　不必饒減　微微一脈　逶迤入穴　無直衝　劍脊之形　朝案端正　龍虎和平　堂水中聚　故用順杖

순(順)은 내맥에 순접하여 똑바로 혈을 맺는 것이다. 내룡이 돈질하고 박환된 것은 탈사가 이미 다된 것이다. 입수처에 거의 와서도 강하지도 약하지도 않아

---

84) 연대와 공위(年代及公位): 형제 자매간의 연대와 위치에 따른 길흉화복.
85) 頓跌(돈질) : 조아리며 달리다。◦박환(剝換;退卸;脫卸)은 벗기고 바뀐다는 뜻으로 본래의 모습이 바뀌는 것을 말한다. 즉 높고 험한 암석이 물과 바람에 의해 기계적 풍화가 되거나 화학적 풍화 작용과 지현굴곡 기복변화로 거친 것이 순해져 부드러운 흙으로 바뀌어지는 것을 박환이라 한다.
　◦直衝(직충) : 가파르고 곧게 내려온 입수와 좌향이 같아 직래직수(直來直受)로 기충뇌산(氣冲腦散)하는 모양.

요감(饒減)이 필요하지 않고 미미한 일맥이 구불구불하게 [逶迤] 입혈(入穴)하여, 뚝바로 뻗어와 치거나[直冲] 찰등[劍脊]과 같은 날카로운 형상이 없다. 조안이 단정하고 용호가 화평하며 명당의 물이 중명당에 모인다. 그래서 순장을 쓴다.

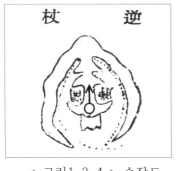

< 그림1-3-4 > 순장도

< 그림1-3-4 > 역장도

逆者 逆接來脈而倒受穴也 祖山聳拔淸秀 落脈細嫩 無脊 無枝脚衝射 兩傍開睜[86] 而不逼壓朝山 雖係祖山而相對 儼若賓主 來脈多陰 發陽行 弱來強結 故用逆杖

<그림 1-3-6 >개정전시(開睜展翅) 및 개정(開睜)

역(逆)은 내맥에 역접하여 거꾸로 혈을 받은 것이다. 조산이 높이 우뚝 솟아 맑고 빼어나고, 낙맥하여 가늘고 부드러워 [細嫩] 용척(龍脊)이 없고 지각(枝脚)의 충사(衝射)가 없다. 양옆으로 넓게 펼쳐서 [開睜] 조산(朝山)을 핍압(逼壓)하지 않는다. 비록 조산에 연결되어 있으나, 상대하는 것이 마치 손님과 주인같이 정중하다. 내맥(來脈)은 흔히 음맥이면 생긴 혈은 양혈을 맺는다. 약하게 와

---

86) 開睜(개정) : 용호의 양쪽이 열려 펼쳐지고 어깨가 내려오면 그것을 개쟁(開睜)이라 하며 생인(生人)이 스스로 천하를 통하게 함을 주관한다.(兩畔開展落肩。謂之開睜。主生人自空四海)。◦行(행) : 주다. 베풂. 실행하다. ◦睜(정) : 싫은 눈빛. 눈을 크게 뜨다.
儼若(엄약) : 마치[흡사] ~같다. ◦儼(엄) : 공손하다. 삼가고 정중함.

설심부 변와 정해

서 강하게 혈을 맺는다. 그래서 역장을 쓴다.

3.축장(縮杖)

縮者 氣聚山頂 脈中來而縮受穴也 四山高衛氣必上聚 雖脈來長止短而穴旣在百會
顖門[87]之間則諸殺自然低伏 故用縮杖

축(縮)은 기가 산꼭대기에 모여 있고 맥 가운데로 와서 응축하여 혈을 받는 것
이다. 사방의 산이 높게 호위하면 기는 반드시 위에 모이게 된다. 비록 맥이
길게 와서 짧게 머물지라도 혈(穴)은 이미 백회(百會)와 신문(顖門) 사이에 있
어 모든 살이 저절로 낮게 엎드린다. 그래서 축장을 쓴다.

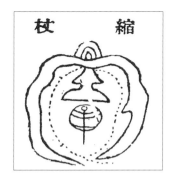 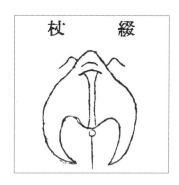

<그림 1-3-7 > 축장도   <그림1-3-8 > 철장도

4.철장(綴杖)

綴者 如絲綴衣縫[88] 綴聯其穴於脈也 龍勢雄急 落脈强健 結穴最低 就龍脈將盡未
盡止處立穴 故用綴杖

철(綴)은 실로 의복을 꿰매어 잇는 것 같이 그 혈을 맥상에 이어 연결하는 것
이다. 용세가 응급(雄急)하고 낙맥(落脈)이 강건하면 가장 낮은 곳에 결혈한다.
용맥이 끝날 쯤[將盡未盡]에 나아가 입혈하게 된다. 그래서 철장을 쓴다.

---

87) 백회(百會) : 백회혈은 인체 내의 여러(百) 경맥이 모이는[會] 데서 백회라 명명됐다.
☞嬰兒(영아)의 시기에는 머리 위 연골이 움직이는 곳으로 속칭 顖門(신문;정수리 숨구멍)이라
고도 하였고 예전에는 顖會(신회)라 하였다. ☞顖(신) : 정수리. ☞前頂은 머리 중앙의 가장 높
은 곳을 가리킴.
88) 絲綴衣縫(사철의봉) : 실로 옷을 꿰매어 잇다. ◦綴(철) : 잇다. 연결하다. ◦縫(봉) : 꿰매다.
바느질하다. ◦綴聯(철련) : 실로 꿰매어 연결하다. ◦雄急(응급) : 웅장하고 급(急)하다. 剛健
(강건) : 자태가 굳세고 힘이 있다.

5. 개장(開杖)

開者 龍勢直衝當[89]頭 有殺 對頂中 分其脈兩傍 倚脈而受穴也. 當脈則有殺 脫脈則無氣 倚脈雄强將弱之處 後靠應樂 前收堂氣 兩傍裁穴 故用開杖 以開杖鬪者非也

개(開)는 용세가 만두를 마주하여 직충(直衝)하고 살기를 지녀 정수리 가운데에 대해 그 맥을 양방으로 나누어 의맥하여 혈을 받는 것이다. 맥을 마주보면 [當脈] 살기가 있고 맥을 벗어나면[脫脈] 기가 없다. 의맥(倚脈)이 웅장하고 강하면 약한 곳에서 혈 뒤로는 응하는 낙산에 의지하고 앞으로는 당기를 거두어 들여 양방에 재혈을 한다. 그래서 개장을 쓴다. 개장을 투장(鬪杖)이라 하는 것은 잘못이다.

前頂

顖門(신문) 또는 顖會(신회)

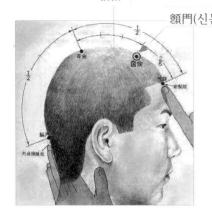

<그림1-3-9> 前頂

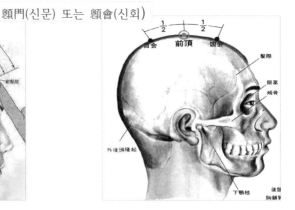

<그림1-3-10 > 정수리

杖　開

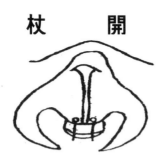

<그림1-3-11 > 개장도(開杖圖)

---

89) 當(당) : 대(對)하다. 마주 보다. 。개(開) : 벗어나다.

6.천장(穿杖)

<u>穿者</u> 脈自[90]旁來 正面結局 如絲穿針眼 <u>柯鬪斧孔而腰受穴也</u> 後龍直來橫結 或斜
來正結 前有朝案 <u>後有樂托</u> 龍虎彎抱 堂水中聚 以腰接脈而正中立穴 故用穿杖

천(穿)은 맥이 옆에서 들어와 정면에 국을 맺어 마치 실이 바늘구멍을 통하듯,
도끼 구멍에 자루를 끼우듯, 허리에 혈을 받는 것이다. 후룡이 직래(直來)하여
가로로 혈장을 맺거나, 비스듬하게 와서 바르게 혈장 맺기도 한다[正結]. 앞에
는 조안(朝案)이 있으며 뒤에는 낙탁(樂托)이 있다. 용호는 감싸 안고[彎抱] 명
당의 물은 가운데 모인다. 허리로 맥이 이어져 정중에 입혈한다. 그래서 천장
을 쓴다.

7. 이장(離杖)

<u>離者</u> 脫離來脈而受穴也 後龍頓跌起伏 至將入首處 <u>脈急難停 脫落平坦</u> 如蠶之脫
繭[91] 蟬之脫殼 形體雖在此而生氣別脫出於外也 故用離杖

이(離)는 흘러오는 맥을 이탈하여서 혈을 받는 것이다. 후룡이 조아리며 달리
고[頓跌], 기복(起伏)하여 입수처에 거의 이르러서는 맥이 급해져 멈추기 어려
워져서 이탈하여 평탄 한 곳에 낙맥하게 된다. 마치 누에가 고치에서 나오고
매미가 허물을 벗는 것처럼 형체가 비록 이 곳에 있더라도 생기는 따로 이탈하
여 밖으로 나간다. 그래서 이장을 쓴다.

<그림1-3-12 > 천장도(穿杖圖)

<그림1-3-13 > 이장도(離杖圖)

90) 自(자) : 으로부터. 에서. ○針眼(침안) : 바늘에 실을 꿰는 구멍. ○柯鬪斧孔(가투부공) : 도
끼 구멍에 자루를 끼운다. ☞ 柯(가) : 가지. 자루. ○鬪(투) : 맞추다. 한데 붙이다.

91) 繭(견) : 고치 cf) 박환은 좋은 의상으로 갈아입는 것 같고, 누에 애벌래가 탈피하여 누애
고치를 탈피하여[광주리를 떠나] 나방이 되어 과시하는 것 같다(如換好衣裳如蠶蛻殼蛾脫
筐). <출처>.『地理人子須知』徐善繼·徐善述 (臺北: 武陵出版有限公司, 2000), p.76. ○蛻
(세); 蛻(탈) : 허물을 벗다. 나오다. 벗어나다.

8. 몰장(沒杖)

沒[92]者 陰來陽受 急落開窩 氣沈窩底 <u>杖亦沒於窩底 深接來脈而受穴也</u> 龍勢雄急 一向陰[93]<u>建 直至入首處</u> 方化開陽窩 脈旣深沈而來 則穴必深藏而受 故用沒杖 <u>若窩太深 又宜用架法[94]</u>

몰(沒)은 용맥이 음(陰)으로 와서 양(陽)으로 받을 때 급락해서 개와(開窩)하면, 기(氣)가 와저(窩低)에 가라앉고 이러한 도장법도 와저에 가라앉아 내맥에 깊이 접하여 혈을 받는 것이다. 용세가 웅장하고 급격하여 오로지(一向) 음으로 쭉 길게 곧은 맥이 입수처에 이르러서야 비로소 양와(陽窩)를 열게 된다. 맥이 이미 깊이 가라앉아 오면 혈은 반드시 깊이 감추어진 곳에서 받아야 한다. 그래서 몰장(沒杖)을 쓴다. 만약 와(窩)가 너무 깊으면 의당 가법(架法)을 써야 한다.

9. 대장(對杖)

對者 杖頭緊指有情處 取其四勢登對[95]而中心受穴也 龍眞穴正四勢和平 惟入首處 如一片脾浮[96] 無窩鉗乳突可取 但準前後輔弼以天心十道之法裁之 故用對杖

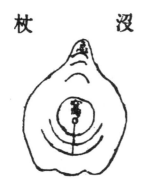
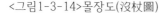

<그림1-3-14>몰장도(沒杖圖)   <그림1-3-15>대장도(對杖圖)

---

92) 沒(몰) : 잠기다. 빠지다.◦建直(건직) : 쭉 길게 곧은 맥.◦一向(일향) : 오로지.

93) 如覆掌(여반장). 劍背(검배;칼등). 剛硬(강경). 峻急之狀(준급지상)은 陰脈(음맥)이고. ◦仰掌(앙장). 柔軟(유연). 平緩之狀(평완지상)은 陽脈(양맥)이다.

94) 가법(架法)을 예를 들면 경주 원성왕릉의 괘릉(掛陵). ☞架(가) : <u>물건을 걸거나, 받치는 시렁 따위 틀.</u>

95) 登對(등대) : 균등하다. 알맞다. 잘 어울리다.◦緊(긴) : 요긴(要緊)하다(중요하다)◦一片(일편) : 매우 작거나 적은 부분.

96) 하나의 비장이 부어있는 것 같은 것.

대(對)는 지팡이 끝부분은 유정한 곳을 가리키는 것이 중요하고, 사세(四勢)가 균등하게 취하여 중심에서 혈을 받는 것이다. 용진혈정(龍眞穴正)하고 사세(四勢)가 화평(和平)하면, 다만 입수처에 약간 융기된 것[脾浮] 같으면 와겸유돌(窩鉗乳突)이 없더라도 (혈을) 취할 수 있다. 다만 앞뒤의 보필사(輔弼砂)를 기준하여 반드시 천심십도법(天心十道之法)으로 재혈해야 함으로 대장법을 쓴다.

10. 절장(截杖)

截者 截去穴前吐出有餘97)不盡之氣 左右不包之脣頭也 來脈 兩水夾出 一水橫闌 雖衆短此長 但刦地而不刦氣 宜取其左右夾拱之山 截去玄武長嘴以正中騎春立穴 故用截杖

절(截)은 혈 앞에 토출하여 기가 끝나지 않고 남아있으니 좌우에서 감싸주지 못한 전순 끝부분[脣頭]을 잘라 버리는 것이다. 내맥을 양수가 껴안고 나가고 한줄기 물이 가로 막으니 뭇 용호들이 짧지만 이 내맥은 길어[長] 다만 땅을 겁박할 뿐 기를 겁탈하지는 않는다. 마땅히 좌우에서 껴안아 주는[夾拱] 산을 취하고, 현무의 긴 부리[長嘴]를 잘라내어 한 가운데(正中)에 생기를 타도록 [騎春] 입혈하여 예로부터 절장법을 쓴다.

11. 돈장(頓杖)

頓98)者 頓起高壘 堆客土以聚生氣 培假阜以配眞局也 衆山俱低小 此龍獨高大 將入首處 卸落平地 惟於十字杖中 頓墩成穴 卽堆金葬是也 只要與四山相稱 莫疑脈絡不清 故用頓杖

돈(頓)은 가지런히 높이 쌓아 올리는 것이다. 객토를 쌓아 인공의 언덕을 만들어 생기를 모아 참으로 국에 어울리게 하는 것이다. 중산이 모두 낮고 작은데 이 용만 홀로 높아 크면 입수처 가까이 평지에 떨어져[卸落] 오직 전후좌우사의 십자막대기[十字杖]중심에 가지런히 쌓은 흙더미[頓墩]에 혈을 만드니 곧 퇴금(堆金)에 장사(葬事)한다는 것이 이것이다. 다만 (주위)사산과 서로 어울기

---

97) 有餘(유여) : 여유가 있다. 남다。◦餘(여) : 여분. 여기。◦騎(기) : 올라타다。◦春: [비유] 생기(生氣) ◦지리의 주는 매장으로 생기를 타는 것에 불과하다. 생기는 음양교구와 수화기제(水火旣濟:음양이 조화를 이루어진 상태) 중에 나오는 것이다 (地理之主葬 不過乘生氣而已 生氣者 從陰陽交媾 水火旣濟 中出者也).　　　　　　　　<출처>『풍수지리요강』,p17.

98) 頓(돈) : 가지런히 하다. 작은 언덕。◦壘(루) : (흙 따위로) 쌓다。◦堆(퇴) : 쌓다。◦培(배) : 더하다. 흙으로 덮다。◦假(가) : 인조(人造)(의)。◦配(배) : 에 어울리다。◦卸(사) : 낙하(落下)하다. 떨어지다。◦只要(지요) : 하기만 하면. 만약 ~라면.

만 하면 맥이 이어짐(脈絡)이 뚜렷하지[清] 못한 것을 의심하지 말고 돈장법을 쓴다.

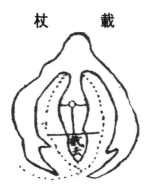

<그림1-3-16 > 재장도(截杖圖)

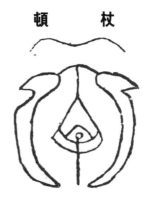

<그림1-13-17 >돈장도(頓杖圖)

12. 범장(犯杖)

犯者 傷犯來脈而鑿開受穴也 衆山俱高大 此龍獨低小 將入首處不開頭面 惟於孩兒
頭上 看其陽氣將化之處 開金取水[99] 高居尊位以降伏群山 故用犯杖

범(犯)은 내맥에 손상이 발생하였으나[傷犯] 천광하여[鑿開] 하여 혈을 받는 것
이다. 주변 모든 산이 높고 크나 이 용만 유독 낮고 작아서 입수처에서 두면

---

99) 개금취수(開金取水)

혈성이 금(金)이고 다리가 목(木)인 금두목각(金頭木脚)에 장사지내는 것은 금(金)에 매장[葬]하
면 강(剛)을 범(犯)하고 목(木)에 매장[葬]하면 살(殺)을 받는다. 이때 장법(葬法)은 금목(金木)이
서로 만나는 교구처[相交處]에 미미(微微)한 와엽(窩靨)이 있으면 공사하여 해결한 다음 운토
(暈土)를 보고 그 가운데에 매장[葬]한다. 그 다음 앞에는 작은 둑을 쌓아 연못[小塘]을 만드는
방법으로 혈을 쓰는데, 못과 그 주변의 땅은 굽어져서 혈을 싸서 보호하는 모습으로 보여야
한다. 만약 그렇지 못하면 목유(木乳)는 달아나버리게 된다고 하였다. 이렇게 공력을 들여 장
사하는 방법을 개금취수(開金取水)·투공(鬪鉖)·압살(壓殺)·참관(斬官) 등 여러 이름으로 사용된
다. 만약 좌혈(坐穴)했을 때 유(乳)가 변하여 전순(前脣)의 역할을 한다면 앞에 못을 만들 필요
가 없다. 무릇 유혈(乳穴)을 보면 개수(開手)하지 않는 것이 없다. 개수는 본신(本身)에서 나오
지 않고 장막 뒤에서[後帳] 나오는 것인데 어깨를 열고 팔을 내민 것이 앞에 가서 교회(交會)
하고, 그 안에 이뤄진 대와(大窩)에 유(乳)가 생겼으면 여기에 바로 혈을 쓸 수 있으니 이것이
또한 개금취수(開金取水)의 법이다. 이때 유(乳)는 수의(水意)가 있어야 하는데 혈을 여는 자리
는 혈운(穴暈)을 살펴 확인 후에 흙이 점차 변하여 미색(美色)으로 곱게 바뀌어져야 비로소 좋
다. 만약 이런 증거가 없는데도 함부로 혈을 파 들어가서 돌이 많았다면 더욱 나쁜 것으로 단
연코 버리거 사용하지 않는다.   <출처> 『지학』, 『풍수보감』

(頭面)을 열지 못하면 다만 해아두(孩兒頭=化生腦)위에 양기(陽氣)가 곧 변화하는 곳을 보아 개금취수(開金取水)하여 혈이 위치하고 있는 높은 곳은 모든 산들을 항복시킬 수 있으므로 범장법을 쓴다.

📖 順兼逆者 順接臨頭之脈 逆接堂中之氣而受穴也. 來脈正落 宜向去水一邊立穴 不可趨上邊順沙 只用下逆之沙 以收上來之水 故頭頂來脈 脚踏[100]去水 方合局也.
순겸역(順兼逆)은 도두에 접근하는 맥에는 순접하고 명당 가운데의 기에는 역접하여 혈을 받는 것이다. 내맥이 정락(正落)하면 마땅히 나가는 물[去水] 한쪽을 향하여 입혈해야 한다. 상변 순수사를 따라서는 안되고 아래에서 역수사를 써서 위에서 오는 물을 거두어야 한다. 그러면 두정의 내맥이 지각을 거쳐 흘러가면 비로소 합국하게 된다.

<그림 1-3-18> 범장도   <그림 1-3-19> 挨金傍   <그림1-3-20>挨金剪火圖

📖 順兼縮者 順接來脈而受穴於百會顖門之間也 星辰上聚收納遠山遠水之秀 其穴場雖高然藏風聚氣猶如平地 故堂局證佐大約與順杖相似也
순겸축(順兼縮)은 내맥에는 순접하여 백회(百會)와 신문(顖門) 사이에 혈을 받는 것이다. 성신(星辰)이 모두 위에 모이고 먼 곳의 산과 물이 빼어난 것을 거두어 받아들이니, 혈장(穴場)은 비록 높으나 장풍(藏風)이 되어 기가 모이는 것이 평지(平地)와 같다. 고로 당국의 증좌가 대략 순장(順杖)과 비슷하다.

📖 逆兼順者 逆接來脈順接堂氣而受穴也 龍至入首 逆插一脈 坐祖正頂 前對臍心後對鬼撐 切勿認爲回頭顧祖 以鬼作穴而踏裹頭之水[101]弊也.

---

100) 踏(답) : 밟고가다, 나가다.

역겸순(逆兼順)은 내맥에 역접하고 명당의 기에는 순접하여 혈을 받는 것이다. 용이 입수에 이르러 조산의 꼭대기 가운데에[正] 위치하여 있는 일맥에 역으로 천장하여[揷] 앞으로는 제심(臍心)을 대하고, 뒤로는 귀(鬼)로 지지하여 대하니 결코 회두고조(回頭顧祖)라고 인식해서는 안된다. 귀에 작혈하면 과두수의 피해를 볼 수 있다.

📖 逆兼穿者 逆就堂氣 橫接來脈 顧祖以受穴也 不拘左轉右轉 但脈閃[102]歸一邊 復回顧祖 逆就局而橫接脈者 皆逆兼穿也 餘杖兼用難以盡述 惟在人意會以類推之也

역겸천(逆兼穿)은 당기를 역으로 취하고[逆就] 내맥에는 횡접하여 조산을 돌아보고 혈을 받는 것이다. 좌측으로 돌았거나 우측으로 돌았거나 구애(拘礙)되지 않는다. 다만 맥이 한쪽을 피신하여 돌아와[閃歸] 다시 방향을 바꾸어 고조(顧祖)하여, 역으로 국을 취하거나 횡으로 맥을 접하면 모두 역겸천이다. 기타 겸용법을 모두 기술하기는 어렵다. 다만 각자 이해하여 유추하면 될 것이다.

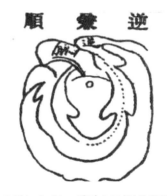

<그림1-3-21> 역겸순도(逆兼順圖)

以上倒杖圖說乃按[103]脈乘氣之要法而爲地理之正宗也 惜乎僞書雜出卦例灌惑 後

---

101) 裹頭水(과두수) : 허약한 용에 붙어있는 수각(手脚 : 용호)에 여기(餘氣)가 없으며 거센 물이 부딪혀 패이고 깎이고 끊어져 두루 돌아 머리(혈장)를 감싸는 물 (貼脚洗割周廻而裹頭也)로 흉하다. 자손이 돌림병에 걸리고 빈한(貧寒)하다. ☞ 과두수(裹頭水)를 전요수(纏腰水)로 잘못 알면 안 된다. 또한 금성수와도 다르다.

102) 閃(섬) : 피신하다. 피하다. 언뜻보이다.

103) 按(안) : 살피다.◦正宗(정종) : 전통적인.◦灌(관) : 흘러 들어가다.◦稽(계) : 검토함.◦視(시) : 간주하다.◦閒(한) : 쓸데없다.◦流沿(유연) : ~을 따라 내려가다.◦沿習(연습) : 습속을 따르다. ◦入邪(입사) : 사도(邪道)에 발을 들여놓다.◦猛(맹) : 홀연히.◦裨(비) : 보태다.◦妙用(묘용) : 신묘한 작용.◦仰觀俯察(앙관부찰) : 하늘을 쳐다보아 천문을 보고, 땅을 굽어보아

學失稽庸流沿習　反視杖法爲閒說　予生斯世習斯道　不得不力闢卦例闡明杖法　使入
邪時術猛知返正　庶有裨於斯世也　或有識之者謂予不知卦例妙用　故有是辨　予或不
知而先賢闢卦例者知否　仰觀俯察　莫過於孔明伯溫二師　而考其所著至寶錄與堪輿寶
鏡俱將卦例闢之殆盡　則此二師可謂知之乎　可謂不知乎　噫　仁人孝子欲得安親之地
宜擇明師以求之　積德以培之　切勿信卦例之說而反受其禍也

이상의 도장의 도설은 맥을 살피고 기(氣)를 타는[按脈乘氣] 요법으로 지리의
전통적인 것[正宗]이다. 애석하게도 위서(僞書)가 섞여 나오고[雜出] 괘례가
흘러들어와 현혹시켜 후학들이 검토하지 않고[失稽] 용렬한 무리들이[庸流] 구
습에 젖어[沿習] 오히려 장법이 쓸데없는 것[閒說]으로 여긴다. 내가 이 세상
에 태어나 이 도(道)를 배웠으니 부득불 괘례를 힘써 물리치고[闢] 장법을 천
명(闡明)하는 것은 사도에 몰입한 당대 술수[時術]들이 올바르게 고쳐 홀연히
깨닫게 하여 세상에 많은 보탬이 있기를 바란다. 혹 식자는 내가 괘례의 묘용
을 모르고 있기 때문에 그렇게 판단한다고 할 수도 있다. 내가 혹 (괘례)를 모
른다고 할지라도 선현이 괘례를 물리친 것은 알지 않는가? 천문[仰觀] 지리
[俯察]을 살피는 데는 공명 백온 두 스승을 능가하는 사람이 없고 그분들이
저술한 <지보록>과 <감여보경>에서 모두 괘례를 물리치는 것을 거의 다 밝혔
는데 두 스승이 괘례를 안다고 할 것인가 모른다고 할 것인가. 아! 어진 이와
효자들은 부모를 편안하게 모실 땅[安親之地]을 얻고자하면 마땅히 명사를 가
려 선택하고 적덕하여 가꿀지라. 괘례의 설을 믿어 도리어 재앙을 받는 일이
없도록 하라!

辨眞僞於造次之間[104]　度順逆於性情之外。　未知眞訣　枉誤世人。
경솔하게 진위를 분별하면 성정을 벗어나 순역을 헤아리게 되어 진결을 알지
못하고 세상 사람을 왜곡하여 그릇되게 한다.

僞假也　造次急遽[105]也　承上言尋地擢葬貴明倒杖之法　若此法不明而反信卦例之說
至辨眞僞　只以羅經格[106]之　是亥是艮　便說是眞　是乾是寅　便說是僞　是辨之於造次

지리를 살핌[仰觀天文　俯察地理].　。考(고) : 밝히다. 　。闢(벽) : 물리치다.
104) 造次之間(조차지간) : 창졸간에. 경솔하게. 。間(한) : 잠깐. 틈. 사이. ☞ 間(간)의 본자(本
　　字). 。度(탁) : 헤아리다. 枉(왕) : 왜곡하다. 쓸데없이.
105) 遽(거) : 갑자기. 。擢(천) ; 扦(천) : 꽂다(揷). 明(명) : 알다. 。造次(조차) : 급작스럽다.
　　경솔하다.
106) 格定(격정) : 내룡이 어느 방위에서 오고 또 물의 파(破)는 어느 방위로 빠졌는가를 패철
　　을 이용해 방위를 측정하는 행위를 말한다. 。平岡平支 ☞平岡 : 평지 언덕을, 平支는 平洋

之間也 至度順逆 亦只以羅經格之 如亥龍 從戌乾轉 便說左轉爲陽是順 如亥龍從
子壬轉 便說 右轉爲陰是逆 是度之於性情之外也

위(僞)는 거짓이다. 조차(造次)는 서둘러서 급한 것이다. 위의 문장에 이어 땅
을 찾아 장사함에 도장법을 아는 것이 좋다는 말이다. 만약 이법을 분명하게
알지 못하면 오히려 괘례설을 믿어 진위(眞僞)를 분별함에 오로지 나경(羅經)
으로 격정하여 [格之] 이것은 해(亥)이고 이것은 간(艮)이다. 그러니 이것은 참
이라 하는가 하면 이것은 건(乾)이고 이것은 인(寅)이다. 그러니 이것은 거짓이
라 말한다면, 이는 진위를 경솔하게 변별하는 것이다. 순역(順逆)을 또한 나경
으로 격정하여 해룡(亥龍)이 술건(戌乾)으로 들어와 돌면 곧 좌전(左轉)으로 양
(陽)이 되어 순(順)이라고 하는가 하면, 해룡(亥龍)이 자임(子壬)으로 들어와
돌면 곧 우전(右轉)으로 음(陰)이 되어 역(逆)이라 한다면 이는 성정(性情)을
벗어나 순역을 헤아리는 것이다.

殊不知尋龍之法 先要看祖山落脈平岡平支分脈 以辨其龍其眞僞 及認龍到頭 更要
細察脈氣證佐以辨其穴之眞僞 如下文云 留心四顧 緩步重登 可也 豈可於造次之間
以辨其眞僞耶

심룡법을 전혀 모르면 먼저 조산이 평강(平岡)과 평지(平支)에 낙맥하여 분맥
한 것을 살펴 용의 진위(眞僞)를 변별하고 용의 도두를 식별해야 한다. 그리고
다시 맥기를 세심히 살펴 그것을 증좌로 그 혈의 진위를 변별해야 한다. 아래
문장에서 이르기를 '마음을 모아 사방을 살펴보고 느린 걸음으로 거듭 올라야
좋다' 라고 했듯이 어찌 경솔하게 그 진위를 헤아릴 수 있겠는가?

若山順來 水必逆轉 若水順來 山必逆就 山從左轉 水必右轉 山從右轉 水必左轉
順龍結穴必逆 逆龍結穴必順 一順一逆是山水自然之性情也 豈可於性情之外而度其
順逆耶 然則不知倒杖眞訣而妄信卦例邪說 鮮不以眞爲僞 以僞爲眞 以順爲逆 以逆
爲順 欲不誤人不可得也

만약 산이 순래(順來)하면 물[水]은 반드시 거슬러 돌아야[逆轉] 한다. 물이
거스르지 않고 오면 산은 반드시 거슬러 이루어야 한다[逆就]. 산이 좌측을 따
라 돌면[左轉] 물은 반드시 우전(右轉)해야 한다. 산이 우측을 따라 돌면 물은
반드시 좌전하여야 한다. 순룡(順龍)이 결혈하면 반드시 역이 있어야 한다. 역
룡이 결혈하면 반드시 순이 있어야 한다. 일순 일역(一順一逆)은 산수 자연의

을 지칭한다. 이들은 모두 平洋龍을 가리킨다.

　　　　　　　　　　　　　설심부 변와 정해

성정이다. 어찌 성정 밖에서 그 순역을 헤아릴 수 있겠는가? 그런다면 도장의 진결을 알지 못하고 괘례의 사설(邪說)을 망녕되게 함부로 믿는 것이 된다. 참을 거짓이라 하고 거짓을 참이라 하며 순을 역이라 하고 역을 순이라 하지 않기가 드무니 사람들이 오인하지 않고자 하나 그리할 수 없는 것이다.

且羅經之用　不過因杖法指定龍穴坐向　再以羅經格之　看脈從某方　入首屬何陰陽五行　坐山某方　向指某方　屬何陰陽五行　分辨明白　以便[107]於選擇　觀下文云　立向辨方向　以子午針爲正　作當依法須求年月日之良　卽此可知也

또한 나경의 사용은 장법(杖法)으로 용혈(龍穴)과 좌향(坐向)을 지정한 것을 다시 나경을 사용하여 측정하는 것[格之]에 불과하다. 맥이 어느 방향에서 오고 입수가 어느 음양오행에 속하는지, 좌산은 어느 방향이고 어느 방향을 가리키니 어느 음양오행에 속하는지를 살펴서, 명백하게 분별하여 선택하기에 편리하도록 하려는 것이다. 아래 문장에 이르기를 '입향에 방향을 판단하는 것은 자오침으로 결정한다. 마땅히 법에 의거하여 반드시 년월일시가 좋은 것을 구해야 한다'고 한 것을 보면 곧 그것을 알 수 있다.

時術不知羅經之說　誤用尋龍點穴　殊爲可笑[108]　且山而謂之曰龍者　以其形狀多端變化莫測焉　豈有一定之例　可以局之也哉　若使龍穴之眞的　可以羅經定之　雖令三尺之童亦可按圖而知　嗚呼地理之事　豈若是其易哉　有志於斯道者　宜宗倒杖之法而已矣

당대의 풍수가[時師]들은 나경의 설을 알지 못하면서 용을 찾아 점혈하는데[尋龍點穴] 잘못 사용하니 매우 어처구니없다. 게다가 산을 용이라고 하는 것은 그 형상이 다단(多端)하여 변화를 예측할 수 없기 때문이다. 어찌 고정불변의 예(例)로 야야 국(局)이라 할 수 있겠는가? 만약 용혈의 진짜를 나경으로 정할 수 있다면 비록 삼척동자를 시켜도 그림을 살펴서 알 수 있을 것이다. 오호라! 지리의 일이 어찌 이처럼 쉽겠는가. 이 방면에 뜻을 가진 사람은 마땅히 도장법을 으뜸으로 해야 할 뿐이다.

---

107) 以便(이편) : (하기에 편리)하도록. ~하기 위하여. ◦求 : 찾다. 구하다. ◦正(정) : 단정한다. 결정(決定)하다. 바로잡다. 바르게 한다.

108) 殊(수) : 특히. 매우. 극히. ☞可笑 (가소) : 어처구니없음. (같잖아서)우스움. ◦若使(약사) : 만일 ~하게 한다면. 가령~한다면. ◦豈若(개야) : 어찌 같을 수 있겠는가? 어찌 그렇겠는가. ◦哉也(재야) : 야재(也哉) : 야야. 단정의 조사. 구의 끝에 쓰여 긍정·판단·설명의 어감을 나타냄. 구의 끝에 쓰여 의문 혹은 반문의 어감을 나타냄. ◦若是(약시) : 이처럼. 만약~한다면. 이와 같이. ◦道(도) : 방향. 방면

右段論分合向背倒杖卦例

앞 단락은 분합 향배와 도장과 괘례를 논한 것이다.

此段文義聯屬明白　謝氏只摸捉[109]分合一句而命章曰論氣脈分合　執而不通　田氏又名段曰論山川性情　泛而未確　今正之

이 단락은 문장의 뜻이 연속하고 명백하다. 사씨는 다만 분합이란 한 구를 집어내어 장을 '논기맥분합(論氣脈分合)'이라고 생각하여 우겨서[執] 통하지 않는다. 전씨는 단락을 명명하기를 '논산천성정(論山川性情)'이라 하여 넓어서 명확하지 못하다. 이제 바로 잡았다.

第四章 論五星

細看八國之周流[110]。

팔방의 물이 흘러가는 것을 세밀하게 살펴보라.

八國猶八方也。言尋地者必須細看八方之山水周圍環繞而無空缺之處　斯爲全美之局也　此句乃引起下文五星耳

팔국은 팔방과 같다. 심지는 반드시 팔방의 산수를 세밀히 살펴보아 주위가 환요되어 공결한 곳이 없어야 전미(全美)한 국이 된다는 말이다. 이 구절은 아래 문장에서 오성에 관하여 시작하는 말이다.

詳察五星之變化。

오성의 변화를 상세하게 살펴보라.

五星金木水火土也　山之端圓爲金　聳直爲木　屈曲爲水　尖銳爲火　方平爲土　此正體也　變體則有龍山九星穴山九星[111]　歌曰　貪狼頓笻笋(筍)初生　巨門走馬屏風列　文

---

109) 確(확) : 확실하다。°聯屬(련속;연속) : 관련(이 있다)。°摸捉(모착) : 수사하여 잡아냄。°命(명) : ~라고 여기다。~라고 생각하다。°泛(범) : 광범하다。

110) 周流(주류) : 유행하다。액체나 기름 따위가 돌면서 흐름。

111) 혈산 구성(穴山 九星)에는 성(星)마다 정체(正體)·개구(開口)·현유(懸乳)·궁각(弓脚)·쌍비(雙臂)·단고(單股)·측뇌(側腦)·몰골(沒骨)·평면(平面)의 구격(九格)을 구변(九變)이라 한다. 『요씨(廖氏)의 구성혈법(九星穴法)』정체는 용호가 없다. 개구는 아래에 유(乳)가 없다. 현유는

曲排牙似柳枝 惟有祿存[112] 猪屎節 廉貞梳齒掛破衣 武曲饅頭圓更凸 破軍破傘拍板
同 輔弼雌雄如滿月 又九變歌曰 九星又變爲九樣 其一名木和 連氣居二 分氣三 第
四開脚傘 五爲弓脚 六雙爪 七變番身巧 八是側體 九倒身 八十一形眞是也

오성(五星)은 금·목·수·화·토(金木水火土)이다. 산이 둥글면[端圓] 금(金)
이고, 곧고 높이 솟은 것은 목(木)이며, 굴곡하면 수(水)이고, 뾰족하여 날카로
우면 화(火)이고, 모나고 평평하면[方平]하면 토(土)이다. 이것이 오성의 정체
(正體)이다. 변체는 용산의 구성과 혈산의 구성이 있다. <용산구성가>에 이르
기를' 탐랑(貪狼)은 돈홀에 죽순이 갓 생겨나는 모양이고, 거문(巨門)은 달리는
말에서 병풍을 펼친 것 같은 모양이며, 문곡(文曲)은 어금니를 버들나무 가지
와 같이 나열한 모양이고, 단지 녹존(祿存)은 돼지 똥[猪屎;저시]의 마디와 같
고, 염정(廉貞)은 빗살에 찢어진 옷이 걸려 있는 것 같고, 무곡은 만두처럼 둥
글고 또 볼록하다. 파군(破軍)은 찢어진 우산이나 박자판과 같으며, 보필(輔弼)
은 자웅으로 만월(滿月)과 같다'고 하고, 또 <구변가>에 이르기를 '구성은
또 변해서 아홉 가지 모양이 된다. 그 이름이 1)목화 2)연기(連氣) 3)분기(分

위로 머리가 생기고 아래로 유(乳)를 드리우며 용호가 균등하다. 궁각은 용호가 하나는 길
고 하나는 짧다. 쌍비는 용호가 중첩되어 있다. 단고는 혹 청룡은 있고 백호가 없거나 혹은
백호는 있고 청룡이 없다. 측뇌는 머리가 바르지 못하다. 몰골는 머리가 없다. 평면은 평탄
하게 드러누운 것이다. 태양(太陽)·태음(太陰)·금수(金水)·자기(紫氣)·천재(天財)는 오길(五吉)
이 되고 천강(天罡)·고요(孤曜)·조화(燥火)·소탕(掃蕩)은 사흉(四凶)이 된다. 가(歌)에 이르기
를 아홉 개 성신(星辰)은 또 아홉 번 변한다. 정체(正體)는 모두 첫머리에 있고 개구(開口)
는 두 번째, 현유(懸乳)는 세 번째로 태극운(太極暈) 중에 내포한다[涵]. 네 번째는 궁각(弓
脚), 다섯 번째는 쌍비(雙臂)이고, 단고(單股)는 여섯 번째에 있으며 일곱 번째는 측뇌(側腦)
가 됨을 의심할 필요가 없다. 몰골(沒骨)은 여덟 번째로 기이하다. 평면(平面)은 원래 아홉
번째에 있다. 구변(九變)은 머리위치[首位]를 떠나지 못한다. 이것이 태양(太陽) 구변(九變)
이다.(穴山九星。每星有正體。開口、懸乳、弓脚、雙臂、單股、側腦、沒骨、平面九格謂之
九變。詳廖氏九星穴法中。正體者。無龍無虎也。開口者。下無乳也。懸乳者。上起頂、下垂
乳而龍虎均勻也。弓脚者。龍虎一長、一短也。雙臂者。重龍、重虎也。單股者。或有龍、無
虎。或有虎、無龍也。側腦者。頂不正也。沒骨者。無頂也。平面者。坦夷仰臥也。太陽、太
陰、金水、紫氣、天財、為五吉。天罡、孤曜、燥火、掃蕩、為四凶。歌曰。九箇星辰又變
九。正體皆居首。開口第二懸乳。三太極暈中涵。四是弓脚。五雙臂。單股居六位。七為側腦
不須疑。沒骨八為奇。平面原來居第九。九變不離首. 此太陽九變也) <출처>『지리담자록』

112) 祿存(녹존) : 녹존은 본래 모습은 산정상이 북과 같고 산기슭은 오이나 표주박 같다
(祿存上形如頓鼓 下形有脚瓜瓠). <출처>『감룡경』
◦갱(更) : 다시.재차.또. ◦박판(拍板) : 박자판. [나무나 대조각 등을 몇 개 한꺼번에 쥐
고 박자를 치는 도구) ◦제(第.) : 수사(數詞) 앞에 쓰여 차례의 몇 째를 가리킴.
◦眞(진) : 있는 그대로. 자연

氣) 4)개각산(開脚傘) 5) 궁각(弓脚) 6) 쌍조(雙爪) 7) 변번신교(變番身巧) 8) 측체(側體) 9) 도신(倒身) 81개 형상이 있는 그대로'가 이것이다.

< 그림1-4-1 > 구성정형(九星正形)

穴山九星歌曰 九星圓者號太陽太陰圓帶方 圓而曲者名金水 木星直如矢 方是天財
三腦分曰 腦土金身 雙腦合形本金水 平腦土星 是此名五吉 是爲高辨別在分毫[113]
頭圓兩脚拖尖尾便爲天罡體 頭圓脚直孤曜當 燥火尖似鎗 掃蕩一身渾似曲 四者爲
內局 又九變歌曰 九個星辰各變九 正體皆居首 開口第二 乳懸三 太極暈中涵(函)
四是弓脚 五雙臂 單股居六位 七爲側腦 不須疑 沒骨八爲奇 平面原來居第凡九 主
不雅母 是也

<혈산구성가>에 이르기를 '구성의 둥근 것은 태양이라 부르고 태음은 둥글면
서 모나다[圓帶方]. 둥글고 굽은 것[圓而曲]은 금수라 부르고, 목성은 화살과
같이 곧다. 바야흐로 천재는 삼뇌로 나누어 말하길 뇌는 토이고 금은 몸[腦土
金身]이다. 쌍뇌는 본래는 금수를 합한 형상이고, 평뇌는 토성이다. 이것을 5
길이라 부르며 이는 호리(毫釐)로 나누어 훌륭하게 분별한 것[高辨別]이다. 머
리는 둥글고 양지각이 끌려가 꼬리가 뾰족한 것은 곧 천강체(天罡體)이다. 머
리는 둥글고 지각이 곧은 것은 고요(孤曜)가 맞고, 조화(燥火)는 창처럼 뾰족하
다. 소탕(掃蕩)은 일신이 온통 구불구불한 것 같으니, 이 4가지가 내국이 된
다'라고 했다. 또 <구변가>에 이르기를 '9개 성신(산봉우리)은 각각 변하여
9개가 되니, 1)정체는 모두 첫째이다. 2)개구(開口) 3)현유(懸乳)가 태극훈 가
운데 내포한다. 4)궁각 5)쌍비(雙臂) 6)단고(單股) 7)측뇌(側腦)는 의심해서는

---

113) 아주 미세하다. 작다.[毫釐;分毫;釐毫]。函(함) : 품다. 머금다. 내포하다.

안된다. 8)몰골(沒骨)은 기이(奇異)하다. 9)평면(平面)은 원래 아홉 번째에 거처가 평범하니 좋은 땅[雅母]의 주가 되지 못한다'라 함이 그것이다.

貪狼木星 巨門土星 武曲金星 文曲水星 廉貞火星 祿存土星 破軍金星 左輔金星 右弼水星 以左輔爲水星者非也 太陽金星 太陰金星 又名金土星 金水體 金水星 紫氣木星 天財平腦土星 凹腦土星 凹腦土金星 雙腦金水星 天罡金星 孤曜金星 謂爲土星者 非也 掃蕩水星 燥火火星 以上雖各有九星九變 其實不離乎五星之頂 所謂星演九變 頭却不變 故曰巒頭。

탐랑은 목성, 거문은 토성, 무곡은 금성, 문곡은 수성, 염정은 화성이다. 녹존은 토성, 파군(破軍)은 금성(金星), 좌보(左輔)는 금성, 우필(右弼)은 수성이다. 좌보를 수성이라 하는 것은 잘못이다. 태양금성(太陽金星)과 태음금성(太陰金星)을 또 이름하여 금토성(金土星)·금수체(金水體)·금수성(金水星)·자기목성(紫氣木星)·천재평뇌토성(天財平腦土星)·요뇌토성(凹腦土星)·요뇌토금성(凹腦土金星)·쌍뇌금수성(雙腦金水星)·천강금성(天罡金星)·고요금성(孤曜金星)이라 하니 토성이 된다고 하는 것은 잘못이다. 소탕수성(掃蕩水星)·조화화성(燥火火星) 이상은 비록 각각 구성 구변을 지닐지라도 사실은 오성의 머리[頂]를 떠날 수 없다. 이른바 '성신은 구변을 연출할지라도 오성의 머리[頭]는 결코 변하지 않는다'는 것이다. 그러므로 만두(巒頭)라 한다.

言尋地者不惟114)細看八國 尤須熟識山形詳察變化 蓋陰陽五行者氣也 五行配五星者形也 然正體則爲五星 若論變體 則有龍山九星九變 穴山九星九變 若論間星則貪中有廉 文中有弼 武中有破 祿中亦有巨文輔 若論運動則九星皆夾文曲以行 若論體段則九星皆夾祿存以出 若論兼帶 太陽金星略帶木 太陰金星略帶土 紫氣木星略帶金 天財土星兼金土 兼金水 金水星 金兼水 天罡金星 金帶火 孤曜金星 金帶木 掃蕩水星略帶金 燥火火星略帶木 此皆五星之變化也

태양금(太陽金)　　　태음금(太陰金)　　　금수수(金水水)　　　자가목(紫氣木)

---

114) 불유(不惟) : ~뿐만 아니라.。우수(尤須) ~ : ~특히 반드시 ~ 해야 한다.。숙식(熟識) : 익히 잘 알다.。겸대(兼帶) : 두 가지 성질을 가지고 있다.

요뇌토(凹腦土)

쌍뇌토(雙腦土)

평뇌토(平腦土)

천강금(天罡金)

고요금(孤曜金)

조화화(燥火火)

소탕수(掃蕩水)

<그림 1-4-2 > 혈산구성　　　　<출처>『지리담자록』

땅을 찾는 사람은 팔국을 자세히 살필 뿐만 아니라 반드시 산형을 익히 잘 식별하고 변화를 상세히 살펴야 한다는 말이다. 대개 음양오행은 기(氣)이다. 오행을 오성에 배속한 것이 형(形)이다. 그러나 정체는 오성이며 변체를 논하면 용산에 구성구변이 있고 혈산에 구성구변이 있다. 만약 간성(間星)을 논한다면 탐랑(貪狼) 중에 염정(廉貞)이, 문곡(文曲) 중에 우필(右弼)이, 무곡(武曲) 중에 파군(破軍)이, 녹존(祿存) 중에도 거문(巨門)과 보필(輔弼)이 있다. 여기서 만약 운동을 논한다면 구성은 모두 문곡성(文曲星)을 끼고 움직이고, 만약 체단(體段)을 논한다면 구성은 모두 녹존성(祿存星)을 끼고 나타난다. 만약 겸대(兼帶)를 논한다면 태양금성(太陽金星)은 약간 목성을, 태음금성은 대략 토성을, 자기목성(紫氣木星)은 대략 금성을, 천재토성(天財土星)은 금토(金土)나 금수(金水)를 겸한다. 금수성은 금이 수를 겸한다. 천강금성(天罡金星)은 금(金)이 화(火)를 띠고, 고요금성(孤曜金星)은 금(金)이 목(木)을 띤다. 소탕수성(掃蕩水星)은 대개 금(金)을 띠며, 조화화성(燥火火星)는 대개 목을 띤다. 이러한 것은 모두가 오성의 변화이다.

若純金則頑 純木則硬 純水則蕩 純火則燥 純土則壅 皆非結穴之星體 若土星連行而不變金則方而不圓 木星連行而不變水則直而不曲 亦非結穴之星體 縱使[115]有穴未必無凶 故五星之變化爲結穴之根本 必須詳察而明辨之 方知其生剋吉凶而作用得宜也

만약 순금(純金)이면 완고하고, 순목(純木)이면 강직하고, 순수(純水)이면 방탕

---

115) 縱使(종사) : 설사~일지라도. ◦옹색(壅塞) : 통하지 않다.

하고, 순화(純火)이면 조급하고, 순토(純土)이면 옹색(壅塞)하여 모두 결혈하는 성체가 아니다. 만약 토성이 연이어 행룡하여 금으로 변하지 않으면 모나고 둥글지 못한다. 목성이 연이어 행룡하여 수로 변하지 않으면 곧기만 하고 구불구불하지 못한다. 역시 결혈하는 성체가 아니다. 설령 혈이 있다고 할지라도 반드시 흉함이 없다고 할 수는 없다. 고로 오성의 변화는 결혈의 근본이 되니 반드시 자세히 살펴 분명하게 구별하여야 비로소 그 생극길흉을 알 수 있어 작용이 마땅함을 알 수 있을 것이다.

疑龍經云 觀星裁穴始爲眞 不論星辰是虛誑[116] 是也 至辨星辰之法 必須對面觀之 若在旁看 不是以定其體也 撼龍經云 凡看星辰須對面 是也 一說五星變化謂穿落傳 變兼帶襯貼也 穿言其始出障 落言其終入穴 傳變卽中間行度之變也 又謂祖山落脈 穿出何星 變作何星 傳去到穴 是也 兼帶說見上 襯者如襯衣一樣 實是二物而又相 依言其星之倚靠親切也 貼與襯不同 襯分二件貼不分二件 只於穴場處 微貼一些 星 象 如氣塊之類 貼體而不分者也 此乃形之微露處 須細心察之始見 此說俱通亦宜參 究

<의룡경>에 이르기를 '성신을 살펴 재혈하여야 비로소 참되니, 성신(星辰)에 의하지 않으면 속여 헛된다' 라 함이 이것이다. 성신을 분변하는 법은 반드시 직접 마주보고 살펴야 한다. 만약 옆[측면]에 있는 것을 보고 그 체를 정하는 것은 옳지 않다. <감룡경>에 이르기를 '대저 성신을 살펴보려면 반드시 직접 마주 보아야 한다[須對面]' 라 함이 이것이다. 일설에 오성변화는 천낙(穿落)

---

116) 虛誑(허광) : 속이다. 헛되이 속이다. ◦一樣(일양) : 한 종류. ◦襯(츤) : 속옷. 가까이하다. 드러내다. ◦倚靠(의고) : 의지하다. ◦親切(친절) : 가까이 하다. ◦천락전변(穿落傳變) : 맥이 성봉하였다가 혈을 맺으려 낙맥하는 과정에서 모습의 변화와 방향을 트는 것을 이른다.

◦體(체)의 兼(겸)은 가령 金星(금성)의 기슭에 수(水)를 띤 것 같은 것을 擺蕩(파탕)이라 하고 화(火)를 띤 것을 擺燥(파조)라 한다. 또 가령 목성(木星)이 기슭에 형세가 변하여 토(土)와 같고 화(火)와 같고 수(水)와 같은 것이 모두 겸이다 (兼者如金星脚下帶水。謂之擺蕩。帶火謂之擺燥。又如木星脚下轉土 轉火 轉水 皆是也).

◦貼(첩)은 가령 穴星(혈성)의 面上(면상)에 달리 하나의 작은 星(성)이 붙은 것이고 體(체)를 나눌 수 없어 마치 물체가 붙은 것 같으나 멀리서 보면 붙어있지 않고 가까이서 보면 붙어있는 것 같은 것이다 (貼者 如穴星面上 另貼一小星 而體不可分 如貼物然 遠看則無 近看則有 是也). ◦襯(츤;친)은 가령 穴星(혈성)의 앞(面上)에서 달리 하나의 작은 星(성)이 가까이 있어서 마치 의복에 속옷이 있는 것과 같다. 이는 둘로 구분하여 점차로 나눌 수 있는 것임을 밝힌 것이다 (襯者 如穴星面上 另襯一小星 如衣之有襯 明是兩件 稍稍可分是也).

<출처> 『지리담자록』

전변(傳變) 츤첩을 띠고 겸하는 것[兼帶襯貼]을 말한다. 천장(穿帳)은 처음으로 장막을 나오는 것을 말한다. 낙맥(落脈)은 마지막으로 혈안으로 들어가는 것을 말한다. 전변은 곧 중간 행도의 변화이다. 또 이르기를 '조산(祖山)이 낙맥하여 어떤 성체에서 천출하여 어떤 성체로 변화하여 전해 가서[傳去] 혈에 이르는 것이다' 라고 함이 이것이다. 겸대(兼帶;포개어 지니다)의 해설은 위에서 하였다. 츤(襯)은 속옷과 같은 한 종류로 실은 두 물질[두개 산]이 서로 의존하니 성신이 가까이 의지함을 말한 것이다. 첩(貼)은 츤과 다르니 츤은 들로 나누나 첩은 들로 나누지 않으나 다만 혈장에서 미미하게 붙은[微貼] 일부 성상이 기의 덩어리[氣塊]처럼 몸에 붙어[貼體] 나누지 않는 것이다. 이는 곧 형상이 미미하게 드러난 곳일 뿐이니 반드시 세심하게 살펴야 비로소 보인다. 이 설은 같이 통하는 것이므로 역시 참고하여 연구함이 마땅하다.

> ∘산의 형세= 내룡(來龍) +형(形)
>
> ∘내룡(來龍)=세(勢). ∘혈처(穴處)=형(形)

以上星體圖 只各具一格耳 蓋變體多端不能盡圖 且一格有一格釋義 亦不能盡述 惟在學者 細閱楊公撼龍經 廖公穴星篇 方能知其正變之全義也

이상의 성체도는 다만 각기 하나의 격식만 갖추었을 뿐이다. 대개 변체는 다단하여 빠짐없이 다 그림으로 그릴 수 없다. 게다가 하나의 격식에 하나의 격식의 뜻풀이가 있어도 빠짐없이 다 말할 수는 없다. 비로소 배우는 사람들이 양공의 <감룡경>과 요공의 <혈성편>을 세밀하게 열람하면 다만 정체와 변체의 전체적인 의미를 알 수 있을 것이다.

星以剝換爲貴

성은 박환을 귀하게 여긴다.

星卽上文五星也 言五星固有變化而又貴乎剝換 蓋高山嵯峨平岡破碎俱有粗惡殺氣 必要嵯峨剝換秀麗 破碎剝換圓淨 或脫粗換細 或從[117]大變小 然後殺氣方除而吉氣攸鍾 故爲貴也 撼龍經云 一剝一換粗易細 從大剝小眞奇異 剝換如人換好裳 如蟬

---

117) 從(종) : 낮아. ~부터. ∘退(퇴) : 벗기다[脫]. ∘裳(상) : 낮에 입는 옷. ∘殼(각) : 껍질. ∘筐(광) : 광주리.

退殼鷿退筐 或從大山落低小 或從高峰落平洋 是也

성이란 앞 문장의 오성이다. 오성은 확실하게 변화를 하고 또한 박환한 것을 귀하게 여긴다는 말이다. 대개 고산이 높고 험하거나[嵯峨] 평강(平岡)이 파쇄된 것은 모두 조악하여 살기가 있어 반드시 높고 험한 것은 박환하여 수려(秀麗)하게 되고, 파쇄된 것은 박환하여 원정(圓淨)하여지거나 혹 거친 것이 박환되어 미세하게 변화하거나 혹 큰 모양에서 작은 모양으로 바뀐 연후에 살기가 비로소 없어져 길기가 모인다. 그래서 귀하게 여긴다. <감룡경(撼龍經)>에 이르기를 '한번 깎이고 변화되어[剝換] 거친 것이 미세하게 한번 바뀌고 큰 것이 깎여 작아지니 참으로 기이(奇異)하다. 박환은 사람이 좋은 옷을 바꿔 입는 것과 같고, 매미가 허물을 벗고 누에가 고치로 변하여 광주리를 떠나는 것과 같다. 혹 큰 산으로부터 낙맥하여 낮고 작은 산이 되고, 때로는 높은 봉우리가 낙맥하여 평양이 된다' 라고 함이 이것이다.

今人見石龍[118)嵯峨則謂有剝換可以取用 見上岡破碎則謂爲病龍不足取用 殊不知上岡破碎猶如石龍嵯峨 不可因其破碎而遂棄之 只看其到頭剝換何如耳 若指某星剝換某星爲相生 某星剝換某星爲相剋者 非也 蓋某星變某星 卽上文五星變化者 是也 某星相生某星相剋卽下文 水來生木 火去剋金者 是也 不可混入剝換句內 讀者詳之

오늘날 사람들이 바위가 가파르고 높고 험한 모양을 보면 박환이 되어 쓸 수 있다고 하면서도, 산위[上岡]가 파쇄된 것을 보면 병룡(病龍)이라 하여 쓸 수 없다고 한다. 산위가 파쇄된 것은 바위가 높고 차아한 것과 같으니 파쇄가 되었다고 해서 버릴 수는 없다는 것을 모른다. 다만 도두에 박환이 어떠한지 살펴보아야 한다. 만약 어느 성이 어느 성으로 박환한 것은 상생이고, 어느 성이 어느 성으로 박환한 것은 상극이라 하는 것은 잘못이다. 대개 어느 성이 어느 성으로 변화한다는 것은 단지 앞의 글에서 말한 '오성의 변화(五星變化)'가 이것이다. 어느 성은 상생이고 어느 성은 상극이라고 하는 것은 다음의 글에서 말할 '물(水)이 와서 목(木)을 생하고 화(火)가 가서 금(金)을 극한다' 는 것이다. [상생상극을] 박환의 문구 안에 혼입하면 안 된다. 독자들은 상세하게 살펴야 한다.

形以[119)特達爲尊

---

118) 龍(롱) : 산이 가파른 모양. ◦ 有(유) : 되다. 생기다. ◦ 爲(위) : ~라고 하다. ◦ 遂(수) : 이루다. 맞다. 따르다.

형은 특달한 것을 소중하게 여긴다.

形卽五星形也　言星固以剝換爲貴而形又以特達爲尊　蓋特則峰巒秀麗　氣象軒昂　有
超群拔衆之勢　達則體態舒暢展轉自由無逼勒局促之狀　其形如此則精靈始著而融結
必厚　故爲尊也　然所謂特達然者不拘形之高低大小　惟取其與衆山不同耳　葬書云　群
龍衆支　當擇其特　大則特小　小則特大　是也

형이란 오성의 모양이다. 성은 확실히 박환을 귀하게 여기지만 형이 또 특달한
것을 소중히 여긴다는 말이다. 대개 특(特)이란 산봉우리가 수려하고 기상이
의기 당당하여[軒昂] 여러 봉우리 가운데서 월등하게 빼어난 형세가 있는 것이
고, 달(達)이란 산의 형상[體態]이 막힘 없이 자유로이 이리저리 방향을 자꾸
바꾸어[展轉;움직여] 국이 좁은 억누르는[逼勒] 형상이 아니다. 형상이 이
와 같으면 정령이 바야흐로 나타나고 융결이 반드시 크므로[厚] 소중하게 여긴
다. 이른바 특달하다는 것은 형상의 고저와 대소에 구애받지 않고 다만 여러
산들과 다른 것을 취하는 것일 뿐이다. <장서>에 이르기를 '고산룡이나 평양
룡의 무리 가운데서 마땅히 주위와 구별되는 특이한 산을 선택하여야 한다. 큰
산들이 있는 데는 작은 산이 특별하고, 작은 산들이 있는 데는 큰 산이 특별하
다'라고 함이 그것이다.

土不土而金不金　參120)形雜勢.　木不木而火不火　眩目惑心.　蓋土之小巧
者類金　木之尖亂者似火

토성이 토성 같지 않고 금성이 금성 같지 못하면 형세가 뒤섞여 혼
잡하다. 목성이 목성 같지 않고 화성이 화성 같지 못하면 눈과 마음
을 현혹시킨다. 대개 토성이 작고 교묘하면[小巧] 금성과 유사하고,
목성이 뾰족하고 현란하면[尖亂] 화성과 유사하다.

承上言星形以特達爲尊者　取其頂惱端圓　形勢分明而無混雜之弊也　雖星辰之身脚
各有所兼帶　而星辰之頂惱　當各成其正形　若星辰頂腦　似土而又似金　則土不成土
金不成金　乃是參形雜勢　而無純正之象也　似木而又似火則木不成木　火不成火　使足

---

119) 以~爲　~ : ~을 ~(으)로 여기다.。特達(특달) : 특별히 뛰어나다. 빼어나다.。尊(존) :
　　소중(所重)히 여기다.。轉(전) :(방향·위치·형세따위가)달라지다.변하다.。勒(륵) : 억누르다.
　　。逼(핍) : 접근하다. 핍박하다.[逼窄;좁다.]。促(촉) : 좁다.
120) 參雜(참잡) : 뒤섞이다.。현혹(眩惑) : 현혹되다.。尖亂(첨란) : 뾰족하고 어지러운 모양.

　　　　　　　　　　　　　설심부 변와 정해

眩人之目惑人之心而無所取裁也 蓋土星頭方而體厚 若形小巧則有類於金 木星頭圓
而身直若形尖亂則有似乎火 故謂參形雜勢 眩目惑心 而非特達之形也 蓋形家不曰
山頭而曰巒頭者 原取其頂腦端正 圓淨秀麗 而無欹斜破碎雜亂醜惡之狀也

위의 말을 이어 산의 형상이 특달한 것을 소중하게 여기는 것은 그 꼭대기가
단정하고 둥근[頂腦端圓] 형세를 취하면 분명하여 혼잡한 폐단이 없는 것이다.
비록 봉우리의 몸체에 지각이 여러 가지 (형태)를 가지는[兼帶] 경우가 있을지
라도 봉우리의 꼭대기[頂腦]는 마땅히 바른 형상을 각각 이루어야 한다. 만약
봉우리의 꼭대기가 토체 같으면서 또 금체 같기도 하면 토체가 토체를 이루지
못하고 금체도 금체를 이루지 못한다. 그것이 곧 형세가 뒤섞여 순수하게 바른
형상[象]이 없다. 목체 같으면서도 화체와 같기도 하면 목체가 목체를 이루지
못하고 화체도 화체를 이루지 못한다. 그러면 사람의 눈과 마음을 지나치게
[足] 현혹시켜 재혈(取裁)할 곳이 없다. 대개 토성은 머리는 각지고 몸은 크다.
만약 형상이 작고 교묘하면 금성과 비슷하다. 목성은 머리는 둥글고 몸은 곧은
데 형상이 뾰족하면 화성과 비슷하다. 용맥의 형세가 뒤섞여 눈과 마음을 현혹
하니 특달한 형상이 아니라는 말이다. 대개 풍수가[形家]는 산두라 하지 않고
만두라 한다. 원래 산의 정상이 단정하고 원정하고 수려하여 기울거나 깨지고
난잡하게 흩어져 있거나 추악한 형상이 없을 것을 취한다.

金清土濁　火燥水柔

금은 맑고 토는 탁하며, 화는 조급하고 수는 유연(柔軟)하다.

承上言五星雖有相類者　然其各有一定121)之本體而不可易也　蓋金體本清　終不離乎
周正圓淨　土體本濁　終不離乎方平厚重　火體本燥　終不離乎尖焰峭銳　水體本柔　終
不離乎屈曲流動　木體本直　終不離乎高聳條達　學者能辨此　斯不眩惑于參雜矣　未言
木者蓋省文也

위를 이어 오성이 비록 서로 유사한 것이 있을지라도 각각 특정한 본체가 있어
바꿀 수 없음을 말한 것이다. 대개 금체(金體)는 본래 맑아 끝까지 단정하고
원정함을 벗어나지 않는다. 토체(土體)는 본래 탁해서 끝내 각지고 평평하고

---

121) 一定(일정) : 특정한. 고정불변의. 반드시.∘尖焰(첨염) : 뾰족하다. 불꽃.∘峭銳(초예) :
　　가파르고 날카롭다.∘條達(조달) : 나뭇가지 같이 뻗어나감∘周正(주정) : 단정(端正)하다.
☞산을 오행으로 배속시켜 보는 법은 형기론(形氣論)에 속한다. 산의 형체에 따라서 오행(五
　行)이 상징하는 체형으로 분류하는데 그것을 오성산체(五星山體)라 한다. 여기서 오행(五行)
　을 오성(五星)으로 부르는 것은 천문지리(天文地理)에 입각한 명칭이다.

후중함[方平厚重]을 벗어나지 않는다. 화체(火體)는 본래 건조하여 끝까지 불꽃과 같이 뾰족하여 가파르고 날카로움[尖焰峭銳]을 벗어나지 않는다. 수체(水體)는 본래 부드러워서 끝까지 굴곡유동(屈曲流動)함을 잃지 않는다. 목체(木體)는 본래 곧아서[直] 끝내 높이 솟아 나뭇가지처럼 뻗어나감[高聳條達]을 벗어나지 않는다. 배우는 자는 이를 능히 분별하면 곧[斯] 형세에 뒤섞여 현혹되지 않을 것이다. [본문에서] 목(木)을 말하지 않는 것은 대개 글을 생략한 것이다.

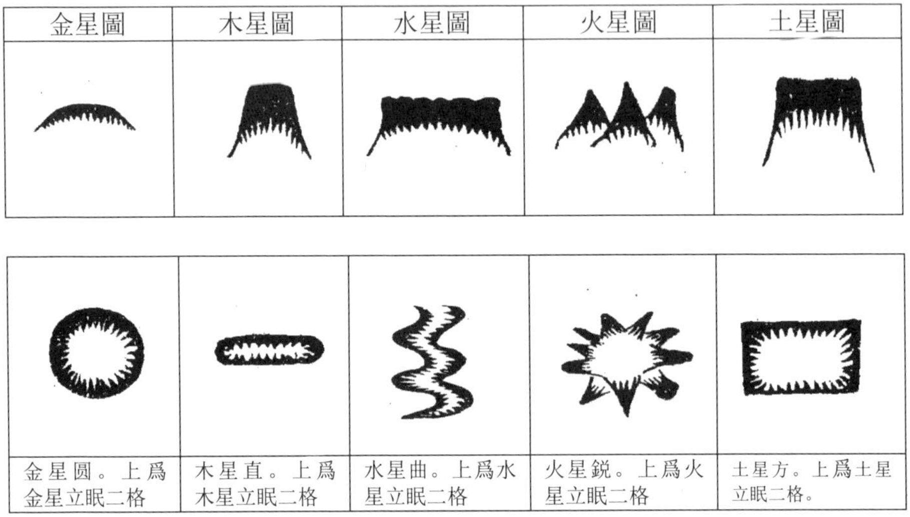

金星圖	木星圖	水星圖	火星圖	土星圖
金星圓。上爲金星立眠二格	木星直。上爲木星立眠二格	水星曲。上爲水星立眠二格	火星銳。上爲火星立眠二格	土星方。上爲土星立眠二格。

<그림1-4-3> 오성도(五星圖) <출처>『인자수지』

木之妙無過[122]於東方　北受生而西受剋.　火之炎獨尊於南位　北受剋而東受生

목의 묘함은 동방(東方)보다 더 좋은 방위가 없으며, 북에서 생(生)을 받고[水生木] 서에서 극(剋)을 받는다[金剋木]. 화의 불길은 남위(南位)에서 가장 귀하며, 북에서 극을 받고 [水剋火] 동에서 생을 받는다[木生火].

---

122) 莫過(막과) : 더 나은 것이 없다. 莫過于 : ~보다 더한 것은 없다. ☞于(우) : ~보다(더).
　　[비교를 표시함]. ☞于의 이체 : 於

上言五星之本體 此言五星之方位生剋 夫東方爲木旺之鄉 木星居于東方則得本位之旺氣 故其妙莫過於東方也 若在北方則受水生亦爲得氣 若在西方則受金剋而木之氣剝123)矣 南方爲火旺之鄉 火星居於南方則得本位之旺氣 故其炎獨尊於南方也 若在北方則受水剋其氣必衰 若在東方則受木生而火之氣盛矣 至金星宜居西方 水星宜居北方 又當以類而推之也 然星辰得位亦難拘也 若龍眞穴正而星辰不得位者則看其前後左右或有相助之星 或有相制之星亦可用也 如木居西受剋 或得水爲之助 或得火爲之(金)制則能化凶爲吉 若無相助相制之星而能施作用之法以助制之亦可變凶爲吉也 餘以類推 土星亦有方位生剋宜詳之

위에서는 오성의 본체를 말했고, 여기서는 오성 방위의 생극을 말한 것이다. 무릇 동방은 목이 왕성한 방향[鄉]이다. 목성이 동방에 있으면 본래 방위의 왕성한 기운을 얻게 된다. 그래서 '그 묘함은 동방보다 더 나은 방위가 없다'라 한 것이다. 만약 북방에 있으면 수가 생을 받아도 기를 얻게 된다. 만약 서방에 있게 되면 금의 극을 받아 목기는 상처를 받게[剝] 된다. 남방은 화가 왕성한 방향[鄉]이다. 화성이 남방에 있으면 본래 방위의 왕성한 기를 얻게 된다. 그래서 '그 불꽃은 남방에서 오로지 귀하다[獨尊]'라 한 것이다. 만약 북방에 있으면 수의 극을 받아 그 기는 반드시 쇠해진다. 만약 동방에 있게 되면 목의 생을 받아서 화의 기운은 성하게 된다. 금성은 서방에 있으면 마땅하고 수성은 북방에 있어야 마땅하다는 것은 또 당연히 유추할 수 있다. 그러나 성신의 득위는 역시 너무 구애받아서는 안된다. 만약 용진혈정(龍眞穴正)하나 성신이 득위하지 못하면 그 전후좌우에 혹 상조(相助)하는 성신이 있거나 상제(相制)하는 성신이 있는지 살펴서 쓸 수 있다. 만약 목이 서방에 있어 극을 받더라도 혹 수를 얻어 도움을 받게 되거나 화를 얻어 금을 억제할 수 있으면 능히 흉을 길로 변화시킬 수 있다. 만약 상조하거나 상제하는 성신이 없더라도 작용의 법[裨補]을 시행하여 도와주거나 억제할 수 있으면 역시 흉을 길로 변화시킬 수 있다. 나머지를 유추하면 토성에도 방위의 생극이 있으니 마땅히 상세하게 살피라.

---

123) 剝(박) : 상처를 입히다. ○ 得(득) : 만나다. 얻다.

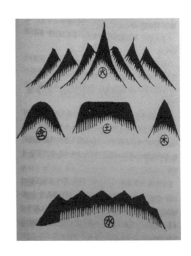

<그림1-4-4 >주자 고조모 묘소124) 및 오성취강도(五星聚講圖)
<출처> 인자수지』

先破後成 多是水来生木, 始榮終滯 只因火去剋金. 木爲祖火爲孫富而好
禮125).金是母木是子 後必有災.

먼저 파산했다가 뒤에 성공하는 것은 대부분 수가 와서 목을 생하기
때문이다. 처음에는 번영하나 나중에는 침체되어 막히는 것은 다만
화가 금을 극하기 때문이다. 목이 조(祖)이고 화가 손(孫)이면 후손
이 부이호례(富而好禮)하게 된다. 금이 어미[母]이고 목이 자식이면
나중에 자손에게 반드시 재앙이 있다.

破者家業敗也 成者家業興也 榮茂盛也 滯淹滯也 此言五星之行度生剋 凡人墳宅有
先破而後成者 或木星結穴先受剋制初下126)多凶 及行度後龍得水星以生之則化凶爲
吉 故先破而後成也 亦有始榮而終滯者 或金星結穴局勢完美 初下亦吉 及行度後龍

---

124) 此峰遠在天表　非天朗氣清不可得見 尖秀特異儼若燭動　: 문필봉 묘사.
　　저 봉우리는 멀리 하늘 높이 (솟아) 있어
　　(하늘의) 날씨가 화창하지 않으면 (봉우리)를 볼 수 없네.
　　특이하게 빼어나 솟아 마치 촛불이 움직이는 것 같도다.
　　。天表(천표): 높은 하늘. 。天氣(천기): 날씨. 。得(득):~할 수 있다. 。朗淸(낭청): 맑고 깨끗하다.
125) <논어(論語)> 학이(學而)15. 。去(거): 배역을 맡다, ~역을 하다.
126) 下(하): 번. 회. ~때[시절]. 조건(條件). 환경(環境) 등을 나타내는 말。得(득)=遇(우): 만
　　나다。淹滯(엄체): 앞길이 열리지 않아 세상에 나서지 못하고 파묻혀 지냄. ☞ 滯(체):
　　막히다. 淹(엄): 오랫동안 머무르다.。殷(은): 풍성하다。壅塞(옹색): 막히다. 통하지 않
　　다.

　　　　　　　　　　　　　　　　설심부 변와 정해

遇火星以剋之則變吉爲凶　故始榮而終滯也　若木星作祖龍火星作穴山木能生火其氣
相成於理爲順　故主殷富而好禮也.若金星作母山木星作子穴金能剋木其氣相傷於理
爲悖　故始雖未見凶而後必有災也.

파(破)란 가업이 패하는 것이다. 성(成)이란 가업이 흥하는 것이다. 영(榮)은
번창[茂盛]하고 체(滯)는 앞길이 막혀 세상에 나서지 못하고 파묻혀 지내는 것
이다. 이는 오성행도의 생극을 말한 것이다. 대저 사람의 묘택에서 처음에 패
망했다가 뒤에 흥하는 경우가 있다. 혹 목성결혈에서 먼저 극제(剋制)를 받게
되면 처음에는 흉이 많지만, 행도(行度) 후에 용(龍)이 수성을 만나 생하면 흉
(凶)이 변하여 길(吉)이 된다. 그래서 '선파이후성(先破而後成)'이 되는 것이
다. 또 처음에는 번성하나 나중에는 침체해지는 경우도 있다. 혹 금성결혈에서
극세가 완미하여 처음에는 역시 길하지만, 행도한 후에 용이 화성을 만나 극하
면 길이 변하여 흉이 된다. 그래서 '시영이종체(始榮而終滯)'가 되는 것이다.
만약 목성은 조룡[소조산]이 되고 화성이 혈산(穴山)이 되면 조산의 목은 능히
화를 생하여 줌으로써 그 기가 서로 생성하여 이치에 맞게 된다. 고로 큰 부자
가 되고 예의를 좋아한다. 만약 금성이 모산[주산]이 되고 목성은 자(子)인 혈
이 되면 금은 목을 극하여 그 기가 서로 손상하여 이치에 거스르게 된다. 고로
처음에는 흉한 것이 나타나지 않으나 뒤에 반드시 재앙이 있게 된다.

然五星生剋之理　又當以行度合方位論之　如木星坐南向北結穴則南金不剋木　金星上
北向南結穴則北火不剋金　蓋彼已受其剋而不能剋此也　此皆論理之常耳　變而通之
五星固有相生而成地者　亦有相剋而成地者　蓋金非火煅不成器　木非金削不成材　水
非土闌則浩蕩　火非水制則燎原[127]　土非木疏則壅塞　故金得火而益精　木緣金而成器
水逢土而不蕩　火得水而旣濟[128]　土賴木而疏通　是皆反得相剋以成也　又當看五星之

---

127) 燎原(요원) : 들판을 태우다. ○疏(소) : (흙과 흙 사이)를 통하게 하다. ○緣(연) : 연유하
　　다.[緣由]。○賴(뢰):의지함. ○熄(식) : 꺼지다. ○缺(결) : 흠. 부족하다. ○枯(고) : 초목이 마르
　　다. ○煅(하) : 단조(鍛造)하다. ○涸(학) : 물 마르다. cf) 涸(고) : 얼다.
128) 『주역』 63번째 괘명
☞주역의 64괘 중의 63번째 괘가 수화기제(水火旣濟)괘로 수(水)는 윤하(潤下)의 성질로 아래
로 향하고 화(火)는 염상(炎上)의 기운으로 위로 향하여 수(水)와 화(火)가 만나게 되는 현상이
다. 물과 불은 상극이지만 불이 물을 만나야만 결과물이 생길 때가 있는데 그것이 바로 수화기
제(水火旣濟)로 하늘에서 팽창한 불의 기운은 비구름을 만나 무거워지고 비구름은 드넓은 어
머니 대지 위에 생명의 비를 촉촉하게 적시게 된다. 즉 기제는 모든 효가 제위(諸位)를 바르게
얻어 완벽한 조화를 이룬 상이다.
☞생기는 음양이 서로 만나서[陰陽交媾] 상호작용하는[水火旣濟] 중에서 나오는 것이다.(生氣
者 從陰陽交媾 水火旣濟 中出者也)

盛衰何如 蓋金盛火熄 木盛金缺 水盛土崩 火盛水涸 土盛木埋 金弱水竭 木弱火滅
水弱木枯 火弱土衰 土弱金敗 故金弱愛土 土弱則不能生金矣

그러나 오성생극의 이치는 또 마땅히 행도가 방위에 부합되게 논해야 한다. 만약 목성이 남좌북향(坐南向北)으로 결혈하면 남(南)의 화(火)로 인하여 금(金)은 목(木)을 극하지 못하고 금성이 상북남향(上北向南)으로 결혈하면 북(北)의 수(水)로 인하여 화(火)는 금(金)을 극하지 못한다. 대개 금이나 화가 이미 극(剋)을 당했어 목이나 금을 극할 수 없다. 이것은 모두 이치를 논하는 것이 일반적인 것일 뿐이다. 변하고 통하는 것으로 오성은 원래 상생하여 땅을 이루고, 상극하여 땅을 이루기도 한다. 대개 금(金)은 불의 단조[煆]가 없으면 그릇이 되지 못하고, 목은 금으로 깎지 않으면 재목이 되지 못하며, 수는 토가 막아주지 않으면 넘쳐버리고[浩蕩], 화는 수의 제어가 없으면 온 들판을 태울 것이며, 토는 목이 소통시키지 않으면 막힌다. 고로 금은 화를 만나면 더욱 정교하고, 목은 금으로 인하여 그릇이 되고, 물은 흙을 만나야 넘치지 않고, 화는 수를 만나야 조화[旣濟]를 이루고, 토는 목에 힘입어 소통이 된다. 이 모두는 반대로 서로 극하여 이루는 것이다. 또 마땅히 오성의 성쇠가 어떠한지 살펴야 한다. 대개 금이 성(盛)하면 화는 꺼지고, 목이 성하면 금이 부족해지며, 수가 성하면 토가 무너지고, 화가 성하면 수가 고갈되고[涸], 토가 성하면 목은 묻힌다. 금이 약하면 수가 마르며[竭], 목이 약하면 화가 사라지고, 수가 약하면 목이 마르며[枯], 화가 약하면 토가 쇠약해진다. 토가 약하면 금이 부식하므로[敗] 금이 약하면 토에는 좋으나[愛] 토가 약하면 금을 생할 수 없다.

火本剋金 金盛則不畏火剋矣 如木主金星旺盛 則宜見[129]火以危之 見水以洩之 如金星衰弱則宜見土以生之 見金以扶之 如金星得乎中和之氣則不宜剋泄 亦不必多生扶也 餘以類推 以上變通之說爲智者言之 若庸愚之徒 旣不知生剋之理 又不知作用之妙 惟當循乎理之常 不可籍口於變通之說而有誤於人也

화는 본래 금을 극(剋)하지만 금이 성(盛)하면 화의 극을 두려워하지 않는다.

📖수화기제(水火旣濟:☲☵): 물과 불이 서로 교섭하여 작용이 일어남을 의미함으로 상호작용하다.

📖수화미제(水火未濟:☵☲): 물과 불이 서로 작용이 일어나지 않음을 뜻한다. 즉 사물이 서로 교섭하지 않고 변화가 일어나지 않음을 의미한다.

129) 見(견) : 드러내다.。危(위) : 해치다(害). 극하다.。洩氣(설기) ; 漏氣(누기).。생부(生扶) : 오행을 생하여 돕는 것을 뜻한다.。作用(작용) : 영향(을 미치다) . 역할.。循(순) : 따라 행하다.。籍口(자구) : 핑계.

설심부 변와 정해

만약 목성이 주산이고 금성이 왕성하면 마땅히 화를 드러내어[見] 금을 극하고 [危] 수를 드러내어 금을 설기시켜야[洩] 한다. 만약 금성이 쇠약하면 마땅히 토를 드러내어 금을 생하여야[生] 하고, 금을 드러내어 도와야[扶] 한다. 금성 이 중화의 기를 얻으면 극설(剋洩)해서는 안되며 또한 많이 생하여 도울 것[生 扶]도 없다. 나머지도 이와 같이 유추해야 한다. 이상의 변통의 설은 지혜로운 자들을 위해서 말한 것이다. 어리석은 무리라면 생극의 이치도 모르고 또한 영 향의 묘미도 모른다. 다만 마땅히 항상 이치에 따라 행하여야 할 것이다. 변통 의 설을 들먹이며 사람들을 오도해서는 안된다.

水在坎宮鳳池身貴 金居兌位烏府名高。土旺牛田 木生文士。
수가 감궁에 있으면 봉지 즉 재상(宰相)으로 몸이 귀하게 되고, 금이 태위에 있으면 오부 즉 어사(御史)로 이름이 높아진다. 토는 우전[전 장과 재물]을 왕성하게 하고, 목은 문사[문장 선비]를 낸다.

坎北方子宮也 兌西方酉位也 鳳池中書省宰輔之地也 烏府御史台也 此言五星之應 驗 夫北方爲水旺之鄕 水星結穴而在於北方坎宮則得水之正氣 必出侍臣之貴而身 列[130]於鳳池也 蓋水星活動秀嫩 而又得坎離旣濟[131]之美 取象於君臣之合 宜有此 應也
감은 북방 자(子)궁이며 태는 서방 유(酉)위이다. 봉지(鳳池)는 중서성(中書省) 의 재보(宰輔)의 자리이다. 오부(烏府)는 어사대(御史臺)이다. 이는 오성의 응 험을 말한 것이다. 대저 북방은 수가 왕성한 방위[鄕]이다. 수성이 결혈하여 북방감궁에 있으면 수의 정기를 얻게 된다. 반드시 임금을 곁에서 모시는 귀한 신하[侍臣]를 내어 일신이 재상의 반열[列]에 오르게 된다. 대개 수성의 활동 이 빼어나면[秀嫩] 또 수와 화가 조화의 아름다움을 얻어 군신이 합하는 형상 을 취하니 당연히 그와 같은 응함이 있게 된다.

西方爲金旺之鄕 金星結穴而居於西方兌位則得金之正氣 必出風憲之臣而名高於烏 府也 蓋金星端正圓淨而又居肅殺之 兌位 向威柄[132]之震方 宜有此應也 大約必要

---

130) 列(열) : 등급. 반열. 위차(位次).
131) 坎離旣濟는 물[坎]이 불[離] 위에 있는 형상으로 음양이 이상적 조화를 이룬 괘이다. 즉 감리(坎離)가 교합하여 수화(水火)가 바뀌어 물과 불이 조화☲를 이룬다.
132) 威柄(위병) : 해치는 근본. 위엄 ☞威 : 해치다. 柄 : 근본.

龍穴砂水合格然後 其應方準 又不可只以方位拘也.

서방은 금이 왕성한 방위이다. 금성이 결혈하여 서방 태위에 거하면 금의 정기를 얻게 된다. 반드시 풍헌(風憲)의 신하가 나와 오부[어사대]에 명성이 높아진다. 대개 금성은 단정하고 원정한데, 또 가을의 쌀쌀한 기운이 풀이나 나무를 말려 죽이는[肅殺] 태위(兌位)에 거하고 위병(威柄)이 진방(震方)을 향하니, 마땅히 이와 같은 응함이 있게 된다. 대략 용혈사수가 격에 맞아야 그 응험을 비로소 헤아릴 수 있으니 방위에만 구애받아서는 안 된다.

至於[133]土爲天財 其形豐厚 其象如櫃如庫如牛 皆如未推之類 必有多旺牛田之應 若星辰高大方正則又應出極品之貴而不止於牛田也 撥沙經云 土星三四相連起 家富多田地 土星高大出朝貴 低小牧民位 是也

토는 천재이며 그 형상이 풍후하여 그 모양이 궤(櫃)나 창고나 소와 같아 모두 추측할[推] 수 없는 종류라 반드시 큰 부자가 되는[多旺牛田] 왕성한 감응이 있다. 만약 성신이 고대하고 방정하면 동시에[又] 부[牛田] 뿐만 아니라 극품의 벼슬까지 나온다. <발사경>에 이르기를 '토성이 3~4개가 서로 이어져 있으면 가뭄을 일으켜 토지가 많아 부자가 된다. 토성이 고대하면 고관이 나온다. 저소하면 목민의 직위가 나온다' 라 함이 이것이다.

木爲紫氣 其形聳直 其象如笏 如節 如貴人 如文筆之類 必有多生文士之應 玉髓經云 文星專是主文章 主出文人聲譽揚[134] 貴爲清貴非濁貴 令名靄靄冠明堂 是也 然星辰高聳清秀固應生文士 若端重豐滿而又聳直則亦主發富而不止於清貴也 張子微以木爲文星 金爲武星 土爲財星 火爲祿星 水爲秀星 似乎太拘

목(木)은 자기(紫氣)이며 그 형상이 곧게 우뚝 솟아 홀(笏)이나 부절[節]이나 귀인이나 문필 종류와 같은 모양이다. 반드시 문인이 많이 태어나는 응험이 있다. <옥수경>에 이르기를 '문성은 오로지 문장을 주관하여, 문인이 태어나 명성과 명예가 널리 알려진다. 벼슬은 청빈한 벼슬[清貴]을 하고 혼탁한 벼슬[濁貴]을 하지 않아 좋은 평판이 가득하니 최고의 명당이다' 라 함이 그것이다.

---

133) 至於;至于: ~의 정도에 이르다. ~한 결과에 달하다.◦而(이) : (~로 부터) ~까지. ◦从上而下 : 위로부터 아래까지.◦出朝(출조) : 조정에 나가다. ◦朝貴(조귀) : 고관.◦出朝貴(출조귀) : 고관이 태어나다. ◦朝(조) : 조정(朝廷).◦出(출) : 나가다. 태어나다.[出産]
134) 揚(양) : 널리 알리다. 알려지다.◦節(절) : 부절. 신표.◦聲譽(성예) : 명성과 명예.◦令名(령명) : 높은 명성 . 좋은 평판.◦靄(애) : 자욱하다.◦端重(단중) : 단정하고 엄숙하다.◦不止(부지) : ~뿐만 아니다. ~에 그치지 않다.◦太拘(태구) : 지나치게 구애받은 것.◦似乎(사호) : 마치 (~인 것 같다).

설심부 변와 정해

그러나 성신이 높이 솟아 청수하면 확실하게 문인이 나오는 응험이 있겠지만, 또한 단정(端正)하고 정중(鄭重)하고 풍만하면서 또 용직(聳直)하면 역시 청귀할 뿐만 아니라 부자까지[而] 된다. 장자미는 목을 문성, 금을 무성, 토를 재성, 화를 녹성, 수를 수성이라고 이름하였으니 마치 너무 융통성이 없는 것 같다.

水星多在平地 妙處難言。火星多出高山 貴而無敵。木須有節　　金貴連珠。

수성(水星)은 대부분 평지에 있어 묘처(妙處)는 말하기 어렵고, 화성(火星)은 흔히 고산에 생기면 귀하여 상대할 것이 없다. 목(木)은 반드시 마디가 있어야 하고 금은 연주로 있어야 귀하다.

< 사진1-4-1 >구미 천생산

<그림1-4-5 > 복두(幞頭)
<출처>『인자수지』

節節泡卽水泡也　以節爲枝節如梧桐枝之類亦是也　連珠謂起數墩泡中有脈線牽連[135] 卽串珠金是也　此言五星[136]之形勢　夫水體屈曲其性柔而趨下　雖高山亦有漲天水星

---

135) 牽連(견련) : 계속 이어짐.。蘆花(노화) : 갈대 꽃.。裊(요,뇨) : 연약한 것의 나부끼는 모양.。走動(주동) : 오고 가고 한다.。形言(형언) : 말로 시늉하여 나타냄, 형용(形容:묘사)하여 말함. ☞形 : 나타내다.
。串珠(관주) : 구슬꿰미, 한 줄에 꿴 것.。居多(다수) : 다수를 차지하다.
136) 五星(오성)이 높고 큰 것은 충천목(衝天木), 염천화(餤天火), 주천토(湊天土),헌천금(獻天金), 창천수(漲天水)이고 왜소(矮小)한 것은 여러 가지가 있는데 사자금(梭子金) 도지목(倒地木),아미금(蛾眉金) 교지목(交枝木) 등이다. 형태로 인하여 이름을 붙인 것에 불과하다. 지나치게 구할 필요는 없다. 다만 그것이 어떤 성(星)인지를 아는 것이 중요하다. ☞창천수성(漲天水星) : 높은 산맥이 물이 흐르는 듯한 모양.

雪心賦 辯譌 正解　　　　　　　　　　　　　　　　　　　89

但在於平地者居多 故形如蘆花三裊 勢如生蛇走動 而其微妙之處 難以言語形焉 所
以水星在平地 方能顯其妙也

절(節)은 절포(節泡) 곧 수포(水泡)이다. 절은 가지의 마디이니 오동지와 같은
종류도 이것이다. 연주(連珠)는 여러 개의 봉우리[墩泡]가 솟아나 있는 가운데
맥선이 계속 이어진다[牽連]. 곧 봉우리를 한 줄에 꿴 것 같다. 이는 오성의
형세를 말한 것이다. 대저 수체는 굴곡 하여 그 성정이 부드러워 아래로 내려
간다. 비록 고산일지라도 창천수성(漲天水星)이 있다. 다만 평지에 있는 것이
많으므로 그 형상은 노화삼뇨(蘆花三裊)와 같고 형세는 생사(生蛇)가 다니는
것 같아 그 미묘한 곳은 말로서 나타내기[語形] 어렵다. 수성은 평지에 있어야
바야흐로 그 미묘함을 드러낸다는 것이다.

火體失聳其性剛而炎上 雖平地亦有倒地火星 但出於高山者居多 故形如龍樓鳳
閣[137]勢如挿漢凌雲而其尊貴之極致無與比故焉 所以火星在高山 方能顯其貴也 至
於木星 須彎曲帶水中起節泡 如蘆鞭貴格 則形勢裊動而無直硬殺氣 斯爲美也 金星
貴有數珠泡相連擺走 如串珠貴格 則形勢秀麗而無粗蠢惡氣 斯爲貴也 上文不言火
星之應驗 此不言土星之形勢 蓋省文也 此段文義俱論星辰 不可泛引穴法之言以雜
之也

<그림1-4-6> 노편·노화·선대   <출처>『지학』

화체는 치솟지 못해도 그 성정이 강(剛)하여 불꽃이 올라간다. 비록 평지일지
라도 도지화성(倒地火星)이 있다. 다만 고산에 생기는 것이 다수를 차지하므로
형상이 용루봉각과 같고 기세가 하늘을 찌르는 듯[挿漢凌雲]하여 그 존귀함의
극치는 비할 데가 없다. 화성은 고산에 있어야 비로소 그 귀함을 드러낼 수 있
다. 목성을 이루면 반드시 물이 띠 모양으로 굴곡한[彎曲帶水] 가운데서 절포

---

137) 龍樓(용루) : 태조산을 이루는 봉우리 중에서 제일 높은 최고봉을 제성(帝星) 또는 용루
    (龍樓)라 함。。裊(뇨) : 가늘고 부드럽다。。擺(파) : 흔들다。。凌雲(능운) : 기세가 하늘을 찌
    르다。。殆無(태무) : 거의 없음。。조준(粗蠢) : 거칠고 못생기다.

를 일으켜야 한다. 마치 노편(蘆鞭)과 같이 귀격이면 형세가 가늘고 부드럽게 움직이여[裊動] 직경(直硬)의 살기가 없으니 아름답다. 금성이 귀하게 여기는 것은 여러 개의 봉우리[珠泡]를 서로 이어서 흔들면서 달려가[擺走]는 것이다. 관주(串珠)가 귀격이면 형세가 수려하여 거칠고 못생긴[粗蠢] 악기(惡氣)가 없으니 귀하다고 할 것이다. 앞의 문장에서 화성의 응험을 말하지 않은 것과 여기에서는 토성의 형세를 말하지 않은 것은 대개 문장을 생략한 것이다. 이 단락의 문장의 뜻은 모두 성신을 논한 것으로 혈법에 관한 말을 함부로 인용하여 섞어서는 안된다.

<그림1-4-7 > 용루봉각귀인   <출처> 인자수지』

所貴者活龍活蛇[138]   所賤者死鰍死鱔。雖低小不宜瘦削[139]   雖屈曲不要攲斜。

귀한 것은 살아있는 용과 살아있는 뱀과 같고, 천한 것은 죽어있는 미꾸라지와 죽어있는 드렁허리와 같다. 비록 저소하더라도 수척하지는 말아야 하고 굴곡하더라도 사면이 고르지 않거나 한쪽으로 기울어서는 안된다.

瘦者星體不肥滿也   削者星體兩邊無琵褥[140]也.   攲者四面不均也   斜者邊高邊低也

138) 瘦削(수삭) : 앙상하다. 마르고 여원. ◦鱔(선) : 드렁허리는 길쭉하게 생긴 어류. 주로 논에서 사는 데, 논두렁을 뚫고 지나가는 습성이 있어 농부들이 싫어한다. 진흙에 파고드는 습성 때문에 논두렁을 허물어버린다고 '드렁허리'란 이름이 붙었다고 한다. 논에 사는 장어라 하여 '논장어'라 부르기도 하고 한자어로는 선(鱔 혹은 鱔)이라 한다.
139) 轉折(전절) : 전환하다. ◦枯槁(고고) : 파리하다. ◦擺動(파동) : 흔들거리다. ◦擺(파) : 흔들리다. 천천히 거닐다. ◦而(이) : ∼면서. ◦攲斜(의사) : 한쪽으로 비스듬히 기울어짐[傾斜]. ◦攲(의) : 기울다.

承上言五星雖各有不同而其形勢之美惡則一也　所貴者　逶迤轉折　如活龍活蛇之勢
所賤者直硬枯槁如死鰍死鱔之形　乃形以肥滿爲美　雖低小無所嫌也　但不宜瘦削　若
低小而又瘦削則無生氣而不吉矣　勢以擺動爲妙　雖屈曲無所嫌也　但不要欹斜　若屈
曲而又欹斜則不成體而爲凶矣

수(瘦)란 성체가 살찌지 않은 것이다. 삭(削)이란 성체 양변에 비욕(琵褥)이 없
는 것이다. 의(欹)란 사면(四面)이 고르지 않은 것이고 사(斜)는 한변은 높고
한변은 낮은 것이다. 앞에 이어 오성이 비록 각각 같지 않아서 그 형세의 미악
이 있을 지라도 하나이다. 귀한 것은 구불구불하고[逶迤] 방향을 전환하여[轉
折] 살아있는 용과 뱀[活龍活蛇]과 같은 기세이다. 천한 것은 곧고 굳고[直硬]
바싹 말라[枯槁] 죽은 미꾸라지와 두렁허리[死鰍死鱔]같은 형상이다. 형상이
비만한 것을 아름답게 여기니 비록 저소하더라도 꺼리지 않는 것이다. 다만 앙
상하면[瘦削] 마땅하지 않다. 저소하고 또 수척하면 생기가 없어 길하지 않다.
세는 꿈틀거리는 것[擺動]을 묘(妙)하게 여긴다. 비록 굴곡하더라도 꺼리지 않
는다. 다만 고르지 않거나 기울지는[欹斜] 말아야 한다. 굴곡하면서 또 기울면
체(體)를 이루지 못하여 흉하다.

< 사진1-4-4 > 드렁허리

德不孤必有隣[141]　看他侍從。眼不明徒費力　到底糊[142]模。

---

140) 琵褥(비욕) → 琵(비) : 비파. 褥(욕) : 요. 無琵褥(무비요)는 성체의 양옆으로 비파나 담
요와 같은 부드러운 흙이나 비석비토 등이 없어 앙상한 모양.
141) 『논어(論語)』 제4 里仁편 25. : 德不孤必有隣. ☞ 덕은 외롭지 아니하여 반드시 이웃이
있느니라. 풍수에서 호종사가 있는 것에 비유.
◦侍衛護從(시위호종). ☞◦衛(위) : 지키다. ◦侍 ; 모시다. ◦從(종) : 시중들다. 보살피다. 따르
다. ◦明(명) ; 분명하다.

　　　　　　　　　　　　　　설심부 변와 정해

덕이 있으면 외롭지 않아 반드시 이웃이 있으니 타인이 시중[從]들어 보살피고, 눈이 밝지 못하면 힘들여도 헛되어 끝까지 모호하다.

< 사진1-4-2 >목성(木星)

< 사진1-4-3 >영천매산서원

侍從者侍衛護從之沙也 此言五星之護衛 夫星辰貴者必有衆山護衛 猶人之有德者必有同類應之 如居之必有隣也 故主星尊貴 又必看他侍從何如 苟有侍從之多 則愈徵其貴而爲大地無疑矣 然亦顧其目力143)之何如 若眼中不明則徒費觀瞻之力 亦不知其孰爲主星 孰爲侍從 孰是侍從有情 孰是侍從無情 其貴賤美惡俱到底模糊而莫辨也 故學地理者惟以目力爲先也

시종이란 시위호종(侍衛護從)하는 사(沙)이다. 이는 오성의 호위(護衛)를 말한 것이다. 대저 성신이 귀한 것은 반드시 뭇 산이 호위하여 사람이 유덕할 것 같으면 반드시 같은 무리가 감응한다. 머물면 반드시 이웃이 있는 것과 같다. 그러므로 주성이 존귀하면 또 반드시 다른[他] 시종사가 어떠한지 살펴야 한다. 진실로 시종사가 많이 있으면 그 귀함을 더욱 징험하는 것이니 대지가 됨을 의심할 바 없다. 그래도 목력(目力)이 어떤지 돌이켜보아야 한다. 만약 눈에 분명치 않으면 보는데 헛되이 힘만 낭비할 뿐이다. 또한 어느 산이 주성이고 어느 산이 시종사인지, 어느 시종사가 유정하고 어느 시종사가 무정한지 알지 못한다. 그 귀천과 미악 모두 끝까지 모호하여 분별할 수 없다. 그러므로 지리를

---

142) 費力(비력) : 애쓰다. ∘徒(도) : 공연히. 헛되이. ∘到底(도저) : 끝까지 ~하다. ∘糊(호) : 흐릿하다.

143) 目力(목력) : 물체의 형태 따위를 분간하는 눈의 능력. ∘眼中(안중) : 눈에. 마음에. ∘不明(불명) : 치 않은 것. 사리에 어두운. ∘孰(숙) : 어느. ∘觀瞻(관섬) : 바라보다. 관찰하다. ∘到底(도저) : 끝까지 ~하다. 최후까지~하다.

공부하는 사람은 오직 목력을 최우선으로 삼아야 하는 것이다.

五星依此類推。萬變難以枚擧[144]。
오성은 이에 의존하여 유추해야 한다. 많은 변화를 낱낱이 말하는 것은 어렵다.

此結上文 言此五星之理當依此類而推之 至其變化之多 有難以枚擧示之 惟在心靈口巧者 自辨之而已
이는 앞의 문장을 결론짓는 것이다. 이 오성의 이치는 마땅히 이에 의존하여 유추해야 함을 말하는 것이다. 그 다양한 변화에 대해서 일일이 구체적으로 예를 들어 보일 수는 없다. 다만 지혜와 구변[心靈口巧]이 있는 자가 살펴 스스로 분별할 뿐이다.

右段論五星
앞의 단락은 오성을 논한 것이다.

此段言 變化 剝換 特達 水體 生剋 應驗 形勢 侍從 皆所以論五星也 謝氏偏執剝換一句 以名章曰論五星剝換 由氏又泥定[145]變化一句以名段曰論五星變化 俱未包括全旨 今正之
이 단락에서 말한 변화·박환·특달·수체·생극·응험·형세·시종 등은 모두 오성을 논한 것이다. 사씨는 '박환'이라는 한 문구에 지나치게 집착하여[偏執] 장 이름을 '논오성박환(論五星剝換)'이라 하였다. 유씨는 또 '변화'라는 한 문구에 얽매여[泥定] 단락의 이름을 '논오성변화(論五星變化)'라 하였다. 두 사람 모두 전체의 뜻을 포괄하지 못했다. 이제 바로 잡는다.

第五章 論水法

論山可也 於水何如

---

144) 難以(난이) : ~하기 어렵다. 。枚擧(매거) : 낱낱이 들어서 말함. 。擧示(거시) : 구체적으로 예를 들어 보임. 。而已(이이) : ~만. ~뿐. 。在(재) : 찾다. 살피다. 。口巧(구교) : 말주변이 좋음. 。心靈(심령) : 지혜.
145) 泥定(니정) : 관습에 얽매이다. ☞ 泥 : 관습

설심부 변와 정해

산을 논하는 것은 가능하나 물을 어떻게 논할 것인가?

山卽上文五星山也　此承上起下之辭　謂論山之理則已[146]可矣　至於論水又當何如哉
蓋水者氣之子　氣者水之母　氣生水　水又聚注以養氣　則氣必旺　氣生水　水只蕩去以
洩氣　則氣必衰　譬諸人身　山猶人之體　氣猶人之氣　水猶人之血　未有血洩而氣不衰
者也

산은 곧 앞 문장의 오성의 산이다. 이는 앞의 문장을 이어 다음 문장을 시작하
는 말[辭]이다. 산의 이치는 충분히 논하였으니 물(水)은 또 합당하게 어떻게
논할 것인가 말하면 대개 물은 기(氣)의 자식[子]이고, 기(氣)는 물의 어미이
다. 기가 물을 낳고 물이 또한 모여[聚注] 기를 배양하면 기는 반드시 왕성하
게 된다. 기가 물을 낳으나 물이 다만 힘쓸려 내려가[蕩去] 설기(洩氣)하면 기
는 반드시 쇠한다. 사람의 몸에 비유하면 산은 사람의 몸와 같고 기는 인체의
기와 같고 수는 인체의 피와 같다. 출혈하면 기가 쇠하지 않을 수는 없다.

葬書云　外氣橫形　內氣止生　又云　外氣所以聚內氣　過水所以止來龍　故水之所關非
淺　宜詳究之　至論水法則當宗形勢性情之正理　切不可信方位星卦之邪說　如[147]九星
長生四經四庫大小玄空等說　皆大謬也　劉伯溫云　自然水法君切記　無非屈曲有情意
來不欲衝去不直　橫不欲反流不急　三回五度轉顧穴　悠悠眷戀不忍別　用何九星並八
卦　生旺死絶俱虛話　是也　故卜氏論水　只論水之形勢吉凶　絶不言及方位星卦也　觀
下文可見

<장서>에 이르기를 '외기가 횡행(橫行)하여 형(形)을 만들고, 내기가 머물러
생기가 된다'라고 했다. 또 '외기(外氣) 때문에[所以] 내기를 모이게 한다. 지
나가는 물 때문에 오는 용이 멈춘다'라고 했다. 고로 물이 관련되는 바가 중
요하니, 마땅히 상세하게 연구하여야 한다. 지극히 수법을 논하면 마땅히 형세
와 성정의 바른 이치를 근본[宗]으로 삼아야 한다. 방위성괘의 사설(邪說)을
결코 믿어서는 안된다. 예를 들면 구성·장생·사경·사고·대소현공 등의 설
은 모두 크게 그릇된 것이다. 유백온이 이르기를 '그대들은 자연수법을 꼭 기

---

146) 已(이) : 이미. 심히.。至于(지우) : 번체 至於 : ~에 관해서는. ~으로 말하면. 의 정도에
이르다. ~한 결과에 달하다. ~할 지경이다.。諸(저)=之於.。以(이) : ~하다.。蕩(탕) : 없애버
리다. 쓸어버리다. 씻다. 씻어내다.

147) 如(여) : 예를 들면.。淺(천) : 평이하다.。宗(종) : 근본。度(도) : 회(回).。不欲(불욕) :
하고자 하지 않다.。권련(眷戀) : 간절(懇切)하게 생각하며 그리워함.。不忍(불인) : 차마~하
지 못하다.。用別(별용) : 달리 사용하다.。無非(무비) : ~가 아닌 것이 없다.

억하라. 굴곡에는 정의(情意)가 없을 수 없다. 흘러오는 것이 충거(衝去)하지 않아 정면으로 대하지 않고[不直], 가로지르는 것이 반류(反流)를 하지 않고 급하지 않으면 3~5회 정도 혈을 돌아보며 머뭇머뭇[悠悠] 그리워하여[眷戀] 차마 이별하지 못한다[不忍別]. 구성과 팔괘를 어디에 쓸 것인가, 생왕사절도 모두 헛소리다'라 함이 그것이다. 복씨는 물[水]을 논함에 있어서 다만 수의 형세 길흉을 논하고, 방위성괘는 결코 언급하지 않았다. 다음 문장을 살펴보면 볼 수 있을 것이다.

> 夫陰陽之氣 噫而爲風 升而爲雲 降而爲雨 行乎地中 則而爲生氣[148]
>
> 『금낭경』 기감편

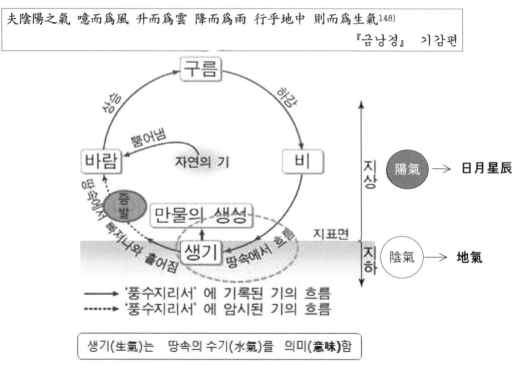

<그림1-5-1> 생기(生氣)의 생성과정

交鎖織結 四字分明
교(交)·쇄(鎖)·직(織)·결(結) 네 가지 길한 것은 분명하게 밝혀야 한다.

---

148) 무릇 陰陽의 두 氣는 불면 바람이 되고, (공중의 위로) 상승하면 구름이 되고, (아래로) 하강하면 비가 되며, 땅속으로 돌아다니면 (만물을 성장시키는) 生氣가 된다. <금낭경>에서 말하는 生氣는 물의 순환과정에서 땅속에 있는 물이다.

交者水兩來相會交[149]流也　鎖者水出之處有砂關闌緊密如鎖也　織者水來之去玄　屈曲如織布也　結者衆水來會一處縈紆聚注如結繩也　此言交鎖織結之形勢乃水之四吉者須要明之.

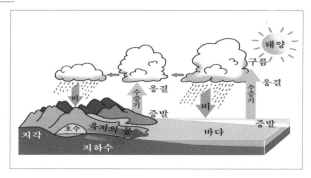

<사진 1-5-1 > 물의 순환과정[150]

교(交)란 수가 양방에서 와서 만나서 함께 흐르는 것이다.[合水] 쇄(鎖)란 물이 나가는 곳에 있는 사가 관란(關闌)하여 자물쇠로 잠그는 것처럼 긴밀하다는 것이다. [關鎖] 직(織)이란 오가는[來去] 물이 구불구불[之玄]하여 마치 베를 짜는 것처럼 굴곡한다는 것이다.[九曲水] 결(結)이란 여러 물이 와서 한 곳에 모여서 맴돌며[縈紆] 모이는 것[聚注]이 마치 새끼를 꼬는 것 같다는 것이다[聚面水]. 이는 교·쇄·직·결의 형세가 곧 물의 네 가지 길한 것[四吉]이니 반드시 밝혀야 한다는 말이다.

---

149) 相會(교회) : 만나다. 交(교) : 함께.◦縈紆(영우) : 빙 둘러쌈.◦縈(영) : 굽다.◦紆(우) : 감돌다.◦結繩(결승) : 새끼를 꼬다.

150) <u>수문학에서 물의 순환</u>은 물이 형태를 바꾸며 <u>지구 표면의 암권. 기권. 수권을 순화하는</u> 것을 말한다. 물의 순환을 일으키는 근본적인 에너지는 태양열로 지표나 해양으로부터 증발된 물이 대기 중에서 수증기 상태로 존재하다가 바람에 의해 이동하다가 응결되어 구름으로 변하였다가 비나 눈의 형태로 지표나 바다에 떨어지게 된다. 지표로 내린 강수는 호수나 강, 지하수로 스며들었다가 이 또한 바다로 유출되거나 증발에 의하여 대기로 돌아가게 된다. <출처> 백과사전

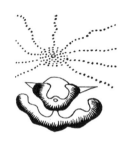

<그림1-5-2 > 구곡수(九曲水):**직(織)**

<그림1-5-3 >취면수(聚面水):**결(結)**

穿[151] 割箭射 四凶合避

천(穿)·할(割)·전(箭)·사(射) 네 가지 흉한 것은 피하는 것이 합당하다.

<그림1-5-4 > 천비수(穿臂水) : **(穿)**

<그림1-5-6 > 할각수(割脚水):**(割)**

물이 명당을 뚫고 나가 명당 기운을 파괴하
거나 용호의 팔을 뚫어 지나감[穿]

혈 앞에 토사가 물을 먹지 못하여 明堂內
를 지나 다리를 베어버림[割]

穿者水穿破明堂 或穿斷龍虎臂也 割者穴前無[152]土沙遮闌 水過內堂割脚也 或穴前
無餘氣水逼山下而過 亦謂之割脚 箭者水急直而去 如矢之發也 射者水當心直衝或
射左右脅下 如矢之來也. 此言穿割箭射之形勢乃水之四凶者合當避之 此二句統論
水之吉凶 至下文乃分言之.

천(穿)이란 물이 명당을 관통하여 깨뜨리거나 용호의 팔을 뚫어 자르는 것이
다. 할(割)이란 혈 앞에 토사가 막지 못하여 물이 명당의 안을 지나 다리[脚]

---

151) 穿(천) : 꿰뚫다. 관통하다. ◦ 交(교) : 양수(兩水)가 양쪽에서 흘러와 함께 만나 흐름.[交
流]

152) 無(무) : ~이 없다. ~하지 아니하다.

설심부 변와 정해

을 자르는 것이다. 혹 혈 앞에 여기(餘氣)가 없어 물이 산 아래에 접근하여 [遍] 지나가도 할각(割脚)이라고 한다. 전(箭)이란 물이 급하여 곧게 흘러가 화살이 발사된 것 같다. 사(射)란 물이 명당중심을 직충하거나 혹 좌우 옆구리를 치고 지나가는 것이 화살이 오는 듯한 것이다. 이것은 천·할·전·사의 형세가 곧 물의 네 가지 흉한 모양이니 피하는 것이 합당하다는 말이다. 앞의 두 구절은 수의 길흉을 통합하여 논했다. 아래 문장에서는 나누어서 말한다.

<그림1-5-6 >견비수 (牽鼻水) : (箭)

물이 화살같이 곧고 급하게 지나가는 것 같음[箭]

<그림1-5-7 >사협수(射脅水) : (射)

좌우 옆구리를 쏘고 지나가는 모양[射]

<그림1-5-8)충심수(衝心水)

물이 명당을 직충

<출처 > 『인자수지』

撞城[153]者破家蕩業 背城者拗性强心

---

153) 당성(撞城)은 물이 빠르고 세차게 호사를 충격하면 빨리 망한다. 이와 같으면 가산을 탕진한다. 만약 목형의 수성이 혈장에 전면에 마주하여 바로 치면 맞부딪혀 명당 기운이 흩어진다(撞城水急撞衝擊護砂而急敗 如此則蕩業破家 如果是木形水城 當胸直撞穴場則衝散堂

수성(水城)을 치면 가산을 탕진(蕩盡)하며, 수성을 등지면 심성이 삐뚤어지고[拗] 고집불통이 된다.

城水城 謂[154]水關氣如城也 水城有五 金木水火土 是也. 金城彎環 水城屈曲 土城平正 皆吉 火城尖射 木城直撞 皆凶 玉髓經云 抱墳宛轉是金城 木似牽牛鼻上繩 火類倒書人字樣 水城屈曲之玄形 土城平正多澄注 更分淸濁論聲音 是也

성(城)은 수성(水城)으로 물이 성(城)처럼 기(氣)를 가로막아 가둠을 일컫는다. 수성에도 다섯 가지가 있는데 금·목·수·화·토(金木水火土)이다. 금성은 만환하고 수성은 굴곡하며 토성은 평정하여 모두 좋다. 화성은 뾰족하게 흐르고[尖射] 목성은 바로 쳐[直撞] 모두 흉하다. <옥수경>에 이르기를 '묘지[墓]를 완연하게 선회(旋回)하는 것이 금성이고, 목성은 소 코구멍에 새끼줄로 묶어 들어 올리는[牽] 것과 같다. 화성은 인자(人字)를 거꾸로 쓴 것과 비슷한[類] 모양이고, 수성은 굴곡(屈曲) 지현(之玄)의 형상이다. 토성은 평정(平正)하고 대체로 맑게 흐르나[澄注], 다시 청탁을 분별하고 성음(聲音)을 논해야 한다' 함이 이것이다.

撞昆衝[155]也 背反抱也 拗違拗也 强硬强也 此言水城之凶者 夫水屈曲來朝斯爲吉也 若木形水城當胸直撞 則衝散堂氣 必有破家蕩業之凶 水來環抱向內 斯有情也 若金城土城 反抱向外 則反而無情 必主人性拗不和心强不善也 若後看來龍 內看穴情 外看局勢 件件俱好 只有水城或直撞 或反抱 正照穴場 謂之水古 若認得龍眞點得穴正 其水自然遷改 或用工改之 亦可 不可因其水古而遂棄之 又切不可妄指無龍

氣則破家蕩業).
◦ 성(城)은 사위가 명당과 혈성을 공읍하여 호위하는 사를 가리키고 물이 성과 같이 기를 가두니 수성이라 부른다(城一指四圍拱護 明堂穴星之砂 一指水關氣如城 有叫水城).
◦ 배성(背城)은 수성벽의 반대 즉 반궁수성을 가리킨다(背城指反對城牆 反弓城水).

<출처> 『도해설심부』

◦ 破家(파가) : 가산을 탕진하다. ◦ 蕩(탕) : 재물 따위를 모두 써서 없앰. ◦ 破(파) : 파탄(破綻)나다. 잘못되다. ◦ 性(성) : 성품. ◦ 拗(요) : 비틀다. 고집불통이다. 성질이 비뚤어져 있다.
154) 謂(위) : 말하다. ~라고 부르다.[일컫다.] ◦ 轉(전) : 선회하다. ◦ 射(사) : (물 따위의 액체를) 내뿜다. 분사하다. 宛(완) : 완연히(宛然). 뚜렷하게. ◦ 反而(반이) : 오히려. 그런데. 역으로. ◦ 遷改(천개) : 바뀌어 달라짐. ◦ 工(공) : 공사. 인력. 품. ◦ 用(용) : 시행하다. 행하다. ◦ 用工(용공) : 노동력을 사용하다. 품을 들이다.
155) 昆衝(곤충) : 부딪힘이 많다. ◦ 違拗(위요) : 거스르다. ◦ 當(당) : 맞서다. 당면함. ◦ 胸(흉) : 앞. 전면(前面). 衝(충) : 맞부딪치다. ◦ 件件(건건) : 가지가지. 모두. ◦ 俱(구) : 함께. ◦ 籍口(적구) : 구실로 삼다. 핑계되다. 認得(인득) : 인식하다. 부딪힘이 많다.

설심부 변와 정해

穴之處 藉口爲水古之地 以誣世人也

당(撞)은 많이 부딪히는 것[昆衝]이다. 배(背)는 반대로 환포하는 것[反抱]이
다. 요(拗)는 거스른 것[違拗]이다. 강(强)은 단단하고 강한 것이다. 이는 수성
의 흉한 것이다. 대저 물은 굴곡하여 흘러와 모이면 좋다. 만약 목형(木形)의
수성이 당면하여 전면[胸]을 바로 치면 맞부딪쳐 명당의 기운이 흩어져 반드시
가산이 탕진되고 사업이 파멸하는 흉이 있다. 물이 흘러와 내부로 향하여 환포
(環抱)하면 유정한 것이다. 만약 금형과 토형이 밖으로 향하여 반포하면 오히
려 무정하여 반드시 사람의 성품이 삐뚤어져 불화(不和)하고 심성이 포악하여
좋지 않다. 만약 뒤에는 내룡을, 안에는 혈정을, 밖으로는 국세를 살펴서 모두
[件件] 다 좋으나[俱好] 다만 수성(水城)이 있어 혹 직접 치거나[直撞] 반포하
여 혈장을 바로 비추면[正照] 수고(水古)라 한다. 만약 용이 진인 것을 인식하
고 정혈을 구하여 점혈하면 그 물이 저절로 바뀌어 달라지거나 공사를 하여 고
쳐도 역시 가능하다. 수고라고 하여 끝내 포기해서는 안된다. 그렇다고 망령되
게 용혈이 없는 곳을 가리켜 수고지지(水古之地)라고 핑계삼아 세인들을 현혹
시켜서는 절대로 안된다.

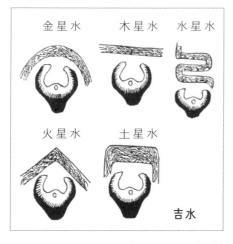 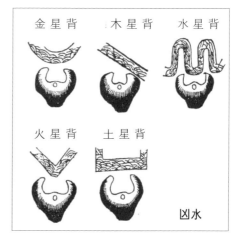

<그림1-5-9 > 수성(水城)   <출처>『지리담자록』

以上水城圖 皆取其與星體相生比和而不相剋也 大抵水城形勢 只以屈曲環抱者爲吉
不必以此爲拘也 至水之倒左倒右 切不可信 九星之謬說也

위의 수성도는 모두 그들이 성체와 상생 비화(比和)하여 상극하지 않음을 취하
였다. 대저 수성의 형세는 다만 굴곡 환포한 것을 길하다고 여기지만 반드시

그것에 구애될 필요는 없다. 물이 좌로 전도되거나 우로 전도되는 것에 관해서는 절대로 잘못된 구성(九星)의 학설을 믿어서는 안된다.

發福悠長 定是[156]水纏玄武。爲官富厚 必然水繞靑龍。
발복이 유장한 것은 반드시 물이 현무를 에워 감싼 것이다. 관리가 되고 부자가 되는 것은 반드시 물이 청룡을 감싼 것이다.

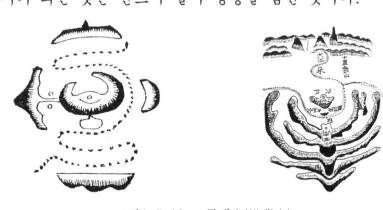

<그림1-5-10 > 공배수(拱背水)

<출처> 『지리담자록』

<출처> 『옥수진경』

悠遠也 纏繞也 玄武穴之主山也. 繞環繞[157]也 靑龍左砂也 此又言水之吉者 凡人墳宅發福長遠者 定是水來到堂 而又流纏於玄武山後而去也 蓋水旣出堂而復纏 是去而不去 則多得外氣之聚注 自然內氣不洩而發福悠長 此一定之理也 所以面前收水固爲要緊 而背後收水更不容緩 如水纏玄武 則水口在後 幷面前背後之水 一總收住 自然氣聚而長發也 若背後無沙關闌 任水流出則水去風來 背寒氣弱 縱然發福 定不悠久

유(悠)는 멀다는 것이다. 전(纏)은 에워싼 것이다. 현무(玄武)란 혈의 주산이다. 요(繞)는 둘러싸는 것[環繞]이다. 청룡은 왼쪽의 사(砂)이다. 이 또한 물이 길(吉)한 것을 말한다. 대개 사람의 무덤[墳宅]의 발복이 장원한 것은 반드시 물이 와서 명당에 이르고 또 현무산 뒤를 휘감아 흘러간다. 대개 물이 이미 명당에서 흘러나와서 다시 감싼다면 이는 흘러가나 가지 않으면 외기[물]의 모임

---

156) 是(시) : ~이다.。富厚(부후) : 부자.。必然(필연) : 반드시. 꼭.[=势必. 必定]
157) 環繞(환요) : 둘러싸다. 에워싸다.。一定(일정) : 고정불변의.。용완(容緩) : 늦추다.。不容(불용) : 용납하지 않다.。완(緩) : 늦음.。一總(일총) : 모두. 전부.。종연(縱然) : 설사~ 하더라도.

[聚注]이 많아 자연히 내기가 새지 않아서 발복이 장원하다. 이것은 고정불변의 이치이다. 그래서 혈 앞에서 수수(收水)는 진실로 중요하기 때문에 배후[현무]에서 수수(收水)는 더욱 느슨해서는 안된다. 만약 물이 현무를 감싸면 수구(水口)는 뒤에 있게 된다. 면전과 배후의 물을 모두[一總] 받아들여 머물게 하니 자연적으로 기가 모이고 오래 발복한다. 만약 배후에 사가 관란하지 않아 멋대로[任] 물이 흘러나간다면 물이 흘러가고 바람이 불어오면[水去風來] 배후가 차가워지고 기는 약해져[背寒氣弱] 설령 발복한다 해도 반드시 오래가지 못한다.

故龍貴回逆者 不獨山水相交 而又水纏玄武 合襟158)水口在後也 此背後收水之義 先賢俱未發明 故特表之 旣有官爵而又富厚 必然 水來朝堂而又繞抱靑龍而去 則堂氣不洩 自然貴而多富 若水繞白虎亦然 只要環繞有情 不拘左右皆吉也

고로 용이 뒤돌아보는 것[回逆]을 귀하게 여기는 것은 산수가 서로 만나는 것만이 아니다. 또한 물이 현무를 감싸 합금하는 수구는 뒤에 있다. 이것은 배후에 물을 거두어 들인다[收水]는 뜻이다. 선현들이 모두 밝히지 못했기 때문에 (여기서) 특별히 밝힌다[表]. 벼슬을 하고 또 부자[富厚]가 되려면 반드시 물이 흘러 명당에 모이고 또 청룡을 감싸고 흘러가야 한다. 그러면 명당의 기가 새지 않아 자연히 귀하고 큰 부자가 된다. 만약 물이 백호를 감싸는 경우도 그러하다[亦然]. 단지 환요하여 유정하기만 하면[只要] 좌우에 구애받지 않고 모두 길하다.

有情(유정) → (穴場을) 環抱(환포)하여 藏風(장풍)159)이 되면 順風(순풍)이 되어.→ 有氣(유기)

無情(무정) → (穴場을) 환포하지 않아 露出(노출)되면 殺風(살풍)이 생겨. → 無氣(무기)

所貴者五戶閉藏 所愛者三門寬潤. 垣局雖貴 三門逼窄不須160)觀, 形穴雖奇 五戶不關何足取

귀중한 것은 오호(五戶;地戶;破口)가 폐장(閉藏)하고 좋아하는 것은

---

158) 무덤을 「금낭경」에서는 총택(冢宅). 「지리신법」에서는 분택(墳宅) 이라 함. 。合襟(합금) : 두 물길이 합해지는 것.(兩水交流) 。只要(지요) : 오직 ~한다면.
159) 여기서 장풍(藏風)은 방풍(防風)은 아니다.
160) 不須(불수) : ~할 필요가 없다.

삼문(三門;天門;得水)이 넓은 것이다. 원국이 비록 귀할지라도 삼문이 좁으면 볼 필요가 없으며, 혈의 형태가 비록 기이하여도 오호가 관쇄하지 않으면 어찌 족히 취하겠는가?

五戸者乃本龍周身水從[流]出之處　卽地戸　是也　三門者乃水來朝[161]堂之處　卽天門是也　三門五戸不可指方位言　譬如人之住宅有前門後戸也　垣羅城也　局堂局也　形是體也　穴穴情也　田氏謂　衰病死絶胎爲五戸　貪巨武爲三門　垣爲星垣　局爲亥卯未木局之類　此皆妄引星卦强解　大失卜氏論水之旨也　此言水之門戸吉凶　夫水出之處貴乎五戸閉藏　關收內氣　而水來之處　愛其三門寬潤　容受外氣　斯爲吉也　若使垣局尊貴而來水處或逼壓窄隘　是謂天門不開　不足觀矣　形穴奇異而出水處或寬潤無關是謂地戸不閉　不足取矣.

오호(五戸)는 본룡의 몸 주위에 물이 따라[從] 나가는 곳이다. 즉 지호(地戸)이다. 삼문은 물이 흘러와 명당[堂]으로 향하는 곳이다. 즉 천문(天門)이 그것이다. 삼문과 오호(三門五戸)는 방위로 가리켜 말해서는 안 된다. 사람의 주택에 비유하면 앞문과 뒷문[前門後戸]이 있는 것과 같다.(즉 득수처와 수구처를 지칭함) 원(垣)은 나성(羅城)이고 국(局)은 명당을 이루는 국(堂局)이다. 형(形)은 몸[體]이고 혈(穴)은 혈의 성정(穴情)이다. 전씨의 이른바 '쇠·병·사·절·태는 오호(五戸)가 되고 탐·거·무는 삼문(三門)이 된다. 원(垣)은 성원(星垣)인데 국(局)이 해·묘이면 목국이 아니다'와 같은 부류는 모두 망령되게 성괘를 인용하여 억지로 해석하여 복씨가 물을 논한 취지(趣旨)를 벗어난 것이다. 이는 물의 문호(門戸)의 길흉을 말한 것이다. 대개 물이 나가는 곳은 오호(五戸)가 폐장(閉藏)하여 내기를 관수(關收)하고, 물이 오는 곳은 삼문이 넓어[寬潤] 외기를 받아들이는 것을 소중히 여긴다. 이러한 곳이 길하다. 만약 원국(垣局)이 좋더라도[尊貴] 내수처가 혹 가까이[逼壓] 임박하여 가로막아 좁으면[窄隘] 이것을 일컬어 천문이 열리지 않는다는 것이니 볼만한 가치가 없다. 형혈이 기이하더라도 출수처가 혹 관활하여 가로막음이 없으면, 이를 일컬어 지호가 달

---

161) 종(從) : 따르다. ◦朝(조) : ~으로 향하다. ◦容受(용수) : 받아들이다. ◦若使(약사) : 만일 ~하게 한다면. ◦窄(착) : 임박함. 좁다. ◦隘(애) : 막다. 가로막음. ☞착애(窄隘) : 좁다. ◦득(得)을 천문(天門), 파(破)를 지호(地戸)라 한다. ◦주(周) : 주위. 한 바퀴 돌다. ◦애(愛) : 좋아하다. 소중(所重)히 하다. ◦尊貴(존귀) : 지위나 신분이 높고 귀함. 고귀하다. ◦핍(逼) : 접근하다. 핍박하다. 가까이 하다.
◦압(壓) : (혈보다 높은 안산 등) 억누르다. 바싹 접근하다. 다가오다. ◦핍압(逼壓) : 아주 가까이서 가로막아 압박함. 애(隘) : 옹색(壅塞) : (장소가) 답답할 만큼 비좁다.

　　　　　　　　　　　　설심부 변와 정해

히지 않았다[不閉]는 것이니 취하기에 부족하다.

葬法云 天門必開山水其來 地戶必閉山水其回 故三門不開則外氣不入 五戶不閉則內氣走洩 縱有結作亦是暫發小地 終久必敗也

장법에 이르기를 '천문(天門;득수처)은 반드시 산이 열려 물이 거기서 흘러와야 하고, 지호(地戶;수구처)는 반드시 산으로 막혀 물이 거기서 소용돌이쳐야 한다' 라고 했다. 삼문(三門)이 열리지 않으면 외기가 들어오지 않고, 오호(五戶)가 닫히지 않으면 내기가 달아나듯 새기 때문이다. 설령 결작이 있다 할지라도 잠시 발복하는[暫發] 소지(小地)이니 결국 오래가면 반드시 실패한다.

一說 五戶者謂後三台及左右轉弼共爲五戶 廖公云 後面三台三個樂 兩邊輔弼相對照 得此風藏與氣聚 妙知五戶閉堅牢 三門者謂三堂來水處 欲其寬舒以收三陽[162]**之氣也 此說亦通**

일설에는 오호(五戶)란 뒤의 삼태[後三台]와 좌우의 보필이 공히 오호가 된다고 한다. 요공은 '후면에 삼태(三台)는 세 개의 낙산이고 양변 보필은 서로 마주 대하여 조응한다. 이들을 만나면 바람이 감추어지고[風藏] 기가 모이니[氣聚], 묘함은 오호(五戶)는 견고하게(堅牢) 에워싸 감춰야(閉藏) 함을 잘 알아라' 라고 했다. (그 일설에는 또) 삼문(三門)이란 삼당(三堂)의 내수처를 말한다. 그곳이 넓게 펼쳐져야만 삼양(三陽)의 기운을 거두어들일 수 있다고 한다. 이 설도 역시 통한다.

元辰當心[163]**直出 未可言凶. 外面轉首橫闌 得之反吉. 以之界脈 則脈自止 以之藏風則風不吹**

원진(수)가 한가운데[當心]로 곧게 흘러나간다[直去]고 해서 흉하다

---

162) 삼당(三堂) : 소명명·중명당·대명당. ◦삼양(三陽) : 내양(內陽)·중양((中陽)·외양(外陽). ◦욕(欲) : ~해야 한다.

163) **堂心**(당심 ; 명당 가운데) ≠ **當心**(당심: 한 가운데. 정중앙) ◦當(당) : 마주 대하다. 의당 ~여야 함.

◦兜(투) : 정면으로. 투구. 둘러싸다. ◦ 使(사) : ~을 ~하게하다.

◦늪[沼]·물가[沚]·연못[池]·호수[湖]는 진룡의 행룡을 멈추어 쉬게 하는 곳이다. 정은 마땅히 그 안에서 구해야 하며 진실로 밖에서 찾는 일은 없어야 한다. (물의) 형세가 굽어 감싸주는 것을 취하고 있다면 오복을 누리게 된다.(『靑鳥經』 沼沚池湖 眞龍憩息 情當內求 愼莫外覓 形勢彎趨 享用五福.)

고 말할 수 없다. 외면(바깥쪽)에 (산수가) 머리를 돌려 횡란하면 [得] 오히려 길하다. 물[水]로 맥을 경계 지으면 맥은 저절로 멈추고, 산으로 바람을 막으면(감추면) 바람이 (혈장을) 치지 않는다.

水自穴前發源謂之元辰[164] 轉回也 首頭也 闌遮闌也 上以之之字指水言 下以之之

설심부 변와 정해

字指山言 此言穴前元辰水 謂元辰水當心直出雖主初年不利 然未可遽謂其凶也. 若
有外面山水 回頭顧穴 橫闌出水 則凶氣得此止聚而反爲吉矣 蓋以水界穴之脈則脈
自止而氣聚矣 以山藏穴之風則風不吹而氣旺矣 所以元辰直出貴有山水橫闌也 然水
雖直出而穴前必有微微兩股陰砂收住小明堂眞水 只龍虎兩臂直前人勢顯然直出耳
不可全謂 無陰砂交收也 倘直出太長 或築兜培案 或依法折住 亦可使之反吉 如京
口費會元祖地 戌山辰向 元辰直出一里 外面山水橫闌 此龍穴眞而水不足 故主淸貴
而已

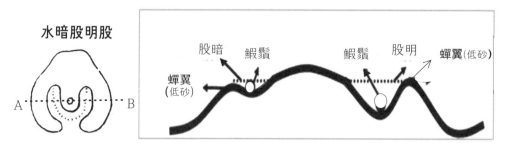

水暗股明股

<그림1-5-11 > A−B斷面 [고명고암(股明股暗)]165)

혈 앞에서 발원하는 물을 원진수라 한다. 전(轉)은 선회하다[回]는 뜻이다. 수
(首)는 두(頭)이다. 난(闌)은 차란(遮闌)이다. 앞의 지(之)는 수(水)를 가리키는
것이며 뒤의 지(之)는 산을 가리키는 것이다. 이는 혈전 원진수를 일러 원진수
가 혈 앞의 물이 한가운데로 곧게 나가면 초년에는 불리하나 바로[遽] 흉하다
고 말해서는 안된다는 말이다. 만약 외면에 산과 물이 머리를 돌려 혈(장)을
돌아보고 나가는 물을 횡란(橫闌)하면 흉기는 산수를 만나 머물러 모여[止聚]

수 있다.[眞應水 ≠ 元辰水]
　2) 물[水]은 사시(四時)사철 마르지 않고 맑은 물이 고여 있는 것을 길수(吉水)로 취급한다.
　3.혈정(穴情)은 운심(暈心)의 미미한 요철(凹凸)인 것이다.
　①요(凹)가 깊어 명백하면 굴(窟)이라 하고 굴중(窟中)에 다시 소돌(小突)이 일어나면 식(息)
이라 한다.
　②철(凸)이 높아 분명하면 돌(突)이라 하고 돌상(突上)에 다시 소요(小凹)가 생기면 맥(脈)이
라 한다.
　③맥(脈)과 굴(窟)은 나문(羅紋)이라 하고, 돌(突)과 식(息)은 토숙(土宿)이라 한다.
　④혈에는 나문(羅紋)과 토숙(土宿)[穴暈]이 없으면 음양이 불교(不交)하여 진혈(眞穴)이 없
다.
　◦顯然(현연) : 명백하다. 분명하다. ◦倘(당) : 혹시. 만약 ~이라면. ◦遽(거) : 갑자기.
165) cf) 하수수(鰕鬚水)ㆍ해안수(蟹眼水)ㆍ금어수(金魚水)? 상수(相水) ? 고명고암(股明股暗)
　　?

오히려 길하게 된다. 대개 물로 혈의 맥을 경계 지으면 맥이 저절로 멈추고 기가 모인다. 산으로 혈에 치는 바람을 가두면 바람이 혈에 불지 않아 기가 왕성하게 된다. 그래서 원진수가 직출하면 산수가 횡란하는 것이 좋다. 그리하여 물이 직출할지라도 반드시 혈 앞에 미미한 양고음사(兩股陰砂)가 있어 소명당의 진수(眞水)를 거두어 머물게 해야 한다. 단지 용호가 양팔을 똑바로 앞으로 뻗은 사람의 형세로 뚜렷이[顯然] 직출한다고 해서 음사가 만나 거두어들임[交收]이 없다고 전적으로 말해서는 안된다. 설령 직출이 태장(太長) 하더라도 혹 정면으로 배토하여 안산을 축조하거나 장법에 준해 끊어(굴착하여) 기를 머물게 하여도 오히려 길(吉)하게 할 수 있다. 예를 들어 경구 비회 원조의 장지가 술좌진향[戌山辰向]이고 원진수가 일리(一里)나 직출했지만 외면산수가 횡란하여 이 용혈이 참이라도 물이 부족하여 천귀(淸貴) 했을 뿐이다.

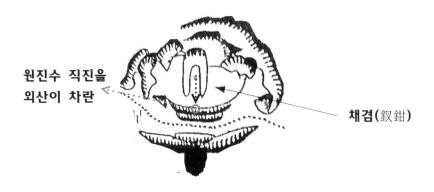

< 그림 1-5-12 > 원진수 차란

水纏(166)過穴而反跳 一文不値. 水若入懷而反抱 一發便衰[乖]

물이 겨우 혈(앞)에 이르렀으나 곧 반도수로 흘러가면(반대로 흘러가면) 한 푼의 가치도 없다. 물이 감싼 것 같으나[入懷] 곧 반포(反抱)하면 잠시(暫時) 흥하고[一發] 즉시[便] 쇠하게 된다.

此又言水之凶者 凡水到穴前必須繞抱左右而去 方爲有益 若纏過穴而卽反跳(167)斜

---

166) 纏(재) : 겨우。 ∘過(과) : 지나다。 ∘跳(도) : 달나다。 ∘一文(일문) : 한 푼。 ∘便(편) : 이용하기 쉽다. ☞ 便(변) : 즉시. 곧。 ∘入懷:(입회) : 가까이서 싸안은 모습。 ∘懷(회) : 싸다. 둘러쌈。 ∘發(발) : 발복하다(興).
167) 反跳(挑)水 ∙ 反身水(반신수) ∙ 淋頭水(임두수).

流 則氣隨水散 必非吉地 卽一文錢不值矣 若橫水過宮[168] 遇下砂 大長 水勢少反
轉出復橫而去 又不可作反跳論也 水旣到堂而入懷又須環抱有情 斯能發福悠長 若
方[169]入懷而卽反抱向外則暫時一發而易見衰敗矣. 蓋於入懷處略能發福 及行到反
抱處自然必敗也 若龍眞穴的而有此反跳反抱之水占 又當用工改之 如溪澗大河 勢
不可改 則宜築近案以遮之 使登穴不見亦可稍避其凶 究竟外氣劫散 內氣有損 終非
發福悠久之地也

이는 또 수(水)의 흉(凶)한 것을 말한다. 대저 물이 혈 앞에 이르면 반드시 좌
우로 요포(繞抱)하여 흘러가야 비로소 유익하다. 만약 물이 겨우 혈(앞)을 지난
후[而] 곧 반도(反跳)하여 비스듬하게 흘러가면[斜流] 기는 물을 따라 흩어지
니 반드시 길지가 아니다. 그래서 한 푼의 돈 가치도 없다는 것이다. 만약 횡
수가 혈 앞을 지나다가 하사(下砂)를 만나는 것이 너무 멀면[長] 수세(水勢)가
작게라도 반전하여 다시 횡으로 흘러가도 반도수라 논할 수 없다. 물이 이미
명당에 이르러 들러싸고[入懷] 모름지기 거듭[又] 환포하여 유정하면 이는 발
복을 유장하게 할 수 있다. 이제 막 들러 싸안은 듯하나 곧 밖으로 향하여 반
포하면 잠깐 발복하나 쉽게 쇠퇴하여서 패망(敗亡)한다. 대개 입회처(入懷處)에
서는 조금 발복할 수 있고, 반포처(反抱處)에 이르면 자연히 반드시 패하게 된
다. 만약 용진혈적(龍眞穴的)하나 이와 같이 반도수가 되거나 반포수의 물이
차지하고 있다면 또한 마땅히 공사를 하여 고쳐야 한다. 계곡물이나 큰 강물
같은 세라 가히 고칠 수 없으면 마땅히 가까운 안산을 쌓아 차단함으로써 혈장
에 올라 보이지 않게 하여도 흉한 것을 조금은 피할 수 있다. 그러나 필경 외

---

① 反跳(挑)水(=反弓水=背城水) : 용혈과 반대로 등을 돌리고 흐르면 반궁수이다. 즉 반도수
(反跳水)는 명당으로 들어오던 물이 혈장 앞에서 반대로 등을 돌리고 흐르는 것을 말한다. 이
물이 극흉(極凶)으로 군도(軍盜)·이향(離鄕)·패역(悖逆)한다. ☞ ◦跳(도) : 달아나다. ◦挑
(도) : 휘다. 굽다.
② 反身水(반신수) : 물이 혈 앞에 이르렀다가 반대로 흘러가는 것을 말한다.(反身者 水到穴前
反也 有似於背城水) 이는 가산(家産)이 기울어지고, 유리걸식(流離乞食)하다가 멸절(滅絶)한
다.(敗家乞食).
③ 淋頭水(임두수) : 혈 뒤에 용맥이 없어 계수(界水;물이 양쪽으로 나눔)을 하지 못하여 물로
인하여 혈 뒤에 골이 패어서 혈[광중]에 물이 스며들어 물에 잠기게 되는 것으로 임두수(淋頭
水)가 들면 절손(絶孫)·절사(絶嗣)하여 매우 흉한 물이다.
<출처> 『인자수지 (후)』, p.694.
168) 宮(궁) : 穴. ◦九水(구수) : 물이 아주 풍부한 계곡. ◦衰敗(쇠패) : 쇠하여서 패망(敗亡)
함.
169) 方(방) : 이제 막. 방금

기가 겁산(劫散)하여 내기가 손실되므로 마침내 발복이 오래가지 못하는 땅이다.

元辰水吉凶圖	내 용	비 고
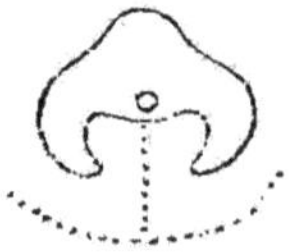	원진수가 곧게 나가고 밖의 물이 가로질러 막으니 좋다. 다만 초년(初年)에는 불리하다.	凶→吉 (초년) (후대)
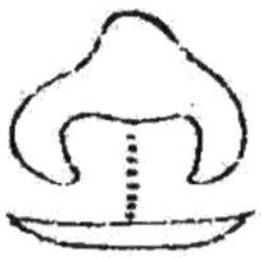	원진수가 곧게 나가고 밖의 산이 가로질러 막으니 좋다. 다만 초년에는 불리하다. (元辰當心直出 未可言凶. 外面轉首橫闌 得之反吉.) ☞이기(理氣) : 88향법에서 　1)묘향묘류(墓向墓流)→左旋水일 때 해당. 　2)절향절류(絶向絶流)→右旋水일 때 해당. 　3)태향태류(胎向胎流)→右旋水일 때 해당. 　① 공통:천간(天干)으로 파구를 사용해야 한다. 　②1)경우는 지지자(地支字)를 범하고, 右旋水로 나가면 패절. 　　2), 3)경우는 지지자(地支字)를 범하고, 左旋水로 나가면 패절. 　③1),2),3)은 형기적으로 백보전란(百步轉闌) 필요.	凶→吉 (초년) (후대)
	원진수가 굴곡하여 나간다. 초년도 발복하고 지극히 좋다.	吉→吉 (초년) (후대)
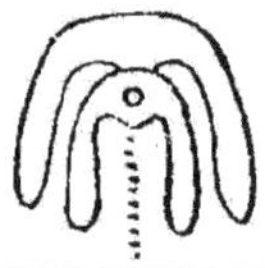	원진수가 곧고 긴데 사가 물을 막지 못한다. (水直無關) 혈을 맺지 못하는 곳으로 지극히 흉하다.	凶→凶 (초년) (후대)

<그림1-5-13 > 원진수 길흉도.(元辰水 吉凶圖) <출처>『인자수지』

昔人云 山管人丁水管財[170] 此言誠然也 蓋山脈旺而水無情 則人丁有而財不足 水有情而山脈弱則 財或有而人丁稀 予每見反跳反抱之地 只家業敗而人丁不絶 故盛衰只宜就財上論可也 蓋此段係論水之形勢吉凶 非因水以辨龍穴之眞假也.

옛사람이 '산은 인정을 관장하고 물은 재물을 관장한다' 고 일렀다. 이 말은 진실로 그러하다. 대개 산맥이 왕성하나 물이 무정하면, 인정(人丁)은 있으나

170)『靑囊書』 水主財綠 山人丁.

설심부 변와 정해

재물이 부족하다. 물이 유정하나 산맥의 기운이 약하면, 재물은 혹 있을 수 있으나 인정은 드물다. 내(予)가 반도수와 반포수의 땅을 볼 때마다 다만 가업은 패퇴하여도 인정(人丁)은 끊어지지 않았다. 그러므로 성쇠(盛衰)는 다만 재산을 가지고 위에서 논할 수 있다. 대개 이 단락은 물(水)의 형세와 길흉을 연관지어 논한 것이다. 물로 인(因)하여 용혈의 진짜와 가짜를 변별하는 것이 아니다.

水口則愛[171]其緊 如葫蘆喉。抱身則貴其彎 如牛角樣

수구는 호로병박[葫蘆;조롱박]의 목처럼 좁은 것이 좋고, 몸(혈)을 감싼 것[抱身]은 소뿔처럼 만포(彎抱)한 것이 좋다.

<반신수(反身水)[172]>   < 반도수(反挑水;反抱水) >

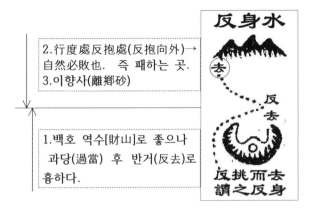

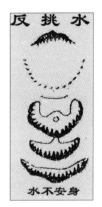

<그림1-5-14 > 반신수 및 반도수   <출처> 『인자수지』

葫蘆喉取其腹大而頸小 以喩水口之內寬而外緊 使水得以久注而漸出也 牛角樣言水彎如牛角一樣也。此言水出口之處 則愛其緊閉如葫蘆之喉 卽所謂其去無流 是也 水來抱身之處 則貴其彎環如牛角之樣 卽所謂 一步金城水彎環似月弓 是也

---

171) 愛(애) : 좋다. 소중히 여기다.∘貴(귀) : 소중하다. 귀히 여기다. 결국 愛와 貴는 같은 의미로 '소중히 여기다.'는 의미로 해석함이 적당하다.∘緊(긴) : 좁다. 줄어듦.∘葫蘆(호로) : 호리병박(=조롱박. 표주박.) ☞ 葫(호) : 호로병박. 蘆(로) : 갈대.∘緊閉(긴폐) : 꼭 닫다.∘점(漸) : 점점. 차츰. 천천히 움직이다.∘一樣(일양) : 같다. ∘流(유) : 옮기어 퍼지다. 번져 퍼지다.

172) 반신수(反身水)는 재산을 모으나 자식은 타향으로. 실례) 봉화군 00 마을
∘역수(逆水)의 사(砂)를 일러 진신사(進神砂)라 하며 재산(財山)이다. 만약 순류(順流)하여 거(去)하면 퇴신사(退神砂)라 하며 채산(債山;빚지는 산)이다. 즉 채산(債山)은 순수사(順水砂)이다. (逆水之砂謂之進神砂。即財山也。若順流而去。謂之退神砂。即債山也.)

<사진1-5-2 >　조롱병박(=조롱박)　　　　　<사진1-5-3 > 우각양(牛角樣)

호로후(葫蘆喉)란 복부(腹部)는 크고 목[頸]은 작은 것을 취(取)하여 수구의 안은 넓고 밖은 좁아 물이 오랫동안 머물고 느리게 나가도록 함을 비유한 것이다. 우각양(牛角樣)이란 물이 소뿔과 같이[一樣] 만환한 것을 말한다. 이것은 물이 나가는 곳이 호로병박[조롱박]의 목구멍처럼 꼭 닫힌[緊閉] 것을 좋아한다는 말이니, 이른바 '가되 번쳐 퍼져서는 안된다' 라 함이 그것이다. 물이 와서 혈장을 감싸는 곳은 소뿔의 모양같이 만환하는 것이 좋다는 말이다. 이른바 '금성수가 걸음마다 월궁(月弓)과 같이 만환한다' 라 함이 그것이다.

然水口有高山 下洋之下回山谷 入勢峻急 必須關鎖緊密[173] 方能稍有停止 至於高山之上 勢如壺傾其水爲尤急 非更加結礀 則內局無由固矣 若大坂與平洋 其水勢旣緩 已有停注之意 略有沙頭交關 亦能固局 至近海者又有潮水溯回 其關反爲納水 卽張山食水[174]之格 是也 水口不可執一而論 讀者詳之

그리고 고산 아래 큰 물이 산곡 아래를 급이쳐 돌아 수구에 들어오는 세가 준급하면 반드시 관쇄하여 긴밀하여야 비로소 약간 멈추게 할 수 있다. 고산의 꼭대기에 이르러 세가 호리병[壺]이 기운 것 같으면 물은 더욱 급하게 흐른다.

---

173) 緊密(긴밀) : (서로의 관계(關係)가) 몹시 좁아 가까움.。至近(지근) : 아주 가까움.。緊(긴) : 너무 작다, 매우 가깝다.。更(갱) : 또 더욱더. 。結(결) : 짓다(設). 세우다.。無由(무유) : ~할 수 없는.

。潮水溯回(조수소회) : 밀물이 돌아 거슬러 오르다.。潮水(조수) : 해와 달. 특히 달의 인력에 의하여 주기적으로 바다 면의 높이가 높아졌다 낮아졌다 하는 현상.。溯(소) : 물 흐름을 거슬러 (올라)가다.。大坂(대판) : 큰 비탈

174) 張山食水定穴法(장산식수정혈법)

1.혈 앞에 있는 귀하게 생긴 산이나 깨끗하고 맑은 물을 보고 혈을 정하는 방법이다.

2.만약 귀하게 생긴 안산과 혈지를 향해 유정하게 감아준 물이 우측에 있으면 혈도 우측에 있다. 좌측에 있으면 혈도 좌측에 있다. 중앙에 있으면 혈도 중앙에 위치한다.

물레방아[碾]를 또 추가로 설치[加設]하지 않으면 내국(內局)을 견고하 집착하여 논할 것이 아니다. 독자들은 자세하게 살펴 판단해야 한다.게 할 수 없다. 만약 큰 언덕과 평양의 수세가 이미 느려졌으면 흐름을 멈출 뜻을 지니고 있다면, 대략 사두(沙頭)가 서로 관란(關闌)하여도 역시 내국을 견고하게 할 수 있다. 바다에 가까운 곳은 또 조수(潮水)가 거슬러 오면 넓어서 오히려 물을 받아들일 수 있게 된다. 이른바 장산식수(張山食水)의 격이 그것이다. 수구는 하나에 집착하여 논하지 않고 독자는 자세히 살펴야 한다.

交牙截[175]水者 最宜聳拔。當面瀦水者 惟愛澄凝。聳拔者如赳赳武夫之捍城。澄凝者若肅肅賢臣之拱位。

교아하여 물을 가로막는 것은 높이 솟아야 가장 좋고, 눈앞[當面]에 모이는 물이 오직 물이 맑게 모이는 것[澄凝]이 좋다. 높이 솟은 산은 용맹한 무인이 성을 지키는 것 같고, 맑게 모인 것은 정중하고 공경하는 신하가 공읍하여 받드는 자리와 같다.

交牙[176]者水口兩邊山交揷如犬牙之相參也 截斷也 截斷去水而不使流也 聳拔高擢也 瀦停止也 謂水聚明堂前 或潭[177]或湖或池或塘 皆是也 澄凝淸聚也 赳赳武勇貌 捍衛也 城城垣也 肅肅恭敬貌 拱拱而立也 位朝班之位也

교아(交牙)는 수구 양쪽 산이 교차하여 끼어들어 개 이빨처럼 서로 엇갈려 있는 것이다. 절(截)은 저지하는[가로막는] 것이다. 떠나가는 물을 가로막아 흐르지 못하게 하는 것이다. 용발(聳拔)은 높이 솟은 것이다. 저[瀦]는 물이 멈추어 머무른다는 것으로, 명당 앞에 물이 모인 것을 일컫는다. 소[潭]·호수[湖]·

---

175) 截(절):가로막다.[遮闌:斷]。瀦(저) : 웅덩이. (물이) 고이다.。澄(징) : 맑다.。凝(응) : 이루다. 모으다. 머무르다.。赳赳(규규) : 건장하고 늠름한 모양. 씩씩한 모양.。赳(규) : 굳세다. 용맹하다.。武夫(무부) : 무인(武人). 군인.。捍城(한성) : 성을 지키다.。肅肅(숙숙) : 공경하는 모양.。當面(당면) : 눈앞. 직면하다.。參(참) : 교차하다. 엇갈리다.

176) 排衙(배아) : 옛날 관청에서 의장기 따위를 배치하고 관리들이 관직의 순차대로 줄을 지어 장관을 알현(謁見)하는 것. 즉 용호의 배아(龍虎 排衙)격은 관아의 군사들이 양쪽에 도열하여 있는 모양과 같이 용호에서 지각이 양쪽으로 뻗어 내린 모양을 배아(排衙) 한다.[交牙(교아) ≠ 排衙(배아)]
　☞심겸(深鉗)은 겸(鉗)을 만든 팔[용호]이 길어서 입이 깊을 때는 반드시 요(曜)을 내미어 교아(交牙)를 만들어야 좋다.。交揷(교삽) : 엇갈림.。揷(삽) : 끼어들다.。斷(단) : 차단하다. 가로막다.。朝班(조반) : 조정에서 벼슬아치들이 조회 때에 벌여서 섰던 차례.。聳拔(용발) : 높이 우뚝 솟다.。擢(탁) : 솟다.

177) 潭(담) : 물이 깊게 괸 곳[沼]

저수지[池]·연못[塘]이 모두 저수(瀦水)이다. 징응(澄凝)은 맑게 모인다는 것이다. 규규(赳赳)란 무용(武勇)한 모양이고, 한(捍)은 막아 지킨다는 뜻이다. 성(城)은 성벽[城垣]이다. 숙숙(肅肅)은 공경하는 모양이고, 공(拱)은 공읍(拱揖)하고 서 있는 것이다. 위(位)는 조반의 지위이다.

言水口固愛緊 而交牙截水之山 又最宜 高聳拔擢 遮闌去水 不見流出爲美 抱身固貴彎而當面所瀦之水 又惟愛 澄清凝聚 秀美可觀 不見濁蕩爲妙 其聳拔之象何如 猶如赳赳武夫捍守城垣而威猛不可犯 斯爲水口之吉者 所謂 要知人家富貴 牢水口捍門高 是也 其澄凝之象何如 猶如肅肅賢臣拱立朝位而寧靜[178]不敢動 斯爲朝水之吉者 卽如下文云 水聚天心 孰不知其富貴 是也

말하자면 수구는 원래 긴밀한 것이 좋지만 개 이빨처럼 서로 엇갈려 물을 가로막는 산이 가장 좋다. 높이 솟아 늘어져 흘러가는 물을 가로막아 흘러나가는 물이 보이지 않으면 좋다. 혈신을 감싸는 것[抱身]은 원래 둥글게 둘러싼[彎] 것이 좋지만, 모이는 물을 당면하면 또한 마땅히[惟] 좋다. 맑고 깨끗한 물이 모여 수려하고 아름다우면 볼만하고 탁한 물이 흘러가는 것이 보이지 않아야 좋다. 수구(水口)의 용발한 형상이란 어떤 것인가. 마치 용감한 무사가 성곽[城垣]을 지키고[捍守] 있어 위엄과 용맹을 범접할 수 없는 것과 같다. 이것은 수구가 길한 것이니 이른바 '인가의 부귀는 수구를 지키는[牢] 한문이 높아야 함을 알아야 한다'라 함이 그것이다. 조수(朝水)가 맑게 모인 형상은 어떤 것인가? 마치 공경스런 현신이 조정의 자리에서 조아리고 있어 평온함을 감히 동요시킬 수 없는 것과 같다. 그것이 조수가 길(吉)한 것이니, 아래 문장에서 '물이 천심에 모이니 누가 그 부귀를 모르겠는가'라 함이 그것이다.

水口之砂 最關利害
수구사는 이해(이익과 손해)에 가장 관계가 깊다.

沙者近水凸起闌束[179]橫流之散石也 形家以龍虎朝案羅城等山 幷蟬翼牛角 咸謂之沙者 無非取其爲關水之物而爲龍穴之用也 承上水口而言凡水俱有吉凶而水口之沙 則又關係最大 貴乎 山來跌斷 另起星峰 成爲形象 如龜蛇 如獅象 如龍虎 如日月

---

178) 牢(뢰) : 굳게 지키다. ∘寧靜(영정) : 편안하다. 평온하다. ∘敢(감) : 감히. 함부로.
179) 束(속) : 제한하다. 단속하다. ∘雄鋸(웅거) : 위풍이 늠름하게 앉다. ∘咸(함) : 모두. ∘另(령,영) : 따로. ∘無非(무비) : 반드시~이다. ~가 아닌 것이 없다. ∘成爲(성위) : ~으로 되다.

如印箱 如旗鼓 如卓立之貴人 如雄鋸之猛將 兩邊回頭顧內則有山水之情 其內必多
結富貴之地 而有利無窮

사란 물 가까이 융기하여 횡류를 막아 단속(闌束)하는 산석(散石)이다. 풍수가
[形家]들이 용호·조안·나성 등의 산과 선익 우각 등을 모두[咸] 사(沙)라 하
는 것은 반드시 물을 가로막는 사물로서 용혈을 위해 쓰이기 때문에 취한다.
앞의 수구에 관한 것을 이어 말하는 것이다. 대저 수(水)에는 모두 길흉이 있
으나 수구의 사가 가장 관련이 많다. 산이 뻗어와 질단하여 성봉을 따로 일으
켜[另起] 형상이 구사(龜蛇)·사상(獅象)·용호(龍虎)·일월(日月)·인상(印箱)·기고(旗
鼓) 그리고 탁립한 귀인(貴人)이나 웅거(雄鋸)한 맹장(猛將) 같은 것으로 되어,
양쪽에 머리를 돌려 안을 바라보면 산수의 정이 있음이니 이러한 곳은 안에 부
귀의 땅이 반드시 많이 맺어져 이로움이 끝이 없을 것이다.

其沙 如拖[180]鎗 如敗旗 如下水魚 如流屍 山兩邊向外順飛則無收水之意 其內必多
見衰敗之凶而有害無窮 蓋水口爲龍穴之門戶而沙又爲水口之鎖鑰 沙不關水 譬諸人
身之泄瀉不止則元氣敗而軀命喪矣 譬諸人家門開不關則錢財失而家室虛矣 故曰最
關利害不可忽略也

수구의 사(沙)가 풀어놓은 창[拖鎗], 패전한 깃발[敗旗], 떠내려가는 고기[下水
魚], 떠내려가는 시신[流屍]과 같고, 양쪽 산이 밖을 향하여 따라 달아나면[順
飛] 물을 거두어들일 뜻이 없음이니 그 안에는 필히 쇠퇴하고 패망하는 흉이
반드시 많이 나타나 해(害)가 끝이 없을 것이다. 대개 수구는 용혈의 문호이고
사는 또 수구의 자물쇠와 같다. 사(砂)가 물을 막지 못하는 것은 사람 몸에 설
사가 그치지 않으면 원기가 쇠퇴하여[敗] 목숨을 잃게 되는 것에 비유한다.
(또한) 인가의 문이 열려 닫히지 않는 것은 재물[錢財]을 모으지 못하고 식구
[家室]가 적은 것[虛]에 비유한 것이다. 고로 이해에 가장 관련이 깊다는 것이
니 소홀히 해서는 안된다.

此特擧其大略 當自察其細微

이는 특히 물의 형세와 길흉의 대략을 열거한 것이니, 그 미세한 것

---

180) 拖(타) : (몸 뒤로) 늘어뜨리다. ∘下水(하수) : (배가) 흐름을 따라 떠내려가다. 하류로 내
  려가다. ∘鎖鑰(쇄약) : 자물쇠. 문단속. ∘順(순) : 따르다. ∘軀命(구명) : 身命(신명) : 목숨.
  ∘忽略(홀략) : 소홀히 하다. 등한히 하다. ∘譬諸(비제) : 譬之於 : ~에 비유하다. ∘失(실) :
  목적을 달성하지[이루지] 못하다. ∘家室(가실) : 식구. 가족. 가옥. ∘虛(허) : 적음

은 스스로 살펴야 할 것이다.

此總結上文言論水之形勢吉凶亦惟擧其大略 至於細微之處 難以盡述 惟在學者自用
心思目力詳察之可也
이는 앞의 문장을 총결하여 말한 것이다. 물의 형세와 길흉을 다만 오직 그 대
략만 열거하였고, 세미한 곳까지 전부 말하기가 어렵다. 학자들이 스스로 심사
와 목력을 사용하여 상세하게 관찰해야 한다는 것이다.

右段論水法
위의 단락은 수법을 논하였다.

此段論水法只就其形勢之吉凶而言之 絶無方位星卦之說也 讀者詳之
이 단락에서 수법을 논함에서는 다만 그 형세의 길흉만 말했을 뿐, 방위성괘의
해설은 조금도 없다. 독자들은 잘 알아야 할 것이다.

雪心賦正解　卷二

第一章　論龍脈

水固切於觀流[181]。山尤難於認脈。

물은 본래 흐름을 보는 것이 중요하고, 산은 맥을 아는 것이 더욱 어렵다.

此承上起下之詞　言水之關係甚重　固切於觀流　而山之變化無窮尤難於認脈　蓋山之
起伏脈仙帶脈　雖是形勢顯然　然有眞僞難辨　至於平受之脈　或隱或隆　或伏或連　猶
如灰灰中之線　草裏之蛇　更難察識

이는 위를 이어 아래에 시작하는 말이다. 물의 관계가 매우 중요하여 원래 물의 흐름을 보는 것이 절실하고, 산은 변화가 무궁하여 맥을 알기가 더욱 어렵다는 것을 말한 것이다. 대개 산의 기복맥과 선대맥은 비록 형세가 명백할지라도 진위를 변별하기에 어려움이 있다. 평수맥에 이르러서[至於]는 혹은 습고 혹은 드러나며 혹은 잠복하고 혹은 이어져서 마치 재속의 선이나 풀 속에 있는

---

181) 流(류) : 흘러가는 방향. 흐름.。 切(절) : 중요하다.。顯然(현연) : 명백하다. 분명하다.

■용분삼세(龍分三勢)

1. 起伏格(기복격) : 山龍之勢 : 高山結穴 예) 將軍大坐形. 掛燈形.

산룡의 대부분은 기복격이니 그 형세는 고저와 앙복이 있고 크게 멈췄다 작게 낙맥하고 (과협을 이루어) 끊어졌다 다시 일어나고 일어났다가 또 끊어져　높거나 낮다.

　(起伏格 : 山龍大多是起伏格　其勢有高有低,有昂有伏　大頓小跌　斷而復起　起而又斷。或高或下)

2. 仙帶格(선대격) : 平岡之勢:野山結穴 예)老鼠下田形, 生蛇逐蛙形

평강룡은 대부분 허리띠와 같으니 그 형세가 굴곡하여 움직이는 듯하고 구불구불 활동하여 마치 살아있는 뱀과 같고 지현자 같고 바람에 날리는 천과 허리띠 같다.

　(仙帶格 : 平崗之龍　多仙帶之格　其勢屈曲搖擺　逶迤活動　如生蛇　如飄練　如之玄　如飄帶。)

3. 平受格(평수격) : 平地之勢→平野結穴 예)蓮花浮水形, 金鷄抱卵形

평지룡는 대부분 평수격이니 산맥이 들판에 떨어져 끝이 없이 드넓은데 서로 이어져서 미미한 형세로 한치가 높으면 산이 되고 한치가 낮아도 물이 된다.(平受格 : 平地之龍多平受之格　脉落平洋　一望無際　相牽相連　微有体勢　高一寸爲山　低一寸爲水。)

즉 산룡도 평지에 떨어져 혈을 맺고, 평지룡도 우뚝 솟아서 혈을 맺는 것이 있다.

[출처] https://cafe.naver.com/danchonps/1055 & 『精校绘图地理人子须知』

뱀 같아서 살펴 알기가 더욱 어렵다.

尋龍經云　平洋大地無形影　如灰拖[182]線要君識　相連相牽尋斷絶　蓋是楊公眞口訣
過村如鷹列深雲　藏時猶似泥中籥　平洋相並盞中酥　落在平洋難辨別　是也　下文正言
脈之難認

<심룡경>에 이르기를 '평양대지는 형체와 그림자가 없어서, 재속에 실을 풀어
놓은 것 같아 반드시 그대들은 서로 연결되고 단절됨을 찾아 알아야 하고, 양
공의 <진구결>에 그렇게 말했다. 기러기가 구름 속으로 열을 지어 마을 지나
가는 것 같고, 숨을 때[藏時]는 진흙 속의 피리와 같도다. 평양에서는 서로 어
울려 잔속에 있는 연유와 같으니, 평양에 낙맥하면 분별하기가 어렵도다' 라
함이 그것이다. 아래 문장은 바로 맥을 알기 어렵다는 것을 말한다.

<그림2-1-1 > 선대도·기복도·평수도.　<출처>『인자수지』

或隱顯於茫茫逈野[183]　或潛藏於淼淼平湖.　星散[184]孤村　秀氣全無半點,

---

182) 拖(타) : 풀어놓다.。線(선) : 실。連牽(연견) : 끌려 연결됨. 계속 이어짐.。鷹(마) : 기러
기.。籥(약) : 피리. 자물쇠. 쇠를 채우다. 。相並(상병) : 서로 어울려.。鷹(마) : 기러기 。
酥(소) : 연유(煉乳)

183) 逈野(형야) : 먼 들판。逈(=逈) : 멀다. 아주。淼(묘) : 넓은 물. 물이 아득하다. 수면이
광활하게 펼쳐져 있는 모양 。全無 : 전혀 없다.。半點(반점) : 아주 조금.。雲蒸(운증) : 뭉
게뭉게 피어오르는 구름. 또는 그처럼 사물의 기세가 융성하는 것.。精光(정광) : 원기가 왕
성하다. 。略(략) : 거의.

184) 星散(성산) : 산산이 흩어지다.。人煙 ; 人煙(인연) : 인가. 밥짓는 연기(煙氣).。零落(영
락) : (꽃·잎이) 말라 떨어지다. 드문드문하다.。曠蕩(광탕) : 끝없이 넓다.。埋(매) : 감추다.
。散漫(산만) : 흩어지다.。錯雜(착잡) : 뒤섞여 어수선함.。融結(융결) : 녹여 뭉치다. 융합
하다 (融結者 卽二五之精　妙合而凝也).

　　　　　설심부 변와 정해

雲蒸貴地 精光略露一斑.

혹은 아주 먼 들판에 보일듯 말듯하거나[隱顯] 혹은 아득히 넓은 평야의 호수[平湖]에 들어가듯이 감춘다. 인가가 흩어진 외로운 마을에는 수기(秀氣)라고는 조금도 없고, 인가가 밀집하여 운기가 뭉개뭉개 피어오르는 구름처럼 융성한 귀지에도 정광은 겨우 일부를 드러낼 뿐이다.

茫茫曠蕩貌 迥遠也 淼淼水大貌 星散言人烟零落如晨星之散也 雲蒸言人煙密集如雲氣之蒸也 承上言山脈固皆難認 然認平地之脈尤爲至難 或有隱而復顯 微露其跡於曠蕩之迥野 或有潛而又藏 秘埋其踪於水大之平湖 以至脈行於星散之孤村而散漫錯雜 秀氣全無半點 又有脈聚於雲蒸之貴地而團聚融結 精光略露一斑 此數句 皆言平地之脈 不可泛引山脊雲蒸之說 以雜之也

망망(茫茫)은 끝없이 넓은 모양이고 향(迥)은 멀다는 뜻이다. 묘묘(淼淼)는 물이 큰 모양이다. 성산(星散)은 인가가 드문드문하여 새벽 별이 흩어진 것 같다는 말이다. 운증(雲蒸)은 인가가 밀집하여 마치 운기가 뭉게뭉게 피어오르는 구름과 같다는 말이다. 위를 이어 산맥은 본래 모두 알기 어려우나 평지의 맥을 아는 것은 더욱 어려움을 말한 것이다. 혹 숨었다가 다시 나타나 끝없이 넓고 먼 들판에서 그 종적을 은미하게 드러내는가 하면 혹은 물에 잠겨 또 감추고, 물이 많은 평호에서 그 종적을 숨겨[秘] 감추기도 한다. 맥의 행도가 흩어진 외로운 마을에서는 흩어져 뒤섞여 수기(秀氣)라고는 조금도 없다. 또 사물의 기세가 뭉게 구름처럼 피어오르는 융성한 귀지에 맥이 한곳에 모여[團聚] 융결하더라도 정광은 겨우 한 점을 드러낼 뿐이다. 이 몇몇 문장은 모두 평지맥을 말한 것으로 산척(山脊)에 관한 운증(雲蒸)의 설을 함부로 인용하여 섞어서는 안된다.

然平地龍脈 雖如鋪氈展席[185] 但旁低而中高一寸者爲山 旁高而中低一寸者爲水 其骨節之開闔 脈跡之貫串 个字之入 界水之分合 護砂之迎送 與高山龍脈無異 雖高山勢成立體 令人易曉 平地勢成眠體 令人難認 殊不知眠倒星辰竪起看乃察支之要

---

185) 鋪氈(포전) : 담요나 양탄자 따위를 펴다.。展席(전석) : 자리를 펴다.。厚(후) : 크다.。濬(준) : 깊다. 파다.
☞ (오산)의 변격도
立體.[高山의 勢] → 坐體 [높이가 100m~150m이내] → 眠體 [기댄다.] → 臥體 [平地의 勢]

訣也 故平地之隱隆卽高山之起伏 平地之斷續卽高山之過峽結咽 平地坵段之上下卽
高山之頂脚 但平地脚向後頂向前也 平地之厚濶 卽高山之肩翼 平地圓直曲尖方之
形 卽高山金木水火土之體也 倘開墾而失他形則尋其口鼻 濬鑿而斷地脈則溯[186]其
源流 自可得其大槩矣

그러나 평지용맥이 비록 담요를 깔아 자리를 편 것과 같아도 다만 옆은 낮고
가운데가 일촌이 높으면 산이 되고, 옆이 높고 가운데가 일촌이 낮으면 물이
된다. 그 용맥의 절[骨節]은 나누어져[開闔] 맥의 자취가 개자(个字)모양으로
꿰뚫고[貫串] 들어오는 것·계수의 분합·호사의 영송은 고산의 용맥과 다름이
없다. 고산의 세가 입체를 이룰지라도 사람들이 쉽게 분별할 수 있고 평지의
세가 면체(眠體)를 이루어 사람들이 알기 어렵다. 그러나 면도(眠倒)한 성신(星
辰)을 곧게 세워보는 것이 지맥을 살피는 요결인 것을 전혀 모른다. 고로 평지
의 은룡(隱隆;微伏微起)은 곧 고산의 기복이고, 평지가 끊어지고 이어짐[斷續]
은 곧 고산의 과협과 결인이고, 평지 언덕[坵段]의 상하는 곧 고산의 산정(山
頂)과 지각이다. 다만 평지의 지각은 뒤를 향하고 산정은 앞으로 향한다. 평지
의 후활(厚濶)은 곧 고산의 견익이요, 평지의 원·직·곡·첨·방(圓直曲尖方)의 형상
은 곧 고산의 금·목·수·화·토(金木水火土)의 체이다. 만약 개간하여 그 형상을 잃
어버리면 입이나 콧구멍을 찾고, 깊이 파서[濬鑿] 지맥이 단절되었으면 원류까
지 근원을 찾아야 한다. 그러면 대체적인 줄거리를 알 수 있을 것이다.

且平地有眞龍必先有凸起之處爲龍脈之根本 行度必有隱降 脈跡左右必有微茫沙水
過峽必有銀錠束氣 八字分水 錦被[187]帳幕 或過平曠必有土脈連接 或渡江河必有石
骨穿過 至於結穴處 必微起頂腦 微開鉗口 微吐氈脣 穴前必略有明堂 左右必有兩
股陰砂 微茫界水 依稀繞抱 亦必有龍虎朝案 在乎縹緲之間 蓋頂腦者氣之所從來也
鉗口者氣之所融結也 氈脣者氣之所自止也 昔人謂平地不開口 神仙難下手者 蓋言
結穴處必須開口 開口方有眞明堂而眞氣方止也

또한 평지에 진룡이 있는 것은 우선 융기한 곳이 반드시 있어야 용맥의 뿌리가
된다. 용의 행도는 반드시 은미하게 낙맥하여[隱降] 맥의 자취 좌우는 반드시
미망사수(微茫沙水)가 있다. 과협은 반드시 은정(銀錠)맥이 속기(束氣)하고, 팔
자로 물을 나누어 비단으로 장막을 치는 것 같고 혹 평평하고 넓직한[平曠] 곳

---

186) 溯(소) : (일·사건등의)근원을 더듬(어찾)다.
187) 被(피) : 두르다。◦吐(토) : 드러내다。◦隱降(은강) : 은은하게 낙맥하다。微茫(미망) ; 依
　　稀(의포) :희미하다. 뚜렷하지 않다。◦縹緲(표묘) : 멀고 어렴풋하다(희미하다)。◦下手(하수) :
　　손을 대다.

　　　　　　　　　　　　　설심부 변와 정해

을 지나면 반드시 토맥이 연접하고 혹 강이나 하천을 건너면 반드시 석골이 있어 통과하여 결혈처에 이르면 반드시 정뇌(頂腦)를 약간 일으키고 겸구(鉗口)를 약간 열고 전순을 약간 드러낸다[吐]. 혈전에 반드시 작은 명당이 있고, 좌우에는 반드시 양고(兩股)의 음사(陰砂)가 미망(微茫)한 물을 경계로 희미하게 요포하고 또한 반드시 용호와 조안이 멀리 어렴풋한[縹緲] 사이[間]에 있다. 대개 정뇌는 기의 내력이며, 겸구는 기가 융결된 곳이다. 전순은 기가 스스로 멈추는 곳이다. 옛사람이 말하기를 '평지에서 개구를 하지 못하면 신선일지라도 손을 대기 어렵다고' 라고 하였다. 대개 결혈처는 반드시 개구해야 하니, 개구하면 비로소 참다운 명당이고 진기가 비로소 멈추게 된다는 말이다.

若觀水鄉[188]之脈又須先看龍會水或江河湖海溪澗以定其勢 蓋灌之出面 必要太會水審勢旣定然後 察水之分合以鉗龍脈之行止 撼龍經云 只將水注與水流 兩水夾流是龍脊 惟在察水之勢 水之所交卽龍之所止 又云 凡到平洋莫問踪 只觀水繞是眞龍 蓋水鄉結穴處竝無分寸高低 所謂起頂開口吐脣 俱屬想像 惟看水來繞抱 而穴就傍水有情處 培土成墳 至於護狂 案樂 俱以水爲主 又以隔水田坵形勢 照應夾拱有情爲準 學者能察於此 又何難認哉 只要脚力走得到 眼力看得到 心中會得到耳.

만약 물가에 있는 마을[水鄉]의 맥을 보려면 먼저 용과 만난 물이 강하(江河)인지 호해(湖海)인지 계간(溪澗)인지를 살펴 그 세를 정하야 한다. 대개 물이 흘러들어와 나가는 쪽에는 큰 물을 필요로 한다. 그 수세를 살피고 결정한 다음 물이 분합하여 용맥의 행지(行止)를 제한[억류]하였는지[鉗]를 살펴야 한다. <감룡경>에 이르기를 '다만 물이 흘러 들어가고[注] 물이 흘러나가는[流] 것을 보라, 양수가 끼고 흐르는 곳이 바로 용척(龍脊)이라' 고 했다. 오직 수세를 살핌에 달려 있으니, 물이 만나는 곳이 곧 용이 멈추는 곳이라는 것이다. 또 이르기를 '무릇 평양에서는 종적을 묻지를 말라, 다만 물이 휘감는 것이 보이면 바로 진룡이다' 라고 했다. 대개 수향의 결혈처에는 모두[竝] 조금의[分寸] 고저도 없다. 소위 기정(起頂) 개구(開口)·토순(吐脣) 등은 모두 상상(想像)의 것이다. 오로지 물이 흘러와 요포한 것을 보고 혈은 물이 유정한 곳 가까이를 취하여 배토(培土)하여 무덤을 만들 수 있다. 분별할 수 없는 들판[狂野]에 이르러서는 안산과 낙산은 모두 물을 위주로 한다. 물이 밭이나 언덕으

---

188) 水鄉(수향) : 물가에 있는 마을。灌(관) : 흘러 들어가다。鉗(겸) : 속박하다 제한하다. ◦至于(지우)때에 이르러. ◦脚力走到 : 다리의 힘으로 가다. ◦脚力(각력) : 다리 힘 ◦得到(득도) ; 會得.

로 막혀있는 형세에서는 조응(照應)하여 협공(夾拱)함이 유정한지를 기준으로
한다. 배우는 자가 능히 이를 살핀다면, 어찌 알기 어렵겠는가. 단지 많이[力]
다니고 안목으로 잘 보고 마음(속)으로 깨달아[會] 알아야 도달할 뿐이다.

<사진 2-1-1 > 은정맥

聳於後必應於前 有諸[189]內必形諸外
뒤에 높이 솟으면 반드시 앞에서 응함이 있고, 안에 간직하고 있으면
반드시 밖으로 형상이 나타난다.

後者出脈之山也 前者結穴之地也 內者氣之蘊蓄也 外者氣之發露也 承上言 平地之
脈雖是難認 然有前後之照應 內外之符合 可以爲據也 蓋平地多自高山發脈 故有特
異之山 聳於後 必有貴穴之地 應於前 撼龍經云 平地龍從高處發 高起星辰低落穴
是也 如有中和之氣 蘊於內 必有精秀之象 形於外 靑烏經云 內氣萌生 外氣成形
又葬書云 地有吉氣 土隨而起 是也 由此觀之 則平地之脈亦自有可辨矣. 如有中和
之氣 蘊於內 必有精秀之象 形於外

뒤는 출맥한 산이고 앞은 결혈한 땅이다. 안[內]은 기가 온축(蘊蓄)한 것이고
밖[外]은 기가 드러난 것이다. 위 문장을 이어 평지맥은 비록 알아보기 어려울
지라도 전후가 조응하고 내외의 부합(符合)하면 증거가 될 수 있다는 말이다.
대개 평지는 대부분 고산에서 출발하여 뻗어온 맥이기[發脈] 때문에 특이한 산
이 뒤에 용립(聳立)하면 반드시 귀혈지가 앞에 응한다. <감룡경>에 이르기를
'평지룡은 높은 곳에 발맥하고, 높게 솟은 성신은 낮은 곳에 낙혈[혈을 남긴
다]한다' 라 함이 그것이다. 중화의 기가 안에 쌓이면 반드시 정수(精秀)한 형
상이 밖에 드러난다. <청오경>에 이르기를 '내기(內氣)가 생겨나면 외기(外氣)
는 형상을 이룬다' 하고 또 <장서>에 이르기를 '땅에 좋은 기운이 있으면 흙

---

189) 發(발) : 떠나다. 시작하다.。諸(제) : 간수하다. 갈무리함[藏]。蘊蓄(온축) : 속에 깊이 쌓
아 둠。符合(부합) : 맞다.。起(기) : 본래의 장소를 떠나다. 이동하다.

을 따라서 기가 이동한다[起]'고 함이 그것이다. 이렇게 본다면 평지맥도 저절로 변별될 수 있을 것이다.

欲求眞的 遠朝不如近朝. 要識生成 順勢無過逆勢
참되고 적실한 것을 구해야 하니, 먼 조안은 가까운 조안만 못하다. 생성(生成)을 알아야 하니 순세가 역세보다 나을 것이 없다.

順勢逆勢俱指朝言 上言脈 此言朝者 蓋欲以朝山爲證也 然朝山有眞假之分 若欲求眞的之朝山而取其趨向於我則遠朝不如近朝之切 蓋遠爲衆山所向無足取證 近爲本身特配足以證穴 且主朝相近 兩家[190]之山會 兩家之水亦會 正雌雄配合之妙 陰陽交媾之理 盡見於此矣 疑龍經云 朝山亦自有眞假 若是眞時特來也 若是假時山不來 徒愛尖圓巧如畵 若有眞朝來入懷 不必尖圓如龍馬 此之謂也

순세와 역세는 모두 조산을 가리키는 말이다. 위에서는 용맥을 말하고 여기서는 조산을 말하는 것은 대개 조산으로 증거를 삼고자 한 것이다. 그러나 조산(朝山)에도 참된 것과 아닌 것으로 나눈다. 참되고 적실한 조산을 구하여 나를 향해 달려오는 형세를 취하기를 바란다면 멀리 있는 조산이 가까운 조산만큼 적절하지 못하다. 대개 멀리 여러 산이 향하고 있으면 혈증으로 취하기에 부족하고, 가까이 본신에 특별히 어울리는 것[特配]을 혈증으로 삼기에 충분하다. 게다가 주산과 조산이 서로 가까이 있으면 양쪽[兩家]의 산이 모이고 양쪽의 물 또 모이니 바로 자웅이 배합(配合)하는 묘함과 음양이 교구(交媾)하는 이치가 모두 여기에 나타난다. <의룡경>에 이르기를 '조산에도 자체에 진짜와 가짜가 있는데, 조산[是]이 진짜일 때는 혈 앞으로 다만 뻗어온다. 만약 조산이 가짜일 때는 혈을 향해 오지 않고, 다만 그림처럼 뾰족하거나 둥글어 아름다운 모습을 좋아할 뿐이다. 진짜 조산이 혈을 향해 와서 품속으로 들어오는 듯 하기만 하면, 반드시 날개 달린 용마(龍馬)와 같이 뾰족하고 둥근 모습일 필요는 없다'고 한다. 바로 그것을 말함이다.

要識生成自然之美而取其來朝於我則順勢又無過逆勢之妙 蓋朝山之水 趨向 在於正穴而正穴之水 關鎖 賴乎朝山 所以朝案皆貴逆水 不逆則穴水無關[191] 終不免於漏

---

190) 家(가) : 쪽. 측. 편.。徒(도) : 다만~뿐.。若時(약시) : 그때.
191) 關(관) : 받아 들이다. 가두다.。在于(於) : ～에 있다. ～에 달려 있다.。趨向(추향) : 대세를 따라감.。賴(뢰) : 의지하다.

洩 縱然發福亦不悠久 疑龍經云 只愛朝案逆水轉 不愛順流隨水勢 順流隨水案無
力 此處名爲破城裏 若是逆水作案山 關得外垣無走氣 是也

자연의 아름다움을 생성하여 나에게 (그것들이) 내조(來朝)하면 순세가 또 역
세의 묘함보다 나을 것이 없음을 알아야 한다. 대개 조산(朝山)의 물은 정혈이
있는 곳을 향하여 오고 정혈의 물은 조산(朝山)에 의지하여 관쇄한다. 그래서
조안이 모두 역수라야 좋다. 역수가 아니면 물을 혈에 받아 임이 없으니 마침
내 (생기가) 누설하게 된다. 설령 발복한다 할지라도 오래가지 못한다. <의룡
경>에 이르기를 '다만 조안이 역수하여 선회(旋回)하는 것을 좋아하고, 수세에
따라 순류(順流)하는 것을 좋아하지 않으니 물을 따라 순류하는 안산은 무력하
다. 이러한 곳을 이름하여 파성리(破城裏)라 한다. 역수가 안산이 되면, 밖의
담장을 만들어 관쇄함으로써 땅기운이 달아나지 못하게 된다'라 함이 그것이
다.

多是愛遠大而嫌近小 誰知[192]迎近是而貪遠非

대부분 사람들은 멀고 큰 것을 좋아하고 가깝고 작은 것을 싫어한다.
가까운 것을 맞이하는 것이 옳고 먼 것을 탐하는 것은 옳지 않다는
것을 누가 알겠는가?

承上言 朝山不在於大小 惟在於眞的 但人情多是愛遠朝之大 而嫌近朝之小 又誰知
迎近小之眞的爲是而貪遠大之虛假爲非哉 今術士 擇葬失穴 皆是貪遠大之病也 雖
朝不嫌其遠而 但不可貪 惟看其有情無情何如耳 遠若有情 正對穴場 則實遠而似近
亦宜向之 遠若無情不對穴場而徒貪戀向之 則反背近對之眞情而不免於失穴也 至文
筆火星作朝 又宜於遠 遠則有淸秀之氣而無粗惡之形 並無回祿之患也 學者又當變
通觀之 不可執一而論也

위의 문장을 이어 조산은 크고 작음에 있는 것이 아니라 오직 참되고 적실함에
달려 있다는 말이다. 사람의 욕망[人情]은 대부분 멀리 있는 조산이 크다고 좋
아하고 가까운 조산은 작다고 싫어한다. 또 가까운 조산이 작더라도 참되고 적
실한 것을 맞이하는 것이 옳고, 멀고 큰 조산이 공허하고 가짜인 것을 탐하는
것은 그르다는 것을 누가 알겠는가? 오늘날의 술사들이 장사(葬事)를 지냈는데

---

192) 誰知(수지) : 누가 알겠는가。。人情(인정) : 사람이 본디 가지고 있는 온갖 욕망(慾望)。。
回祿之患(회록지환) = 回祿之災(회록지재) : 받은 녹(祿)을 되돌리는 재난。。並(병) : 결코.
조금도. 전혀.

혈(穴)을 놓친 것은 모두 멀리 있는 큰 산을 탐하는 병이다. 비록 조산이 먼 것을 꺼릴 것은 없으나 다만 탐해서는 안된다. 오로지 유정무정이 어떠 한지를 살펴야 한다. 멀리 있더라도 유정하고 혈장과 마주하면 실은 멀어도 가까운 것 같으니 마땅히 그곳으로 향하여야 한다. 멀고 무정하면 혈장을 마주하지 않으나 헛되이 탐하여 향하고자 한다면, 가까이 대하는 참성정[眞情]에 반대 방향으로 향하여 실혈(失穴)을 면치 못하게 될 것이다. 문필화성(文筆火星)이 조산(朝山)이 되면 또 멀어야 마땅하다. 멀면 청수한 기운이 있고 조악한 형상이 없으니, 받은 녹을 빼앗기는 근심[回祿之患]이 조금[並] 없을 것이다. 학자들은 마땅히 변통하여 살펴서 한쪽에 집착하여 논하지 말아야 할 것이다.

會之於心　應[193]之於目
마음으로 깨달으면 눈에 보인다.

承上言　認脈觀朝　皆當細用心思　察其形勢　想其性情　會之於心　庶可應之於目也　豈言可傳哉
위 말을 이은 것이다. 맥을 알고 조산을 관찰하는 것은 모두 마땅히 세밀한 심사로 그 형세를 살피고 그 성정을 생각하여 마음으로 깨달으면 대체로 눈으로 응답한다. 어찌 말로 다 전할 수 있겠는가?

三吉六秀何用[194]强求　正穴眞形自然黙合
삼길육수는 억지로 구하여 어디에 사용하는가? 정혈진형(正穴眞形)은 저절로 묵합(黙合)하는 것이다.

---

193) 應(응) : 화답하다. 응답하다. ∘庶(서) : 대체로.
194) 『地眼全書』 穴法卷三　四眞三法
　'主山의 頂上에서 格之[=格定]하여 震庚亥 三方의 砂가 보이면 三吉로 삼고 또 丁·庚·丙의 三方에 砂가 보이면 六秀砂로 삼는다'라고 하는 것이 이것이다. 만약에 하나둘 일어나는 것을 보이면 바로 그것이다. 大地가 그런 것은 아니니 어찌 許多하게 있겠는가? 만약에 面前에 있거나 或은 兩傍에 있어 生旺의 二砂가 되면 바야흐로 發福을 할 수 있다. 만약에 흩어져서 煞과 洩 二方에 있게 되면 禍가 다시 速할 것이다.
　(主星頂上格之　見震庚亥三方砂氣爲三吉　又見丁庚丙三方砂氣爲六秀砂　是也　若見有一二起者卽是　大地不然　那有許多　若在面前　或在兩傍要作生旺二砂　方可發福　若撥在煞洩二方則禍更速)。∘何用(하용) : 어디에 쓰는가. ∘黙合(묵합) : 은연중에 합하는 것. ∘暗合(암합) : 우연히 일치하다. ∘許多(허다) : 대단히 많은. 허다한. ∘那有(나유) ~ : ~ 이 어찌 있겠는가?

三吉者震庚亥也 六秀者艮丙巽辛兌丁也 皆指方位言 以貪巨武爲三吉者 非也 形卽
穴星也 言認龍脈 惟在心思目力 察其微妙 如俗所言 三吉六秀列於方位者 何必用
羅經格之强求其合也 但得正穴眞形則吉秀攸鍾自然暗合之矣 然則吉秀在於龍穴而
不在於方位也 明矣

삼길이란 진·경·해(震庚亥)이며 육수란 간·병·손·신·태·정(艮丙巽辛兌
丁)이다. 모두 방위를 가리켜 말한 것이다. 탐랑·거문·무곡을 삼길(三吉)이라
하는 것은 옳지 않다. 형은 곧 혈성이다. 용맥을 식별하는 것은 오로지 심사
(心思;생각)와 목력(目力;사물의 형태 등을 분변하는 눈의 분별력)으로 그 미묘
함을 살피는 데 달려 있다. 세속에서 말하는 것처럼 삼길 육수가 방위에 나열
되어 있다면 하필 나경을 이용하여 방위를 격정하여[格之] 억지로 그 부합하는
[合] 것을 구할 것인가? 다만 정혈진형(正穴眞形; 龍眞穴的)을 얻으면 길수가
모여[攸鍾] 저절로 암합(暗合)하게 되는 것이다. 그러한 즉 길수(吉秀)는 용혈
에 달려 있지 방위에 달려 있는 것이 아님이 분명하다.

舊本有八卦五行 必須參究[195] 浮花浪蕊 枉費觀瞻 四句 本文余抑止刪去 甚有確見
予按八卦五行必須參究二句 似好言卦例之徒 參雜於此 蓋八卦陰陽與五行生剋之說
原爲選擇而設 只可入於下文 剋擇段中 若入於龍脈段中 則猶是以卦例論龍脈 非以
形勢論龍脈 斷斷非卜氏立言之旨也 且浮花浪蕊二句 卽下文滾浪桃花隨風柳絮之意
又何必重之於此 則其參雜也 可知

구본(舊本)에 '팔괘오행은 반드시 참고하여 연구하여야 하며, 물위에 떠도는
꽃과 꽃술을 살펴보는 것은 낭비이다'라는 네 구절이 있다. 본문에서 내가 제
어하여 삭제하는 것은 아주 확실한 견해가 있기 때문이다. 내 생각에는 '팔괘
오행은 반드시 참고하여 고증하면서 연구하여야 한다'라는 두 구절은 괘례를
말하기 좋아하는 무리들이 여기에 섞은 것 같다. 대개 팔괘음양과 오행생극의
설은 원래 선택을 위하여 설정한 것으로 단지 하문의 '극택(剋擇)' 단락 중에

---

195) 枉費(왕비) : 낭비하다.。枉費(왕비) : 낭비하다.。參究(참구) : 참고하여 고증(考證)하면서
연구함.。蕊(예) : 꽃술.。浮浪(부랑) : 떠돌다.。觀瞻(관첨) : 바라보다 .。刪去(산거) : 삭제
하다.。余 (여; 予) : 나.。抑止(억지) : 내리눌러서 제어.。按(안) : 생각하다.。參雜(참잡) :
뒤섞이다.。剋擇(극택) : 정하여 가리다.。剋(극) : 이기다. 정하다.。斷斷(단단) : 단연코.
절대로.。立言 : (개인의) 견해를 밝히다.
。設(설) : 배치하다. 세우다.。滾浪(곤랑) : 소용돌이치는 물결.。柳絮(유서) : 버들개지.。重
(중) : 반복하다. 되풀이하다.

설심부 변와 정해

넣을 수는 있다. 만약 '용맥'을 논한 단락 중에 넣는다면 오히려 쾌례로 용맥을 논한 것이지 형세로 용맥을 논한 것이 아니다. 단연코 복응천이 주장하는 취지가 아닌 것이다. 게다가 '부화랑예(浮花浪蕊)' 두 구절은 곧 아래 문장의 '소용돌이치는 물결에 떠 있는 복숭화 꽃[滾浪桃花], 바람 따라 흔들리는 버들개지[隨風柳絮]'의 뜻과 같으니 하필 여기에 그것을 되풀이 할 필요가 있겠는가? 그러니 그것이 뒤섞였음을 알 수 있다.

死絶處有生成氣局。　旺相中審休廢踪由[196]。
사절처라도 생성의 기국이 있고, 왕성한 모습 중에도 휴폐의 경위를 살펴야 한다.

言認龍脈不在於方位而在於形勢 如龍脈有形勢伏斷似死絶矣 及旣過而復展精神 再開局面 是死絶處轉有生成之氣局也 亦有形勢頓起似旺相矣 乃忽然又藏跡閃跡莫測來往 是旺相中反有休廢之跡由 不可不審也

용맥을 분별하여 아는 것은 방위에 있지 않고 형세에 있음을 말한 것이다. 용맥이의 형세가 낮아져 끊어져[伏斷] 있으면 사절(死絶)와 같은 것이다. 지나서 또 다시 정신(精神)을 전개하여 국면을 다시 열었으면 이것은 사절처가 바뀌어 생성(生成)의 기국(氣局)이 된 것이다. 또한 왕상(旺相)처럼 형세가 돈기(頓起)하여 있다가, 홀연 또 종적을 감추거나 비켜나가 내왕(來往)을 예측하기 어려운 경우가 있다. 이것은 왕상 중에도 오히려 휴폐의 경위(涇渭)가 있으니 반드시 살펴야 한다.

棄甲曳兵　過水重[197]興營寨。排槍列陳　穿珠別換門牆
갑옷을 버리고 병기를 끌며 물을 건너 병영을 다시 일으켜 창을 배열하고 진을 정렬하여 다시 구슬을 꿰듯 문과 울타리를 다르게 바꾼

---

196) 踪由(종류) : 원인과 경과. 경위(涇渭;사물의 이치에 대한 옳고 그름의 분별)。精神(정신) : 기운을 내다. 활력。認(인) : 분별하여 알다.

197) 重(중) : 또 다시。營寨(영채) : 병영。寨(채) : 울타리(城). cf) 塞(새) : 변방. 성채。排列(배열) : 배열하다. 정렬하다。另(령) : 따로。偸(투) : 남모르게。墩泡(돈포) : 둥근 모양의 금성체。衙의 俗字. 。啣枚(함매) : 말 입에 재갈을 물리다。枚(매) : 재갈. 하무(군인들이 떠들지 못하도록 입에 물리는 나무 막대)。繞(요) : 우회하다。倏(숙) : 갑자기. 빨리 달리다。變陳易幟(변동이치) : 진을 바꾸고 깃발을 바꾸다. 。勢(세) : 언저리。處(처) : 멈추다. 모이다。莫(막) : ~ 못하다.

다.

此借喻以釋上文之義也 言龍脈脫卸處 或穿田渡水 再起星峰 結成垣局 猶如大將戰
敗 棄甲曳兵而走 偸身過水 旣過而又招兵集衆 重興營寨 是卽死絶處有生成氣局之
謂也 龍脈起勢處 星峰羅列 如鎗如旗 忽又卸落平地 再起墩泡 如穿珠牽連 轉身回
首 另開局勢 猶如大將排鎗列陣而行 忽又啣枚繞道 方東走而倏西奔 正北去而忽南
向 旣至而又變陣易幟 別換門牆 令人莫曉 是卽旺相中有休廢踪由之謂也

이는 차유(借喻)하여 윗글의 뜻을 해석한 것이다. 용맥이 탈사(脫卸)한 곳은 밭
을 뚫고 물을 건너거나 다시 성봉을 일으켜 원국(垣局)을 만든 것을 말한다.
마치 대장이 패전하여 갑옷[甲]을 버리고 병기를 끌고 도망가면서 몸을 숨겨
물을 건너고, 다 통과한 다음 곧 병사를 불러 모아 병영을 다시 세운 것과 같
다. 이는 곧 사절처에도 생성의 기국이 있다는 말이다. 용맥이 발생한 언저리
[起勢]에 멈추어 성봉이 나열하여 창과 깃발 같고 홀연 또 평지에 떨어져[卸
落] 다시 돈포(墩泡)를 일으켜 구슬을 꿴 것처럼 계속 이어져[穿珠牽連] 용신
과 머리를 돌려 따로[另] 국세를 열기도 한다. 마치 대장이 창을 배열하고 진
을 정렬하여 가다가 홀연 또 재갈을 물려 소리를 죽이며[啣枚] 길을 (빙빙) 돌
아서 우회하고, 막 동쪽으로 가다가 서쪽으로 바삐 달려나가고, 정북으로 가다
가 갑자기 남쪽으로 향하고, 다 와서는 또 진(陣)을 고치고 깃발을 바꾸어 문
과 담장을 새로 바꿈으로써 사람들이 알지 못하게 하는 것과 같다. 이는 곧 왕
상 중에도 휴폐의 자취가 있음을 말한 것이다.

游龜不顧而參差 是息肩[198]於傳舍 連珠不止而散亂 似假道於他邦

물 위에 떠다니는 거북이[游龜]가 돌아보지 않아 가지런하지 않으면
전사(傳舍)에서 잠시 휴식하는 것이고, 연주(連珠)가 머물지 않고 어
지러우면 다른 이곳에서 길을 빌리는 것과 같다.

參差不齊貌 息肩歇擔也 傳舍郵亭也 連珠謂有數數泡相連 擺走與上文穿珠相同 但
不宜直串 直串則脈死矣 散亂謂珠泡散亂 無敍也 假道借路也 他邦猶言此處也 此
言龍脈未止之形勢 或形勢散漫 如游龜往而不顧而又參差不齊 則如負擔者息肩於郵

---

198) 息肩(식견) : 잠시 휴식하다.。假道(가도) : 길을 빌리다.~을 거치다.。郵亭(우정) : 역참
(驛站)의 객사(客舍).。歇(헐) : 쉬다.。擔(담) : 짐.。相牽(상견) : 끌다. 인도하다(導).。敍
(서) : 순서. 질서.。虞(우) : 우나라.

亭 不過暫歇而已 或形勢起伏如連珠相牽擺走而又散亂無紋 則如行路者 借道於此
處 必不止於此也 田氏謂息肩於傳舍是結停驛之穴 假道於他邦 是往他處結穴 殊不
知此皆借喻未止之脈 不可因其有息肩二字便謂結停驛之穴也 假道於他邦是言借他
邦之道而經過 卽孟子云假道於虞 是也 不可因其有他邦二字 便謂往他處結穴也 讀
者宜詳之

참차(参差)란 가지런하지 않은 모양이다. 식견(息肩)이란 짐을 내려놓고 잠시
쉬는 모양이다. 전사(傳舍)란 역참의 객사(客舍)이다. 연주(連珠)란 여러 개의
포(泡)가 서로 이어진 것을 말한다. 파주(擺走) 윗 문장의 천주(穿珠)와 같다.
다만 곧게 구슬을 꿰면[直串] 좋지 않다. 곧게 꿰면 맥이 죽는다. 산란(散亂)이
란 주포(珠泡)가 산란하여 질서가 없음이다. 가도(假道)란 길을 빌리는 것이다.
타방(他邦)이란 이곳이라는 말과 같다. 이곳은 용맥이 아직 멈추지 않은 형세
를 말한 것이다. 혹 형세가 산만하여 유구(游龜)가 가면서 되돌아보지 않고 또
들쑥날쑥하듯 하다면 짐을 진 자가 객사에서 짐을 내려놓고 쉬니 잠시 머무를
[歇] 뿐이다. 혹 형세가 기복하여 연주가 서로 끌며 달려나가는 것 같고 또 산
란하여 질서가 없으면 길을 가는 자가 길을 이곳에서 빌리는 것 같으니 반드시
이곳에 머물지 않는다. 전씨가 말하기를 '전사(傳舍)에서 잠시 휴식한다[息肩]
고 한 것은 정역(停驛)에서 혈을 맺음을 말한 것이다. 이곳에서 길을 빌린다는
것은 다른 곳에 가서 혈을 맺는다는 것이다' 라고 했다. 이 모두는 머물지 않
는 맥[未止之脈]을 차유한 것임을 전혀 모르는 것이다. '식견(息肩)' 두 글자
로 인하여 곧 정역에서 혈을 맺는다고 해서는 안된다. 이곳에서 길을 빌린다는
것은 이곳의 길을 빌려 지나감을 의미한다. 즉 맹자가 '우(虞)나라에서 길을
빌린다'는 것이다. '타방(他邦)' 두 글자로 인하여 곧 타처에 가서 혈을 맺는
다고 해서는 안된다. 독자들은 마땅히 상세하게 살펴야 한다.

滾浪[199]桃花 隨風柳絮. 皆是無蔕無根. 未必有形有氣
흐르는 물결 위에 떠있는 복숭화 꽃, 바람 따라서 (흔들리는) 버들개
지 모두가 꼭지도 없고 뿌리도 없다. 반드시 있어야 할 형과 기가 없
다.

---

199) 滾浪(곤랑) : 물결이 일다. ◦滾(곤) : 흐르다. ◦蔕(체) : 꼭지. 꽃받침. ◦土(토) : 뿌리. ◦
綿(면) : 이어지다. 약하다. 박약함. ◦薄(박) : 정(情)이 없다. 엷다. ◦猶有(유유) : (아직) ~
할 여지가 있다. ◦未必有(미필유) : 반드시 있어야 할 것이 없다.

桃花柳絮極言其輕薄也 不必引風吹水劫 以實之 上言不顧 不止猶有脈而未止也 至
於墩泡輕微如桃花浮水滾浪 土帶綿薄如柳絮飄落隨風 是皆無龍脈連續如花絮之無
蒂無根 未必有正形之可觀與生氣之可乘也 此處不可分段200) 此論山脈直至 誰識
桑田能變海 止觀下段骨脈固宜剝換之義可知 謝氏未達前後文義乃分章曰論龍脈行
度 殊爲大謬 今正之

복숭아꽃과 버들개지[柳絮]는 그 가벼워 정이 없는 것을 극단적으로 말한 것이
다. 반드시 풍취수겁을 인용하여 증명할 필요가 없다. 앞에서 말한 불고(不顧)
부지(不止)는 아직 맥이 있을 여지는 있으나 아직 머물지 않은 것이다. 돈포
(墩泡)가 경미함을 말하면 도화가 물결에 떠서 흐르는 것 같고, 흙 띠가 얇게
이어진 것[綿薄]이 버들가지가 바람 따라 흩날려서 떨어지는 것과 같다. 이 모
두가 용맥이 연속하지 않아 복숭아꽃과 버들개지가 열매의 꼭지와 뿌리가 없는
것과 같이 볼만한 바른 형상과 탈만한 생기가 반드시 있다고 할 수 없다. 여기
서는 단락을 나눌 수 없다. 이것은 산맥이 곧바로 이르는 경우를 논한 것이다.
누가 상전이 벽해로 변할 수 있는 것을 알 수 있겠는가? 단지 아래 단락의
'골맥은 본래 마땅히 박환하여야 한다' 는 뜻을 보면 알 수 있다. 사씨가 전
후 문장의 의미를 달통하지 못하고 장(章)을 나누고 '용맥의 행도를 논함' 이
라 하였다. 특히 큰 오류이다. 이번에 바로 잡는다.

若見土牛隱伏 水纏便是山纏 或如鷗201)鳥浮沈 脈好自然穴好
만약 혈[土牛]이 은복하여 보이면 물이 감싼 것이니 곧 산도 감싸게
된다. 혹 갈매기가 날아오르고 내려앉는 것 같으면 맥이 좋아 자연적
으로 혈도 좋은 것이다.

土牛穴之號也 隱伏穴之隈藏202)也 纏繞也 鷗水鳥也 浮沈言鳥忽浮水面忽沈水底
喩脈之隱隆也 承上言浪花風絮之形 必無脈氣矣 若見有穴隈藏 水來繞纏 便與山纏
無異 蓋平洋無山以水爲山 且水不自纏因山故纏 山水相纏則於穴有情矣 撼龍經云
水纏便是山纏樣 纏得眞龍如仰掌 是也 穴後來脈 隱隱隆隆 如鷗鳥之浮沈 則脈活
動秀美而結穴亦自然秀美矣 蓋脈者穴之根本 脈好穴好亦自然之理也

토우(土牛)는 혈의 호칭이다. 은복(隱伏)이란 혈이 산모퉁이에 품은 것[隈藏]이

---

200) 사씨가 여기서 단락을 나눈 듯.
201) 鷗(구) : 갈매기. 鳥(조) : 새.。浮沈(부침) : 떠오름과 가라앉음.。便是(변시) : 곧 ~이다.
202) 藏(장): 간직하다. 품다.

설심부 변와 정해

다. 전(纏)은 감싸는 것이다. 구(鷗)는 물새이다. 부침 (浮沈)이란 새가 홀연히 수면에 떠 있다가 홀연히 물 아래로 잠긴 것을 말하여 맥의 은륭(隱隆)을 비유한 것이다. 위를 이어 말하는 것이다. 물결에 흔들리는 꽃[浪花]과 바람에 나부기는 버들개지[風絮]의 형상은 반드시 맥[脈氣]이 없다. 만약 혈을 산모퉁이에 간직하고 물이 와서 감싸는 것이 보인다면 곧 산이 감싼 것과 다름이 없다. 대개 평지는 산이 없어 물을 산으로 삼는다. 게다가 물은 스스로 감쌀 수 없고 산으로 인하여 감싼다. 산수가 서로 감싸면 혈에는 유정하다. <감룡경>에 이르기를 '물이 감싼 것이 곧 산이 감싼 모양이니 참된 용을 얻어 감싼 것이 앙장(仰掌)과 같다' 함이 이것이다. 혈 뒤에 내맥이 은은륭륭(隱隱隆隆)하여 갈매기가 뜨고 내려앉는 것과 같으면, 맥의 활동이 수미하니 결혈 역시 자연 수미하다. 대개 맥은 혈의 근본이며, 맥이 좋으면 혈도 좋은 것은 역시 자연의 이치이다.

水外要四山來會 平中得一突爲奇[203]

물의 밖은 사방의 산이 와서 모여야 하며, 평평한 가운데서 하나의 돌기한 곳을 얻으면 좋다.

承上言平洋固取水纏而水外又要四山來會 以作關闌斯水不散而氣聚 若一槩平曠則亦無收拾矣 平地雖無山形可觀 然得一突聳起[204]則是吉氣攸鍾而爲奇穴矣 蓋平地龍脈一片純陽忽然聳起成突則是陽極陰生故爲奇妙 然亦須辨其突形以便裁穴

위를 이어서 평양은 당연히 물이 감싼 것을 취하고, 물 밖은 또 사방의 산이 와서 모이고 관란하여 물이 흩어지지 않고 기가 모여야 한다는 것을 말한 것이다. 하나같이 평평하고 넓기만 하면 또 기를 수습할 수 없다. 평지는 비록 볼만한 산형이 없더라도 그러나 하나의 돌(突)이 솟아[聳起]있는 것을 볼 수 있으면 이는 길기가 모이는 것이니 좋은 혈이 된다. 대개 평지의 용맥은 한 조각 순양(純陽)이 홀연히 용기하여 돌을 이루면 이는 양이 극하여 음이 생한[陽極陰生] 고로 뛰어나서 좋다. 그러나 역시 반드시 돌의 형체를 분별하여 곧 재혈하여야 할 것이다.

---

203) ☞貴 · 愛 · 重 · 尊 · 宜 · 美 · 妙 · 奇 등은 모두 '좋다'로 통일.。須(수) : 반드시~하여야 한다.。一槩(일개) : 하나같이.。隈(외) : 굽이 . 모퉁이. 굽이(휘어서 구부러진 곳).。奇妙(기묘) : 특출나다. 기묘하다. 신기하다. ☞ 奇: 뛰어나다.
204) 聳起(용기) : 우뚝 솟아 있는 것. cf) 湧起(용기) : 물이 솟아남.

若突如泡如珠則[205]圓而爲金形　如尺如筍則直而爲木形　如環如帶則曲而爲水形　如
犁頭如磚角則尖而爲火形　如箱如印則方而爲土形　又須辨其突之眞假　眞突必微有窩
或略開口或略吐脣　兩傍必有氈褥　後有支脊來脈　前有明堂陰案　左右有微茫界合　陰
沙繞抱　否則恐爲暴起之突而爲收水印墩　孤露無情　不可用也　故下文遂言穴脈之證
應

만약 돌이 물방울이나 구슬같이 둥글면 금형이다. 자나 홀과 같이 곧으면 목형
이다. 고리나 허리띠와 같이 굽었으면 수형이다. 쟁기머리 같고 벽돌의 모난
곳과 같이 뾰족하면 화형이다. 상자 같고 도장같이 네모지면 토형이다. 또 모
름지기 그 돌의 진가(眞假)를 분별해야 한다. 참된 돌(突)은 반드시 미와(微窩)
가 있고 혹 약간 개구하기도 하고 혹 약간 토순이 있고 양방에 반드시 전욕(氈
褥)이 있어야 한다. 뒤에는 지척(支脊)의 내맥(來脈)이 있고 앞에는 명당과 음
안(陰案)이 있다. 좌우에 미망수[微茫]가 경계를 이루어 합하고 음사(陰沙)가
요포(繞抱)해야 한다. 그렇지 않으면 아마도[恐] 갑자기 일어난 돌(突)이면 물
을 거두는 인돈(印墩)이 고로(孤露)하여 무정하면 쓸 수 없을 것이다. 고로 아
래 문장에서 마침내 혈맥의 증응(證應)을 말한다.

細尋朝對[206]之分明　的要左右之交固

조대(朝對)가 분명한지를 세밀하게 살펴야 하며, 좌우의 만남이 확실
히 공고해야 한다.

言脈來結穴又宜取證於朝對左右　雖平地無山　亦必細尋朝對分明　或官星或陰案相對
分明亦足以證穴也　又宜看穴之左右　雖不能如山岡之護衛　亦的要微微陰沙交會完固
使水不漏洩而氣方得聚也　此處不可分段　田氏將堂寬無物分作下段者　非也　今正之
맥이 와서 혈을 맺더라도 또 마땅히 조대(朝對)와 좌우(의 사격으)로 취증해야
한다는 말이다. 비록 평지라 산이 없어도 반드시 조대(朝對)가 분명한가 세밀
하게 살펴야 한다. 혹 관성이나 미미한 안산[陰案]이라도 서로 마주 대함이 분
명하여도 결혈을 증명하기에 족하다. 또한 마땅히 혈의 좌우를 살펴보아야 한

---

205) ~則(즉)~ : ~은(이). 결국.。否則(부즉) : 만약 그렇지 않으면.。暴起(폭기) : 급히 일어나
　　다. 暴(폭) : 갑자기.。印砂(인사) : 수구에 있는 작은 산 또는 암석으로 도장처럼 생긴 것.
206) 안산의 형태가 불안정하면 혈장도 균형을 잃게 된다.。陰(음) : 희미(稀微)하다.
　　예) 陰案.。山岡(산강) : 높지 않은 산. 언덕.

다. 산[山岡]처럼 호위를 할 수 없더라도, 역시 미미한 음사도 아주 공고하게 만나야 물이 빠져나가지 않도록 하고 기가 비로소 모인다. 이곳에서 단락을 나누면 안된다. 전씨가 '명당이 넓으면 재물이 없다[堂寬無物]'로 아래 단락을 나눈 것은 잘못이다. 이제 바로 잡는다.

堂寬無物 理合[207]辯於周圍. 水亂無情 義合求於環聚

명당이 관활하면 재물[物]이 없으니 마땅히 주위를 분별해야 한다. 물[水]이 산란하면 무정하니 맺은 것(혈)은 당연히 들러싸여 모인 곳에서 구해야 한다.

承上言脈來結穴固取證於朝對左右矣 若堂局寬濶無朝案遮闌 理合辯於周圍 或遠山環列或羅城周密 則亦能照應穴場 而無空曠之患矣 至左右無沙交固 以致水流散亂 是無情也 義合求於流出處 或有河有湖 環繞匯聚 則亦能闌氣歸堂 而無走漏之患矣 斷法云 內城流出外城闌 此地名爲進寶山 是也 熊氏謂 水雖無情 終須流歸環聚 義合求其環抱 會聚之處爲明堂 則脈止氣聚而亦吉也 此說亦通明 是無情也

앞을 이어 맥이 와서 혈을 맺을 때는 참으로 조대와 좌우(사격)에서 취증을 해야 한다는 말이다. 만약 당국이 관활하여 조안의 차란(遮闌)하지 않으면[無] 당연히 주위의 사격으로 분별해야 한다. 혹 먼 산이 둥글게 벌려 있거나 혹 나성이 주밀하면 역시 혈장에 조응할 수 있어 텅 비는 걱정[空曠之患]이 없을 것이다. 좌우에서 사(沙)가 확실하게 서로 만나지 않아 물의 흐름이 산란하면 무정하니 의로운 것(혈)은 마땅히 물이 흘러가는 곳에서 구해야 한다. 혹 강이나 호수가 있어 둥글게 감싸 모여들면[匯聚] 역시 기를 막아 명당에 돌려보낼 수 있으니 달아나 누설되는 걱정[走漏之患]이 없을 것이다. <단법(斷法)>에 이르기를 '내성은 빠져나가나 외성이 막아주면, 이곳을 이름하여 진보산(進寶山)이라' 하였고, 응씨는 이르기를 '물이 비록 무정할지라도 마침내 반드시 흘러 돌아와 환취해야 하니, 맺은 것은 마땅히 환포하여 모이는 곳을 찾아야 명당이 된다. 그러면 맥이 멈추고 기가 모이니 역시 길한 것이다' 하였다. 이 설명 역시 통하고 분명하다.

當生不生者 勢孤援寡 見死不死者 子弱母强

---

207) 理合(이합) : 당연히~해야 한다.。以致(이치) : 이 되다.。無(무) : ~하지 아니하다. ~하지 않다.。空曠(공광) : 넓디넓다.。匯聚(회취 : 모여들다.

마땅히 생하여야 하는데 생하지 못한 것은 형세가 외롭고 도움이 적기 때문이며, 죽을 것 같은데 죽지 않는 것은 자(子)는 약하지만 모(母)가 강하기 때문이다.

言龍脈之來又貴有夾從多根本厚　如來脈活動本當生矣而反不能生者　由於208)無夾送護從　或被風吹　或遭水劫　是勢孤援寡而生氣衰敗也　如來脈微弱本見死矣而反不至死者由於祖宗豊厚　離祖未遠　祖氣尚厚　是子弱母强而生氣不絕也　一說子弱母强謂如金之生水　木之生火　幷泛引子被鬼傷　母來求止者　非也

용맥이 오는 것을 말하고 또 귀한 것은 호위사[夾從]가 많고 용의 바탕이 두텁다. 내맥의 활동이 본래 마땅히 생할 것 같은데 오히려 생하지 못한 것은 협송(夾送)하는 호종사[護從]가 없기 때문이다. 혹 풍취를 받거나 수겁을 만나 고립되어[勢孤] 도움이 적어서[援寡] 생기가 쇠미[衰敗]하다. 내맥이 미약하여 본디 죽을 것 같이 보이는데 오히려 죽음에 이르지 않는 것은 조종산이 두텁기 때문이다. 조산에서[離] 멀지 않아 조산의 기가 여전히 두텁다. '자는 약하나 모가 강하기[子弱母强]' 때문에 생기가 끊어지지 않는 것이다. 일설에 자약모강이란 금이 수를 생하고 목이 화를 생하는 것 같다고 하고 같이 '자가 귀(鬼)에게 상해를 당하면 모가 와서 멈추게 하려 한다'는 말을 널리 인용하나 그것은 잘못된 것이다.

鶴膝蜂腰　恐鬼劫去來之未209)定.　蛛絲馬跡　無龍神落泊以難明

봉요학슬이 두려운 것은 귀겁이 오고 가며 산란하여 머물지 않는 것이고, 주사마적은 용신이 떨어져 머묾이 없어 밝히기가 어렵다.

鶴膝者峽脈氣旺中起節泡　兩頭小而中大如鶴之膝也　蜂腰者峽脈細嫩　兩頭大而中細

---

208) 由于(유우) : 때문에.。衰敗(쇠패) : 쇠미(衰微)해지다.。尙(상) : 아직.

209) 단지 바르지 못한 귀겁에 맥은 거래가 산란하여 머물지 않아 맥의 기가 흩어져(약탈당하여) 손실되어 없어지는 것이다.(但有惡鬼劫其脈　去來散亂不定則脈氣被劫而有所損耗) <출처>『도해 설심부』.。未(미)~ : ~지 아니하다.[못하다.] 。泊(박) : 머물다. 。竊奪(절탈) : 절취하다. 도둑질하다.

☞ 지각요도를 지나치게 끌어당기며 동서로 분주하게 달아나는 것을 겁이라 한다.(枝脚橈棹扡拽太重而奔走東西者謂之劫) → 지각과 요도.

☞ 분벽이 짧고 적은 것은 귀(鬼)라고 하고, 길고 큰 것은 겁(劫)이라고 한다.(分擘短而少者爲鬼 , 長而多者爲劫) → 용의 분벽(分擘)　　　　　　　　<출처>『인자수지』

　　　　　　　설심부 변와 정해

欲斷如蜂之腰也　此壟岡之脈也　鬼劫者竊奪其脈也　不可分短少爲鬼　長多爲劫　雖玉
髓經云　短名爲鬼長爲劫　奪我本身少全氣　是謂穴後宜鬼而不宜劫　非所論於峽脈也
蛛絲者過脈微細如蜘蛛之引絲也　馬跡者過脈微泡斷續如馬蹄行路之跡也　此平支之
脈也　不可引石梁過脈　如馬跡在於水中　言之　恐於下文彷彿二句　文義不貫　龍神者
龍勢之精神也

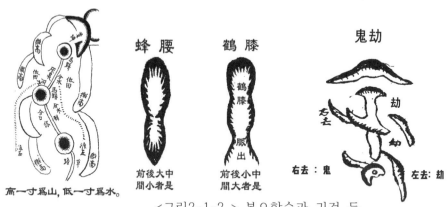

<그림2-1-2 > 봉요학슬과 귀겁 등
<출처> 『인자수지』 및 『 설심부 변와정해』

학슬(鶴膝)은 협맥의 기운이 왕성하여 중간에 절포를 발생한 것으로 양두(兩頭)는 작고 가운데는 큰 것이 학의 무릎 같은 것이다. 봉요(蜂腰)는 협맥이 가늘고 부드러우면 양두는 크고 가운데는 가늘어 끊어질 것 같아 벌의 허리 같은 것이다. 이는 고산룡[壟岡]의 맥이다. 귀겁(鬼劫)이란 그 맥의 기운을 몰래 빼앗는 것이다. 짧고 적은 것은 귀(鬼)이고, 길고 큰 것은 겁(劫)이라고 구분해서는 안된다. <옥수경>에 이르기를 '짧은 것은 귀(鬼)이고 긴 것은 겁(劫)이라 하고, 나의 본신(本身)의 기운을 빼앗아 온전한 기운을 감소시킨다' 고 일렀으나 이는 혈장 뒤(穴後)에 귀(鬼)가 있는 것이 마땅하고 겁(劫)이 있는 것은 마당하지 않음을 말하는 것이다. 과협맥을 논한 것이 아닌 것이다. 주사(蛛絲)는 과맥이 미세하여 거미가 실을 뽑아내는 것 같은 것이다. 마적(馬跡)은 과맥이 작은 포[微泡]가 끊어졌다가 이어져서 말발굽이 간 길의 흔적 같은 것이다. 이는 평지룡의 맥이다. 석량(石梁)의 과맥(過脈)을 끌어들여 마적이 물속에 있는 것처럼 말해서는 안된다. 아마도 아래의 '방불(彷彿)' 두 구절과 문장의 뜻이 통하지 않을 것이다. 용신(龍神)은 용세의 기운[精神]이다.

言龍脈過峽如鶴膝蜂腰之形則脈斂束210)穴欲結矣　但恐鬼劫其脈　或去或來　散亂未

定則脈氣爲其所耗而吉穴難成矣　蓋龍脈自離祖以來　凡起頂分脈　或肩旁硬腰　與尾後分脈　俱不爲劫則一星體而分數脈　結穴亦不爲劫

용맥의 과협이 학슬봉요(鶴膝蜂腰)의 형상과 같으면 맥의 기를 거두어 모아[斂束] 혈을 맺고자 한다. 다만 귀겁이 두려운 것은 가거나 오는(가거나 그렇지 않으면 오거나) 그 맥이 산란하여 머물지 않으면 맥의 기운이 소모(所耗)되어 길혈(吉穴)이 되기 어렵다. 대개 용맥은 조산에서부터 뻗어내려 오면서 무릇 봉우리를 일으켜 분맥하거나 어깨[肩旁]·허리[硬腰]·후미(尾後)에 분맥하는 것은 모두 겁이 되지 않으니 하나의 성체가 여러 맥으로 나누어져 결혈하여도 겁이 되지 않는다. 즉 기가 흩어지지 않는다.

惟[211]龍脈過峽細嫩　束氣之處分出脈去　乃爲眞劫　故此處斷不可分奪而有損於脈氣也　至平支過脈　如蛛之引絲　如馬之行跡　其脈微細隱藏　無龍勢之精神落泊於其間將何以辨之哉　故曰難明　此言無龍神者　謂不似高山之龍勢　跌斷復起　精神踴躍[212]顯然　令人易見耳　不可全謂無龍脈也　讀者詳之

용맥의 과협은 흙결이 부드러우나[惟細嫩] 속기한 곳은 맥을 나누어 나가면[出去] 곧 진겁(眞劫)이 된다. 그러므로 이곳에서는 단연코 맥을 나누어 본신의 기운을 빼앗아[分奪] 맥기를 줄게 해서는 안된다. 더구나 평지(平支)의 과맥은 거미가 실을 뽑거나 말이 지나간 흔적 같아 그 맥이 미세하고 은미하게 숨어있어 용세의 정신(龍神)이 그 사이에 떨어져 머묾이 없으니 장차 어찌 변별하리요? 고로 분명하게 밝히기 어렵다고 한 것이다. 여기서 용신(龍神)이 없다고 하는 것은 고산의 용세와 다르다는 말이다. 고산의 용세는 질단(跌斷)하고 다시 일어나 용신[精神]이 활기가 있어[踴躍] 분명하면 사람들이 쉽게 볼 수 있는 것이다. 용맥이 전연 없다고 해서는 안된다. 독자들은 상세하게 살펴야 한다.

此圖與舊刻不同　予每見鬼劫　俱從束氣細脈上分去　以致彼此不能成穴　若從龍身頂肩硬腰尾後　大處分去　則又不爲鬼劫也

이 그림은 구각(舊刻)과 다르다. 내가 귀겁을 볼 때마다 모두 속기(束氣)를 따라 세맥 위에서 분거하여 피차 성혈하지 못하게 되었다. 만약 용신을 따라 정견(頂肩)·경요(硬腰)·미후(尾後)의 큰 곳[大處]에서 분거한다면 또한 귀겁이

---

210) 斂束(염속) : (기를) 거두어 모으다.
211) 惟(유) : 그러나
212) 精神(정신) : 생기 발랄하다. 활력. ∘踴躍(용약) : 활기가 있다.

되지 않을 것이다.

彷佛高低 依稀繞抱
고저가 비슷하여 요포가 분명하지 않다.

承上言所謂難明者 以其平支之脈中間毛脊之高與界水之低 不過彷佛而已 兩邊陰沙
之繞抱不過依稀而已 非用目力細察不可得而明也

앞에 이어 이른바 밝히기 어렵다는 것은 평지맥 중간에 약간의 등척[毛脊]의
높은 곳[高地]과 물을 경계짓는[界水]의 저지(低地)가 비슷할 뿐이고, 양변 음
사의 요포가 모호할 뿐이니 목력(目力)으로 세밀하게 살피지 않으면 확실하게
알 수 없다는 말이다.

求吾所大欲 無非[213]逆水之龍. 使我快於心 必得入懷之案
내가 크게 바라는 바를 구하려면 반드시 역수하는 용이라야 하며, 나
의 마음에 쾌족하려면 반드시 입회안을 얻어야 한다.

逆水者龍迎流而上也 入懷者案近穴而抱也 案者如人之几案 取其關水藏風 遮蓋[214]
朝山亂脚 只露頂面相向而已 言認平支之脈固是如此 然求吾之所大欲則無非逆水之
龍 蓋逆水之龍 山勢掬轉 水勢來朝 得水最多 發福極快 故以是爲大欲也 所以逆水
之龍卽朝案不特設 下砂不甚轉而亦結穴也 若使我快是於心則必得入懷之案 蓋入懷
之案 近闌穴前收拾堂氣 最爲得力發福極速 故以是爲快心也 所以伸手摸著案 稅錢
千萬貫 是也

역수(逆水)는 용이 흘러오는 물을 맞이하고 위로 향하는 것이다. 입회(入懷)는
안산이 혈 가까이서 혈을 감싸주는 것이다. 안(案)이란 사람이 쓰는 책상[几
案]과 같이 물을 막아주고 바람을 감춰 조산(朝山)의 어지러운 지각을 가리고
[遮蓋] 정상의 면만 노출시켜 서로 향하게 할 뿐이다. 평지맥을 식별하는 것이
진실로 이와 같다는 말이다. 내가 크게 바라는 바를 구하고자 하면 반드시 역
수룡이라야 한다. 대개 역수룡은 산세가 손으로 움켜쥐듯 돌고[掬轉] 수세(물
의 무리)가 계속 흘러들어[來朝] 득수가 아주 많아 발복이 지극히 빠르다. 그

---

213) 無非(무비) : 반드시~이다. ~가 아닌 것이 없다.。상(上) : 높은 곳으로 향함을 나타냄.
　。掬(국) : 움키다.。摸(모) : 잡다. 쥐다.。著(저) : 뚜렷하다. 드러나다.
214) 遮蓋(차개) : 덮다. (결점 따위를) 숨기다. 가리다.

래서 옳다고 여겨 크게 바라게 되는 것이다. 역수룡은 조안이 특별하게 크지 않고 하사가 심하게 돌지 않아도 역시 혈을 맺는다. 만약 내 마음에 쾌족하려면 반드시 입회의 안산을 얻어야 한다. 대개 입회의 안산은 혈전 가까이에서 막아 명당의 기를 거두어 최대의 힘을 얻게 되어[最爲得力] 발복이 지극히 빠르다. 그래서 마음에 쾌족하게 되는 것이다. 이른바 '손을 뻗어 잡힐 듯이 가까운 안산은 세전(稅錢)이 천만관이라' 함이 이것이다.

蜂屯蟻聚 但要圓淨低回. 虎伏龍蟠 不拘[215]遠近大小
벌이 진을 치고 개미가 모이듯 하면 단지 원정(圓淨) 저회(低回)해야 되고, 백호가 엎드리고 청룡이 서리듯 하면 원근 대소에 구애받지 않는다.

屯如屯兵之屯也 伏低伏也 蟠盤轉也. 言案固貴於入懷 若穴前小山 稠疊如蜂之屯 如蟻之聚 但要 圓淨而不破碎 低回而不反壓 亦爲吉也 至左右之山 白虎低伏 靑龍 蟠轉 則顧內有情 而遠近大小不必拘也 舊本虎踞 謝氏改作伏虎 田氏謂踞亦伏也 不必改也 凡虎欲作勢捕獲則身必伏地 前兩脚踞地 是虎之身腰 低軟莫如踞時 故以 此形之 此說雖是近理 然觀葬書云 虎蹲謂之啣尸 龍踞謂之嫉主 則踞字不如改伏字 更確
둔(屯)은 주둔병이 진을 치는 것과 같다. 복(伏)은 낮게 엎드리는 것이다. 반(蟠)은 또아리를 틀고 도는 것이다[蟠轉]. 안산은 본래 입회를 귀히 여기는 것은 마치 혈전에 작은 산이 조밀하게 겹쳐 있어 벌이 진을 치듯 개미가 모이는 듯한 것을 말한다. 다만 원정하여 파쇄되지 않고 저회하나 반배하거나 압박(壓迫)하지 않아야 또한 길한 것이다. 게다가 좌우의 산에 백호가 저복하고 청룡이 또아리를 틀듯이 돌면 안(혈장이 있는 곳)을 돌아보아 유정하여 원근과 대소에 반드시 구애받지 않는다. 구본의 '虎踞(호거)'를 사씨가 '복호(伏虎)'라고 고쳤고, 전씨는 '踞(거) 역시 伏(복)이니 반드시 바꿀 필요는 없다'고 하였다. 대저 백호는 자세를 취하여 포획하려 할 때 몸을 반드시 엎드리고 또한 앞

---

215) 不拘(불구) : 구애되지[받지] 않다. 。屯兵(둔병) : 주둔병. 。作(작) : (~한) 태도를 취하다. 。蹲(준) : 웅크리다. 。踞(거) : 쭈그리고 앉다. 웅크리다. 。盤(반) : 서리다. 돌다. 。莫如(막여) : ~하는 것만 못하다. ~하는 것이 낫다.
☞규장각본 『금낭경』에는 호랑이가 화가 나서 웅크리고 앉아서 머리를 번쩍 쳐들고 노려보고 있는 모습인 '준거(蹲踞)'로 되어 있는 것을 『사고전서』 중 『장서』에서 '백호는 얌전하게 머리를 낮춰 엎드린 모습인 '순부(馴頫)'으로 고침.

양다리는 땅에 웅크린다. 백호의 몸의 허리를 약간 낮게 하는 것이 웅크리는 것 보다 좋기 때문에 이런 형세를 취한다는 것이다. 이 설이 이치에 가깝다 할 지라도 <장서>에 이르기를 '호준(虎蹲)을 함시(唧屍)라 하고 용거(龍踞)를 질주(嫉主)라 한다'라고 한 것을 보면 즉 거자(踞字)는 복자(伏字)로 바꾸어 더욱 확실하게 함만 못하다.

脈盡處須防[216]氣絕 地卑處切忌泉流

맥이 끝난 곳은 기가 없는 땅으로 반드시 피해야 하고, 땅이 낮은 곳에는 샘물이 흐르는 것을 꼭 피해야 한다.

言脈至窮盡之處 恐[217]是氣絕之地 須要防之 蓋盡龍結穴必有二三里餘氣 或一二里餘氣爲之遮護 本身決不在大窮盡之處也 或有結於盡處者 必須外山外水來作護衛 朝應特異 四顧有情 方爲眞結 又龍到盡處轉身向內而結者 亦可免風寒之患也

맥이 다한 곳[窮盡]에 이르면 기가 끊어진 땅일 까 염려되어 반드시 피해야 한다는 말이다. 대개 용의 궁진처에 혈을 맺으면 반드시 이·삼리(二三里)의 여기(餘氣)가 있어야 한다. 혹 여기(餘氣)를 일·이리(一二里)에서 막아 보호하여도[遮護] 본신은 결코 용맥이 다 끝나는 끝자락[大窮盡處]에 있지 않는다. 혹 용진처(龍盡處)에 결혈했다면 반드시 외산(外山)과 외수(外水)가 와서 호위하고, 조응이 특이하고 사방에서 돌아보아[四顧] 유정해야 곧 참된 결혈지가 된다. 또 용진처에 이르러서도 몸을 돌려 안으로 향하여 결혈하면 역시 풍한(風寒)의 근심을 면할 수 있다.

疑龍經云 君如尋得幹龍窮[218] 二水相交穴受風 蓋因不識眞龍脈 故把絕地作氣鍾 是也 然不止言其盡龍 凡脈將盡之處 俱要防其氣絕也 至地勢卑處 亦須略有支脊 略有頂腦 略分界水 略有陰砂 方有結作

<의룡경>에 이르기를 '그대가 만약 간룡이 끝난 곳을 찾았으면 두 물[二水]이 서로 만나는지 혈이 바람을 받는지를 살피고 대개 진룡맥을 알 수 없음으로 기가 모인 절지(絕地)를 파악(把握)하라' 함이 그것이다. 그래서 맥이 멈추지 않

---

216) 防(방) : 못 하도록 막다. 금(禁)하다.[피하다. 하지 못하게 하다.] 방어(防禦)하다.。切忌(절기) : 극력 피 하다. 극력 삼가다.[防=切忌]

217) 恐(공) : 염려가 되다. 。대궁진처(大窮盡處) : 용맥이 다 끝나는 끝자락.

218) 窮(궁) : 끝나다. 멈추다.。將盡(장진) : 곧 다하다.。然不(연불) : 그러하지 않다.。略有 (약유) : 약간.。絕(절) : 없다.

는 것을 진룡(盡龍)이라 말한다. 무릇 맥이 장차 맥이 끝나는 곳은 모두 기가 없어[氣絶] 피해야 한다. 지세(地勢)가 낮은 곳에도 반드시 약간의 용맥(支脊)과 정뇌(頂腦)가 있고 계수(界水)가 나누어지고 낮은 사[陰砂]가 있으면 비로소 결작한다.

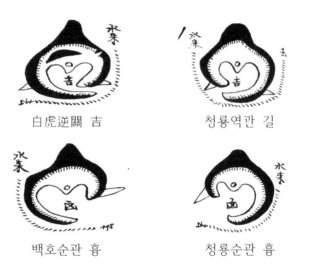

白虎逆關 吉   청룡역관 길

백호순관 흉   청룡순관 흉

<그림2-1-3 > 용호의 역관(逆關) 및 순관(順關)

가.좌선혈장(左旋穴場)

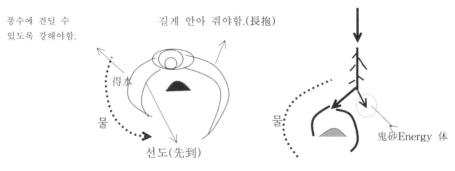

<그림 2-1-4> 좌선혈장

1.득수(得水)는 혈을 지나가는 물(過堂)이며, 혈을 거쳐 가지 않는 물은 파수(破水)이다.
2.백호선익이 강건해야 한다. 약하면 수풍격파초래(水風擊破招來) 즉 바람과 물에 의하여 수겁(水劫)과 풍취(風吹)를 받는다.

若一槪低平 泉水可以通流 則必無脈氣不可作穴 故切忌之 蓋泉流者 泉水四時通流 而不息也 觀撼龍經 只緣水漲[219]在中間 水退卽同乾地力 則非泉流之謂也 然則地 卑不畏水而惟忌泉流也

만약 전부[一槪] 낮고 평평하여 샘물이 통하여 흐를 수 있으면 반드시 맥기가 없어 작혈할 수 없다. 그래서 극력 피한다. 대개 샘물의 흐름이 사시사철 흘러 그치지 않는다. <감룡경>에서 '다만 중간에 있는 물이 불어 넘쳐 흐르다가, 물이 빠지면 건지(乾地)의 지력[땅의 생산능력]과 같다면, 천류(泉流)라고 하지 않는다'라고 한다. 그러하면 땅이 낮아도 물을 두려워하지 않고 다만 샘물이 흐르는 것이 두려운 것이다.

나. 우선 혈장(右旋穴場)

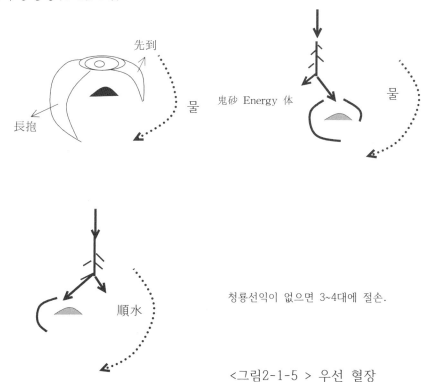

청룡선익이 없으면 3~4대에 절손.

<그림2-1-5 > 우선 혈장

來則有止 止則或孤[220] 須求護托。

---

219) 水漲(수창) : (강물이) 붇다. ◦漲(창) : (물이) 넘치다. ◦水退(수퇴) : 물이 빠지다.
220) 개고양불성(蓋孤陽不成)·독음불성(獨陰不成) · 음양상배(陰陽相配) 방성조화(方成造化)· 즉 음양이 어느 한쪽이 홀로 있어서는 어떤 것이든 生成할 수가 없다.
　　　　<출처>『우리 시대의 풍수』, 민속원, 조인철, 2008, p.392.

용맥이 오면 멈추고 멈추나 혹시 외로우면 반드시 혈의 좌우에 보호할 호산과 의지할 탁산을 구하여 취해야 한다.

穴之左右山爲護 穴之後山爲托 一名樂山 此皆穴後靠山也 承上 言脈盡氣絶者 以其止或孤露而生氣不聚也 故龍脈之來 必有所止 而爲形穴之處 但恐止處 或單山獨壟孤露無情 則穴被風寒 須求 兩邊有山護衛 背後有山靠托 方可用也

혈의 좌·우산은 호(護)가 된다. 혈의 뒷산은 탁(托)으로 일명 낙산(樂山)이다. 이것은 모두 혈 뒤에 의지하는 산[靠山]이다. 앞을 이어 맥이 끝나 기가 없는 것[脈盡氣絶]은 그 멈추기는 하나 혹 외롭게 노출되어 생기가 모이지 않는다는 말이다. 용맥이 오면 반드시 멈추는 곳이 있어 혈처의 형상이 된다. 다만 멈춘 곳이 혹 단산 독롱으로 외롭게 노출되어 무정하면 혈이 찬 바람[風寒]을 받게 될까 걱정이 된다. 반드시 양변에 호위하는 산이 있고 배후에 의락할 산이 있는 것을 구해야 비로소 쓸 수 있다.

一不能生 生物必兩 要合陰陽

음이나 양 하나로는 생성할 수 없다. 만물의 생성에는 음양[兩]이 필요하다. 음양이 짝을 이루어야 하는 것이다.

一謂孤陽獨陰也 兩謂陰陽相配也 言龍脈止處不獨求221)護托而已 蓋孤陽不生 獨陰不成 故陰陽獨一 必不能生物 欲生物則必要陰陽相合 陰陽合而後成穴 亦猶男女配而後生育也

일(一)이란 고양(孤陽)·독음(獨陰)을 말한다. 양(兩)이란 음양이 짝을 이룸을 말한다. 용맥이 멈춘 곳에는 홀로가 아니라 호종사와 탁산(護托)이 필요한 것을 말할 뿐이다. 대개 고양이나 독음은 생성하지 못한다. 고로 음과 양은 하나로 결코 만물을 생성할 수 없다. 만물을 생성하고자 한다면 반드시 음양이 서로 만나야 한다. 음양이 합한 후에 혈이 만들어지는 것은 마치 남녀가 짝을 이룬 후에 자식을 낳아 기르는 것과 같다.

◦則(즉) : 오히려. 그러나. ◦切忌(절기) : 극력 피하다. 극력 삼가다. ◦只緣(지연) : 다만. ◦氣絶(기절) : 기가 없다.

221) 求(구) : ~ 필요로 하다. ◦獨一(독일) : 하나로. ◦以至 : ~까지. ~에 이르기까지. ◦莫不(막불) : 모두 ~하다.

然陰陽無處而不有也　分而言之　山靜屬陰　水動屬陽　合而言之　山靜陰而動陽　水動
陽而靜陰　以至龍穴砂水　亦莫不各有陰陽也

그래서 음양이 없는 곳은 없다. 나누어 말하자면 산은 정하므로 음에 속하고,
물은 동하므로 양에 속한다. 합쳐서 말하자면, 산이 정하면 음이고 동하면 양
이고, 수는 동하면 양이고 정하면 음이다. 용혈사수(龍穴砂水)에 이르기까지 모
두 제각기 음양 있다.

有雌有雄　有貴有賤。

암컷이 있으면 수컷이 있고, 귀한 것이 있으면 천한 것이 있다.

雌屬陰雄屬陽　但陰陽言其氣而雌雄言其形也　發微論云　雌雄者言乎其配合也　大概
不過取其相對待之理　與相眷222)愛之情而已　貴指主山言　賤指奴沙言。

자(雌)는 음에 속하고 웅(雄)은 양에 속한다. 다만 음양은 그 기(氣)를 말하고
자웅은 그 모양[形]을 말한 것이다. <발미론>에 이르기를 '자웅은 그 배합을
말하는 것이다' 라고 했다. 대개 음양의 상대적인 이치[對待之理]와 서로 사모
하여 사랑하는 정[眷愛之情]을 취함에 불과하다. 귀(貴)한 것은 주산(主山)을
가리켜 말한 것이고, 천(賤)한 것은 노사(奴沙) 즉 호종사를 가리켜 말하는 것
이다.

承上言　謂要合陰陽者　蓋天下之物有雌必有雄也　如山屬陰　水屬陽　是山水相對有雌
雄　而山之與水又各有雌雄　陰龍取陽穴　陽龍取陰穴　是龍穴相對有雌雄　陰山取陽爲
對　陽山取陰爲對　是主客相對有雌雄　所以其地融結則雌雄必合　龍穴砂水左右主客
莫不皆相登對　若單雌單雄不相登對　則雖或結地必非眞造化也　謂須求護托者　蓋有
主山之貴必有奴砂之賤　如有貴主必有賤僕之相從也　謝氏謂山之尖秀　方圓爲貴　粗
惡欹斜爲賤　殊不知　此與上文護托下文龍虎　不相照應　讀者詳之

앞의 '음양이 짝을 이루어 만나야 한다' 는 말을 이어 대개 천하의 만물은 암
컷이 있으면 반드시 수컷이 있다는 것이다. 예를 들어 산은 음에 속하고 물은
양에 속하는데 이는 산수는 상대할 자웅이 있고 산은 물과 함께 또한 각각 자
웅이 있다. 음룡은 양혈을 취하고 양룡은 음혈을 취하는데 이는 용과 혈은 서
로 대하는 자웅이 있다. 음산(陰山)은 양을 취하여 마주 대하고, 양산(陽山)은

---

222) 眷(권) : 사모하다. ｡登對(등대) : 알맞다. 잘 어울리다. ｡殊不知 : 뜻밖에. 의외로. ｡賤
(천) : 노복. 　。僕(복) : 하인. 종.

음을 취하여 마주 대한다. 이는 주객이 서로 마주 대하여 자웅(雌雄)된다. 그래서 땅이 융결하려면 자웅이 반드시 짝을 만나야 한다. 용혈사수(龍穴砂水)와 좌우 주객이 모두 서로 잘 어울려야[登對] 하는 것이다. 만약 자웅이 각각 홀로여서 서로 어울리지 못하면 비록 결지라도 반드시 참된 조화(造化)가 아닐 것이다. '반드시 호탁을 구하여야 한다'는 것은 대개 주산이 귀하면 반드시 노사(奴砂)는 천하다. 주인이 귀하면[如] 반드시 노복과 종이 함께[相] 따른다. 사씨가 이르기를 '산이 첨수방원(尖秀方圓)하면 귀하고, 조악하고 기울면[粗惡欹斜] 천하다.' 하였다. 의외로 그것은 앞 문장의 호탁, 아래 문장의 용호와 서로 조응하지 않는다. 독자들은 상세하게 살펴야 한다.

其或雌雄交223)度 不得水則爲失度 倘如龍虎護胎 不過穴則爲漏胎

혹 자웅이 교도하더라도 물을 얻지 못하면 (음양이 함께하는) 법도에 어긋난다. 만약 용호가 태를 감싸도 혈에 이르지 않으면 누태가 된다.

<그림2-1-6 > 자웅교도(雌雄交度)

<그림2-1-7 >자웅실도(雌雄失度)

胎卽穴也 漏漏洩也 承上言龍穴砂水有雌固有雄矣 其或結穴之處 兩邊有股明股暗之眞水 上分而下合 是爲雌雄交度矣 然不得兩股眞沙 逆交以收 下合眞水 間224) 穴內生氣 隨水流散 猶如夫婦假合決無生育之理 故爲失度 所以不言交度 無以見雌雄 不言得水 無以見交度也

태(胎)는 혈(穴)이다. 누(漏)는 새나가는 것[漏洩]이다. 앞의 말을 이어 용혈사수가 암컷[雌]이 있으면 당연히 수컷[雄]도 있다. 혹 결혈처 양변에 고명고암

223) 交 : 사귀다. 함께. ◦失(실) : 벗어남.◦度 : 법도.(法度) ◦倘如(당여) : 만약[만일. 가령]
　　~한다면.[倘若]◦護(호) : 보호하다. 감쌈.◦過(과) : 이르다. 지나다.
224) 間(간) : 몰래. 가만히.

설심부 변와 정해

(股明股暗)의 진수가 있어 위에서 나누고 아래에서 모이면 그것이 자웅교도(雌雄交度)이다. 그러나 양고 진사(眞沙)가 거슬러 만나[逆交] 아래에서 만나는 진수를 거두지 못하면 몰래[間] 혈안의 생기가 물을 따라 흘러 흩어진다. 마치 부부가 제대로 교합하지 않으면[假合], 결코 자식을 낳아 기를 수 없는 이치와 같으므로 실도(失度)하게 되는 것이다. 교도라고 말할 수 없으면 자웅이라 볼 수 없는 것이다. 득수라고 말할 수 없으면 교도라고 할 수 없다.

推而言之 主朝相對是配合 山水相逆是交度 龍虎相抱是配合 左右山水相逆 是交度 逆浚225)則穴得水多而大成 逆淺則穴得水少而小成 地理之所以重逆者 以其逆則交 交則結也 有貴固有賤矣 倘如成胎之處 龍虎護衛 不能包過穴前則爲風吹水劫而漏 洩胎氣矣

미루어 말하자면 주산과 조산이 마주 대하면 배합(配合)이고, 산수가 서로 거스르면 교도(交度)이다. 용호가 서로 감싸면 배합이다. 좌·우 산수가 서로 역하면 교도이고 거슬러 흐르는 물이 많으면[逆浚] 혈이 득수를 많이 하여 크게 이루고, 거슬러 흐르는 물이 적으면[逆淺] 혈이 득수가 작아 적게 이룬다.
지리에서 역(逆)을 중시하는 까닭은 역하면 만나고 만나면[交] 결혈하기 때문이다. 귀(貴)함이 있으면 본래 천(淺)함이 있다. 만약 태를 이룬 곳에 용호가 호위를 할지라도 혈전을 거쳐 감싸줄 수 없으면 풍취수겁(風吹水劫)당하여 태기(胎氣)를 누설(漏洩)하게 된다.

諸注謂上分下合則爲雌雄交度 上有分下無合則爲雌雄失度 不得水者 無金魚水會也 殊不知雌雄交度 旣有上分下合矣 下合則金魚水已會矣 又何爲不得水哉 故失度之 義 非謂下無合也 是謂下有合而不得眞沙以收水也 明矣 讀者詳之

여러 주(注)에서 '상분하합이면 자웅교도(雌雄交度)이니, 위에서 나눔이 있고 아래에서 만남이 없으면 자웅실도(雌雄失度)이고 물을 얻지 못한다는 것은 금어수(金魚水)가 모이지 않는다는 것이다'라고 한다. 자웅교도이면 이미 상분하합이 있음을 모른단 말인가. 하합(下合)이면 금어수(金魚水)가 이미 모여 있다는 것인데 또 어찌 득수하지 못한다는 것인가. 그러니 실도(失度)의 뜻은 하합하지 않는 것을 말한 것이 아니고 아래에 하합이 있지만 진사를 얻지 못하여 수수(收水)할 수 없다는 것이이 분명하다. 독자는 상세하게 살필 것이다.

---

225) 浚(준) : 깊다. 크다. 。淺(천) : 얕다. 적다.

可喜者 龍虎身上生峰。可惡者 泥水地邊尋穴。

좋은 것은 용호의 몸체 위에 봉오리가 생긴 것이다. 꺼리는 것은 니수지(泥水地) 주변에서 혈을 찾는 것이다.

身上生峰謂在龍虎身腰中生峰　卽夾耳峰是也　非與昻頭嫉主相類[226]。承上言龍穴貴其護胎　尤可喜者龍虎身上生起秀峰　夾拱穴場愈徵貴氣之應　秘要云　龍上生峰起子息登高第　虎上若生峰　養女似芙蓉　是也

신상에 봉이 생겨난다는 것은 용호의 허리 가운데에 생긴 봉우리 즉 협이봉(夾耳峰)이 그것이다. (용호가) 앙두(昻頭)하여 (혈을) 질시하는 것[嫉主]과는 다르다. 위에 이어 용의 혈은 태를 보호하는 것이 좋다는 말이다. 더욱 좋은 것은 용호 신상에 수려한 봉우리가 생겨 솟은 것이다. 좌우에서 혈장을 끼고 공읍하면 귀기(貴氣)의 응함이 더욱 더 이루어 진다. <비요(秘要)>에 이르기를 '청룡 위에 봉이 생겨 솟으면 아들이 높은 자리에 오르고, 백호 위에 봉우리가 생기면 양녀(養女)가 연꽃같이 아름답다' 라 함이 그것이다.

至可惡[227]者汎水沈濕之處及無脈無氣之所　若誤尋其穴葬之　必主敗絕　古云　地低四時浸濕水腫之象　泥水汚濁忤逆之象　水色黃者風淫之象　故可惡也

몹시[至] 나쁜 것은 물이 범람하여 물에 잠겨 습한 곳과 맥기가 없는 곳이다. 만약 그곳에 혈을 잘못 찾아 매장하면 반드시 패절(敗絕)을 주로 한다. 옛말에 이르기를 '땅이 낮아 사계절 침습하면 수종(水腫)의 상(象)이다. 진흙탕 물이 더럽고 탁하면 오역(忤逆)의 상이다. 물 색깔이 누런 것은 풍음의 상이다' 라고 했다. 그래서 나쁘다는 것이다.

出身處 要列屛列障。　結穴處 要帶褥帶裀。

출신한 곳에는 병풍(屛風)과 장막(障幕)이 벌려 있어야 한다. 결혈처에는 인욕(전순)이 있어야 한다.

屛如圍[228]屛　障如行軍障幕　乃龍之旺氣發舒也　屛秀障粗　端正貼身爲屛　橫列遠大

---

226) 相類(상류) : 비슷하다.。愈(유) : 낫다. 더욱 더.。徵(징) : 이루다. 증거를 세우다.
227) 惡(악) : 싫어하다. 나쁘다.。敗絕(패절) : 망하고 죽다.。忤逆(오역) : 배반하다.。風淫(풍음) : 풍기(風氣)가 지나쳐서 병을 일으키는 사기(邪氣)가 된 것을 말함.。腫(종) : 부스럼.
228) 圍(위) : 둘러싸다. 에워싸다. 주위(周圍).。屛(병) : 병풍.(屛風)。帳(장) : 휘장.。嶂(장) :

爲障 障與出脈分枝不同 分枝則兩手向前 如今字樣 障則兩肩橫開如一字樣 此列障
障字與蓋帳帳字不同 列障高長而彎 蓋帳高短而方 觀晉書石崇五十里錦步障 障字
可知 舊作嶂字傳寫之誤也

병(屛)이란 병풍으로 들러싼 것 같은 것이다. 장(障)이란 행군 시 장막과 같은
것이다. 곧 용의 왕성한 기운이 펼쳐진 것이다. 병풍은 수려하고 장막은 조잡
하다. 단정하게 용신에 붙은 것이 병풍이고, 횡으로 나열하여 멀고 큰 것은 장
막이다. 장막과 출맥 분지(分枝)는 같지 않다. 분지(分枝)는 두 손을 앞으로 향
하게 하여 금자(今字) 모양 같고, 장막은 두 어깨를 횡으로 열어 일자(一字)모
양 같다. 이 열장(列障)의 장자(障字)와 개장(蓋帳)의 장자(帳字)자는 같지 않
다. 열장(列障)은 높고 길며 만곡하고, 개장(蓋帳)은 높고 짧으며 방정하다.
<진서(晉書)>에서 석숭(石崇)의 오십리금보장(五十里錦步障)을 기록한 것을 살
펴보면 장(障)자를 알 수 있다. 구작(舊作)의 장(嶂)자는 옮겨 적으면서 잘못된
것이다.

褥如人之臥褥 裀如人之坐裀 乃穴之餘氣鋪展也 承上言 穴貴有龍虎爲護 而於龍脈
出身之處 又要聳起高大之山 列屏列障 猶如貴人背後必有屛 大將出入必有障 方爲
貴龍之出身也

욕(褥)은 사람이 깔고 눕는 요와 같고, 인(裀)은 사람이 앉는 방석과 같다. 곧
혈의 여기(餘氣)가 펼쳐진[鋪展] 것이다. 앞에 이어 혈에서는 용호가 호종하고
있어야 좋고 용맥이 출신하는 곳에 또 높고 큰 산이 우뚝 솟아 병풍을 치듯 장
막으로 가리듯 해야 한다는 것이다. 마치 귀인의 배후에 반드시 병풍이 있고
대장이 출입하는 데는 반드시 장막이 있는 것 같아야 반드시 귀룡이 출신이 된
다.

疑龍經云 貴龍重重出入障 是也 然障有大小之分 初障多亘229)闊百十里 隨後漸收
一障 小一障 至將結穴之際 僅三五里或一二里 惟直穿十字出者爲上 橫列丁字出者
次之 假龍亦有開小障穿心者 只是峽內無迎送耳 至龍脈結穴之處 又要鋪展餘氣 帶
褥帶裀230) 猶如貴人之臥必有褥貴人之坐必有裀 方爲貴龍之結穴也.
<의룡경>에 이르기를 '귀룡은 첩첩이 장막을 들어가고 나온다'라 함이 그것

가파르다.。闊(활) : 멀다.
229) 亘(긍) : 끊임없이 이어지다. 계속되다.。闊(활) : (시간적으로) 멀다.。收(수) : 그치다. 。
　　際(제) : 즈음. 때。鋪展(포전) : 깔아 펼치다. 넓게 깔다.
230) 흡사 요를 깔아놓은 것처럼 둥그수럼한 모양의 전순을 말한다.

이다. 그런데 장에는 대소의 구분이 있다. 처음 장막[初障]은 대부분 멀리 백십리에 이어져 계속되고 그 뒤에는 (장막이) 점점 한 장막 한 장막 그치고 작아진다. 곧 결혈할 때에 이르면 거의 3·5리[三·五里] 혹은 1·2리[一·二里]에서 다만 바로 십자(十字)로 천심(穿心)으로 나온 것이 최상[上]이다. 횡열의 정자(丁字)로 나온 것은 그 다음이다. 가룡(假龍)도 작은 횡장을 열어 천심을 하지만 다만 과협의 범위 안[內]에 영송(迎送)사가 없다. 용맥이 결혈처에 이르러서는 여기(餘氣)를 펼칠 요와 방석이 필요하다. 귀인의 침실에는 반드시 요가 필요하고 귀인의 좌석에는 반드시 방석이 있어야 하는 것과 같아야 비로소 귀룡이 결혈을 한다.

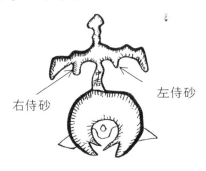

右侍砂　左侍砂

< 그림 2-1-8 >　十字帳圖

< 그림 2-1-9 >　丁字帳圖

<출처> 『바른 재혈의 길잡이』, 남궁승, p85.

疑龍經云　眞龍到[231]穴有裀褥　便是枝龍也富足　是也　然龍脈行度亦有氈褥　疑龍經云　貴龍行處有琵褥　琵褥之龍富貴局. 問君琵褥如何認　龍下有坪如鼈裙　是也　然裀褥爲穴之餘氣　最要詳明　譬諸人身　心卽穴也　臍下氣海　卽氣之餘也　其心則藏氣之精　而其餘者則粗實也　小用合尖　卽穴之合尖也　膀胱大腸所有之物　皆當出當棄也　擂穴最宜避之　若擂臍下合尖之處　不惟不得正氣　且犯下濕必主黑爛　不可不知也

<의룡경>에 이르기를 '진룡이 혈(앞)에 인욕(裀褥)이 있으면 설령 이것이 지룡이라도 모두 재물이 풍족하다' 라 함이 이것이다. 그러나 용맥의 행도에도 전욕(氈褥)이 있다. <의룡경>에 이르기를 '귀룡이 뻗어가는 곳에는 파욕(琵褥)

---

231) 到(도) : ~에. ~로. ~까지. ◦裀褥(인욕) : 크고 넓게 형성된 것을 인욕이라 하고. 작은 것을 순전(脣氈)이라 한다. ◦便(변) : 비록 ~일지라도. 설령~하더라도.[假定을 표시함] ◦也(야) : ~이라도 모두. 해도. ~도 또한. ◦하(下) : 뒷부분. 끝부분. ◦琵琶(비파) : 타원형(楕圓形)의 몸통에 곧고 짧은 자루가 달린 현악기(絃樂器)의 하나. ☞ 전욕(氈褥). ◦기해(氣海) : 배꼽 아래 한 치쯤[3촌] 되는 부분의 급소로 하단전을 혈로서 이르는 말. ◦鼈裙(별군) : 자라의 등껍질[鼈甲;별갑]의 주위에 있는 부드러운 고기. ◦合尖(합첨) : (어떤 일을) 마무리하다. 끝맺다. ◦不惟(불유) : ~뿐만 아니라. ☞ 인욕과 전욕은 ?

　　　설심부 변와 정해

이 있기도 하다. 파욕[翫褥]이 있는 용은 부귀의 국(局)이다. 그대에게 묻노니 파욕은 어떻게 알 수 있는가? 용의 끝부분에 별군(鼈裙)과 같은 부드럽고 평탄한 부분이 있다' 라 함이 바로 그것이다. 그러나 인욕은 혈의 여기(餘氣)가 되니 아주 상세하고 명확하게 밝혀야 한다. 사람의 몸에 비유하면 심장이 곧 혈이다. 배꼽 아래 기해(氣海)가 곧 여기(餘氣)인 것이다. 심장은 기의 정기를 소장하고, 그 여기(餘氣)는 거친 마무리[粗實]이다. 조그마한 쓰임으로 끝맺음이니 곧 혈의 마무리[合尖]이다. 방광과 대장에 있는 것들이니 모두 마땅히 밖으로 내보내어 버려야 한다. 혈을 천장함에 있어서 가장 우선 피해야 마땅하다. 만약 배꼽 아래 합첨이 되는 곳에 천장하면 정기(正氣)를 얻을 수 없을 뿐만 아니라 아래 습기를 범(犯)하게 되어 반드시 흑란(黑爛)이 나타날 것이다. 반드시 알아야 한다.

<사진 2-1-2> 비파

<그림 2-1-11 > 자라

當求232)隱顯之親疏 仍審怪奇之趨舍

마땅히 은현(隱顯)은 친소(親疏)에서 찾아야 하고, 나아가 기괴는 추사(趨舍;取捨)에서 거듭 살펴야 한다.

隱顯卽董氏謂沙之見者爲顯 不見者爲隱 是也 怪沙之醜怪也 奇沙之奇異也 親疏趨舍俱指砂言。承上言龍穴固要屏障裀褥 而於穴之前後左右之山 或顯而親近於我者 或隱而疏遠於我者 又當求之於親近之中 或有奇而趨向於我者 或有怪而舍棄於我者 仍要審之不可忽略也

은현(隱顯)이란 동씨가 '사(沙)가 보이면 현(顯)이고 보이지 않으면 은(隱)이다' 라 함이 이것이다. 괴(怪)는 사가 추괴(醜怪)한 것이다. 기(奇)는 사가 기

---

232) 구(求) : 찾다。∘親(친) : 가깝다。∘疏(소) : 멀다.[稀也]。∘仍(잉) : 거듭. 거듭되다。∘舍棄(사기) : 버리다.

이(奇異)한 것이다. 친소(親疏)와 추사(趨舍)는 모두 사를 가리켜 말한 것이다. 용혈은 병장(屏障)과 인욕(裀褥)을 꼭 필요로 한다는 앞의 말을 이은 것이다. 혈의 전후좌우의 산은 혹 드러나 내[혈]게 친근(親近)하거나 숨어있어 내(혈)게 소원(疏遠)하다. 마땅히 친근한 중에서 추구해야 한다. 기이하여 나를 향해 따르는 것[奇而趨向于我]이 있는가 하면, 추괴하여 나를 버리는 것[怪而舍棄于我]이 있다. 역시 살펴야 하니 소홀히 생략해서는 안된다.

犀角虎牙[233]之脫漏 名爲告訴之星 驪珠玉几之端圓 卽是貢陳之相

서각이나 호아가 벗어나 기가 모이지 않으면[脫漏] 이름하여 고소(告訴)의 성(星)이라 하며, 여주나 옥궤가 단원(端圓)하면 이것이 곧 공진(貢陳)의 상(相)이다.

犀角虎牙喩沙之尖利也 驪珠驪龍頷[234]下之珠喩沙之圓淨也 玉几以玉爲几喩沙之端正也 貢進貢也 陳陳列也。承上言所謂怪而舍之者 或如犀角虎牙脫漏於外則名爲告訴之星而無柔順相愛之意也 或有龍貴發秀而爲虎牙曜牛角曜者 又不宜以此槩(槪)論也 所謂奇而趨之者 或如驪珠玉几端正圓淨 此卽是貢陳之相而有尊敬相向之情也 此四句是中申明怪奇趨舍之義 非泛論也。一說 名爲告訴之星 主出人好訟 卽是貢陳之相主招集四方財寶 此說亦餘意耳

서각(犀角)이나 호아(虎牙)는 사(沙)가 첨리(尖利)함을 비유한 것이다. 여주(驪珠)는 여룡(驪龍)의 턱 아래 구슬로서 사가 원정(圓淨)함을 비유한 것이다. 옥궤(玉几)는 옥으로 책상을 만든 것으로 사가 단정(端正)한 것을 비유한 것이다. 공(貢)이란 공물을 진상하는 것이고, 진(陳)이란 진열이다. 앞을 이어 소위 추괴하여 버린다는 것[怪而舍之]은 혹시 서각이나 호아같이 밖으로 탈루되면 고소의 성이라 하고 유순하게 서로 사랑하는 뜻이 없다는 것을 말한다. 혹 용의 귀함이 빼어나 호아요(虎牙曜) 우각요(牛角曜)가 되는 것을 또 이와 같이 일반적으로 논해서는 마땅하지 않다. 소위 기이하여 따른다는 것[奇而趨之]은 예를 들어 여주나 옥궤처럼 단정하고 원정하면 이는 곧 공진의 상이라 하고 존경하여 서로 마주 향하는 정이 있다는 것이다. 이 4구절은 괴기(怪奇)함을 따르고

---

233) 犀角虎牙 : 물소의 뿔 모양이나 호랑이의 어금니를 닮은 사를 표현한 것으로 이롭지 못한 것을 표현함.
234) 頷(함) : 턱。以 ~ 爲 ~: ~으로써 ~만들다。相向(상향) : 서로 마주하다. 상대를 향하다。餘(여) : 다른。申明(신명) : 분명히 설명하다.

설심부 변와 정해

버림의 뜻을 적당하게[中] 분명히 밝힌 것이다. 함부로 논할 것은 아니다. 일설에 '이름하여 고소지성이라 한다[名爲告訴之星]'는 것은 소송을 좋아하는 사람을 낸다는 것이고, '이것이 곧 공진의 상[卽是貢陳之相]'이라는 것은 사방에서 재보를 불러 모으는 것이라고 한다. 이 설 역시 다른 의미일 뿐이다[餘意].

亦有穴居水底　奇脈異踪。更有穴在石間　剝龍換骨。水底必須[235]道眼　石間貴得明師。

또한 물밑에 혈이 있으면 기이한 맥의 종적이다. 더우기 혈이 암석 사이에 있다면 용골(龍骨)이 박환한 것이다. 물밑은 반드시 도안(道眼)이라야 찾을 수 있고, 암석 사이의 귀한 것은 명사가 찾을 수 있다.

< 사진2-1-4 >　물소 뿔

< 사진2-1-5 >　호랑이 잇발

骨者山以石爲骨也　道眼謂得道如神仙之眼也　總承上言謂以上所言龍脈　皆論其常而未及其變也　然亦有穴居水底者　必是龍脈精奇踪跡怪異自然超拔與衆不同　而來臨於平湖大澤之間　忽然隱藏　融結水底　而爲水秘之穴也　更有穴在石間者　或來龍是嵯峨石山　至入首處　變爲細嫩石山　結穴處又變爲土胎　或來龍是土山　至入首處　轉變爲石山　結穴處又換粗石而爲細石　石中有土　僅可容棺　此是融結石間而爲石秘之穴[236]也　然水底之穴無形無影非俗眼所能察也　必須得道之仙眼　方能識之　石間之穴殺氣最重　非淺見所能裁也　貴得明理之高師　方能擇之　或有穴在石板之下者　開石

---

235) 須(수)：구함.
236) 암석에 숨겨서 소중히 간직한[祕藏] 혈.

取之 謂之開山取寶

골(骨)이란 산에서 돌[石]을 골(骨)로 여긴다. 도안(道眼)은 신선과 같이 득도한 안목을 말한다. 앞의 말을 총괄하여 위에서 말한 용맥은 모두 정상적인 것을 논한 것이다. 변체에 대해서는 아직 언급하지 않았다. 그러나 또한 혈이 물밑에 있는 것은 반드시 용맥의 정기가 기이하고 종적이 괴이하여 자연의 이치를 초월하고 일반적인 혈과 같지 않다. 평지의 호수[平湖]·큰 못[大澤]사이에 내려와서 갑자기 숨어 물밑에 융결하여 수비지혈(水秘之穴)이 된다. 또 석간(石間)에 있는 혈은 내룡이 험준하게 솟은[嵯峨] 석산이었는데, 입수처에 이르러 석산이 흙결로 예쁘게[細嫩] 변하여 결혈처에 이르러 또 변하여 토태[土胎; 혈]가 된 것이다. 또한 내룡은 토산이었는데, 입수처에 이르러 석산으로 바뀌고[轉變] 결혈처에 이르러 또 거친 바위가 부드러운 바위[細石]로 바뀌어, 바위 가운데 흙이 있어 간신히 관을 넣을 수 있으니 이것이 바위 사이에서 융결하여 석비지혈(石秘之穴)이 된다. 그러나 물밑의 혈은 형상도 없고 그림자도 없어 속안(俗眼)은 살펴볼 수 없다. 반드시 득도(得道)한 선인의 안목(仙眼)이라야 비로소 알 수 있다. 바위 사이의 혈은 살기가 가장 많으므로 천견(淺見)으로는 재혈을 할 수 없다. 소중한 것은 이치에 밝은 높은 지사라야 비로소 천장할 수 있다. 어떤 경우 혈이 석판(石板) 아래 있으면 석판을 열고 취하여야 하는데, 그것을 일컬어 '산을 열고 보배를 취하는 것[開山取寶]'이라 한다.

張子微云 也有[237] 名山石片漫 皆無寸土穴難安 不合龍眞難捨去 尋趨十日無足觀 此名天完混沌氣 龍皮粗厚頭面乾 時人莫道無草木 不知童山是兩般 童山土色細雜 碎 可栽木植生長難 天完之地無縫路 蕩蕩光滑如削刪 却須廻環四獸地 自有土潤草 木山 只有相當作穴處 頭面漫漫皆石盤 石必有縫可鐫鑿 石板之下有土山 若得土時 穴須淺 不必深鑿入其間 是也

장자미가 이르기를 '명산이라도 돌조각만 어지럽고 흙이 전혀 없으면[皆無] 혈은 안장하기 어렵다. 많은 날[十日]을 찾아 쫓아다녀도 볼만한 것이 없어 진룡에 합당하지 않으나 버리고 갈 수도 없다. 이는 천연적으로 완전한 땅[天完]은 혼돈(混沌)의 기라 하고, 용피는 조후(粗厚)하고 두면은 건조하다고 세상 사람들아 초목이 없다고 말하지 말라, 동산은 양면이 있음을 모르는가. 동산은 그 토색이 자잘하고 어지럽게 부수어져 있어 나무를 심을 수 있어도 생장이 어렵

---

237) 也有(야유) : ~도. ∘ 縫(봉) : 틈. ∘ 刪(책) : 깎다. ∘ 鐫(전) : 뚫다. ∘ 鑿(착) : 파다. ∘ 相當(상
당) : 적당하다. ∘ 漫漫(만만) : 끝없다. 가득하다.

설심부 변와 정해

다. 그러나 원래 천연적으로 완전한 땅은 봉로(縫路)가 없고 넓고 광활(光滑)하여 깎은 것 같다. 사수(四獸)를 갖춘 땅으로 되돌리기만 하면, 저절로 흙이 윤택하고 초목의 산이 된다. 다만 적당한 작혈처가 있으면 두면이 가득하게 모두 암반이다. 그래도 암석에는 반드시 틈이 있어 뚫어 파낼 수[鐫鑿] 있고, 석판 아래에는 토산이 있다. 흙이 나오면 혈은 모름지기 얕게 있으니 반드시 그 틈을 깊게 파내고 입관할 필요는 없다' 라 함이 그것이다.

又有巨石當[238]穴 或在前後左右 皆謂之石占 只要認得龍眞穴的 於當穴巨石 鑿而去之 大開金井 取客土塡實 再開小井以土和氣爲妙 若有土縫者 只挖去其土夾之石 不必取客土塡封 若在穴前與左右者 去之 只在穴後有根之石 恐傷殘龍脈不可鑿去 或以土封之爲妙 又有穴在石上者 要有土暈 方可頓棺於上 封土成墳 不必挖鑿也 又有穴在亂石之內 石皆竪立如植假山也 凡此怪穴 必要十分龍脈眞奇 方可取裁也

<그림 2-1-10> 금정(金井)

<출처>『지학』

또 거석(巨石)이 혈을 덮고 있거나 (혈의) 전후좌우에 있으면 모두 이를 석점(石占)이라 하는데, 만약 용진혈적(龍眞穴的)한 것을 알기만 하면 혈을 덮은 거석(巨石)을 뚫어 제거하고 금정(金井)을 크게 열어 객토를 하여 메우고[塡實], 다시 작은 금정[小井]을 열어 흙으로 기를 조화를 시키면 묘책이 될 것이다. 만약 틈 사이에 흙이 있으면 다만 흙을 감싼 바위[其土夾之石]을 파내면[挖去] 되니 객토를 하여 메워 흙을 높이 쌓아 만들 필요는 없다. 만약 바위가 혈전과 좌우에 있다면 제거해야 한다. 다만 혈 뒤에 바위 뿌리가 있는 것이라면 용맥을 해칠까 걱정되니 파내서는 안된다. 흙으로 덮는 것이 묘책이 될 수 있다.

---

238) 當(당) : 덮다. 씌워가림. 。只要(지요) : ~ 하기만 하면. 만약~라면. 。開井 : 광중(壙中;金井)을 파다. 。開(개) : (구멍을) 뚫다. 。認得(인득) : 알다. 。塡實(전실;塡充) : 채우다. 。挖去(알거) : 파내다. 。頓棺(돈관) : 관을 안치하다. 。頓(돈) : 안치하다. 。殘(잔) : 해치다. 。封(봉) : 봉하다.

또 혈이 바위 위에 있는 경우 토훈(土暈)이 있으면 그 위에 관을 안치하고 흙을 덮어 봉분을 쌓기만 하면 된다. 반드시 파낼 필요는 없다. 또 혈이 난석(亂石) 안에 있으면 바위를 모두 세워 가산(假山)을 심은 듯이 한다. 대저 이런 괴혈들은 반드시 완전하게 용맥이 진기(眞奇)하여야 취하여 재혈할 수 있다.

田氏謂水底之穴非眞在深水之底也　如饒州地方水漲[239]則墳澮沒無踪　水退則墳仍舊現出　此卽水底之穴也　果如此說則水底之穴亦無難認　又何須道眼哉　予考無錫華氏祖塋在鴛肫蕩中　穴居水底　神先以夢授之　後啓明師擂之　周圍用木下椿　中塡客土成墩　復開至穴所葬之　至今富貴不替　由此觀之則不可謂水底無穴也

전씨가 이르기를 '수저혈[水底之穴]은 정말로 깊은 물 아래에 있는 것은 아니다. 예를 들어 요주(饒州)지방에 물이 불어나면 분묘가 잠기어 종적이 없어지고 물이 빠지면 분묘가 다시 옛 모습으로 드러난다. 이것이 곧 수저혈이다'고 했다. 참으로 이와 같다면 수저혈이라도 알기 어려운 것이 없으니 또 어찌 반드시 도안(道眼)이라야만 알겠는가? 내가 무석화씨(無錫華氏) 조영이 아순(鴛肫) 호수 가운데[蕩中] 수저(水底)에 있는 것을 본 적[考]이 있다. 신령이 먼저 꿈으로 주고 나중에 명사가 계시를 받아 천장했다고 한다. 주위에 나무를 사용하여 말뚝을 박고[下椿], 가운데에 객토를 채워 쌓아올려 작은 언덕을 만들고, 다시 혈에 이르기 까지 파서 매장한 것이 현재까지 부귀가 쇠퇴하지 않았다. 이로 미루어 살펴보건대 수저에 혈이 없다고 말해서는 안된다.

豈知地理自有[240]神　誰識桑田能變海

지리에는 본래 신기가 있다는 것을 어찌 알겠는가? 상전이 바다로 변할 수 있다는 것을 누가 알겠는가,

此總結上文言　認龍脈固當詳細　豈知地理之事自有神以司之而非人之所能爲也　苟非積德之人　雖得吉地　必有神物以變之　如水沖沙壓山崩地裂之類　變吉爲凶　亦猶桑田

---

239) 水漲(수창) : 물이 불어나다. ◦澮沒(엄몰) : 물속에 잠기다. ◦果(과) : 정말. 참으로. ◦考
  (고) : 관찰하다. 살펴보다. ◦蕩(탕) : 얕은 호수나 늪. ◦下椿(하장) : 말뚝을 박다. ☞◦椿
  (용) : 치다. ☞ 椿(장) : 말뚝. ◦肫(순) : 정성스럽다. ◦替(체) : 쇠퇴하다.
240) 自有(자유) : 본래 ~이 있다. ◦有神(유신) : 신통하다. 생기가 있다. 신기(神氣)가 있다. ◦
  神(신) : 불가사의(不可思議)한 것. ◦誰(수) : 누구. ◦總結(총결) : 총괄(하다). ◦固當(고당) :
  진실로 마땅합니다.
  ◦事(사) : 일. 관계. ◦司(사) : 주관하다. ◦諺(언) : 속담(俗談).

之能變爲海也 其雖識之 諺云陰地好不如心地好 故未得地之先 當積德以求之 已得
地之後 當積德以培之 可也

이는 앞의 문장을 총괄하여 말한 것이다. 용맥을 알려면 참으로 상세하게 살펴
야 마땅하다. 그러나 지리의 일은 본래 신(神)이 있어 주관하니 인간이 할 수
있는 것이 아님을 어찌 알겠는가? 참으로 적덕지인이 아니면 비록 길지를 얻
더라도 반드시 신물(神物)이 있어 변하게 만든다. 예를 들어 물이 충격하고[水
沖], 사가 압박하고[沙壓], 산이 무너지고[山崩], 땅이 갈라짐[地裂] 등이 길지
를 흉지로 변하게 한다. 또 상전조차도 변해 바다가 될 수 있음을 누가 알겠는
가? 속담에 이르기를 '음지(陰地)가 좋아도 심지(心地)가 좋은 것만 못하다
고' 하였다. 그러므로 아직 길지를 얻기 전이라면 먼저 마땅히 적덕을 하여 구
할 것이요, 이미 길지를 얻었으면 마땅히 적덕을 쌓아야 길지를 배가(倍加)할
수 있다.

右段論龍脈
앞의 단락은 용맥을 논하였다.

此段言 隱顯 潛藏 行度 過峽 退卸 剝換 及取朝案 龍虎 明堂 沙水以爲脈證 至出
身結穴 幷奇脈怪穴 是皆所以論龍脈也 謝氏未達全旨分爲兩章 一曰論龍脈行度 一
曰論龍穴眞假 田氏 又改爲兩段 一曰論龍脈隱顯眞僞 一曰論龍穴護衛 俱爲錯
繆241) 此段自山尤難於認脈 眞至此爲一段 觀下段起句 骨脈固宜剝換 則上言山脈
下言骨脈 起結承接之旨 了然可見矣 讀者詳之.

이 단원은 은현(隱顯)·잠장(潛藏)·행도(行度)·과협(過峽)·퇴사(却卸)·박환
(剝換)을 언급하고, 조안·용호·명당·사수를 취하여 맥을 증명한 것이다. 출
신결혈과 기맥괴혈까지 모두 용맥을 논한 이유이다. 사씨는 전체의 취지에 통
달하지 못하여 두 단락으로 나누고, 하나는 '용맥행도를 논함' 라 하고 하나는
'용혈진가를 논함' 이라고 했다. 전씨도 고쳐서 두 단락으로 하여 하나는 '용
맥의 은현 진위를 논함' 이라 하고, 하나는 '용혈의 호위를 논함' 이라 하였
다. 두 가지 모두 잘못이다. 이 단원은 '산은 맥을 알기가 더욱 어렵다' 에서
부터 참으로 여기까지가 한 단락이 된다. 아래 단락이 '골맥은 원래 박환해야
좋다' 구절로 시작하는 것을 보면 위에서 산맥을 말하고 아래에서 골맥을 말하
니 기결(起結)을 승접(承接)하는 취지를 요연하게 볼 수 있다. 독자들은 상세하

241) 錯繆(착류) : 오류. 잘못。◦固宜(고의) : 원래~하는 것이 좋다.

게 살펴보아야 한다.

第二章 論龍虎

骨脈242) 固宜剝換 龍虎須要詳明

골맥은 원래 박환해야 좋고, 용호는 반드시 자세하게 살펴 분명하게 알아야 한다.

此承上起下243)之詞 謂山之骨脈固宜剝換矣 而左右龍虎又須詳察而明辨之 蓋穴者 生氣所融結而水者生氣所流液 小明堂微茫界合之水 固賴兩股 陰沙交抱 而元辰與 諸水會流 尤賴龍虎以收之 若龍虎與內水相逆則氣全 龍虎與內水俱順則氣不全

이는 앞의 문장을 받아서 뒤의 문장을 시작하는 말로서 산의 골맥은 원래 박환해야 좋고, 좌우 용호 또한 반드시 자세하게 살펴서 분명하게 변별해야 한다는 말이다. 대개 혈은 생기가 융결한 곳이며 물은 생기가 액체로 흐르는 것이다. 소명당에서 희미하게 계합(界合)하는 물은 본래 양고음사(兩股陰沙)의 교포(交抱)에 의지하지만, 원진수와 여러 물의 합류[會流]는 더욱이 용호에 의지하여 거두어 들인다. 만약 용호와 내수가 서로 거스르면[逆] 기는 온전하다. 용호와 내수가 서로 순(順)하면 기는 온전하지 않다.

且龍虎二沙爲本身兩手 至爲要緊 如人之於食 兩手得244)其用而食方入口245) 穴之 於水 兩沙得其用而水方入口 若肩臂彎抱而指掌反撇 則水便漏洩 反撇重者 穴卽不 眞 所以護衛穴場在於肩臂 而收水成功則在於指掌

또한 용호의 두 사(沙)가 본신에 양손이 되는 것이 매우 중요하다. 마치 사람이 음식을 먹을 때 양손을 사용해야 비로소 음식을 입에 넣을 수 있듯이 혈은

---

242) 骨脈(골맥) : 암석으로 된 맥. ∘詳明(상명) : 상세하게 살펴 분명하게 알다.

243) 承上起下 : 앞의 문장을 받아서 뒤의 문장을 지어 나가다. 시작하다. ∘會流(회류) : 물줄기가 한군데로 모여서 흐름.

244) 得(득) : (마땅히) ~해야 한다. ~할 수 있다. 차지함. ∘撇(별) : (밖으로) 기울다. 치다. ∘在於(재어) : ~ 에 있다. ~ 에 달려있다. ∘指(지) : 의지하다. 기대하다.

245) 入口水(입구수) : 물이 명당에 이르러서(上) 역사(逆砂 ; 용호 중에 긴 변)가 있어 물을 막아 거두어들이는 물. (入口水者乃水上堂而有逆砂闌收也) 즉 역수사(逆水沙)에 의해서 명당에 머무는 물.

☞上(상) : 이르다. 달하다.

물을 양사를 사용해야 비로소 물을 거두어들일[入口水] 수 있다. 만약 어깨와 팔이 만포(彎抱)해도 손가락과 손바닥이 반별(反撇)하면 물은 곧 누설된다. 반별이 거듭되면 혈은 참이 아니다. 그래서 혈장을 호위하는 것은 어깨와 팔에 있으나 물을 거두어들이는 데 성공하는 것은 손가락과 손바닥인 것이다.

古云 沙看脚 脚者卽手之指頭也 然龍虎有數格[246] 或龍虎均出於穴星 兩傍 齊來相抱 名爲正體者 或龍虎均出於穴星 兩傍一股向前一股縮[247]後 名爲

---

246) <출처> 『거림명당풍수학(上)』. p384.

용·호증혈법(龍虎證穴法)의 비교		
구 분 (區分)	청 룡	백 호
역 수(逆水)	청룡이 역수(逆水) 때는 혈은 청룡에 의지(依支)	백호가 역수(逆水) 때는 혈은 백호에 의지
역 전(逆轉)	좌단제(左單提):정혈(正穴)이 청룡에 의지해 左에 결혈	우단제(右單提):정혈(正穴)이 백호에 의지해 右 결혈
유 정 (有情)	청룡이 유정할 때 청룡쪽의 좌측에 결혈 cf)張山食水定穴 :물→우측,혈→좌측	백호가 유정할 때 백호쪽의 우측에 결혈 cf) 張山食水定穴 :물→좌측,혈→우측
회포환포(回抱環抱)	正穴回抱하는 용호를 따라서 결작	
고 저(高低)	if 龍虎 高 : 穴處 高 , if 龍虎 低 : 穴處 低高.	

247) ◦ 縮(축) : 오그라들다. ◦指頭(지두) : 손가락의 끝. ◦ 偏枯(편고) : 불균형하다.
◦ 腕(완) : 팔.

■ 單提(단제).
ⅰ. 반드시 역전(逆轉)하여 포혈(抱穴)하는 것이 필수.
ⅱ.단제(單提)는 한쪽 팔만 있으니 한변이 보(補)해야 한다. 좌우의 팔이 모두 본체(本體)에서 나왔다 하더라도 혈(穴) 앞에 닿을 때 선후가 생길 수 있고, 혹 보(補)하는 사(砂)가 후절(後節)에서 나오는 수도 있으니 후절이라도 2~3절 이내가 좋다.
1.정체 : 용호균등환포. 2.단고(單股) 또는 단제(單提) : 용호 중 한쪽은 길고 짧아 불균일한 것.
3.변체(단고변체) : 혹 한 변은 본신에서 나오고 한 변은 타산에서 와서 서로 짝하는 것.
　　☞ 本身·外山[他山]
4.좌뉴회(左紐會)·우뉴회(右紐會) : 수구가 잘 관쇄 되도록 용호가 완전히 감싸고 있는 경우.
　　☞ 수구관리.
ⅲ. ■선궁(仙宮) ; 변직(邊直)과 변곡(邊曲). ■단제(單提) : 변장(邊長)과 변단(邊短).
　■첩지(疊指):변단(邊單)과 변쌍(邊雙).
- 선궁(仙宮)은 반드시 장각(長脚)이 포혈(抱穴)하여만 면전에 명당수가 취회(聚會)하여 모이게 됨으로써 안으로 생기를 장취(藏聚)할 수 있게 되는 것이다.

左右單股者卽單提[248]是也　又或一邊是本身生出　一邊是外山相配　名爲單股變體者
或龍環抱虎短縮　虎環抱龍短縮　名爲左右仙宮者　卽弓脚是也　或龍臂抱過虎腕　虎臂
抱過龍腕　名爲左右紐會者　此數格　雖一先一後　一親一疎　一長一短而有偏枯之病
然究其能收水成功　則與正體一也

옛말에 이르기를 '사(沙)는 지각을 보아야 한다' 하였다. 지각은 곧 손가락의
끝을 가리킨다. 용호에는 여러 격이 있다. 혹 용호가 혈성(穴星)에서 균등하게
나가고 양방이 가지런히 와서 서로 감싸면 정체라 부른다. 혹 용호가 혈성에
균등하게 나가더라도 양방의 한쪽 다리[股]는 앞으로 향하고 한쪽의 다리는 뒤
로 움츠러들면 좌우단고(左右單股)라 부르니 곧 단제(單提)이다. 또 혹 한변은
본신에서 나오고 한 변은 타산에서 나와 짝하면 단고변체(單股變體)라 한다.
혹 청룡은 환포하고 백호는 오그라들어 짧고[短縮] 백호는 환포하고 청룡은 오
그라들어 짧은 것은 좌·우선궁(左·右仙宮)이라 한다. 곧 궁각(弓脚)이다. 청
룡의 팔[臂]이 백호 팔[腕]을 지나도록 감싸 안거나 백호의 팔이 청룡의 팔
[腕]을 지나도록 감싸 안으면 좌·우뉴회(左右紐會)라 한다. 이러한 몇 가지
격들은 한쪽이 먼저이면 한 쪽은 나중일지라도 한쪽이 가까우면 한쪽은 멀고,
한쪽이 길면 한쪽은 짧아서 편고[偏枯]의 병이 있다. 그러나 끝내 물을 능히
거두어 공을 이룰 수 있으면 정체와 같다.

或本身無龍虎借用隔水兩畔之山爲龍虎名爲本體者　此格雖無本身龍虎收水　然星體
端正渾[249]元一氣　猶如大貴人袖手端坐　而前後左右無不擁從拱向　聽其所用　且外山

- 좌선궁(左仙宮) : 좌청룡의 하수사(下手砂)가 혈장을 활처럼 굽어 안은 단고(單股).
- 우선궁(右仙宮) : 백호의 하수사(下手砂)가 혈장을 활처럼 굽어 안은 단고(單股).

예)김장생 · 양천허씨 묘지 : 충남 논산시 연산면 고정리
　　김익겸 · 김반묘지　　　 : 유성구 유성대로 1657(전민동)
248) 단제(單提)=단고(單股)
혈의 좌우 용호사 중에 한쪽은 길고, 한쪽은 짧거나 없는 모양으로 이것으로 하수(河手)를 걸
어 들이는 것을 단제(單提)라고 하는데 마치 한 손으로 물건을 드는 것과 같다. 만약 휘어지면
서 안은 팔이 穴의 정면을 지나서 반대편으로 연장된 과궁(過宮)이라면 이를 궁각(弓脚)·선궁
(仙弓)·선궁(先弓) 등으로 부른다.
1.단제(單提)가 있을 때는 단제쪽에서 혈을 찾아야 진혈을 찾을 수가 있다.
2.단제(單提)는 역시 긴 다리가 반드시 逆水하여야 합격이고, 順水하면 不吉하다.
249) 擁(옹) : 둘러싸다. 지키다. ◦渾(혼) : 가지런하다. 온전하다(穩全). ☞혼원(渾元)-자연의
　　기운. 하늘과 땅. ◦袖手(수수) : 팔짱을 끼다. ◦聽(청) : 순종함. ◦拱衛(공위) : 호위하다.
　◦籍(적) : 의지(依支)하다. (힘을) 빌리다. ◦無不(무불) : ~하지 않는 것이 없다. 모두 ~이다.

來作龍虎　則外來衆水必聚歸當面　而穴得水更多力量更重也　故大地多結本體穴　又
不可以本身無龍虎而忽之也　或又一邊單　一邊雙　名爲左疊指右疊指左雙臂右雙臂者
或又兩臂直前籍外面橫闌者　或又兩臂短縮僅能護穴者　或又兩臂張開名爲張山食水
者　總之名義不一　形勢多端　大要不過　遮風收水　於穴有情　於主不欺　斯盡拱衛之道
矣

혹 본신에 용호가 없어도 격수(隔水)를 양측산으로 차용하여 용호로 삼아 본체
라 부르기도 한다. 이런 격들은 비록 본신 용호가 물을 거두어들이지 않으나
성체가 단정하고 온전한 최고의 하나 기운[渾元一氣]은 마치 대귀인이 수수단
좌(袖手端坐)하는 것 같고, 전후좌우가 모두 호위하여 따르고 혈을 향하여 읍
하여 혈에 순종하는 것이 필요하다. 또 외산이 뻗어와 용호가 되면 밖에서 흘
러오는 여러 물이 반드시 한곳으로 모여[聚歸] 당면한다. 그리하여 혈은 득수
가 더욱 많아지고 역량도 더욱 크다. 그러므로 대지(大地)는 대부분 본체에 결
혈한다. 본신에 용호가 없다고 하여 가볍게 해서는 안되는 것이다. 혹 한 변은
한 겹이고 한 변은 쌍겹이라 이름하여 좌첩지(左疊指)·우첩지(右疊指) 또는
좌쌍비(左雙臂)·우쌍비(右雙臂)라고 하는가 하면, 혹 양비(兩臂)가 곧장 앞으
로 나가면 외면횡란에 의지하거나[籍] 혹 용호[兩臂]가 짧아서 간신히 혈을 보
호하기도 하고, 혹 용호가 펼쳐져 있으면[張開] 장산식수(張山食水)라 불리기
도 한다. 한마디로 말하면 형식과 실제가 일치하지 않고 형세가 다단하나 요점
은 바람을 차단하고 물을 거두어들이는 것, 혈에 유정하고 주산을 속이지 않는
것에 불과하니 곧 호위하는 이치[拱衛之道]를 다함인 것이다.

以上單股仙宮紐會三圖俱係左格　其右格當以類推　至左右雙臂左右疊指格　難以盡圖
惟在學者詳閲[250]廖公穴星篇　則其格之正變皆可得而知矣

이상 단고(單股)·선궁(仙宮)·뉴회(紐會)의 세 개의 그림은 모두 좌격(左格)과
관련된 것이다. 우격(右格)은 마땅히 유추하면 될 것이다. 좌우쌍비(左右雙
臂)·좌우첩지(左右疊指) 격까지 모두 그림으로 그리기는 어렵다. 생각하건대
학자들이 요공의 <혈성편>을 상세히 보 면 그 격의 정변(正變)을 모두 알 수
있을 것이다.

或龍去虎回　或龍回[251]虎去。回者不宜逼穴　去者須要回頭。蕩然直去不

---

250) 閲(열) : 보다.
251) 回環(회환) : 에워싸 돌아오다.。핍착명당(逼窄明堂) : 혈과 마주하는 안산(案山)이나 주

關闌 必定逃移幷敗絶。

용은 떠나가나 백호가 회환(回環)하거나 용은 회환하나 백호는 떠나가기도 한다. 회환하는 것이 혈을 핍박하지 않아야 하고, 떠나가는 것은 반드시 회두하여야 한다. 물이 쓸어가듯이 바로 가버리고 관란하지 않으면 반드시 타향으로 도망가게 되고 패절한다.

<그림2-2-1> 左單股(單提)

<그림2-2-2 > 單股變體

<그림2-2-3 >本體格

<그림2-2-4 >兩臂短縮

<그림2-2-5 >兩臂直前

<그림2-2-6 >兩臂張開

承上言謂龍虎要詳明者　以其形勢不一而所關非淺252)也　或有龍去而虎回環者　或有龍回而虎直去者　但回者不宜逼迫欺壓　阻塞253)胸前　惟欲恬軟彎抱　於穴有情爲吉去者須要沙頭回轉向內收水　方於穴有益　不可直去而不回也　若蕩然直去而不回首關

변 산들이 너무 가깝게 있어 명당이 지나치게 좁은 것을 말한다. 여기서는 아둔한 자손이 나온다.。蕩然(탕연) :자취 없이 된 모양。逃(도) : 도망가다. 。必定(필정) : 반드시 그렇게 되다. 반드시.

252) 淺(천) : 적다.。欺壓(기압) : 남을 압박하다. ☞欺(기) : 괴롭히다.。逼迫(핍박) : 억압하다. ☞逼(핍) : 좁다. 하나의 산이 가깝게 닥치다.。迫(박) : 가까이 하다.。恬(념,염) : 편안(便安)하다.。漫(만) : 두루 퍼져 있다.

253) 阻塞(조색) :가로막히다.。胸(흉) : 가슴. 요충지 여기서는 혈을 의미한다.

闌則沙飛水走　漫無收拾　必定主人逃移他鄕幷敗家絶嗣也　若龍虎直去　能得外面山
水轉首橫闌　亦可化凶爲吉也

앞에 이어 용호를 상세하게 밝혀야 한다는 것은 용호의 형세가 같지 않고 관계
되는 바가 작지 않다는 것을 말한다. 혹 청룡은 가버리는데[去] 백호는 회환
(回環)하거나 청룡이 회환하나 백호는 직거(直去)하기도 한다. 다만 회환한 것
이 (혈을)핍박하고 압박하여[欺壓] 혈 앞[胸前]을 가로막아서는 좋지 않다. 오
로지 편안하고 유연하게 만포(彎抱)하여 혈에 유정하면 좋다. 떠난 것은 반드
시 사두(沙頭)를 회전하여 (국)안을 향해 물을 거두어 들여야 비로소 혈에 유
익하다. 곧게 나가 회두하지 않으면 좋지 않다. 만약 탕연하게 바로 가버리고
머리를 돌려 관란하지 않으면 사(沙)와 물은 비주(飛走)하여 흩어져 (원진수를)
거두는 것[收拾]이 없게 된다. 그러면 반드시 주인이 타향으로 도망가게 되어
[逃移] 집안이 패망하고 후사가 끊어진다[絶嗣]. 만약 용호가 직거해도 외면
(外面)의 산수가 머리를 돌려 횡란하면 또 흉이 변하여 길이 될 수 있다.

<그림2-2-7 > 龍虎正體　　　<그림2-2-8 > 左仙宮　　　<그림2-2-9 > 左紐繪

或有龍無虎　或有虎無龍。無龍要水繞左邊　無虎要水纏右畔。

혹 청룡은 있고 백호가 없거나 혹은 백호는 있으나 청룡이 없을 수
도 있다. 용이 없으면 물이 좌측에서 감싸 주어야 하고, 백호가 없으
면 물이 우측에서 감싸 주어야 한다.

上言龍虎雖有回去不同　然未缺254)也　或有左邊有龍而右邊無虎者　或有右邊有虎而
左邊無龍者　但無龍者則要水來繞左邊抱過右邊而去　無虎者則要水來纏右畔抱過左
邊而去　則穴亦得水聚而氣全矣　蓋龍虎二沙無非取其闌水　水旣纏繞又何必拘於龍虎

---

254) 缺(결) : 한쪽이 망그러지다. 이지러지다. ◦纏(전) : 휘감다. ◦無非(무비) : 반드시~이다.

之全俱也　劉氏云　水來自左無左亦可　水來自右無右亦裁　是也.　此有龍無虎名左單
股　有虎無龍名右單股　圖有於前

앞에서 말한 용호는 비록 돌아오고 떠나감이 같지는 않으나 그래도 이지러지지 않다. 그런데 혹 좌변에 청룡은 있으나 우변에 백호가 없거나 혹 우변에 백호는 있는데 좌변에 청룡이 없는 것이 있다. 다만 청룡이 없으면 물이 흘러와서 좌변을 감싸안고 우변을 지나가고, 백호가 없으면 물이 흘러와서 우측[右畔]을 감싸 안고 좌변을 지나가면, 혈은 역시 물을 모아 기를 온전하게 할 수 있다. 대개 용호 두 개의 사(沙)는 모두 물을 관란하여 거두어들임을 취한다. 물이 이미 감싸 안았으면 다시 용호를 모두 구비하는 것에 구애될 필요가 없다. 유씨가 이르기를 '물이 좌측에서 흘러오면 좌의 청룡이 없어도 좋다. 물이 우측에서 흘러오면 우측의 백호가 없어도 재혈이 가능하다' 라고 함이 그것이다. 청룡이 있고 백호가 없는 것을 좌단고(左單股)라고 하고 백호가 있고 청룡이 없는 것을 우단고(右單股)라고 한다. 그림은 앞에 있다.

莫把[255]水爲定格　但求穴裏藏風。到此着眼須高　更要回心詳審。

물만 가지고 정격으로 삼지 말고, 다만 혈 속에서 장풍이 됨을 구해야 한다. 이러한 곳에 이르면 눈으로 보는 안목이 반드시 높아야 하고, 되풀이하여 생각을 바꾸어 상세히 살펴야 한다.

수전우반(水纏右畔) 　　　　**주합용호도(湊合龍虎圖)**

<그림2-2-10 > 수전우반(水纏右畔)　·　주합용호도(湊合龍虎圖)

<출처>『인자수지 』

承上言轉[256]　推之言　無龍虎　邊固要水繞矣　然不可把水爲一定之格　而遽認爲眞結

---

255) 把(파) : 가지다. 파악(把握)하다.◦莫(막) : 말라.◦定格(정격) : 음양이 배합되어 완전하게 이루어진 혈장.◦着(착) : 느끼다. 매우~하다.◦眼高(안고) : 안목이 있다.◦更(갱) : 되풀이 해서.◦回心(회심) : 생각을 바꾸다.

　　　　　　　　　　　　　설심부 변와 정해

也 卽有水來繞 亦要有肩臂微轉 僅僅護穴 勿令風吹 蓋單股之格 如人兩手 一手提物在前 一手垂斂在傍 只不顯露其形 非是全然眞削 而無開睜護穴之意也 若水繞邊全無肩臂護穴則風吹氣散 焉有眞結 故凡到此處 須要高着眼力 回心轉想 再三詳審 不可造次忽略也。洪氏謂專取水爲用恐風入矣 必藉外山抱裏可也 此說亦通 田氏謂無龍虎 邊固要水繞矣 然不必把水爲一定之格也 亦有無水繞者 但求穴中包裏周密 藏風不吹 則水不必來繞而有外山照應 其穴亦完固矣 此說雖通 然未補足上文水來纏繞 邊恐有風來吹穴之義 讀者詳之

앞에서 돌아서 방향이 바뀌는 것을 말한 것을 추론하여 말한 것이다. 용호가 없으면 주변에는 당연히 물이 감싸야 한다. 그러나 다만 물이 일정한 격을 이룬다고 해서 곧바로[遽] 진결이라고 인식해서는 안된다. 즉 감싸는 내수가 있더라도 또 용호[肩臂]가 조금이라도 돌아[微轉] 겨우[僅僅] 혈을 보호하여 바람을 받지 않도록 해야 한다. 대개 단고의 격은 사람의 양손과 같이 한 손은 앞에 있는 물건을 들고 [提] 한 손은 거의 오무리고[垂斂] 옆에 있는 것 같다. 다만 그 형상을 드러내지 않으나, 진정으로 약해져[削] 용호를 벌여[開睜] 혈을 보호할 뜻이 전혀 없는 것은 옳지 않다고 여긴다. 물이 감싸더라도 주변에 혈을 보호할 용호가 전혀 없다면 바람이 불어 기가 흩어질 것이니 어찌 진결(眞結)이 있겠는가. 대저 이러한 곳에 이르면 반드시 안력과 좋은 방법으로 생각을 달리하여 재삼 자세하게 살펴야 한다. 잠시라도 소홀히 해서는 안된다. 홍씨가 이르기를 '오로지 물만 취하여 이용하면 혈에 바람이 들어올 것을 염려하여 반드시 바깥 산의 힘을 빌려[藉) 내부의 혈장을 감싸도록 해야 한다' 하였다. 이 설 역시 통한다. 전씨가 말하기를 '용호가 없으면 주변에 반드시 물이 감싸야 한다. 그렇다고 반드시 물을 가지고 일정한 격으로 삼아야 한다는 것은 아니다. 물의 감싸 것이 없더라도 다만 혈 가운데를 감싸 안음[包裏]이 주밀하여 장풍이 되어 바람을 받지 않고[不吹], 물이 반드시 내요(來繞)하지 않더라도 외산이 조응하면, 그 혈은 역시 완벽하고 확실하다' 라고 했다. 이 설은 비록 통하기는 하나 '물이 와서 감싸 주더라도 주변에서 아마[恐] 바람이

256) 轉(전) : 돌아서 방향이 바뀌다. 회전함. ☞변장변단겸(邊長邊短鉗)은 좌우가 고르지 못하여 한쪽은 길고(長) 다른 쪽은 짧은(短) 것으로 단고(單股)이다. 이는 긴 다리가 반드시 물을 거슬러 올라가야(逆水) 좋은 것이다. ∘邊(거) : 서둘러. ∘提(제) : (손에) 들다.[쥐다.]∘垂(수) : 거의.∘斂(렴,염) : 오므리다. 움츠리다. ∘僅僅(근근) : 겨우. 간신히.∘削(삭) : 약하다.∘高着(고착) : 좋은 생각. 좋은 방법.∘轉想(전상) : 생각을 달리하다.∘開睜(개정) : 양쪽이 열려 펼쳐지고 어깨가 내려오면 그것을 일러 개정(開睜)이라 하는데 生人이 스스로 천하를 통하게 함을 주관한다. ∘造次(조차) : 경솔하다. ∘勿令(물령) : 하지 마라.∘令(령) : 명령하다. ~을 시키다.∘裏(과) : 싸다. 얽다.∘忽略(홀략) : 소홀히 하다. 藉(자) : 의지하다. 빌리다.

와서 혈에 불까 염려한다[水來纏繞 邊恐有風來吹穴].'는 윗글의 뜻을 충분히 보충하지는 못한다. 독자들이 상세하게 살펴라.

或龍强虎[257]弱或龍弱虎强。虎强切忌昻頭。龍强尤防嫉主。

혹 용강호약 하기도 하며 혹 용약호강 하기도 한다. 백호가 강하여 머리를 쳐드는 것을 절대로 꺼리며, 청룡이 강하여 주인을 질시하는 것을 특히 피해야 한다.

言龍虎不獨有無而已 或又龍山高强而虎山卑弱者 或又龍山卑弱而虎山高强者 但虎强而頭低則無碍矣 惟忌其昻頭而下欺其穴也 龍强而遠立則無妨矣 惟防其逼迫而嫉妬其主也 葬書云 虎蹲[258]謂之啣屍 龍踞謂之嫉主 是也.

용호에 있어서 단지 유무뿐만 아님을 말한다. 혹 청룡산이 높고 강하나 백호산이 낮고 약하거나[卑弱] 혹 청룡산은 낮고 약하나 백호산이 높고 강한 것은 다만 백호가 강해도 머리를 숙이면 무방하다. 오로지 그 머리를 들어 아래에 혈을 기만하는 것을 꺼린다. 청룡이 강해도 멀리 서서 있으면 무방하다. 단지 그 주인을 핍박하여 질시하는 것을 피해야 한다. 『장서』에 이르기를 '백호가 웅크리고 앉은 듯한 형상[지세가 험준한 것]은 시신을 문다[啣屍]고 하고, 청룡이 웅크린 것은 주인을 질시한다[嫉主].'고 함이 그것이다. 용호에 있어서 단지 유무뿐만 아님을 말한다. 혹 청룡산이 높고 강하나 백호산이 낮고 약하거나

---

257) 사신사(四神砂)의 구비조건.

四神砂(사신사)	구비 조건	조건 불구비	문 제 점
주작(朱雀)	상무(翔舞) : 춤추는 듯한 모습	주작불상무자 (朱雀不翔舞者)	등거(騰去) : 날아 가버린다.
현무(玄武)	수두(垂頭) : 혈을 향하여 머리를 드리는 듯한 모양	현무불수자 (玄武不垂者)	거시(拒尸) : 시신을 거부한다.
청룡(靑龍)	완연(蜿蜒) : 구불구불한 모양.	준거(蹲踞): 쭈그리고 앉다.	질주(嫉主) : 주산을 질투한다.
백호(白虎)	순부(馴頫) : 백호 끝이 점점 낮아지는 모습	준거(蹲踞) :쭈그리고 앉다.	함시(啣屍) : 시신을 물어뜯는다.

258) 仰(앙) : 머리를 쳐들다。踞(거) : 웅크리다. 짐승이 앞발을 세우고 앉다。啣屍(함시) : 시신(屍身)을 물다。妬(투) : 시기하다.

[卑弱] 혹 청룡산은 낮고 약하나 백호산이 높고 강한 것은 다만 백호가 강해도 머리를 숙이면 무방하다. 오로지 그 머리를 들어 아래에 혈을 기만하는 것을 꺼린다. 청룡이 강해도 멀리 서서 있으면 무방하다. 단지 그 주인을 핍박하여 질시하는 것을 피해야 한다. 『장서』에 이르기를 '백호가 웅크리고 앉은 듯한 형상(지세가 험준한 것.)은 시신을 문다[啣屍]고 하고, 청룡이 웅크린 것은 주인을 질시한다[嫉主]'라 함이 그것이다.

<그림 2-2-11 >호강앙두(虎强仰頭)

兩宮齊到 忌當面[259]之傾流 一穴居中 防兩邊之尖射。
양궁(좌우)이 나란히 이르면 눈앞에 경류(傾流)함을 기피(忌避)하고, 하나의 혈 가운데서는 양변이 첨사(尖射)하는 것을 피해야 한다.

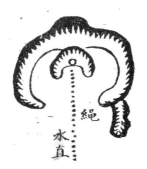

<그림2-2-12 > 당면경류[當面之傾流]

兩宮謂龍虎也 上言龍虎不均 恐有偏枯之病 若龍虎全具 亦貴有先後之序 如兩宮齊

---

259) 當面(당면) : 눈앞. 마주보다. 당면하다. ◦ 到(도) : 이르다. 도달함.

到則水不能轉左轉右必然直出　貴有內堂平正　外面橫闌　猶可留水聚氣　所最忌者堂局勢陡²⁶⁰⁾　當面傾流　直出　則牽動土牛　必主退敗　至一穴居中　須要龍虎圓淨向內收水爲吉　所最防者　兩邊尖利之砂　順水直射　則於穴無情　必主凶敗。一說謂兩邊尖射指射穴言　然觀下文右臂尖射左臂之義則可知矣.

양궁이란 용호를 말한다. 앞에서 용호가 불균하면 편고의 병이 있을 것을 염려한다는 말이다. 만약 용호가 온전히 갖추어졌더라도 귀한 것은 선후의 차례가 있어야 한다. 양궁이 나란히 이르면 물이 좌우로 회전할 수 없어서 반드시 직출한다. 내당이 평정하고 외면이 횡란해야 귀한 것은 마치 물이 머물러 기를 모을 수 있는 것과 같다. 가장 꺼리는 것은 당국의 세가 높이 솟고[陡] 마주하는 면이 경류(傾流)하여 직출(直出)하면 토우[혈]에 영향을 미쳐 반드시 퇴패를 주관한다. 하나의 혈이 가운데 있어서 반드시 용호가 원정(圓淨)하고 안을 향하여 물을 거두어야 길하다. 가장 피해야 하는 것은 양변의 첨리한 사(砂)가 물을 따라 직사하는 것[順水直射]이다. 그러면 혈에 무정하여 반드시 흉패를 주관할 것이다. 일설에는 양변첨사(兩邊尖射)란 혈을 쏘는 것[射穴]을 가리킨다고 한다. 그러나 아래 문장에 나오는 우비첨사(右臂尖射)와 좌비의 뜻을 보면 알 수 있다.

東宮竄過西宮　長房敗絕。　右臂尖射左臂　小子貧窮。

동궁이 서궁을 지나 달아나면 장방이 패절하고, 백호가 청룡을 뾰족하게 찌르면 작은 아들이 빈궁한다.

東宮謂青龍也　西宮謂白虎也　竄走也　臂謂龍虎如人之手臂也。承上言夫兩宮齊到固有所忌而兩邊尖射更要提防²⁶¹⁾　如東宮龍沙　尖長順水　竄過西宮　則左水不收　必主長房敗絕　如右臂虎沙　尖利順水　直射左臂則右水不收　必主小房貧窮　蓋左爲長房右爲小房之宮位　故其應驗如此　若龍眞穴的而有此尖竄之砂則謂之砂尖　古云　或如鎗或如劍　隨水順流　飛冉冉　時師只斷主離鄉　豈知內有眞龍占　是也　故認得龍眞　當用玉剪去尖利改爲圓淨　向內收水　亦可轉凶爲吉　不可因其有尖竄之砂而遂棄其眞穴也　若尖利之砂與外來大水相逆則又爲曜氣　不必剪去　此數句　卜氏蓋爲順關而不收

---

260) 陡(두) : 험하다· 높이 솟음· 갑자기。。牽動(견동) : 영향을 미치다. 牽(견) : 끌어 당기다.
261) 提防(제방) : 조심하다。。或如(혹여) : 혹시. 어쩌면。。冉冉(염염) : 천천히 움직이는 모양.。遂(수) : 곧. 즉시。斷(단) : 단정하다。。晦(회) : 분명하지 않다。。字眼(자안) : (문장 내의) 글자. 시문 중에서 주안(主眼)이 되는 중요한 글자. 어휘. 말。。以致(이도) : ~이 되다. ~을 가져오다.

　　　　　　　　　　　　　　　　　　설심부 변와 정해

水者發也 若逆關收水又何爲尖竄者哉 奈今之註釋者 多以詞害意 因有尖竄字眼 遂
圖畫尖沙以射之 以致收水之理反晦矣

동궁(東宮)은 청룡이며 서궁(西宮)은 백호이다. 찬(竄)은 달아나는 것이다. 비
(臂)는 용호로서 사람의 손과 팔 같다. 윗말을 이은 것이다. 대저 양궁이 나란
히 오는 것[齊到]은 당연히 기피해야 하지만, 양변이 뾰족하게 찌르는 것[尖
射]은 더욱더 조심해야 한다. 동궁인 청룡사가 뾰족하고 길게 물을 따라 서궁
을 지나서 달아나면 [백호가] 좌수 즉 청룡의 물을 거두지 못하여 반드시 장방
(長房)의 패절을 주관한다. 우비인 백호의 사가 뾰족하고 날카로워 물을 따라
좌비를 바로 찌르면[直射] (청룡이) 우수(右水) 즉 백호의 물을 거두지 못하여
반드시 소방(小房)의 빈궁(貧窮)을 주관한다. 대개 좌는 장방, 우는 소방의 궁
위가 되므로 그 응험이 이와 같다. 만약 용진혈적(龍眞穴的)하나 이곳에 달아
나는 뾰족한 사가 있으면 이를 사첨(沙尖)이라 말한다. 옛말에 이르기를 '혹여
(어쩌면) 창같고 혹여 칼같아 물 따라 순류하여 유유히 흘러가면[隨水順流 飛
冉冉], 속세의 지사는 다만 이향(離鄕)을 주관한다고 단정한다. 그 안에 진룡이
차지하고 있음을 어찌 알겠는가?' 라고 함이 바로 이것이다. 고로 진룡인 것을
알았다면 당연히 옥전(玉剪)을 사용하여 첨리한 것을 제거하여 원정하게 고치
고 안으로 향하게 하여 물을 거두면 또한 흉한 것을 바꾸어 길하게 할 수 있
다. 달아나는 뾰족한 사가 있다고 해서 곧[遂] 진혈을 버려서는 안된다. 만약
날카롭고 뾰족한 사와 외래의 큰 물이 서로 거스르면 또한 요기(曜氣)가 되니
반드시 잘라 없앨 필요는 없다. 이 몇 구절은 복응천이 대개 순관하여 물을 거
두지 않는 것을 밝힌 것이다. 만약 역관하여 물을 거둔다면 뾰족하고 달아난들
[尖竄] 어떠랴. 어찌 오늘날 주석(註釋)하는 사람들은 대부분 문장의 뜻을 해
치는가[以詞害意]. '첨찬'이라는 글자가 있다고 해서 곧 뾰족한 사[尖沙]가
쏘는 것[射]으로 도해(圖解)함으로써 도리어 물을 거두는[收水] 이치에 대해서
분명하지 않게 되고 말았다.

 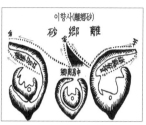 

< 그림2-2-13 > 좌·우퇴전필,이향사,역관사. <출처>『인자수지』

最宜[262]消息 無自昏迷。

가장 좋은 것은 변화[消息]하는 것이니 스스로 혼미해서 안 된다.

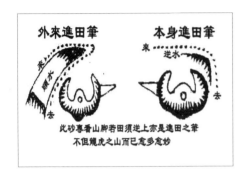

< 그림2-2-14 > 진전필,역관사. < 출처 >『 인자수지 』

此總結上文言 龍虎形勢多端 吉凶不一 最宜細察消息 或趨避之 或損益之 不可從
自昏迷而莫之知也

이는 위의 글들의 말을 총결하는 것이다. 용호의 형세가 다단하여 길흉이 하나
같지 않으니 무엇보다 변화를 세밀히 살펴서 따르거나 피하고 덜거나 보태는
것이 가장 좋다. 아무렇게나 생각하여 스스로 혼미해져 알지 못하게 되어서는
안된다.

右段論龍虎

앞 단락은 용호를 논함.

此段文義明白易曉[263] 故諸註亦不甚錯 但其中有未發明者以其識見之未到耳

이 단락은 문장의 뜻이 명백하여 알기 쉽다. 그러므로 역주들도 착오가 심하지
않다. 단지 그 가운데 분명히 나타내지 못한 것은 식견이 모자라기 때문이다.

---

262) 最宜 : 가장 적절하다. 가장 좋다. 。소식(消息) : 변화.。無(무) : ~해서는 안 된다.。昏
迷(혼미) : 혼미하다. 。徒(도) : 제멋대로 하다.
263) 易曉(이효) : 쉽게 깨우치다. 。曉(효) : 알다. 깨닫다. 。錯(착) : 잘못하다.

설심부 변와 정해

第3章 論穴法

相山亦似相人 點穴猶如點艾。一毫千里[264] 一指萬里。

산을 살피는 것도 사람의 상을 보는 것과 비슷하고, 점혈은 쑥뜸을 뜨는 것[點艾]과 같다. 털끝만큼의 차이가 천리의 차이가 생기게 하고, 한 손가락의 차이가 만리나 멀어진다.

似像也 點指點也 用杖指點穴 情一定[265]而不可易也 穴者眞龍止處 脈動而氣聚 融會毬下土肉之內 凝結成穴 如人身鍼灸之穴道 脈氣所鍾也 此借人面部以喩穴也 言相山之法亦似相人之法 蓋龍之入首一節 猶如人之面部 山之圓頂 似人之圓頭 雖有尖峰亦具圓體 此圓頂上不可露出脈跡 若露出脈跡 便有分水則是个字破頂 謂之貫頂脈 卽穴星腦 後入脈 亦不可露出脈跡 若露出脈跡謂之來脈透頂 皆非龍脈之眞也

사(似)는 닮다[像]는 뜻이며, 점(點)은 점혈할 곳을 가리켜 정하는 것이다. 막대를 사용하여 혈을 가리켜 정하면 정이 변하지 않아 바꿀 수 없다. 혈이란 진룡이 멈춘 곳으로 맥이 움직이고 기가 모여 구(毬)아래 흙[土肉] 속에 융합되어 응결하여 성혈한 것이다. 인체에서 침과 뜸의 혈도와 같이 맥의 기운이 모이는 곳이다. 이는 사람의 얼굴 부위를 빌려 혈에 비유한 것이다. 말하자면 산을 보는 법도 사람의 관상을 보는 법과 비슷하다는 것이다. 대개 용의 입수(入首) 한 마디는 사람의 얼굴 부위와 같고, 산의 원정(圓頂)은 사람의 둥근 머리와 같다. 비록 뾰족한 봉우리가 있을 지라도 원체(圓體)를 가진다. 이 둥근 정상(頂上)에 맥적이 드러나면 안된다. 만약 맥적이 드러나 곧 분수가 있으면 이것이 개자(个字)로 정상이 갈라지는 것[破頂]을 관정맥(貫頂脈)이라 한다. 혈성

---

264) 호리지차 천리현격(毫釐之差千里懸隔) : 선종의 3조 승찬(僧璨)대사가 지은 《신심명(信心銘)》에 나온 글귀. 처음에는 대단치 않은 것 같으나 나중에는 큰 차이가 생긴다는 뜻이다. 보조국사지눌의 《수심결》에도 이 글귀가 나온다. 비슷한 용어로 운니지차(雲泥之差) 라는 말로 구름과 땅과의 차이라 함은 매우 차이가 심하다는 뜻의 용어가 있다. [네이버 지식백과] (원불교대사전)

☞ 현격(懸隔) : 차이가 매우 심함. 。艾(애) : 쑥. 뜸쑥. 。毫釐(호리) : 털끝. 。一毫(일호) : 한 개의 가는 털이라는 뜻으로 극히 작은 정도를 나타내는 말.

☞물체가 지니고 있는 관상(觀相)을 물상(物相)이라고 하듯, 사람이 지닌 관상(觀相)을 인상(人相)이라 하고, 땅[地]가 지닌 관상(觀相)을 지상(地相)이라고 하며, 집[건축물]이 지닌 관상(觀相)을 가상(家相) 이라고 하듯, 산이 지닌 관상(觀相)을 산상(山相)이라고 한다.

<출처> http://www.breaknews.com/sub_read.html?uid=615553

265) 一定(일정) : 고정불변. 。鍼灸(침구) : 침과 뜸.

(穴星)의 뇌(腦)뒤로 들어오는 맥도 맥적이 노출되어서는 안된다. 만약 맥적이 (외롭게)노출되면 이를 내맥투정(來脈透頂)이라 하니 모두가 참된 용맥이 아니다.

故星辰落脈結穴 必自圓頂 隱隱而下 復起微突 名爲化生腦 似人之頭下有額[266] 突上分水 名爲大八字 似人之額旁 微有兩分 突旁兩片陰沙 名爲蟬翼 似人之兩眉 突下中垂一線脈跡名爲个字三叉 似人額下之山根 一線之脈 略起硬塊 僅高數寸 名爲圓毬 似人之鼻頭 兩旁分水名爲小八字 似人之兩眼 毬下之穴 名爲葬口 似人鼻下之人中 穴之尖簷 似人嘴之上脣 穴前有些子坦夷處 名爲小明堂 卽其薄日 似人之口 兩旁分水微微交會於小明堂之內者 名爲鰕鬚 似人之髭鬚 兩邊微微陰沙[267] 似人之顴頰 陰沙微微交抱於小明堂之下者名爲毬髥 似人之下頦 是也

그러므로 성신[용]이 낙맥하여 결혈하려면 반드시 원정(圓頂)에서 은은하게 내려와다시 미돌(微突)을 일으킨 것을 이름하여 화생뇌(化生腦)라 하며 마치 사람의 머리아래의 이마가 있는 것 같다. 돌출(突出)한 위에 분수한 것을 이름하여 대팔자(大八字)라 하며 마치 사람의 이마 옆으로 미미하게 양쪽으로 나눰이 있는 것과 같다. 돌출(突出)한 옆에 있는 양편의 음사(陰沙)를 이름하여 선익(蟬翼)이라 하며 마치 사람의 두 눈썹과 같다. 돌출(突出)한 아래의 가운데로 드리워진[中垂] 한 줄기 맥의 자취를 이름하여 개자 삼차(个字三叉)라 하며 마치 사람의 이마 아래에 있는 콧등[山根]과 같다. 한 줄기 맥이 단단한 덩어리를 약간 일으켜 높이가 겨우 몇 촌이라도 되는 것을 이름하여 원구(圓毬)라 하며 마치 사람의 코끝[鼻頭]과 같다. 양옆으로 분수하면 이름하여 소팔자(小八字)라 하며 마치 사람의 두 눈과 같다. 구(毬)아래 있는 혈은 이름하여 장구(葬口)라 하며 마치 사람의 코 아래에 있는 인증(人中)과 같다. 혈의 첨첨(尖簷)은 사람 입의 윗 입술과 같다. 혈 앞에 약간[些子]의 평탄한 곳이 있으면 이름하여 소명당이라 하는데, 그곳은 약한 햇살을 받으면 사람의 입과 같다. 양옆으로 분수가 미미하게 서로 만나 소명당의 안에 모이는 것을 이름하여 하수(鰕鬚)라 하는데, 사람의 수염[髭鬚]과 같다. 양변의 미미한 음사는 마치 사람 광대뼈와 뺨[顴頰]과 같고, 음사가 소명당 아래서 미미하게 교포(交抱)하면 이름

---

266) 額(액) : 이마。髭(자) : 코밑수염。鬚(수) : 턱밑 수염。嘴(취) : 입의 통칭. 주둥이。顴(관) : 관대 뼈。頰(협) : 뺨。薄(박) : 이르다. 도달함。髥(염) : 구레나룻。頦(해) : 아래턱
267) 《화엄경》에 '한 티끌 속에 우주[시방세계]가 있고, 일체의 모든 티끌 하나하나도 낱낱이 또한 이와 같다(一微塵中含十方 一切塵中亦如是)'고 했는데 풍수에서는 미미(微微)한 자연의 변화에 혈이 있고 없는 것을 표현

하여 구염(毬鬐)라 하는데, 마치 사람의 아래턱과 같다는 것이다.

推而言之　上聚之穴如孩兒[268]頭　孩兒初生順門未滿　微有窩形　卽山頂窩穴也　中聚
之穴如人之心　兩手卽龍虎也　下聚之穴如人之陰囊　兩足卽龍虎也

추론하여 말하면 상취혈은 어린 아이[孩兒]의 머리와 같아서 아이가 처음 태어
나면 정수리[順門]가 가득 채워지지 못하고 약간의 와형(窩形)있는 것과 같다.
즉 산정와혈(山頂窩穴)인 것이다. 중취혈은 사람의 심장과 같고 양 손은 용호
가 된다. 하취혈은 사람의 불알[陰囊]과 같고 양족(兩足)이 용호가 된다.

至側腦[269]沒骨之穴　如人之鼠肉[270]　曲池開口之穴如人之合谷　故相山亦似相人　惟
在細尋體認耳　至於點穴之法則當用心着眼於脈正氣聚　正中恰好處　開井[271]放棺　方
可接脈乘氣　猶如醫者點艾不可有毫釐之差也　設若[272]差之一毫則謬以千里　差之一
指則隔如萬山　不可不慎也

측뇌몰골(側腦沒骨)혈이면 사람의 서육(鼠肉)과 같고, 곡지개구(曲池開口)혈은
인체의 합곡(合谷)과 같다. 그러므로 산을 보는 것도 사람의 관상(觀相)을 보는
것과 같아 다만 세심하게 찾아 몸으로 익히는 데 달려 있다. 점혈법에 이르러
서는 당연히 맥이 바르고 기가 모이는 곳에 심혈을 기울여 주의하여 보아 반드
시 좋은 곳 한가운데(正中)에 금정(金井)을 열고 하관(下官;放棺)해야 비로소
접맥하여 기를 탈 수 있다. 마치 의사가 쑥뜸을 뜰 때 털끝만큼의 차이가 있어

---

268) 孩兒(해아) : 어린아이。順門(순문) : 정수리. 。足(족)=下肢(하지) : 사람의 궁둥이에서
　　발에 이르는 부분
269) 측뇌(側腦)는 뇌두가 둥글어야 하는데 한 쪽이 찌그러져 있는 것을 말한다. 따라서 뇌두
　　의 중심점이 한쪽으로 편향되었다는 것이다. 몰골(沒骨)은 골격이 꺼진 것이다. 즉 견하개
　　구(肩下開口)가 특징이다. 용호가 개장할 때 뇌두에서 바로 벌리는 것이 아니라 중간쯤 아
　　래에서 비로소 개장한다. 어깨 아래서 개장한다는 뜻이다.
　　　　　　　　　　　　<출처> 요금정의 『구성정변혈격가(九星正變穴格歌)』
270) 鼠肉(서육) : 손과 팔뚝사이。恰(흡) : 꼭。용심(用心) : 심혈을 기울여 쓰다。착안(着眼)
　　: 일을 이루어내기 위해 주의하여 보다。합곡(合谷) : 옛날의 산(山) 이름에서 그 뜻을 취
　　하였다. 두 위치가 서로 이어지는 것을 합(合)이라 하며, 합(合)에는 교결(交結) 또는 집합
　　의 의미가 있다. 물이 솟아 나와 흐르는 것. 즉 인체에 비유하면 살(肥肉)이 크게 모인 곳
　　을 곡(谷)이라 한다. 엄지손가락과 둘째손가락을 모으면 호구(虎口)에 불룩하게 살이 솟아오
　　르는데 그 모습이 마치 산봉우리 같으므로 합곡이라 하였다. 이는 엄지와 검지가 갈라지는
　　뼈 사이에 있는데 양 뼈가 서로 합(合)한 것이 마치 골짜기[谷]와 같아서 합곡(合谷)이라고
　　하였다. 또 엄지손가락의 호랑이 입 같은 양 뼈 사이에 있으므로 호구(虎口)라고도 하였다.
　　달리 호구(虎口)·합골(合骨) ·함구(含口)라고도 부름. 즉 겸혈(鉗穴)을 말하다.
271) 壙中(광중)
272) 設若(설약) : 다 하더라도. 설령.

서는 안되는 것과 같다. 털끝만큼의 차이라도 어긋나면 천리의 차이가 나고, 한 손가락의 차이(差異)라도 그 사이는 만산과 같아 신중하지 않을 수 없다.

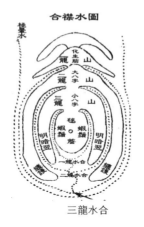

< 그림2-3-1 > 합금수도(合襟水圖). <출처> 『인자수지』

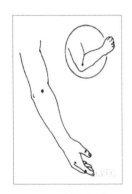

<그림2-3-2 > 서육혈(鼠肉穴)[273]

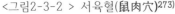

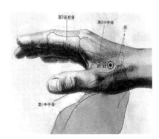

<그림2-3-3 > 합곡(合谷)

楊公云 大凡尋穴非一樣 降勢隨形合星象 譬如銅人[274]針灸穴 穴的[275]宛然方[276]

---

273) 쥐몸통혈은 손과 팔뚝 사이(쥐 몸통 같고)에 있는데 혈은 비록 한 쪽에 치우쳐 있지만 국세는 둥글게 감싸고 있다. 명당은 평평하고 반듯하여야 비로소 참된 혈이다. 절대로 꺼리는 것은 혈 앞을 지나는 물이 삐딱하게 쏟아져서 길게 흘러가는 것이다.
(鼠肉穴居手臂間 穴雖偏處勢彎環明堂平正爲眞的切忌元辰傾瀉長)
<출처>https://blog.naver.com/kwongunho
274) 銅人(동인) : 온몸에 침구멍을 뚫어 놓아 침술 연습용으로 쓰는 구리로 만든 사람의 형상
275) 『의룡경』 원문에 따라 點을 尋으로, 穴을 的으로 고쳐서 해석함.
276) 方(방) : 처방. 。不外(불외) : (~범위를) 벗어나지 못하다.

始當 忽然鍼灸失其眞機 一指隔差連命喪 極言點穴要謹愼也 然穴法雖多 大要不外
於陰來陽受陽來陰受 陰來如覆掌 劍脊 峻急 剛硬 皆陰脈也 陰脈落穴 必化開窩屬
爲陽受 但窩深屬淺乃老陽少陽之象也 陽來如仰掌 琴背 平緩 柔軟 皆陽脈也 陽脈
落穴必吐出乳突爲陰受 但突大乳小乃老陰少陰之象也 又窩中有突 突頂有屬 此乃
陽極陰生陰極陽生之妙也

양공이 이르기를 '대개[大凡] 혈을 찾으려면 같은 모양[一樣]이 없고, 형을 따
라 내려오는 세가 성상과 어울려야 한다. 비유하면 동인(銅人)에 침구(針灸)의
혈자리와 같아서 침구할 자리가 정확하고[穴的] 뚜렷해야 처방[方]이 비로소
[始] 효과가 있다. 소홀히 하여[忽然] 침과 뜸의 올바른 혈자리[眞機]을 놓쳐
버리면, 일지(一指)의 격차(隔差)도 사람의 목숨을 잃는 것[命喪]으로 이어진
다' 라고 했다. 점혈은 근신해야 함을 극언한 것이다. 그러나 혈법이 비록 많
으나 중요한 것은 음래(陰來) 하면 양수(陽受)하고, 양래(陽來) 하면 음수(陰受)
하는 것을 벗어나지 않는다. 음래라 하면 예를 들어 복장(覆掌)·검척(劍脊)·
준급(峻急)·강경(剛硬) 등이 모두 음맥이다. 음맥으로 낙혈하면 반드시 변화하
여 와엽(窩屬)을 열어 양(陽)으로 받아야 한다. 다만 와(窩)는 깊고 엽(屬)은
얕으니 곧 노양(老陽)과 소양(少陽)의 상이다. 양래하면 예를 들어 앙장(仰
掌)·금배(琴背;속을 깎아낸 거문고 등판모양)·평완(平緩)하고 유연(柔軟)한
것이 모두 양맥이다. 양맥으로 낙혈하면 반드시 유돌(乳突)을 토출(吐出)하여
음(陰)으로 받아야 한다. 다만 돌(突)은 크고 유(乳)는 작으니 곧 노음(老陰)과
소음(少陰)의 상이다. 또 와(窩) 가운데 돌(突)이 있고 돌(突)의 꼭대기에 엽
(屬)이 있으면 이는 곧 양극음생 음극양생의 묘함이다.

<그림2-3-4 >소음(少陰) ; 眞穴

<그림2-3-5 >순음(純陰) : 眞穴

黃妙應云 天下道理陰陽五行 陰陽五行不離一○ 此○讀作圈 偈曰 白玉團團一個○
乾旋坤轉任自然 能知○內四股趣 便是大間行地仙 一○者太極暈也 四股者老陰老
陽少陰少陽四象也

황묘응이 이르기를 '천하의 도리는 음양오행이며, 음양오행은 일원(一○) 즉
태극(太極)을 떠나지 [離] 않는다' 라고 했다. 이 ○을 권(圈)으로 읽고 쓰고
칭송(偈)하기를 '백옥이 아주 동그란 모양의 하나의 ○을 이루듯, 건(乾)과 곤
(坤)은 임의로 자연스럽게 회전[旋轉]한다. ○ 안에 있는 사고(四股)의 취지를
알 수 있다면, 바로 큰 공간을 다니는 지선(地仙)이라' 라고 했다. 일원(一○)
이란 태극훈(太極暈)이다. 사고(四股)란 노음(老陰)·노양(老陽)·소음(少陰)·
소양(少陽)의 사상(四象)이다.

<그림2-3-6> 소음(少陰):假穴

<그림2-3-7> 순음(純陰):假穴

<출처>『重鐫地理天機元(上)』

然暈[277]之中心 又有上陰下陽 上陽下陰 有邊陰邊陽 有陰多陽少 陽多陰少 有陰交

---

277) 태극(太極)이란

모든 현상의 본체(本體)를 의미하는 것이다. 즉 태극이라는 것은 음양이라고 하는 상대적인 활
동이 아직 발현(發現)을 하지 않은 본래 대로의 본원(本原)의 상태리고 할 것이다. 그 다음의
양의(兩儀)는 음양이 나뉘어져 상대적인 관계에 있는 것을 총칭하는 것이다. 이렇게 음양이 둘
로 나뉘어져서 열려야만 비로소 우주의 활동도 시작되는 것이다.

■ 음양의 양의정혈법(陽儀定穴法)

혈(穴)에 있는 음양(陰陽)을 찾아 정혈하는 방법이다. 용(龍)은 용(龍)의 음양(陰陽)이 있고, 혈
(穴)은 혈(穴)의 음양(陰陽)이 있다. 혈의 음양은 태극운안에 살찌고 일어난[肥起] 곳이 양(陽)
이고, 여위고 꺼진[瘦陷] 곳이 음(陰)이라 하는데 이것이 양의(兩儀)가 된다.

위가 살찌고 일어나고 아래는 여위고 꺼지거나(陷) 이와 반대되거나 혹 좌변이 살찌고 일어나

설심부 변와 정해

陽半 陽交陰半 有不分陰陽 情分厚薄 此皆在地之肥瘠上 分別陰陽爲穴中證佐之微
妙也 至於捷徑之法則 又有眞沙眞水爲證 夫貼○之沙有二 蟬翼牛角是也 止○之水
有二蝦鬚蟹眼是也

그러나 태극훈(太極暈)의 중심에는 또 상음하양(上陰下陽) 상양하음(上陽下陰)
이 있으며, 변음변양(邊陰邊陽)이 있으며, 음다양소(陰多陽少) 양다음소(陽多陰
少)가 있으며, 음교양반(陰交陽半) 양교음반(陽交陰半)이 있으며, 음양 정분의
후박이 나누어지지 않은 것[不分陰陽 情分厚薄]도 있다. 이 모든 것은 모두 땅
의 비옥함과 척박함에 따라서 음양을 분별하여 혈중 증좌의 미묘함을 이루는
것에 달려 있다. 지름길의 방법으로는 또 진사진수(眞沙眞水)를 증좌로 삼을
수 있다.

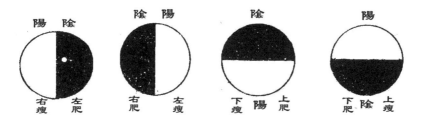

<그림 2-3-8 > 양의정혈(兩儀定穴)

대저 태극훈(○)에 붙어있는 사는 두 가지 있으니 선익(蟬翼)과 우각(牛角)이

고 우변이 여위고 꺼지거나[陷] 또 이와 반대되거나 하면 이는 모두 2기(氣)가 교감하는[二氣
交感] 곳으로 그 살찌고 여윈[半肥半瘦] 경계가 곧 혈심으로 이곳을 택하여 정혈해야 하고 요
감법(饒減法)을 쓰지 않는다. 다만 높낮이가 모호하고 살찌고 마른 것이 비슷하여 또한 알기가
쉽지 않을 때는 반드시 초목을 베어 없애고 혈장을 깨끗하게 한 후에 분별할 수 있다.

이를 요약하면
 ① 음양분별은 양(陽)은 약간 두툼하게 살이 찐 곳[肥起]이고 음(陰)은 수척하고 꺼진 곳[瘦
陷]이 된다.
 ② 방관(放棺)은 마땅히 반비(半肥) 반수처(半瘦處)인 중앙의 음양이기(二氣)가 교감하는 혈심
에 시행.
즉 입혈은 반드시 상양하음(上陽下陰)·상음하양(上陰下陽)·좌음우양(左陰右陽)·좌양우음(左陽右
陰) 등 음양교구처인 반음반양처(半陰半陽處)의 중앙에 입혈을 한다.
 ③ 반비반수(半肥半瘦)의 경계하는 중앙의 혈심은 음양의 교구처로 양기(陽氣)가 하강(下降)하
고 음기(陰氣)는 상승(上昇)하여 천지(天地)가 만나 화합[交泰]하고, 수화(水火)가 상호작용하여
조화를 하여[旣濟] 음양기운(氣運)이 취합(聚合)되는 곳이다.
■ 음래양수·양래음수(陰來陽受· 陽來陰受) : 양룡(陽龍)에는 음혈(陰穴)을, 음룡(陰龍)에는 양혈
(陽穴)　　　　　　　　　　　　<출처>『인자수지(前)』,김동규역,2008,pp.1,007~1,012

그것이다. 태극훈(○)에 모이는 물은 두 가지 있으니 하수수(蝦鬚水)와 해안수(蟹眼水)가 그것이다.

故證窩鉗278)之穴 則有兩股牛角沙 夾一滴蟹眼水 證乳突279)之穴 則有兩片蟬翼沙 界兩股蝦鬚水 此二水皆合於小明堂之內也 其沙有邊厚邊薄 邊長邊短 其水有股明股暗280)邊有邊無 此又沙水 分別陰陽爲穴中生氣之證佐也 然太極暈與眞沙眞水 皆隱隱然 似有似無 必要芟281)除草木禿光然後可見 靑烏經云 葬不斬草名曰盜葬 正謂此也 今人不知斬草之義 誤以破土爲斬草 殊失點穴之旨 至點穴之訣 總不出於倒杖 蓋倒杖者楊公 立穴放棺 消息準的之要法也 雖穴變無窮而法總十二 惟在學者變而通之 愼毋失之 庶幾點穴無差矣 倒杖用法幷圖說俱載倒杖段內

그러므로 와겸(窩鉗)의 혈을 증명하는 것은 양고(兩股)와 우각사가 있고, 한 방울의 작은 물이라도 끼는 것이 해안수(蟹眼水)이다. 유돌(乳突)과 돌혈(突穴)을 증명하는 것은 양편(兩片)의 선익사가 양고의 하수수(蝦鬚水)와 경계를 이루는 것이다. 해안수와 하수수 두 물은 모두 소명당내에서 합수(合水)한다. 그 사(沙)는 변이 후하고 박함[邊厚邊薄]과 변이 길고 짧음[邊長邊短]이 있다. 물에 고명(股明)과 고암(股暗)은 변의 유무[邊有邊無]에 결정된다. 이는 또한 사수를 음양으로 분별하여 혈 가운데 생기의 증좌(證佐)로 삼는다. 그러나 태극운과

---

278) 屬(엽)은 鉗(겸)으로 해서함.

279) 蟬翼者 生於乳突兩傍 位於蝦鬚水之外 而藏在龍虎之內 輕薄而貼身 微茫彎曲環抱 硬翼之下 又有軟翼 故名蟬翼砂. 『圖解雪心賦(下)』에서는 표현하였으나, 『元本靑烏經』에서 穴의 四象을 窩有弦稜, 鉗有落棗, 乳有蟬翼, 突有縣針이라 표현을 종합하여 볼 때 돌혈 위에서는 입수도두·선익·순전 등이 분명하게 있고 혈장을 지탱해주기 위해서는 사유(四維) 즉 사방에서 혈처를 받쳐주는 바늘처럼 가는 지각이 필요함을 의미한다. 또 『圖解雪心賦(下)』에서는 '蝦鬚者 乳穴兩傍微微低陷水路 有如蝦鬚'이라 하였는데 蝦鬚·蟹眼水又名金魚水를 말한다.

280) 股明股暗(고명고암) : 혈(穴)을 끼고 있는 물길[약간 낮은 곳] 즉 하수수(蝦鬚水)는 반드시 고명(股明), 고암(股暗)을 나타내는데 그 명(明)이란 깊은 것으로 음(陰)에 속하고 그 암(暗)이란 낮은 것으로 양(陽)에 속하여 음양의 두 기운이 교감(交感)한다. 즉 일변(一邊)에 명(明)이 있고 일변은 암(暗)이 있다. 그것을 일러 고명고암(股明股暗)이라 하고 음양(陰陽)상교(相交)라 한다. 만약 양고(兩股)가 모두 암(暗)이면 순양(純陽) 무음(無陰)으로 냉기(冷氣)가 되고 양고(兩股)가 모두 명(明)이면 볼록하게 드러나[凸露]니 순음(純陰) 무양(無陽)으로 살기(殺氣)가 된다. 냉기(冷氣)는 퇴패(退敗)하고 살기(殺氣)는 흉화(凶禍)이니 모두 진혈(眞穴)이 아니다.　　　　　　　　　　　　　　　　　<출처> 민중원 풍수학회.

281) 芟(삼) : 풀을 베다.。禿(독) : 민둥산.。光(광) : 벌거벗다.。準的 : 가늠.。破土(파토) : 무덤을 만들려고 풀을 베고 땅을 팜.。殊(수) : 다르다.。要法(요법) : 방법.

진사진수(眞沙眞水)는 모두 은은(隱隱)하여 있는 것 같기도 하고 없는 것 같기도 하다. 반드시 초목을 모두 베어내어 벌거벗은 민둥산[禿光]으로 만든 후에 볼 수 있다. 『청오경』에 이르기를 '장사를 지낼 때 풀베기[斬草]를 하지 않는 것은 몰래 도장하는 것과 같다'라고 함이 바로 그것을 말하는 것이다. 오늘날 사람들은 참초의 뜻을 알지 못하고 땅을 파는 것을 참초(斬草)라고 오인하여 점혈의 취지를 잃고 만다. 점혈의 비결은 모두 도장법에서 벗어나지 않는다. 대개 도장은 양공이 입혈 하관할 때 변화[消息]를 가늠하는 요법이다. 혈의 변화가 무궁할지라도 도장법은 모두 12개를 벗어나지 않으니 단지 학자들이 변통하는 데 달려 있다. 신중하여 실수(失手)하지 않으면 거의 점혈에 잘못이 없을 것이다. 도장용법은 도설(圖說)과 함께 모두 도장 단락 안에 실려 있다.

<그림 2-3-9 >유돌(乳突) : 선익사+하수수

<그림 2-3-10 >와겸(窩鉗) ; 우각사+해안수
< 출처 >『설심부변와정해』

一說 太極暈²⁸²⁾有全有半 全暈自然²⁸³⁾正中穴宜居中無疑 第半暈在左 穴宜居左 半

---

282) 태극정혈법
1.구첨(毬瞻)·합금(合襟)·나문(羅紋)·토축(土縮)·일점영광(一點靈光)·앙복(仰覆)·매화(梅花)·자웅교도(雌雄交度) 등은 모두 태극훈의 이칭(異稱)이다.
2.혈장에 원훈이 있으면 생기가 안으로 모여 있는 것으로 진혈이 되고 훈(暈)의 한가운데가 곧 혈의 혈심(穴心)이 된다. 훈의 맨 위[暈頂]에 1~2개의 반훈(半暈)이 있어서 반달(半月) 또는 눈썹과 같은 형상을 이루면 이것은 윤(輪)이라고 하고 삼륜(三輪)이 있으면 대지가 된다.
3. 태극정혈법은 정혈법의 첫째이며 어떠한 변형된 괴혈(怪穴)이라도 태극훈(太極暈)만은 갖춰야 진혈이 된다.『葬書』에서 '승금·상수·인목·혈토'라 하는 것은 태극훈에 대한 설명이다.
4. 승금은 태극의 원훈돌기처(到頭處) 혹은 윤(輪)에 해당될 경우도 있다.
<출처>『한국풍수의 원리』 및 『인자수지』
☞태극정혈법이란 혈이 결지된 곳에서 나타나는 증좌인 태극운(太極暈)을 찾아 그 중앙에 정혈하는 방법이다. 태극운이란 혈이 결지되는 지점에 둥그스름하게 원운(圓暈)이 미세하게 있으

暈在右穴宜居右　若全暈頂上再見一二分半暈　如初三峨眉月樣　謂之天輪影　尤爲貴
微　此說亦妙　一說相山亦似相人　謂人有大小長短善惡貴賤之　分山有高低肥瘦斜正
粗細之異　故相山亦似相人　此泛論其大概也　而於點穴之理不甚親近　讀者詳之

며 볼록한 곳에 만들어지는 유혈이나 돌혈은 입수도두·선익·취순 중앙에 오목(凹)한 곳이 나타
나며, 오목한 곳에 만들어지는 와혈이나 겸혈은 둥근 형태의 흙무더기가 나타나는데 이 중앙
이 혈의 중심이 되는 것이다.

용이 음룡(陰龍)이면 양혈(陽穴)이어야 하며, 양룡(陽龍)이면 음혈(陰穴)이 되어야 한다. 이 반
대로 하면 참된 용혈일지라도 거짓이 된다.

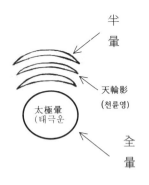

• 운(暈)의 종류
1.전운(全暈) : 전체가 으로 된 것.
2.반운훈(半暈)
1)태극운 위에 반월 모양: 천륜영
2)측운(側)(暈):혈의 좌·우측에 존재
(存在)

<그림 2-3-11 > 천륜영(天輪影)

☞ 섭구승의 육경(六經) 주석에서 생기(生氣) 속에 감춰 쌓여있으면 그 위에는 반드시 기운의
움직임이 있다. 기운이 움직이는 것은 무엇인가 요돌(凹突)의 혈운(穴暈)이다. 생기가 아래로
잠기면 혈운의 모양이 위에 나타난다. 마치 고기가 물속에 있어 그 물이 한번 움직이면 위에
는 자연히 하나의 운(暈)을 이루니 운(暈)을 보면 고기가 있음을 알 수 있는 것과 같다.(葉九升
六經注　生氣藏蓄於內　其上必有動氣　動氣者何？　即凹突之　穴暈是也　生氣潛於下　暈形見於上
如魚在水中　一動其水　上自成一暈　見暈可以知魚也)

☞ 심육포의 <지학(地學)>에서 묻기를 혈운(穴暈)이 이미 한 개의 그림자[影子]이면 마침내 약
간 높고 또한 약간 낮은가? (沈六圃　地學　問　暈既一箇影子　畢竟是略高些子　還是略低 些子)
태극(太極)은 태극운(太極暈)이다. 무릇 혈이 맺힌 곳에는 반드시 진운(眞暈)이 있다. 혹 천심
(天心)이 미돌(微突)이나 천심이 미와(微窩)이면 모두 운(暈)이다. 일권(一圈)이 두루 둥글고 가
운데에 음양(陰陽)을 머금으면 이를 운(暈)이라 한다. 만약 태극운 위에 또 반월 모양 같은 것
으로 두세 번 거듭 나타나면, 天輪影(천륜영)이라 한다. 이는 크게 귀한 징조로, 항상 있는 것
이 아니다. (若極暈之上　又有如半月狀者　二三疊見　謂之天輪影　此大貴之徵　不常有也) 생기가
속에 감춰 쌓이면[藏蓄] 그 위에는 반드시 기운이 움직임인 동기(動氣)가 있다. 동기(動氣)는
요돌(凹突)의 혈운(穴暈)이다.

<출처>『섭구승의 육경(六經)』『지학』『지리담자록)』『 풍수지리보감(상)』
283) 自然(자연) : 물론.。第(제) : 만일. 가령.。泛(범) : 두루.。大槪(대개) : 대체로.。親近(친
근) : 친밀하다. 서로 친하여 사이가 가깝다.

　　　　　　　　　　　　　　　　　설심부 변와 정해

일설에 '태극운은 전운(全暈)과 반운(半暈)이 있으며 전운은 물론 한가운데[正中]에 혈이 마땅히 그 가운데 있어야 함은 의심할 것 없다. 만일 반운이 좌(左)에 있으면 혈은 마땅히 좌에 있고, 반운이 우(右)에 있으면 혈은 마땅히 우에 있어야 한다. 만일 전운(全暈)의 정상(頂上)에 다시 1·2개의 나누어진 반운이 드러나 마치 초삼일의 초승달[蛾眉月] 모양과 같으면 그것을 천륜영(天輪影)이라 하니 특히 미세한 징조를 귀하게 여긴다(貴微)]'고 한다. 이러한 설 또한 묘미가 있다. 일설에서는 '산을 보는 것도 사람을 보는 것과 비슷하다는 것은 사람에 대소장단(大小長短)과 선악귀천(善惡貴賤)이 있고, 산에는 고저(高低)·비수(肥瘦)·사정(斜正)·조세(粗細)의 차이가 있는 것을 분별하여 말하므로 산을 보는 것도 사람을 보는 것과 비슷하다고 하는 것이다'라고 한다. 이는 대충 그렇게 볼 수 있다는 이야기로 점혈의 이치에 아주 가까운 것은 아니다. 독자들은 상세하게 알아야 한다.

<그림2-3-12> 소양(少陽);眞穴

<그림2-3-13> 소양(少陽);假穴

<출전>『重鐫地理天機元(上)』

鰕鬚者乳突兩旁微微低陷繩路 猶似鰕鬚 故名鰕鬚水 蟹眼者窩屬弦上兩旁微微低陷一點[284] 猶似蟹眼 故名蟹眼水 又有金魚水者 凡魚之水 吸口進而腮出 惟金魚之水 腮進而口出 腮進見其分 口出見其合 故借此以喩乳穴分合之水也 取名鰕鬚者以其微茫而不顯也 取名金魚者以其後分而前合也 其名則異 其水則同也 總之取譬一合不必多求也

하수(鰕鬚)는 유·돌의 양옆으로 미미하게 낮게 꺼진[低陷] 먹줄[繩]과 같은

---

284) 點(점) : 작은 흔적.。進(진) : (바깥으로부터 안으로) 들다. 내보내다.。腮(시) : 뺨.

소수의 물길[小繩路水]이다. 마치 새우 수염[蝦鬚] 같으므로 하수수(蝦鬚水)라 한다. 해안(蟹眼)은 와엽(窩臁)의 반달모양[弦] 위에서 양옆으로 미미하게 낮게 꺼진 작은 흔적[一點]이다. 즉 양옆의 혈 위 분수처(兩旁分水處)가 마치 게 눈[蟹眼] 같으므로 해안수(蟹眼水)라 한다. 또 금어수(金魚水)이라 하는 것은 대개 물고기가 입으로 물을 들이키고 뺨으로 나가는 것이다. 오직 금어수는 뺨으로 물을 들이키고 입으로 내놓는데, 뺨으로 들이킬 때는 물이 나누어지고, 입으로 내뱉을 때는 물이 합해진다. 그러므로 이것을 빌려 유혈(乳穴)의 분합수(分合水)에 비유한 것이다. 하수(蝦鬚)라고 이름을 붙인 것은 희미하여[微茫] 나타나지 않기 때문이다. 금어수(金魚水)라고 이름을 붙인 것은 뒤에서 나누어지고 앞에서 합하기 때문이다. 그 이름은 다르지만 그 물은 동일하다. 하여간에 비유한 것이니 하나가 맞으면 다른 것을 구할 필요가 없다는 것이다.

<그림 2-3-14 >순양(純陽) : 眞穴

<그림2-3-15 > 순양(純陽) : 假穴

<출처> 『重鐫地理天機元(上)』

蟬翼者 生於乳突之旁 藏於龍虎之內 輕薄貼身 微茫彎抱 如蟬硬翼之下又有軟翼 故名蟬翼沙 牛角者 生於窩臁之下 藏於龍虎之內 彎環圓淨 交抱有情 如牛角一樣285) 故名牛角沙 又有金魚沙者 低小貼身 如貴人腰帶之間 所佩金魚 故名金魚沙 此數者各爲眞沙眞水爲眞穴之證佐也 若山龍結穴之處 開墾田地壞其本來證佐 則須再三審察 不可造次點穴 若是平洋田龍不在此論

선익(蟬翼)은 유혈(乳穴) 및 돌혈의 곁[兩傍]에 생긴 것으로 용호(龍虎)의 안에 숨어 가볍게 혈장에 달라붙어 희미하게[微茫] 환포하고 있다. 마치 매미의 경

---

285) 一樣(일양) : 같다. ◦ 墾(간) : 개간하다.

설심부 변와 정해

익(硬翼) 밑에 또 연익(軟翼)이 있는 것과 같아서 선익사(蟬翼沙)라 한다. 우각(牛角)은 와엽(窩屬)의 아래에 생긴 것으로 용호의 안에 숨어 만환원정(彎環圓淨)하고 교포유정(交抱有情)하다. 마치 소뿔 같으므로 우각사(牛角沙)라 한다. 또한 금어사(金魚沙)라는 것은 낮고 작게[低小] 혈장에 붙어 마치 귀인의 허리의 사이에 차는 금어와 같으므로 금어사라 한다. 이러한 몇 가지는 각각 진사진수(眞沙眞水)가 되어 진혈의 증좌가 될수 있다. 만약 산룡 결혈처에 전지를 개간하여 그 본래의 증좌가 파괴되었으면[壞] 반드시 재삼 신중하게 살펴야지 경솔하게 함부로 점혈해서는 안된다. 평지의 전룡(田龍)은 이와 같은 논리와는 다르다.

若有生成(286)之龍 必有生成之穴。不拘單向雙向 但看有情無情。

생성된 용이 있으면 반드시 생긴 혈이 있다. 단향과 쌍향에 구애받지 않고 다만 유정한지 무정한지만 살펴라.

單向雙向如正丙爲單向丙兼巳爲雙向之類也。承上言點穴之法先要看其來龍何如 若有生成合格之龍必有生成自然之穴 旣有生成之穴亦必有自然之向而不可易者 故不拘其單向雙向 但看其有情無情何如 若單向有情則依(287)單向 雙向有情則依雙向 蓋有情於我者卽爲眞穴之證 其無情於我者則不可以證穴矣

단향과 쌍향이란 예를 들어 정병(正丙)이면 단향(單向)이고 병이 사를 겸하면[丙兼巳] 쌍향(雙向)이라 하는 종류이다. 앞에 이어 점혈하는 법은 먼저 그 내룡이 어떠한가를 살펴야 한다는 말이다. 만약 격에 적합한 용의 생성이 있으면 반드시 자연스런 혈의 생성이 있다. 이미 혈의 생성이 있으면 또한 반드시 자연스런 향이 있어 바꿀 수 없다. 그러므로 단향인가 쌍향인가에 구애받지 말고 다만 유정한가 무정한가를 살펴야 한다. 만약 단향이 유정하면 단향에 따르고 쌍향이 유정하면 쌍향에 따른다. 대개 혈에 유정하다는 것은 진혈이라는 증좌이다. 혈에 무정하다는 것은 혈을 증좌할 수가 없다.

若有曲流之水 定有曲轉之山。何用(288)九星八卦 只須顧內回頭。

---

286) 生成(생성) : 생성되다. 생기다.
287) 依(의) : 따르다.。不可(불가) : 할 수가 없다.
288) 何用(하용) : 어찌 ~할 필요가 있는가. ~할 필요가 없다.。感김(감소) : 감화(를 받다)。김
 (소) : 초래하다.

곡류(曲流)하는 물이 있으면, 반드시 곡전(曲轉)하는 산이 있다. 어찌 구성팔괘가 필요가 있는가? 다만 모름지기 혈장 안을 돌아보고 회두(回頭)하면 된다.

九星 貪巨祿文廉武破輔弼也 八卦解見前。承上言 龍穴旣有生成者則沙水亦自有生成者 故若有屈曲回流之水則定有屈曲回轉之山 蓋水不自曲 因山故曲 山轉水曲最爲有情 何用九星八卦分辨吉凶 論某水宜來 某水宜去 某山宜高 某山宜低哉 只須顧內回頭有情拱向卽可以爲穴證矣 蓋龍穴沙水一氣感召 有眞龍自有眞穴 有眞穴則沙水自以類應 而點穴亦藉乎此矣 此數句 皆言穴之證應也

구성은 貪狼(탐랑) · 巨門(거문) · 祿存(녹존) · 文曲(문곡) · 廉貞(염정) · 武曲(무곡) · 破軍(파군) · 左輔(좌보) · 右弼(우필) 이다. 팔괘에 대한 설명은 앞에서 밝혔다. 앞을 이어 말한 것이다. 용혈이 이미 생성되었으면 곧 사수(沙水)도 저절로 생성한다. 그래서 만약 굴곡하여 회류(回流)하는 물이 있으면 반드시 굴곡하여 회전(回轉)하는 산이 있다. 대개 물은 저절로 곡류하는 것이 아니고 산으로 인하여 곡류한다. 산전수곡(山轉水曲)하는 것이 가장 유정하다. 어찌 구성팔괘로 길흉을 분별하여 어떤 물은 마땅히 오고 어떤 물은 마땅히 흘러가야 하고, 어떤 산은 마땅히 높고 어떤 산은 마땅히 낮아야만 한다고 논할 필요가 있는가? 다만 반드시 회두하여 혈장내를 돌아보고 혈을 향하여 유정하게 에워싸면 곧 혈의 증거가 될 수 있다[可以]. 대개 용혈(龍穴) 사수(沙水)는 같은 기[一氣]로 감응하는 것[一氣感召]이다. 진룡이 있으면 저절로 진혈이 있고, 진혈이 있으면 사수가 저절로 동류(同類)로 감응한다. 점혈 역시 이를 의지하면 될 것이다. 이 몇 문장은 모두 혈의 증좌와 응험을 말한것이다.

莫向[289]無中尋有　須於有處尋無。或前人着眼之未工　或造化留心以福善。

없는 가운데서 있음을 찾으려 하지 말고, 반드시 있는 가운데서 없음을 찾아라. 혹 앞 사람들의 안목(着眼)이 아직 정교하지 않았거나 대자연[造化]이 간직하였다가[留心] 선한 자에게 복을 주려고 한 것이

---

289) 向(향) : ~에. 。着眼(착안) : 어떤 일을 주의하여 봄. 눈을 돌리다. 。遺(유) : 빠뜨림. 落(락) : 빠뜨리다. 。造化(조화) : 대자연. 。留(류) : 머무르다. 。失(실) : 놓치다. 빠뜨리다. 莫(막) : 아무도~하지 않다. 莫~於~ : ~보다 더 ~한 것은 없다. 。致(치) : ~도달하다. ~한 결과가 되다. ~되다. 。因(인) : (전례에) 따르다. 근거하다.

다.

上句無字指龍言 有字指穴言 下句有字指龍言 無字指穴言 非眞無也 言其穴之隱藏
似有似無也 又承前言所謂有龍必有穴者 蓋龍爲穴之根本也 故見山無龍脈則莫向此
中尋穴者 見山有龍脈則須用心細察 審其隱藏 似無之穴 而其隱藏之穴或前人到此
着眼未工以致遺落 或造化秘藏留心福善 令人莫識所以 點穴之法 莫先於認龍 若認
得龍眞 因脈求氣 自不致於有失也

윗 문장의 '無' 자는 용(龍)을 가리키고 '有' 자는 혈(穴)을 가리키는 말이다.
아래 문장의 '有' 자는 용을 가리키고 '無' 자는 穴을 가리키는 말이다. 참으
로 혈이 없다는 것이 아니라, 혈은 은장(隱藏)되어 있어 있는 듯 없는 듯하다
는 말이다. 또 '용이 있으면 반드시 혈이 있다'는 앞의 말을 이어 말하는 것
이다. 대개 용은 혈의 뿌리[根本]이다. 따라서 산을 보아 용맥이 없으면 이 가
운데서 혈을 찾지 말아야 하고, 산을 보아 용맥이 있으면 반드시 마음을 다하
여 자세하게 살펴 은밀하게 감춰져 없는 듯한 혈을 찾아야 한다는 것이다. 그
은밀하게 감춰진 혈은 혹 전인들이 왔다가 안목이 정교하지 못하여 빠뜨렸거나
혹 조화 즉 대자연이 비밀리 감추어[秘藏] 선한 사람에게 복을 주려고 남겨두
어 사람들로 하여금 아무도 까닭을 모르게 한 것이다. 점혈법에서는 용을 아는
것이 무엇보다 먼저이다. 만약 용이 참된 것인지 알아 맥에 따라 기를 구하면
저절로 (혈을) 빠뜨리지[有失] 않을 것이다.

左掌右臂 緩急若氷炭之殊。尊指無名 咫尺有雲泥之異[290]。
좌측은 손바닥이고 우측은 팔뚝이면, 완급이 얼음과 숯덩이와 같이
서로 다르다. 존지[中指]와 무명지는 지척이라도 구름과 진흙의 차이
(差異)이다.

掌手掌也 臂肘臂也 掌平軟喩脈之緩 臂直硬喩脈之急 左右二字乃活字眼 卽云 右
掌左臂亦可 殊異也 尊指手之中指 喩穴之正也 無名手之第四指喩穴之斜也。
장(掌)은 손바닥이요 비(臂)는 팔꿈치이다. 장(掌)은 평평하고 유연[平軟]하여
맥이 느린 것을 비유하고, 비(臂)는 곧고 딱딱하여[直硬] 맥이 급한 것을 비유

---

290) 雲泥之差(운니지차) : 구름과 진흙 차이(差異)란 뜻으로. 사정(事情)이 크게 다르다는 경
　　우(境遇)에 쓰는 말. 서로의 차이(差異)가 매우 큼.◦肘(주) : 팔꿈치.◦臂(비) : 팔.
☞字眼(자안) : (문장 내의) 글자. 시문 중에서 주안(主眼)이 되는 중요한 글자. 어휘. 말.

한 것이다. 좌우(左右) 두자는 말[字眼])을 활용하여 우장좌벽(右掌左臂)이라 해도 된다. 수(殊)는 다르다[異]의 뜻이다. 존지(尊指)는 손의 중지(中指)로 혈의 바름을 비유한 것이다. 무명지(無名)는 손의 네 번째 손가락으로 혈이 비스듬한 것을 비유한 것이다.

承上言 有龍方可尋穴 得穴又當辨脈 若脈來如左掌之平軟則爲陽脈而性緩 脈來如右臂之直硬則爲陰脈而性急 其一緩一急猶 若²⁹¹氷與炭之殊也 脈緩則宜正受其穴如尊指居掌之中 脈急則宜斜受其穴如無名居掌之偏 其正受斜受不過咫尺之間 而其所以分別之意 猶有雲與泥之異也 然則點穴可不愼乎 諸註多以詞害意 因有指掌字眼 遂圖畫指掌穴法 幷泛引指掌之說以實之 以致反失 辨脈受穴之旨也 今正之

위에 이어 말하는 것이다. 용이 있으면 비로소 혈을 찾을 수 있고, 혈을 얻으려면 또 마땅히 맥을 분별하여야 한다. 만약 내맥(來脈)이 좌장(左掌)같이 평평하고 유연하다면 양맥(陽脈)이 되어 성질[性]이 느리다. 내맥이 우비(右臂)같이 곧고 딱딱하다면 음맥(陰脈)이 되어 성질이 급하다. 그 일완일급(其一緩一急)는 이 빙탄(氷炭)과 같이 서로 다르다. 맥이 완만하면[脈緩] 그 혈을 바르게 받아[正受] 마치 존지(尊指)가 손바닥의 가운데[掌中]에 있는 것과 같다. 맥이 급하면[脈急] 그 혈을 마땅히 비껴서 받아[斜受] 무명지[無名]가 손바닥의 한쪽에 치우쳐[掌偏] 있는 것과 같다. 정수(正受)와 사수(斜受)는 아주 가까운 거리에 불과하나 분별하는 뜻은 구름과 진흙의 차이가 있는 것처럼 서로의 차이가 매우 크다. 그러한즉 점혈은 참으로 신중해야 하지 않겠는가. 모든 주는 대부분 표현에 구애되어 뜻을 해친다.[以詞害意] '지장(指掌)'이라는 말[字眼]이 있다고 해서 마침내 지장혈법을 그림으로 그리고 아울러 지장의 설을 널리 인용하여 채운다. 도리어 맥을 분별하고 혈을 받는 뜻을 잃어버리게 된다. 이제 바로 잡는다.

傍²⁹²城借主者 取權於生氣。 脫龍就局者 受制於朝迎。
나성(羅城) 가까이 있는 산을 차용하여 주산으로 삼는 것은 생기로부터 위권(威權)을 취함이다. 용을 벗어나 국(局)을 이루면, 맞이하는 조·안산[朝迎]에 제약을 받는다.

---

291) 猶若 : ~와 같다. °氷炭(빙탄) : 얼음과 숯이라는 뜻. °泛(범) : 두루.
292) 傍(방) : 인접하다. 곁. °於 : ~로부터. °城權(성권) : 나성과 수성의 유리한 형세. ☞權 : 유리한 형세.능력.

설심부 변와 정해

城卽羅城水城也 權城權也 生氣穴之生氣也。言點穴之法不獨辨脈之緩急而已 又當
看其到頭形勢何如 如龍來轉身結穴 難以正頂爲主 或傍羅城 或傍水城 借背後樂托
以爲主者 而其所以借主之意 是取威權於生氣 使坐下不卑微也 又如龍來粗雄 脫落
平地 就[293]面前堂局以結穴者 而其所以就局之意 以其朝迎有情若受其所制不得不
親近也 總之 龍來結穴後有情則靠後 前有情則向前 此一定之理也

성(城)은 곧 나성(羅城)과 수성(水城)이다. 권(權)은 성권(城權)이다. 생기(生氣)는 혈의 생기이다. 점혈법은 맥의 완급을 변별할 뿐만 아니라[不獨] 또 도두의 형세가 어떠한지를 마땅히 살펴야 한다는 말이다. 용이 뻗어와 몸을 돌려서[轉身] 결혈하면 반듯한 정뇌[正頂]를 주산으로 삼기 어렵다. 나성의 옆이나 수성의 옆에 배후(背後)의 낙산(樂)이나 탁산[托]을 차용하여 주산(主山)으로 삼는다. 주산으로 차용하는 뜻은 위권에서 생기를 취하여 좌하(坐下)가 비미(卑微)하지 않게 하려는 것이다. 또 예를 들면 용이 올 때는 거칠고 웅장하지만[粗雄] 평지에 떨어져 면전(面前)의 당국를 취하여 결혈하지만[而] 국을 가까이하는 의도(意圖)는 조영(朝迎)이 유정하기 때문이다. 그 제약을 받으니 부득불 가까이한다[親近]는 것이다. 요약한다면 용이 와서 결혈한 뒤가 유정하면 뒤에 의지하고 앞이 유정하면 앞을 향한다. 이는 일정불변의 이치이다.

大向小擺 小向大擺 不宜亂雜。橫來直受 直來橫受 更看護纏。

큰 산에는 작은 산에 천장하고 작은 산에는 큰 산에 천장한다. 난잡하면 마땅하지 않다. 횡으로 오면 곧게 받고 곧게 오면 횡으로 받는다. 다시 호종하여 감싸 안음을 살펴야 한다.

言點穴之法又當看其大小橫直何如 若衆山俱大則宜向小山擺穴 衆山俱小則宜向大
山擺穴 所以擺大擺小者 取其星辰特達與衆不同也 故不宜形勢亂雜而無主星之體
難以取用也 葬書云 群壟衆支 當擇其特 大則特小 小則特大 是也 若龍橫來 則穴
宜直受 龍直來則穴宜橫受 然橫而直 直而橫 固是陰陽變化之理 所當如此 而更要
看其護纏之情意 方知其穴之眞的 如左邊護纏有情則穴宜挨左 右邊護纏有情則穴宜
挨右 不可不細察也。田氏謂直受而無關闌則氣不止 橫受而無包裹則氣不聚 不可作
穴矣 此說亦通

점혈법은 또 마땅히 그 대소와 횡직(橫直)이 어떠한가를 살펴야 한다는 말이

---

293) 就(취 : 취하다. 가까이 하다.。親近(친근) : 가깝다. 아주 가깝다.

다. 만약 여러 산이 모두 크면 마땅히 작은 산에 천혈해야 하고, 여러 산이 모두 작으면 마땅히 큰 산에 천혈(擲穴)해야 한다. 큰 산에 천장하거나 작은 산에 천장하는 소이는 그 성진이 특달(特達)하여 다른 산들과 같지 않음을 취하는 것이다. 고로 형세가 난잡하여 주성의 체가 없어 취해 쓰기 어려우면 마땅하지 않다. <장서>에 이르기를 '산룡[壟]과 평양룡[支]이 무리 지어 있으면 마땅히 특달한 것을 택해야 한다. 크면 특별히 작은 것을 택하고, 작으면 특별히 큰 것을 택하여야 한다' 라 함이 그것이다. 만약 용이 횡으로 오면 혈은 직으로 받고, 용이 직으로 오면 혈은 횡으로 받아야 한다. 횡은 직으로, 직은 횡으로 받는 것은 본래 음양 변화의 이치이니 마땅히 이렇게 해야 되니 다시 그 호전(護纏)의 정의(情意)를 살펴야 비로소 혈의 참됨을 알게 된다. 좌변 호전이 유정하면 혈은 좌에 가까이해야 한다. 우변 호전이 유정하면 혈은 우측에 의지하여야 한다. 반드시 세심히 살펴야 한다. 전씨가 이르기를 '곧게 들어와 관란이 없으면 기가 머물지 아니하고, 횡으로 들어와 안으로 감싸주지 않으면 기는 모이지 않는다. 이러한 곳에는 작혈할 수 없다' 라고 하였다. 이 설 역시 통한다.

須知移步換形 但取朝山證穴。

반드시 걸음을 옮기면 형상이 바뀐다는 것을 알아, 단지 조산(朝山)에서 혈증을 취해야 한다.

承上言 點穴之法固當辨其大小橫直矣 然龍來結穴體態不一 變動不常[294] 須知移一步則換一形而穴最難定也 但取朝山之情以證穴場之的 庶不致於有差也 疑龍經云 眞龍隱拙穴難尋 惟有朝山識倖心 是也

앞의 말을 이은 것이다. 점혈법은 본래 마땅히 대소와 횡직을 분별하여야 한다. 그러나 용이 뻗어와 혈을 맺는 형상[體態]은 하나같지 않아 변동하여 한결같이 않다. 한 걸음을 옮기면 하나의 형체가 바뀌니 혈을 정하기가 아주 어렵다는 것을 반드시 알아야 한다. 다만 조산의 정을 취하여 혈장이 확실함[眞的]을 검증하면 거의 차이가 없을 것이다. <의룡경>에 이르기를 '진룡이 혈을 드러내지 않아 은졸(隱拙)하면 혈을 찾기가 어렵다. 그래도 조산이 있으면 요행히 혈을 식별할 수 있을 것이다' 라고 함이 그것이다.

---

294) 常(상) ; 恒常(항상) : 어떤 경우든 한결같이. 。不一 : ~하나같이 아니하다. 。倖心(행심) : 요행히.

설심부 변와 정해

全憑眼力 斟酌高低。 細用心機[295] 參詳向背。

안력을 총동원하여 고저를 헤아리고, 마음을 찬찬히 사용하여 향배를 상세하게 살필지라.

高低向背俱指朝言。承上言所謂取朝證穴[296]者 全憑眼力斟酌朝之高低以證穴之高低 疑龍經云 朝若高時高處點 朝若低時低處針 是也 細用心機 參詳朝之向背 以證穴之左右 如朝左向而右背則穴情在左 右向而左背則穴情[297]在右 如此取證 其定穴也可幾矣

고저향배는 모두 조산을 지칭하여 말한 것이다. 앞을 이어 말하는 것이다. 소위 조산을 취하여 정을 증명한다는 것은 안력을 총동원하여 조산의 고저를 헤아리고 그것으로 혈의 고저를 알아야 한다는 것이다. <의룡경>에 이르기를 '조산이 높을 때는 높은 곳에 점혈하고, 조산이 낮을 때는 낮은 곳에 점혈을 한다'라고 함이 이것이다. 심기를 찬찬히 다스려 조산의 향배를 상세하게 관찰하여 혈의 좌우를 판단해야 한다. 조산이 좌향우배(左向右背)하면 혈정(穴情)은 좌에 있고, 우향좌배(右向左背)하면 혈정은 우에 있는 것이다. 이와 같이 취하여 증험한다면 혈을 정함이 거의 가까울 것이다.

內直外鉤 僅[298]堪裁剪。 內鉤外直 枉費心機。

안에는 곧고 밖에는 굽어들면 다만 불필요한 것을 잘라내기만 하면 된다. 안에는 굽어들고 밖에는 곧으면 쓸데없이 심기만 허비할 뿐이다.

---

295) 心機(심기) : 마음 。參詳(참상) : 상세히 관찰하다.

296) 이른바 조산증혈(朝山證穴)으로 조산이 가까우면 혈이 능압((凌壓: 높은 절벽이나 담장이 앞을 가로 막고 있어 답답한 느낌을 주는 것을 말하는데, 능멸하고 압박하는 기운을 말한다.)당하게 되니 혈장은 높게 있어 천혈(天穴)이 된다. 조산이 멀리 있으면 기가 흩어지기 쉬우므로 혈은 낮은 곳에 있어 기를 모아 지혈(地穴)이 된다.

297) 穴精(혈정)
   ① 혈장을 찾았으면 마땅히 훈이 어느 곳에 있는지 살피는 것을 혈정이라 한다.
   (旣得穴場 卽當審量在何處 是謂穴情)　　　　　　　<출처>『지리담자록』
   ② 산이 생기를 간직하면 반드시 바깥에 모양이 나타나는데 약간의 혈정이 나타나는데 그곳에 모양이 약간 오목하거나 약간 볼록한 형태가 있다.
   　　　　　　　　　　　　　　　　　　　　　　　<출처>『풍수지리요강』

298) 僅(근) : 다만.。堪(감) : 할 수 있다.。裁剪(재단) : 불필요한 것을 잘라버리다.。枉費(왕비) : 헛되이 낭비하다. 허비하다.

言證穴之法固在於朝　然穴兩邊之沙亦不可忽　若內沙直硬而外沙廻環鈎轉　則有外關
以聚內氣僅堪裁剪而用　或於直硬之沙用工299) 改作彎抱亦可　若內雖鈎抱而外沙反直
竄而去　則大勢不聚　焉有結作　縱欲斟酌穴場加工培補　亦枉費心機必無益也

증혈법은 원래 조산에 달려 있지만 혈의 양변의 사도 소홀히 할 수 없다는 말
이다. 만약 내사(內沙)가 직경(直硬)하고 외사(外沙)가 회환(廻環)하여 낚시 바
늘처럼 돌아들어 오면 외사가 관쇄하여 내기를 모으니 다만 불필요한 것을 잘
라내면 쓸만하다. 혹 직경하는 사는 품을 들여 만포(彎抱)하도록 고쳐도 쓸 수
있다. 만약 내사가 구포(鈎抱)할지라도 외사가 오히려 직찬(直竄)하면 대세가
모이지 않으니 어찌 결작이 있겠는가. 혈장을 짐작하여 인위적으로 비보하려
할지라도 심기만 허비하여 반드시 무익하다.

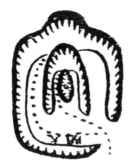

<그림2-3-16　>　내직외구(內直外

勿謂造化難明。觀其動靜可測。

조화를 밝히기 어렵다고 말하지 말라. 그 동정(動靜)을 살피면 추측
하여 헤아릴 수 있다.

此承上起下之詞言　點穴之法自有眞訣　勿謂陰陽造化之理微妙難明也　但觀山水之動
靜則造化之理寓焉　可以推測而知矣

이는 윗 문장을 이어 아래의 글을 시작하는 말이다. 점혈법에는 진결(眞訣)이
있으니, 음양조화의 이치가 미묘하여 밝히기 어렵다고 하지 말 것이며, 다만
산수의 동정을 살피면 조화의 이치는 그 속에 깃드니[寓] 추측하여 알 수 있다
는 말이다.

---

299) 用工(용공) : 품을 들이다. 。加工培補(가공배보) : 인위적으로 裨補(비보)하다.

　　　　　　　　　　　　　　　　설심부 변와 정해

山本靜　勢求動處。水本動　妙在靜中。靜者池沼之停留。動者龍脈之退卸。

산은 본래 움직이지 않는 것이니 세는 동(動)하는 곳에서 구하고, 물은 본래 움직이는 것이니 묘함은 정(靜)한 가운데 있다. 정함이란 못과 늪[沼]이 정류(停留)하는 것이고, 동함이란 용맥이 퇴사(退卸)하는 것이다.

退卸者　龍脈頓跌轉折[300]退卸　粗老變換秀嫩也. 承上言　造化之理不外於動靜者　蓋山水動靜之間　乃陰陽氣化之妙也. 氣凝而爲山　本以靜爲常　是爲無動　動則變化而成龍矣. 故論其行度之勢　當於動處求之　氣溢而爲水　本以動爲常　是爲無靜　靜則變化而結地[301]矣　故論其止聚之妙　當於靜中之觀之　所謂靜者　乃池沼之停留　是也　所謂動者　乃龍脈之退卸是也

퇴사(退卸)란 용맥이 돈질(頓跌:起伏)·전절(轉折[302]) 하고 퇴사(退卸)하여 거칠고 단단한 것이 예쁘고 부드러운 모양으로 달라져 변한 것이다. 앞의 말을 이어 조화의 이치가 동정에서 벗어나지 않음을 말한 것이다. 대개 산수는 동정하는 사이[間]에 음양의 기가 변화하는 묘리가 있다. 기가 응결되어 산이 된다. 산은 본디 늘 정(靜)하여 동(動)함이 없지만, 동하면 변화하여 용이 된다. 고로 그 행도의 기세를 논할 때는 마땅히 동하는 곳에서 구하여야 한다. 기가 차고 넘치면 물이 된다. 본디 늘 동하여 정함이 없지만, 정하면 변화하여 결지(結地)한다. 고로 멈추어 모이는[止聚] 묘리는 마땅히 정한 가운데서 살펴야 하는 것을 논한 것이다. 소위 정이란 곧 '못과 웅덩이가 정류하는 것[池沼之停留]'이라 함이 그것이다. 동이란 곧 '용맥이 퇴사하는 것'이라 함이 그것이다.

然則因形以察氣　因氣以究理　有何道化之難明哉　發微論云　天下之理　欲向　靜中求動　動中求靜　不欲靜愈靜動愈動也　故成龍之山必踊躍翔舞　結地之水必彎環悠洋　是也　然有動極而靜靜極而動　如勢來形止是動極而靜　形止氣化是靜中有動　動卽生氣

---

300) 轉折(전절) : (사물의 방향이) 바뀌다. 전환하다. 즉 逶迤(위이)하여 구불구불한(之玄) 변화.。折(절) : 방향을 바꾸다.。粗老(조노) : 거칠고 단단한. 노룡.。老(노) : 굳다.。不外於(불외어) ~ : ~에서 벗어나지 않다. 。停留(정류) : (잠시) 머물다. 멈추다.
301) 結地(결지) : 穴을 맺다. 여기서 地는 穴을 의미함.
302) 彎環悠洋 : 굽이치며 순환하고. 느리고 넘실거림.。悠(유) : 많다. 많은 모양.。洋(양) : 가득하다.。勢來形止(세래형지) : 기세(氣勢)좋게 내려오던 용(龍)이 진(盡)하면(멈추면) 형상이 되어 멈추고 모든 기(氣)가 모이게 된다.

<u>之所在也.</u>

그러한 즉 형상으로 기를 살피고 기로 이치를 궁구하면, 이치가 됨[道化]을 밝히는데 무슨 어려움이 있겠는가? <발미론>에 이르기를 '천하의 이치는 정(靜)한 가운데서 동(動)을 구하고 동한 가운데서 정을 구하고자 한다. 정함이 더욱 정하고 동함이 더욱 동하기를 바라지 않는다. 고로 용을 이루는 산은 용약상무(踊躍翔舞)하고 혈을 맺는[結地] 물은 반드시 만환유양(灣環悠洋) 해야 한다'라 함이 그렇다. 그러나 동(動)이 극(極)하면 정(靜)하고 정(靜)이 극(極)하면 동(動)한다. 용세가 뻗어 와서[勢來] 형상이 되어 멈추면[形止] 곧 동이 극하여 정한 것이요, 형상이 멈추어 기가 되는 것은 곧 정(靜) 가운데에 동이 있는 것이다. 동(動)은 곧 생기가 있는 곳이다.

<u>故點穴須求三靜一動</u>[303] 朝案要靜 開面拱向而不逼壓走竄 龍虎要靜 向內彎抱而不他顧飛騰[304] 水城要靜 環繞凝聚而不反牽冲激 中間惟有結穴之處 一脉微動而有精神 此謂三靜一動也 至水靜在中則穴宜居中 靜在左則穴宜居左 靜在右則穴宜居右 故觀動靜之機 可以知造化之妙矣

점혈은 반드시 삼정일동(三靜一動)하는 데서 구해야 한다. 조안(朝案)은 정(靜)함을 요하니 개면하여 혈을 향하여 공읍하고[拱向] 가까이서 억압[逼壓]하지 않고 달아나지[走竄] 않아야 한다. 용호는 정함을 요하니 (혈장)안으로 만포하여 다른 곳을 돌아보거나 달아나지[飛騰] 않아야 한다. 수성(水城)은 정(靜)함을 요하니 환요하고 응취하여 (혈장을 감싸지 않고) 반대로 끌고 가거나[反牽] 충격(冲激)하지 않아야 한다. 중간에 다만 결혈하는 곳이 있으면 한 맥이 미동(微動)하여 기운[精神]이 있다. 이를 삼정일동(三靜一動)이라 한다. 물이 중앙에서 정하면 혈은 중앙에 있다. 정함이 좌측에 있으면 혈은 좌에 있다. 정함이 우측에 있으면 혈은 우측에 있다. 고로 동정의 기틀을 잘 살펴야 조화의 묘리를 알 수 있는 것이다.

---

303) 옛글에 이르기를 점혈(點穴)은 삼정일동(三靜一動)한 곳에서 구해야 한다.(點穴須求三靜一動)고 하였다. 삼정이란? 안대(案對)는 정(靜)해야 하고 개면(開面)하여 혈을 향하여 받들고, 용호(龍虎)는 정(靜)해야 한다. 혈장을 감싸 달아나지 않고, 수성(水城:물길)은 정(靜)해야 하고 감싸고 응취(凝聚)하여 오직 혈처(穴處)의 일맥(一脉)이 활동(活動)하여 기운이 있으면 삼정일동(三靜一動)이라 하여 그 혈은 참된 것이다.(何謂三靜 案對要靜 開面朝拱 龍虎要靜 掬抱而不竄 水城要靜 繞環凝聚 惟作穴之所 一脉活動而有精神 此謂三靜一動 其穴乃眞)라고 하였다.　　　　　　　　　　　　　<출처> 민중원 풍수학회.

☝ 一脉活動而有精神 :여기서 '일맥(一脉)이 활동(活動)하여 정신이 있다, 라고 해석되기 쉬운데 精神은 '기운', '기', '생기'로 봐야 더 정확하다.

304) 飛騰(비등)에서 '騰(등)은 달아나다'로 해석함. 즉 비주(飛走)로 譯解함

衆山止處是眞穴 衆水聚處是明堂。

여러 산이 멈춘 곳이 바로 진혈이고, 여러 물이 모인 곳이 명당이다.

此明堂指中堂大堂而言也 言勢動而來 必有形之止處 惟於305)衆山會合之止處 則是
眞穴之所在也 當於此而求之則得穴不難矣 山來則水來 惟於衆水會流之聚處 則是
明堂之所在也 當於此而觀之則證穴亦易矣 昔人云 水證明堂 堂證穴者 是也

여기서 명당이란 중명당·대명당을 가리켜 말한 것이다. 세가 움직여 오면 반
드시 형상이 멈춘 곳이 있다. 단지 여러 산이 모여[會合] 멈춘 곳이 있으면 그
곳이 진혈이 있는 곳이다. 마땅히 이러한 곳에서 혈을 구하면 혈을 얻는 것이
어렵지 않다. 산이 뻗어오면 물이 흘러온다. 여러 물이 만나[水會] 흘러와 모
인 곳이 있으면[於] 그곳이 명당이 있는 곳이다. 마땅히 이곳에서 살펴보면 혈
을 증명하기가 역시 쉽다. 옛사람이 이르기를 '물은 명당을 증명하고 명당은
혈을 증명한다' 한다는 것이다.

堂306)中最喜聚窩 穴後須防仰瓦

명당 가운데에서 가장 좋은 것은 기가 모인 와처(窩處)이다. 혈 뒤의
앙와(仰瓦)는 반드시 피해야 한다.

窩窟也 仰瓦穴山背後有漏槽如瓦之仰也 言明堂307)之中最喜聚成窩窟 方能承受衆
水 秘訣云 明堂如掌心家富斗量金 大抵明堂以聚水爲上 而橫抱次之 朝水次之 交
互有情不見水去而順流者又次之 所以最喜聚窩也

와(窩)는 굴(窟)이다. 앙와(仰瓦)는 혈산 뒤에 누조(漏槽)가 있어 기와가 하늘
을 쳐다보는 것 같다. 명당 가운데에 가장 좋은 것은 기가 모여 와굴을 이루어
여러 물을 받을[承受] 수 있는 것이다. 비결에 이르기를 '명당이 장심(掌心)과
같으면 집안의 부가 많아 금을 말로 헤아린다'고 하였다. 대저 명당은 물이

---

305) 於(어) : 있다. 살다.
306) 防(방) : 금(禁)하다.[피하다. 하지 못하게 하다.] .방어(防禦)하다.
 1. 堂(당) : 당은 명당이며 넓고 평탄하며 경사져 흩어짐이 없어야 한다.(堂明堂也寬平而 無
傾斜散漫)
 2. 仰瓦(앙와)는 암기와의 모습으로 혈 뒤가 통통하지 못하고 오목하게 패어진 지형 즉 골짜
기 모양으로 공허비진결(空虛非眞結)한 땅이다.
 3.凹腦天財星體(요뇌천재성체)는 擔凹穴(담요혈)을 말하며 낙산(樂山)을 필요로 한다.
307) 明堂如鍋底(명당여과저) : 명당이 솥바닥과 같다.

모이는 것[聚水]을 으뜸으로 여기고, 횡으로 감싸는 것[橫抱]이 그 다음이며, 조수(朝水)는 그 다음이고, 서로 유정하여 물이 흘러가는 것이 보이지 않고 아래로 흘러가는 것이 또 다음이다. 그래서 와(窩)에 모이는 것[聚窩]이 가장 좋다는 것이다.

<그림2-3-17 > 혈후앙와(穴後仰瓦)

至穴山背後 惟直龍結穴無鬼 若橫結回結閃穴側穴 則穴全要鬼撑樂[308]托爲主 須防有漏槽如仰瓦 名曰空亡則非眞結 撼龍經云 問君何者爲空亡 穴後捲空[309]仰瓦勢

---

308) 사격 중 겸·첩·친체(兼貼襯體)

① 襯(친)은 만약 穴星(혈성)의 面上(면상)에 따로 하나의 작은 星(성)이 가까이 있어서 마치 의복에 속옷이 있는 것과 같다. 분명하게 두 가지는 점차로 나눌 수 있다. 즉 정면 뒤에 또 하나의 산이 있는 것.(襯者 如穴星面上 另襯一小星 如衣之有襯 明是兩件 稍稍可分是也) 예) 담요혈(擔凹穴)

② 兼(겸)은 만약 金星(금성)이 다리 아래에 水를 띤 것 같으면 擺蕩(파탕)이라 하고, 火를 띤 것 같으면 擺燥(파조)라 한다. (兼者如金星脚下帶水 謂之擺蕩 帶火謂之擺燥)

③ 貼(첩)은 만약 穴星(혈성)의 面上(면상)에 따로 하나의 작은 星(성)이 붙은 것이며, 體(체)가 붙은 물체 같아 나눌 수 없다. 마치 멀리서 보면 없는 것 같으나 가까이서 보면 있는 것이다. (貼者 如穴星面上 另貼一小星 而體不可分 如貼物然 遠看則無 近看則有 是也)

貼(첩)과 襯(친) 두 가지는 모두 요컨대 主星(주성)과 서로 刑剋(형극)하지 않아야 좋다.

(貼襯二者 俱要與主星不相刑剋為吉)　　　　　　　　　<출처>『지리담자록』

309) 捲空(권공) : 하늘(허공)로 말려 올라가다.

。仰瓦(앙와) : 혈 뒤나 주산 뒤에 (암기와 모양의) 도랑이 있다.(穴後或主星後有漏槽) 즉 혈성[승금]의 뒤가 우묵하게 꺼져있는 모양. 。槽(조) :구유. 도랑(매우 좁고 작은 개울) 。慼(촉) : 가짐. 취(取)함. ☞ 귀성은 산능선의 진행 방향이 90도로 꺾어지는 횡룡에 많이 생기는 반면, 곧장 뻗어가는 정룡(正龍)의 경우 그 힘이 강하여 평지에 이르러서야 혈을 맺는 경우가 많다. (鬼山多向橫龍作 正龍多是平地落)　　　　　　　<출처>『감룡경』

☞만약 귀성이 가든 방향에서 머리를 되돌려 혈처를 감싸지 않으면 바로 이것이 공망(空亡)이며 없어질 땅이다.(若鬼星不回頭衛本身此 是空亡歇滅地) 。歇(헐) : 다하다. 없다. ☞ 歇滅(헐

是也 蓋凹腦天財星體 又多是穴後仰瓦 只以有乳爲眞 後樂貼身爲準 若垂乳長者
則是氣蹙於前乳 雖無後樂亦不妨 只要背後包裏周密不可空曠 或有孝順鬼尤妙 怪
穴篇云 也有怪穴是擔凹 樂起貼身高 也有怪穴似仰瓦 氣蹙310)前頭下 是也

혈산 배후에 다만 직룡이 결혈하면 귀성이 없고, 만약 횡룡이나 회룡이 결혈하
여 섬용이나 측용이 결혈하면 혈은 전부 귀성의 지탱과 낙산의 응락을 위주로
하여 반드시 앙와(仰瓦) 같은 누조(漏槽)를 막아야 한다. 공망(空亡)을 말하면
진결이 아닌 것이다. <감룡경>에 이르길 '그대들에게 묻노니 무엇이 공망인
가? 혈 뒤가 하늘로 말려 올라가 앙와의 형세라' 하는 것이다. 대개 요뇌천재
성체(凹腦天財星體)는 또 대부분 혈후가 앙와의 모양이다. 다만 혈뒤에 유(乳)
가 있으면 진(眞)이 되고 뒤면에 낙산이 붙어있는 것이 기준이 된다. 만약 유
가 길게 드리워지면 기(氣)는 앞의 유에 있으므로[蹙] 뒤에 낙산이 없을지라도
무방하다. 다만 배후를 주밀하게 감싸야 하며 절대로 텅비어서는[空曠] 안된
다. 혹 효순귀(孝順鬼)가 있으면 더욱 묘하다. <괴혈편>에 이르기를 '괴혈이
담요혈[擔凹]이면 낙산을 일으켜 높게 첩신을 하여야 한다. 또 괴혈이 앙와와
같으면, 앞의 두뇌[前頭]의 아래에 기는 있다' 하는 것이 그것이다.

更看前官後鬼311)。 方知結實虛花。
다시 관성이 앞에 있고 귀성이 뒤에 있는지 살펴라. 그래야 비로소 결실과
허화를 알 수 있다.

官解見前 鬼者十山暗後撐者是也 以其暗漏本身之旺氣 故取義於鬼竊耳 結實穴之
眞也 虛花穴之假也 承上言穴後仰瓦固要防之 然312)其有官有鬼 恐亦非眞結 更當

멸) : 사라져 버리는 것.
310) 蹙(축) : 줍다. 가짐. 취(取)함.
311) 귀성(鬼星)
1. 횡룡으로 입수하는 혈에는 혈 뒤가 허약하고 비어 있어 뒤를 귀성(鬼星)이 지탱하고, 낙산
이 바람을 막아줘야 하는 혈성의 후면에는 귀성이 필요하다.
2.귀성이 붙어있는 위치에 따라 횡룡(橫龍)하는 용과 혈의 위치를 알 수 있다. 귀성이 높게 붙
어있으면 혈도 높은 곳에 있고, 귀성이 낮은 곳에 있으면 혈도 낮게 맺는다. 귀성이 좌측에서
출(出)하였으면 혈도 좌측에 있고, 귀성이 우측에서 출(出)하였으면 혈도 우측에 있는 것이니,
이른바 귀성을 대(對)하여 입혈하는 것을 귀성증혈법(鬼星證穴法)이라 한다.
<출처>『거림명당풍수학』

312) 然(연) : 그렇다고 생각하다. 맞다고 여기다.。十山(십산) : 모든 산.。遂(수) : 곧. 맞다.

着眼察其前官後鬼之情則穴之眞假方可得而知矣　不可因其有官鬼而遂認爲眞結也

관성의 풀이는 앞에서 밝혔다. 귀성이란 모든 산[十山]에 뒤에서 보이지 않게 지탱해주는 것이다. (귀성은) 본신의 왕기(旺氣)가 몰래 누설(漏泄)되므로 귀신이 훔치다는 뜻을 취한 것일 뿐이다. 결실(結實)이란 혈이 참된 것이다. 허화(虛花)란 가짜 혈이다. 앞의 말을 이어 혈 뒤의 앙와(仰瓦)는 당연히 피해야 하지만, 혈에 관성이 있고 귀성이 맞다고 여겨도 아마도[恐亦] 진결이 아닐 수 있으니, 다시 마땅히 전관 후귀의 정황(情況)을 착안하여 살펴야 혈의 진가(眞假)를 비로소 깨달아 알 수 있다는 것이다. 관성과 귀성이 있다고 해서 바로 진결이 된다고 인식해서는 안된다는 것이다.

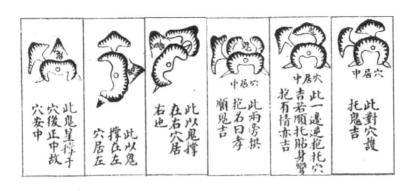

<그림2-3-18 > 귀성　　<출처>『인자수지』

撼龍經云　官星在前鬼在後　官要回頭鬼要就　官不回頭鬼不就　只是虛抱313)無落首是也　回頭者轉面向穴也　或暗對穴場亦是　就者撐抱就穴也　若不回頭撐抱則是虛拱無情　亦非眞結也　大抵論官星者　惟當看其拖出餘氣　或長或短　或大或小　或橫或直或竪或臥　俱要以圓淨秀麗爲吉而形象不必拘也

<감룡경>에 이르기를 '관성은 혈 앞에 있고 귀성은 혈 뒤에 있으니, 관성은 머리를 혈쪽으로 돌려야 하고 귀성은 혈뒤에 붙어있어야 한다. 관성이 혈처를 향해 머리를 돌리지 않고 귀성이 혈뒤 쪽에서 붙어있지 않으면 다만 이러한 것들은 헛되이 (앞뒤를)감싸 혈이 머무를 수 없다'고 함이 그것이다. 회두(回頭)란 고개를 돌려 혈을 향한 것이다. 혹 보이지 않게 혈장을 마주 대한 것도 마찬가지다. 취는 혈을 가까이하여 감싸 지탱하고 있는 것이다. 만약 회두하지

---

313) 문장에 맞게 抛을 抱로 고쳐 번역함. ◦虛(허) : 헛되이. 없다.◦落(낙) : 머무르다.◦首(수) : 임금 즉 혈을 말한다.◦暗對(암대) : 보이지 않게 마주 서다.◦就(취) : 가까이 하다. 다가붙다.

　　　　　　　　　　　　　설심부 변와 정해

않아 감싸 지탱하지 않으면 곧 헛되이 감싸[虛拱] 무정하여도 진결이 아니라는
것이다. 대저 관성을 논하는 자는 마땅히 끌고 나간 여기가 긴지 짧은지 큰지
작은지 횡인지 직인지 서 있는지 누웠는지를 살펴야 한다. 모두 원정(圓淨) 수
려(秀麗)하여 길하면 될 뿐, 형상에는 구애받을 필요가 없다.

凹腦天財穴·雙側腦

1.낙산(樂山)의 형상(形象)에는 구애(拘礙)를 받
지 않으나 오직 단정하게[端然] 탁립(卓立)하고
높고 넓어[高闊] 공결(空缺)함을 막아 주면 좋다.

2.뒤가 오목한 담요혈과 반안혈은 **낙산이 필요**하다.
[擔凹攀鞍要樂山]
  ☞ 반안(攀鞍): 말안장.
  ☞ 반(攀) : 무엇을 붙잡고 오름. 달라 붙음.

3.낙산은 반드시 배후에 바짝 붙어 혈장에 응하여
야 한다.[切須貼背應穴場]

< 그림 2-3-19 > 담요혈(擔凹穴)·반안혈(攀鞍穴)

鬼星惟當看其出背不空 或中出撐身 或作三叉撐住314) 或開兩股相抱 俱要於穴撐抱
有情爲吉 其長短大小只要與龍穴相稱 而形象不必論也 張子微名官至有四十一 名
鬼至有一百二十 穿鑿太甚 卽楊公所謂三十六鬼形 亦不必如是之牽合也 惟智者無
惑焉

귀성은 다만 혈이 뻗어나간 뒤가 공허하지 않은지를 마땅히 살펴야 한다. 중간
에서 뻗어 나가 용신을 지탱하거나 세 갈래를 만들어 지탱하거나 양다리를 벌
려 서로 감싸주어야 한다. 모두 혈을 감싸 지탱해야 유정하여 길하다. 그들의
길고 짧고 크고 작음이 다만 용혈과 서로 어울려야 하고 형상은 논할 필요가
없다. 장자미는 관성을 41가지로 이름 붙였고, 귀성을 120가지로 이름 붙였다.
천착이 너무 심하다. 양공도 이른바 36 귀형을 말했는데, 역시 그와 같이 억지
로 맞출 필요는 없다. 지자라면 미혹되지 않을 것이다.

---

314) 撐住(탱주) : 지탱하다。。住(주):정지하다。。穿鑿(천착) : 억지로 끌어다 붙이다.[牽强附會]
  。如(여) : 에 따르다.[맞추다.]

山外拱而內³¹⁵⁾逼者穴宜高　山勢粗而形急者穴宜緩　高則群凶降伏　緩則四勢和平

바깥에서 산이 공읍하나 가까이서 (혈을) 핍박하면 혈은 높아야 한다. 산세가 거칠어 보기 흉하고[粗惡] 형상이 급하면 혈은 마땅히 완만한 이 좋다. 산세가 높으면 모든 흉함이 항복하고 완만하면 사세가 화평하다.

四勢前後左右之勢也　言點穴之法　旣辨其虛實　又當斟酌其高低　如山之外面環拱而內局逼迫者穴宜於高處　山之來勢粗雄而止形峻急者則穴宜於緩處　蓋山旣拱逼　未免衆砂欺壓阻隘胸前　惟穴居高　則雖有群凶亦　在下而降伏矣　山旣粗急　未免本主高强侍從卑弱　惟穴處緩　則坐下與周圍相稱而四勢和平矣

사세란 전후좌우의 형세이다. 점혈법에 있어서 이미 혈의 허실을 변별했다면 또한 마땅히 고저를 헤아려야 한다. 예를 들어 산의 외면이 둥글게 감싸지만 국을 가까이[內]하여 (혈을) 핍박하면 혈은 높은 곳에 있어야 마땅하다. 산의 내세가 크고 웅장하여 멈춘 형상이 험하고 가파르면[峻急] 혈은 마땅히 완만한 곳에 있어야 한다. 대개 산이 가까이서 공읍하면 여러 사(砂)들이 혈 앞을 막아 업신여겨 누른다. 다만 혈이 높이 있으면 비록 많은 흉함이 있다 할지라도 역시 혈 아래에 있으므로 항복한다. 산이 크고 급하면 본주(本主)가 높고 강하고 시종이 유약[卑弱]하게 된다. 혈이 완만한 곳에 있으면 좌하와 주위가 서로 대등하면 사세가 화평할 것이다.

山有惡³¹⁶⁾形　當面來朝³¹⁷⁾者禍速。水如急勢　登穴不見者禍遲

315) 內(내) : 가까이하다.◦欺壓(기압) : 업신여겨 누르다.◦阻隘(조애) : 좁다. 막다.◦卑弱(비약) : 유약하다. 연약하다. 胸(흉) : 가슴. 앞. 요충지는 여기서 혈을 말한다.
316) 악(惡) : 보기 흉하다.◦當面(당면) : 마주보다. 직접 맞대다.
317) 내조(來朝)에 대하여
1 물이 와서 모이면(來朝) ～
◦조(朝):모이다. 흘러들다. ~으로 향하다.
2.조수(朝水)가 터를 향해서 앞에서 구불구불 구곡수(九曲水)가 되어 조래수(朝來水)가 들어오면 터 안의 기운이 설기(泄氣)되지 않으며 작은 시냇물[溪間水;산골짜기에 흐르는 시내] 역으로 흘러드는 것이 길하다. 결국 當面來朝(당면래조)는 앞을 마주하여(當面) 뻗어와 모이는(來朝) 산은 조·안산을 말한다.
☞ 계(溪=谿=谿=磎=嵠=鼷)는 산골짜기 시내. 개울을 가리키고. ☞ 계(鷄=鶏=鶏=鸂=雞)는 닭을 가리킨다.

산이 악형(惡形)이고 정면으로 향하여 오면 화가 빨리 오고 물이 급하게 흐르는 형세라도 혈에 올라 보이지 않으면 화가 느리게 온다.

言點穴之法又當看山水之吉凶何如 如朝之與穴爲賓主之配對 最要圓淨秀麗 若山有巉巖破碎之惡形 偏在兩邊則禍應稍遲 惟當面來朝者則爲禍亦速 如水之與穴爲陰陽之交媾 最要悠洋318)聚注 若水有傾跌奔流之急勢 穴上見之 則立有凶應 惟登穴不見者則爲禍稍遲 蓋水爲外氣不宜急流 雖然不見 未免終洩內氣 故曰禍遲

점혈법은 또한 마땅히 산수의 길흉이 어떠한지 살펴야 한다는 것이다. 조산은 혈과 빈주로 상대하는 짝과 같아서 무엇보다도 원정하고 수려하여야 한다. 만약 산이 참암(巉巖)하고 파쇄(破碎)된 악형이라도 양변에 치우쳐 있다면 나타나는 화가 조금 지연된다. 오직 정면으로 향하면 화가 됨이 또한 급속하다. 물은 혈과 음양교구(交媾)되기 때문에 가장 중요한 것은 한가롭게 넘실대며 모여서 흘러야 한다. 만약 물이 한쪽으로 기울어[傾跌] 물줄기가 세차게 빨리 흐르는 급한 세가 혈 앞에서 보이면 즉시 흉함이 나타난다. 혈에 올라 보이지 않으면 화가 됨이 조금 지연된다. 대개 물은 외기로서 급하게 흐르는 것은 마땅하지 않다. 비록 보이지 않는다 할지라도 내기가 새어나감을 끝내 면할 수는 없다. 그래서 다만 '화가 지연된다[禍遲]'고 한 것이다.

然山惡水急俱可施作用之法319) 如見山有惡形 或在此山多裁竹木掩之 或在穴前堆案植木遮之 見水有急勢 或作屈曲流之 或鑿池塘注之 或築墩壩闌320)之 或堆近案遮之 亦可轉凶爲吉也.

그러나 산이 험악하고 물이 급하게 흐르면 모두 작용지법(作用之法)을 쓸 수 있다. 예를 들어 산에 험한 모양이 있는 것이 보이면 혹 이 산에 대나무를 많이 심어 엄폐하고, 혹 혈 앞에 안산을 쌓고 나무를 심어 차단한다. 물이 급하게 흐르는 모양이 보이면 혹 굴곡하여 흐르게 하거나, 혹은 못을 파서 물이 머물게 하고 혹은 제방[墩]을 쌓아 가로막거나[關闌] 가까운 안산을 쌓아 차단하

318) 悠洋(유양) : 한가롭게 넘실대다. ◦ 聚注(취주) : 모여 흐르다. ◦ 注: 물이 흐르다. ◦ 奔流(분류):물줄기가 세차게 빨리 흐름. ◦ 傾跌(경질) : 한쪽으로 쏠리다. ◦ 未免(미안만) : ~을 면할 수 없다.

319) 작용지법(施作用之法)은 설치하여 어떤 현상을 발생하는 법 즉 비보(裨補)나 압승(壓勝)의 방법을 말한다. 즉 인위적인 공력을 실시하다. ◦ 池塘(지당): (비교적 작고 얕은) 못. 저수지. ☞ 掩(엄) : 가리다.

320) 壩(패) : 방죽(물이 밀려들어 오는 것을 막기 위하여 쌓은 둑). 제방(堤防). ◦ 闌(란,난) : 가로 막다.

면 흉을 길로 전환시킬 수도 있다.

趨吉避凶 移³²¹⁾濕就燥

길한 것을 따르고 흉한 것을 피한다. 습한 곳을 피하고 마른 곳을 취한다.

濕指穴前小明堂注水之處 卽一合眞水也 燥指穴中乾煖有氣 言承上言山惡水急者有
禍應 故點穴之法宜擇山水之吉者趨而向之 其凶者避而背之 或施作用之工而爲趨避
之法亦可

습(濕)이란 혈 앞의 소명당에 물이 모이는 곳을 지칭하는 것으로 즉 진수가 첫
번째로 모이는 곳이다. 조(燥)란 혈 가운데 마르고 따뜻하여 기가 있는 것을
지칭하는 것이다. 앞의 문장을 이어 산이 험악하고 물이 급하게 흐르면 화(禍)
가 나타나니, 점혈법은 마땅히 산수의 길한 것을 선택하여 따르고, 흉한 것은
피하여 마주 보지 않아야 하고, 혹 인위적으로 공사를 시행하여 따르고 피하는
법을 삼는 것도 옳다는 말이다.

至小明堂冷濕之處宜移去之 其乾燥有氣之所宜遷就之 否則恐脫氣而失穴也 諸註以
水泉深泥爲濕 以陽明爽塏爲燥者 非也 談氏云 上枕³²²⁾毬簷正放棺 水分左右曰眠
乾 放棺下就合襟水 就濕之名理亦安 觀此則知燥濕之義 就穴之上下言 非泛論也

소명당이 몹시[至] 차갑고 습한 곳이면 마땅히 옮겨 피해하고, 건조하고 기가
있는 곳이면 옮겨 취하는 것이 마땅하다. 만약 그렇지 않으면[否則] 아마[恐]
아마 기를 벗어나 혈을 놓치게 된다. 여러 주에서 샘물[水泉]과 진흙[深泥]을
습(濕)이라 하고, 밝고 확트인 땅[陽明爽塏]을 조(燥)라고 한 것은 잘못이다. 담
씨가 이르기를 '구첨 가까이에서[上枕] 바르게 하관을 하여 물이 좌우로 나누
어진 것을 면건(眠乾)이라 한다. 하관하면 아래에 합금수를 이루는 것을 취습
(就濕)이라는 이름이 이치에도 맞는다' 라고 했다. 이렇게 볼 때 조습(燥濕)의
뜻은 취혈(就穴)의 상하를 가지고 말한 것임을 알 수 있다. 범론(泛論;전체에
걸쳐 논함)이 아니라는 것이다.

---

321) 移(이) : 피하다.。濕(습) : 비습(卑濕; 지세가 낮고 습하다.)。應(응) : 조짐. 어떤 사물에
　　응하여 나타나는 현상.
322) 枕(침) : 접(接)하다. 임(臨)하다. 베다.。陽明爽塏(양명상개) : 앞이 확 트이며 밝은 땅.

重重323)包裹紅蓮瓣 穴在花心 紛紛拱衛紫微垣 尊居帝座

겹겹이 붉은 연꽃잎으로 싸인[包裹] 혈은 꽃심 가운데[花心]에 있다.(사방에 여러 별들이) 분분히 받들어 호위하는 자미원은 제왕이 거하는 높은 자리이다.

包裹猶言護衛也 瓣花瓣也 紫微垣卽所謂北辰居其所而衆星拱之者也324) 此是喩穴之形局,不可妄引方位天星之說以雜之也 言點穴之法 又當看其穴之形局325)何如 若穴有重重包裹如紅蓮之瓣者 則穴必居正中 如在蓮花之心而不偏也 若穴有四面山紛紛拱衛 猶如紫微垣局衆星俱拱向者則穴必居尊位 如居天帝之座而不卑也 如此形局乃至美至貴之局也

포과(包裹)는 호위한다는 말과 같다. 판(瓣)은 꽃잎[花瓣]이다. 자미원은 이른바 북신[북극성]이 제자리에 있으면 뭇별들이 받드는 것이다. 이는 혈의 형국을 비유한 것이다. 함부로 방위와 천성의 설을 인용하여 혼란시켜서는 안된다. 점혈법은 또 마땅히 혈의 형국이 어떠한지 살펴야 함을 말하는 것이다. 만약 혈에 홍련의 꽃잎처럼 거듭거듭 감싸고 있으면, 혈은 마치 연꽃의 화심(花心)이 치우치지 않고 있는 것처럼 반드시 한가운데[正中]에 있다. 만약 혈에 사면으로 산이 거듭 들러싸고 있으면 자미원국에서 뭇별들이 모두 제좌를 향하여 둘러싸고 있는 것처럼 혈은 반드시 높은 자리에 있다. 천제의 좌에 거처하는 것 같아 낮지 않은 것이다. 이러한 형국이면 곧 지극히 아름답고 귀한 국세이다.

前案若亂雜 但求積水之池 後山若嵯峨 必作挂燈之穴

앞의 안산이 어지럽게 흩어져 있으면. 다만 물이 모인 못을 찾고 뒷산이 만약 거칠고 험준하면 반드시 괘등혈을 만든다.

亂雜者無正案特對也 嵯峨石山險峻貌 言點穴之法又當知裁取之妙 夫穴本以前案特

---

323) 重重(중중)=紛紛(분분) : 거듭.。裹(과) : 싸다.。拱衛(공위) : 둘러싸고 지키다.。紛紛(분분) : 잇달아. 몇 번이고.。尊居(존거) : 높은 임금이 거처하다.

  cf)。垣(원) : 담.。坦(탄) : 평탄하다.。旦(단) : 아침.。但(단) : 다만.

324) <논어> 위정 1장: 子曰 爲政以德이 譬如北辰이 居其所어든 而衆星共(拱)之 니라.
。妄引(망인) : 함부로 망령되게 인용하다.

325) 물형론은 형구론 또는 갈형론(喝形論)이라고도 한다. 형국이란 말은 산의 모양이나 물의 흐름 따위를 동식물이나 사람 또는 물질에 비유하여 표현하는 방법이다.

對爲貴 若亂雜無正案 則但求積水之池以爲之配對 或天成或人爲皆有益也 蓋案原
取以關穴前之水 水旣有池積聚 雖無正案亦可 疑龍經云 也[326]有眞形無案山 只要
諸水聚其間 是也

난잡이란 특별히 마주할 반듯한 안산이 없다는 뜻이다. 차아(嵯峨)란 석산이
거칠고 험준한 모양이다. 점혈법에서는 또 마땅히 재절(裁截)하여 취하는 것이
좋음[妙]을 알아야 함을 말한다. 대저 혈은 본래 앞의 안산을 특히 마주 대하
는 것을 귀하게 여긴다. 난잡하여 반듯한 안산이 없으면 다만 물이 모인 저수
지를 찾아 마주하여 짝을 삼는다. 혹 천연적으로 이루어졌거나[天成] 인위적으
로 만들거나 모두 유익하다. 대개 안산은 원래 혈전의 물을 막아준다고 해서
취하는 것이지만 물이 이미 모인 저수지가 있다면 비록 반듯한 안산이 없다고
할지라도 가능하다. <의룡경>에 이르기를 '참된 형이 있어도 그 앞에 안산이
없으면 다만 여러 물들이 안산이 있을 자리[間]에 모여 있기만 하면 된다' 라
함이 그것이다.

穴又以山勢平緩爲美 若後山險峻 必落就坦處 以作掛燈之穴 怪穴篇云 有如壁山掛
燈盞 但見窩微仰 是也 然亂雜與嵯峨俱非吉形 但龍眞穴的亦當裁取用之 謝氏不知
穴法 因見嵯峨二字 遂[327]改必作爲切忌 殊不知挂燈之穴 多出高山石中 一線土脈
流下成穴 有似挂燈之形也

혈은 또 산세가 평탄한 것[平緩]을 아름답게 여긴다. 만약 뒷산이 험준하면 반
드시 낙맥(落脈)하여 평탄한 곳을 이루어 괘등혈을 만든다. <괴혈편>에 이르
기를 '절벽산[壁山]에 등잔(燈盞)이 걸린 것 같으면 단지 와(窩)가 약간 높은
곳[微仰; 微突處]을 보라' 라고 함이 그것이다. 그러나 난잡하고 차아한 것은
모두 길형이 아니지만, 다만 용진혈적(龍眞穴的)하면 역시 마땅히 재혈하여 사
용해야 한다. 사씨는 혈법을 모르고 '차아(嵯峨)' 두 글자를 보고는 마침내
'필작(必作)'을 '절기(切忌)'로 고쳤다. 의외로[殊不知] 괘등혈은 대부분 고
산 암석 중에서 한 줄의 토맥이 흘러 내려와 혈을 이루어 괘등의 형상과 비슷
한 것이다.

故言嵯峨其石必嶮[328]矣 非有一線土脈不能脫殺成穴 言挂燈 其脈必細矣 非出高山

---

326) 也(야) : ~도 (하고) ~도 (하다). [앞뒤로 병용해서 병렬되어 있는 것을 모두 강조함]
327) 遂(수) : 마침내.。有如(유여) : 마치~와 같다. ~와 비슷하다.。平緩(평완) : (땅이) 평탄
　　하다.。仰(앙) : 높다. 우러르다.
328) 嶮(험)을 願(원)으로 잘못 오기한 것으로 판단됨.。嵯峨(차아) : 산세가 높고 험하다。有

石中不能有力成穴 且上下文以必作對 但求文義甚是明白 皆因不足而裁取之耳 若以嵯峨爲可棄則亂雜亦不可用矣 何去此而存彼耶 讀者詳之.

차아(嵯峨)는 그 암석이 반드시 가파르고 험한 것을 말한다. 한줄기의 토맥이 없으면 탈살(脫煞)하지 않아 성혈(成穴)할 수 없다. 괘등(卦燈)이라 하니 그 맥은 반드시 미세할 것이다. 고산 암석 중에서 나온 것이 아니면 힘이 있게 성혈할 수 없다. 대부분 위아래 문장이 반드시 짝을 이루므로 다만 문장의 뜻을 추구하면 이는 아주 명백하다. 모두 부족하나 취하여 재혈할 뿐이다. 만약 차아하다고 하여 버리는 것이 옳다면 난잡한 것도 쓸 수 없다. 어찌 이것은 버리고 저것은 쓸 수가 있겠는가? 독자는 상세하게 헤아려야 한다.

截329)氣脈於斷未斷之際 驗禍福於正不正之間。

끊어질 듯 말듯 한데서 기맥을 재절(裁絕)하면 득혈의 바름과 바르지 못함 사이에서 화복을 경험하게 된다.

正與不正指得穴與不得穴 言非正受偏受之謂也 上言點穴之法皆就龍脈止處言之 然亦有龍行未止而於氣脈欲斷未斷之際 闌截以爲穴 如騎龍斬關停驛之類 不必拘於龍脈之盡處作穴也 惟當辨穴之正與不正以驗其禍福之殊耳 蓋接脈乘氣而得穴者正也 離脈脫氣而失穴者不正也 正與不正之間而禍福因之 可不愼與330)

바름과 바르지 못함이란 혈을 얻음과 얻지 못함을 가리키는 것이다. 정수(正受)와 편수(偏受)를 일러(가리켜) 말한 것이 아니다. 위에서 말한 점혈법은 모두 용맥이 멈춘 곳을 가지고 말한 것이다. 그러나 용이 가다가 아직 머물지 않고 기맥이 끊어질 듯 말 듯한 사이에서 가로막아 재단(裁絕)하므로 혈이 된다. 예를 들어 기룡혈(騎龍穴)과 참관혈(斬關穴)·정역혈(停驛穴) 등의 유는 용맥이 다한 곳에 반드시 작혈해야 한다는 것에 구애받지 않는다. 오로지 혈의 정과 부정을 분별하여 화복의 다름을 경험해야 한다. 대개 접맥하여 승기(乘氣)하여 혈을 얻으면 바른 것이다. 맥을 벗어나 탈기(脫氣)하여 혈을 잃으면 바르지 않

力(유력) : 힘이 있다.。作對(대립) : 맞서다. 상대가 되다. 짝을 이루다. 耶(야) : 어조사. 。不能(불능) : ~할 수가 없다. ~해서는 안 된다.~일 리가 없다.

329) 裁絕(재절) : 끊어서 재단함[작혈]. 停驛(정역)이란 세(勢)는 나가고 기(氣)는 멈춘 것이다. 。기룡(騎龍)이란 형(形)은 멈추고 세(勢)가 나가는 것이다. <출처> 『금탄자경전(金彈子經傳)』 상권

330) 可不(불가) : 어찌 ~이 아니겠는가.。愼(신) : 조심하다. 신중히하다. 삼가다. 。與(여) : 의문·반어 [~與] ~인가.

다. 정과 부정의 사이에서 화복이 따르니 어찌 신중하지 않을 수 있겠는가?

怪穴篇云 或然有穴居龍脊 騎龍[331]貴無敵 或然有穴截龍脈 斬關古有格 正截氣脈
之謂也 此亦怪穴之類 觀下文更有二字可見 徐氏改註 是論穴法之常 非本文論變之
旨也 今正之

<괴혈편>에 이르기를 '혹시[或然] 혈이 용척에 머물러[居] 있으면 기룡혈로
귀(貴)함이 상대할 만한 적수가 없고 혹시 용맥을 재절하여 혈이 생기면 참관
혈은 예로부터 격이 있을 수 있다'라고 한다. 바로 기맥의 절단을 말하는 것
이다. 이것도 괴혈의 종류이다. 아래 글의 '경유(更有)' 2글자를 보면 알 수
있다. 서씨의 개주(改註)는 평상의 혈법을 논한 것이지 이 글이 변회를 논한
취지가 아니다. 지금 바로 잡는다.

更有異穴怪形。我之所取 人之所棄。

또 이혈괴형(異穴怪形)이 있으니, 나는 취하지만 다른 사람들은 버린
다.

承上言穴變多端 不止[332]截氣脈而已 更有眞龍到頭忽然隱拙多結異穴怪形 令人莫
識 故我之所喜而取之者 乃人之所嫌而棄之者也 蓋吉穴 天珍地秘 留待福人 不欲
盡顯露之 故略示偏凹而待人擺就 略示虧欠而待人培補 略示餘剩而待人裁截 略示
間斷而待人接續 略示殺害而待人趨避 略示走閃而待人跟尋 或外看傾欹內看則平正
或外看直逼內看則寬舒 或遠看無形近看則有跡 或略看模糊細看則明白 亦猶人外貌
不足而內相有餘者 其精神骨格自然異常也 人惟見之不精 故以不足爲嫌耳

앞에 이어 혈은 변화가 다단하여 기맥을 재단(截斷)하는 데 그치지 않는다는
말이다. 또 진룡의 도두가 홀연 은졸(隱拙)하여 대부분 이혈괴형을 맺어 사람
들로 하여금 모르게 한다. 그래서 나는 기쁘게 취하는 것이나 오히려 다른 사
람들은 혐오하여 버린 것이다. 대개 길혈은 하늘이 진귀하게 여겨 땅이 감춘
것으로 복인(福人)을 기다려 머물러 모든 것을 드러내지 않는다. 치우치고 패
인 곳[偏凹]을 나타내어 복이 있는 사람이 천장하도록 기다리며, 이지러져서

---

331) 기룡혈의 특징 : ① 양파(兩破)형성. ② 산맥이 끝나기 전 중간 봉우리에 결혈한다.
332) 不止(부지) : ~에 그치지 않다. ◦隱拙(은졸) : 숨어서 보잘 것 없는 듯함. ◦所喜(소희) :
　기쁘게도. ◦拙(졸) : 보잘 것 없다. ◦虧欠(휴흠) : 부족하다. ◦趨避(추피) : 빨리 피하다.
　◦跟尋(근심) : 자취를 따라서 찾음. ◦自然 : 물론. 응당.

흠[虧欠]을 나타내어 복이 있는 사람이 배토하여 보완하기를 기다리고, 여분[餘剩]를 나타내어 복이 있는 사람이 재절(裁截)하기를 기다리며, 사이가 끊어짐[間斷]을 보여 복이 있는 사람이 이어서 접속하기를 기다리며, 살해(殺害)의 기운을 보여 피하여[趨避] 복이 있는 사람을 기다리며, 언뜻 보기에 달아나[走閃] 복이 있는 사람이 추적하여 찾아내길[待人跟尋] 기다린다. 혹 겉으로 보기는 경사져 기울었으나 내부는 평평하고 반듯하고, 혹 겉으로 보기는 곧게 핍박하나[直逼] 내부는 넓게 펼쳐지고[寬舒], 혹 멀리서 보면 형체가 없으나 가까이서 보면 형적(形跡)이 있고, 혹 얼핏 보면 모호하나 자세히 보면 명백하다. 마치 외모는 부족하나 마음[內相]이 여유 있는 사람은 그 정신과 골격이 응당 비범한 것과 같다. 사람들이 단지 정교하게 보지 않고 부족하다고 생각하여 혐오할 뿐인 것이다.

疑龍經云 君如識穴不識怪 只愛左右抱者強 此與俗人無以異 多是葬在虛花裏 虛花左右有似有情 仔細辨來非正形 虛花假穴更甚巧 仔細看來無甚好 怪形異穴人厭看 如何子孫世襲官 只緣怪形君未識 識得[333] 裁穴却無難 大抵異穴怪形先要認龍 不識龍 焉知穴 龍不眞 穴安在 疑龍經云 識龍自合當識穴 已在變星篇內說 恐君疑穴難取裁 好向後龍身上別 是也

<의룡경>에 이르기를 '그대들이 혈을 식별하고 괴혈을 식별하지 못하면 단지 좌우에서 혈을 감싸주는 것이 강함을 좋아할 뿐이다. 이와 같다면 시중의 풍수가와 다를 것이 전혀 없이, 대부분 허화(虛花) 속에 장사한다. 허화는 좌우가 유정한 것 같으나, 자세히 변별하면 내룡이 바른 모양이 아니다. 허화의 가혈(假穴)은 아주[更甚;갱심] 교묘하지만, 자세히 살펴보면 내룡이 심히 좋지 않다. 괴이한 형상의 특이한 혈은 사람들이 혈이라고 보기를 꺼려하지만, 괴형이혈에서 어떻게 자손들이 대대로 벼슬을 이어 가겠는가? 단지 괴형이혈을 그대들은 알지 못하여 버리나[緣] 알아서 재혈(裁穴)하면 도리어 무난하리라' 라고 했다. 대저 이혈괴형은 먼저 용을 알아야 한다. 용을 알지 못하면 어찌 혈을 알겠는가. 용이 참이 아니라면 혈이 어디에 있겠는가. <의룡경>에 이르기를 '용을 제대로 식별하면 혈을 저절로 합당하게 식별하게 된다. 그에 대해서는 <변성편(變星篇)> (<감룡경> 부록)에서 이미 설명하였다. 그대들이 재혈이 어렵다고 의심하여 뒤의 용신과는 다른 향을 좋아하는구나' 라 함이 그것이다.

---

333) 識得(식득) : 인식하여 알(고 있)다. ∘安在(안재) : 어디에 있는가? ∘合當 : 적당하다. 알맞다?

次要看穴勢 發微論云 大勢若聚則奇形怪穴而愈眞正 大勢若散則巧穴天然而反虛假 是也 次要詳證佐 穴雖有千形萬狀 總不出乎毬簷分合動氣[334]小明堂及應案鬼樂 以求之 乘金相水穴土印木等法 以證之 沙水有情無情 以別之也 至怪穴之說散見經 書難以盡述 惟在學者自究之可也

그 다음으로 혈(穴)과 세(勢)를 살펴야 한다. <발미론>에 이르기를 '대세(大 勢)가 모이면 기형괴혈이 더욱 진실하고[眞正] 대세가 흩어지면 교혈(巧穴)이 천연 그대로나 오히려 거짓이다' 라 함이 그것이다. 그 다음으로 증좌를 상세 히 살펴야 한다. 혈은 비록 천형만상이 있을지라도 모두 구첨·분합·요돌의 혈훈[動氣]·소명당 및 안산과 귀락(鬼樂)이 응하는 지를 찾고, 승금·상수· 혈토·인목 등의 형상으로 증거로 하고, 사수(沙水)의 유정·무정으로 구별하 는 것을 벗어나지 않는다. 괴혈에 관한 설은 경서에서 여기저기에 나타나니[散 見] 모두 기술하기가 어렵다. 오로지 학자들이 스스로 연구해야 할 것이다.

若見藏牙縮爪 機不可測 妙不可言。

어금니를 감추고 발톱을 숨기는 것이 드러나면 기틀[조짐]을 예측하 기 어려우며 묘함을 말로 다 할 수 없다.

<u>牙爪卽龍身枝脚也</u> 此藏牙縮爪指穴傍龍虎言 承上言穴雖怪異 <u>總不外</u>[335]於認龍 凡 見分牙布爪則龍之欲行可知 若見藏牙縮爪 本身不生龍虎 則是眞龍欲住 渾厚隱藏 而成本體貴穴 令人莫識 故其機不可測而其妙不可言也 畫莢圖云 其精愈藏其神愈 隱而其穴愈眞 是也

어금니(牙)와 발톱[爪]은 곧 용신의 지각이다. 여기서 어금니를 감추고 발톱을 숨긴다는 것[藏牙縮爪]은 혈 옆의 용호를 가리켜 말한 것이다. 앞을 이어 혈이 비록 괴이할지라도 모두 용을 아는 것밖에는 없다는 것을 말한다. 대저 어금니

---

334) 葉九升六經注。生氣藏蓄于內。其上必有動氣。<u>動氣者。</u>何？即<u>凹突之穴暈</u>是也。生氣潛于 下。暈形見于上。如魚在水中。一動其水。上自成一暈。見暈可以知魚也。沈六圃地學。問。 暈既一箇<u>影子</u>。畢竟是略高些子。還是略低些子。曰。須看陰陽。如在陽中求陰。則是略高些 一个<u>圈子</u>。如在陰中求陽。則是略低些一个圈子。 <출처>『지리담자록』卷三 穴法
  ∘影子(영자) : 그림자. ∘圈子(권자) : 원.범위. ∘略高些에서 些(사) : 약간. 조금.
335) 不外(불외) : ~밖에는 없다. ∘장아축조용욕주(藏牙縮爪龍欲住) : 어금니를 감추고(입을 다물고) 손발톱을 오므리면 용은 더 이상 나아가지 않고 멈추려고 하는 것이다.
  ∘분아포조용욕행(分牙布爪龍欲行) : 어금니를 드러내면 손발톱을 꽉 드러내는 것은 용이 혈 을 맺지 않고 계속해서 나가려는 것이다. <출처> 『감룡경』

설심부 변와 정해

를 드러내고 발톱을 펼치는 형상[分牙布爪]으로 나타나면 용이 행룡하고자 하는 것을 알 수 있다. 장아축조 형상으로 나타나 본신에 용호를 생겨나지 않는다면 이는 진룡이 머물러 분간이 서지 않게 흐리게 하여 감추고 본체에서 귀혈을 이루면서도 사람들이 알 수가 없게 하려는 것이다. 고로 그 기미를 예측하기 어렵고 그 묘함은 말로 다할 수 없다는 것이다. <화협도>에 이르기를 '그 음양(陰陽)의 기운을 감출 수록 표정은 더욱 은미하나 그 혈은 더욱 참이 된다' 라 함이 이것이다.

石骨過江河無形無影　平地起培塿一東一西。當如沙裏揀金　定要水來界脈。

석골이 강하(강이나 하천)를 지나도 형체가 없고 그림자도 없다. 평지에서 작은 언덕[培塿]이 솟아 한 번은 동에 한 번은 서[一東一西]에 있으니 마땅히 모래 속에서 금을 선별하듯 반드시 물이 와서 맥을 경계를 지어야 한다.

培塿小墩阜也　言點穴之法固當以認龍爲主　然龍脈有隱有顯　如石骨過江河則是偸[336]脈過水無形無影難以察識　至平地之上突起小墩阜　或一東一西　形勢錯亂亦難以捉模　若察此等龍脈　當如沙裏揀金之精細　方能得之　大約結穴之處　定要水來界脈其脈方止　若無水界則莫知其止矣　所以鉗龍脈之行止　不外於水之分合也

배루(培塿)는 작은 언덕[小墩阜]이다. 점혈법은 마땅히 용을 분별하는 것을 위주로 해야 한다. 그러나 용맥은 숨었다 나타났다 하니 예를 들어 석골이 강하를 지나갈 때는 맥(脈)이 형체나 그림자도 없이 남몰래 물을 건너 살펴서 알기 어렵다. 평지에서 작은 언덕[小墩阜]이 갑자기 출현하여 동에 있는가 하면 서에 있기도 하여 형세가 뒤섞여서 어수선하여 역시 모양을 추측하기[捉模] 어렵다. 이러한 용맥을 살피려면 마땅히 모래 속에서 금을 골라내는 것과 같이 정밀하고 세밀하여야 비로소 얻을 수 있다. 대체로 결혈한 곳은 반드시 물이 와서 맥을 경계지어야 그 맥이 비로소 멈춘다는 것이다. 만약 물이 경계 짓지 않으면 그 멈춤을 알 수 없다. 용맥의 행지는 물의 분합에서 반드시 구속하기 때문이다.

---

336) 偸(투) : 남몰래.。突起(돌기) : 갑자기 출현하다(발생하다).。捉摸(착모) : 추측하다.
。亂(란) : 어지럽다.。此等(차등) : 이런 것들.

平洋穴須斟酌 不宜堀地[337])及泉。 峻峭山要消詳 務要登高作穴。

평지혈은 모름지기 짐작으로 헤아려야 하며 땅을 파서 샘이 나오면 마땅하지 않다. 높고 험한 산은 아주 자세히 살펴야 하니 반드시 높은 곳에 올라 작혈해야 한다.

言點穴之法又當看其地勢之高低如何　若平洋之穴則須察兩邊界水斟酌淺深以定之 不宜掘地及泉以致水來浸棺也　倘[338])地土淺薄不妨多加客土堆塚浮葬[339])也　若峻峭 之山須多費脚力著眼詳察 或龍勢上聚必結天巧之穴　務要登高求之 穴法云 高山突 兀其中有窟 是也 蓋自下觀之則峻峭無穴 及至頂上則周圍平坦 另有一番局面 卽所 謂 天巧山頂分龍虎　峻地平夷有門戶 是也 此峻峭山乃穴之主山非四山也 不可謂 四山 峻峭宜作高穴矣

접혈법은 또 마땅히 지세의 고저가 어떤지를 마땅히 살펴야 함을 말한 것이다. 만약 평양혈이라면 반드시 양변 계수(界水)를 살펴보고 천심(淺深)을 짐작하여 혈을 정하여야 한다. 땅을 파서 샘물이 흘러나와 관을 침범하는 것은 마땅치 않다. 흙이 얕으면 객토를 충분히 쌓아 무덤을 부장(浮葬)해도 무방하다. 험준한 산은 반드시 발품을 많이 들여 눈으로 자세히 살펴야 한다. 혹 용세(龍勢)가 위에 모이면 반드시 천교(天巧)의 혈이 결혈할 것이니 반드시 힘써 높이 올라가 혈을 구해야 한다. <혈법>에 이르기를 '고산이 우뚝 솟은[突兀] 가운데 굴(窟)이 있다' 라고 함이 그것이다. 대개 아래에서 살펴보면 높고 험악하여 혈이 없는데 정상에 이르면 주위가 평탄하여 다른 하나의 국면이 있다. 이른바 '하늘이 교묘하게[天巧] 산꼭대기에 용호를 나누고, 험지[峻地]라도 평탄하여 문호(門戶)가 있다' 라 함이 그것이다. 이 험준한 산은 곧 혈의 주산으로 사산(四山) 즉 사신사가 아니다. '사산(四山)이 험준하면 마땅히 높은 혈을 지어야 한다' 라고 해서는 안된다.

穴裏風須廻避 莫教[340])割耳吹胸。 面前水要之玄 最怕衝心射脅。

---

337) 及(급) : 이르다. ◦峻(준) : 높다. ◦峭(초) : 높고 험하다. ◦務要(무요) : 반드시 ~하기를 바라다.

338) 倘(당) : 만약~이라면. ◦多加(다가) : 더 많이~(하다). 충분히~(하다). ◦脚力(각력) : 발품. ◦著眼(저안) : 눈을 돌리다. ◦一番(일번) : 한번. ☞番(번) : 번. ◦峻(준) : 높다. 험하다.

339) 즉 吞吐浮沈의 葬法中 浮法이다.

340) 莫(막) : ~해서는 아니된다. ~하지 말라. ◦教(교) : ~로 하여금~하게 하다. ◦閃(섬) : 피하다. ◦障(장) : 막다. 가리다. ◦塡補(전보) : 부족한 것을 메워서 채움.

설심부 변와 정해

혈안의 바람은 반드시 피해야 하며, 바람이 귀를 가르거나 혈(가슴)에 불어오지 않도록 해야한다. 면전의 물은 지현(之玄)모양으로 굴곡해야 하며 가장 꺼리는 것은 (물이) 혈장 중심을 충격하고 옆구리를 (화살처럼) 쏘아오는 것이다.

之玄者謂水屈曲如之字形玄字形也。承上言 平洋在於得水 高山貴乎藏風 故穴裏之風須要廻避 或築羅圍護之 或開深窩藏之 或挨左挨右閃之 或塡凹補空障之 莫敎風來割穴之耳 吹穴之胸 飄散生氣而有覆棺之患也

지현(之玄)은 물이 지자(之字)모양과 현자(玄字)모양과 같이 굴곡하는 것을 말한다. 위를 이어 평지에서는 득수에 달려있고 고산에서는 장풍을 귀하게 여긴다는 말이다. 고로 혈안의 바람은 반드시 피하여야 한다. 혹 나성을 쌓아 혈을 들러싸 호위하거나 혹 깊이 우묵하게 파서 장풍이 되게 하거나 혹 좌나 우로 붙여서 피하거나 혹 요함(凹陷)하여 공결(空缺)한 곳을 메워서 막아야 한다. 바람이 불어와 혈의 귀를 가르거나 혈의 가슴에 바람이 불어 생기가 흩어지고 관이 뒤집히는 근심 [覆棺之患]이 생기게 해서는 안된다.

疑龍經云 穴裏避風如避賊 莫令[341] 穴缺被風吹 是也 若平岡之穴 面前一片平洋 衆水環繞 雖無朝案遮闌 而風則凹散無力不能吹入穴內 又不必以吹胸爲嫌也 穴前之水 要之玄曲折到堂 方有水朝之情 最怕急直而來 或衝穴之心 或射穴之脅 不惟不得水之外氣 而反受水之殺氣 未免有破財之凶也 楊公云 來去水直亦非祥 刺穴傷心不可當 是也 若龍眞穴正則宜用工改之 堆案闌之 亦可變凶爲吉也

<의룡경>에 이르기를 '혈안에 바람을 피하는 것은 도적을 피하는 것과 같으니 혈이 바람을 받아 파손되지 않도록 하라' 라고 함이 이것이다. 평강의 혈에서 면전의 넓게 펼쳐진 평지에 여러 갈래의 물이 감싸주면 조안으로 막아주는 것이 없을지라도 바람은 우묵하게 패인 곳으로 흩어져 무력해져 혈 내로 불어 들어올 수 없을 것이니 또 가슴으로 불어온다고 싫어할 필요가 없다. 혈전의 물은 지(之)자 현(玄) 자 모양으로 곡절(曲折)하여 명당에 이르러야 비로소 물이 흘러오는 정이 있다. 가장 꺼리는 것은 급하고 똑바로 흘러와서 혈의 중심을 찌르거나 혈의 옆을 (화살처럼) 쏘아오는 것이다. 물의 외기를 얻지 못하게 될

---

341) 莫令(막령) : 못하게 하다. 。缺(결) : 이지러지다. 파손되다. 。一片(일편) : 넓게 펼쳐진 평면. 。凹(요) : 저지(低地). 땅이 움푹 패인 곳. 。曲折(곡절) : 꼬불꼬불하다. 。次脚(차각) : 용호는 가깝다. 。未(미) : 아직~하지 않다. ☞ 龍眞穴正= 龍眞穴的=龍眞穴眞.

뿐만 아니라 오히려 물의 살기를 받게 되어 파재(破財)의 흉을 면하지 못한다. 양공이 이르기를 '내거수(來去水)가 곧게 오면 역시 상서로운 것이 아니니, 혈심을 찔러 중심에 상처나게 하는 것은 옳지 않으니라' 고 함이 그것이다. 만약 용진혈정(龍眞穴正)하면 마땅히 공사를 하여 고치고 안산을 쌓아 차단하면 역시 흉이 변하여 길이 되게 할 수 있다.

土山石穴 溫潤342)爲奇。土穴石山 嵯峨不吉。
토산의 석혈이 온윤하면 좋고 토혈의 석산이 높고 험하면 불길하다.

言點穴之法又當辨其土穴石穴 若土山而結石穴 其中之石須要溫和滋潤 脆嫩鮮明 擬之於物如金 如玉 如珊瑚 琥珀 琫榘 瑪瑙玻璃 朱砂 紫檀 碧細 石膏 水諸 雲母 禹餘粮 玳瑁 石中黃 紫石英 及石中有梭子紋 檳榔紋 備其五色 似石非石者爲奇也 若青黑堅硬不可鋤鑿者則非穴矣 至五氣凝成之色 金白 木青 水黑 火赤 土黃 惟黃 得其正 故以純黃爲上 紅黃相間爲佳 錯白亦美 惟黑不吉 青亦不宜多見以其類黑故 也

점혈법은 또 당연히 토혈(土穴)과 석혈(石穴)을 구별해야 한다는 말이다. 만약 토산에 석혈이 결혈하면 혈 가운데 돌은 반드시 온화(溫和)하고 윤기가 드러나며[滋潤] 흙이 곱고[脆嫩] 선명해야 한다. 물질에 비유하면 금·옥·산호(珊瑚)·호박·진구(琫榘)·마뇌(瑪瑙)·파리(玻璃)·주사(朱砂)·자단(紫檀)·벽세(碧細)·석고(石膏)·수제(水諸)·운모(雲母)·우여량(禹餘粮)·대모(玳瑁)·석중황(石中黃)·자석영 등과 같다. 돌 가운데에 사자문(梭子紋)이나 빈랑문(檳榔紋)이 있고 오색을 구비하여 돌 같지만 돌이 아닌 것이 좋다. 만약 청흑색으로 단단하여 호미로 파낼[鋤鑿] 수 없는 것은 혈이 아니다. 오기(五氣)가 엉켜 이루어진 색은 금은 백색, 목은 청색, 수는 흑색, 화는 적색, 토는 황색이다. 황색만이 그 바름을 얻은 것이다. 그러므로 순황색을 으뜸으로 치고[上], 그 다음으로 홍황이 서로 섞인 것이 좋으며[佳] 백색이 섞인 것도 좋다.(美) 흑색은 불길하다. 청색도 마땅치 않은데 다분히 흑색 유(類)로 보이기 때문이다.

---

342) 溫潤(온윤) : 곱고 윤이 나다. ◦溫和(온화) : 부드러움. ◦脆嫩(취눈) : 사각사각하고 부드럽다. ◦擬之於物(의지어물) : 사물에서 그것(석혈)을 비유하다. ◦玳瑁(대모) : 거북의 일종. 열대지방에 사는데, 등껍데기는 황갈색에 검은 반점이 있다. ◦사자문(梭子紋) : 북실의 문채·옆으로 생긴 문채. ◦빈랑문(檳榔紋):빈랑나무의 문채 즉 수직으로 생긴 문채. ◦禹餘粮(우여량): <동의보감> 상 약으로 사용하는 광석. 거위나 오리의 알과 비슷하게 생겼고, 겉에는 껍질이 겹겹이 싸여 있으며, 속에는 보드라운 가루가 있는데, 약간만 건드려도 부서진다. <출처> 두산백과

葬書云　陰陽沖和　五土四備　言不用黑也　或石山而結土穴　其石山貴乎細嫩光滑　若
嵯峨粗頑343)則爲不吉　至穴中之土須要細膩純美堅實光亮　擬之於物　如猩血　蟹膏
嵌玉　鑲金絲　紅縷翠　柳金黃茶褐之類　及土中有異紋如花糕　如錦繡　似土非土者爲
妙也　又有四畔皆石　惟中純土　取盡其上僅可容棺　此乃天然之穴　精英融結之妙者也

<장서>에 이르기를 '음양의 조화를 이루니[沖和] 오색의 혈토(五土) 가운데
좋은 것은 네 가지를 구비하는 것[四備]'라 했으니 흑색은 사용하지 않는다는
말이다. 혹 석산(石山)에 토혈(土穴)이 결혈하면 그 석산은 부드럽고[細嫩] 매
끄러우면[光滑] 좋다. 만약 차아(嵯峨)하고 조악하면[粗頑] 불길하다. 더욱이
혈중의 흙은 반드시 부드럽고 윤기 나며[細膩] 티 없이 깨끗하고 아름답고 견
고하고 윤기가 나야[光亮] 한다. 물질에 비유하면 성혈(猩血)·해고(蟹膏)·감
옥(嵌玉)·양금사(鑲金絲)·홍누취(紅縷翠)·유금황·다갈(茶褐)의 부류이다.
흙 중에 기이(奇異)한 무늬가 꽃가루 떡 같고[花糕;화고] 꽃을 수놓은 비단[錦
繡]과 같아 흙 같지만 흙이 아닌 것이 좋다. 또 주위[四畔]가 모두 암석인데
가운데만 순수한 흙[純土]로 되어 있어 줄곧 위를 파고서 겨우 관을 넣을 수
있으면 이는 곧 천연(天然)의 혈로서 정영(精英;氣)이 융결(融結)한 것이니 매
우 좋다.

亦有土山土穴其土與別344)土不同　更有石山石穴　其石細嫩可鋤　只要另換好土塡築
金井以和氣爲妙　大要土之爲證不過氣色質三者而已　氣在滋潤　色在鮮明　質在堅細
此皆先天元氣之所融結　而非凡木之可比也　故穴中之深淺當以氣上爲準焉

또한 토산(土山)에 토혈(土穴)이 있으면 그 흙은 다른 흙과 같지 않다. 또 석산
에 석혈이 있고 그 돌이 부드러워 호미로 팔 수 있으면 다만 별도로 좋은 흙으
로 바꿔 광중[金井]을 메워 쌓아서 기를 조화시키면[和氣] 좋다. 요약하자면
혈토(穴土)의 증거는 기(氣)·색(色)·질(質)의 세 가지에 불과하다. 기는 자윤

---

343) 粗頑(조완) : 거칠고 추함. ◦堅實(견실) : 견고하다. ◦光亮(관량) : 윤기가 흐르다. ◦膩(니)
　　: 반드르르 하다. ◦花糕(화고) : 대추·밤 따위를 겉에 박은 떡의 일종. ◦糕(고) : 가루 떡.
　　◦精英(정영) : 정화(精華)·결출한 사람. ☞精華(정화) : 정수(精髓)가 될 만한 뛰어난 부분.
344) 別(별) : 다르다. ◦堅細(견세) : 단단하고 가늘다.
☞좋은 흙의 색깔을 오색토라고 하며 홍황자백흑(紅黃紫白黑)이 섞여있는 것을 말한다. 밝고
깨끗한 여러 가지 색깔이 미세한 입자의 흙에 섞여 단단하게 결합된 상태를 말하기도 한다.
홍황자윤(紅黃滋潤)한 땅은 생기가 뭉쳐 단단하면서도 부드럽고 윤기가 난다. 옛 말에 황백색
(黃白色)이 자윤(滋潤)하면 부와 벼슬이 함께 오고[財官齊來], 자황색(紫黃色)이 자윤(滋潤)하면
재관운(財官運)과 건강운(健康運)이 좋다고 하였다.

(滋潤), 색은 선명(鮮明), 질은 견세(堅細)에 달려 있다. 이는 모두 선천의 원기가 융결한 것으로 평범한 나무가 자라는 흙과 비교할 수 없다. 고로 혈중의 천심(淺深)은 당연히 기를 으뜸으로 하여 기준을 삼아야 한다.

單山345) 亦可取用 四面定要關闌 若還獨立無依 切忌當頭下穴

단산에서는 취하여 사용할 수 있는 것은 사면이 반드시 관란(關闌)해야 하며, 만약 도리어 홀로서 의탁할 곳이 없다면 마땅히 산꼭대기에 혈을 하장하는 것을 극력 피해야 한다.

言點穴之法只在辨龍之眞假 不必拘於龍虎之有無 如單山獨壟本身雖無龍虎護衛 然龍眞穴正亦可取而用之 但四面之山定要來作關闌收水護穴 方爲吉也 若還只是獨立之山全無依靠之處 則是脈盡氣絶之所 切不可當頭下穴 立取凶敗也

점혈법은 다만 용의 진가(眞假)를 변별하는데 있을 뿐이니 반드시 용호의 유무에 구애받을 필요는 없다는 말이다. 만약 단산독롱(單山獨壟)이 본신에 용호의 호위가 없어도 용진혈정(龍眞穴正)하면 취하여 사용할 수 있다. 다만 사면의 산이 반드시 와서 관란하고 수수(收水)하여 혈을 호종해 주어야 비로소 좋은 것이다. 만약 둘러보아 단지 홀로 서있는 산이라 의지할 곳이 전혀 없다면 맥이 다하고 기는 끊어진 곳이다. 머리 위에 혈을 내려 흉패를 취해서는 안된다.

指南云 大形三百有餘般346) 降勢隨形總異端 不必專求龍虎穴 單山獨壟亦堪安 此就347)四面關闌者言之 葬書云 氣以龍會而獨山不可不葬也 此指獨立無依者不言之 尤宜參究也

<지남>에 이르기를 '크게 혈형이 삼백 여 가지가 넘으니, 강세가 형을 따라 모두 다르기 때문이다. 반드시 용호가 있는 혈을 구할 필요는 없으며, 단산독롱도 안장할 수 있다' 라고 했다. 이는 원래 사면이 관란(關闌)한 것을 말한 것이다. <장서>에 이르기를 '기는 용으로 말미암아 모이니 독산이라고 장사지내지 않는 것은 옳지 않다' 라고 했다. 이것이 홀로 서 있어 의탁할 곳이 없는 것 [獨立無依者]을 가리켜 말하지 않았다는 것은 더욱 마땅히 참고하여 연구해

---

345) 不可葬者五 : 童山 · 斷山 · 石山 · 過山 · 獨山. 。獨山→獨立無依. 不可葬. 。還(환) : 둘러보다. 。依靠(의고) : 의지하다.

346) 般(반) : 가지.[종류를 세는 단위.] 。강세(降勢; 來勢) : 산의 뻗어오는 기세. 。端(단) : 까닭. 원인.(原因) 。堪(감) : ~할 수 있다.

347) 就(취) : 원래 또는 전부터 그러하다는 것을 나타냄.

야 한다.

<그림2-3-20 >동산(童山)

<그림2-3-21 >　단산(斷山)
　　　　　　　<출처>『重鐫地理天機元(上)』

風吹水劫 是謂不知其所裁。左曠[348]右空 非徒無益而有損。
혈이 풍취수겁(風吹水劫)하면 재혈할 곳을 모른다고 할 것이다. 좌우로 텅비어 호종하는 무리가 없으면 이로움이 없을 뿐만 아니라 손해가 있다.

承上言獨立不可作穴者 蓋無沙護衛則被風吹 無沙關闌則被水劫 若於此處求穴是謂不知其所裁 故左邊曠蕩而右邊空缺 誤於此處擺穴 非獨無益而且有損矣 蓋騰漏之穴[349]乃敗槨之藏也

---

348) 曠(광) : 비다. 공허함. ☞左曠右空 : 호종하는 무리가 없어 단한(單寒)· 고단(孤單)하다.
349) 생기가 모이지 못한 혈은 뼈가 썩고, 생기가 이르지 못한 혈은 살아있는 사람이 모두 죽을 것이고, 생기가 날아가고 새나가는 혈은 관이 뒤집히고 곽(槨)이 썩을 것이며, 등지고 갇힌 혈은 차가운 샘물이 방울져 떨어진다. 이것이 두려운 것으로 신중하지 않을 수 있겠는가?(不蓄之穴은 是爲腐骨하고 不及之穴은 生人絶滅이라. 騰漏之穴은 飜棺敗槨하고 背囚之穴은 寒泉滴瀝이니. 其爲可畏요 可不愼乎리오.) 생기가 모이지 못하는 것은 두르거나 갈무리가 되지 않음을 말한다. 생기가 미치지 못하는 것은 혈 앞에 마주 대하는 안산 조산이 없음을 말한다. 생기가 올라가 새나가는 것은 비어 이지러짐을 말한다. 등지고 갇힌 것은 그늘지고 음습함을 말한다. 이런 곳들의 혈에는 장사지내서는 안된다(不蓄者 言山之無包藏也 不及者言山之無 朝對也 騰漏者言其空缺 背囚者言其幽陰 此等之穴 不可葬也).　　　<출처>『청오경(靑烏經)』
。藏(장) : 묻다. 매장(埋藏)함. 쓸모없이 되다. 버림.

雪心賦 辯譌 正解

홀로 서 있는 산[獨山]은 작혈[천장]이 불가하다는 앞의 말을 이은 것이다. 대개 호위하는 사가 없으면 풍취를 받을 것이다. 관란하는 사가 없으면 수겁을 당할 것이다. 만약 이러한 곳에서 혈을 구한다면 재혈할 곳을 알지(찾지) 못한다. 고로 좌변이 광탕(曠蕩)하고 우변이 공결(空缺)한데 잘못 알아 이러한 곳에 천혈하면 무익할 뿐 아니라 손해가 있게 될 것이다. 대개 생기가 날아가고 새나가는 혈은 장사를 지내면 곽(槨)이 부서진다.

石骨入相 不怕崎嶇350)。 土脈連行 何妨斷絶。 但嫌粗惡 貴得方圓。

석골이라도 입상(入相)하면 기구(崎嶇)해도 꺼릴 것 없다. 토맥이 연행(連行)한다면 단절된들 어떠하리. 다만 조악한 것을 싫어하고 방원해야 좋다.

官351)石山固忌嵯峨 若石骨變換 或成星辰 或成形象 則入相矣 其中自有生成之穴 何怕形勢之崎嶇耶 平洋之地 或開墾濬鑿 或木來平伏 似斷絶不續矣 若有土脈連行 隱隱隆隆 如線之貫珠 如梭之帶絲 到頭自然有穴 何妨形勢之斷絶哉 但崎嶇者猶嫌 粗惡之形 須換細嫩爲美 其連行者 貴得方圓之體有合星辰爲妙 此處皆是論穴 不可 泛論行龍也

마을(官)의 석산은 진실로 차아(嵯峨)함을 꺼린다. 그러나 만약 석골이 바뀌어 성신(星辰)을 이루거나 형상을 이루면 입상(入相)이다. 그 중에 저절로 생성된 혈이 있다면, 어찌 형세가 가파르고 험하다고[崎嶇] 두려워하겠는가? 평양의 땅이 혹 개간으로 깊이 파였거나 혹 나무가 생겨[來] 평평하게 덮어지면 단절하여 이어지지 않은 것 같다. 만약 토맥이 이어져가 은은룡룡(隱隱隆隆)하고 마치 실이 구슬을 꿴 것 같고 베를 짜는 북에 실이 이어진 것 같으면 도두(到頭)에 저절로 혈이 있을 것이니, 형세가 단절된 것 같더라도 무슨 문제가 되겠는가? 다만 기구하면 조악한 형상으로 마땅히[猶] 싫어하니 반드시 세눈(細嫩)하게 바꾸어 아름다워야 한다. 또 연행한다고 해도 체가 방원(方圓)하여 성신에 부합해야 좋다. 이곳은 모두 혈을 논한 것이다. 넓혀서 행룡까지 아울러 논해서는 안된다.

---

350) 相(상) : 모양·형상.(形象·形像) ∘崎(기) : (산길) 험하다. ∘嶇(구) : 가파르다. ∘何妨(하방) : 무슨 상관이 있겠는. (~해도) 무방하다.
351) 官(관) : 마을. ∘濬鑿(준착) : 깊이 파다. ∘來(래) : 생기다. ∘伏(복) : 감춤. ∘細嫩(세눈) : 미세한 입자의 흙(土立子)은 아름답다. 여기서는 용맥이 가늘고 아름다운 것이다.

過峽若値風搖[352] 作穴定知力淺。

과협에서 바람이 몰아치면 작혈할 때는 반드시 힘이 약해짐을 알아
야 한다.

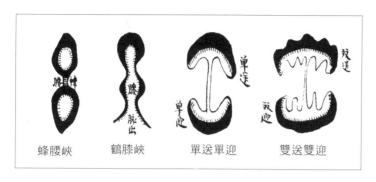

< 그림 2-3-23 > 과협(過峽)

<출처>『인자수지』

峽[353]者山脈跌斷細嫩　如鶴膝蜂腰銀錠之類　兩山相夾而過也　非龍之行度一起一伏

---

352) 値(치) : 만나다. 。風搖(풍요) : 바람이 몰아치다. 。搖(요) : 치다. 움직이다. 。作穴(작혈)
: 혈을 만들다 즉 천장(扞葬)하다. 。淺(천):얕다. 적다.

☞ 過峽(과협)과 結咽(결인)의 차이점은 ?
353) 협(峽)의 영송사[來八去八]
① 과협처는 대개 산줄기 상의 고개에 해당하는 곳이 때문에 쉽게 손상될 수 있는 부위이다.
그러므로 본줄기와는 별도로 과협의 앞이나 뒤의 좌우에서 작은 능선(지각)이 양팔 벌린 것 같
이 뻗어나와 과협처를 감싸주어 과협을 보호하는 역할을 한다. 이를 영송사[來八去八]라 한다.
② (과)협이란 용(龍)이 허물을 벗어나 환골(換骨)하여 참된 정(情)이 수렴(收斂)된 곳이다. 혈
의 목구멍(咽喉)에 해당한다고 할 수 있다. 용(龍)이 참되지 못하면 아름다운 혈이 없으나, 협
이 아름다우면 길혈을 맺게 되는 것이다. 그러므로 과협(過峽)에는 양변에 보내주는 송(送)과
맞이하는 영(迎)이 있고 [送迎砂], 일어나고[起] 엎드린[伏] 산이 있어야 한다. 양변으로 호위하
는 사[護衛砂:護從砂]가 없거나 혹은 곡협(曲峽)이 되어 풍취(風吹)를 받게 되면 맥의 기운은
요동되어 약해진다. 이것이 용(龍)의 이치이다.
③ 봉요(蜂腰)는 짧으면서 가는[細] 것이고, 학슬(鶴膝)은 길면서도 귀한 것으로는 반드시 중간
에 마디[節泡]가 생겨 있어야 하는 것이다. 또 길면서 마디가 없어도 귀한 것으로는 선교(仙
橋)가 있다.　　　　　　　　　　　　　　　　　　　　　<출처>『지학』
📖 강(扛)과 협(峽)
맥이 가운데로 따라가고 양 옆으로 객산(客山)이나 본산(本山)이 높이 솟아 상응하는 것을 강
(扛)이라 하고 물로 막힌 바깥 산이 멀리 와서 과협을 호위하고 좌우(夾)에서 서로 마주하는
것을 협(夾)이라 한다. 강협(扛夾)의 산은 어떤 형상을 이루면 좋은데 태음(太陰). 태양(太陽).

之謂也 値遇也。上言穴此言峽者 蓋峽乃龍之脫皮換骨 眞精收斂之處而爲穴之咽喉
未有龍眞而無美峽 峽美而不結穴者也 故過峽之處 兩邊 有送有迎354) 有壙有夾
或單送單迎 或雙送雙迎 或交互迎送 遮護周密則前去結穴必重355) 若兩邊無護 或
有曲峽而遇風吹搖則脈氣弱矣 縱有龍去結穴 其力量必淺 亦理之可定知也

협(峽)이란 산맥이 달려오다 끊어질 듯[跌斷]하여 가늘고 부드러운 것이다. 예
를 들어 학슬(鶴膝) · 봉요(蜂腰) · 은정(銀錠)의 종류와 같이 두 산을 서로 끼고
지나가는 것이다. 용의 행도가 일기일복(一起一伏)함을 말하는 것이 아니다. 치
(値)는 만난다[遇]는 의미이다. 위 문장에서는 혈을 언급하였고 여기서 협(峽)
을 말하는 것은 대개 협은 곧 용이 허물을 벗어 박환[換骨]하여 진정(眞精)이
수렴되는 곳으로 혈의 목구멍에 해당한다. 용이 참되면서 협이 아름답지 않거

금상(金箱). 옥인(玉印). 구사(龜蛇). 기고(旗鼓) 등의 종류가 좌우에 갖추어 있으면 좋다. 만약
좌우의 양 봉우리가 높이 솟아 있으면 이름하여 천호천각(天弧天角)이라 한다. 경에 이르기를
천호천각(天弧天角)은 용이 강을 건너려는 형상이라 하였다.

354) 요도지각(橈棹枝脚)
① 요도지각은 주룡의 능선(稜線)에서 좌우로 뻗어 내린 가지이다. 이는 행룡의 전진을 도와주
고 주룡이 넘어지고 무너지는 것을 방지하는 받침대의 역할을 한다.
② 지각(枝脚)은 용(龍)을 지탱하는 다리이며, 요도(橈棹)는 용의 진행방향을 조정하는 다리이
다. 즉 요도는 항해중인 배의 진행방향을 조정하는 키와 같은 역할을 하는 것이다.
③ 지각의 발생원리　　　　　　　　　　　　　　<출처> 『풍수지리개론』, 『감룡경』
　용호(龍虎)의 응기점과 안산방향에서 공급되는 생기의 응기작용(應氣作用)에 의해 본신이 일
시 정지되면서 좌우지각을 발생하게 된다. 이때 용호가 불균형(不均衡)을 이루면서 편지각(偏
支脚)이 발생하거나 불실한 지각이 발생하게 된다. 만약 지각이 부실하거나 파쇄산만(破碎散
漫)하고 죽은 뱀처럼 늘어진 것은 용맥을 지지 보호할 수 없는 것이다.
④ 간룡과 지룡은 주맥으로 흘러가고, 지각요도는 용맥 옆 허리 능선에서 붙어있는 아주 짧은
가지로서 더 이상 분벽(分擘)을 할 수가 없다. 그러나 분벽을 하면 지룡이 되어 결혈이 될 수
도 있다.
⑤ 과협처(過峽處)를 보호(保護)하는 영송사(迎送砂)는 지각(枝脚)의 일부분이다.
⑥ 다리가 긴 것은 배의 젓는 노[橈棹]와 같다. 배 젓는 노[橈棹]와 같은 곁줄기[枝脚]가 앞쪽
으로 향해서 멈추면 혈은 가까이 있으나, 요도가 뒤쪽을 향해 있으면 용은 아직 멈추지 않아
혈을 맺지 못한다(脚長便如橈棹形 橈棹向前穴卽近 橈棹向後龍未停).

☞물형론은 형국론 또는 갈형론(喝形論)이라고도 한다. 이는 산천을 특정한 인물이나 사물에
빗대어 보는 것으로 개개형상의 차이는 바로 기의 차이에서 발생하는 것으로 보며, 이 氣의
象이 형태로 나타나는 만큼 그 형태로부터 지형의 원기를 판단하고자 하는 이러한 인식체계.
355) 重(중) : 크다. 。可(가) : 적합하다. 맞다.

나 혐이 아름다우면서 결혈하지 못하는 일은 없기 때문이다. 과협처 양변에는 보내는 송(送)과 맞이하는 영(迎)이 있고 넓은 것이 있고 좁은 것이 있다. 한쪽으로만 송·영하거나, 쌍(雙)으로 송·영하거나, 서로 어긋나게 하여 송·영하기도한다. 가로막아 주밀하게 보호하면 앞에 가서 반드시 큰 혈을 맺는다. 만약 양변에 호위가 없거나 곡협[曲峽]이 있어 바람이 불어치면 맥기가 약해진다. 설령 용이 행도하여 결혈을 할지라도 그 역량이 약해져 역시 이치가 맞음을 반드시 알아야 한다.

入式歌云 <u>兩邊遮護喜成形 最怕賊風生</u> 是也 成形者如日月旗鼓 金箱玉印 天馬貴人 天弧天角[356]等形 及帶[357]天池靈泉者 皆貴格也 如倉庫廚櫃 穀堆爛錢 金盔錢瓶等形者 皆富格也 然亦不必過泥形象 <u>惟以遮護有情 不令風吹水劫</u> 斯爲言也

<입식가>에 이르기를 '양변이 막아 보호하는 것은 형을 이루니 좋고, 가장 두려운 것은 도둑 바람[賊風]이 생기는 것이다' 라 함이 그것이다. 형상을 이룬 것은 일월(日月)·기고(旗鼓)·금상(金箱)·옥인(玉印)·천마(天馬)·귀인(天馬貴人)·천호·천각(天弧·天角)등의 형상과 천지(天池) 영천(靈泉)을 두른 것 같으면 모두 귀격(貴格)이다. 창고, 주방의 찬장[廚櫃]·곡식 무더기[穀堆]·난전(爛錢)·금으로 만든 투구[金盔]·전병(錢瓶)등의 형상과 같으면 모두 부격(富格)이다. 그러나 또한 형상에 너무 빠져서는 안된다. 오직 차호(遮護)하여 유정하면 풍취수겁(風吹水劫)하지 않아 좋다는 말이다.

< 그림 2-3-24 > 일월(日 月)

< 그림 2-3-25 > 일월(日 月)

<출처> 『옥수진경』 및 『지학』

---

356) 만약 좌우 양봉이 높이 솟아있으면 이름을 천호 천각이라 한다(若左右兩峰高聳峙立 名曰 天弧、天角).   < 출처 > 『 인자수지 』

357) 帶(대) : 붙어있다. 두르다. ◦遮護(차호) : 막다. 감싸다. ◦不(불)~하지 아니하다. ◦令(영) : 좋음. ~로 하여금 하게 하다. ◦盔(회) : 투구.

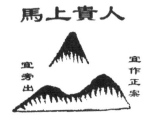

< 그림 2-3-26 > 금상(金箱)·마상귀인(馬上貴人)·옥인문성(玉印文星)

<그림 2-2-27 > 옥지(玉池)

<그림 2-2-27 > 창(倉)·고(庫)

< 출처 >『 인자수지 』

至峽之多寡則隨龍之長短　大約有三大峽　老峽中峽少峽是也　至少峽則離穴不遠矣
認龍點穴當以少峽爲準　其峽以中出爲上　左右出次之　若回頭顧祖出者尤妙　其脈過
處　或穿田　過渡水　過平地　過池湖　過雙脈　過邊池邊脈　過陰過陽　過高過低　過長
過短　過闊過狹　過曲過直　過明過偷　過格有多端難以枚擧　大要　高過而不孤露　低過
而不傷殘　長過而有包裹　短過而不粗蠢　潤過而不懶散358)　直過而不死硬　穿田而無
水劫　渡水而有石梁　卽崩洪峽359)是也　或來仰而去俯　或來俯而去仰　爲陰陽分受斯
爲美也　至若呼形取象　如張子微之二十格　蔡西山之五十五格　與夫三十六峽　七十二
峽　諸說紛紛　不必牽合可也

협이 많고 적음은 용의 장단(長短)에 달렸다. 대략 삼대협이 있는데 노협·중
협·소협이 그것이다. 소협이라면 혈에서 거리가 멀지 않다. 용을 분간하고 점
혈할 때 마땅히 소협(少峽)을 기준으로 하여야 한다. 소협은 가운데서 나온 것

---

358) 懶散(나산) : 산만하다.。紛紛(분분) : 어수선하게 많다.。牽合(견합) : 억지로 맞추다. 。
　無 (무) : ~해서는 안 된다.
359) 石梁(석량)이 물을 건너면 붕홍협(崩洪峽)이라 한다. 붕(崩)은 붕산(朋山)으로 양산(兩山)이
　대치(對峙)한 것이고, 홍(洪)은 공수(共水)로서 두 물이 분류(分流)한 것이다.。至若(지약) :
　~때에 이르러.

　　　　　　　　　　　　　　　　설심부 변와 정해

을 으뜸으로 친다. 좌우에서 나온 것은 그 다음이다. 회룡고조에서 출맥한 협이라면 더욱 좋다. 그 맥이 지나는[過] 곳이 밭을 뚫고 지나거나 물을 건너 지나고, 평지나 못이나 호수를 지나고, 쌍맥(雙脈)으로 지나거나 못이나 맥의 주변으로 지나고, 음맥이나 양맥으로 지나거나 높게 혹은 낮게 지나고, 길게 혹은 짧게 지나거나 넓게 혹은 좁게 지나고, 급게 혹은 바로 지나거나 확실하게 드러나게 혹은 남모르게[偸] 지난다. 지나가는 격이 다단하여 하나하나 열거하기 어렵다. 요약하면 높이 가면 외로이 노출되지 않아야 하고, 낮게 가면 손상을 입어 생긴 흠[傷殘]이 없어야 하며, 길게 가면 감싸안음[包裹]이 있어야 하고, 짧게 가면 거칠고 조잡하지[粗蠢] 않아야 하고, 넓게 가면 산만하지 않아야 하고, 곧게 가면 죽은 것처럼 곧고 굳어 단단하지 않아야 한다. 밭을 뚫고 지나가나 수겁을 하지 않아 한다. 물을 건너 지나면 석량(石梁)이 있으니, 즉 붕홍협(崩洪峽)이 이것이다. 혹 오면 쳐다보고 가면 숙이거나, 오면 숙이고 가면 쳐들어야 하니 음양이 분수(分受)하니 이것이 좋다는 것이다. 형상을 호칭하고 취한다면 장자미의 이십격, 채서산의 오십오격. 삼십육협. 칠십이협 등의 제설이 분분(紛紛)하니 억지로 끌어다 맞추지 않음이 옳다.

< 사진 2-3-28 > 전병(錢甁)

然大峽之間多有結作不可不知　蓋大龍將[360]過峽　必頓起而後斷　其氣一聚　過峽後必頓起而後去　其氣一聚　峽之前後　皆氣旺之處　多有分脈結穴　但未過峽者多遠結旣過峽者多近結　有就峽上而結穴者　或順騎　或倒騎　或橫騎　有就峽傍而結穴者　或順側騎　或倒側騎　其穴情證佐　龍虎應案　明堂關闌　俱要合法　否則恐爲護闌非眞結也

그러나 대협 사이에도 결혈이 많이 생긴다는 것을 몰라서는 안된다. 대개 큰 용은 머지 않아 협을 지나서 반드시 돈기(頓起)한 후에 반드시[斷] 그 기가 한

---

360) 將(장) : 머지않아~되려. ○ 斷(단) : 반드시. ○ 一(일) : 한번. ○ 미(未) : 아직 ~하지 못하다.
　　○ 頓(돈) : 一念(일념) : 극히 짧은 시간. 갑자기.

번 모이고, 협을 지난 다음에 반드시 돈기한 후에 지나서 그 기가 한번 모인다. 과협 전후는 모두 기가 왕성한 곳으로 분맥을 많이 하여 혈을 맺는다. 다만 아직 과협을 지나지 못하였으며 멀리 가서 결혈하는 경우가 많으며, 이미 과협을 지났으면 대부분 (협의)가까이서 결혈을 한다. 협의 위에 결혈을 하면 순기룡.도기룡. 횡기룡이다. 협의 옆에서 결혈한 것은 순측기룡(順側騎).도측기룡(倒側騎)이다. 그 혈정(穴情)의 증좌는 용호와 안산이 서로 응하고, 명당이 관란하는 것이 모두 법칙에 맞아야 한다. 그렇지 않으면 호위와 관란을 이룸이 진결이 아닐 수도 있다.

疑龍經云　時師每到關峽裏　山水周圍秀且麗　躊躇[361]四顧說明堂　妄指橫山作眞地 不知關峽自周圍　只有護關堂泄氣　泄氣之法妙何觀　左右雖回外無闌　此是正龍護關峽　莫將堂局此中看[362]　是也.

<의룡경>에 이르기를 '시중의 술사들[時師]이 매번 이와 같은 관협(關峽) 안에 이르러서는 주위를 산과 물이 주위를 감싸 수려하다고 해서 사방을 돌아보고 머뭇거리면서 명당이라 말하며, 망령되게 옆으로 비스듬히 늘어진 산을 가리켜 혈을 맺는 참된 땅이라고 한다. 관협의 주위에 단지 호관(護關:羅城)만 하면 명당기운이 누설되는 것을 모른다. 관협에서 설기하는 형상의 묘함을 어찌 볼 수 있을까, 관협의 좌우에서 돌아 감싸는 산이 있어도 밖에서 관란하는 산이 없다. 이는 바로 정룡이 관협을 호위함이니 이 관협 가운데에서 장차 명당(明堂)의 형국을 보려하지 말라' 라 함이 그것이다.

穴前折水[363]　依法循繩。圖上觀形　隨機應變。

혈 앞에서 굴절하여 흐르는 물[折水]은 법칙과 기준을 따라야 하고 그림[산도]에서 물이 흘러가는 형상을 보는 것은 그때그때의 기회에 따라 물이 적절히 움직인다.

---

361) 躊躇(주저) : 머뭇거리며 망설이는 것. 。自(자)~ : ~에서(부터). ☞關峽(관협)은 수구를 말한다.

362) 관협을 명당으로 혼동하지 말라.

363) 『동림조담』에서는 절수(折水) 즉 물의 오고감과 그 방향을 중시한다.

。折(절) : 휘어짐. 。法(법) : 지형. 。依循(의순) : 좇다. 준거(準據)하다. 。機(기) : 때(시기). 분기점. 。隨機(수기) : 무작위의. 임의의 。應(응) : 따라 움직이다. 。融會貫通(융회관통) : 여러 가지 도리(道理)와 사리에 통달하다.

法法則也 繩準繩也 言點穴之法 又當知作用之妙 若穴前之水直去無情 則宜依法循

繩以折之 葬書云 法每一折 瀦而後洩 是也 至圖上觀形 又當隨機應變 蓋山川形勢

變化無窮 紙上圖形發蒙而已 全在心思目力 融會貫通 不可執一而論也

법은 법칙이며 승은 기준[準繩]이다. 점혈법에서는 또 작용(作用)의 묘함을 마땅히 알아야 한다는 말이다. 만약 혈전수가 곧게 흘러가 무정하면 마땅히 법과 기준에 따라 굴절[折水]하여야 한다. <장서>에 이르기를 '명당의 물을 내보내는 법은 물길이 한번 굴절할 때마다 고인[瀦] 다음에 새어 나가게 해야 한다'라 함이 이것이다. 지도상에서 형상을 살펴보면 또 당연히 임의로 움직인다. 대개 산천의 형세는 변화무궁하여 지상의 도형에서는 단지 깨우쳐줄[發蒙] 뿐이다. 전적으로 생각과 목력으로 융회관통하는 데 달렸으니 한 가지에 집착하여 논해서는 안된다.

穴太高而易發。花先發而早凋。高低得宜。福祚[364]立見。

혈이 태고(太高)하면 쉽게 발복하나 꽃은 먼저 피면 일찍 시든다. 고저가 적절하여야 발복이 즉시 나타난다.

高低就穴之上下言 非出於穴之外也。言凡點穴自有正中恰好之處 若點之太高而截

生氣之盛則雖易發福亦易退敗 如花之先發者必早凋落也 惟斟酌穴情使高低得宜而

無傷脈脫氣之弊 則福祥立見而不致於易敗也

고저란 곧 혈의 상하를 가지고 말하는 것이며 혈이 밖에서 생겨나는 것은 아니다. 대저 점혈은 본래 한 가운데[正中]의 적당한 곳이 있다는 말이다. 만약 점혈이 너무 높아 생기의 성함을 끊어버리면 비록 쉽게 발응하여도 쉽게 무너진다. 마치 꽃이 먼저 핀 것은 반드시 일찍 시들어 떨어지는 것과 같다. 다만 혈정(穴情)을 헤아려 고저를 적절하게 하여 맥이 상하고 기가 벗어나는 폐단이 없으면 상서로운 복이 즉시 나타나고 또 쉽게 무너지는 데 이르지 않는다.

雖曰山好則脈好。豈知形眞則穴眞。

비록 산이 좋으면 맥이 좋다고 말하나 어찌 형상이 참되면 혈이 참되다고 하리오.

---

364) 福祚(복조) : 복.。就(취) : 곧.。出(출) : (생겨) 나다.。得宜(득의) : 적절하다.。恰好(흡호) : 적당하다. 알맞다.。凋落(조락) : 시들어 떨어지다.

形卽下文物形也。 此承上起下之詞　言認龍點穴雖曰山勢美好而結穴之脈亦必然[365)]
美好　豈知山之形象旣眞而穴亦因之而眞乎　予竊觀卜氏論穴而終及於形者　蓋欲富理
寄法　俾人易曉爾　若論正理　葬貴合法不貴合形　嘗觀天下各地　求其形似往往不合
審其穴法則多與古同　容或有類一物者　此乃千萬中一過耳　豈可以爲準耶　令人但知
論形而不知葬法則誤矣

형상은 곧 아래 문장의 물형이다. 이는 앞 문장을 이어 아래 문장을 시작하는
말이다. 용을 알고 접혈할 때에 산세가 아름답고 좋으면 결혈하는 맥도 반드시
아름답고 좋다고 말할지라도 어찌 산의 형상이 이미 참이면 혈도 그로 인하여
참이라고 하겠는가. 내가 복응천이 혈을 논하는 것을 살짝 보니 끝에 가서 형
상을 언급한 것은 대개 논리를 풍부하게 하고 법칙에 의지하여 사람들로 하여
금 쉽게 깨우치게 하려고 한 것이다. 만약 제대로 이치를 논하면 장법에서는
법칙에 맞추는 것이 귀하지 형상에 맞추는 것이 귀한 것은 아니다. 일찍이 천
하 각지를 살펴 그 형상이 비슷한 것을 구해 보았으나 왕왕 맞지 않았다. 혈법
을 살펴보면 대부분 옛것과 같았다. 혹시 비슷한 일물(一物)이 있다 하더라도
그것은 천만 가지 가운데 하나에 지나지 않는다. 어찌 기준이 될 수 있는가?
만약 사람들이 다만 형상을 따져 알고 장법을 알지 못하면 잘못이다.

枕龍鼻者　恐傷於脣。點龜肩者　恐傷於殼[366)]。
용의 코[龍鼻]를 베개 삼으면 전순[脣]을 상할까 두렵고 거북이의
어깨[龜肩]에 접혈하면 거북이의 등껍질이 상(傷)할까 두렵다.

承上言穴因[367)]形立則貴　得其眞的而後可擂　如龍形以鼻穴爲中正　而脣則淺薄　但脣
鼻相近　故枕龍鼻者恐傷於脣太緩而脫氣矣　龜穴在肩而殼則浮露　但肩殼相連　故點
龜肩者恐傷於殼太急而鬪殺矣　此喩立穴不宜太低太高也

앞의 글을 이어 혈은 형에 따라서 입혈하면 귀하지만 혈이 참되고 확실한 것을
얻은 후에야 천장할 수 있음을 말한 것이다. 용의 형상과 같으면 정중앙이 되
는 코에 혈이 있으나 전순(氈脣)은 짧다. 다만 순과 비[脣鼻]는 거리가 가까워
용의 코에 천장(扞葬)하면 순을 다치게 하고, 너무 완만하여 탈기할 수 있다.
거북이 모양의 혈[龜穴]은 어깨에 있어 껍질은 겉에 나타난다. 다만 어깨와 껍

---

365) 必然 (필연) : 반드시.。竊觀(절관) : 남모르게 가만히 살펴보다.。容或(용혹) : 혹시.。一
　　物(일물) : 한 사물(事物).。令(령) :　만약. ~하게 하다.
366) 殼(각) : 껍질.
367) 因(인) : 따르다. 의지하다. 。相近 : (거리가) 가깝다.。浮露(부로) : 겉에 나타나다.

질이 서로 이어져 있어 구견(龜肩)에 점혈하면 껍질을 다치게 함으로써 너무 급하여 투살이 될 수 있다. 이는 입혈은 너무 낮거나 너무 높으면 마땅하지 않음을 비유한 것이다.

出草蛇以耳聽蛤[368]。 出峽龜以眼顧兒。
풀에서 나온 뱀은 귀로 개구리의 소리를 듣고, 협에서 나온 거북은 눈으로 새끼를 돌아본다.

言又有蛇形宜點王字七寸　及氣堂糞門等穴　惟出草蛇形則以耳聽蛤　其精氣聚於耳
故宜擺耳[369]　穴須有石墩土墩　如蛤之形　方眞　龜穴固在肩　若出峽龜形則必以眼顧
兒　其精神聚於眼　故宜擺眼　穴乃隨其物情而取之也　此喻立穴又宜於偏也
말하기를 또 뱀의 형상이라면 마땅히 왕자(王字)의 칠촌(七寸) 및 기당(氣堂)의 분문(糞門) 등 혈에 점혈해야 한다. 다만 풀숲에서 나온 뱀의 형세[出草蛇形]이면 귀로 개구리 소리를 들으므로 뱀의 정기(精氣)는 귀에 모여 있다. 고로 뱀의 귀모양에 장사하는 것이 마땅하다. 혈은 개구리의 형상과 같은 돌무더기나 흙무더기가 있어야 비로소 진짜다. 구혈은 본래 어깨에 있다. 만약 출협구형(出峽龜形)이라면 반드시 눈으로 새끼를 돌아보므로 그 정신[精氣]이 눈에 모여 있다. 고로 눈(眼)에 천장(擺葬)하는 것이 마땅하다. 혈은 사물의 정(情)에 따라 취해야 한다는 것이다. 이는 입혈(立穴)을 비유한 것이나 편혈(偏穴)에도 해당한다.

擧一隅而反三隅[370]。　觸一類而長萬類。
한 모퉁이를 들어 보였는데 (나머지) 세 모퉁이를 유추하고[反], 한 가지 유형을 접촉하면 만 가지의 유형에 확장시킨다.

---

368) 蛤(합) : 개구리.
369) 혈은 뱀처럼 산이 평이하게 무지각으로 뻗어오다가 약간 솟구쳐 돌로(突露)하여 기가 모인 곳을 말하다. ☞사두혈(蛇頭穴)은 꼬불거리면 목성이 수성의 발로(發露)로 만들어진 가늘고 길게 뻗은 맥이며, 사두혈에는 '사하칠촌(蛇下七寸)법'이란 몸통 중간에 쓰면 물리므로 뱀의 머리 부분 가운데 턱의 위치쯤으로 내려서야 한다는 뜻이다. 즉 머리를 돌려 사람을 상하지 못하게 하는 곳에 쓰라는 의미가 된다. 뱀은 머리와 꼬리가 특히 심하게 요동치므로 용맥의 끝이 요동을 쳐야 뱀혈이된다.　<출처> http://blog.naver.com/PostView.nhn?
370)　물건의 한 모퉁이를 말해주었는데도 나머지 세 모퉁이를 미루어 깨닫지 못하면 반복해서 알려주지 않는다.(擧一隅不以三隅反則不復也)　<논어(論語)> 술이(述而)편

此結上文言 穴形多端難以盡述 如所言龜蛇等形不過舉一以該百耳 惟在學者舉一隅
而以三隅反焉 觸一類而以萬類長焉 庶無執一而不通也

이는 앞 문장을 매듭지어 말한 것이다. 혈형이 다양하여 다 진술하기 어렵다.
거북이나 뱀 등의 형에 대하여 말한 바는 하나의 예를 든 것에 불과하지만 백
가지에 적용할 수 있다. 오로지 학자는 한 모서리를 들어 보였을 때 나머지 세
모서리를 유추하고, 한 유형을 접촉하면 만 가지의 유형에 확장시키는데 달려
있다. 하나에만 집착하여 불통함이 없기를 바란다.

右段論穴法

앞의 단락은 혈법을 논했다.

此段論點穴之法 當在此上 雖然穴吉 猶忌葬凶 二句乃下段起承轉[371]語 非此段結
語也 蓋賦中段落結語 或勸葬家[372]積德 或勉吉者自悟之意 居多 此段結語正勉學
者之意也 譯註 分錯今正之

이 단락에서 점혈법을 논한 것은 마땅히 이 앞의 단락에 있어야 한다. '雖然穴
吉 猶忌葬凶'의 두 구는 다음 단락을 시작하고, 전개하여, 전환하는 말[起承
轉語]이지 이 단락에서 맺는 말이 아니다. 대개 <설심부> 중에 단락의 맺는
말은 혹 장가(葬家)의 적덕을 권장하거나 길한 것을 스스로 깨닫도록 면려(勉
勵)하는 뜻이 대부분을 차지한다. 이 단락의 맺는말도 바로 학자들을 면려하는
뜻이다. 역주에서 잘못 나눈 것을 이제 바로 잡는다.

第四章 論剋擇

雖然[373]穴吉 猶忌葬凶。

비록 혈이 길할지라도 장일(葬日)이 흉함을 꺼린다.

---

371) 起承轉 : 기승전결(起承轉結)에서 온 말. 이야기가 '기-승-전' 순서로 잘 흘러가다가 결
　　론에서 엉뚱한 얘기가 흘러나올 때 씀. ◦勉(면) ; 힘쓰다. 노력하다.
372)　葬家(장가) : 상가[喪家: 사람이 죽은 집].
373) 雖然(수연) : 비록~일지라도. ◦통(通) : 탈없이 가다. 원활함. ◦이(利) : 통하다. 기운.

222　　　　　　　　　　　　　　　　　　　　　　　설심부 변와 정해

此言葬凶者謂葬日之凶 卽下文年凶月凶日凶 是也 不可指擺葬言 上段點穴之法卽
是擺葬之法 非點穴之外又有擺葬之法也 故葬凶單指年月日時 言非泛論也 細觀下
文吉凶之義可知 此承上起下之詞 言穴雖吉猶忌安葬之時 不得年月之通利與日期之
良辰 則反爲吉地之凶也 下文遂詳言之

여기서 장흉(葬凶)은 장일이 흉함을 말한다. 곧 아래 문장에서 연월일이 흉한
것이다. 천장(擺葬)을 가리켜 말해서는 안된다. 앞의 단락의 점혈법이 곧 천장
법이니 점혈법 외에 또 따로 천장법이 있는 것이 아니다. 그러므로 장(葬)이
흉하다는 것은 다만 연월일시의 흉함을 가리킨 것으로 범론을 말한 것은 아니
다. 세밀하게 아래의 문장을 살펴본다면 길흉의 뜻을 알 수 있다. 이는 앞에
이어 아래의 말을 시작하는 말이다. 혈이 비록 길해도 안장의 시간이 탈이 없
이 통하는 년월과 그 기간에 좋은 일진을 얻지 못하면 오히려 길지가 흉지로
바뀌게 된다. 아래의 문장에 상세하게 말한다.

立向辨[374]方 的以子午針爲正。作當依法 須求年月日之良。

입향의 방위를 판단하는 기준은 자오침을 바르게 하고, 당연히 법에
따라서 실행하여 반드시 연월일이 좋은 것을 구해야 한다.

子午針正針也 其製始於黃帝周公 黃帝名曰指南針 周公名曰指南車 針指南者先天
之理氣使然也 先天八卦乾南坤北 乾爲金 坤爲土 針秉先天之金氣 於乾爲同體 於
坤爲金母 此針所以首南而尾北也 至漢張子房只用十二支 至唐一行除戊己二字居中
只用八干 添乾坤艮巽 分作二十四位 以天地四正中分之嗣後 遂有正針中針縫針之
說 子午正針 二十四位 分定二十四方之陰陽五行 乃後天方位之五行 名曰地盤 子
癸中針二十四位 乃曆家分月令之氣候名曰天盤 子壬縫針二十四位 乃曆家分太陽中
氣過宮之月令 名曰人盤 各有專用 故立向辨方 當以子午針爲正也。

자오침은 기준[표준] 침[正針]이다. 그 제작은 황제 주공에서 시작되었다. 황
제가 명명(命名)하길 지남침이라 하였고, 주공은 지남거라 하였다. 침이 남을
가리키는 것은 선천의 이기가 그렇게 되게 한 것이다. 선천팔괘는 건남(乾南)
곤북(坤北)이고 건은 금이며 곤은 토이다. 침이 선천의 금기를 잡아 건에서는
동체가 되고, 곤에서는 금모(金母)가 된다. 이것이 침의 머리가 남을 가리키고
꼬리가 북을 가리키는 이유이다. 한나라 장자방은 다만 12지(支)만 사용하였

---

374) 辨(변) : 분별하다。的(적):표준(標準). 사물을 행하는 기준。依(의) : 따르다。正(정) :
　　바르게 하다.기준의. 단정하게 하다. 교정하다.

다. 당에 이르러 일행선사는 무기(戊己) 2자를 빼내서 중앙에 두어 8간(干)만을 사용하고 건곤간손(乾坤艮巽)을 더하여 다시 24위로 나누었다. 천지(天地)와 동서남북의 사정(四正)으로 가운데를 나눈 이후로 마침내 정침(正針)·중침(中針)·봉침(縫針)설이 있게 되었다. 자오정침(子午正針) 24위는 24방의 음양오행으로 나누어 정하여 곧 후천방위의 오행을 명명하여 지반(地盤)이라 하였다. 자계중침(子癸中針) 24위는 역가에서 월령의 기후로 나누어 천반(天盤)이라 명명하였다. 자임봉침(子壬縫針) 24위는 역가에서 태양중기(太陽中氣)가 과궁하는 월령을 나누고 인반(人盤)이라 명명하였다. 각각 전용함이 있으니 입향의 방위를 판단하는 데는 마땅히 자오침을 바르게 해야한다.

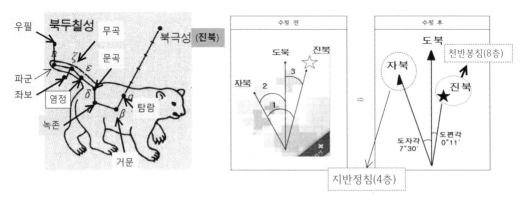

<그림 2-3-1 > 진북 & 도북

承上言欲免葬凶則立向之時 必要辨其方位 方知年神之吉凶 至辨方之法 的以子午針爲正 蓋子午居南北之中爲大地之正極 用此針盤辯方則龍穴坐向屬陰屬陽屬何五行而生剋吉凶之理 一年神方位之辨 方有定準 故作穴當依趨避之法 須求年月日時之良 以爲迪375)吉則庶幾安葬無凶矣. 然選擇之法不外造命生剋制化之理 楊公云不知年月有精微 年月要性376)少人知 年月無如造命法 葬成好命恣人爲 吳景鸞云選擇之法莫如造命377)體用之妙可奪神功 體者 法選四柱八字干支純粹成格成局 補

---

375) 迪(적) : 따르다. 。庶幾(서기) : 거의. 괜찮다. 。无如(여) : ~에 따르다. 。恣(자):마음내키는 대로하다. 。玩(완) : 매우 훌륭하다.。選家(선가) : 옛날. 민간에서 과거 시험 답안의 '八股文'(팔고문) 따위를 수험자에게 참고로 제공하기 위해 선집을 간행한 편집인.

376) 姓은 性을 오기한 것으로 판단됨.

377) 조명(造命, 택일사주) : 택일원리에 조명법(造命法)은 택일한 날짜의 연월일시에 따른 사주를 뽑아놓고 이 사주가 택일하는 체(體)를 보완하는 지를 살피는 것이다. 택일의 체(體)란 좌(坐)나 이사할 방위를 말한다. 예로 집이 子坐午向이면 子坐가 체가 되고 또 이사할 방위가 서쪽이면 태방(兌方)이 체가 된다. 태방(兌方)이 체가 된다면 택일한 연월일시에 따른 사주가 금(金)기운이 강하도록 택일하는 것이다. 주명의 길신이 위 체에 오도록 해야 한다.

　　　　　　　　　　　　　　　　　　설심부 변와 정해

龍扶山相主 是也 用者 法取日月金水尊帝三奇紫白三德及祿馬貴人到山到向到官
是也 至造命之理惟 楊公千金歌云言言精微愈玩愈故[378]有千古選家法門也 但造命
格局難以盡述 惟在學者細閱造命通書 可也

앞의 글을 이어 말하는 것이다. 장흉(葬凶)을 면하고자 하면 입향할 때 반드시
그 방위를 변별하고 그해 신살(神殺)의 길흉을 알아야 한다. 방위를 변별하는 법
의 기준은 자오침(子午針)을 바르게 한다[正]. 대개 자오(子午)는 남북의 가운데
있어 대지(大地)의 북극[正極]이 된다. 이 나침반[針盤]을 사용하여 방위를 변
별하면 용혈의 좌향이 음양과 어느 오행에 속하고 생극과 길흉의 이치와 일년의
방위의 신(神)을 변별함에 있어서 비로소 기준으로 결정이 된다. 그러므로 작혈
(作穴)은 마땅히 추피(趨避)의 법에 따라 반드시 좋은 연월일시를 찾아 길함을
따르면[迪] 안장(安葬)하는데 거의 흉함이 없다. 그러나 선택법은 조명(造命)의
생극조화(生剋制化)의 이치를 벗어나지 않는다. 양공은 이르기를 '연월에 정미
(精微)함이 있음을 몰라 연월의 중요성을 아는 사람이 적어 연월을 조명법에 따
르지 않고 매장(埋葬)하여 좋은 명운이 되는 것을 마음 내키는 대로 사람들이
한다' 라고 했다. 오경란은 이르기를 '선택법[택일법]에서는 조명(造命)이 가장
중요하다. 체용(體用)의 묘는 신의 기술[神功]을 빼앗을 수 있다' 라고 했다. 체
(體)라는 것은 법대로 사주팔자(四柱八字)의 간지(干支)를 뽑아 순수한 격국을
이루어[成格成局] 용을 보(補)하고 산을 받쳐서[扶] 서로 주(主)가 되는 것이고,
용(用)이라는 것은 법대로 일월(日月)·금수(金水)·존제(尊帝)·삼기(三奇)·자
백(紫白)·삼덕(三德)과 녹마귀인(祿馬貴人은 산으로 향하는 것이 최관에 이르
게 하는 것이다. 조명의 이치에 대해서는 양공의 천금가(千金歌)에 이르기를
'한 마디 한 마디가 정미함이 더욱 훌륭하여 아주 오랜 옛날 선가(選家)들이
법문(法門)을 남겼다' 고 했다. 다만 조명의 격국(格局)을 모두 다 설명하기는
어렵다. 오로지 학자들이 조명에 관한 통서(通書)를 정밀하게 열람하면 될 것이
다.

山川有小節之疵 不減眞龍之厚福。年月有一端之失 反爲吉之深殃。
산천에 작은 결점이 있을지라도 진룡의 많은 복은 감하지 못하나, 연
월에는 한가지의 실수라도 있으면 길함이 도리어 심각한 재앙이 되

이사한다면 주명의 녹마귀인(祿馬貴人)의 길신이 위 태방(兌方)에 오도록 하는 것이다.
<출처> 명리보감 역학연구소 宋眞龍
378) 姑을 故로 바꾸어 해석함.

게 한다.

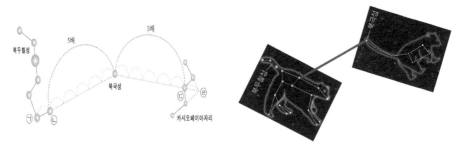

<그림 2-3-2 > 북극성

<출처>https://blog.naver.com/flipstar/221362933445

承上言選擇之事最關利害 故山川之間或形勢不能全美而有小節之疵者亦不能減其眞
龍之厚福 惟選擇未精年月日時之中有一端[379]之差失 反足爲吉地之深殃不可不愼也
앞의 글을 이어 선택하는 일은 이해(利害)에 가장 관련이 있음을 말한 것이다.
산천지간에 혹 형세가 온전히 아름답지 못하여 작은 흠이 있더라도 진룡의 후
복함을 감소시킬 수는 없다. 그러나 선택이 정밀하지 못하여 연월일시 중에 조
금이라도 실수가 있으면 오히려 길지가 심각한 재앙이 되므로 삼가지 않을 수
없다.

多是信異說而昧正言　所以生新凶而消已福。不然山吉水吉而穴吉何以多
災。豈知年凶月凶而日凶。犯之罔覺[380]。
대개 이설을 믿고 바른 말에는 몽매(蒙昧)하기 때문에 새로 흉함이
생기고 이미 있는 복마저 없어지게 된다. 그렇지 않으면 산수가 길하
여 혈이 길한데 어떻게 재앙이 많겠는가? 어찌 연월일의 흉함을 알
리오? 흉함을 범하고도 알지 못하구나.

異說者詭異之說也 如鬼靈小數課斷剋應之類 是也 正言者正經[381]合理之言也 卽造

---

379) 一端(일단) : (사물의) 일부.。差失(차실) : 착오. 잘못. 실수 .。足(족) : 이루다. 되게 함.
380) 蒙昧(몽매) : 사리에 어둡다.。罔覺(망각) : 무지(無知)하다. 아는 것이 없다.
381) 正經(정경) : 올바르다. 단정하다. 성실하다.。妄誕(망탄) : 엉터리. 經常(경상) : 항상.
　。邪術(사술) : 사법(邪法). 그릇된 길.。以致(이치) : ~이 되다.。恣意(자의):제멋대로이다. 亂
　爲(난위) : 함부로 하다.

命是也。承上言年月日時大有關於地理 然世俗之見多是信妄誕之異說而昧經常之正言以致邪術得行 其說恣意 亂爲所以生新來之凶而消已發之福 不然山吉水吉而穴吉宜獲厚福 何以反見多災 豈知年月日時選擇未精 犯凶罔覺 遂致反福爲禍耶

이설이란 궤이(詭異)한 설이다. 귀신[鬼靈]을 좇아 소수가 극응(剋應)을 과단(課斷)한다는 유가 그것이다. 정언(正言)이란 올바르고[正經] 합리적인 말이다. 곧 조명(造命)이 그것이다. 앞의 글을 이어 연월일시(年月日時)가 지리(地理)에 크게 관련됨을 말한다. 그러나 세속의 견해는 흔히 엉터리 이설을 믿고 항상 바른 말에 어두워 사술(邪術)이 행해지게 만든다. 그 설은 제멋대로 함부로 하여서(所以) 새로이 오는 흉함을 낳고 이미 발복한 것마저 없어지게[消已] 한다. 그렇지 않다면 산수가 길하고 혈이 길하니 의당 후복(厚福)을 얻어야 할진대 왜 반대로 많은 재앙을 보게 되겠는가? 어찌 연월일시 선택이 정미하지 못하여 흉함을 범하고도 깨닫지 못하여 마침내 복이 오히려 화로 변하게 하는가?

楊公云 大凡修造[382]與葬理 須把年月星辰推[383] 地吉葬凶禍先發 名曰棄屍福不來此是先賢景純說 景純雖說無年月 後來年月數十家 一半有頭無尾結 大抵此文無十全 大半都是俗人傳 統例一百二十家 九十六家年月要 問之一一皆通曉 飛度星辰說微妙 試令選擇作宅墳 福未到時禍先到 正此之謂也

양공이 이르기를 '무릇 수조(修造;묘지수리)와 장리(葬理)는 반드시 연월성신(年月星辰)으로 추리해야 한다. 땅이 길해도 장흉(葬凶)이면 화(禍)가 먼저 생기니 기시(棄屍)라 하고 복이 오지 않는다. 이는 선현 경순의 설이다. 경순이 비록 연월을 말하지는 않았으나 후래에 연월에 관한 것이 수십학파나 된다. 그런데 절반이 유두무미(有頭無尾)로 끝났다. 대저 이 문장은 완전하지가 않고, 대부분 모두 속인들의 전하는 것일 뿐이다. 120학파를 통털어 보면 96학파는 연월을 요한다. 시험삼아 해보니 일일이[一一] 모두 통달하여 밝았으나, 비도성신(飛度星辰)의 학설은 미묘하다. 시험삼아 선택하여 택분(宅墳)을 짓게 했더니 복이 이르기도 전에 화가 먼저 이르렀다' 라고 했다. 바로 이를 말함이다.

過則勿憚[384]改 當求明師。擇焉而不精 誤於管見 謂凶爲吉指吉爲凶。

---

382) 修造(수조) : 고쳐서 만듦. 즉 묘지를 수리[移葬;사초;입석]함을 말한다.。葬理(장리) : 매장하는 직업 즉 사자를 안장하는 것.[葬埋之事 , 所以安死者]。大半(대반) : 대부분.。試(시) 시험삼아.。令(령,영) : ~하게 하다.。後來(후래) :~ 이후에 생겨나다.。問之(문의) : 선택법을 시험해보다.。通曉(통효) : 통달하다. ☞ 경순(景純) : 진(晉) 나라 곽박(郭璞)의 자(字)이다.
383) 葬理避法(장리피법) 즉 장사시 피해야 하는 법.

잘못이 있으면 고치는 것을 꺼려하지 말고 마땅히 명사를 찾아라. 선택함이 정미하지 못하면 좁은 소견에 잘못하게 되니 흉을 길이라 하고, 길을 흉이라 한다.

憚畏難也 管見管窺小見也。承上言 偏信害成是謂過矣 旣有過失則勿憚於更改 當求明理之師 選擇貞吉 不然則雖欲擇吉而不能得其精微 良由385) 誤於管見之徒 學識鄙陋 不知選擇之妙 或謂凶爲吉或指吉爲凶 顚倒錯亂而莫之知也

탄(憚)이란 어려움을 두려워하는 것이다. 관견(管見)은 대나무 구멍으로 들여다보는 것처럼 좁은 견해이다. 앞을 이어 말하는 것이다. 한쪽에 치우친 믿음으로 해로움이 되는 것을 잘못[過]이라 한다. 이미 잘못이 있으면 다시 고치는 것을 꺼리지 말라. 마땅히 이치에 밝은 스승을 찾아 바르고[貞] 길(吉)한 것을 선택하라. 그렇지 않으면 비록 길한 것을 택하고자 할지라도 그 정미함을 얻을 수 없다. 보는 것이 좁은 무리들이 학식이 비루하고 선택의 묘를 몰라서 그릇되게 하기 때문이다. 흉을 길이라 하거나 길을 흉이라 가리키기도 한다. 전도착란(顚倒錯亂)하면서도 모르는 것이다.

擬386) 富貴於茫茫指掌之間 認禍福於局局星辰之內。豈知大富大貴而大者受用 小吉小福而小者宜當。偶中其言自神其術。

막연하게 근거없이 손바닥 안에서 부귀를 추측하고, 화복을 성신 안에 구속되어 알려고 한다. 어찌 알겠는가? 대부대귀는 대자[大福德者]가 받아들이고, 소길소복(小吉小福)은 소자[小福德者]가 마땅히 받아들이는 것을, 그 말이 우연히 맞은 것일 뿐인데, 그 술수는 저절로 신묘하다고 한다.

茫茫渺茫387) 無據也 局局猶言拘拘如圍於局中而不能外 非圖局之謂也 言管見之徒

---

384) 憚(탄) : 꺼리다. ◦管見(관견) : 좁은 식견. ◦誤(오) : 그릇되게 하다. 잘못하다.
385) 良由 : 말미암다. 일어나다. ◦鄙陋(비루) : 식견이 좁다.
386) 擬(의) : 헤아리다. 추측하다. ◦茫(망) : 막연하다. ◦局(국) : 구속하다. 제한하다. ◦偶中(우중) : 사물이 우연히 잘 들어맞음.
387) 渺茫(묘망) : 아득하다. 막연하다. ◦圍(유) : (동물)우리. ◦拘拘(구구) : 사물에 구애되는 모양. ◦不外(불외) : 벗어나지 못하다. ◦圖(도) : 그림. ◦推排(추배) : 추리하여 배열하다. ◦數術(수술) : 술수(術數). ◦妄(망) : 망령되다. 터무니없다.

설심부 변와 정해

不知安葬之理 先以龍眞穴正爲主 次以年月良辰佐之 徒知推排術數而擬富貴於茫茫
指掌之間 妄審卦例而認禍福於局局 星辰之內 以爲吉凶不外是矣 豈知地之大富大
貴而有大福德者能受用之 地之小吉小福而有小福德者足以當之 夫豈掌訣可以擬富
貴 星卦可以定禍福哉 然亦有邪術妄言禍福而偶有所中者 遂自誇其術如神 欺世誣
民 誠爲可恨也.

망망(茫茫)은 아득하여 근거가 없는 것이다. 국국(局局)은 국 중에 우리가 있는
것처럼 구속이 되어[구애되는 모양으로] 밖으로 나갈 수 없다는 말과 같다. 도
국을 말하는 것이 아니다. 관견(管見) 즉 좁게 보는 무리를 말하는 것이다. 안
장(安葬)의 이치란 먼저 용진혈정(龍眞穴正)을 위주로 하고 그 다음은 연월의
좋은 날[日辰]로 보좌하는 것임을 모르고, 단지 술수를 늘어놓아 근거 없이 막
연하게 손바닥 안에서 부귀를 찾고 망령되게 괘례(卦例)를 헤아려 화복을 성신
의 안에서 갇혀 알아내려 한다. 길흉이 그것을 벗어나지 않는다고 여긴다는 것
이다. 대부대귀(大富大貴)한 땅[地之]은 대복덕자(大福德者)가 받아들일 수 있
고 소길소복(小吉小福)한 땅은 소복덕자(小福德者)가 받아들이기에 충분하다는
것을 어찌 알겠는가? 대저 장결(掌訣)로 부귀를 헤아릴 수 있는가? 성괘(星卦)
로 화복을 정할 수 있는가 그러나 또한 사술을 가진 자들이 망령되이 화복을
말하는 가운데 우연히 맞추는 것이 있으면 마침내 그 술법이 신과 같다고 자랑
하여 세상을 속이고 백성을 미혹하니 참으로 한탄스럽다 할 것이다.

苟一朝388)之財賄 當如後患何389)。謬千里於毫釐 請事斯語矣。

구차하게 하루아침의 재물을 탐하다가 그로 인하여 뒷날에 생기는
후환을 어떻게 감당할 것인가? 털끝만큼의 차이에서 천리의 어긋남
이 생기니 (술사에게) 청하오니 이 말을 명심하라.

承上言術士擇吉貴明正理 苟貪一朝之財賄 胡390)亂誤人 不獨葬家受其貽禍 而且自
損陰德亦必有貽禍 近則己身 遠則子孫 其如後患何 故選擇之事不可不愼 若差之毫
釐則謬以千里 爲術士者當從事斯語 愼之戒之 庶免造孽可也

---

388) 一朝(일조) : 하루아침. 아주 짧은 시일.。財賄(재회) : 재물(財物).。請事(청사) : 정황을
　　보고하고 지시를 청하다.
389) 『明心寶鑑』 正己篇 : 孟子曰 言人之不善 , 當如後患何?
390) 胡(호):혼란하다. 어지럽히다.。誤(오) : 그릇되게 하다.。而且(이차) : 게다가. 또한. 。貽
　　禍(이화):후환을 남기다.。庶(서) : 거의.。造孽(조얼) : (장래에 응보를 받을) 나쁜 짓을 하
　　다.。孽(얼) : 죄악.

앞의 글에 이어 술사(術士)가 길(吉)함을 택하여 바른 이치를 밝히는 것이 귀하다는 말이다. 구차하게[苟] 하루아침의 재물을 탐하여 어지럽혀 남을 그릇되게 하면 장가(葬家)가 그 화를 받게 될 뿐만 아니다. 게다가 자신의 음덕도 손상시켜 가까이는 자기 자신이, 멀리는 후손이 그 화를 당하게 되는데 그 후환을 어찌하랴. 그러므로 선택하는 일은 신중하지 않을 수 없다. 만약 호리의 차이라도 있게 되면 그릇됨이 천리가 된다. 술사들은 이 말을 명심하여 삼가고 경계함으로써 나쁜 짓을 하는 것[造孽]을 면할 수 있게 되리라.

右段論尅擇
앞의 단락은 극택을 논했다.

尅擇者避其尅而擇其吉也 此段文意聯屬[391]明白 舊註錯雜 殊失本旨 今正之
극택이란 극(尅)함을 피하고 길함을 택하는 것이다. 이 단락은 문장의 뜻이 연속하고 명백하다. 옛 주석들이 엉켜서 본문의 뜻을 크게 잃었다. 이제 바로 잡는다.

---

391) 聯屬(련속) : 관련이 있다. 。錯雜(착잡) : 뒤섞이다 ☞ 。殊(수) : 매우.

설심부 변와 정해

雪心賦正解 卷之三

第一章 論古格宜看

追尋[392]仙迹 看格尤勝看書。奉勸世人 信耳不如信眼。

선사의 발자취를 조사할 때는 격식을 살펴보는 것이 책을 보는 것보다 더욱 좋다. 세인들에게 권할 때 귀로 들어 믿는 것보다 눈으로 보고 믿는 것이 낫다.

仙跡前董[393]地仙[394]所作之遺跡也 格卽仙跡格式也 耳者耳所聞也 眼者目所見也。
言今之學者雖知書訣然無實據 須要追尋仙跡是何龍穴沙水如何作用則看此格式愈多
愈熟 愈久愈精 故尤勝於看書也

선적(仙跡)이란 앞서 매장하여 만든[所作] 선사들의 자취[遺跡]이다. 격(格)은 곧 선적(仙跡)의 격식이다. 이[耳]란 귀로 듣는 것이다. 안[眼]이란 눈으로 보는 것이다. 말하자면 오늘날 학자들이 비록 서결(書訣)을 안다고 할지라도 실질적으로 의거함이 없다. 반드시 선적에서 어느 용·혈·사·수가 어떻게 작용하여 나타나는가를 추적해야 하니 곧 이러한 격식을 많이 볼수록 더욱 익숙해지고 오래되면 오래될수록 더욱 정밀해진다. 그래서 책을 보는 것보다 더욱 좋다고 한 것이다.

楊公云 勸君且去覆好墳[395] 勝讀千卷撼龍文 我故奉勸世人 如隨聲附和而信耳之所
聞 不如親看其格而信眼之所見者爲有得也 蓋耳所聞者未必眞而眼所見者斯有據 撼
龍經云看格多時心易曉 見多勝耳千回聞 是也

양공(楊公)이 이르기를 '그대들에게 권하니 우선 가서 좋은 무덤을 거듭 보는 것이 천권의 감용문을 읽는 것보다 낫다'라고 했다. 나는 그래서 세인에게 권하기를 명성을 따라 부화뇌동하여 귀로 들은 것을 믿는다면[信耳之所聞] 친

---

392) 追尋(추심) : 추적하다. 나중에 찾아 조사하다. ◦尤勝(우승) : 더욱 좋다. ◦奉勸(봉권) : 권고하다.

393) 董(동) : 묻다. ◦작(作) : (어떤 모양을) 나타내다.

394) 地仙(지선) : 지상의 선계[仙界]에 살면서 불로장생하는 신선. 여기서는 옛날 선사.

395) ☞覆墳之術(복분지술) :무덤을 반복하여 보고 길흉화복을 판단하는 법. ◦且(차) : 또한. 우선. ◦隨聲附和(수성부화) : 남이 말하는 대로 따라 말하다. 부화뇌동하다.

(親)히 그 격을 살펴보고 눈으로 본 것을 믿어[信眼之所見] 알 수 있는 것보다 못하다고 했다. 대개 귀로 들은 소문은 반드시 참된 것은 아니며 눈으로 본 것이 증거이다. <감룡경(撼龍經)>에 이르기를 '격식을 살펴보는 것이 많을 때 마음으로 쉽게 깨우치고 눈으로 많이 보는 것이 귀로 천 번을 듣는 것보다 낫다'라고 함이 그것이다.

山峻石粗[396] 流水急 豈有眞龍。左廻右抱主賓迎 定生賢佐。
산이 험준하고 바위가 조악(粗惡)하며 흐르는 물이 급하면 어찌 진룡이 있겠는가? 좌로 돌아 우로 감싸면 주인이 빈객을 맞이하니 반드시 현인이 탄생하게 된다.

言地理貴於信眼者 如見山險峻石粗頑而水又急流傾出則山水之形勢凶惡[397]極矣 豈有眞龍居此哉 如見左山廻環右山繞抱而主賓兩山又趨迎相顧[398]則局勢全矣 必結吉地 定生賢臣以輔佐聖主矣
지리는 눈으로 보고 믿는 것을 귀히 여긴다는 말이다. 산은 험준하고 바위는 거칠고 험악하며[粗頑] 물은 또 급하게 흘러 기울어져 흘러나가는 것이 보일 것 같으면 산수의 형세가 흉악함이 극도에 이른 것이다. 어찌 참된 용이 이러한 곳에 있을 수 있겠는가? 좌산이 감싸 돌고 우산이 감싸 안고 주·빈 두 산이 또 서로 문안드리고 맞이하여 바라보면 국세가 완전하다. 반드시 길지를 맺어 현신(賢臣)을 태어나게 하여 성주(聖主)를 보좌하게 될 것이다.

取象者必須形合。入眼者定是有情。
상(象)을 취함에서는 반드시 형(形)에 어울려야 하며, 눈에 들어오면 반드시[定是] 유정(有情)하다.

象物象也 形穴形也。言看格而取象於物 必須有以合穴之形 形象旣相合而入吾眼則

定是有情之穴而爲眞吉矣　若形象不相合而妄有所[399]比擬則失其穴情[400]之眞　是不
善看格者矣

상(象)은 물상이다. 형(形)은 혈형이다. 격식(格式)을 보고 난 후에 사물에서
상(象)을 취하되 반드시 혈의 형(形)에 어울려야 한다는 말이다. 형(形)과 상
(象)이 이미 서로 어울려 자신의 눈에 맞으면 반드시 유정한 혈로 참으로 길하
다. 만약 형과 상이 서로 어울리지 않는데 함부로[妄有] 죄다 비교하면 혈정
(穴情)의 진실을 잃게 된다. 이는 격식을 잘못 본 것이다.

但看富貴之祖墳。必得山川之正氣。何年興何年廢。鑑彼成規[401]。某山
吉某山凶。瞭然在目。

다만 부귀한 조상의 분묘를 살펴보면 반드시 산천의 정기(正氣)를 얻었고 어느
해에 흥하고 어느 해에 폐하는 것인가 그것을 자세히 살펴 교훈삼아 규범을 만
들면 모산이 길하고 모산이 흉할 것은 분명하게 드러날 것이다.

---

399) 所(소) : 완전히. 죄다. 아주.。比擬(비의) : 비교하다. 견주다.。入(입) : 합치하다. 맞다.
400) 穴情(혈정).
☛혈(穴)이 어떻게 이루어졌는지를 묻는다면 혈장과 혈훈이 분명하게 이룬다.(借問如何穴便成,
穴場穴暈總分明.)　　　　　　　　　　　　　　　　<출처>『지학』심호.
☛穴情(혈정)은 紋理(무늬,결) 또는 穴暈(혈훈: 해나 달의 주위를 감싸고 있는 둥근 태 모양의
무리)같은 희미한 흔적으로 혈장의 형(形)을 이루는 미시적인 부분을 묘사하고 있다.
☛하나의 구역의 전체가 둥근 가운데에 음양이 머금으면 이를 운이라 한다.
　(然一圈週圓 而中含陰陽 謂之暈者)　　　　　　　　　<출처>『지리담자록』
☛개착해야만 하는 곳에는 또한 반드시 약간의 혈정(穴情)이 나타나는데, 그 자리에 약간의 오
목하거나 약간의 볼록한 형태가 있다.(其當開鑿之處亦必有微情現出爲微凹微凸之形立于此處)
　　　　　　　　　　　　　　　　　　　　　　　　<출처>『풍수지리요강』
☛羅紋土縮(나문토축)은 혈정으로서 그 무늬가 지문과 같은 것을 말하며, 羅紋(나문)은 와혈이
나 겸형에서 土縮은 유혈이나 돌혈에서 나타난다.
◦나문(羅紋)은 혈(穴)이 맺힌 곳에 마치 솥을 엎어놓은 것과 같은데, 엎어놓은 솥에 개구(開
口)하거나 혹은 와(窩)가 생긴다. 음(陰)이 극(極)에 달하여 양(陽)이 생긴 곳이 아닌 게 없다.
◦토축(土縮)은 혈(穴)이 맺힌 곳에 구(口)가 열려 있는데, 그 아래에 약간 볼록한 무더기[堆]가
생긴다. 또한 오직 양(陽)이 극에 달하여 음(陰)이 생긴 곳이다.　<출처> 민중원 풍수명리학회
☛天心十道(천심십도)도 혈정의 한 종류이다.
☛穴情:묘지의 지상(地相).
401) 鑑(감) : 자세히 보다. 귀감(교훈).(鑑과 同字) 。瞭然(요연) : 명백하다. 뚜렷하다. 분명
하다.。在(재) : 눈(시선)에 들어오다. ☞피(彼) : 저. 그.

承上言眞龍吉穴自有形勢之足觀 故但看富貴之祖墳 必得402)山川之正氣 其山水必
秀麗和平 其左右賓主必環顧 其形象必符合而有情與尋常不同也 至來龍節數之美惡
應於何年興旺 何年休廢則彼有已成之規模 可以爲鑑 如某山吉而主吉 某山凶而主
凶 歷歷觀之 亦瞭然在目中矣 所謂看格尤勝看書者 此也

앞을 이어 진룡길혈(眞龍吉穴)은 본래 족히 형세가 볼만 하다는 말이다. 그러
므로 다만 부귀한 조상의 무덤[祖墳]를 살펴보면 반드시 산천의 정기를 얻은
것이 틀림없다. 무덤의 산수는 반드시 수려하고 화평하며 빈주(賓主)의 좌우는
반드시 둥글게 돌아보아 그 형상이 반드시 부합(符合)하고 유정하여 평범하지
않을 것이다. 내룡 절수의 미악(美惡)은 어떤 해는 흥왕하고 어떤 해에 휴폐한
규모가 있으니 그것으로 본보기[鑑]로 삼을 수 있다. 모산이 길하면 길(吉)을
주관하고 모산이 흉하면 흉(凶)을 주관하는지 분명하게[歷歷] 살펴보면 또한
분명하게 눈에 들어올 것이다. 이른바 격식을 살펴보는 것은 책을 읽는 것보다
더욱 낫다는 것이 이것이다.

水之禍福立見403)。山之應驗404)稍遲。

물은 화복이 즉시 나타나고 산은 응험이 조금 늦다.

承上言山有吉凶 水亦有吉凶 然水之吉凶而禍福之應驗立見 山之吉凶而禍福之應驗
則稍遲焉 蓋水爲動物 故應速 山爲靜物 故應遲也 然論動靜之理 固是如此 若觀上
文云 山有惡形當而朝者禍速 水如急勢登穴不見者禍遲 尤宜參看

앞에서는 산에 길흉이 있다고 말했다. 물 또한 길흉이 있다. 그런데 물의 길흉
은 화복의 응험이 즉시 나타나지만, 산의 길흉은 화복의 응험이 약간 늦게 온

---

402) 得(득) : (추측의 필연성을 나타내어) ~임에 틀림없다. 與尋常不同 : 평범하지 않다, 특별
히 뛰어나다. ☞ 尋常(심상) : 대수롭지 않고 예사로움. 심상치 않다. 。응(應) : 응하다 어떤
사물에 응하여 나타나는 현상. 。歷歷(역력) : 뚜렷하다. 분명히 드러나다.
403) 입현(立現) : 즉시(早) 나타난다. [불선일(不旋日) : 하루해가 지나기 전에, 불선종(不旋踵)
: 발돌릴 사이도 없이 빨리. 눈깜박할 사이.]
404) 應驗(응험) : (예언 등이) 들어맞다. 영험하다.
☞산(山)은 움직임이 없어 음(陰)에 속하고, 물[水]은 움직였어 양(陽)에 속한다. 음(陰)의 도
(道;이치)는 체(体)에 해당하고 양(陽)은 변화를 주관한다. 그러므로 길흉화복은 물에서 나타나
는 것이 더욱 빠르다.
옛말에 이르길 물은 본래 움직이나 정하고자 하고, 산은 본래 정하나 움직이고자 하는 이것은
이치를 표현한 말이다(山靜物而屬陰 水動物而屬陽 陰道體當 陽主變化 故吉凶禍福見於水者
尤急. 古語云 水本動欲其靜 山本靜 欲其動 此達理之言也). 『地理新法』「水論」

다. 대개 물은 움직이는 것이므로 발응이 빠르고 산은 움직이지 않고 고요한 것이므로 발응이 늦다. 그래서 동정(動靜)의 이치를 따져보면 진실로 이와 같은 것이다. 앞의 문장에서 '산에 악형(惡形)이 있어 마주하여 뻗어오면 화가 빠르게 오고, 물이 급세일지라도 혈장에 올라가서 보이지 않으면 화는 느리게 나타난다'고 했으니, 더욱 마땅히 참고하여 살펴야 한다.

地雖吉而葬多凶 終無一405)發。穴尚隱而尋未見 留待後人。

땅이 비록 길(吉)할지라도 장사(葬事)에 흉함이 많으면 마침내 잠시 [一] 발복도 없다. 혈은 여전히 숨어있어 찾아도 보이지 않는 것은 후인을 기다리고 머물러 있는 것이다.

此言葬多凶者謂失其穴 或得穴而上下左右淺深不合 其法及立向有差而年方不通利 也。言山水固有吉凶 然亦有人家祖地形勢雖吉而安葬之時 或非其穴 或不合法 或 立向不正 或年方不利 多犯此凶者則終久無一發福也 至有遺穴尚隱而搜尋未見者是 乃天珍地秘留待後人之有福德者而與之 又不必勉强尋之也 此下至按圖索驥者何曉 皆看格之義也 當合爲一段 謝氏分毋執己見以下 爲論後龍者 非也

장사에 흉함이 많다는 말은 실혈(失穴)을 하였거나 혈을 얻었다고 할지라도 상하좌우의 천심(淺深)이 혈에 합당하지 않고 그 법과 입향에 차이가 있어 그해의 방위에 이롭도록 통하지 않기 때문이다. 산수를 말하자면 원래 길흉이 있으나 어떤 집안에서 선산[祖地] 형세가 비록 길할지라도 안장할 때에 혹 그것이 혈이 아니거나 법에 합당하지 않거나 혹 입향이 바르지 않거나 혹 그해의 방위에 불리하여 이렇게 흉한 것을 많이 범하게 되면 결국(終久) 잠시 [一]의 발복도 없게 된다. 남아있는 혈은 여전히 드러나지 않아 여기저기 찾아도[搜尋] 나타나지 않는 것은 하늘이 귀하게 여기고 땅이 감춰[天珍地秘] 복덕이 있는 후인을 기다려 주려고[與] 하는 것이다. 억지로 혈을 찾으려고 힘쓸 필요가 없다. 이 아래에 '그림에만 의존하여 천리마를 찾으면 어찌 알 수 있겠는가[按圖 索驥者何曉]' 모두 격식을 보아야 한다는 뜻이다. 마땅히 한 단락에 합해야 한다. 사씨가 '이미 본 것에 집착하지 말라[毋執己見]' 이하를 나누어 '후룡을

---

405) 一(일) : 약간. 잠시. 한번.。尙(상) : 여전히.。搜尋(수심) : 여기저기 (돌아다니며) 찾다. 물으며 찾다.。按圖索驥(안도색기) : 그림에만 의존하여 준마(駿馬)를 찾는다는 뜻으로 즉 실제로 천리마(驥)가 무엇 인지 모르면서 그림으로 인해 천리마를 찾았다는 뜻이다.☞。按 (안) : 살피다.。驥(기) : 천리마.。至(지) : 몹시. 매우. 지극히.

논함'이라 한 것은 잘못이다.

毋執[406]己見而擬精微。須看後龍而分貴賤。

이미 자기가 본 것에 집착하여 정미(精微)함을 예견하지 마라. 반드시 후룡을 살펴보고 귀천을 분별해야 한다.

承上言覆視人家祖地 其中吉凶之應驗 穴情之隱藏[407] 固有精微之理 然亦有來歷可考 不可執一己之見 只就到頭一節而擬議之 須看後龍而分其貴賤則有實跡之可據也 蓋貴賤出於來龍 未有龍貴而穴不貴 龍賤而穴不賤者也 故覆視舊墳 原與尋地同法 當先看來龍次察穴情 次察堂局及龍虎朝案羅城水口件件合法則爲福蔭所基無疑 否則發福非由此也 故下文詳言之非 止看後龍而已 今術士登局便斷禍福 不看來龍 則是術數之學 惟知入墳斷法 禍福雖驗 而非覆視之正理 所謂善斷者不能善葬也

앞의 글을 이어 어느 집안 조상무덤 가운데 길흉의 응험을 반복하여 보라는 말이다. 혈정(穴情)의 은장(隱藏)은 원래 정미한 이치에 있으나 또한 내력을 참고할 수 있으나 한번[一] 자기가 본 것에 집착해서 다만 도두일절을 취하여 예견[擬議]해서는 안된다. 반드시 후룡을 살피고 귀천을 분별하면 근거할 만한 실제 행적을 근거로 삼을 수 있다. 대개 귀천은 내룡에서 나타나므로 용이 귀한데 혈이 귀하지 아니한 것은 없고 용이 천(賤)한데 혈이 천하지 아니한 것도 없다. 옛 무덤을 반복하여 보는 것[覆視舊墳]은 원래 처음 혈을 찾는 법[尋地]과 같다. 마땅히 먼저 내룡을 살피고 그 다음으로 혈정을 살펴야 한다. 그 다음 당국과 용호·조안·나성·수구 등 모두를 차례로 살펴서 합법하면 발복할 터전으로 의심할 바가 없다. 그렇지 않으면(의심이 되는 곳이면) 발복이 이로 말미암아 생기지는 않는다. 아래 문장에서 틀린 것을 상세하게 말할 것이나 멈추어서 후룡을 살펴야 한다는 것일 뿐이다. 오늘날 술사들은 국(局)에 올라서 곧 화복(禍福)을 판단하되 내룡을 살피지 않으면 이것은 술수지학(術數之學)이다. 오직 분묘가 맞는지 판단하는 방법을 알 뿐이니 화복의 응험이 있더라도 반복하여 살피는 올바른 이치(正理)가 아니다. 이른바 화복의 판단을 잘 한다고[善斷] 선장(善葬)할 수 있는 것은 아니다.

---

406) 執(집) : 고집하다.。擬(의) : 헤아리다.
407) 隱藏(은장) : 감추다.。可考(가고) : 참고(參考)할 만함.。擬議(의의) : 예견(豫見)하다. 入(입) : 맞다. 합치하다.

三吉鍾於何地[408]則取前進後退之步量。劫害出於何方 則取三合四衝之年應。遇吉則發 遇凶則災。

삼길(三吉)이 어디[何地]에 모였는가는 전진과 후퇴의 걸음을 헤아려서 취하고, 겁해(劫害)가 어느 곳[何方]에서 생겼는지는 삼합(三合)이나 사충(四衝)의 연응(年應)을 보아 취한다. 길함을 만나면 발복하고 흉함을 만나면 재앙이 생긴다.

此三吉宜就龍身尖圓方星體而言也 山以尖圓方爲吉 水以堂中窩聚及深潭池湖彎環[409]淳瀦爲吉 此以三吉而該山水者 以水之吉猶山之吉也 不可以貪巨武爲三吉 若以貪巨武論山則猶是尖圓方之形 若以貪巨武論水則又是九星卦例之說 非卜氏立言之旨也

이 삼길(三吉)은 의당 용신이 첨·원·방한 성체[尖圓方星體]를 가지고 말해야 한다. 산이 첨·원·방(尖圓方)한 것을 좋은 것으로 여기며, 물은 명당 가운데[堂中]에 우묵한 곳에 모여서[窩聚] 깊은 연못[深潭]을 이루거나 못과 호수[池湖]를 둥글게 감싸[彎環] 맑고 깨끗한 물이 모이는 것[淳瀦]을 좋은 것으로 여긴다. 이것은 삼길로써 산과 물을 포용[該]한 것으로 물이 길한 것을 산(山)이 길한 것과 같다고 보는 것이다. 탐·거·무(貪巨武)를 삼길(三吉)이라고 해서는 안된다. 탐·거·무(貪巨武)로써 산을 논한다면 첨·원·방(尖圓方)의 형상과 같지만, 탐·거·무(貪巨武)로 물을 논한다면 또한 이는 구성 괘례설이다. 복응천이 말한 취지가 아닌 것이다.

前進步[410]水也 量水自穴前起一步進一步 後退步龍也 量山自穴中起一步退一步 一

---

408) 何地(하지) : 어디. 。何方(하방) : 어디. 어느 곳. 。겁해(劫害) : 해친다. 。出(출) : 발생하다.

☞ 삼길육수(三吉六秀) : 혈(穴)에서 9층 패철의 6층으로 그 방위에 미려한 산이 있으면 길(吉)하다는 것이다. 삼길방위(三吉方位)은 진·경·해(震·庚·亥)방위이고, 육수방(六秀方)은 간병(艮丙)·손신(巽辛)·태정(兌丁) 방위(方)로 하나의 봉우리[峰]만이 서 있는 것보다는 마주 보고 서 있는 것을 길한 것으로 보며 그 가운데 병오(丙丁) 방위의 봉우리[峰]을 마주 보는 것을 더욱 귀하게 여긴다.

☞ 삼충사충(三衝四衝) : 거듭 상충(相沖)을 이루는 상태를 말한다. 예를 들어 오방(午方)에 흉사(凶砂)가 있는데, 이를 자오(子年)가 충(沖)하고 인오술생(寅午戌生)이 되면 거듭 충(沖)하는 모습이니 매우 흉(凶)하다.

409) 彎環(만환) : 둥근 모양. 。淳瀦(순저) : 맑고 깨끗한 물이 모임. 。該(해) : 포용(包容)하다. 겸하다.

步三年 十步一世 此步數上 後遇龍身吉星 <u>主此代發福</u> 前遇堂中吉水 <u>主此代發財</u> <u>刦害指凶沙凶水</u> <u>言三合者</u> 申子辰 寅午戌 亥卯未 巳酉丑也 <u>四衝者</u> <u>子午卯酉 四</u> <u>正 寅申 巳亥 辰戌 丑未 四隅也</u>[411] 八干四卦 附在地支內 論如亥卯未三合則以乾 甲丁附之 如寅申相衝則以坤艮附之之類也 如午上有凶砂凶水 主寅午戌年幷子午年 衝有凶 或本年生命人應之之類 若有吉砂吉水其福應亦然 餘倣此。

전진(前進)은 보폭으로 물을 재는 것이다. 물을 헤아리는 것은 혈 앞에서부터 한 걸음을 시작하여 한 걸음씩 나아가는 것이다. 후퇴(後退)는 보폭으로 용을 재는 것이다. 산을 헤아리는 것은 혈중에서부터 시작하여 한 걸음씩 뒤로 물러나는 것이다. 일보(一步)가 삼년(三年)이고, 십보(十步)가 일대[一世]이다. 이러한 보폭 수로 뒤로 나가 용신이 길성을 만나면 이 대(代)에는 발복을 주관한다. 앞에 명당 가운데 길수를 만나면 이 대(代)에 부자가 된다. 겁해(刦害)는 흉사흉수(凶沙凶水)를 가리킨다. 삼합(三合)이란 신자진(申子辰)·인오술(寅午戌)·해묘미(亥卯未)·사유축(巳酉丑)이다. 사충(四衝)이란 자오묘유(子午卯酉)의 사정(四正)과 인신(寅申) 사해(巳亥)·진술(辰戌)·축미(丑未)의 사우(四隅)이다. 팔간사괘는 지지(地支) 안에 붙어있으므로 예를 들어[如] 논한다면 해묘미 삼합(亥卯未三合)은 건갑정(乾甲丁)이 붙어있고, 인신(寅申)이 상충(相沖)하면 간곤(艮坤)이 붙어있는 유(類)이다. 만약 오(午)에서 흉사와 흉수가 있다면 인오술(寅午戌)년을 주관하고 아울러 자오년(子午年)에 충(沖)하여 흉함이 있으니 혹 본년(本年) 즉 인오술(寅午戌)년에 태어난 명인(命人)에게 응한다는 유이다. 만약 길사와 길수가 있다면 그 복이 응함도 그렇다. 나머지도 이와 같다.

言看後龍須觀三吉之星鍾於何地 則取前進後退之步數以量之 以驗其福在何代也 又觀劫害之殺 出於何方 則取三合四衝之年分以推之 以驗其凶應何時也 蓋遇吉星則必發福 逢凶殺則必生災 亦理之必然也

---

410) 步(보) : 보측(步測)하다. 보폭.。一世(일세) : 일대(一代). 당대.。量 : 헤아리다. 재다.。上(상) : 나가다.。附(부) : 부착(附着)하다.。餘(여) : 여분(多出).。倣(방) : 비슷하다.。사우(四隅) : 네 귀퉁이.。八干四卦(팔간4괘) : 八干(甲庚丙壬乙辛丁癸). 四卦(乾坤艮巽)
411) 오늘날 기준의 四衝(사충)과 차이 있다. ☞ 오늘날 기준으로 사충(四衝)은 四正(사정) : 子午卯酉(자오묘유), 四隅(사우) : 寅申巳亥(인신사해), 四墓(사묘) : 辰戌丑未(진술축미)이다. 이를 미루어 보아서 사묘를 사우에 포함시킨 듯하다. ☞ 寅坐의 자리에 申方(신방)에 衝(충)을 주거나 깨어진 沙(사)가 있을 시, 寅(인)의 자리는 申의 나쁜 기운에 의해 충을 받게 된다. 반대로 그 방향에 吉(길)한 沙(사)가 있으면 관련된 사람에게 吉(길)하게 작용을 하게 될 것이다. 따라서 寅(인)과 三合(삼합)하는 寅午戌(인오술)과 관련된 해(年)에 관련(출생년. 본명 등)된 주인에게 나쁜 영향을 끼치게 된다.

후룡(後龍)은 반드시 삼길성[三吉之星]이 어디에 모였는지를 살펴 앞으로 뒤로 걸음 수로 헤아려 복이 어느 대에 있는지를 검증한다는 말이다. 또 겁해살[劫害之殺]이 어느 곳에 생기는 지를 살펴야 하니, 삼합(三合)이나 사충(四衝)의 연분(年分)을 취하고 추리하여 흉이 어느 시기에 응하는지 검증한다는 말이다. 대개 길성(吉星)을 만나면 반드시 발복하고 흉살(凶殺)을 만나면 반드시 재화(災禍)가 생기는 것은 필연의 이치인 것이다.

然步龍步水以驗其發福之遲速 又當看龍氣之緩急 砂水之寬緊 合龍穴砂水而總論其
遲速其應驗更準此 又不可不知也 故下文緊拱寬平天關地輔 數句 皆是輔足此意
그러나 보룡보수(步龍步水)로 발복이 느리고 빠름을 증험하려면 또 마땅히 용기(龍氣)의 완급(緩急)함과 사수의 관긴한[寬緊] 것이 용혈사수(龍穴砂水)와 부합하는지를 살펴 그 지속(遲速)을 총론하고 그 응험을 다시 이것에 기준으로 살펴야 한다는 것을 불가불 알아야 한다. 아래 문장에서 긴공·관평·천관·지축(緊拱·寬平·天關·地軸)의 몇 구절은 모두 이 뜻을 보충한 것이다.

山大水412)小者 要堂局之寬平。水大山小者 貴祖宗之高厚。
산이 크고 물이 작으면 당국이 관평(寬平)해야 하고, 물이 많고 산이 작으면 조종이 높고 후부(高厚)해야 좋다.

承上言山水吉凶之應 固有驗法 又當看其山水相稱413)何如 若山大水小者則水不稱
山矣 須要堂局寬潤平正不見水小爲稱也 若水大山小者則山不稱水矣 貴乎祖宗山高
而且厚 方有以稱水之大 亦猶子弱母强不畏人欺也 若祖山太遠不能稱水 須高築羅

---

412) 陰陽論(음양론)
1. 음(陰)과 양(陽) 2가지의 기운이 융합하여 맺이면 산이 되고 물이 된다. 산과 물이 모이면 음과 양이 모이는 것이고, 음양이 모이면 생기가 되어 좋은 땅이 된다. 산이 크고 물이 작은 것을 독양(獨陽), 산이 작고 물이 많은 것을 독음(獨陰)이라고 한다. 기복이 없는 산은 고음(孤陰)이라 하고, 조용하지 않은 물을 고양(高陽)이라고 한다. 이런 곳은 음양(陰陽)이 서로 화합하지 않기 때문에 흉지가 된다고 하였다.
2.산과 물이 서로 균형을 이루면 음과 양이 조화(調和)를 이루고 조화를 이루면 하늘과 땅 사이에 조화로운 기운이 가득 찬 것이다. 지리라는 것은 산과 물에 관한 것일 뿐이다. 산의 경우, (사람들은) 천리의 근원을 보아야 하며, 물의 경우 (사람들은) 천리의 구불구불함을 보아야 한다. 산은 높아야 하며 물은 깊어야 한다.   <출처> 『명산론』
413) 稱(칭) : 잘 어울리다. 균형을 이루다.。欺(기) : 업신여기다.。羅圍(나위) : 주위를 두르
    다. 둘러 에워싸다.。大堆(대퇴) : 크게 높이 쌓다.

圍大堆墳塚以稱水局可也

앞의 글에서 산수(水山) 길흉의 발응을 확실하게 경험하는 방법을 말했다. 또 마주하는 산수가 어떻게 서로 균형을 이루는지를 살펴보아야 한다. 만약 산대수소(山大水小)하면 물이 산에 어울리지 않는 것이다. 반드시 당국(堂局)이 넓고 평평하고 반듯해야 물이 작아 보이지 않아 어울린다. 만약 물이 많고 산이 작으면[水大山小] 산이 물과 균형을 이루지 못한다. 조종산(祖宗山)이 높고 또 후부(厚富)해야 좋다는 것은 그래야 비로소 물이 많아도 균형을 이루기 때문이다. 마치 아들이 약해도 어미가 강하면[子弱母强] 다른 사람들이 업신여기는 것을 두려워하지 않는 것과 같다. 만약 조산(祖山)이 너무 멀어서 물과 균형을 이룰 수 없으면 반드시 주위 둘레를 높게 쌓고 무덤을 크게 조성하여 물과 국(局)이 어울리게 해야 한다.

一起一伏 斷了斷[414]到頭 定有奇蹤。九曲九彎 廻復廻下手 便尋水口。

용맥이 한번 일어나고 한번 엎드려 끊어질 듯하다가 다시 이어져 도두(到頭)에 이르면 반드시 기이한 자취가 있다. 물이 구곡구만(九曲九彎)하여 돌고 돌아 하수사(下手砂)에서 곧[便] 수구(水口)를 찾아라.

到頭入首[415]也 下手逆水砂也 九曲九彎極言其水之曲折也 不必泥定九字。承上言山水固欲其相稱 又當看其形勢何如 若後龍來勢一起一伏 斷而又斷則是活動退卸之極[416] 到頭定有奇異之蹤而非尋常之地可知也 若面前水勢九曲九彎廻而復廻則是眷戀有情極矣 又須下手砂[417]頭 逆關使水環抱出口方爲有益 故看格者必於下手便尋

水口 看其闌截何如 若水屈曲有情而下關不緊亦爲洩氣 訣云 未看後龍來不來 且看
下關廻不廻 未看結穴穩不穩 且看下關緊不緊 是也

도두(到頭)는 입수(入首)이다. 하수(下手)는 역수사(逆水砂)이다. 구곡구만(九曲
九彎)은 물이 구불구불한[曲折] 것을 극단적으로 말한 것이다. 반드시 아홉이
라는 숫자에 얽매일 필요는 없다. 앞에서는 산수는 당연히 서로 어울려야 함을
말했다. 또 마땅히 그 형세가 어떠한지 살펴야 한다는 말이다. 만약 뒤에서 용
이 뻗어오는 세(勢)가 일기일복(一起一伏)하여 끊어지고 또 끊어지는 것 같으
면 이는 활동과 퇴사를 다한 것으로 도두(到頭)에는 반드시 기이(奇異)한 종적
(踪蹟)이 있어 심상한 땅[尋常之地]이 아님을 알 수 있다. 만약 면전의 수세가
구곡구만(九曲九彎)하여 감돌고 다시 굽이지면 이는 그리워하는[眷戀] 정이 지
극한 것이다. 또 반드시 하수사(下手砂)의 머리[龍虎頭]가 거슬러 막아[逆關]
물이 출구를 환포하여 흐르게 해야 비로소 유익하다. 그러므로 격(格)을 보려
면 반드시 하수사(下手砂)에서 곧 수구(水口)를 찾아 거스르는 사[闌截]가 어
떠한지를 살펴야 한다. 수가 굴곡유정(屈曲有情)하고 하관(下關)이 긴밀하지 않
으면 역시 누기(洩氣)가 된다. 결(訣)에 이르기를 '후룡(後龍)이 왔는지 오지
않았는지를 살피기에 앞서 먼저[且] 하수사가 관란(關闌)하여 방향을 바꾸었지
방향을 바꾸지 못한지를 여부를 살펴야 한다. 결혈한 것이 안정한지 불안정한
지 살피기에 앞서 우선[且] 하관이 긴절(緊切)한지 긴절하지 않았는지를 살펴
야 한다'라 함이 그것이다.

山外山稠疊[418] **補缺障空。水外水橫闌 弓圓弩滿。**

산의 바깥에 산이 중첩하면 모자라고 빈 것을 보충하고 막아주는 것
이고, 물밖에 물이 횡란(橫闌)하여 둥근 활과 팽팽한 시위처럼 감싸

한다. 또 하수사 있는 혈은 부자가 된다고 하여 재사(財砂)라 하기도 한다.
<출처> 백과 사전

☞동서남북을 불문하고 단지 물이 나가는 한 변[去水一邊]을 일러 下手(하수)라 한다. 下手沙
(하수사)는 穴場(혈장) 앞에 한쪽이 먼저 오고, 다른 한쪽은 늦게 와서 交鎖(교쇄)하여야 좋
다. 대개 下手沙(하수사)는 가장 관계가 중요한 것은 下關(하관)이 있으면 結作(결작)하고,
下關(하관)이 없으면 結作(결작)이 없다. 만약 穴 앞의 물이 오른쪽 앞으로 돌아 나가면 오
른쪽이 下手(하수)가 되니, 요컨대 오른쪽 下臂(하비)가 한번 꺾여 물을 거스르고 왼쪽 山
을 길게 지나가 왼쪽의 山과 물을 막아 머물게 해야한다. 이와 같은 것을 일러 逆關(역관)
이라 한다.

418) 稠疊(조첩) : 겹겹이 막아 조밀함。◦補障(보장) : 보충하고 막아줌。◦橫(횡) : 맞서다. 거스
르다。◦闌截(란재) : 가로막다. 차단하다。◦弓弩(궁노) : 활。◦彎抱(만포) : 굽어 감싼다。◦滿
(만) : 둥그레지다. 시위를 힘껏 당기다.

주는 것이다.

稠密也 疊重也 弓圓弩滿言水彎抱如弓弩上弦之形也。言山水旣吉 而局內山之外復
有群山稠疊 則是補其缺而障其空 其地愈吉也 明堂水之外又得外來大水 橫過闌截
如弓之圓 如弩之滿 則彎抱有情 其地愈有關鎖而氣全也

조(稠)는 주밀한 것이고 첩(疊)은 거듭되는 것이다. 궁원노만(弓圓弩滿)은 물
이 활깥이 굽어 감싸 상현(上弦)달의 형상인 것을 말한다. 산수가 이미 길한
데 국내산(局內山)의 바깥에 다시 뭇 산이 중첩하면, 이는 결함(缺陷)을 보충
해주고 허한 곳을 막아주는 그 땅은 더욱 좋다. 명당수 밖에 또 외부에 큰물
이 흘러와 (앞으로) 지나가는 물[過]을 거슬러[橫] 가로막아[闌截] 활같이 둥
글고[如弓之圓] 석궁처럼 둥글면[如弩之滿] 굽어 감싼 것이 유정하여 그곳은
더욱 관쇄하여 기가 온전할 것이다.

< 사진 3-1-1 > 나성(羅城)

緊拱[419]者富不旋踵。　寬平者福必悠深。

긴공(緊拱)하면 부(富)가 발돌릴 사이도 없이 빨리 오고, 관평(寬平)
하면 복이 반드시 오래 번성(繁盛)한다.

旋轉也　踵足跟[420]也　悠遠也。言山水旣有情又當看其局勢之寬緊何如　若局勢緊拱

---

419) 拱(공) : 감싸다. ◦ 悠(유) : (거리가) 멀다. (시간이) 오래되다. ◦ 深(심) : 성(盛)하다. ☞ 悠
久(유구) : 유구하다. 장구(長久)하다.
420) 跟(근) : 발뒤꿈치. 따라가다. ◦ 長遠(장원) : 장구하다. 오래다. ◦ 不待(부대) : (~할) 필요
가 없다.

　　　　　　　　　　　　　　　　　　　설심부 변와 정해

者則風藏氣聚 不待轉足而富矣 極言其發福之速也 若局勢寬平者則氣象宏大 其發
福必深遠而無窮矣

선(旋)은 전환(轉換)이며, 종(踵)이란 발꿈치이다. 유(悠)는 장원(長遠)이다. 산
수가 이미 유정하면 또 마땅히 그 국세가 관평(寬平)한지 긴공(緊拱)한지를 살
펴보아야 한다. 만약 국세(局勢)가 긴공하면 장풍이 되어 기가 모여 즉시[不待
轉足] 부자가 된다고 그 발복이 빠름을 극단적으로 표현한 것이다. 만약 국세
가 관평하면 기상이 광대(宏大)하여 그 발복은 반드시 심원(深遠)하여 무궁하
다.

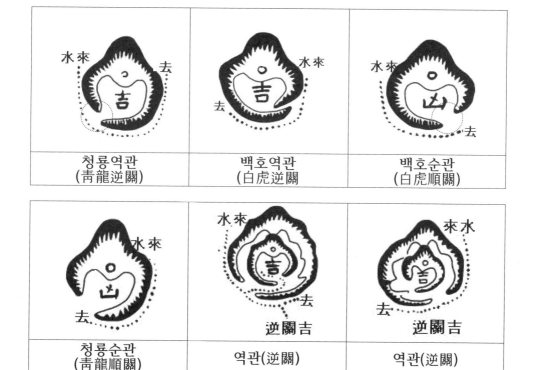

< 그림 3-1-1 > 순관 및 역관

修竹[421]**茂林 可驗盛衰之氣象。 天關地軸 可驗富貴之速遲。**

---

421) 修竹(수죽) : 길게 자란 대. ◦修(수) : 길다.
🍵 천문(天門)은 득수처(得水處)나 수래처(水來處)로 천관(天關) 또는 득수(得水)라 하고, 地戶
(지호)는 수구로 지축(地軸)을 말한다. 득수처(得水處)는 넓고 길고 먼 것(長遠)이 좋고, 수
구(水口)는 막혀서 긴밀하여 좁을수록 좋다. 穴(혈)의 좌우 중 한쪽은 득수처(得水處)가 되

수죽무림(修竹茂林)은 성쇠의 기상을 증험할 수 있고, 천관지축(天關地軸)은 부귀의 늦고 빠름을 증험할 수 있다.

承上言福應不但山水爲然 卽人家墓宅 若有竹木茂盛遮陰周密 亦主人家興旺 青鳥
經云草木鬱茂吉氣相隨 是也 若凋零枯槁必主人財退敗 故可以驗盛衰之氣象也 蓋
地以石爲骨 土爲肉 水爲血 草木爲毛髮 其相關有必然者 故可以此爲驗耳

앞을 이어 발복은 산수만 그러한 것이 아니라는 말이다. 즉 어느 집안 묘지에 대나무가 우거져 주밀하게 음택을 가로막으면 또한 그 집안이 번창한다. <청오경(青鳥經)>에 이르기를 '초목이 울창하고 무성하면 길기가 동반한다[相隨]'라 함이 그것이다. 초목이 시들어 떨어지고 바싹 마르면 반드시 자손과 재산이 점점 줄고 망한다. 그러므로 성쇠의 기상을 증험할 수 있다. 대개 땅은 암석이 뼈[骨]이고 흙은 살[肉]이며 물은 피[血]가 되고, 초목이 털[毛髮]이 된다. 그것들은 서로 필연적으로 상관되어 있다. 그러므로 이것으로 증험할 수 있는 것이다.

至422)天關地軸 亦可以驗 富貴之速遲 蓋上有天關則能止來水之性 不致急直衝激引
散內氣 下有地軸則能截去水之勢 令423)其左轉右轉反氣歸堂 而局內自然氣旺定主
人富貴 故或寬或緊或遠或近 亦可以驗富貴之或速或遲而不差也

천관지축(天關地軸)을 통하여도 부귀의 지속(速遲)을 증험할 수 있다. 대개 혈장의 위에 천관(天關)이 있으면 흘러오는 물의 본성을 억제하여 급직충격(急直衝激)하여 내기를 끌어내려 흩어지게 하지 못하도록 할 수 있다. 혈장의 아래에 지축(地軸)이 있으면 흘러가는 수세를 가로막아 좌우로 움직여[令其左轉右轉] 기를 도로 명당으로 보내면 국내(局內)에는 자연스럽게 기가 왕성하여 반드시 사람을 부귀(富貴)하게 할 수 있다. 그러므로 혹 넓거나 그렇지 않으면 좁거나[或寬或緊密], 멀거나 그렇지 않으면 가까워[或遠或近] 또한 부귀가 빠르거나 더디지만[或速或遲而] 틀림없이[不差] 증험할 수 있을 것이다.

고, 한쪽은 수구(水口)가 된다.
◦茂盛(무성) : 우거지다.◦相隨(상수) : 뒤따르다.◦凋零(조령) : (초목이) 시들어 떨어지다.◦枯槁(고고) : (초목이) 바싹 시들다.◦槁(고) : 마르다.◦興旺(흥왕) : 번창하다.◦退敗(퇴패) : 점점 줄고 망한다.
422) 至(지) : 통함.◦止(지) : 억제하다.◦性(성) : 본질. 성질.◦유(有) : 되다.◦불차(不差) : 조금도 틀림이 없음.
423) 令(영)~ : ~로 하여금 하게 하다. 使·敎·俾 등과 같게 쓰임. ◦혹(或) : 혹은.또는.그렇지 않으면.

설심부 변와 정해

然天關地軸其說不一 九星賦以過峽兩邊石龜石蛇爲天關地軸 洪理齊以日月捍門 金
土龜蛇爲天關地軸 左仙經以北辰圓墩印爲天關地軸 張子微以主山背後左右分出一
龜一蛇爲天關地軸 又以結穴龜蛇相會爲天關地軸 徐氏以山之出脈兩傍有夾送奇石
爲天關地軸 謝氏以天門地戶爲關軸 皆隨意取用 未有定論也

그러나 천관지축(天關地軸)은 그 설이 하나같지 않다. <구성부(九星賦)>에서는
과협 양변에 석구석사(石龜石蛇)를 천관지축이라 했다. 홍리제(洪理齊)는 '일월
(日月) 한문(捍門)에 금토구사(金土龜蛇)를 천관지축'이라고 했다. <좌선경(左
仙經)>에서는 북신(北辰)과 원돈인(圓墩印)을 천관지축이라고 했다. 장자미(張
子微)는 '주산배후(主山背後)에 좌우로 나누어 나온 일구일사(一龜一蛇)를 천
관지축이라 하는가 하면, 결혈하는데[結穴]에 구사가 서로 모이는 것을 천관지
축'이라고 했다. 서씨(徐氏)는 '산의 맥이 나온 양옆에 협송하는 기석(奇石)을
천관지축'이라고 했다. 사씨(謝氏)는 '천문지호를 관축(關軸)'이라 했다. 모
두가 나름대로의 뜻을 취용한 것으로 정론(定論)은 아니다.

惟眞龍寶經云 用有眞龍 洲渚島嶼424)石印之處 各以流水分繞一左一右 名應陽陰應
在上爲天關在下爲地軸 其說始爲明確 謝氏天門地戶之說 雖似近理 然未知天門有
關地戶有軸 乃奇山異石鎭塞於水中也 讀者詳之

오직 <진룡보경(眞龍寶經)>에 이르기를 '진룡은 모래톱 섬[洲渚島嶼]과 석인
(石印)이 머무르는 곳에 있고 각각 흐르는 물이 한번은 좌로 한번은 우로 나누
어져 감싸 돌면 양에 응하여 음이 응한다고 이름하여 위에 있으면 천관이라 하
고 아래에 있으면 지축이라 한다'라고 했다. 그 설이 비로소 명확하다. 사씨
(謝氏)의 천문지호설은 비록 이치에 맞는 것 같을지라도, 천문(天門)에 관(關)
이 있고 지호(地戶)에 축(軸)이 있다면 바로 기이한 산과 암석[奇山異石]이 수
중(水中)에서 지켜 막고 있다는 것인지 모르겠다. 독자들은 자세히 살펴야 한
다.

牛畏直繩。虎防暗箭。玄武不宜吐舌。朱雀切忌破頭。穴前忌見深坑。
臂上怕行交路。

혈[牛]은 혈 앞에 물이 줄처럼 곧게 흘러나가는 것[元辰水 直流;牽鼻

---

424) 洲渚(주저) : 강 가운데의 모래톱. 。島嶼(도서) : 크고 작은 여러 섬. 。近理(근치) : 이치
    에 맞다.
    。乃(내) : 바로~이다. 。鎭塞(진색) : 지켜 막다.

水]을 두려워해야 하고, 백호는 은밀하게 찌르는 것을 피해야 하고, 현무는 토설(吐舌)하면 좋지 않고, 주작은 파두(破頭)를 극력 피해야 한다. 혈 앞에 깊은 구덩이가 보이는 것을 꺼리고, 용호[臂]에 통행하는 교차로가 있는 것을 두려워한다.

牛者土牛卽穴也 直繩者穴前水出直牽如繩也 虎卽右白虎也 暗箭者虎沙背後或山脚尖射 或流水直衝如暗箭也 卽靑龍亦防之 玄武主山也 穴前餘氣拖長謂之吐舌 朱雀朝案山也 頂面缺陷崩裂425)謂之破頭 臂者龍虎兩沙如人之手臂也 交路者交叉之路也 言覆視舊墳又當看其前後兩傍之形勢何如 如穴前水出畏其直牽 牽則氣洩主有退敗 虎沙背後防 有暗射 則主有病傷 玄武餘氣不宜拖出如吐舌 有此則主官非 朱雀頂面切忌破裂 有此則主橫禍 穴前忌見深陷之坑 見之主有投河跌傷之患 臂上怕行交叉之路 名曰交刀 行之主有殺傷自縊之災 此數者皆形勢之不吉者也 若龍眞穴的須加作用之工裁截培補亦可轉凶而爲吉也426)

우(牛)란 토우(土牛) 즉 혈이다. 직승(直繩)은 혈전수(穴前水)가 마치 줄과 같이 곧게 끌고 나가는 모양이다. 호(虎)는 곧 우백호(右白虎)이다. 암전(暗箭)은 백호(虎沙)의 배후나 산의 지각[山脚]이 뾰족하여 찌르거나[尖射] 흐르는 물이 직충하여 몰래 쏘는 화살과 같은 것이다. 곧 청룡도 직충을 피해야 한다. 현무는 주산이다. 혈 앞으로 현무의 여기(餘氣)가 길게 끌려나간 것을 토설(吐舌)이라 한다. 주작(朱雀)은 조·안산이다. 주작 꼭대기의 면이 붕렬(崩裂)하여 결함이 있는 것을 파두(破頭)라고 한다. 비[臂]은 용호양사(龍虎兩沙)로 사람의 손과 팔과 같은 것이다. 교로(交路)는 교차하는 길이다. 옛 무덤을 반복하여 보는 것도 마땅히 전후양측의 형세가 어떠한지를 살펴야 하는 것을 말한다. 혈전수가 곧게 끌려 흘러감을 두려워 해야한다. 곧게 끌려 흘러가면 설기(洩氣)되어 퇴패를 주관하게 된다. 호사(虎砂)는 배후에 암사(暗射)함을 피해야 한다. 암사(暗射)하면 병들거나 다치게 된다. 현무의 여기가 토설(吐舌)하는 것처럼 끌려나가는 것은 좋지 않다. 이러한 토설(吐舌)이 있으면 관재 구설[官非]을 주관하게 된다. 주작의 꼭대기에 깨지고 갈라짐이 있는 것을 극력 꺼린다. 이와 같

---

425) 崩裂(붕렬) : 무너지고 터져 갈라짐.∘殺傷(살상) : 사람을 죽이거나 상처를 입힘.∘縊(액) : 목을 매다. 목을 매어 죽이다.∘培補(배보) : 보법(補法)과 같다. 즉 배토(培土)와 같은 뜻.
☞ 미세하지만 중요한 척도는 주산에 있다. 주산이 바르면 국의 이법도 모두 바르게 된다. 조금이라도 오차가 있으면 국법이 어지럽다(毫在於主山. 主山是 則局法皆是. 少有差誤 局法亂矣).
426) <출처> 『지리신법』「주산」편 　∘가(加) : (어떤 동작을) (가)하다.

은 것이 있으면 횡화(橫禍)를 주관하게 된다. 혈전에 깊은 구덩이가 보이면 꺼린다. 그런 것이 보이면 물에 빠지거나 넘어져서 다치는 우환[跌傷之患]을 주관하기 때문이다. 용호의 위에 통행하는 교차로가 있는 것을 두려워하며 이름하여 교도(交刀)라 한다. 그런 것이 있어 통행을 하면 살상(殺傷)과 스스로 목매죽는 재화[自縊之災]를 주관한다. 이러한 여러 가지는 모두 형세가 좋지 않은 것이다. 만약 용진혈적(龍眞穴的)하면 도구를 이용하여[加作用之工] 잘라내거나 배토(培土)하여도 마땅히 흉이 변하여 길이 될 수 있다.

上不正而下參差[427]者無用。左空缺而右重抱者徒勞。

위가 바르지 못하여 아래가 가지런하지 못하면 쓸모가 없고, 좌가 공결(空缺)하면 우가 거듭 환포되어 있어도[重抱] 헛수고(而無益矣)이다.

<그림 3-1-2 > 좌공우포(左空右抱)

<출처>『중기지리천기회원』

參差不齊之貌 言觀地之形勢又當看其上下左右何如 若山上攲斜不正則不成星體 而山下參差不齊則脈絡散亂 猶如倒挂棕櫚 乃無用之地也 至如左邊空缺全無遮闌只有右邊護山重疊環抱 然左風吹入焉得氣聚 雖欲用之亦徒勞而無益矣 右空左抱亦然 此非房分不均之謂也。左空缺謂水倒左而左邊下手無關必非眞結 雖右有重抱亦徒勞而無益矣 水倒右者亦然 此說亦通

참치(參差)란 가지런하지 못한[散亂] 모양이다. 땅의 형세를 살피는 것도 마땅

---

427) 參差(참치) : 가지런하지 못하다. ☞差(치) : 다르다. 차이가 나다. ○徒勞[도로] : 헛수고. ○倒(도) : 뒤집(히)다. ○棕櫚(종려) : 종려나무. ○至如(지여) ; 至于(지우) : ~의 정도에 이르다.

히 상하좌우가 어떠한지 보아야 한다는 것을 말한다. 만약 산의 위가 기울어 바르지 못하면[欹斜不正] 성체를 이루지 못하게 되고, 그래서 산의 아래가 어그러져 가지런하지 못하면 맥락(脈絡)이 산란하여 종려나무가 거꾸로 걸린 것과 같아 쓸모없는 땅이다. 좌변이 공결하여 전혀 차란되지 않는다면 우변만 보호하는 산이 거듭[重疊] 환포하였을지라도 좌에서 바람이 불어 들어오게 되니 어찌 기가 모일 수 있겠는가? 사용하고자 하더라도 힘만 들고 무익하다. 우(右)가 공결(空)하고 좌(左)가 환포하여도 마찬가지다. 이는 방분(房分)이 고르지 않음을 말하는 것이 아닌 것이다. 일설에는 좌가 공결함이란 물이 왼쪽으로 뒤집혀 좌변에 하수사가 관란하지 못함을 말하는 것이니 틀림없이 진결이 아니라고 한다. 비록 우가 거듭 환포하여도 헛수고로 살피지 마라는 것이다. 물이 오른쪽으로 뒤집혀도 그러하다. 이 설도 상통(相通)한다.

<사진3-1-2> 종려나무.

<그림 3-1-3> 산수요포(山水繞抱)   <그림 3-1-4> 도괘종려(倒掛棕櫚)

<출처>『중기지리천기회원』

外貌不足而內相有餘 誰能辨此。大象可觀而小節可略 智者能知。

외모가 부족하나 내상(內相)이 넉넉하면 누가 능히 이것을 변별할 수

　　　　　　　　　　　　　　　　설심부 변와 정해

있겠는가? 대상을 불만하면 소절은 넘어갈 수 있으니 지혜로운 자라면 능히 알아볼 수 있을 것이다.

外貌謂穴形與沙水也 內相謂龍穴也 大象謂龍穴沙水之大勢也 小節謂龍穴沙水之小節也 承上言形勢固欲其完全 然亦有人家祖地 觀其外貌則穴形醜拙沙水不足 察其內相則龍眞穴的吉氣有餘428) 如此者 其誰能辨之 至於龍穴砂水 其大勢氣象已有可觀 此中縱有小節之疵 有礙人眼 亦可略也 如此者 惟智者能之 所以覆看舊格 不可以外貌而忽其內 不可以小節而嫌其大也 一說 局外觀之 沙水似乎無情謂之外貌不足 登穴一覽 四顧照應 謂之內相有餘 殊不知此亦理之易曉者又何難辨之有哉 讀者詳之

외모(外貌)는 혈의 형상[穴形]과 사수(沙水)를 말한다. 내상(內相)은 용혈(龍穴)을 말한다. 대상(大象)은 용혈사수의 대세를 말하고 소절(小節)은 용·혈·사·수의 작은 마디를 말한다. 앞을 이어 형세가 당연히 완전하기를 바라지만 어느 집안의 묘지[祖地]가 그 외모를 얼핏 보면[觀] 혈형이 추졸(醜拙)하고 사수(沙水)는 부족할지라도 그 내상(內相)을 자세히 보면[察] 용진혈적(龍眞穴的)하고 길기(吉氣)가 넉넉한 것 같으면 누가 그것을 분별할 수 있겠는가? 용혈사수(龍穴砂水)에 관하여 대세(大勢)의 기상(氣象)이 불만하면 이 가운데 소절의 흠이 있을지라도 눈에 거슬릴지라도 넘어갈[무시해도 됨] 수 있다[可略]. 이런 것은 오로지 지혜로운 자만이 능히 할 수 있다. 그래서 옛날 격식을 반복하여 살펴보아 외모 때문에[以] 내상을 소홀히 하거나 소절 때문에 대세(大勢)를 꺼려서는 안된다. 일설에 국외(局外)를 살펴 사수가 무정한 것 같으면 외모가 부족하다고 말하고 혈에 올라가서 한 번 사신사를 돌아보아(四顧) 조응(照應)하면 내상(內相)이 넉넉하다고 한다. 의외로[殊不知] 이것들도 이치를 쉽게 알 수 있다면 또 어찌 변별하는데 어려움이 있겠는가? 독자들은 상세하게 살펴보아야 한다.

何精神顯露429)者反不祥。何形勢隱拙者反爲吉。蓋隱拙者却有奇蹤異

---

428) 有餘(유여) : 넉넉함.。礙(애) : 거리끼다.。可略(가략) : 무시해도 됨.。以(이) ~ : ~ 때문에.。似乎(사호) : 마치 ~인 것 같다.

429) 顯露(현로) : 밖으로 드러내다.。拙(졸) : 졸렬하다.[보잘 것 없다]. 옹졸하다. [너그럽지 못하고 좀스럽다.]。假形(가형) : 가장(假裝)하다. 즉 가혈이 진혈로 가장하다.[虛花]。顯明(현명) : 뚜렷하다.。渾(혼) : 흐리게 함. 분간이 서지 않음.。厚(후) : 많다.。縱因(종인) : ~빙자하여.。見一顯露之地 : 여기서 一(일)은 만일.。之沙亦未必能知也 : 여기서 之는 隱拙之地이다.。吉祥(길상) : 상서롭다.。正是(정시) : 바로 ~이다. 바로 그러하다.。乃是(내시) :

跡。顯露者多是花穴假形。

어찌 정신(精神)이 드러난[顯露] 것이 도리어 상서롭지 못하고, 어찌 형세가 은졸(隱拙)한 것이 도리어 길한 것인가? 대개 은졸한 것은 오히려[却] 기이한 종적이 있고, 드러난 것은 대부분 화혈로 거짓의 혈형(穴形)이다.

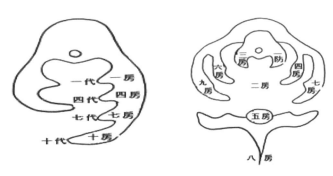

<그림 3-1-5 >　龍虎所主公位

<출처>『지리담자록』

承上言外貌小節有不全者不必嫌也　不然人家祖地　何龍穴砂水　精神顯明發露　足以起人目者　反爲不祥之區　又何龍穴砂水形勢隱藏醜拙　多不入人眼者反爲吉祥之地哉　蓋隱拙者正是眞龍藏倖　渾厚不露　其中却有奇異之踪跡而非俗眼所能窺　故反爲吉也．　其顯露者乃是僞龍淺薄不能藏蓄　其間縱有穴形多是虛花假結而已　故反不祥也　然推其顯露隱拙之意乃是天地以假藏眞　令人莫辨　只待有德者自遇之耳　令人不知見一顯露之地多愛而取之　見一隱拙之地多嫌而棄之　縱因其發福而共稱之曰眞　而其所以眞之之妙　亦未必能知也　憶　是以眞地之不易得也

앞에 이어 외모와 소절이 불완전하여도 꼭 꺼릴 필요는 없다는 말이다. 그렇지 않다면 어느 집안의 묘지[祖地]에서 어찌 용·혈·사·수의 정신[모양]이 뚜렷하게 드러나 사람의 눈에 발탁되기에 충분한 데 오히려 상서롭지 못한 구역[묘지]이 되며, 어찌 용·혈·사·수의 형세가 보일 듯 말듯 숨어있어 지저분하고 볼품이 없어[醜拙] 대부분 사람의 눈에 들어오지[정신이 쏠려 헤어나지 못함] 않는데 도리어 좋은 땅이 될 수 있겠는가. 대개 은졸이란 바로 '진룡이 (눈을) 많이 흐리게 하여[渾厚] 감추어 요행히[僥行] 드러내지 않는다'는 것이다. 그 가운데 오히려 기이한 종적이 있어 속안은 볼 수 없기 때문에 오히려 길한 것

곧 ~이다。。是以(시이) : 이 때문에。。共(공) : 전부. 모두.

　설심부 변와 정해

이다. 현로란 곧 가룡[僞龍]으로 천박하여 기를 저장하여 모을 수 없다. 그[가룡] 사이에 설령 혈형이 많이 있을지라도 허화로 거짓 혈을 맺을 뿐이기 때문에 오히려 상서[祥瑞]롭지 못한 것이다. 그러나 현로와 은졸의 의미를 추측해 보면 천지(天地)가 거짓으로 진짜를 감춘 것이다. 다른 사람으로 하여금 분별할 수 없게 하고, 오로지 덕이 있는 자를 기다려 저절로 우연히 만나게 한다. 만약[一] 현로한 땅이 보이면 대부분 사람들은 좋아서 취하게 하고, 만약 은졸한 땅이 보이면 대부분 싫어서 버리게 한다. 설령 발복을 이유[빙자]로[縱因] 모두가 진혈이라고 일컫더라도 참으로 은졸한 땅의 오묘한 그 이유 또한 반드시 알 수 있는 것은 아니다. 아아! 이런 까닭에 참된 땅은 얻기가 쉽지 않은 것이다.

然花假穴形惟疑龍經言之詳矣 觀其經云 假穴斷然生在後 龍虎雖端涯必溜 穴中看見龍虎回 外面檢點[430]山醜走 花穴如何生在前 蓋緣連臂使其然 連臂爲案橫生穴 案外有脚鋪裀毯 其間豈無似穴者 但見外朝尖與圓 痴師誤認此花穴 不知眞穴秘中垣 花穴最是使人迷 後龍斷妙前又奇 如何使人不牢[431]愛 只有一破餘皆非 案山必然向裏是 花穴無容有面勢 朝山只有頂尖圓 定有脚手醜形隨 若登正穴試一看 呼吸四圍無不至 又有花穴無人知 龍虎外抱左右飛 蓋緣正穴多隱秘 或作釵鉗或乳垂 龍虎數重多外抱 龍上看虎左右歸 虎上見龍左右抱 或從龍虎上針之 不知正穴尚在內 凡是穴乳曲卽非 曲是抱裏非正穴 請君以此決狐疑 是也

그러나 화가혈형은 <의룡경>만 그것을 상세하게 언급되어 있다. 양균송의 『의룡경(疑龍經)』 「십문(十問)」에 말한 내용을 살펴보면 '가혈(假穴)은 단연코 혈 뒤에 생기는 데 용호가 비록 단정할[端]지라도 변두리[涯]는 반드시 물이 급하게 흐른다. 혈 가운데에서 보면 용호가 혈을 감싸 도는 듯하지만, 가혈의 바깥쪽을 주의하여 자세히 보면 용호가 혈을 감싸지 않고 싫어하듯이[醜] 달아난다. 화혈(花穴)이 어떻게 진혈(眞穴) 앞에 생길 수 있는가? 대개 가장자리에 용호를 이은 듯하게 하다. 연이어진 용호들이 안산이 되고 횡으로 혈을 만들어 놓는데, 안산 밖으로 지각이 있고 마치 요를 깐 것처럼 평평한 전순이 있다. 그 사이에 어찌 혈처럼 생긴 것이 없겠는가? 다만 안산 바깥의 조산(朝山)이

---

430) 檢點(검점) : 신중히 하다. 주의하다. ☞ 檢(검) : 조사하다.。醜(추) : 싫어함.。溜(류) : 빠른 수류[水流]。裀毯(인전) : 요를 깐 것과 같은 순전. ☞ 裀(인) : 요.。脣氊(순전) : 전순. ☞순전(脣氊)은 혈(穴) 아래로 여기(餘氣)가 발로(發露)된 것이다.
431) 牢(뢰) : 감옥. 에워싸다. 。一語破的(일어파적) : 한 마디로 문제점을 갈파(喝破)하다. ☞ 破(파) : 진상을 밝히다. 명백하게 하다.

뾰족하고 둥글게 보여 어리석은 술사들은 이 화혈을 진짜로 오인하고, 진혈(眞穴)이 원국 가운데 숨겨져 있음을 알지 못한다. 화혈은 사람을 가장 헷갈리게 한다. 혈 뒤로 용이 단연 아름답고[妙] 앞산[案·朝山] 또한 뛰어나며, 어떻게 사람들로 하여금 감옥같이 에워싸인[牢] 것을 좋아하지 않을 수 있을까? 다만 일파(一破;한마디로 문제점을 밝히면)하면 나머지는 모두 그름을 알 수 있다. 진혈(眞穴)일 경우 안산은 반드시 내부의 혈을 향하야 옳은데, 화혈은 전면의 형세를 받아들이지 못한다. 조산은 다만 정상이 뾰족하거나 둥글고, 반드시 다리[용호]나 손[지각]에 추한 형태가 따라 붙어 있다. 진혈에 올라 시험 삼아 한번 보라. 순식간[呼吸]에 가까운 거리에서 사방을 들러싸고 있는 산들을 볼 수 있다. 또한 화혈에서 용호는 좌우가 바깥으로 감싸고 달아나는 것을 사람들은 모른다. 대개 가장자리에 정혈(진혈)은 대부분 은밀히 숨어있는데, 혹 차겸혈[釵鉗]을 만들거나 혹 여인의 젖가슴처럼 늘어뜨려 유혈(乳穴)을 만들기도 한다. 진혈은 용호가 여러 겹[數重]으로 많이 바깥에서 감싸 용상에서 백호를 바라보면 좌우에서 혈을 돌아보고, 백호위에서 청룡을 바라보면 좌우에서 혈을 감싸준다. 어떤 경우에는 용호 위를 따라 혈을 천장(扞葬)하는데 정혈은 오히려[尙] 용호 안에 있다는 것을 모르기 때문이다. 무릇 유혈의 혈처가 굽어 있으면 진혈이 아니다. 굽은 것은 안에 있는 혈을 감싸는 것으로 정혈이 아니니, 그대들은 이것으로 의심하는 바를 바르게 판단하라' 라고 함이 그것이다.

膠[432)]柱鼓瑟者何知。 按圖索驥者何曉。
기러기발을 붙여서 거문고를 연주한다면 어찌 알 것 인가? 그림을 보고 준마를 가려내라면 어찌 알겠는가?

柱者瑟之鷹足[433)]也 膠者膠粘其柱使之不動也 驥者馬也 按指定也 圖者馬之圖形也。此結上文言龍穴砂水旣有隱顯不同則看斯格者當神而明之 觸而通之可也 若執一以求之則與膠柱而鼓瑟者同一死殺 何能知其精微 與按圖而索驥者同一拘泥 何能

---

432) 膠(교) : 붙이다.。柱(주) : 기러기발 ※ 柱:거문고·가야금·아쟁 따위의 줄을 고르는 기구.。鼓(고) :악기를 타다.。瑟(슬) : 거문고.。何(하) : '어찌. 무엇'을 뜻하는 의문대명사 '하(何)'가 되었다.。按(안) : 살피다. 。索(색) : 찾다.。驥(기) : 천리마(千里馬)

433) 鷹足(안족) : 기러기 발。膠粘(교점) : 접착하다.。일이관지(一以貫之) : 처음부터 끝까지 변하지 않음.。神(신) : 마음.。通(통) : 알다.。死(사) : 융통성이 없다.。殺(살) : 정도가 지나치다. 대단히.。拘泥(구니) : 고집하다. 얽매이다.。定(정) : 변동하지 아니하다.。所(소) : 아주. 전혀.。拘攣(구련) : 얽매이다.

설심부 변와 정해

曉其奧妙哉　蓋瑟非膠定所可鼓　驥非圖形所可求　而地非拘攣之見所能察也　故格不可不看　又不可執一以求之也

주(柱)는 거문고[瑟]의 기러기발이다. 교(膠)는 거문고에 기러기발을 붙여 움직이지 못하게 하는 것이다. 기(驥)는 말이며 안(按)은 가리켜서 정하는 것이다. 도(圖)란 말을 그린 형상이다. 이는 앞의 글을 마무리하여 용·혈·사·수(龍穴砂水)가 이미 드러나지 않거나 드러난 것이 같지 않으면 그 격을 살펴보고 마땅히 마음[神]으로 밝히고 경험[觸]으로 알 수 있다[通之可]는 말이다. 만약 하나만 고집을 하여서 구하려면 교주고슬과 같이 지나치게 융통성이 없는데[死殺] 어찌 그 정미함을 알 수 있겠으며, 안도색마(按圖索驥)와 같이 융통성이 없이 얽매이는 것인데 어찌 오묘함을 알 수 있겠는가? 대개 거문고는 움직이지 않게[定] 아교로 붙여서 전혀[所] 연주할 수 없고, 준마[驥]는 그림[圖形]으로 구할 수 있는 것이 아니듯이, 땅은 얽매인 식견[拘攣之見]으로 살필 수 있는 곳이 없다. 따라서 격식은 불가불 보아야 하나 어느 하나에 집착하여 땅을 구해서는 안된다.

右段論古格宜看

앞의 단락은 옛날 격식을 보는 것이 마땅함을 논하였다.

此段文義前後照應了然[434]明白　膠柱鼓瑟二句正結言第不可執一　謝氏不知分爲數章固謬　即田氏分爲兩段亦謬　今改正之　合爲一段　庶今讀者不致錯亂無結耳

이 단락의 문장의 뜻은 앞뒤로 조응이 확실하고 명백하다. 교주고슬 두 구절이 바로 결어로서 다만 하나에 집착해서는 안됨을 말했다. 사씨는 알지 못하고 여러 장으로 나누었으니 원래 오류이다. 전씨는 나누어 두 단락을 만들었으니 역시 오류였다. 이제 그것을 고쳐 한 단락으로 합쳤다. 바라건대 독자들이 혼란에 빠져 매듭짓지 못함에 이르지 않기를 바란다.

第二章　論羅城水口

城上星峰卓卓　眞如插[435]戟護垣。面前墩阜纍纍　喚作排衙[436]唱喏。華表

---

434) 了然(료연) : 확실하다. 。謬(류) : 오류(誤謬)。錯亂(착란) : 혼란하다. 。結(결) : 바로잡다.

捍門居水口 樓臺鼓角列羅城。若非立郡遷都 定主爲官近帝。

나성의 위에 산[星峰]이 높이 솟아있는 모양이 참으로 창을 꽂아 들고[揷戟] 담장에서 호위하는 것 같고, 바로 앞에[面前]에 낮은 산이 거듭 이어져 있는 모양이 부르면 관아의 군사들이 양옆으로 도열하여 공손히 읍하는 듯하다. 화표·한문이 수구에 있고 누대(樓臺)와 고각(鼓角)이 나성에 벌려져 있으면 군을 세우거나[立郡] 천도(遷都)하지 않으면 반드시 주인은 벼슬을 하여 임금을 가까이한다.

<그림 3-2-1> 배아(排衙).

---

435) 揷(삽) : 꽂다.。衙(아) : 관청 ☞ 纍(류) : 연이어 지다.。纍(루) : 거듭하다.。喚作(환작) : ~라고 부르다.。唱喏(창야) : 인사말을 하며 공손히 읍(揖)을 하다.

436) 배아(排衙)와 교아(交牙)의 차이점
 1.交牙(교아)는 혈 앞이나 좌우 산들이 이빨이 서로 맞물리듯 한 형상. 용호(龍虎)의 양사(兩砂)는 서로 교차하여 관쇄[交牙關鎖]하여 혈을 완전히 막아 감싸거나 안산이 가깝게 있어 역수(逆水)하고 풍취(風吹)를 막아 주어야 좋다.[吉] 교아관쇄(交牙關鎖)하면 명당수의 급류 직거를 막아[截水者] 유속(流速)이 완만하도록 하여 명당에 모여 있는 생기(生氣)의 누설을 가능한 한 막아주는 귀중한 길격사(吉格砂) 이다.
 2.排衙(배아) : 옛날 관청에서 의장기 따위를 배치하고 관리들이 관직의 순서대로 줄을 지어 장관을 알현(謁見)하는 것. 즉 관아의 군사들이 양옆으로 도열(堵列; 많은 사람이 죽 늘어섬)해 있는 모양.
 3. 排衛(배아)
 1.안으로 날개를 生하면 배아라 하고, 밖으로 조(爪)를 생하면 타요(拖曜)라 한다.
 2.청룡과 백호에서 작은 지맥(支脈)들이 뻗어내려 겹겹으로 혈장을 감싸주는 것이다

설심부 변와 정해

城羅星也 卓卓高出貌 戟兵器也 垣牆垣437)也 墩阜舊本作古塚謂穴前有砂磊落如塚
堆之狀 其義雖是438) 但文俗而費解 今改爲壟阜亦未確 蓋壟乃高山也 壟阜不如改
爲墩阜 其義甚當 且合舊旨

성(城)은 나성(羅星)이다. 탁탁(卓卓)은 높이 솟아난 모양이며 극(戟)은 찌르는
병기이다. 원(垣)은 울타리[牆垣]이다. 구본[舊本]에서 돈부(墩阜)는 고총(古
塚)으로 되어있는데 혈전에 사(砂)는 돌이 떨어져 쌓여 무덤과 같은 모양을 말
한다. 그 뜻은 비록 옳으나 다만 문장이 속(俗)되고 난해하여 금본[今本]에서
는 농부(壟阜)로 고쳤지만 여전히 확실하지 않다. 대개 농(壟)은 곧 고산(高山)
이다. 농부(壟阜)를 고쳐 돈부(墩阜)가 되는 편이 보다 좋으니 그 의미가 아주
적당하면서 또한 원래의 뜻에도 부합한다.

纍纍聯絡貌 排衙如官府排衙也. 一峰獨聳爲華表 兩山幷峙爲捍門 一說惟有華表方
能捍水口之門 不必拘兩與一之別 亦通 簇簇高而圓者樓臺山也 簇簇高而尖者鼓角
山也 一說城上連接三五峰而出有最高尖者爲樓439) 最高平者爲臺 高圓如覆鍾者爲
鼓 高禿440)如吐笋者爲角 此解更詳 郡府也 都京都也

류류(纍纍)는 연이어져 있는 모양이다. 배아(排衙)는 관아[官府]의 군사들이 양
옆으로 늘어서 있는 모양과 같다. 하나의 봉우리가 홀로 솟아있는 것은 화표
(華表)이고 양산이 나란히 솟아 있으면 한문(捍門)이다. 일설에 다만 화표가 있
으면 곧 수구의 문을 막을 수 있고, 반드시 들[兩]인가 하나[一]인가의 차이에
구애될 필요는 없다고 한다. 하나나 들은 통한다. 무리를 지어[簇簇] 높고 등
근 것은 누대산(樓臺山)이고 무리를 이루어 높고 뾰족한 것은 고각산이다. 일
설에 나성 위에 3~5개의 봉우리가 이어져 나온 것 가운데, 가장 높고 뾰족한
것이 누(樓)이고 가장 높고 평평한 것이 대(臺)이며, 엎어놓은 종[覆鍾] 같이
높고 둥근 것은 고(鼓)이고 삐죽 나온 죽순[吐笋]처럼 높고 무딘 것은 각(角)
이라고 한다. 이러한 해석이 한층 더 상세하다. 군(郡)은 고을[府]이고 도(都)
는 수도[京都]이다.

此皆論羅城水口 謂四圍羅城 星峰 羅列高阜 眞441)如衆兵插戟護衛垣牆之勢而面前

---

437) 牆垣(장원) : 울타리。磊(뢰) : (돌이) 쌓여있다。落(낙) : 떨어지다。費解(비해) : 난해하
    다.
438) 雖是(=雖然) : 비록~일지라도[하지만]. 설령~일지라도.
439) 龍樓(용루) : 혈의 근원지에 있는 높고 뾰족한 산으로 태조산이다.
<출처> 『풍수학 사전』
440) 笋(순) : 죽순。禿(독) : 무디다.

低小墩阜 纍纍拱向喚作排衙唱喏442)之形 又有華表捍門之山居水口以作關闌 樓臺
鼓角之山列羅城以壯侍衛 如此山水大聚眞羅城水口之至貴者 此內定有眞龍大地而
非尋常之可比也 若非設立郡府遷建京都而使人家得之定出極品之貴而爲官必近侍帝
王矣 此羅城水口之有關地之大443)者如此

이는 모두 나성과 수구를 논하였다. 사방을 에워싼 성봉이 나열한 것을 나성
(羅城)이라 하고 높은 언덕[高阜]이 많은 병사가 창을 들고[揷戟] 성벽[牆垣]
을 호위하고 있는 것과 같은 기세가 또렷하고, 바로 앞에 낮은 작은 산이 앞으
로 향하여 에워싸[拱向] 여러 겹으로 이어져 부르면 관아의 군사들이 양옆으로
도열하여 공손히 읍하는 형상[唱喏之形]을 이룬다는 말이다. 또 화표·한문의
산이 수구(水口)에 있어 관란(關闌)하고 누대와 고각(樓臺鼓角)의 산이 나성(羅
城)에 열을 지어 장엄하게 시위하고 있는 것 같다는 말이다. 이와 같이 산수가
크게 모이면[大聚] 참으로 지극히 귀한 나성(羅城)의 수구이다. 그 안에는 반
드시 진룡대지(眞龍大地)가 있을 것이니 평범[尋常]한 것에 비할 수 없다. 군
부(郡府)를 설립하거나 수도를 옮겨 건설하지 않으면 어느 가문이 그것을 얻게
되면 극히 높은 품계의 관리가 되어 제왕의 측근에서 시위하게 할 것이다. 이
곳 나성과 수구는 이와 같이 땅이 중요한 것[大]에 관련이 있는 것이다.

衆山輻輳444)者 富而且貴。百川同歸445)者 淸而又長。

여러 산이 (바퀴살이 차축에 모이는 것과 같이) 한 곳으로 모이면 부
자가 되고 또한 벼슬을 한다. 모든 (하천)물이 한 곳으로 모였다가
흘러나가면 청빈하고 오래간다.

---

441) 眞(진) : 뚜렷하다. ∘使(사) : 행하다. ∘得(득) : 획득하다. ∘人家(인가) : 집안. 가문.
442) 唱喏(창야) : 인사말을 하며 공손히 읍(揖)을 하다.
443) 大(대) : 적합하다. 훌륭하다. 중요하다.
444) 광취명당(廣聚明堂)으로 여러 산에서 나오는 물이 모두 혈 앞 명당에 다정하게 모이는
것을 말한다. 물은 수관재물(水管財物)로서 재물을 관장한다. cf) 대회명당(大會明堂)은 여러
용이 명당 주위에서 행룡을 끝내고 모이는 것으로 용을 따라온 물들 또한 명당에 모이니 크게
모였다고 하여 대회명당(大會明堂)이라 하며 대부대귀(大富大貴)하는 명당이다. 광취명당은 주
변 산들이 모여드는 것이고, 대회명당은 대간룡(大幹龍)들이 모여드는 것이다.
  ∘輻輳(폭주;輻湊) : (한곳으로) 모여들다. ∘輻(폭) : 바퀴살. 輳(주;湊) : 한 곳에 모이다. ∘百
川同歸(백천동귀) : 모든 물이 모여 함께 돌아서 흘러가다. ∘歸(귀) : 돌아가다. 한 곳으로 모
이다.
445) 百川歸海 海不讓水 殊途同歸에서 나온 말로 百川歸海 - 모든 하천은 바다로 돌아간다.
  ∘同歸(동귀) : 같은 목적지에 이른다. 같은 결과를 얻다. ∘歸(귀) : 한 곳으로 모이다.

설심부 변와 정해

輻446)車軸也 三十六輻輳成輪軸 以喻衆山之輳集也。承上言山水大聚自足以徵地之尊貴 故衆山環列如車軸之相輳合則局勢完密 內氣旺極不獨主富而且出貴 百川會流同歸一處而出水口則水勢不散內氣 斯固不獨出人清貴而又長久也 此以上統論羅城水口之大者也

폭(輻)은 수레 축[車軸]이다. 삼십육(三十六) 바퀴살이 모여[輻輳] 바퀴와 축을 이룬다. 여러 산이 한 곳에 모이는 것을 비유한 것이다. 앞을 이어 산수가 대취하면 땅의 존귀함을 스스로 충분히 증험한다는 말이다. 그러므로 뭇 산이 빙 둘러서서 열을 지어[環列] 수레의 축에 함께 한곳에 모이는 것과 같으면 국세(局勢)가 주밀하여 내기가 대단히 왕성하니[旺極] 부(富)할 뿐만 아니라[不獨] 벼슬도 나온다. 많은 하천의 물이 한곳에 모여 수구로 흘러나가면 수세가 내기를 흩어지지 않게 하여 진실로 청귀한 자손을 나올 뿐만 아니라 또한 장구하게 한다. 여기서는 이상으로 나성과 수구의 중요함[大]을 전체적으로 논한 것이다.

山稱447)水 水稱山 不宜偏勝。虎讓龍 龍讓虎448) 只要比和。

산은 물과 어울리고 물은 산에 어울려 편승하지 않아야 한다. 백호는 청룡에 사양하고 청룡은 백호에 사양하여 다만 서로 조화를 이루어야 한다.

此山水相稱449)謂山水俱有情 非單指大小相稱而言也 若使山稱水而背我向他 水稱山而斜流散亂 又何取於相稱也 且山水大小之說 已見於看格段內 又何必重言於此也 惟兼論大小可耳 承上言 衆山輻輳百川同歸是山水大勢相稱有情矣 而局內山水更要相稱有情 斯爲十全 如水眷戀山回環則是山稱水矣。山回環水眷戀則是水稱山矣 若水有情而山不足山有情而水不足 兼有大小不等 則俱爲偏勝而不宜也

여기서 산수의 상칭(相稱)은 산수가 모두 유정함을 말한다. 대소상칭(大小相稱)만 가리켜 말한 것은 아니다. 만약 산이 물과 어울리지만 나[혈]를 등지고 다

---

446) 輪軸(윤축) : 바퀴와 축。環列(환열) : 둘러싸고 늘어서는 것.。相(상) : 함께.。完密(완밀) : 주밀하다.。會流(회류) : 물줄기가 한군데로 모여서 흐름.。統論(통론) : 전체적으로 논하다.

447) 稱(칭) : 부합하다. 어울리다.。偏勝(편승) : 한쪽으로 치우치다.。比和(비화) : 좌우의 형상과 기세가 대등하여 한쪽으로 편승되지 않고 조화를 이룸.

448) 龍虎遜讓(용호손양)

449) 相稱(상칭) : 잘 어울리다.。大勢(대세) : 일이 진행되어 가는 결정적인 형세.。十全(십전) : 완전무결하다.。若使(약사) : 만일~하게 한다면. 가령~한다면.

른 곳을 향하거나 물이 산과 어울리지만 기울어 어지럽게 흘러간다면 또 잘 어울린다 한들 무엇을 취하겠는가? 게다가 산수의 대소로 말하자면 '격식을 보아야 한다[看格]' 는 단락 안[段內]에서 이미 살펴보았으니 또 여기서 어찌 한 말을 또 할 필요가 있는가. 생각건대[惟] 대소는 같이 논해도 될 것이다. 앞의 글을 이어 말하자면 여러 산이 모이고 여러 하천물이 모이는 것은 산수의 대세가 서로 어울려 유정한 것인데, 나아가 국내(局內)의 산수가 어울려 유정하면 곧[斯] 완전무결한 땅이 될 것이다. 만약 물이 산을 연모하여[眷戀] 돌아보아 회환하면 바로 산칭수(山稱水)이고, 산이 물을 둥글게 감싸 그리워하듯이 하면 이는 수칭산(水稱山)이다. 만약 물이 유정하나 산이 부족하고 산이 유정하나 물이 부족하고 게다가 산수의 대소(大小)가 같지 않으면 모두 편승하여 좋지 않은 것이다.

至於450)龍虎小水口尤爲切要　如水從左來則虎砂必讓龍而在外以收其左水　水從右來則龍沙必讓虎而在外以收其右水　方是有情收水不相鬪而比和也　此論羅城水口之小者也　蓋內局有讓沙圍抱謂之小羅城　穴前龍虎交揷收水謂之第一重小水口也

용호의 작은 수구를 말하면 더욱 중요하다. 만약 물이 좌로부터 흘러오면 백호의 사(砂)는 반드시 청룡의 사(砂)에 양보하여 바깥에서 청룡의 왼쪽 물을 거두어야 하고, 물이 우로부터 흘러오면 청룡의 사는 반드시 백호의 사에 양보하여 바깥에서 백호의 오른쪽 물을 거두어야 한다. 그래야 비로소 유정하여 물을 거두어들임에 있어서 서로 싸우지 않고 조화를 이루는 것이다[比和]. 이는 나성에서 수구는 작은 것임을 논한 것이다. 대개 내국에 호사(讓沙)가 둘러싸고 있는 것[圍抱]을 소나성(小羅城)이라고 하고, 혈전에 용호가 서로 엇갈리게 만나[交揷] 물을 거두어 제일 중요한 것을 소수구(小水口)라 한다.

八門缺 八風吹 朱門餓莩。四水歸 四獸聚 白屋公卿。

팔방에 결함이 있어 팔풍이 불어오면 훌륭한 집안[朱門]이라도 굶어 죽을 것이다. 사방의 물이 흘러들어오고 사수(四獸)가 모이면 보잘 것 없는 집안[白屋]에도 공경이 나온다.

---

450) 至於(지어) : ~으로 말하면.。切要(절요) : 중요하다.。爲(위) : 하다.。在外(재외) : 밖에.
　☞ 在(외) :~에. 朱門(주문) : 권문세도가의 집. 지위(地位)가 높은 벼슬아치의 집을 비유(比喩·譬喩)해서 이르는 말.。白屋(백옥) : 평민의 집.。寒門(한문) : 초라한 집안.

八門即八方也　八風即八門之風山　莩451)餓死之人也　四水四圍之水也　一說穴前三合
水與隨龍水爲四水亦通　四獸玄武朱雀青龍白虎也　言羅城水口最貴周密　若八門四缺
而被八風吹入則風飄氣散即靑烏經云　騰漏之穴　飜棺敗槨也　雖是朱門貴室亦主出餓
莩之徒矣　此言無小羅城之凶者也　言羅城而水口亦在其中矣　蓋水口者乃羅城沙頭交
挿而成水口　未有無好羅城而有好水口者也　若四水歸堂而同出　四獸相聚而環顧　則
風藏氣聚　即靑烏經云　山來水廻逼富貴豐財也　雖是白屋寒門亦主出公卿之貴矣　此
言小羅城水口之吉者也

팔문(八門)은 팔방(八方)이고 팔풍(八風)은 팔문(八門)으로 바람이 불어오는 산
이다. 표(莩)란 굶어 죽은 사람이다. 사수(四水)는 사방의 물[水]이다. 일설에
는 혈전에 삼합수와 용을 따라오는 물이 사수가 된다고 하니 역시 통한다. 사
수(四獸)는 현무·주작·청룡·백호이다. 나성의 수구는 주밀한 것이 가장 귀
하다는 말이다. 만약 팔문이 요결하면 팔풍에 바람이 불어와 기를 흩어지게 한
다. <청오경>에 이르길 '(생기가) 날아가고 새는[騰漏] 혈은 관곽이 뒤집어지
고 허물어진다' 고 했다. 비록 명문 세도가의 귀한 가문일지라도 굶어 죽은 사
람[餓莩]의 무리가 생긴다. 이는 소나성이 없는 흉을 말한 것이다. 나성(羅城)
을 말하나 수구(水口)는 그 가운데 있다. 대개 수구는 곧 나성(羅城)의 사두(沙
頭)가 서로 엇갈려서[交挿] 수구(水口)가 되니, 아직까지 좋은 나성이 없으면
좋은 수구가 없다. 만약 사방의 물이 명당에 모여 같이 흘러나가고 사수(四獸)
가 서로 모여 둥글게 돌아보면 바람을 갈무리하고 기는 모이게 된다. <청오
경>에 이르길 '산이 뻗어오고 물이 돌면 곧 귀하고 재물이 풍성해진다' 고 하
였다. 비록 가난하고 한미한 집일지라도 공경의 귀인이 나올 것이다. 이는 소
나성(小羅城)의 수구가 가운데 길한 것을 말한다.

**突中之窟須擶452)　窟中之突莫棄。窮源千仞　不如平地一堆。外聳千里　不
若眠弓一案。**

돌중의 굴은 반드시 장사(葬事)하고 굴중(窟中)의 돌(突)은 버리지
말아야 한다. 물의 근원지[窮源]가 천길[千仞]이 될지라도 평지의 한
무더기의 언덕만 못하다. 밖에 천리를 솟아도 면궁의 하나의 안산[眠

---

451) 莩(표) : 굶어죽다[餓死]. ◦吹入(취입) : 바람이 불어 들어오다. ◦風飄(풍표) : 바람이 회오
리처럼 불고. ◦騰(등) : 날다. 올라가다. ◦未有(미유) : 아직~이 없다.
452) 擶(=扞;천) : 꽂다. 장사(葬事)하다. ≒葬儀(장의). ◦千仞(천인) : (산 등이) 매우 높다. 천
길.

弓]만 못하다.

突平地起突453)也 窟突中開窩也 水之初發處曰窮源 八尺曰仞 堆即突也 眠弓謂平地之案低彎如眠弓也 上言高山 此言平地 夫平地以水爲城 雖無山遮不畏風吹 蓋平地濶大風散無力 不能吹入地中 故不畏也 且平地水勢平靜 略有陰沙彎抱 亦能收水聚氣 不必以高山羅城水口而槩論平地也 只要結穴之處 望之若寒 即之則溫 望之若露 登之則藏 斯爲吉也 故平地起突 突中有窟 則穴隱而不顯 斯宜擂之 怪穴篇云也曾454)見穴沒包藏 一突在平洋 或然孤露八風吹 登455)穴自限聚 此之謂也

돌(突)이란 평지에서 가운데가 솟아 볼록한 것이다. 굴(窟)은 돌중에서 오목하게 들어간 것이다.[開窩] 물이 처음 발생한 곳을 궁원(窮源)이라고 한다. 팔척(八尺)을 인(仞)이라고 한다. 퇴(堆)는 곧 돌(突)이다. 면궁(眠弓)은 평지의 안산이 낮고 굽어 마치 누워 있는 활과 같다는 것이다. 앞에서 고산을 말하였고 여기서는 평지를 말한다. 대개 평지에서 물을 성(城)으로 삼고 비록 막아주는 산이 없어도 풍취를 두려워하지 않는다. 대개 평지는 아주 넓어 바람이 흩어져 힘이 없어 땅속으로 바람이 불어 들어갈 수 없기 때문에 두려워하지 않는다. 게다가 평지의 수세가 평온하고 고요하여 약간 음사가 만포하고 있어도 물을 거두어 기를 모을 수 있다. 고산이 나성을 수구로 한다고 해서 평지까지 같이 논할 필요는 없다. 다만 중요한 것은 결혈처를 바라보아 추운 듯하나[望之若寒] 다가가 보면 따뜻하고[即之則溫], 바라볼 때는 노출된 듯하나[望之若露] 올라가 보면 숨어 있어야[登之則藏] 길하다. 고로 평지에서 돌출하여 돌 중에 굴이 있으면 혈이 숨어 드러나지 않음이니 그 곳에 장사하는 것이 좋다. <괴혈편>에 이르기를 '또한 감싸 간직함이 없는 혈을 보았는 데, 하나의 돌출한[突] 것이 평양(平洋)에 있으면 혹 외롭게 노출되어 팔방에서 바람이 불어, 혈이 되는 것[登]은 자연히 (산이) 굽이져 (기가)모인 곳을 취한다' 라는 것을 말한다.

若突中開窟 窟中復生小突 則又是以陽包陰 藏而不露 當用之而莫棄也 蓋平地起突 是陽極生陰 突中有窟是陰極生陽 窟中有突 是又陽中含陰 陰陽相生 最爲玄妙 故

453) 起突(기돌) : 가운데가 솟아서 불룩하다.。開窩(개와) : 오목하게 만들다.。大(대) : 아주.。略(략) : 약간 좀.。平靜(평정) : 고요하다.。沒(몰) : 없다.。包藏(포장) : 싸서 감추다.
454) 也曾(야증) : 또한 거듭하여.。也曾因夢送錢財(야증인몽송전재) : 또한 거듭 꿈 때문에 (노복에게) 돈과 재물 주었다오.
455) 登(등) : 되다. 이루어짐

源頭456)初起處　雖有出峰千仞　不如平地一案　情專而不雜　體嫩而氣吉也　高山之地
雖有外聳千重　亦不若平地有一眠弓之案　彎抱有情　近護而得力也　所以不必似高山
羅城之水口　而氣自然藏聚矣

만약 돌중(突中)에 오목하고[開窟] 굴중(窟中)에 다시 작은 돌(突)이 생기면 곧
양으로 음을 감싸 숨어 드러나지 않음이니 마땅히 사용하여 버리지 말아야 한
다. 대개 평지에 솟은 돌은 양이 극하여 음이 생긴 것이고 돌중(突中)에 굴이
있는 것은 음이 극하여 양이 생긴 것이다. 굴 가운데[窟中] 돌(突)이 있는 것
은 또 양 가운데 음을 머금고 있어[含陰] 음양(陰陽)이 상생(相生)하여 가장
현묘(玄妙)하다고 할 것이다. 그러므로 사물의 근원[源頭]이 처음 일어나는 곳
에 출맥한 산봉우리가 매우 높이[千仞] 솟았을지라도 평지에 일안(一案)의 정
[案情]이 오로지 섞이지 않아 형체가 부드럽고 기가 좋은 것만 못하다. 고산의
땅이 밖에서 천첩으로 솟았을지라도 평지에 하나의 면궁안(眠弓案)이 만포유정
하여 가까이에서 호위하여 힘을 얻는 것만 못하다. 반드시 고산처럼 나성의 수
구가 아니더라도 기가 저절로 가두어 모인다는 것이다.

然推其不如之意非謂高山無大地也　卜氏恐人只知高山形勢之妙　而不知平地形勢之
妙也　故發此論　至窟中突穴尤當斟酌　大要萬物生於陽和　死於陰肅　故穴情以陽爲主
縱是陽來陰受　畢竟陰中又有陽乃可葬也　如突中之窟是陰中有陽其可葬也　無疑　如
窟中之突必須突頂坦平乃有陽氣而無殺　如突頂圓則是457)純陰有殺便不可葬

그러나 평지에 하나의 면궁안[一眠弓之案]이 있는 것만 못하다는 의미를 미루
어 보면 고산에 대지가 없다고 말하는 것은 아니다. 복응천은 사람들이 다만
고산형세의 묘함을 알아도 평지형세의 묘함을 알지 못할까 걱정한 것이다. 그
러므로 이러한 논리를 밝히면 굴중의 돌혈에 대해서도 더욱 마땅히 헤아려야
한다. 요지는 만물은 따뜻한 기운[陽和]에서 생겨나고 그늘의 차가운 기운[陰
肅之氣]에서 죽으니 혈정은 양(陽)을 위주로[爲主] 한다. 설령 양래음수(陽來
陰受)할지라도 궁극적으로 음중(陰中)에 또 양(陽)이 있으면 장사할 수 있다.
돌중의 굴(窟)은 바로 음중에 양이 있음이니 의심할 것 없이 장사할 수 있다.
굴중의 돌(突)은 반드시 돌의 꼭대기가 평탄[坦平]해야 하고 그러면 양기가 있
어 살기가 없다. 돌의 꼭대기가 첨원(尖圓)하면 순음으로 살기가 있어 곧 장사
할 수 없다.

---

456) 源頭(원두) : (사물의) 근원[事物的根源].
457) 접속 [是~] : ~은 ~이다.이. 이것. 이곳.

只宜於突前坦處爲陰陽交媾之所　方可受⁴⁵⁸⁾穴　乳穴直硬亦然　今術士不知此義而於
低窪無突之窟及宜圓無窟之突求穴　且見地上有數墩突卽妄喝梅花落地及七星落洋等
形以誑人不知<u>梅花</u>必於五墩<u>團</u>聚之中看有開口吐舌　七星必於七墩聯絡之下看有開口
吐脣方可受穴讀者詳之

다만 불쑥 솟아 있는데서 앞은 평탄한 곳이 적합하면 음양이 교구하는 곳으로
비로소 혈을 맺을 수 있다. 유혈이 곧고 단단해도[直硬] 역시 그러하다. 오늘
날 술사들은 이러한 뜻을 알지 못하고 음푹 패어져[低窪] 돌(突)이 없는 굴
(窟)과 거의 둥글고[宜圓] 굴(窟)이 없는 돌에서 혈을 구하고 또 지상에 여러
개의 흙무더기가 돌출한 것이 있는 것을 보고 함부로 매화낙지(梅花落地)와 칠
성낙양(七星落洋) 등의 형상으로 떠들썩하게 이름을 붙여 사람들을 속인다. 매
화(梅花)는 반드시 오돈(五墩)이 둥글게 모인 가운데에서 보아 개구(開口)하여
토설(吐舌)하는 것이 있어야 한다. 칠성은 반드시 칠돈(七墩)이 이어져 내려온
아래에서 보아 개구(開口)하여 토순(吐脣)이 있어야 비로소 혈을 맺기에 적합
함을 모르는 것이다. 독자들은 상세하게 살펴야 할 것이다.

< 그림 3-2-2 > 면궁안(眠弓案)

山秀水響者　終爲絶穴。水急山粗⁴⁵⁹⁾者　多是神壇。

산은 수려하여도 물이 소리가 나면 결국 패절하는 혈이 되며, 물이
급류로 흐르고 산이 조악하면 대부분 신단(神壇)이 된다.

---

458) 受(수) : 받아 들이다. 받다. ｡低窪(저애) : 움푹 패이다. ☞ 窪(와) : 우묵하다. ｡喝(갈) :
　크게 외치다. ｡誑(광) : 속이다. ｡단(團) : 둥글다. 모이다.
☞개구(開口) : 바짝 껴안은 것은 구(口)이고. 개수(開手) : 조금 넓게 껴안은 것은 수(手)이다.
459) 粗惡(조악) : 조잡하다. 거칠다. ｡湍急(단급) : 물살이 세다(급하다). ｡激散(격산) : 부딪혀
　흩뜨리다.

　　　　　　　　　설심부 변와 정해

<그림 3-2-3> 매화형(梅花形)

<그림 3-2-4> 연화(蓮花)

<출처> 『조선의 풍수』

上言平地 此又言高山 謂高山之地 雖有顯明形勢之足觀 亦當看其美惡何如 若山雖
秀麗而水或湍急響鳴 則是激散內氣 終爲敗絶之穴 若流水急直而山又粗惡帶石 則
是殺氣太甚 只可作神壇而已 所以高山形勢不吉 即有羅城水口 亦不足觀矣

앞에서는 평지를 말한 것이며 여기서는 다시 고산을 말한다. 고산지는 비록 명
백하게 형세가 드러나 족히 볼만하더라도 그 미악(美惡)이 어떠한지 마땅히 살
펴야 한다. 만약 산이 수려하나 물이 혹 세차게 흘러[湍急] 소리가 나면 부딪
혀 내기를 흩어지게 하니 결국 패절하는 혈이 된다. 만약 흐르는 물이 급직(急
直)하고 산에 또한 조악한 돌이 있으면 이는 살기가 아주 많을 것이니, 다만
신단을 만들 수 있을 뿐이다. 고산형세가 좋지 않으면 곧 나성의 수구 역시 볼
만하지 않다.

不論平地高山 總宜深穴。若是窮460)原僻塢 豈有眞龍。

평지와 고산을 따지지 않고 모두 혈(穴)을 정미하게 깊숙이 간직하는
것[深藏]이 좋고, 만약 산간벽지[僻塢]의 막다른 작은 발원지[窮原]
라면 어찌 진룡이 있겠는가?

穴者穴情461)之穴 非穴壙之穴也 深者深藏之深 非深葬之深也 源當作原 謂山頭之

---

460) 窮(궁) : 막다르다. 외지다. ○僻塢(벽오) : 산간벽지。○抄寫(초사) : 베껴 쓰다. 필사(筆寫)
하다. ○源(원) : 수원(水源)。原(원) : 언덕. 근원(根源)。○深(심): 심오하다. 정미함. 깊숙하
다.

461) 穴情(혈정) : 묘지의 지상(地相). 즉 지상은 땅의 생김새로 입수도두·선익·순전·혈훈 등의
모양을 말한다.

盡處也 舊本作源者 蓋抄寫之誤耳 塢阿也。

혈(穴)이란 혈정이 있는 혈이지, 시신이 들어가는 광중[穴壙]을 의미하는 혈은 아니다. 심(深)이란 깊숙이 감추다[深藏]는 심(深)을 의미며, 깊게 장사한다[深葬]는 의미가 아니다. 원(源)은 당연히 원(原)으로 써야 한다. 산머리[山頭]가 다한 곳을 가리킨다. 구본에 원(源)으로 되어있는 것은 대개 필사할 때의 오류이다. 오(塢)는 언덕[阿]이다.

總承上言結穴之處不論平地高山總宜深邃而不宜淺462)露　如高山之穴左右必要龍虎護衛以包藏穴情　即單山獨壟亦必要明肩463)夾護可以藏車隱馬　方不露風　至如平地之穴　雖無龍虎護衛　而結穴之處亦必要開鉗口使穴隈藏　左右亦必要有陰沙依稀繞抱如此則高山平地之穴方爲眞龍之所結也　若是窮獨山原偏僻野塢則孤露淺促464)　必不結穴　縱有穴情亦爲花假　豈有眞龍止此哉　謝氏未達此義　見有深穴二字即以爲深葬而妄辨之　殊不知此段係　論羅城水口　非論葬法也　學者不察亦隨聲附和　而以卜氏之言爲訣　眞以辭害義者也

앞의 글을 총괄적으로 이어 결혈처는 평지와 고산을 따지지 않고 모두 마땅히 깊숙이 은밀하게 감춰져 있어야지 쉽게 드러나면 좋지 않다는 말이다. 고산의 혈은 좌우에 반드시 용호가 호위하여 혈을 감싸고 드러나지 않아야 한다. 곧 단산(單山)과 독롱(獨壟)도 반드시 좌우에서 끼고 보호[夾護]하는 명견(明肩)은 거마(車馬)를 감추고 숨겨 바람에 드러나지 않게 해야 한다. 평지혈에 이르러 비록 용호의 호위가 없을지라도 결혈처에는 또한 반드시 겸구를 열어 혈을 산의 굽이진 곳[隈]에 숨어 있게 한다. 좌우도 마찬가지로 반드시 음사(陰沙)가 있는 듯 없는 듯[依稀] 감싸야 한다. 이와 같으면 고산과 평지의 혈은 비로소 진룡이 혈을 맺는 곳이 된다. 만약 외진[窮] 독산이나 처음부터 외진[原偏僻] 들판의 후미진 곳[野塢]은 고로(孤露)하고 천착(淺促)하여 반드시 혈을 맺지 못한다.설령 혈정이 있더라도 가화(花假)이다. 어찌 진룡이 여기에 머물러 있겠는가? 사씨는 이러한 뜻을 알지 못하여 심혈(深穴) 두 글자가 있는 것을 보고 심장(深葬)이라 생각하여 함부로 판단했다. 이 단락은 나성의 수구를 논한 것

---

462) 淺(천) : 평이하다. 쉽다. 간명하다.
463) 明肩(명견) : 명견(明肩)은 사람의 양어깨. 새의 양 날개. 개(个)의 사람 인자(人字)와 같이 뚜렷하게 보이는 모양으로 험한 산이 내려오면서 변하여 뒷산이 병풍처럼 쭉 내려와 양팔을 벌리듯 명견이 있어야 혈을 맺을 수 있다.。邃(수) : 깊다.。偏僻(편벽) : 외지다. 궁벽하다.。塢(오) : 후미진 곳。隨聲附和(수성부화)=附和雷同(부화뇌동).
464) 淺促(천착) : 기맥이 얕고 짧음.

이지 장법을 논한 것이 아님을 전혀 몰랐기 때문이다[殊不知]. 학자들이 살피지 않고 역시 수성부화(隨聲附和)하고 복응천의 말이라 생각하여 진결로 여기니 진실로 말을 잘못 믿어 뜻을 그르침[以辭害義]이라 할 것이다.

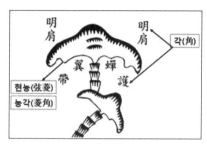

< 그림3-2-5 > 명견(明肩)

<출처> 『교정산양지미』

遠著465)脚頭。 高擡眼力。

발걸음을 멀리하여 안력으로 크게 보라.

此總結上文言 欲觀高山平地羅城水口不可造次忽略也 必須遠着脚頭以覽其形勢 高大眼力以察其細微 庶幾可以得之 不然則終屬茫昧而已

이는 앞의 문장을 총괄적으로 결론지은 것이다. 고산에서 평지의 나성과 수구를 관찰하고자 하면 경솔하게[造次] 소홀히[忽略]해서는 안된다는 말이다. 반드시 발걸음을 멀리 해서 산의 형세를 살피고, 안력을 높여 그 미세한[細微] 것을 살펴야 비로소 알 수 있다. 그렇지 아니하면 끝내 모호할[茫昧] 뿐이다.

右段論羅城水口

앞의 단락은 나성과 수구를 논했다.

---

465) 著(저) : 드러나다. 나타내다. 。脚頭 : 발걸음. 。高擡(고대) : 전체적인 산세의 큰 흐름세를 보다. 크게 보다. 。細微(세미) : 미세하다. 。庶(幾)乎(서호) : 거의 ~(할 것이다). 대체로 ~(할 것이다). 。屬(속) : 좇다. 뒤따름. 복종.

📖 觀(관)·察(찰)·覽(람)·看(간)·視(시)·見(견).

。觀 : 보다. 보이게 하다. 視 : 보다 한 층 더 정성을 들여 본다.

。察 : 생각해 본다. 조사하여 보는 것. 。覽 : 대강 훑어보다. 두루 보다.

。看 : 눈 위에 손을 대고 잘 본다. 。視 : 주의를 하여 잘 본다.

。見 : 잠깐 눈에 띄다.

此段文義相承[466]明白 謝氏混扯上文以分章曰論高山平地羅城 田氏又名段曰論羅城宜密 俱遺水口二字今正之

이 단락은 문장의 뜻이 서로 이어짐이 명백하다. 사씨는 앞의 글을 뒤섞어 나누어 분장하고 '고산 평지 나성을 논함'이라 했다. 전씨는 또한 단락의 이름을 '나성은 마땅히 긴밀해야 함을 논함[論羅城宜密]'이라 했다. 모두 수구 2자를 빠뜨렸으니 이제 바로 잡는다.

第三章 論沙水吉凶

根大則枝盛 源深則流長。要龍眞而穴正 要水秀而沙明。

뿌리가 크면 가지가 무성하고, 근원이 깊으면[길면] 흐르는 물이 장원(長遠)하다. 용이 참되고 혈이 발라야 하고, 물이 수려하고 사격이 밝아야 한다.

言根本[467]若大則條枝必盛 以比祖山高大則發而爲幹爲枝自然衆多 根本旣大則水之發源必深 源深則流派必長遠而無窮 故山不一也 而結作之處必要龍之眞穴之正 然後成地 水亦不一[468]也 而聚會之所必要水之淸秀沙之明淨 方成龍穴 蓋龍穴爲王沙水爲輔 缺一不可也 言此以起下文沙水吉凶之意。

나무뿌리가 크면 가지는 반드시 무성하듯이 조산이 고대하면 간지(幹枝)가 자연적으로 매우 많이 생기는 것을 비유하고, 근본 즉 산이 크면 수의 발원은 반드시 깊고, 수원지가 깊으면 흐르는 물의 줄기[流派]는 반드시 장원하고 무궁하다. 그러므로 산은 같지 않지만, 결작하는 곳은 반드시 용이 참되고 혈이 바른 다음에야 혈처를 이룬다. 물도 한가지가 아니지만, 물이 모이는 곳은 반드시 물이 청수(淸秀)하고 사격이 밝고 깨끗해야 비로소 용혈이 이루어진다. 대개 용혈이 왕(王)이라면 사수는 보좌하는 것[爲輔佐]이 된다. 하나라도 모자라면 불가하다. 이것으로 아래 문장의 사수길흉의 의미를 제기하는 것이다.

---

466) 相承(상승) : 이어받다. 混(혼) : 뒤섞다. ◦扯(차) : 찢다. ◦遺(유) : 빠뜨리다. 누락하다.
467) 根本(근본) : 식물의 뿌리◦枝條(지조) : (나뭇)가지. ◦衆多(중다) : 매우 많다. ◦정(井) : 고향 ◦실(失) : 잃다. 목적을 이루지 못하다. 실패하다. ◦이향(離鄕) : 고향(故鄕)을 떠남.
468) 不一(불일) : 일치하지 않다. 같지 않다. 한 가지가 아니다.

登山見一水之斜流 退官失職。入穴見衆山之背去 失井離鄕。

산에 올라 물이 비스듬하게 흘러가는 것이 보이면 관직을 잃게 되고, 혈장에 들어가 여러 산이 등을 지고 떠나가는 보이면 고향[井]에서 실패하여 고향을 떠나 타향살이 하게 된다.

承上言沙水貴要明秀有情 若登山見穴前有一水斜流則有官職者必主退官失職 若在庶民之家亦主消敗矣 入穴而見衆山向外背去則主人失井而離鄕也 蓋沙水無情其應如此 楊公云 一水去二水去 衆水奔流[469]一齊去 山山隨水不回頭 失井離鄕無救助是也

앞에 이어 사수(沙水)는 밝고 수려[明秀]하고 유정해야 귀하다는 것을 말한다. 만약 산에 올라 혈전에서 모든[一] 물이 비스듬하게 흘러가는 것이 보이면 관직이 있는 자는 반드시 관직을 잃게 된다. 만약 서민의 집안이라면 역시 망하여 없어진다. 혈장에 들어가 여러 산이 밖을 향하여 등을 지고 떠나가는 가는 것이 보이면 고향에서 실패하여 고향을 떠나게 된다. 대개 사수(沙水)가 무정하면 그 응험이 이와 같다. 양공이 이르기를 '한줄기의 물이 흘러 흘러가다가 두 줄기의 물로 흘러나가고, 마침내 여러 물이 세차게 흘러서 일제히 흘러나간다. 모든 산이 물을 따라가고 회두하지 못하면 고향에서 실패하여 떠나게 되고 구조할 길 없다' 함이 바로 이것이다.

若見文筆孤單[470] 硯池汚濁。枉鑿匡衡之壁 徒關孫敬之門。

만약 문필이 외롭게 보이고 연못[벼루 모양의 못]이 더럽고 흐리면 광형(匡衡)처럼 벽을 헛되이 뚫고 손경(孫敬)처럼 문을 걸어 닫고 열심히 공부해도 헛될[徒] 뿐이다.

尖山秀出[471]謂之文筆也 塘積水謂之硯池 漢匡衡楚孫敬皆好學之人也。言文筆以有

---

469) 奔流(분류) : 세차게 흐르다.

470) 孤單(고단) : 외롭다. ◦徒(도) : 헛되이. 쓸데없이. ◦枉鑿匡衡之壁 : 광형이 벽을 잘못 뚫는 것과 같다. ◦枉(왕) : 헛되이. ◦徒關孫敬之門 : 손경이 문을 걸어 잠그는 것은 노력만 들고 아무 보람이나 뜻이 없게 됨을 말한다.

471) 秀(수) : 높이 솟아나다[秀出中天]. ◦塘(당) : 연못 ◦柑(겸) : 입다물다(늑鉗). 재갈을 물리다.→ 말의 입에 가로로 물리는 가느다란 쇠막대대.→ 말을 하지 못하게 입을 틀어막다.→ 수문을 막다. ◦汚濁(오탁) : 더럽혀지다. ◦雖如(수여) : 비록~ 같다. ◦引光(인광) : 빛을 끌어드리다. ◦枉然(왕연) : 헛되다. ◦徒勞(도노) : 헛수고를 하다. ◦發達(발달) : 목표에 도달

從爲貴 硯池以淸淨爲美 若見文筆無從而孤單 硯池有柑而汚濁 雖如匡衡之鑿壁 引
光亦枉然而無益矣 卽如孫敬之閉戶讀書亦徒勞而無功矣 言必不能發達也 按孤單二
字原不差 孤乃孤立 單乃單薄 故孤立而又單薄 豈足爲美哉

뾰족한 산이 높이 솟아난 것을 문필이라 하고, 연못에 고인 물을 연지(硯池)라
고 한다. 한나라 광형(匡衡)과 초나라 손경(孫敬)은 모두 학문을 좋아하는 사람
이다. 문필은 따르는 사(砂)가 있으면 귀하게 여기고, 연지(硯池)는 청정한 것
을 아름다운 것으로 여긴다. 만약 문필은 따르는 호종사(護從砂)가 없으면 고
단하고, 연지(硯池)는 수문을 막아[有柑] 더럽고 흐려지면, 광형(匡衡)이 벽을
헐어 빛을 끌어들이면서 공부했지만 헛될 뿐이었던 것처럼 무익하다. 또한 손
경(孫敬)이 문을 걸어 닫고 공부를 했지만 헛수고였던 것처럼 공이 없다. 반드
시 목표에 도달할 수 없다는 말이다. 고단(孤單) 두 글자를 헤아려 보면 원래
차이가 없으나 고(孤)는 곧 용이 홀로 외롭게 있고[孤立] 단(單)은 곧 용이 허
약한 것이다. 용이 고립되고 또 약하면 어찌 아름답다고 할 수 있겠는가?

近時徐善繼兄弟以爲有[472]誤改作欹斜　又引下文只消一峰兩峰之言爲證謂卜氏不應
自相矛盾　殊不知尖山秀出云者在於衆平山中特出一二尖秀之謂也　豈有別無從山只
消一峰獨立爲美哉 觀靑烏經云　文士之地　筆尖而細　諸副不隨　虛馳名譽　則知孤單
二字不必改也　然亦不必太泥也 亦有孤峰前峙而發貴者　所謂貴通活法 莫泥陳言 是
也

근래 서선계 형제는 그릇됨이 있다고 생각하여 의사(欹斜) 즉 ‘기울다’로 고
쳤다. 또 아래에 나오는 ‘단지 한두 봉우리만 사용하다’의 문장을 인용하여
증거로 삼고 복응천이 응당치 않게 스스로 서로 모순되었다고 말했다. 그 앞에
‘뾰족한 산이 높이 솟아난 것[尖山秀出]을’ 운운한 것은 많은 평이한 산 가운
데 특출하게 한두 봉우리가 뾰족하게 솟아난 것을 말함을 모르는 것이다. 어찌
따로 호종하는 산이 없는데 하나의 봉우리가 홀로 서 있기만 하면 아름답다 하
겠는가. <청오경>에 ‘학문을 하는 선비가 나오는 땅은 필봉이 뾰족하고 가늘
지만 제반 곁에 따르는 호종사가 없으면[諸副不隨] 헛되이 명예만 쫓을 뿐이
다’라고 한 것을 보면 ‘고단(孤單)’ 두 글자를 반드시 고칠 필요는 없다는

하다. ∘孤立(고립) : 홀로 있다.∘單薄(단박) : 약하다. (신체가) 허약하다. (옷을 입은 것
이) 얇다.∘按(안) : 이치를 더듬어 밝힘.
472) 以(이) : 생각하다. ∘爲(위) : 생각하다. ~라고 여김.∘近時(근시) : 요즘. 최근.∘消(소) :
쓰다. 사용함.∘史(사) : 밝고 환하다.[華奢] 꾸밈이 있어 아름답다.∘副(부) : 돕다. 보좌하
다[補佐;輔佐]. 옆에서 시중들다.∘虛馳(허치) : 헛되이 쫓다.∘陳言(진언) : 진부한 말. 케케
묵은 말.

　　　　　　　　설심부 변와 정해

것을 알 수 있다. 그러나 또한 반드시 크게 구애받을 필요는 없다. 고봉(孤峰)이 앞에 우뚝 솟아 있어도 귀가 발할 수 있으니 이른바 '활법을 통용하는 것이 귀하니 진부한 말에 구애받지 말라' 함이 그것이다.

財山473)被流水之返牽 花蜂474)釀蜜。懷抱有圓峰之秀異 螺蠃負螟。

재산(財山)이 흐르는 물에 반대로 이끌리면, 벌이 꿀을 모으는 것[釀蜜]과 같다. 용호가 회포(懷抱)한 가운데에 특히 수려한 둥근 봉우리가 있으면 나나니벌이 다른 씨를 짊어진 것과 같다.(즉 양자나 배다른 자식을 갖게 된다.)

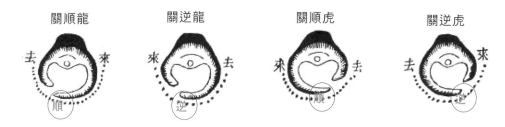

< 그림 3-3-1 > 용호순역(龍虎順逆).　　< 출처 >『인자수지』

左右之砂橫伏而顧內者謂之財山不必論其形狀可也 花蜂採花釀475)蜜之蜂也 螺蠃土蜂也 其形似蜂 其色靑翠 螟蛉桑樹上小靑虫也 螺蠃負而化之以爲己子也 言財山拱顧斯能聚財 若被流水返牽而去從穴言發財亦不能聚守 如蜂採花釀蜜不得自食而被人取去也 龍虎懷抱之內有小圓山之秀異者 主有過房之子 如螺蠃無子負他虫之子以爲子也 所謂居內名爲抱養瘝 是也 蓋秀異則主繼子 若不圓淨則主有墮胎之應也

---

473) 역수하관을 재사라 한다.(逆水下關謂之財砂) 지리에서 역사(逆砂)를 귀히 여기는 것은 그 것으로 능히 물을 거두어 재물을 왕성하게 할 수 있기 때문이다.(地理貴逆水者 以其能收水旺財也) 역수사를 진신사라 한다. 즉 재산(財山)이다(逆水砂 謂之進神砂 卽 財山也).
474) 화봉(花蜂) : 꿀벌
 1.나나니가 명령(螟蛉)을 업어 기른다는 뜻. 2. 빛깔이 푸른 나비와 나방의 애벌레
 3.아들이 없는 집에서 대를 잇기 위하여 맞아들인 양자(養子)를 비유한 말
 4.나비의 애벌레
 ◦如(여) : 예를 들면. 예컨대. 繼子(계자) : 양자(養子).양아들.의붓아들.의붓자식. ◦過房(과방) : 양자(養子). ◦나나니벌이 어린 유충을 업고 길러[螺蠃負螟] 뽕나무의 빈 공간에서 7일이면 나나니벌[螺蠃]이 되어 나오니 아들로 삼는다는 말. 명령자는 양자 또는 자기의 자손이 아닌 타성을 아들로 맞아 들인다는 말. ◦翠(취) : 비취색. ◦螟(명) : 애벌래. ◦被(피) : 당하다.→ 수동적임을 나타내는 말. ◦返(반) : 반대로[反]. ◦牽(견) : 끌어당기다. ◦반견(返牽) : 반대로 이끌리면. ◦發財(발재) : 돈을 벌다. ◦득(得) : ~할 수 있다. ◦取去(취재) : 취하여 가져가다.
475) 釀(양) : 양조하다. (꿀벌이) 꿀을 만들다.

雪心賦 辯譌 正解　　　　　　　　　　　　　　　　　　269

좌우의 사가 횡으로 엎드려 안을 돌아보는 것을 재산(財山)라고 한다. 반드시 그 형상을 논할 필요는 없다. 화봉(花蜂)은 꽃에서 꿀[蜜]을 채취하여 꿀을 모으는[釀] 벌이다. 과라(蜾蠃)는 땅벌로 그 형상이 벌과 같고 색이 푸른 비취색이다. 명령(螟蛉)은 뽕나무 위에 있는 작고 푸른 벌레이다. 과라가 업고 있다가 부화하면 자기자식으로 삼는다. 재산(財山)은 (안을) 바라보고 에워싸면[拱顧]이는 능히 재물을 모을 수 있는데, 만약 흐르는 물이 반대로 이끌려서 혈에서 흘러온 물을 따라 흘러가면 돈을 벌지라도 재산을 모아 지킬 수는 없다는 말이다. 예컨대 벌이 꽃에서 꿀[釀蜜]을 채취하여 모아도 벌 자신은 먹을 수 없고, 사람들이 빼앗아가는 것과 같다. 용호가 회포한 안에 유달리 수려하고 작은 둥근 산이 있으면 양자를 갖게 되니, 마치 나나니 벌이 새끼가 없어 다른 곤충의 자식을 업어 길러서 아들로 삼는 것과 같다. 소위 '안에 있으면 포양관(抱養瘝)이라 부른다' 함이 이것이다. 대개 특별하게 수려하면 양자를 이어 가지만 원정하지 못하면 타태(墮胎)하게 된다.

一歲九遷[476] 定是水流九曲。十年不調 蓋因山不十全。

일 년에 아홉 번 승진하는 곳은 반드시 물의 흐름이 구곡(九曲)으로 흐르고, 십년동안 승진하지 못하는 곳은 대개 산이 완전하지 못하기 때문이다.

一歲九遷甚言其速 十年不調甚言其滯 不必拘定九遷十年也 言居官一歲而九蒙[477] 遷轉者 定是水流九曲而來鍾水之秀氣 故應速如此 靑鳥經云 三橫四直官職彌崇 九曲委蛇準擬沙堤[478] 是也

일 년에 아홉 번이나 승진하는 것은 승진이 빠른 것을 과장하여 말한 것이다[甚言]. 십년동안 승진하지 못한다는 것은 승진이 정체된 것을 과장하여 말한 것이다. 반드시 구천이나 십년이란 말에 구속받을 필요는 없다. 관직에 일 년

---

476) 遷(천) : 좋은 데로 옮김. 관직이 바뀌다. 지위가 변하다. ∘調(조) : 옮기다. 지위가 바뀌다.

477) 蒙(몽) : 받다. 입다. ∘彌(미) : 더욱. ∘崇(숭) : 높다. ∘委(위) : 굽이지다. ∘準擬(준의) : 견주어 흉내냄. ☞ 擬(의) : 모방하다. 準(준) : 본받다.

478) <청오경> 주(註)에서 모래 제방은 재상이 나오면 반드시 모래를 쌓아 제방을 만들어[爲] 수레가 굴러가는데 장애가 되기 때문에 험한 것을 없길 바란다. 후세 사람들이 그것 때문에 모래 제방을 재상이 된다는 고사로 삼았다.(註:沙堤者 言宰相出必築沙爲堤 冀无崎嶇以碍車輪也. 後人因之 以沙堤爲宰相故事耳.) <출처>『완역 풍수경전』,p144.

설심부 변와 정해

있으면서 아홉 번이나 승진하여 옮기는 것은 반드시 물이 구곡으로 흘러서 물의 수기(秀氣)가 모이기 때문에 발복이 이와 같이 빠르다는 말이다. <청오경>에 이르기를 '서너 번 종횡으로 흐르면 관직이 더욱 높아지고, 뱀이 구불구불 기어가듯 아홉 번이나 구불구불하면[九曲委蛇] 재상이 된다[準擬沙堤]'고 한 것이 이것이다.

至官歷十年而不見[479]陞調者　蓋因四山有缺不能十全　故淹滯如此　坤鑑云　擁從如無名位卑是也　至如平地一堆又不宜以此爲執也

관직 경력이 십년이 지나도 승진하여 전근하지 않는 것은 대개 사신사[四山]에 결함이 있기 때문에 온전하지 못하므로 이와 같이 낮은 지위에 머무르게 된다는 것이다. <곤감>에 이르기를 '호종사[擁從]가 없는 것 같으면 직위가 낮다'라 함이 이것이다. 평지의 작은 언덕이라면 이 때문에 집착하는 것은 마땅치 않다.

水若屈曲有情　不合[480]星辰亦吉。山若欹斜破碎　縱合卦例何爲。

물이 굴곡하여 유정하면 성신(星辰)과 (괘례에) 부합하지 않아도 길하고, 산이 기울고 파쇄가 되었으면 괘례(卦例)에 적합할지라도 무얼 하겠는가?

屈曲謂水來去　轉折如之玄之形也　星辰即所謂三陽三吉　六建六秀及九星十二辰之類是也　卦例即所謂四神八將　三吉六秀　祿馬財帛　及天父天母　輔星生氣之類　是也　言

---

479) 見(견) : 당하다. 수동적임을 나타냄. 받다.◦陞(승) : 관위(官位)가 오르다.◦調(조) : 전근하다. 옮다.◦淹滯(엄체) : 재능이 있으면서도 낮은 지위에 머무르다.◦執(집) : 우기다.◦至如(지여) ; 至于(지우) : ~의 정도에 이르다.
480) 합(合) : 맞다. 적합함.
📖 삼양삼길 육건육수(三陽三吉六建六秀)
삼양육건(三陽六建)는 동남[巽] 남[丙·丁]의 삼양방(三陽方)과 해(亥)·간(艮)·정(丁)·묘(卯)·손(巽)·병(丙)의 육건(六建)방위에 득수처나 지호수가 있으면 정재발왕(丁財發旺)하고, 삼길육수(三吉六秀)는 진(震). 경(庚). 해(亥) 방위의 삼길방(三吉方)과 간(艮)·병(丙)·손(巽)·신(辛)·태(兌)·정(丁) 방위의 육수방(六秀方)에 득수처나 지호수가 있으면 부귀왕정(富貴旺丁)하여 후손들에게 부와 권력을 가져다 준다.
☞단정한 천마봉은 귀인녹마위(貴人祿馬位)로 건방(乾方)이나 오방(午方)에 높이 솟으면 속발대귀(速發大貴)한다.

山水以形勢爲主而星卦不必論也　水若來去屈曲廻顧有情　則不必以某山宜某水來去
合某星辰亦爲吉也　若欹斜破碎形勢不吉　則縱是山方得位　與卦例之吉宿相合　亦何
用之有哉　楊公云　山形有準　卦例無憑　是也

굴곡(屈曲)은 물이 오고감이 지(之)자나 현(玄)자의 형상처럼 방향이 바뀌는 것
[轉折]을 말한다. 성신(星辰)은 곧 삼양삼길(三陽三吉)과 육건육수(六建六秀)
및 구성12신(九星十二辰)의 부류가 그것이다. 괘례(卦例)는 곧 사신팔장(四神八
將：四維八干 방위의 沙)과 삼길육수(三吉六秀)와 녹마재백(祿馬財帛) 및 천부
천모(天父天母) 보성생기(輔星生氣)의 부류가 그것이다. 산수는 형세를 위주(爲
主)로 하니 성괘(星卦)는 논할 필요가 없다는 말이다. 물이 흘러오고 가는 모
양이 굴곡(屈曲)하여 돌아봄이 유정하면, 반드시 모산(某山)은 모수(某水)가 와
야 마땅하고 또 모성신(某星辰)과 만나야 길하다고 생각할 필요는 없다는 말이
다. 만약 산이 기울고 파쇄되어 형세가 좋지 않으면 설령 이러한 산이 괘례의
좋은 별자리[吉宿]과 부합하는 방위를 얻은들 무슨 쓰임이 있겠는가? 양공이
이르기를 '산형은 기준이 있고, 괘례는 증거가 없다'고 함이 그것이다.

그림3-3-2 > 회포산(懷[481]抱山)
<출처>『중휴지리천기회원』

覆[482]宗絶嗣　多因水盡山窮。滅族亡家　總是山飛水走。不問何方　允爲凶兆。

---

481)　懷(회) : 襄(회)는 고체이고 怀(회)는 변체.
482)　覆(복) : 망하다.。宗(종) : 일족(一族).일문(一門).。絶(절) : 끊어지다[滅].。窮(궁) : 막히
　　다. 궁벽(窮僻)하다. 。允(윤) : 정말로. 실제로.。總是(총시) : 반드시.
☞　山窮水盡(산궁수진) : 산으로 막혀 물줄기는 끊어져 더 나아갈 길이 없다는 뜻. 곧 막다른
　　경우 즉 천옥(天獄)의 경우를 말한다.

　　　　　　　　　　설심부 변와 정해

망하여 종가에 후사(後嗣)가 끊어지는 것은 대부분 산이 막혀 물이 없기[水盡 山窮] 때문이다. 종족과 집안이 멸망하는 것은 반드시[總是] 산수가 달아나기 때문이다. [산수가 궁진하거나 달아나면] 어떤 방위인지를 불문하고 흉조(凶 兆)이다.

言人家有覆宗絶嗣之禍多因墳宅立於水盡山窮之所 至有滅族亡家之凶總是墳宅安於 山飛水走之處 蓋水盡山窮則氣絶矣 山飛水走則勢凶矣 安得[483]不覆絶而滅亡也哉 故山水無情不問在何方位 皆信爲凶敗之兆也 楊公云 山水不問吉凶方 吉在凶方亦 富强 急流斜側山尖射 雖居吉位也衰亡 是也

어느 집안이 망하여 종가에 후사가 끊어지는 화는 대부분 분택(墳宅)을 산이 막혀 물이 없는 곳에 매장하기 때문인 것을 말한다. 종족과 집안이 멸망하는 흉은 반드시 분택을 산수가 비주(飛走)하는 곳에 안치하였기 때문이다. 대개 산수가 궁진하면 기가 끊어지고, 산수가 달아나면 세(勢)가 흉하다. 어찌 망하 여 후사가 끊어져[覆絶] 없어지지[滅亡] 않을 수 있겠는가? 고로 산수가 무정 한 것은 어느 방위에 있든지 불문하고 모두 진실로[信] 흉패의 조짐인 것이다. 양공이 이르기를 '산수는 길흉의 방위를 묻지 마라. 길한 것이 흉방에 있어도 역시 부강하다. 물이 경사져 급류하고 산이 첨사하면 비록 길한 방위에 있어도 쇠퇴하여 망하게 된다' 고 하는 것이다.

< 그림3-3-3 > 箭射 및 水射   <출처>『중휴지리천기회원』

右段論沙水吉凶

앞의 단락은 사수의 길흉을 논했다.

---

483) 安得(안득) : 어디에서~을 얻으랴. (반문의 뜻으로) 어찌~일 수 있으랴. 어떻게~할 수 있 으랴.

此段文義俱是 論沙水之吉凶 謝氏見結句[484]有何方二字 即以沙水不拘方位名章 殊失本旨。

이 단락의 문장의 뜻은 모두 바로 사수의 길흉을 논한 것이다. 사씨는 문장의 마지막 구절에 '하방(何方)' 2자가 있는 것을 보고 곧 '사수는 방위에 구애받지 않는다' 라고 장의 이름을 붙임으로써 상상외로 본래의 취지를 잃고 말았다.

第四章 論眞龍貴氣應驗

論官品之高下 以龍法而推求
관리의 품계[官品]가 높고 낮음을 논하는 것은 용법으로 추론하여 구하여야 한다.

言論官品之高下當以龍法推而求之 蓋官品之高下皆係於沙水之形象 沙水之形象又皆本於龍身之貴賤 龍眞穴正沙水自以類應 故即此推而求之而官品之高下目可得而定矣 下文所言沙水形象之應 皆本龍法而推求者也 謝氏誤認龍法爲龍節 謂龍節數多即成大地出高官 節數少即 成小地出卑職 又引明山寶鑑之言謂龍有七十二骨節 不及其數者則所應大小亦不同 此全失 下文沙水形應之旨 讀者詳之

벼슬의 품계가 높고 낮음을 논하는 것은 마땅히 용법으로 추론하여 구해야 한다는 말이다. 대개 관직의 품계의 고하는 모두 사수의 형상과 관계있다. 사수의 형상은 또 모두 용신의 귀천에 근본을 둔다. 용진혈정(龍眞穴正)하면 사수(沙水)가 저절로 같은 유형끼리 응한다. 이와 같이 추측(推測)하여 선택(選擇)하면 관직의 고하는 눈으로 알아서 정할 수 있다. 아래 문장에서 말하는 사수형상(沙水形象)이 응함은 모두 용법에 근거하여 추구한 것이다. 사씨는 '용법을 용절로 잘못 알아 용의 절수[節數]가 많으면 대지를 이루어 고관이 나오고 절수(節數)가 적으면 소지를 이루어 낮은 관직이 나온다' 하였고 또 <명산보감>의 말을 인용하여 용은 72 골절(骨節)이 있는데 그 수[72골절]에 미치지 못하면 대소에 응하는 바가 같지 않다고 하였다. 이는 아래 문장에서 사수형상의 응하는 뜻을 모두 잃었다. 독자들은 상세하게 살펴라.

---

484) 結句(결구) : 문장의 마지막 구절.。殊(수) : 상상외로.。失(실) : 놓치다.

天乙太乙侵雲霄 位居臺諫(485) 禽星獸星居水口 身處翰林。

천을과 태을이 하늘을 찌를듯하면 벼슬은 대간이 되고 금성과 수성이 수구에 있으면 한림(翰林)의 벼슬을 한다.

木火星峰高揷(486)於龍山之左右者謂之天乙太乙 以辛爲天乙 巽爲太乙者非也 臺諫臺省諫官也 水口之間 或山或石如龜魚如鸞鳳如鵝鳩之類謂之禽星 或山或石如龍虎如獅象如牛馬之類謂之獸星 翰林掌詞翰之官也。承上言以龍法而推求者如天乙太乙之星高侵雲霄則應位居臺諫之職 禽獸二星鎭居水口則應身處翰林之貴 蓋沙水之貴形皆眞龍之貴 故以此推而求之 自可以證官品之尊也

목성이나 화성의 봉우리가 용신(龍身)의 좌우에 높이 솟은 것을 천을(天乙)과 태을(太乙)이라 한다. 신방은 천을(天乙), 손방은 태을(太乙)이라고 하는 것은 틀린 것이다. 대간(臺諫)이란 사헌부와 사간원[臺省]의 간관(諫官)이다. 수구 사이에 혹 산이나 바위가 거북이나 물고기, 난새와 봉황새, 거위나 비둘기[鵝鳩]과 같은 유(類)을 금성(禽星)이라 하고, 산이나 바위가 용호(龍虎)·사상(獅象)·우마(牛馬) 같은 유(類)을 수성(獸星)이라 한다. 한림은 사한(詞翰;詩文)을 관장하는 관리이다. 앞의 말에서 용법(龍法)으로 미루어 알 수 있음을 말하는 것이다. 예를 들어 천을과 태을(天乙太乙)과 같은 봉우리가 높아 솟아 하늘을 찌르듯 하면 감응하여 대간의 직위에 오르고, 금성(禽星)이 수구를 지키고 있으면[鎭居] 감응하여 신분이 한림의 직책에 오른다. 대개 사수가 귀한 모양이면 모두 진룡이 귀하게 나타난다. 그러므로 이로써 헤아려 구하면 자연스럽게 관품의 존귀를 증험할 수 있다

數峰(487)揷天外。積世公卿。九曲入明堂。當朝宰相。

---

485) 身(신) : 신분. 지위. ◦處(처) : 머무르다[居].

486) 高揷(고삽) : 하늘을 찌를 듯이 높이 솟아오른 모양을 의미함. ◦대성(臺省) : 사헌부와 사간원. ◦鸞鳳(란봉) : 난새와 봉황새. ◦鵝鳩(아구) : 거위와 비둘기. ◦詞翰(사한) : 시문(詩文). 사장(辭章). ◦寶(보) : 보배롭게 여기다. 소중히 여김.

487) 數峰(수봉) : 너덧. 대여섯 봉. ☞數(수) : 너덧. 대여섯. ◦揷天(삽천) : 하늘 높이 솟다. ◦天外(천외) : 먼 하늘 저 밖. ◦公卿(공경) : 삼공과 구경을 이르다. ◦推求(추구) : 탐구하다. 깊이 파다. ◦拜相(배상) : 재상(宰相)에 임명되다. ◦三公(삼공) : 주대(周代)의 태사(太師)·태부(太傅)·태보(太保) 즉 조선시대 정1품 관직인 좌의정·우의정·영의정을 합하여 부르던 칭호. ◦簪纓(잠영) : 관리. ◦御街(어가) : 대궐로 통하는 길. 대궐안의 길. ◦過(고) : 지나다. 왕래(往來)하다. ◦上(상) : 앞으로 나아가다. 가다. ◦尊(존) : 벼슬아치. 관리. 지위(地位)가 높다. 높은 사람. 임금 등

대여섯 봉우리가 하늘 높이 솟아 찌르듯 하면 여러 세대[積世]에 공경(公卿)이 나오고, 구곡수(九曲水)가 명당으로 흘러들어오면 당대의 조정에 재상(宰相)이 된다.

積世猶言纍世也 言推而求之 如堂局之外 見有數峰高聳 如插天外之遠則群秀遙拱 必應纍世有公卿之貴 消沙賦云 尖峰重疊 積代簪纓 斷法云 五峰聳起入雲中 <u>拜相出三公</u> 是也 如明堂之前 見有九曲之水朝入於堂中則水上御街 必應有當朝宰相之<u>尊</u> 楊公云 四橫三直過東西 九曲鳳凰池[488] 是也

< 사진3-4-1 > 고삽천(高插天)

< 사진3-4-2 > 천을태을(天乙太乙)

적세(積世)란 여러 세대[纍世]라는 말과 같다. 탐구함을 말한다. 만약 명당의 바깥에 대여섯 봉우리가 높이 솟아 먼 하늘 저 밖에 멀리 있는 것 같고 뭇 봉우리가 수려하게 멀리서 공읍하면 반드시 감응으로 여러 대에 걸쳐 공경의 귀한 벼슬을 한다. <소사부(消沙賦)>에 이르기를 '첨봉(尖峰)이 중첩하면 여러 대(代) 높은 관리[簪纓]가 나온다'고 하였고, <단법(斷法)>에 이르기를 '오봉이 솟아[聳起] 구름 속으로 들어가는 듯하면 재상(宰相)에 임명되어 삼공이 된다'는 함이 이것이다. 명당 앞에 구곡수가 명당 가운데에 모여들면 물이 어가(御街) 앞으로 흘러가는 모양이니, 반드시 감응으로 당대의 조정에서 재상의

을 이르는 말.

488) 봉화지(鳳凰池)는 궁궐 안에 있는 못으로, 근처에 중서성(中書省)이 있었으므로 중서성을 '봉황지' 또는 '봉지(鳳池)'라고 칭하였으며, 재상(宰相)의 별칭으로도 쓰였다.

높은 벼슬을 하게 된다. <양공>이 이르길 '서너 번 종횡으로 동서(東西)를 왕래하면, 구곡수(九曲水)가 봉황지(鳳凰池)에 이른다'라 함이 이것이다.

左旗右鼓 武將兵權 前障後屏 文臣宰輔[489]。

좌측에 깃발 모양의 사(砂)와 우측에 북[鼓]의 모양의 사(砂)를 갖추면 무장으로 병권이 있고, 앞산에 장막과 같은 사(砂)가 뒷산에는 병풍 같은 사(砂)로 둘러싸이면 문신이 나와 재상(宰相)이 된다.

障謂前山如帳幕也 此障與出身列障[490]不同 彼乃龍身之障 此乃面前之障 張子微云 外陽貴人有帳幕是也 又言所見之山 左象旗而右象鼓則有威武之勢必應出武將而掌兵權 斷法云 左畔起旗 右畔鼓鼓 官定是武 是也 若龍秀而出文臣亦必有掌兵權之應 前山如障幕橫遮 後山如屏風貼坐 必應出文臣而爲宰輔 楊公云 凡屏若在後頭托 此是公侯將相庭 是也

장(障)은 앞산이 장막과 같음을 말한다. 여기서 장막은 용신에서 나와 장막을 펼친 듯한 것과는 같지 않다. 그것은 용신의 장막이고 이것은 면전의 장막이다. 장자미가 이르기를 '외명당[外陽]의 귀인은 장막(帳幕) 안에 있다'라고 함이 이것이다. 또 보이는 산의 좌측 모양이 깃발 같고 우측 모양은 북 같으면 위풍당당한[威武] 기세가 되어[有] 반드시 감응으로 무장(武將)이 나와 병권을 장악한다는 말이다. <단법(斷法)>에 이르기를 '좌측에 기의 모양이 솟아있고 우측에 북의 모양이면 벼슬은 반드시 무직[武]이라'함이 이것이다. 만약 용(龍)이 수려하여 문신이 나오더라도 반드시 병권을 장악하는 감응이 있을 것이다. 앞산은 장막처럼 가로 막고 뒷산은 병풍처럼 좌에 바짝 붙어있으면 반드시 감응하여 문신이 나와 재상이 된다. 양공이 이르기를 '대저 병풍이 뒤에 있으면 첫째로 의지한다. 이는 곧 공후장상(公侯將相)의 뜻이라'라 함이 이것이다.

犀牛望月 靑衫[491]出自天衢 丹鳳啣書 紫詔頒於帝闕

---

489) 宰輔(재보) : 재상(宰相)

490) 前障(전장) : 혈의 전면(面前)의 펼쳐진 장막(列障). 。후병(後屏) : 혈의 뒤쪽에서 병풍처럼 혈(穴)을 보호해주는 사. 。외양(外陽)과 외양(外洋) : 외명당(外明堂)을 외양(外陽) 혹은 외양(外洋)이라고도 하는데, 평지(平地)이면 양(陽)이 되고 큰 물[大水]이 있으면 양(洋)이 된다. 。威武(위무) : 위풍당당하다. 。橫遮(횡차) : 가로막다. 。屏(병) : 병풍. 。托(탁) : 의탁하다.

491) 靑衫(청삼) : 푸른 적삼. 조복(朝服) 안에 받쳐 입는 옷 ☞조복(朝服) : 조정(朝廷)에 나아

물소가 달을 바라보는 형국에서는 푸른 적삼을 입은 벼슬아치가 대궐길[天衢]에 나가며, 붉은 봉황새가 서찰을 입에 물고 있는 형국에서는 궁궐에서 임금의 조서(詔書)를 반포한다.

犀牛

月

書

鳳

書

< 그림 3-4-1 > 서우망월(犀牛望月)　　< 그림3-4-2 > 서우단봉(犀牛丹鳳)

<출처> 『설심부 변와정해』

天衢御街也。 又言所見之地 若結犀牛望月之形則月爲案山乃金星淸秀低小 應出少年神童服靑衫而步於天衢也 若結丹鳳啣書之形則書爲案山乃木星一字文星 應出高隱之士紫詔頒自帝闕而宜聘也 蓋靑衫乃少者之服 紫詔乃紫泥492)金之詔書 此二者非科第之貴也 宜詳之

천구(天衢)는 어가(御街)이다. 또 눈으로 보는 곳의 땅이 만약 서우망월지형국(犀牛望月之形)에 결혈하면 달이 안산이 되고, 금성이 청수(淸秀)하고 낮고 작으니 감응하여 소년신동(少年神童)이 태어나 푸른 관복[靑衫]을 입고 대궐길을 걷게 된다는 말이다. 만약 단봉함서지형국(丹鳳啣書之形)에서 결혈하면 서찰이

갈 때 입는 의복(衣服) ∘天衢(천구) : 어가(御街) ∘帝闕(재궐) : 제왕의 궁궐

492) 자니(紫泥) : 고대에 진흙으로 서신(書信)을 봉하고 인장을 찍었는데(古人以泥封書信, 泥上蓋印 紫泥封詔是也, 後卽以指)황제의 조서(詔書)는 무도(武都)의 붉은 진흙으로 봉했던 데서 온 말이다. 봉니(封泥)는 니봉이라고도 하며, 옛날 중국에서 문서 따위를 끈으로 묶어 봉할 때 쓰던 아교질의 진흙 덩어리이다. 한나라 때 황제는 자색 인장이 새겨진 서신을 썼기 때문에 자니(紫泥)와 자니봉(紫泥封)은 황제의 조서를 대신하는 단어로도 쓰였다.

∘高隱之士(고은지사) ; 고매한 은사(隱士) ∘隱士(은사) : 세상(世上)을 피(避)하여 조용히 살고 있는[隱居; 高隱]선비. ∘金(금) : 단단하다. 귀하다. 황금색.

안산이 된다. 목성이 일자문성(一字文星)이니 감응하여 고은지사가 태어나고 궁궐에서 임금의 조서[紫詔]를 반포하여 고매한 은사를 마땅히 초빙한다. 대개 청삼(青衫)은 소년의 관복이고 자소(紫詔)는 붉은 진흙으로 단단히 봉한 조서 이다. 이 두 가지는 과거급제를 거치지 않는 벼슬이다. 마땅히 상세하게 살펴 야 할 것이다.

文筆聯於誥軸 一擧登科 席帽近於御屛 東宮侍讀[493]

문필(文筆)이 고축(誥軸)에 연이어져 있으면 한 번[一擧]에 시험에 합격하고[登科] 석모(席帽)가 어병(御屛) 근처에 있으면 왕세자 시독 (侍讀)의 벼슬을 한다.

<그림3-4-3>문필봉(文筆峰)

<그림3-4-4> 어병사(御屛砂)

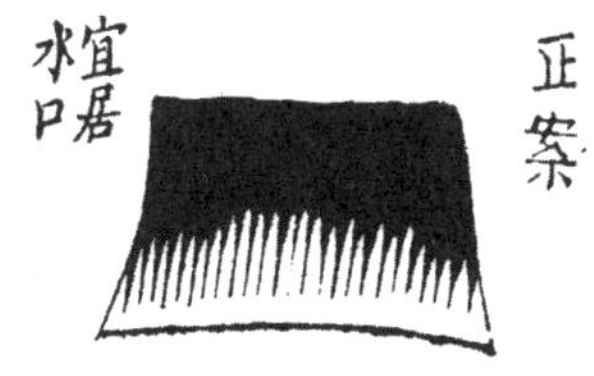

<그림3-4-5> 어서대(御書臺)
<출처>『인자수지』

<그림3-4-6> 고축개화
(誥軸開花)

<그림3-4-7> 전축(展軸)

<그림3-4-8> 고축(誥軸)
<출처>『 인자수지』

목화(木火)의 성신(星辰)이 첨수(尖秀)한 것을 문필이라 한다. 산이 횡으로 평 평하고 양쪽 끝[兩頭]이 약간 높게 솟은 것을 고축(誥軸)이라 한다. 임금이 신 하에게 내리는 명령(誥命)의 두루마리[軸]를 이른다. 일설에 고축은 횡목성으

---

493) 侍讀(시독) : 제왕이나 세자에게 경학(經學)을 가르친 관직(학자)。輔導(보도) : (학습·훈련 등을) 도우며 지도하다. 가르치다。篛笠(약립) : 篛帽(약모) : (대껍질로 만든) 삿갓。簷 (첨) : 처마。輔導(보도) : 도와서 올바른.

로 너무 길고 가늘어 서는 안된다. 만약 양두가 약간 솟으면 전고(展誥)가 되어도 석모(席帽)로 통한다. 산에 두(頭)와 견(肩)이 있는데 두(頭)가 약간 둥글고 견(肩)이 약간 늘어뜨려 있으면 석모(席帽)이고, 견(肩)을 늘어뜨리고 지각이 있으면 당모(唐帽)이며, 두(頭)가 고원(高圓)하고 견(肩)이 늘어뜨려 있으면 철모(鐵帽)이다. 두(頭)가 둥글고 견(肩)이 길게 늘어뜨려 있으면 삿갓[箬笠]이며, 두(頭)가 평평하면서 작고 처마가 긴 것은 차립(借笠)이다. 역시 당연히 구별하여야 한다. 토성이 고대하고 모나고 평평하면 어병(御屛)이다. 동궁(東宮)태자(太子)의 궁(宮)이다.494) 또 보는 산 아래로 문필(文筆)과 고축(誥軸)이 서로 이어져 있으면 감응하여 과거에 매우 빨리 한 번만에 시험에 합격하여 바로 그 즉시 등용된다. 석모와 어병이 서로 가까이 있으면 감응하여 시독의 관리를 내어 태자를 가르친다[輔導]. 대개 귀사가 있으면 저절로 귀한 응험이 있다는 것이다.

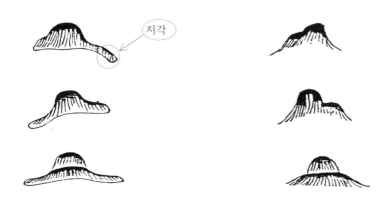

<그림3-4-9 >당모(唐帽)   <그림3-4-10 >석모(席帽)495)

<출처> 『옥수진경』

衙刀交劍 名持帥496)閩之兵 鼓角梅花　身領知州之職

---

494) 동쪽을 가리키는 震(☳)은 장남을 의미

495) 脚(각)이 있는 것은 당모(唐帽)이고, 각(脚)이 없는 것은 석모이다(有脚者爲唐幞 無脚者爲唐帽).　　　　　　　　　　　　　　　　　　　　　　　　<출처>『옥수진경』

496) 帥(수) : 장수. 帥(솔) : 거느리다. ◦閩(곤) : 성문(城門). ◦持(지) : 장악하다. 인솔(引率)하다. ◦領(령) : 거느리다. ◦知(지) : 다스리다. ◦抱(포) : 매달리다. 감싸다.

☞범씨가 이르기를'청룡쪽[龍畔]에 아도(牙刀)를 띠면 태어나는 자는 홍의(紅衣)를 입고 홀(笏)을 가지니 장군이 되어 천병을 통솔하게 된다'고 하였다. 오씨가 이르기를'용호에 장검(杖劍)이 있고 검두(劍頭)가 뾰족하면 자유로이 참감(斬砍)하고 병권을 장악한다'고 했다.(范氏曰 龍畔牙

아도와 교검사는 이름난 장수가 성 밖의 병사를 장악하고[名帥而持閫外之兵], 고각사[鼓角;북의 사에서 중간 봉우리가 솟은 모양]와 매화 모양의 사는 한 주를 다스리는 신분이 된다.

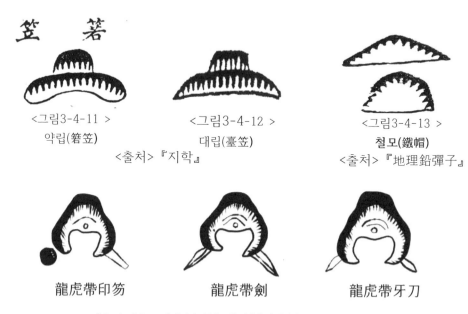

<그림3-4-11 >
약립(箬笠)

<그림3-4-12 >
대립(臺笠)

<출처>『지학』

<그림3-4-13 >
철모(鐵帽)

<출처>『地理鉛彈子』

龍虎帶印笏

龍虎帶劍

龍虎帶牙刀

<그림3-4-13> 인홀(印笏)·대검(帶劍)·아도(牙刀)

<출처>『地理啖蔗錄』

一砂尖抱謂之銜刀　兩沙相抱謂之交劍　此言銜刀交劍　謂銜刀相抱如交劍也　五峰聯聳而中高圓者爲鼓　中高尖者爲角　此言鼓角梅花　謂五峰相聯如梅花也　知州卽古刺史497)非今之知州也　又言所見之山　如銜刀交劍之狀必應出名帥而持閫外之兵　如鼓角梅花之形　必應出撫馭軍民而身領知州之職　坤鑑云　樓臺三五中心起監司幷498)刺史　是也

일사(一砂)에 뾰족하게 매달린 것을 아도(銜刀)라 하고 양사(兩沙)에 서로 매달린(붙은) 것을 교검(交劍)이라 한다. 여기서 아도교검(銜刀交劍)이라 함은 아도(銜刀)가 교검(交劍)처럼 서로 매달린 것[抱]을 말한다. 다섯 봉우리가 이어져

刀　出身著緋袍笏　虎帶牙刀形　爲將統千兵　吳氏曰　龍虎杖劍劍頭尖　自由斬砍掌兵權)

<출처>『지리담자록』

497) 刺史(자사) : 한(漢)·당(唐)시대 주(州)의 장관。◦閫外(곤외) : 성밖 . 대궐밖.
498) 幷(병) : (하나로) 합치다. 나란히 하다. 통합하다. 가지런히 하다.

솟아서 가운데 봉우리가 높고 둥근 것은 북[鼓]이 되고 가운데 봉우리가 높고 뾰족한 것은 각(角)이 된다. 여기서 고각매화(鼓角梅花)라 하는 것은 오봉이 서로 이어져 매화 같은 것을 말한다. 지주(知州)는 옛날 자사(刺史)로 오늘날의 주의 장관[知州]은 아니다. 보이는 산이 아도교검의 형상[衙刀交劍之狀]이면 반드시 감응하여 이름난 장수가 나와 성밖을 지키게 된다는 말이다. 고각매화의 형상[鼓角梅花之影]이면 반드시 발복하여 군민(軍民)을 보살피고 이끌어 한 지역을 다스리는 신분이 된다. <곤감(坤鑑)>에 이르기를 '누대가 3~5개 봉우리 중심에서 솟아나면 곧 감사(監司)나 자사(刺史)라' 함이 이것이다.

銀瓶[499]盞注 富比石崇。玉帶金魚 貴如裵度。

은병(銀瓶)과 잔주(盞注)와 같은 모양이면 석숭(石崇)에 비교할 만큼 부자[富]가 나오고, 옥대와 금어[玉帶金魚]와 같은 모양이면 배도(裵度)와 같이 귀관이 나온다.

小山上尖下圓者謂之銀瓶 小山圓平者謂之盞注 石崇 晉人 家有金谷園[500] 富之極 也 水星彎抱謂之玉帶 金星小巧謂之金魚 金魚沙在龍穴之旁 猶如貴人 玉帶之旁所 佩金魚也 不可以圖上[501]金魚而遂認在穴前也 裵度 唐時 宰相[502]封晉國公 貴之極

---

499) 1.명당(明堂) 앞에 작은 산(山)이 있어 상첨하원(上尖下員)하면 은병(銀瓶)이라 하고, 작고 둥글어 평탄한 것은 잔주(盞注)라 하며 거부(巨富)를 나온다(明堂之前 有小山上尖下員 謂之 銀瓶 小而員平者 謂之盞注 主巨富).

　　2.玉帶金魚(옥대금어) : 귀인이 옥대에 금어가 그려진 띠를 차는 것과 같이 옥대사에 붙어있는 금어사가 붙어있는 것을 의미함

　　3.옥대사(玉帶砂) : 벼슬아치가 공복(公服)에 두르든 옥(玉)으로 만들어진 띠를 말한다. 풍수에서는 관복 입을 때 허리에 두루는 띠처럼 생긴 산을 말한다.

☞석숭(石崇)와 왕개 중국 역사상 최고의 부자로 꼽히는 이들이다. 조조의 위(魏), 유비의 촉한(蜀漢), 손권의 동오(東吳)로 나뉘었던 삼국을 통일한 서진(西晉) 때 사람이다. 석숭은 가난하게 자랐으나, 관직에 오른 후 가렴주구(苛斂誅求)로 큰 돈을 벌었다. 석숭과의 재산자랑에서 왕개가 밀리자, 사마염이 황실의 산호수 내줬다는 일화는 유명하다.

☞裵度(배도) : 1300년 전에 당(唐)나라에 '배도(裵度)'라는 정승이 있었는데, 참 유명한 정승이으로 밖으로 나가면 장사(將帥)가 되고, 안으로는 큰 재상이 되고, 만고(萬古)의 명재상(名宰相)이다.

500) 금곡원은 허난 뤄양의 서북쪽에 서진(西晉) 때 대부호(大富豪)인 석숭(石崇)의 별장이 있는 금곡원(金谷園)을 가리킨다.

501) 上(상) : 물체의 겉면에 있음을 나타냄

502) 재상(宰相) : 중국에서는 시대에 따라 승상(丞相). 공경(公卿) 등으로 불렸고 조선시대에

也 又言所見之山 如銀甁盞注之形 必應發巨富可比石崇 如玉帶金魚之象 必應出大
貴如裴度之拜相封公也 蓋銀甁盞注爲富徵 玉帶金魚爲貴徵 故其應驗如此 圖附上

작은 산[小山]이 위는 뾰족하고 아래는 둥글면 은병(銀甁)이라 한다. 작은 산
이 둥글고 평평하면 잔주(盞注)라고 한다. 석숭은 진나라의 사람[晉人]으로 집
에 금곡원에 있었으며 재산은 최고였다. 수성(水星)이 만포한 것을 옥대(玉帶)
라 하고 금성(金星)이 작고 정교하면[小巧] 금어(金魚)라 한다. 금어사가 용혈
의 옆에 있는 것은 귀인이 옥대(玉帶)의 옆에 금어를 차는 것과 같다. 그림 상
으로 금어를 설명할 수 없으나 혈전에서 마침내 찾을 수 있다. 배도(裴度)는
당나라 때 재상으로 진국공에 봉해졌으며 벼슬이 최고에 이르렀다. 또 보이는
곳의 산이 은병과 잔주와 같은 형상이면 반드시 발응하여 석숭에 비교할 만큼
큰 부자가 된다. 옥대와 금어와 같은 형상이면 반드시 마치 배도가 재상에 임
명되고 진국공에 봉해진 것처럼 큰 벼슬에 나가게 된다. 대개 은병과 잔주는
재물[富]을 상징하고, 옥대와 금어는 벼슬을 상징하므로 이와 같이 발복하게
된다. 앞에 그림을 첨부하였다.

<그림3-4-14 > 옥궤(玉几)·금대(金帶)·금어대(金魚袋)· <출처>『인자수지』

三千粉黛 牽503)公子之魂消。八百煙花 惹王孫之腸斷。
삼천분대(三千粉黛)는 공자의 넋을 잃게 하고, 팔백연화(八百煙花)는
왕손의 애간장이 끊어질듯 끌리게 한다.

粉黛煙花謂美人妓女也 三千八百極言其多 以喩群峰疊嶂之多也 又言龍穴之前後左
右 見有群峰侍從 疊嶂環拱 令人觀美不盡 猶如三千粉黛 八百烟花 牽惹504)公子王

는 영의정(領議政)을 요즘에는 총리(總理)나 수상(首相) 등을 말한다.
503) 牽惹(견야) : 이끌림. ☞ 牽 : 끌어당기다.。惹(야) : 끌리다.。魂消(혼소) : 혼을 빼다. 넋
을 잃다.。腸斷(장단) : 창자가 끊어질 듯 비통[애통]함. 애끓다.
504) 心腸(심장) : 마음. 감정.。嶂(장) : 산봉우리。侍從(시종) : 곁에서 시중들다. 따르다. 수

孫之心腸 則必爲大貴之應 楊公云 來龍勢遠看朝迎 似聖鑾輿[505]撓隊行 左右竪旗
連引劒 屯軍走馬列重城 宮娥玉輦樓臺起 排符旌節[506]勢分明 三千粉黛當墳照 八
百煙花對面生 佩劍簾前呼萬世 黃金殿上[507]作公卿 此之謂也

분대(粉黛)와 연화(煙花)는 미인과 기녀를 말한다. 삼천이나 팔백이라는 숫자는
그 수가 많음을 극언하여 뭇 봉우리가 많이 중첩된 것을 비유한 것이다. 용혈
의 전후좌우에 뭇 봉우리[群峰]가 따르고[侍從] 거듭 겹쳐있는 산봉우리가 둘
러싸 공읍하면[環拱] 사람들로 하여금 아름다움을 한없이 바라보게 하여 마치
삼천분대와 팔백연화같아 공자와 왕손의 마음을 이끌게 하는 것 같으면 반드
시 감응으로 큰 귀인이 나올 것이다. 양공이 이르기를 '내룡의 세가 멀리 조영
(朝迎)하는 것을 보니, 임금의 수레[鑾輿]에 좌우로 깃발을 세우고 잇닿아 칼
을 뽑아든 주둔병[屯軍]과 달리는 말이 궁성에 거듭 줄을 지어 군대행렬이 떠
나는 것[撓] 같고 궁녀의 옥가마[玉輦]와 누대에 부합되게 깃발[旌節]을 차례
로 세워[排起] 세가 분명하다. 삼천분대(三千粉黛)가 묘지[墳]에 마주하여 조
응하고, 팔백연화가 칼을 차고 깃발 앞에 만세를 부르고 나오는 것 같으면, 황
금빛 궁전에 공경이 된다' 라고 함이 그것을 말한다.

<그림3-4-15 >정절(旌節)

< 출처 >『 지리연탄자 』

蛾眉山現 女作宮妃。金誥花開 男婚公主。

아미산이 보이면 여자는 궁비가 되고, 금고화개가 보이면 남자는 공

행원.。撓(뇨) : 떠나다.。引(인) : 잡아당기다.。宮娥(궁아) : 궁녀.。排符(배부) : ~에 맞게
늘어서다.。玉輦(옥련) : 가마.。簾(렴) : 깃발. 발.
505) 聖(성) : 임금의 존칭. 임금에 관한 사물의 경칭.。鑾輿(난여) : 천자의 수레. 임금이 타는
가마.
506) 旌節(정절) : 사신(使臣)들이 가지고 다니던 부절(符節. ; 예전에 돌이나 대나무·옥 따위로
만들어 신표로 삼던 물건으로 왕이나 제후의 명령을 받았음을 증명하는 신표(信表) 구실을
하던 깃발을 말한다.
507) 上(상) : ~로. ~에.

설심부 변와 정해

주와 혼인을 한다.

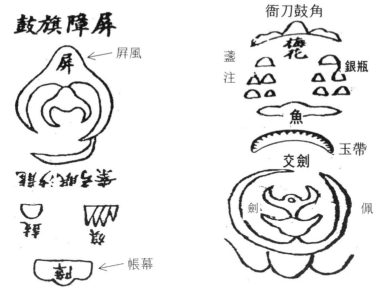

<그림3-4-16>병·장·기·고(屏·障·旗·鼓) 및 고각아도(高角衙刀)
<출처>『설심부 변와정해』

<그림3-4-17> 아미문성(蛾眉文星)
<출처>『지리담자록』

蛾眉山如初生月乃太陰金星　故主女貴　金誥花開名展誥山　如玉花　官誥[508]展開也
兩頭微高爲金頂　故名金誥花開　以山有文彩與蛾眉金星相配爲花開者　非也　又言穴
前有蛾眉山現　應出女人秀美堪作宮妃也　撼龍經云　平洋蛾眉却爲吉　半嶺蛾眉最得
力　若有此星連節生女作宮嬪[509]后妃職　是也　若有金誥花開應出男人貌美婚配公主
而爲附馬也

---

508) 官誥(관고) : 敎旨. 임금의 명령(命令). 제왕이 관직을 임명하는 문서
509) 宮嬪(궁빈) : 고려와 조선 시대. 궁궐 안에서 임금과 왕비. 왕세자를 모시고. 궁중의 일을
보던 여자를 통틀어 이르는 말. 。堪(감) : ~할 수 있다.。作(작) : ~가 되다. ~을 하다. ~로
하다. ~맡다.

아미산(蛾眉山)이 초생달과 같으면 곧 태음금성(太陰金星)이다. 그래서 여자가 귀하게 된다. 금고화개(金誥花開)는 전고산(展誥山)이라 하고, 옥화(玉花)처럼 관고(官誥)가 펼쳐진 것이다. 양쪽머리가 약간 높아 금성의 이마[金頂]를 만들므로 금고화개(金誥花開)라 한다. 산에 문채가 있고 아미금성과 서로 짝한다고 해서 화개(花開)라고 하는 것은 틀린다. 혈 앞에 아미산이 있으면 빼어나게 아름다운의 여인이 태어나 궁비가 된다. <감룡경>에 이르기를 '평지의 아미사도 길하나 산중턱[半嶺]의 아미사가 가장 힘이 있다. 만약 이러한 봉우리가 이어져 생겨 있으면 여자는 궁에서 빈(嬪)이나 왕후(王后)의 직을 하게 된다' 함이 그것이다. 만약 금고화개(金誥花開)가 있으면 감응으로 남자가 태어나 얼굴이 아름다운 공주와 혼인하여 부마가 된다.

魚袋[510]若居兌位 卿相可期。天馬若在南方 公侯必至。

어대사(魚袋砂)가 서쪽[兌位]에 있으면 재상[卿相]의 벼슬을 기대할 수 있고, 천마사(天馬砂)가 남방[離位]에 있으면 공후[제후]의 지위에 반드시 이른다.

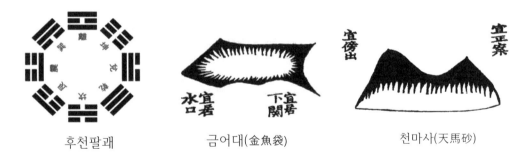

후천팔괘   금어대(金魚袋)   천마사(天馬砂)

<그림3-4-18 > 후천팔괘(後天八卦)·금어대(金魚袋)·천마사(天馬砂)

<출처>『인자수지』

魚袋即金魚袋 唐宋時官尊所佩也 山一頭高而身尾略低垂者謂之天馬山 又言魚袋之沙 若居西方兌位則卿相之貴可期而及矣 天馬之山若高聳於南方則公侯之位可必而至矣 蓋魚袋天馬砂 貴而又得位 故其應驗如此

어대사(魚袋砂)는 곧 금어대(金魚袋)이다. 당송 때에 관직이 높으면[官尊] 허리

---

510) 魚袋(어대) : 물고기 모양의 沙(사)를 魚袋(어대) 또는 金魚袋(금어대)라 한다. 。卿相(경상) : 재상(宰相)。可期(가기) : 기대(期待)할 수 있음。公侯(공후) : 제후

에 차던 것이다. 산에 하나의 머리는 높고 몸과 꼬리는 약간 낮은 것을 천마산 (天馬山)이라 한다. 또 어대사가 만약 서방 태위(西方兌位)에 있으면 재상의 벼슬[卿相之貴]을 기대하고 할 수 있다. 천마산이 남방에 높이 솟아있으면 공후의 지위에 반드시 이를 수 있다. 대개 어대사와 천마사는 귀하여 벼슬을 얻게 되므로 그 응험이 이와 같다는 것이다.

頓筆多生文士。卓旗定出將軍。

돈필은 문인(文人)을 많이 내고, 탁기는 반드시 장군을 낸다.

頓筆是木火星辰 頓起[511]而高聳者 卓旗是火星頭開脚擺而卓立者 即頓旗是也 若高峰擺足長舞者爲招軍旗 分開兩足者爲展旗 旗頭逆水而上者爲進旗勝旗 旗頭順水而下者爲退旗敗旗 又有合旗 鳳翅旗 獨脚旗 倒地旗之類 皆木火星辰擺足變出也 亦當辨之 又言有頓筆之峰應多生文章顯達之士 捉脈賦云 筆插雲端管[512] 取天生俊傑是也 有卓旗之山定出武職將軍之流 坤輿云 展旗合旗鳳翅旗 威武鎮邊堤 是也

돈필(頓筆)은 목성(木星)이나 화성(火星)의 성신이 갑자기 생겨[頓起] 높이 솟은 것이다. 탁기(卓旗)는 화성(火星)의 머리에 지각을 벌려서 드러내[開脚擺] 우뚝 솟은 것이니, 곧 돈기(頓旗)가 그것이다. 만약 높은 봉우리가 지각을 길게 벌려서[擺足長] 춤을 추듯 하면 초군기(招軍旗)이다. 양지각[兩足]을 나누어 벌린 것은 전기(展旗)가 된다. 기의 머리[旗頭]가 물을 거슬러 올라가면 진기(進旗)나 승기(勝旗) 된다. 기두(旗頭)가 물을 따라 내려가면 퇴기(退旗) 또는 패기(敗旗)가 된다. 또 합기(合旗)·봉시기(鳳翅旗)·독각기(獨脚旗)·도지기(倒地旗)의 유는 모두 목·화성진이 지각[足]을 뻗어 변하여 나온 것이니, 역

---

511) 起(기) : 일어나다. 시작하다. 생기다. 발생(發生)하다. 우뚝 솟다.。擺(파) : 드러내다.。聳立(용립) :우뚝 솟음.。俊傑(준걸) : 재능과 덕성이 남달리 탁월한 사람.。管(관) : 맡아 다스리다.。威武(위무) : 위풍당당하다.。堤(제) : 머물다.

📖 초군기. 득승기.

1.초군기(招軍旗) : 기형(旗形)이 고대하고 중각(衆脚)이 비양(飛揚)하여 일대를 전부를 위요(圍繞)하여 감싸[一帶纏統] 세(勢)가 흔들며 부르는 것[招動] 같아야 합격이다. 갑마[甲馬 ; 갑옷을 입힌 전마(戰馬)]가 잠시 멈추어 일어나고[頓起] 고(鼓)가 상응(相應)하여야 진(眞)이 된다.

2.득승기(得勝旗) : 기형(旗形)이 유양탁립(攸揚卓立)하고 대세(大勢)가 명당내로 향하고[向內] 역수(逆水)하며, 신두(身頭)가 문기(文旗) 같고, 성봉이 광채가 나야 길하다. 반드시 돈고(頓鼓: 聳體金星 : 솟아오른 모양이 북[금성]처럼 생긴 봉우리)가 있어 배아상응(排衙相應) 하여야 한다. <출처>『인자수지』

512) 管(관) : 붓대

시 마땅히 구별하여야 한다. 또 돈필의 봉우리는 감응하여 문장이 현달한 선비를 많이 배출한다는 말이다. <착맥부>에 이르기를 '문필이 붓대를 단정히 하듯[端管] 하늘 높이 솟아[揷雲] 하늘의 기운을 취하여[取天] 준걸(俊傑)이 태어난다' 함이 이것이다. 또 탁기형상의 산이 있으면 반드시 무관직 장군[武職將軍]의 부류가 태어난다는 말이다. <곤여>에 이르기를 '전기(展旗)·합기(合旗)·봉시기(鳳翅旗)가 위풍당당하게 변방을 진압하여 머무는구나' 라 함이 그것이다.

<그림3-4-19>초군기(招軍旗)

<그림3-4-20> 득승기(得勝旗)

< 출처 >『인자수지』

<그림3-4-21>합기(合旗)　<그림3-4-22 > 봉시기(鳳翅旗)　<그림3-4-23>전기(展旗)

< 출처 >『지리연탄자』　　< 출처 >『조선의 풍수』　　< 출처 >『옥수진경』

內臺513)外闈 文武不同. 某郡某州 分野可斷

내직[內臺]과 외직[外闈], 문관과 무관의 감응이 다르다. 심지어 어느 주, 어느 군인지 방면까지 판단할 수 있다.

---

513) 內臺(내대) : 내직. ∘外闈(외곤) : 외직. ∘分野(분야) : 분야. ∘俱(구) : 모두. ∘野(야) : 구역(區域). ∘亦然(역연) : 역시 그렇다.

此承上起下之詞　言沙水形象不同則出人亦異　非但⁵¹⁴⁾官有內臺外閫文武不同　即看
貴峰出於何方　可論官職　出於何地　而州郡之分野　俱可據而斷之矣　亦然不必過泥也
이는 앞에 이어 아래를 시작하는 문장에 사수형상(沙水形象)와 같지 않으면 태
어나는 사람도 다르다는 것을 말한다. 단지 관직이 내직과 외직, 문관과 무관
이 같지 않을 뿐만이 아니라, 귀봉이 어느 곳에서 나왔는지 살펴서 관직이 어
느 지방에서 나올 것인지 논할 수 있고, 주군의 방면까지 모두 그에 근거하여
판단할 수 있다는 말이다. 그렇다고 하더라도 지나치게 빠져서는 안된다.

御座御屏　入⁵¹⁵⁾內臺而掌翰。頓槍頓鼓。鎭外閫以持權。
어좌사와 어병사는 내대(內臺;御史臺)에 벼슬을 하여 사한(詞翰)을
관장하고, 돈창사와 돈고사[頓鼓砂:肇體金星]는 도성 밖[外閫]을 진
압하여 병권을 잡는다.

우퇴전필(右退田筆)　좌퇴전필(左退田筆)

<그림3-4-24> 퇴전필　　　<출처>『인자수지』

山高大而中起頂兩肩掙潤者⁵¹⁶⁾謂之御座　山高平而方正兩角略披垂者謂之御屏　峰尖
銳而卓立者謂之頓鎗　山頂平而身圓者謂之頓鼓　承上言所謂文武不同者　如有御座御
屏之象則其應在文　爲官必入內臺而掌詞翰之職　若有頓鎗頓鼓之形則其應在武　爲官
必鎭外閫而持統兵之權　此屏座⁵¹⁷⁾鎗鼓之山　或在前爲朝對　或在後爲主托　不可執
一而論也　圖附下

514) 非但(비단) : ‘아니다’ 따위의 부정하는 말 앞에 쓰여, ‘다만’, ‘오직’의 뜻을 나타내는 말,
　　　비단 ~뿐만 아니라.
515) 入(입) : 조정에서 벼슬하다.。掙(쟁) : (굴레를) 벗어나다.。略(략) : 날카롭다.。披(피) :
　　　드러내다. 。在(재) : (어떤 직위에) 재직하고 있다.
516) 者(자) : 곳을 가리켜 이름.
517) 御座御屏

산이 고대하고 양어깨[兩肩]를 벗어나[挣] 한가운데 넓은 곳에 머리[頂]를 일으킨 것을 어좌(御座)라 한다. 산이 높고 평평하고 방정하여 두 모서리가 날카롭게 드러내어[略披] 드리워진 모양을 어병(御屛)이라 한다. 봉우리가 날카롭고 뾰족하게 솟은 것을 돈창(頓鎗)이라 한다. 산정(山頂)이 평평하고 용신이 둥근 것을 돈고(頓鼓)라 한다. 앞에 이어서 소위 문무(文武)가 같지 않음을 말한 것이다. 어좌나 어병의 형상이 있으면 그 감응이 문관에 재직하고 있다가 관리가 되어 반드시 내대(內臺;御史臺)에 들어가 사한(詞翰)의 직을 관장한다. 돈창(頓鎗)이나 돈고(頓鼓)의 형상이 있으면 그 감응으로 무관에서 재직하고 있다가 관리가 되어 반드시 성 밖을 진압하여 통솔하는 병권을 가진다. 이들 어병과 어좌(御屛御座)의 사(砂)나 창과 돈고[鎗頓鼓]의 사가 혹 앞에 있으면 조대(朝對)가 되고, 혹 뒤에 있으면 탁산(托山)이 된다. 하나만 고집하여 논하지 말라. 아래에 그림을 첨부하였다.

<그림3-4-25> 돈고(頓鼓)   <그림3-4-26 > 돈창(頓鎗)   <그림3-4-27>어병(御屛

<출처>『인자수지』

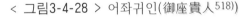

< 그림3-4-28 > 어좌귀인(御座貴人[518])

< 그림3-4-29 > 제좌(帝座)[519]

<출처>『인자수지』

---

518) 1.어좌귀인(御座:임금이 앉는 자리)은 성신(星辰)이 존중(尊重)되어야 하며, 좌우(左右)가 대칭[相稱]되어야 합격.
    2. 옥루보전(玉樓寶殿)과 왕비. 신하[侍臣]. 네 장군이 구비[四將軍 具備]되면 귀하다.

설심부 변와 정해

帶520)倉帶庫 陶猗之富可期。 生曜生官 王謝之名可望。

창(倉)이나 고(庫)의 사(砂)를 띠면 도주(陶朱)와 의돈(猗頓)의 부(富)를 기대할 수 있고, 요(曜)나 관(官)이 나타나면 왕도(王導) 사안(謝安)의 명성을 바랄 수 있다.

<그림3-4-30 > 제좌(帝座)
<출처> 『지학』

<사진3-4-3> 어좌(御座)

身肥滿而頂略尖者爲倉山 身肥滿而頂略平者爲庫山 龍虎外有餘氣飛揚謂之曜氣521)
朝案背後拖出餘氣謂之官星 撼龍經云 問君何如謂之曜 餘氣生在兩肘後 問君何如
謂之官 案山背後逆拖山 是也 陶朱猗頓春秋時人善居富者也 王導謝安晉時人最貴
顯有聲名者也 言砂形之應 不但文武而已 如龍身帶倉帶庫而來 或得左右倉庫護從
則其應在富 卽陶走猗頓之富亦可期也 黑囊經云 富龍行帶倉帶庫 是也

용신이 비만하고 꼭대기가 약간 뾰족한 것은 창산(倉山)이다. 용신이 비만하고
꼭대기가 약간 평평한 것은 고산(庫山)이다. 용호 밖으로 여기(餘氣)가 날아가
는 듯한 것을 요기(曜氣;曜星)라 하고, 조안(朝案) 뒤쪽에 여기(餘氣)가 끌려나
가는 듯한 것을 관성(官星)이라 한다. <감룡경>에 이르기를 '그대에게 묻노니
어떤 것을 요(曜)라고 하는가? 여기(餘氣)가 양 팔꿈치[용호] 뒤에 생긴 것이
다. 그대에게 묻노니 어떤 것을 관(官)이라고 하는가? 안산 뒤에서 반대로 끌

---

519) 제좌(帝座)
  1. 일봉(一峰)이 용립(聳立)하고 양견(兩肩)이 고른 것(均平)이다. 중봉(中峰)이 하늘 높이
  솟아[秀聳 秀侵雲漢] 양방이 평정(平正)하면 합격.
  2.의사(欹斜). 파쇄낭흔(破碎浪痕:깨어져 물결과 같은 흔적)은 꺼린다.
  3.사방의 산이 감싸고 따라야 한다(要四山擁從).   < 출처>『인자수지』
520) 帶(대) : 가지다. 붙어있다.
521) 金曜(금요)는 예리하기가 칼과 같다. 요(曜)가 입에서는 어금니가 되고, 손에서는 손톱이
  되며, 중당에 있어서는 양쪽 곁에서 교아(交衙;交牙)가 되고, 대당에서는 교장(交杖;지팡이
  모양이 서로 만남)이 되고, 순(脣)의 아래에서는 채찍[策]이 되고, 전(氈)의 아래서는 침(針)
  이 된다. 요는 혈의 징조가 되기도 하지만 여기에 혈이 될 수 없는 것이니, 만약 요(曜)에
  작혈(作穴)하면 한번으로도 절손(絶孫)한다.

려나간 산이다' 라 함이 이것이다. 도주(陶朱)와 의돈(猗頓)은 춘추시대 사람으로 잘[善] 살았던 부자였다. 왕도와 사안은 진대 사람으로 큰 벼슬로 명성이 드러난 사람들이다. 산의 모양[砂形]의 응함이 문무(文武)뿐만 아니라는 말이다. 용신이 창(倉)이나 고(庫)의 사(砂)를 띠며 오고 좌우에 창고사가 호종하면, 그 응험이 부(富)로 나타날 것인즉 도주와 의돈의 부(富)만큼 기약할 수 있다는 것이다. <흑낭경>에 이르기를 '부룡(富龍)은 창(倉)이나 고(庫)의 사(砂)를 띤다' 라 함이 이것이다.

<그림3-4-31 > 기·필·금고·아미(旗·筆·金鼓·蛾眉)

< 그림3-4-32 >탁기(卓旗)

<출처>『설심부 변와 정해』

如龍虎外生曜氣 案山外生官星 則其應在貴 即王導謝安之名亦可望也 官曜詩云 龍虎通身[522]尖且利 此是龍身鍾秀氣 穴前左右貼身生 此是王侯官品地 又古云 官星不照 難求貴顯之名 曜宿應臨 定秉均衡之任 是也 楊公云 非眞龍正穴 必無官曜二星 蓋官曜乃山川秀氣所鍾 形象最異而發福最厚也 其形惟取其秀麗圓淨奇巧特異無粗惡破碎而已 不必如張子微名曜四十名官四十一 以滋繁瑣也

만약 용호의 밖에 요기(曜氣)가 생기고 안산 밖에 관성(官星)이 있으면, 그 응함은 귀(貴)하다. 즉 즉 왕도(王導)와 사안(謝安)의 명성도 바랄 수 있다. <관

---

522) 通身(통신) : 전신.。응림(應臨) : 발응하여 비추다. 。자(滋) : 더욱.。번쇄(煩瑣) ; 繁瑣(번쇄) : (주로 문장. 말 따위가) 장황하다.

설심부 변와 정해

요시(官曜詩)>에 이르기를 '용호(龍虎) 전신[通身]이 뾰족하고 또 예리한[尖利] 것은 용신에 수기(秀氣)가 모인 것이다. 혈전 좌우 용신에 붙어서 생겼다면 이는 왕후의 벼슬 품계에 땅이다 ' 라고 하였고, 또 옛말에 이르기를 '관성이 혈에 조응하지 않으면 존귀하고 현달한 명성을 얻기 어렵고, 요숙(曜宿; 日·月·星·辰)가 응림(應臨)하면 반드시 균형의 임무를 관장하게 된다' 라 함이 이것이다. 양공이 이르기를 '진룡정혈이 아니면 관성과 요성은 반드시 없다'고 하였다. 대개 관성과 요성은 곧 산천의 수기(秀氣)가 모인 것으로 그 형상이 아주 특이하여 발복이 아주 크다. 그 형상은 오로지 수려 원정하고 기교가 특이한 것을 취하고 조악하거나 파쇄된 것을 취하지 않을 뿐이다. 장자미가 요성 40개·관성 41개 이름을 붙인 것처럼 지나치게 장황하게 해서는 안된다.

< 그림3-4-33 > 금요배아(金曜排牙)< 그림3-4-34 > 관·귀·금·요(官·鬼·曜·禽)

<출처> 『 지학 』

<그림3-4-35 >개구도(開口523)圖)   <그림3-4-36 >개수도(開手圖)

523) 개면(開面)· 개구(開口)· 개수(開手)· 개각(開脚)
①개면(開面) : 개면은 사람에 비유하면 얼굴에 이·목·구·비(耳目口鼻)를 구비한 모양으로 혈(穴)에서 선익(蟬翼)과 구첨(毬簷)· 1차 분합수(分合水)· 금어수를 구비하면 개면(開面)이고 개면이 되면 와·겸·유·돌(窩鉗乳突)은 정상적인 혈이다. 또 산양지미(山洋指迷)에서는 '분렴

文星低而天顔回。天柱高而壽彭祖。

문성(文星)이 낮으면 안회처럼 요사(夭死)하고 천주(天柱)가 높으면 팽조와 같이 장수한다.

文星卽文筆峰也 天柱穴後主山也 以巽辛山爲文星 以乾山爲天柱者非也 言沙形之應不但富貴而已 若文星低陷則應出人聰明而壽夭如顔子[524]之三十二歲而卒也 若天柱高聳則應出人多壽如彭祖之年高[525]八百歲也 此借形夭與壽之意 非謂顔彭之眞有此等地也

문성(文星)은 문필봉(文筆峰)이고, 천주(天柱)는 혈후 주산(主山)이다. 손신산(巽辛山)이 문성이라 하고 건산(乾山)을 천주(天柱)라고 하는 것은 잘못이다. 사형(沙形)이 비단 부귀만 발응하는 것이 아니라는 말이다. 만약 문성이 낮게 땅이 음푹 패이면(低陷) 태어나는 사람은 총명하나 안자가 32세에 죽는 것처럼 요절한다. 만약 천주가 높이 솟아나면[高聳] 감응하여 마치 팽조 나이가 800세까지나 산 것처럼 장수하는 사람을 배출한다. 이는 형상을 빌어 명이 짧고[夭折] 긴[長壽] 것을 의미 하는 것이지 안회와 팽조가 진짜 그러했음을 말하려는 것은 아니다.

印浮水面 喚[526]乎其有文章。水聚天心 孰不知其富貴。

(分斂)·앙복(仰覆)·향배(向背)·합할(合割)의 조건을 충족하지 않으면 혈이 되지 않는다'고 하였다. 즉 4개[分·仰·向·合] 중 하나라도 반대되는 것이 있으면 개면(開面)이 되지 않는다.

②개구(開口) : 입을 연다는 뜻으로 혈장을 중심으로 사신사가 에워쌌다는 뜻이다. 주산이 생기고 용호사가 혈장을 감싼 모습을 이르는 말이다. 개수(開手)와 비슷한 말이다. 손을 벌려 연 것도 역시 용호가 혈을 보호했다는 뜻이다. ☞ 藏口(장구) : 천광터.[金井] ☞금정틀[金井機] : 묘의 구덩이를 팔 때 굿의 길이와 너비를 정하는 데 쓰는 기구.

③개수(開手;兩臂) : 좌우 용호사가 혈장 양쪽으로 팔을 길게 늘어트린 모양.

양비(兩臂)란 좌우 용호사를 사람의 팔뚝에 비유한 말. 혈장 옆의 좌우 용호사는 단단하고 단정하고 튼실해야 한다. 양비(兩臂)가 혈장보다 지나치게 높으면 압혈(壓穴) 당하여 흉하게 된다. 만약 용호(龍虎) 밖에 다시 용호가 있으면 개각(開脚)이라 한다.

④풍수에서 용(龍)을 보는 방법에서 제일 중요한 법(法)은 개면(開面)·개구(開口)로 혈(穴)의 진가(眞假)를 구별하고, 지보(地步)로 혈(穴)의 크기가 결정된다.

<출처> 단촌풍수지리학회. 『지리오결』.『산양지미』

524) '안회'를 높여 이르는 말.
525) 年高(연고) : 나이가 많다. 고령이다.

인사(印砂)가 수면에 떠 있으면 문장력이 있는 사람을 부르고, 물이 천심(天心)에 모이면 부귀한 사람이 나오리라는 것을 누가 모르겠는가.

<그림3-4-37>개구와 개수(開口與開手圖)

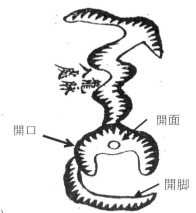

<그림3-4-38 > 개구·개수·개각(開口與手開脚圖)

<출처>『지학』및『지리오결』

<그림3-4-39 > 명당도   < 출처 >『지학』

---

526) 喚(환) : 부르다. 소환하다.
☞여기서 천심(天心)은 내명당(內明堂;용호내=소명당+중명당) 가운데를 의미한다. 용호밖은 외명당.
1) 小明堂(소명당)은 원운(員暈)아래 금어수(金魚水)가 합쳐 모이는 평탄(平坦)한 곳.
2) 中明堂(중명당)은 청룡 백호 안산(案山)의 안쪽.
3) 大明堂(대명당)은 안산(案山) 밖에 있으므로 반드시 사방의 물이 모임을 요한다.
☞명당은 내양(內陽)이 되고, 안산 안쪽의 중명당(中明堂 또는 中陽), 안산 바깥쪽의 외명당(外明堂 또는 外陽)으로 구분.

或大石 或小山方圓明浮出於水中者謂之印 若浮於去水邊者 更吉 此天心指明堂中心言 言沙水之形象 處處求之 皆有相應之理 如印星浮於水面則有清秀之象 必應生文雅之士 故曰喚呼其有文章 陶氏云 印浮水面定知出世魁元 是也 如衆水聚於堂中則蓄聚渶廣527)必應出富貴之人 誰不知之也

혹 큰 바위나 작은 산이 반듯하거나 둥글고 물속에서 나와 밝게 떠 있는 것을 인(印)이라 한다. 만약 거수변(去水邊)에 떠 있으면 더욱 좋다. 여기서 천심(天心)은 명당(내명당)의 중심을 가리켜 말한다. 사수의 형상은 구하는 곳마다 모두 상응하는 이치가 있다는 말이다. 예를 들어 인성(印星)이 수면에 뜨면 청수한 상이 되어 반드시 감응하여 문장이 고상한[文雅] 선비가 태어나므로 선비를 문장력이 있다고 부른다고 한 것이다. 도씨가 이르기를 '인성(印星)이 수면에 떠있으면 반드시 수석[魁元]으로 출세할 것임을 알 수 있다' 라 함이 바로 이 것이다. 만약 중수가 명당 가운데에 모이면 곧 축취원광(蓄聚渶廣)할 것이니 반드시 부귀한 인물이 나오리라는 것을 누가 모르겠는가?

楊公云 池湖積水不流行 富貴旺人丁 是也 按528)天乙太乙至此 皆承龍法之一言而推之 蓋龍身旣眞則穴情必正而堂局沙水自皆以吉應之 苟非眞龍正穴 則雖有群峰插漢 諸水會流 貴氣類見 於我何如哉

양공이 이르기를 '못과 호수에 물이 모여 흐르지 않으면 부귀(富貴)하고 인정(人丁)이 왕성하다' 함이 이것이다. 천을(天乙) 태을(太乙)을 밝혀 여기까지는 모두 용법의 한마디를 이어 추론한 것이다. 대개 용신이 이미 참이면 지형[穴情]이 반드시 정면에 당국의 사수도 당연히 함께 좋게 감응[應]한다. 진실로 진룡정혈(眞龍正穴)이 아니라면 비록 여러 봉이 하늘 높이 솟아있고 모든 물이 회류(會流)하여 귀기의 무리가 나타나더라도[類見] 나에게 무슨 소용이 있겠는가[於我何如哉].

巧憑529)眼力 妙在心思。

---

527) 蓄聚渶廣(축취원광) : 쌓여 모인 물이 맑고 넓게 흐른다.。渶(원) : (물이)흐르다. (물이)맑다.

528) 按(안):이치를 더듬어 밝힘.。穴情(혈정) : 정황(情況)·지상(地相.−지형으로 판단되는 길흉의 상)·형세·지형·혈훈.) 。고기가 물 가운데 있어 한번 움직이면 물 위에 스스로 한 훈(暈)이 이루어지니, 훈을 보면 가히 고기인 줄 안다. 즉 훈(暈;초생달 같은 문늬)을 보고 밑에 생기가 있는 혈장을 알 것이다 (某九升, 『地理六經註』「卷之一 葬書」: 如魚在水中一動,其水上自成一暈.見暈可以知魚也)。何如 : 어찌 같은 가 ?

529) 憑(빙) : 몸이나 물건을 무엇에 의지하다.。眼力(안력) : 안목.。不致(불치) : 정도에 이르

설심부 변와 정해

정교함은 눈으로 보는데 달려있고, 미묘한 이치를 터득하는 것은 마음속으로 생각하는 데 달려있다.

此總結 上文言以龍法推求而沙水形象之應多端 全憑眼力之巧 以辨之 盡在心思之妙 以得之 庶不致於有差也

이것은 용법으로 추구하여 사수형상의 감응이 다단하다고 말한 앞 문장의 총결론이다. 안력을 다하여 정교하게 살펴 변별하고, 생각을 다하여 미묘한 이치를 터득하면, 바라건대[庶] 틀림이 없을 것이다.

右段論眞龍貴氣應驗

앞의 단락에서는 진룡귀기의 응험을 논하였다.

此段論沙水形象之應 總是眞龍貴氣之徵530) 推而求之者也 田氏改名段曰論形象應驗 似泛而未確 今正之

이 단락에서는 사수형상(沙水形象)의 감응을 논하였다. 결국[總是] 진룡 귀기의 징험을 유추하여 탐구한 것이다. 전씨는 문단의 이름을 고쳐 '형상의 응험을 논함[論形象應驗]' 이라고 했다. 너무 넓어 명확하지 않은 것 같아 이제 고친다.

지 않다.
530) 徵(징) : 효험. 조짐. 증거.

雪心賦正解 卷之四

第一章 論穴形異同及沙水凶形應驗

物以類推531)。穴由形取。

만물은 비슷한 종류로 추리하고 혈은 형상에 따라 취한다.

物即下文人物禽獸之類也 形即人物禽獸等形非謂五星之形也。上文論點穴之理終以
穴形數端結之 恐人於點穴之理難明 故借形以曉之 此又復論穴形異同因上言之未詳
故再悉以明之 俾人得以易辨耳 謂山川融結多有象其物形者 故觀物則當以類而推之
點穴則由物形而取用也 如木火二星多結人形其穴取心臍 陰金星多結禽形其穴取翼
窩 冠星土星多結獸形 水星多結龍蛇形 其穴取鼻顙耳腹頭尾之類 大抵要看脈止氣
聚之處 認定窩鉗乳突穴情532)而以倒杖之法用之 庶不致於有誤也 此二句乃總起之
詞 下文則詳言之

물(物)은 곧 아래 문장에서 사람[人物]이나 짐승[禽獸] 등이다. 형(形)은 곧 인
물, 금수 등의 형상으로 오성(五星)의 형상을 말하는 것이 아니다. 앞의 문장에
서 점혈의 이치를 논하여 결국 혈형의 수를 다양하게 결론을 내렸다. 사람들이
점혈의 이치를 깨닫기에 어려운 것을 염려하여 형상을 빌어 비유하여 안다. 이
는 또 혈형이 다르고 같음을 다시 논한 것이며 앞에서 언급한 것이 아직 상세
하지 못하므로 다시 모두 분명하게 밝혀서 사람들로 하여금[俾人] 쉽게 변별하
여 알게 할 뿐이다. 산천이 융결되면 대부분 형상이 생겨 그것을 물형으로 말
하므로 물형을 살펴보고 마땅히 비슷한 종류로 추리하여야 한다. 점혈은 물형

---

531) 以(이) : 비슷함.。유(類) : 종류·같은 부류.。物以類聚(물이유취) : 끼리끼리 어울리다.
。由(유) : ~에서.
。形局論 일명 物形論 또는 喝形論
　　1.풍수지리학적으로 기본적인 국(局)을 이루는 모양을 사물에 비추어 어떤 모양인가에 견주
어 발흥(發興)을 유추하는 것을 말한다. 즉 형상을 추측함으로 사물의 종류를 알 수 있고 길흉
을 판단할 수 있다.
　　2.우주만물에는 그 형상에 상응하는 기상(氣象)과 기운(氣運)이 있다는 데서 출발한다. 즉 만
물에 내재해있는 기(氣)의 상(像)이 형(形)으로 나타나기 때문에 형으로서 物의 氣를 알 수 있
음을 근거하는 원리이다. 그러나 객관성을 확보하기가 어렵다.
532) 穴情(혈정) : 입수도두·선익·순전·혈훈 등의 모양을 말한다.。不致(불치) : ~하게 되지
　　않다.

에 따라 취하여 사용한다. 예로 목화(木火) 양산[二星]은 대부분 사람의 형상에 혈을 맺어 그 혈은 심장이나 배꼽자리, 음부을 취하여 사용한다. 금성은 대부분 조류의 형상에 혈 맺어 그 혈은 날개의 우묵한 부분을 선택한다. 관성(冠星)과 토성은 대부분 짐승의 형상에 혈을 맺는다. 수성은 대부분 용과 뱀의 형상에 혈을 맺는다. 혈은 코·이마·귀·배·머리·꼬리 등에서 취한다. 대저 맥이 멈추고 기가 모인 곳을 살펴야 한다. 반드시 와·겸·유·돌(窩鉗乳突)의 혈의 생김새[穴情]를 알고 도장법[倒杖之法]으로 용사하면 거의 그릇되게 하지 않는다. 이 두 구절은 곧 종합하여 시작하는 말이다. 다음 문장은 그것을 상세하게 말하였다.

虎與獅猊[533]相似。雁與鳳凰不殊。一或少差。指鹿爲馬。渾然無別。認蚓爲蛇。

호랑이와 사자는 서로 비슷하고 기러기와 봉황은 다르지 않다. 하나라도 약간의 차이가 있으면 사슴을 가리켜 말이라 하고, 뚜렷하지 못하여 구별하지 못하는데 지렁이를 뱀이라고 한다.

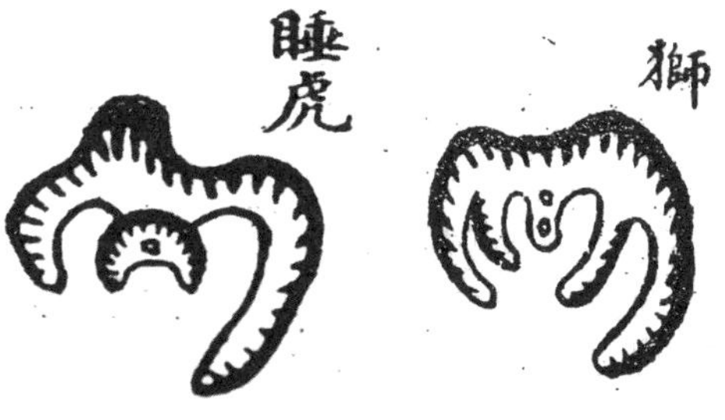

< 그림 4-1-1 >호랑이·사자[虎·獅猊]

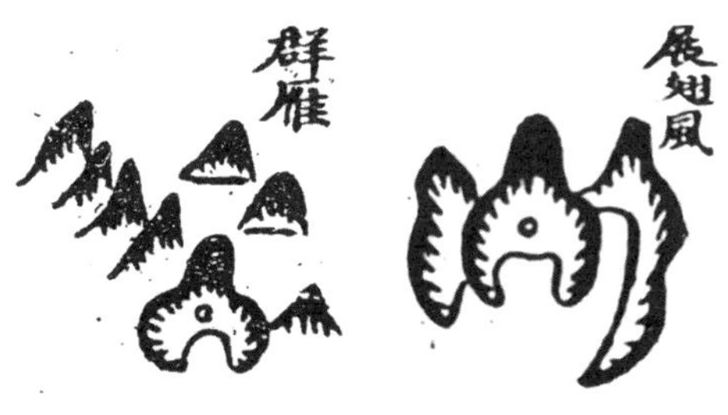

< 그림 4-1-2 >봉황·기러기[鳳凰·雁]

身大頭小橫上結 其身圓金結其頭者爲虎形 身小頭大金水結 其身方土結其頭者爲獅形 鴈形頭尾短 鳳形頭尾長。身瘦[534]而頭平者爲鹿形 身肥而頭高者爲馬形 細曲而身短者爲蚓形 活動而身長者爲蛇形 承上言穴固由形取 然形有相似而實非者尤當辨之 如虎與獅貌獸類也 其形覺相似 鴈與鳳凰禽類也 其形不甚異 須細辨之 若一或

533) 獅猊(사예) : 사자.◦或(혹) : 있다. ◦渾然(혼연) : 뚜렷하지 못함◦ 認(인) : 알다.
534) 瘠(척) : 여위다.◦瘦(수) : 여위다.◦可不 ; '可不是'의 준말 .어찌~이 아니겠는가. ~으로 되지 않는가. ◦謨(모) : 거짓말하다.◦不免(불면) : 면할 수 없다. 피치 못하다.

少差　不免以鹿形而指爲馬矣　渾然無別　**不免**以蚓形而認爲蛇矣　認形不眞取穴必謨
可不辨哉

용신이 크고 머리가 작으면 횡상(橫上)으로 결혈하고, 용신이 둥근 금체는 머리에 결혈하는 것은 호랑이 형상(虎形)이다. 용신이 작고 머리가 크면 금(金)이 수(水)로 결혈한다. 그 용신이 네모진 토성으로 그 머리에 결혈하는 것은 사자의 형상이다. 기러기 형상은 머리와 꼬리가 짧고, 봉황의 형상은 머리와 꼬리가 길다. 용신이 마르고 머리가 평평한 것은 사슴의 형상이고 용신이 살찌고 머리가 높은 것은 말의 형상이며, 가늘고 굽고[細曲] 몸체가 짧은 것은 지렁이 형상[蚓形]이고 살아서 움직이는 듯하고 몸집이 긴 것은 뱀의 형상이다. 앞에 이어 혈은 진실로 형상으로 취하는 것임을 말한 것이다. 그러나 형상은 비슷하나 실체는 아닌 것은 더욱 마땅히 분별해야 한다. 호랑이와 사자와 같으면 짐승 유이다. 형상이 비슷하다고 생각하며 기러기와 봉황은 날짐승 유이다. 형상이 심히 다르지 않는 것은 반드시 세심하게 분별해야 한다. 만약 하나라도 약간의 차이가 있으면 사슴의 형상이라도 말이라 지칭한다. 서로 섞이어 뚜렷하지 못하여 구별되지 않으면 지렁이 모양이나 뱀모양으로 안다. 형상을 아는 것이 참되지 않으면 혈을 취함에 반드시 형상이 구별이 되지 않아 거짓말을 하게 된다.

<그림 4-1-3 > 사슴·말[·鹿·馬]　　　<그림 4-1-4 > 지렁이· 뱀(蚓蛇)

<출처> 『중휴지리천기회원』

或取斜曲535)爲釵。四圍不抱。或求橫直爲劍。兩畔不包。

---

535) 斜曲(사곡) : 비뚤거나 굽어지다. 。求(구) : 찾다. 。至如(지여) ; 至于(지우) : ~의 정도에 이르다. ~한 결과에 달하다. 。奏(주) : 이루다. 나타나다.

혹 바르지 못하고 굽어진 것을 취하여 채(釵)로 삼으면 사방의 주위
가 감싸주지 않는다. 혹 횡직(橫直)에서 찾아 칼로 삼으면 양측이 감
싸주지 못한다.

<그림4-1-5 > 사자형 영하혈(獅子形鈴下穴)

< 출처 > 『인자수지』

斜曲釵者乃垂頭木星單股釵也　劍形乃倒地木星直體也。言形固要詳辨又要看其護衛
何如　或從取形之斜曲者以爲釵而四圍不抱則非眞釵也　至如釵形兩股平垂股合處亦
必要上有微頂下有微脣左右彎抱方可奏脊點穴　疑龍經云　鉗穴如釵掛壁限惟嫌頂上
有水來　釵頭不圓多破碎水傾穴內必生災是也　或徒取形之橫直者以爲劍而兩畔不包
則非眞劍也　蓋劍形必要龍虎包裹　方可擺穴

바르지 못하고 굽은 채(釵)는 곧 수두한 목성으로 단고채(單股釵)이다. 검형(劍
形)은 곧 도지목성(倒地木星)으로 곧은 성체[直體]이다. 모양은 확실하게 자세
히 변별해야 하고 또 그 호위가 어떠한가를 살펴보아야 하는 것을 말한다. 혹
형체가 비뚤거나 굽은 것을 좇아 취한 것은 채라고 하나 사신사가 환포하지 않
으면 참된 채가 아니다. 겸채의 모양으로 용호[兩股]는 고르게 드리우고 (용호
가) 모이는 곳[股合處]에 이르면 역시 반드시 꼭대기는 작은 정수리[微頂]가
있고 아래는 작은 전순이 있고 좌우가 감싸면 비로소 척상에 점혈할 수 있다.
<의룡경>에 이르기를 겸혈은 비녀와 같이 벽 모퉁이에 걸린 것이고, 다만 꺼
리는 것은 정상에서 물이 흘러오는 것이다. 채두(釵頭)가 둥글지 않고 다만
[多] 파쇄되면 물이 혈안으로 기울어 반드시 재앙이 발생한다. 혹 횡직한 형상
을 취한 무리는 검으로 여기나 양측이 감싸지 않으면 참된 검이 아니다. 대개

검형은 반드시 용호가 혈을 감싸야 비로소 천장할 수 있다.

< 그림4-1-6 > 비녀[釵]　〈그림4-1-7〉 채겸(釵鉗)　　< 그림4-1-8 > 칼[劍]

< 출처 >『중휴지리천기회원』

以上圖形聯擧以示意耳　學者當卽536)此而會之可也　不然十形萬狀豈圖之能備而言之可悉哉

이상은 산도와 관련 열거하여 의미를 나타낼 뿐이므로 배우는 자는 즉시 여기서 이해할 수 있다. 완전하지 아니한 많은 형상[萬狀]을 어찌 산도를 구비하여 말로 모두 표현할 수 있겠는가?

文筆畫537)筆。二者何分。衙刀殺刀。兩般無異。若坐山秀麗。殺刀化作衙刀。或本主賤微。文筆變爲畫筆。

문필(文筆)과 화필(畫筆) 들은 어떻게 분별하는가? 아도(衙刀)와 살도(殺刀) 두 종류는 차이가 없다. 만약 좌산(坐山;주산)이 수려하면 살도(殺刀)가 변하여 아도(衙刀)가 되며 혹 용의 중심이 되는 주산[本主]이 천미(賤微)하면 문필이 변하여 화필이 된다.

尖秀端正而卓立者爲文筆貴也　尖秀欹斜而開又者爲畫筆賤也　尖利彎抱者爲衙刀吉

---

536) 當卽(당즉) : 즉시・곧・바로.。會(회) : 이해함.。不然(불연) : 그렇지 않다.。十(십) : 완전하다.

537) 畫(화) : 그림。般(반) : 종류。賤微(천미) : 천하고 보잘것없다.。本(본) : 중심이 되는.

☞ 뾰족하고 수려하나 기울고 갈라져 양쪽이 뾰족한 것이 서로 대등하여 변이 높지도 낮도 않는 것을 화필이라 한다(尖秀欹斜而開又兩尖相等不邊高邊低者 謂之畫筆).

< 출처 >『 지리담자록 』

설심부 변와 정해

也 尖削直硬者爲殺刀凶也 言沙形亦有相似者惟看其龍穴何如耳 如文筆畵筆二者亦
無大分別也 衙刀殺刀兩般亦未嘗[538]大異也 若穴之坐山清秀美麗縱有殺刀亦化作衙
刀矣 其或本主山輕賤微弱雖有文筆亦變爲畵筆矣 入式歌云 龍賤若還沙遇貴沙變爲
凶 其沙賤若還遇貴龍沙亦不爲凶 此之謂也

첨수하고 단정하게 높이 솟은 것은 문필(文筆)이고 귀(貴)하다. 첨수하고 기울
어 또 갈라진 것은 화필(畵筆)로 천(賤)하다. 뾰족하고 예리하나 (나를) 들러
감싸 안은 것은 아도(衙刀)가 되어 길(吉)하다. 칼로 깎은 듯이 뾰족하고 곧고
단단한 것[直硬]은 살도(殺刀)되어 흉(凶)하다. 사형(沙形)도 서로 비슷한 것이
있다는 것은 오직 그 용혈이 어떠한가를 살펴서 말할 뿐이다. 문필과 화필 두
가지도 크게 구별(區別)할 수 없다.[不] 아도와 살도 두 종류도 크게 다른 것
을 말할 수 없다. 만약 혈의 주산[坐山]이 청수하고 미려하면 설령 살도(殺刀)
일지라도 변하여 아도(衙刀)가 된다. 혹 본래 주산(主山)이 비천하고 미약하면
비록 문필(文筆)일지라도 변하여 화필(畵筆)이 된다. <입식가(入式歌)>에 이르
기를 '용이 천하면 오히려 귀사를 만나도 변하여 흉이 된다. 천한 사(沙)가 오
히려 귀룡을 만나면 사[沙] 역시 흉하지 않는 것이다' 라고 하였다.

<그림4-1-9>　　아도(衙刀)　　　<출처>『인자수지』

尖鎗[539]本凶具。遇武士以爲奇。浮尸固不祥。逢群鴉而反吉。

뾰족한 창은 본래 흉한 도구이지만 무사를 만나면 기이한 것이 되고,
물위로 떠있는 시체와 같이 보이면 진실로 상서롭지 못하나 까마귀

---

538) 未嘗(미상) : ~이라고 말할 수 없다.∘輕賤(경천) : 비천하다.∘微弱(미약) : 허약하다.
∘還(환) : 도리어.
539) 鎗(쟁) : 창.∘以爲(이위) ~라고 여기다.

때를 만나면 도리어 길하게 된다.

又言穴前横伏沙形如鎗之尖者本爲凶　具若遇武士如武公大坐將軍按540)劍等形則反
有用而爲奇矣　浮屍山現主溺水路死之兆固不詳矣　若逢主山如群鴉飛集寒鴉下田等
形則屍爲鴉食反成吉矣　此亦類推　取譬之意　非眞謂鴉食也　蓋穴爲主　沙爲用　若得
爲我所用　雖凶而亦吉也

또 혈 앞에 가로로 엎드린 사(沙)의 형상(形象)이 창의 뾰족한 것과 같으면 본
래 흉(凶)하다고 말하나, 만약 무사가 무공의 대좌나 장군안검 등의 형상과 같
은 것을 구비하여 대하면 오히려 쓸모가 있게 되어 기이하다. 물 위에 떠있는
시신과 같은 사[浮尸山]가 보이면 주로 익사하거나 길에서 죽는 조짐을 나타냄
으로 확실하게 상서롭지 못하다. 주산(主山)에 까마귀 무리가 날아서 모이거나
까마귀가 밭에 내려앉는 등의 형상과 같은 모양을 대하면 시체[尸]는 까마귀의
먹이가 되어 오히려 길하다. 이 역시 유추하여 비유하여 뜻을 취하는 것이지
진짜 까마귀의 먹이라는 것은 아니다. 대개 혈(穴)을 위주로 하여 사(沙)를 사
용하므로 혈(나)에 필요한 것을 얻었다면 비록 흉한 것일지라도 길하다.

<그림4-1-10 >
장군(將軍)

<그림4-1-11 >
무사(武士)

< 출처 >『지학』

목제+검

< 그림4-1-12 >
장군안검(將軍按劍)

< 출처 >『인자수지』

鼓笛非神仙不541)取。無道器則出伶官。印劍非天師不持。有香爐則爲巫
祝。

북과 피리[鼓笛]는 신선이 아니면 취하지 않느다. 고로 신선[道士]의

---

540) 寒鴉(한아) : 겨울 까마귀. ∘按(안) ; 쥐다. 잡다. 장악하다.
541) 不(불) : 하지 아니하다,~할 수는 없다(不能).∘巫祝(무축) : 무당이 굿하는 일.

기물[道器]이 없으면 영관(伶官)이 나온다. 인장(印)이나 검(劍)은 천사(天師)가 아니면 가지지 않으며 향로가 있으면 무축(巫祝)을 하게 된다.

印

〈그림4-1- 13〉 인(印)

爐

〈그림4-1-14 〉 노(爐)

鼓

〈그림4-15 〉 고(鼓)

笛

〈그림4-1-16 〉 적(笛)

鼓山圓而平 笛山橫而小 印山圓而方 劍山小而直 香爐山圓而突 道器者幢旛542) 寶蓋藥寵丹爐之類是也 此皆指沙言伶官掌樂之官也 巫祝巫師廟祝也。言有山形如鼓笛此非神仙不取也 然必道器整備543)力出神仙如止有鼓笛別無道器則不能出神仙 只出樂者之官而已 山形如印劍則必天師能指之 然有印劍之形而又有香爐之山則不能出得道之眞人 惟出巫祝之師而已 蓋以類而推之 宜有此應也 黃囊經云 穴前堆如案臺544)此是 香爐山出現定出師巫僧道材 是也

542) 幢(당) : 불교의 경문(經文)을 새긴 돌기둥. 。旛(번) : 幡(번)의 이체☞ 幡(번) : 좁고 긴 깃발.
543) 整備(정비) : 시설이나 도로 따위를 잘 이용할 수 있도록 제대로 갖춤. 。材(재) : 재능이 있는 사람.
544) cf) 案臺≒案對:풍수에서 혈의 맞은 편에 대하는 산
 ■案臺(안대) : 사방을 관망할 수 있게 흙을 높이 쌓아 위를 평평하게 한 곳. 높고 평평한 곳. 點穴(점혈)은 반드시 三靜一動(삼정일동)하는 곳에서 찾아야 한다고 했다(鐵彈子 點穴須求 三靜一動), 삼정(三靜)이란 어떤 것인가? 안대(案對)가 정(靜)하여 개면(開面)하고 혈을 향하여 받들어야 한다. 용호(龍虎)가 정(靜)하여 감싸고 달아나지 않아야 하고 물길[水城]은 정(靜)

고산(鼓山)은 둥글고 평평하고 적산(笛山)은 산의 가로가 작다. 인산(印山)은 둥글거나 모나다. 검산(劍山)은 산이 작고 곧다. 향로산(香爐山)은 산이 둥글고 돌출된 모양이다. 도기(道器)는 부처 앞에 세우는 깃발[幢幡]로 보개(寶蓋)·약총(藥寵)과 단로(丹爐) 유(類)이다. 이러한 것들은 모두 사(沙)를 가리킨 것이며 영관(伶官)은 음악을 관장하는 관리이고, 무당이 굿하는 일[巫祝]은 남자 무당[巫師]이 사당에 고축하는 것이다. 산형이 고적과 같은 모양이 있으면 이는 신선이 아니면 취해서는 안되는 것을 말한다. 그러나 반드시 도기(道器)를 제대로 갖추어야 응험으로[力] 신선이 나오며 다만[止] 고적(鼓笛)만 있고 다른[別] 도기(道器)가 없다면 신선이 나올 수 없다. 연주하는 관리[樂者之官]만 나올 뿐이다. 산형이 인검과 같으면 반드시 천사(天師)가 가질 수 있다. 그러나 인장이나 검과 같은 형상을 하고 또 향로산 모양을 하고 있으면 도를 깨우친 진인이 나올 수 없고 다만 무축하는 무당만 나올 뿐이다. 대개 이러한 것을 유추하면 마땅히 이러한 응험이 있다. <황낭경(黃囊經)>에 이르기를 '혈전에 작은 언덕[堆]이 안대(案臺)와 같으면 이것이 바로 향로산이 출현한 것이니 반드시 사무와 승도의 인물이 나온다' 고 하였다.

葫蘆545)山現。 術士醫流。 木杓形連。 瘟瘟孤寡。

하고 환포하여 물이 모여[凝聚]야 오직 혈처(穴處)를 만들어 일맥(一脉)이 활동(活動)하는 정신(精神)이 있어야 이러한 것을 삼정일동(三靜一動)이라 하면 혈은 참된 것이다.(何謂三靜 案對 要靜 開面朝拱 龍虎要靜 掬抱而不竄 水城要靜 繞環凝聚 惟作穴之所 一脉活動而有精神 此謂 三靜一動 其穴乃眞)   < 출처 > 『 철탄자 』

545) 葫蘆(호로) : 표주박. 조롱박.。現(현) : 드러내다. 눈앞에 실제로 있는. 杓(작) : 국자모양. ☞杓(표) : 북두칠성의 자루를 이루는 부분.。瘟(온) : 염병(染病;장티푸스를 속되게 이르는 말). 。瘟(황) : 황달(黃疸).

☕ 자북(磁北)·진북(眞北)·입수룡(入首龍) 등 이기론의 기본이론
  1.자북(磁北) ☞ 지반정침(地盤正針: 陰氣) ⇨ 4층
    1) 入首一節(結姻束氣處;天造地設) : 4층으로 정음정양(淨陰淨陽)에 의거하여 후룡측정.
    2) 의룡입향(依龍立向) : 선천
  2.진북(眞北) ☞ 하늘의 북극성으로 천반봉침(天盤縫針: 陽氣) ⇨ 8층
    1) 의수입향(依水立向) : 후천.
    2) 묘지의 파구측정 : 88향.
  3.입수룡(入首龍) : 주산~혈처. 현무~혈처.
      입수룡은 入首를 만든 龍.
☕ 안산(案山)
1.만약 조산이 비록 많아도 한 봉우리나 두 봉우리가 바르게 혈을 향하지 않으면[正照] 난잡하

호로산이 앞에 있으면 술사와 의사의 무리가 나오고 목작(木杓)의 형상이 이어져 있으면 온황[염병과 황달병]과 고아와 과부가 나온다.

〈그림4-1-17〉목작(木杓)

〈사진 4-1-1〉조롱박

< 사진 4-1-2 > 조롱박 용도

葫蘆山形似葫蘆也　木杓山似木杓頭圓尾尖也　此皆指沙言。言有葫蘆之山出現主出遊546)術之士與行醫之流　如有木杓之形三五相連主有瘟瘟長病之人　及孤兒寡婦之

여 진의(眞意)가 모이지[屬] 않아 그 혈은 확실하지 않다.
(若朝雖多而無一兩峰正照則雜亂而眞意不屬其穴不的) ☞照(조): ~을 향하여
2. 혈 앞에 낮은 사(砂)가 있어 굽어 감싸고 안산을 만들면 비록 멀리 조산이 없어도 작혈에 지장이 없다. (凡穴前 有低砂彎抱作案 雖無遠朝 不妨作穴)
3. 빼어난 것이 비록 많을지라도 반드시 하나의 봉우리가 있어 바르게 받들어 나열해야 한다. 기이한 것이 비록 많을지라도 하나의 안산(案山)이 가로로 환포한 모양만 못하다.
(秀雖多必有一峰正拱列 奇雖衆不如一案彎眠) ☞ 면(眠) : 가로 놓이다.
4.조산(朝山)이 줄지어 빙 둘러싸 위엄이 있고 빼어난 모양으로 반드시 하나의 봉우리가 있거나 혹은 두 봉우리[兩峰]가 혈장(穴場)을 마주 대하면[正對] 그 혈(穴)은 비로소 확실하다.(凡朝山環列 濟濟獻秀 必有一峯 或兩峯 正對穴場 其穴方的) ☞濟濟(제제) : 위엄이 있는 모양.
<출처>『지리담자록』
✋형(形)의 모양이 제멋대로 움직이는 듯하면 장지(葬地)로 모두 합당치 않다. 사방에 응하는 산과 안산도 그런 모양이면 꺼리기는 마찬가지이다. 언덕[山岡]이 앞서 말한 형(形)과 같다면 모두 숨어서 엎드려야만[隱伏] 하고 달아나서는[動走] 안 된다. 혹 요동치며 달아나는 것[動走] 같으면 장사(葬事)는 할 수 없다.(形類百動이면 葬皆非宜라. 四應前案 法同忌之 言山岡如前之形 皆要隱伏 不可動走如或動走則不可葬地) 즉 前後左右의 四神砂가 완비하여 사방(四方)으로 응(應)하는 것이 있고 앞으로는 안산(案山)이 응하여 움직이는 것을 꺼려 피한다.[忌避] 혈을 둘러싼 좌우전안(左右前後)의 산(山)들이 모두 멈춰서 엎드려야 하고[欲止伏] 산이 활동하는 모습은 아니 된다. 활동하면 즉 기(氣)가 모이지 않아 장법(葬法)에 꺼리는 바이다. (言左右前後之山 皆欲止伏 不欲其活動也. 活動,卽其不聚 葬法所忌也) <출처>『장서(葬書)』잡편(雜篇)

輩也 若止一杓直來 見頭不見杓者 反主富也

호로산(葫蘆山)은 조롱박과 같은 모양이다. 목작산(木杓山)은 나무국자와 같아 머리는 둥글고 꼬리는 뾰족하다. 이는 모두 사를 가리키는 말이다. 호로산이 보이면 방랑하는 술사와 의술을 행하는 무리가 나온다고 말한 것이다. 목작의 형상이 3~5개 서로 이어져 있는 것 같으면 염병과 황달[瘟瘴]에 걸려 오랫동안 앓는 병자와 고아·홀아비·과부 등의 무리가 나온다. 다만 하나의 국자모양[一杓]이 곧게 와서 머리는 보이나 자루[杓]는 보이지 않는다. 즉 둥근 머리만 보여 오히려 부자가 된다.

或是胡僧547)禮佛。錯認拜相鋪氈。或是尸山落頭。誤爲謝恩領職。
혹 승려가 예불을 드리는 형국(뒷산이 마치 용이 하늘로 오르는 모양 ; 즉 양변에 호종사가 없는 모양)을 배상포전(拜相鋪氈)으로 잘못 알거나 시산낙두[시산(尸山)이 떨어진 머리 모양]을 잘못 알아 벼슬에 대하여 감사하게 여겨 사례하는 모양으로 업드린 형상이라 한다.

此又言沙形相似者不可不辨也 如胡僧禮佛與拜相鋪氈其形亦略相似 但禮佛則其形禿兀而兩邊多孤露 拜相則其形尊嚴而兩邊有護從 若非細辨則或是胡僧禮佛之形而錯認爲拜相鋪氈也 尸山落頭與謝恩領職其形亦略相似 但尸山僵硬直垂 謝恩帖軟順伏 若非詳認則或是尸山落頭之狀而誤認爲謝恩領職也 謝氏不達詞意不識山形 漫以禮佛拜相山形直言無異旣無異 又何言錯認哉。一說禮佛分手拜邊輕邊重前無氈褥 拜相交手拜圓淨均勻前有氈褥 此說亦詳
이는 또 산의 모양이 서로 비슷한 것은 반드시 분별해야하는 것을 말한다. 예를 들면 호승예불(胡僧禮佛)과 배상포전(拜相鋪氈)은 그 형상도 약간 서로 비슷하다. 다만 예불(禮佛)은 그 형상이 앙상하고 높이 솟은 모양[禿兀]으로 양변이 대부분 호종사가 없어 고로(孤露)하며, 배상(拜相)은 그 형상이 존엄하고 양변이 호종사(護從砂)가 있다. 만약 세밀하게 분별하지 않으면 혹 호승예불의 형상을 잘못 알아 배상포전이라 한다. 시산낙두(尸山落頭)와 사은영직(謝恩領

---

546) 出遊(출유) : 타향(他鄕)에서 방랑하는 것。杓(작) : 對酌(대작)하다. 국자
547) 胡僧(호승) : 승려(僧侶)。拜相(배상) : 재상(宰相)에 임명되다.。謝恩(사은) : 받은 은혜에 대하여 감사하게 여겨 보답함.。領職(영직) : 조선(朝鮮) 시대(時代)에 종9품(從九品) 잡직(雜職).。禿(독) : 앙상하다.。兀(올) : 우뚝하다.。僵硬(강경) : 경직되어 있다.。直垂(직수) : 숙이지 않다.。直(직) : 굽지 아니하다.。帖軟(첩연) : 유연하게 드리우다.。漫(만) : 마음대로.。重(중) : 두텁다.

설심부 변와 정해

職)은 그 형상도 서로 비슷하다. 다만 시체의 산[尸山]은 경직되어 머리를 숙이지 않는다. 사은(謝恩)은 머리를 드리워 순하게 엎드려 있는 것이다. 만약 상세하게 알지 못하면 혹 시산낙두(尸山落頭)의 형상을 잘못 알아 사은영직(謝恩領職)이라 한다. 사씨는 글의 뜻을 통달하지 못하면 산형을 몰라 마음대로 호승예불과 배상포전의 형상을 차이가 없다고 즉시 말하는 데 의심이 없다면 또 어찌 잘못 안다고 말한 것인가? 일설에 예불(禮佛)은 손을 나누어 절을 하므로 한쪽은 얇고 한쪽은 두터워 앞에는 전욕이 없고, 배상(拜相)은 손을 교차하여 맞잡고 절하므로 둥글고 고르게 단정하며 앞에는 전욕이 있다는 이 설은 역시 자세히 밝힌다.

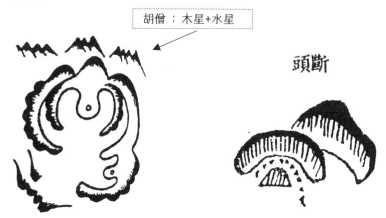

胡僧 : 木星+水星

頭斷

<그림 4-1-18 > 호승예불형 (胡僧禮佛形)   <그림 4-1-19 >시산낙두(尸山落頭=斷頭)
<출처>『풍수지리학 개론』.『지리담자록』

形如囚獄。與祥雲捧⁵⁴⁸⁾月何殊。勢聳旛花。與風吹羅帶何異。
수옥(囚獄)같은 형상과 구름에 달이 떠있는 형상은 무엇이 다른가?
높이 솟은 번화(旛花)와 풍취라대(風吹羅帶)는 어떻게 다른가?

---

548) 祥雲(상운) : 상서(祥瑞)로운 구름。捧月(봉월) : 떠오르는 달처럼 솟은 산을 받드는 모양。
    。비단 허리띠가 바람에 펄럭이는 모양의 형(形)을 취하는 것은 소위 풍취나대(風吹羅帶)이라 한다.
☕旛花와 風吹羅帶
1.번화는 형태가 기울어 비주(背走;即斜出反背也)하며 두 개 용호로 나누어진 것.
                    (旛花欹形斜飛 分開兩股)
2.풍취나대는 형태가 부드럽고 크게 흩어지고 두 개 용호로 나누어진 것.
                    (風吹羅帶性柔舒泰 分開兩股)   <출처>『圖解雪心賦』

雪心賦 辯譌 正解   309

如此山長遠之勢
或一里或三里四
里飄揚飛動不青

<그림 4-1-20 > 풍취라대(風吹羅

<그림 4-1-21 > 번화(旛花)

<출처>『옥수진경』

此又言穴形相似而實非者不可不辨也　如囚獄之形與祥雲捧月皆是一小山居中而四圍
有山包裏者也　何有殊哉　但囚則如人蓬[549]裸兀坐獄則逼勒局促　月則金星端圓秀麗
雲捧則周圍重護有情須細辨之　如旛花之勢與風吹羅帶皆是山分兩股而飛揚下罷者也
何有異哉　但直長低垂漫無收拾者則爲旛[550]花　柔軟擺摺上有分而下有合者則爲風吹
羅帶　須詳察之

이는 또 혈의 모양이 서로 비슷하나 실제로 같지 않아 구별하여야 하는 것을
말한다. 수옥(囚獄)과 상운봉월(祥雲捧月)의 형상은 모두 작은 산 하나가 가운
데 있고 사방의 둘레는 산이 있어 내부를 둘러싸고 있다. 무엇이 차이인가? 다
만 수(囚)는 사람이 문란하여 벌거벗고 똑바로 감옥에 앉아있는 것 같으면 가
까이서 구속되어 국이 좁다. 월(月)이란 금성체가 단원 수려하여 구름을 두 손
으로 받든 것 같으면 주위에서 거듭 보호하여 유정하므로 반드시 자세하게 구
별하여야 한다. 번화(旛花)의 형세와 풍취라대(風吹羅帶)는 모두 산이 두 개의
용호[股]로 나누어져서 아래가 흩어져 날리는 듯하다. 무엇이 다른가? 다만
곧고 길며 낮게 드리워 멋대로 펼쳐져서 수습함이 없는 것이 번화(旛花)이고,
유연하게 움직여 바꾸어[擺摺] 위에서는 나누고 아래는 합하는 것이 풍취라대
(風吹羅帶)이다. 반드시 상세하게 살펴야 한다.

---

549) 蓬(봉) : 문란하다.。兀坐(올좌) : 똑바로 앉다.。逼促(핍촉) : 좁다.。勒(륵) : 구속하다.。
　　罷(파) : 흩어지다. 擺(파) : 움직이다. 열다.。摺(접) : (방향을) 바꾸다. 수습하다. 접다.
550) 幡(번)의 이체 旛 : 좁고 긴 깃발. 상갓집 앞에 세우는 깃발.

설심부 변와 정해

出陳旗見劫山爲劫盜。 判死筆[551]遇殺水爲殺傷。

출진기(出陳旗)에 겁산(劫山)이 보이면 강도[劫盜;强盜]를 만나게 되고, 판사필(判死筆)이 살수(殺水)를 만나면 살상(殺傷)을 당한다.

祥雲(상운) : 안산에 빽빽한 목체의 형상(形狀)이 상운이 된다.

< 그림 4-1-22 > 상운봉월형(祥雲捧[552]月形)

<출처>『풍수지리학 개론』

山尖四五枝而高低側列身下有脚飛揚者謂之出陳旗 撥砂云 旗頭生石陣上贏 旗心生石定輪兵 若然生爪不分明爲賊 又遭形亦當詳之 筆砂或豎[553]或眠而粗蠢不秀者謂之判死筆 又謂逆水爲進田筆 順水爲退田筆 對穴直射爲凶 橫過收水爲吉 亦宜詳之 劫山欹裂巉巖之山也 殺水直衝急射之水也 此言凶砂之應者 謂有山如出陣之旗乃兵具也 若見劫破之山則應出行劫之盜矣 沙有判死之筆本非文象也 若遇凶殺之水則主有殺傷之禍矣 然出陳旗判死筆亦看其龍穴何如 若龍眞穴正而無劫山殺水則出陳旗應出武將領兵出陣 判死筆應出刑司判人生死 靑鳥經云 筆大橫椽足判生死是也

산이 뾰족하고 4개~5개의 지각이 높고 낮게 옆으로 벌려 용신의 아래 지각이 바람에 날려 오르는 듯한 것을 출진기(出陳旗)라고 한다. <발사>에 이르기를 기두(旗頭)에 생긴 암석은 출진기 위에 기(氣)가 가득하고[贏], 출진기 가운데

---

551) 붓이 커서 가로 자빠진 서까래 같은 것을 이름하여 죽음을 판단한다고 하는데(筆大橫椽是名 判死) 이곳은 높고 저곳은 낮아 참으로 헤아리기 어렵다(此昂彼低 誠難推擬). 오른쪽 곁에 산이 낮은 곳에 가로로 줄지어 있으면 판사필이다(右畔有山 在低處橫列則爲判死筆).
<출처>『청오경』
◦ 贏(영) : 가득하다.◦ 輪(수) : (순서에 따라) 교대로 하다.◦ 若然(약연) : 만일 그렇다면.◦ 遭(조) : 되다.◦ 爪(조) : (짐승의) 발(톱). 즉 지각.◦ 司(사) : 담당하다.◦ 椽(연) : 서까래. ◦ 足(족) : 머무르다.
552) 봉(捧) : 받들다.들어 올리다.두 손으로 받쳐 들다.
553) 豎는 竪의 다른 형태의 글자. ☞ 竪(수): 세우다. 서다.

바위가 생기면 반드시 병사를 교대로 한다[輪兵]. 만약 지각이 생겨 분명하지 않으면 적기(賊旗)이다. 또 깃발의 형상이 되면[遭] 또 마땅히 상세하게 살펴야 한다. 필사가 서거나 누워서 조잡하고 거칠어[粗蠢] 수려하지 못 것을 판사필(判死筆)이라 한다. 또 역수(逆水)하면 진전필(進田筆)이 되고 순수(順水)하면 퇴전필(退田筆)이 된다. 혈을 마주보고 (물이) 곧게 쏘면[直射] 흉하고 횡으로 지나가 물을 거두면 좋다. 역시 마땅히 상세하게 살펴야 한다. 겁산(刦山)은 기울고 찢어져[裂] 참암(巉巖)한 산이다. 살수(殺水)는 직충으로 급하게 쏘는 물이다. 이는 흉사가 응함을 말하는 것은 출진기 즉 병구와 같은 산이 있는 것을 말한다. 만약 여러 갈래로 갈라진[劫破] 산이 보이면 밖에 나가 빼앗는 도적을 만나게 된다. 사격에 판사필이 있으면 본래 문필사의 모양은 아니다. 만약 흉살수(凶殺水)를 만나면 살상의 화가 있게 된다. 그러나 출진기(出陳旗)와 판사필(判死筆)도 그 용혈이 어떠한가를 살펴야 한다. 만약 용진혈정(龍眞穴正)하고 겁산(刦山)과 살수(殺水)가 없으면 출진기(出陳旗)는 무장이 나와 병사를 거느리고 출진하게 된다. 판사필(判死筆)은 형조에서 사람의 생사를 판단을 담당하는 사람이 나온다. <청오경>에 이르기를 '필봉[筆]이 커서 가로 놓인 서까래와 같이 머물러 있으면 생사를 판단하는 것이'(판사필)이다.

<그림 4-1-23 > 적기(賊旗)

< 출처 >『옥수진경』

<그림4-1-24 > 진전필(進田筆)

< 출처 >『인자수지』

一坏[554]土居正穴之前。未可斷爲患眼。一小山傍大山之下。未可指爲墮

---

554) 坏(배) : 언덕[坏 : 同字] 。坏土(배토) : 언덕처럼 붕긋하게 솟아오른 흙더미。爲(위) : 되다。傍(방) : 곁。옆。作(작) : 되다。拘泥(구니) : 구애되다。據(거) : 증거(證據)。未可(미가) : ~할 수 없다。傍(방) : 기대다。곁。옆。作(작) : 되다。疑(의) : 헤아리다。정(定)하다。趕(간) : 뒤를 쫓음。

설심부 변와 정해

胎。或作蟠龍戲珠。或作靈猫捕鼠。

하나의 흙더미[一坏土]가 혈 앞에 정면에 있으면 눈병이 생긴다고
단정하지 말고, 큰 산의 아래에 하나의 작은 산이 곁에[傍] 있으면
타태(墮胎)라고 가리키지 말라. 혹 반룡희주(蟠龍戲珠)일 수도 있고
혹 영묘포서(靈猫捕鼠)일 수도 있다.

< 그림4-1-25 > 퇴전필 (退田筆)

< 그림4-1-26 > 이향사(離鄕砂)

< 출처 >『인자수지』

此言沙形不可拘泥 惟看其穴形何如 如一坏土居正穴之前 未可據斷其爲患眼 小山
傍大山之下 未可卽指其爲555) 墮胎 但看結穴之山 或是蟠龍形則坏土與小山可疑作
珠而爲龍所戲矣 或趕靈猫形則坏土與小山可擬作鼠而爲猫所捕矣 蓋有眞形必有眞
應也 若非眞形正穴則坏土小山又未免爲患眼墮胎之應也

이는 사(沙)의 형상은 너무 구애받지 말라고 한 말이다. 오로지 그 혈형이 어
떠한 지를 살펴보라. 하나의 흙더미가 혈 바로 앞에 있다고 눈병[患眼]이 생긴
다는 근거로 삼아 판단할 수 없다. 작은 산이 기대어 큰 산의 아래에 붙어있는
것을 가리켜 타태(墮胎)를 당한다고 할 수 없다. 다만 결혈하는 산을 살펴보아
혹 반룡형(蟠龍形)이면 언덕과 작은 산은 구슬이 되어 용이 갖고 노는 물건이
될 수 있다. 혹 뒤쫓는 영묘형(靈猫形)이라면 언덕과 작은 산은 쥐가 되어 고
양이에게 사로잡히는 물건이 될 수 있다. 대개 참된 형상이면 반드시 참된 발
응(發應)이 있다. 만약 참된 형상과 정혈(正穴)이 아니면 언덕과 작은 산은 또
반드시 환안(患眼)과 타태(墮胎)의 감응을 한다.

◦ 未免(미면) : ~을 면할 수 없다.
555) 爲(위) : ~당하다.

< 그린4-1-28 > 영묘포서형(靈猫捕鼠形)

< 그림4-1-27 > 반룡희주형(蟠龍戲珠形)

< 그림4-1-29 > 타태(墮胎)

<출처> 『풍수지리학 개론』

貴通活法。莫泥陳言[556]。

귀함은 활법으로 통하니 진부한 말에 빠지지 말라.

此總結上文 言穴形異同 沙形應驗貴通活法 以辨之不可泥於陳言 執一而不通也

이는 앞의 문장 총결한 것이다. 혈형이 같고 다른 것을 말한 것이며 사의 형상의 응험은 활법[活法;活用方法]으로 통하는 것을 귀하게 여긴다. 활법으로 구별하여 진부한 말에 구애받지 말아야 하며 하나를 고집하면 통하지 않게 된다.

捲簾水現。入舍塡房。珥筆山尖。敎唆詞訟。

권렴수(捲簾水)가 보이면 외간 이성을 집안에 들어오게 하여 [入] 방을 메우고[塡房], 이필산이 뾰족하면 소송[詞訟]을 사주 (使嗾) 한다.

穴前水一步低一步傾瀉[557]而去者謂之捲簾水 筆山頭分兩尖 邊高邊低敧斜尖削如鼻

---

556) 陳言(진언) : 진부한 말。◦泥(니) : 빠지다.

557) 倉板水(창판수)와 捲簾水(권렴수)의 차이?

① 권렴수(捲簾水) : 혈 앞의 지형이 층층이 낮아지며 기울어져 달아나는 지형으로 물이 모이지 않고 흩어져 쏟아진다. 고과(孤寡)가 있고 외간(外間) 남자를 안방으로 불러들이고 점점 손이 끊어진다[絶人].

설심부 변와 정해

鑷一般者謂之珥筆山。此又言沙水之凶應者謂穴前有捲簾水現主女多男少及寡婦招
贅異姓而入舍塡房也 楊公云 田地被人來入舍 水犯捲簾也 是矣 若有珥筆山尖主出
人嗾訟興詞 倒地珥筆亦然 沙法云 前砂尖射投軍也 雙筆交尖到訟庭是也

혈전수(穴前水)가 일보 낮고 일보는 기울어 빠르게 흘러가는 것을 권렴수(捲簾
水)라 한다. 필산(筆山)은 머리가 나뉘어 양쪽이 뾰족한 것이다. 한 변은 높고
한 변은 낮으며 기울고 칼로 깎은 듯이 뾰족하여 코털 족집게와 같은 모양을
이필산(珥筆山)이라 한다. 이는 또 사수의 흉이 따르는 것을 말한 것으로 혈전
에 권렴수(捲簾水)가 있으면 실재로[現] 여자가 많고 남자가 적어서 과부가 이
성을 불러 모아[招贅異姓] 집에 들어오게 하여 방을 가득 채운다. <양공>이
이르기를 '전지(田地;여기서는 '집'으로 해석)에 다른 사람이 집으로 들어오
게 한 것은 물이 권렴(捲簾)을 범했다는 것이 이것이다' 고 하였다. 만약 이필
산(珥筆山)이 뾰족하면 태어나는 사람이 사송(嗾訟)하여 송사하는 것을 좋아한
다. 도지이필(倒地珥筆)도 그러하다. <사법>에 이르기를 전사(前砂)가 첨사(尖
射)하면 군사로 투항하게 된다. 두 필봉[雙筆]이 서로 맞닿은 곳이 뾰족하면
(투송필) 법정[訟庭]에 가게 된다는 것이다.

<그림4-1-30> 권렴수(捲簾水)

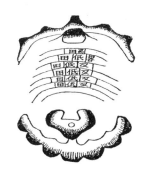

<그림4-1-31> 창판수(倉板水)

<출처>『지리담자록』

兒孫忤逆558)。面前八字水流。男女淫奔。案外抱頭山現。

---

② 창판수(倉板水) : 혈 앞의 논이나 밭이 층층으로 혈을 향하여 낮아져 물이 들어오는 지형으
로 귀(貴)하고 재산(財産)이 늘어나 부귀(富貴)하여 복(福)이 유구(悠久)하다.
◦ 瀉(사) : 빠르게 흐르다. ◦ 鑷(섭) : 족집게. ◦ 一般(일반) : 같은 모양(模樣). ◦ 贅(췌) : 모으다.
◦ 訟庭(송정) : 송사를 처리하는 곳[法廷]. ◦ 到(도) : (어떤 곳에) 가다.
558) 分流水(분류수) : 양파(兩破)로 파구(破口)가 2곳으로 쌍문(雙門). 쌍관(雙關).
◦ 기룡혈(騎龍穴)은 혈 앞에서 양파(兩破)가 발생하나 혈이 된다.

자손이 불효하는 것은 혈 앞에 팔자수가 흘러가기 때문이며, 남녀가
정을 통하는 것은 안산 밖에 포두산(抱頭山)이 보이기 때문이다.

<그림4-1-32>文筆(문필) <그림4-1-33>畫筆(화필) <그림4-1-34>珥筆(이필)559)

<출처>『지리담자록』

<그림4-1-35> 罵天筆(매천필)   <출처>『인자수지』

◦ 일반적으로 혈전에 물이 팔자(八字)로 나뉘어 흐르는 면 용이 머무르지 않는 것으로 결작
(結作)이 안된다.   <출처> 『인자수지(후) 』, p689.
  ◦ 忤逆(오역) : 불효하다. ◦ 淫奔(음분) : (주로 여자가) 음분하다. 사통(私通)하다.
559) 화필(畫筆)과 매천필(罵天筆)
① 뾰족하고 수려하나 기울고 갈라져 양쪽이 뾰족한 것이 서로 대등하여 변이 높지도 낮도 않
  는 것을 화필이라 한다.(尖秀敧斜而開叉兩尖相等不邊高邊低者 謂之畫筆)
                                        <출처>『지리담자록』
② 매천필(罵天筆)은 뾰족한 봉우리가 두 갈래로 갈라져 기운 것[開叉岐]이다. 비록 수려하여
  도 불길하다. 유백두가 이르길 문필이 갈라지고 또 기울면 열 번 과거를 보러 가면 아홉
  번은 헛되이 돌아온다(罵天筆者尖峯開兩岐也 縱秀麗亦不吉 劉白頭云文筆開叉又帶歪 十遭
  赴擧 九空回).   <출처>『인자수지』
※부거(赴擧): 과거를 보러 가는 일.
  畫筆(화필)이 있으면 丹靑之客[=畫工]이 난다(珥筆者 詞訟之師 畫筆者 丹靑之客).
③ 文筆(문필) : 뾰족한 봉우리가 수려하고 단정하게 높이 서 있는 것은 문필(文筆)로 귀(貴)하
  다 (尖秀端正而卓立者爲文筆貴也).
④ 珥筆(이필)

설심부 변와 정해

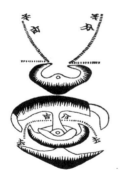

< 그림 4-1-36 > 분류수(分流水)

양파(兩破;分流水)는 자식이 오역하나 다만 기룡혈일 때는 이에 구애되지 않는다.

<출처>『인자수지 』

포견(抱肩) / 포두(抱頭)
1.음욕(淫慾)
2.후산의 두른 전각(轉脚)이 앞의 산을 감싸 안으면 그 추함이 더욱 심함.

< 사진4-1-3 > 포두산(抱頭山)

<그림 4-1-37> 포견(抱肩)

<출처> 『 옥수진경 』

言穴前有水分兩邊如八字流去必主兒孫忤逆不順 縱得龍眞穴的有橫案遮闌而發福亦不免出人無義及生孤寡也 然峽中結地又多有八字水 但平遠則吉陟瀉560)則凶 董氏

---

560) 陟瀉(척사) : 경사(傾斜)가 급하여 미끄러지다.。兩相(양상) : 쌍방 모두。抱頭(포두) : (두 손으로) 머리를 감싸 쥐다.。私奔(사분) : 남녀가 사통하여 몰래 도망치다.。尙有(상유) : 더욱이~이 있다.

。흔군(掀裙) : 한 개의 산에 여러 개각이 날아올라[飛開] 마치 사람이 치마를 들고 속을 보이는 형상과 같다. 물결(浪痕)이나 옷자락의 주름(擺摺)이 있는 것 같으니 모두 불길한 것이다. 여자가 음란((淫亂)하다.。縮脚(관각) : 위에서 아래로 늘어뜨려진 옷자락을 걷어 올리다.

云倒騎龍要兩邊水去在龍後與大水相會同去則吉　順騎龍水要在龍虎外便與大水相會
同去則吉　又不可以八字水槪論也　案外有山相抱猶如人兩相抱頭　必主男女淫亂私奔
斷法云　猶如伸手抱圓毬婦女愛風流是也　尚有鑽懷[561]竝肩掀裙縮脚之形　俱主淫奔
亦宜詳之

혈 앞에 물이 양쪽으로 팔자처럼 나뉘어 흘러가면 반드시 자손[兒孫]이 불효하고 불순하다는 것을 말한 것이다. 설령 용진혈적(龍眞穴的)할 지라도 횡안(橫案)이 차란(遮闌)하여 발복하여도 태어나는 사람이 의롭지 못하고 고아와 과부가 태어나는 것을 피할 수 없다. 그러나 혐 가운데 결지하면 또 대부분 팔자수가 있다. 다만 평탄하게 감싸면 길하고 경사가 급하여 미끄러지는 곳[陟瀉]은 흉하다. 동씨(董氏)는 이르기를 '도기룡(倒騎龍)은 양변의 물이 흘러가 내룡의 뒤에 있는 대수와 함께 모여 같이 흘러가면 길하고, 순기룡(順騎龍)은 물이 용호의 바깥쪽에 있는 대수와 함께 모여 같이 흘러가면 길하다'고 하였다. 또 팔자수를 개략적으로 논해서는 안된다. 안산의 바깥에 있는 산이 서로 꺼안는 모양이 마치 두 사람이 모두 머리를 맞대어 포용하는 것 같으면 반드시 남녀가 사통하여 몰래 도망간다. <단법>에 이르기를 '마치 손을 뻗어 원구를 감싼 것 같으면 부녀가 풍류를 좋아한다'는 것이 이것이다. 더욱이 찬회하는 용호[어깨]가 있고 치마자락을 걷어 올리는 모양을 이룬 흔군(掀裙)은 모두 음란하여 몰래 도망간다. 역시 마땅히 상세하게 살펴보라.

玉印[562]形如破碎。非瞽目則主傷胎。金箱頭若高低。非煙包則爲灰袋。

◦ 청룡 머리가 찬회(鑽懷)하면 남자가 음란하고 백호 머리가 찬회하면 여자 음란하다.

<출처>『지리담자록』

562) 형국론(形局論)

1.안산은 주산의 형국에 따라 그에 상응하는 형상이거나 조건을 구비하고 있으면 발응을 한다고 본다. 例로 주산이 호랑이 형국이면 안산은 개나 사슴 같은 모양이면 좋다. 주산이 비학포란형(飛鶴抱卵形)이면 안산은 알처럼 둥그런 모양의 사(砂)가 용호(龍虎) 안 있으면 된다. 또 비학포란형 정면에 혈처가 있으면 비학귀소형(飛鶴歸巢形)이라 한다. 그 외에 형국에 따라 안산[堆案]을 보면

① 용구혈(龍口穴) : 구슬. ② 사자혈(獅子穴) : 공. ③ 장군혈(將軍穴) : 무인(武人). ④ 부혈(富穴) : 창고 ⑤ 월형혈(月形穴) : 해　　　　　　　　　<출처>『지학』

2. 똑바로 묘지 앞 가운데서 옥인이 눈에 점을 찍듯이 가로막아 있는 것은 보이면 감응하여 생인은 이러한 눈병[患眼;眼疾]이 생긴다(若端在穴前墓中視印員如點翳在眼　故感召生人亦有此病). ※ 翳(예): 막다.　　　　　　　　　　　　　　　　<출처>『옥수진경』

◦玉印(옥인) : 옥인사.◦瞽目(고목) : 소경.◦傷胎(상태) : 낙태(落胎).◦金箱(금상) : 금고의 모

옥인의 형상이 파쇄가 되면 앞을 못보는 소경이 아니면 낙태를 한다. 금상의 머리가 한쪽 머리는 높고 다른 한쪽 머리는 낮으면 연기에 싸이지 않으면 재가 된다.

或山或石圓而小者爲玉印 方而小者爲金箱。 言穴前之砂有如玉印之形而若破碎非出瞽目則主有傷胎之患 有如金箱之形若一頭高一頭563)低其體軟側非爲煙包則爲灰袋主人路死焚骨及損傷六畜之應 蓋金箱玉印皆要端正圓淨方爲吉也

혹 산이나 바위가 등글고 작은 것은 옥인(玉印)이다. 네모지고 작은 것은 금상 (金箱)이다. 혈 앞에 있는 사(砂)가 옥인(玉印)과 같은 형상으로 파쇄가 되어 있으면 눈먼 사람이 나오거나 낙태의 근심이 있게 된다. 금상의 형상이 한쪽 두(頭)가 높고 한쪽 두(頭)가 낮으며 용신이 옆으로 기울어 있으면 연기에 싸이지 않으면 재[灰袋]가 되며 사람은 길에서 죽어 뼈가 불에 타게 되고 가축이 손상을 입게 된다. 대개 금상과 옥인은 모두 단정하고 원정하여야 길하다.

探564)頭側面 代有穿窬 拭淚搥胸　家遭喪禍

양。◦煙包(연포) : 연기에 싸인 모양.◦灰袋(회대) : 불에 탄 재만 남는다.

3.금상문성(金箱文星)은 토성(土星)이 저평(低平)한 것으로 방정평원(方正平圓)하여야 하고 기울면(欹斜) 안된다. 다시 옥인(玉印)과 문필(文筆) 등이 상조(相助)하면 대귀(大貴)한다.

□ 상격룡 : 과거에 합격하여 지위가 높고 작록(爵祿)이 풍성하다.

□ 중격룡 : 지방수령이 되어 이름을 떨치다[腰印五馬].

□ 하격룡 : 작은 부자

4.옥인문성(玉印文星)은 둥글고 작은 산부(山埠)이거나 석돈(石燉)을 말한다.

원평(圓平)하여야 하고 파쇄(破碎)된 것은 꺼리며 정면(正面)에 있는 것이라야 한다. 혹 용호좌우에 있는 것도 문성(文星)이고, 수구(水口)에 있으면 나성(羅星)이 된다.

□ 상격룡:장원하여 재상, 문명(文名)이 세상에 으뜸, 문무겸재(文武兼才)

□ 중격룡: 큰 부자, 벼슬하여 공적을 세움.

□ 하격룡: 승도로 권한. 타태(墮胎). 환안(患眼).　　　　<출처>『인자수지』 및 『옥수진경』

그러므로 옥인사(玉印砂)와 금상문성(金箱文星)은 반드시 단정하고 원정해야 길한 사격이 된다는 말이다.

563) 頭(두) : 꼭대기. 가. ◦六畜(육축) : 육축[말·소·양·닭·개·돼지.].◦包(포) : 싸다.

　　🖐 鼓山圓而平 笛山橫而小 印山圓而方

564) 探(탐) : 엿보다.◦穿窬(천유) : 도둑질하다.◦遭(조) : 되다. 당함. 頂(정) : 밑에서부터 위로 내밀다.

　　◦探頭(탐두) : 산의 바깥에서 머리만 약간 내밀고 올라온 모양. 머리를 내밀(고 엿보)다.◦齊眉(제미) : 눈썹높이와 가지런함.◦穿牆(천장) : (훔치기 위해) 벽을 뚫거나 담을 넘다. 도둑질하다.◦窬(유) : 넘다.◦拳(권) : 주먹을 쥐다.◦牆(장) : 담.◦穴(혈) : 그릇되다.◦死喪

측면에 머리를 내밀어 엿보는 사[窺峰]는 대대로 도둑질을 하고, 눈물을 닦으며[拭淚] 가슴을 치는 형상은 집안에 상화(喪禍)를 당한다.

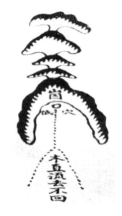

<그림4-1-39 > 찬회(鑽懷) <그림 4-1-40 > 흔군(掀裙)

<그림4-38> 산수수류(山水水流)

<출처>『重鐫地理天機會元(上)』

<출처>『인자수지』

<그림4-1-41> 옥인문성(玉印文星)　< 출처 >『옥수진경』
겸무성(兼武星)

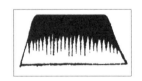

<그림4-1-42>옥인문성(玉印文星)　<그림4-1-43>금상문성(金箱文星)

< 출처 >『인자수지』

(사상) : 죽다. ◦拳頭(권두) : 용호 끝이 주먹 같은 형상(形象). ◦哭兒子(곡아자): 아이의 죽음을 위해 곡하다. ◦枉(왕) : 억누름. ◦死(사) : 극도로[죽도록]~하다.

　　　　　　　　　　　　　　설심부 변와 정해

山外有山微露頂者謂之探頭 側露者謂之側面 左右之砂逼穴齊眉者謂之拭淚 對胸高起如拳者謂之搥胸。言穴前有探頭側面之山則主世出穿牆窬穴之盜 有拭淚搥胸之砂則主家遭死喪凶禍之應 砂法云 龍虎拳頭起搥胸哭兒子 龍虎兩拳頭枉死淚雙流 是也

안산 바깥에 약간 노출되어 밑에서부터 위로 내민 산이 있는 것을 탐두(探頭)라 한다. 측로(側露)는 측면[側面]을 말한다. 좌우의 사가 눈높이[齊眉]로 혈을 핍박하는 것을 식루(拭淚)라 한다. 용호가 가슴높이와 대등하게 솟아 주먹을 쥐고 있는 것과 같은 것을 추흉(搥胸)이라 한다. 혈 앞에 측면에 머리를 내밀어 엿보고 있는 산이 있으면[窺峰] 대를 이어 훔치기 위해 벽을 뚫거나 담을 넘는 그릇된 도둑이 나온다. 식루(拭淚)와 추흉(搥胸)의 사가 있으면 집안에 죽는 흉화를 당한다. <사법>에 이르기를 '용호가 주먹[拳頭]과 같이 솟아 가슴을 치는 것 같으면 죽은 아이를 위해 곡을 한다. 용호의 양쪽 끝이 주먹을 쥔 것 같은 형상이 혈을 억누르면 죽도록 (슬퍼서)눈물이 양쪽 눈에서 흘러내린다'는 것이 이것이다.

<그림4-1-44>식루(拭淚)

<그림4-1-45>추흉(搥胸)

< 출처 >『인자수지』

屍山[565]居水口。路死扛屍。腫脚[566]出墳前。瘟瘴浮腫。

시산이 수구(水口)에 있으면 자손이 길에서 죽어 시신을 메야하는 일이 있게 되고 종각산(腫脚山)이 묘지 앞에 있으면 온황(瘟瘴)이나 몸이 붓는 병[浮腫] 앓게 된다.

言有山如人偃臥[567]名曰倒屍山 若居水口主出人路死扛屍 有山如冬瓜肥胖名曰腫脚

---

565) 尸山(시산) : 시체모양의 산。◦扛屍(강시) : 시신을 들다。◦扛(강) : 마주 들다。◦瘟瘴(온황) : 유행성 황달。◦부종(浮腫) : 수종(水腫). 몸이 붓는 병증(病症)。◦出(출) : 나타나다.
566) 용호(龍虎)에 옹종이 오이와 절구공과 같은 것을 종각살(腫脚殺)이라 한다(龍虎癰腫 如瓜 如杵 謂之腫脚殺).
<출처>『지리담자록』
567) 偃臥(언와) : 드러눕다. 앙와(仰臥)하다. ◦偃(언) : 눕다.

山 若出墳前主出人有瘟瘴浮腫之疾也

산이 사람이 누워있는 것 같으면 도시산(倒屍山)이라 말한다. 만약 수구에 부시(浮屍)가 있으면 출인이 길에서 죽어 시신을 메야하는 일[扛屍]이 생긴다. 산이 동과(冬瓜)처럼 퉁퉁한 모양이면 종각산(腫脚山)이라고 하고, 묘지 앞에 나와 있으면 후손은 유행성 황달에 걸리거나 부종에 걸린다.

言有山如人偃臥568)名曰倒屍山 若居水口主出人路死扛屍 有山如冬瓜肥胖名曰腫脚山 若出墳前主出人有瘟瘴浮腫之疾也

산이 사람이 누워있는 것 같으면 도시산(倒屍山)이라 말한다. 만약 수구에 부시(浮屍)가 있으면 출인이 길에서 죽어 시신을 메야하는 일[扛屍]이 생긴다. 산이 동과(冬瓜)처럼 퉁퉁한 모양이면 종각산(腫脚山)이라고 하고, 묘지 앞에 나와 있으면 후손은 유행성 황달에 걸리거나 부종에 걸린다.

<그림4-1-46>도시산(倒屍山)   그림4-1-47 > 종각산(腫脚山)

<출처>『중휴지리천기회원』   <사진 4-1-4> 동과(冬瓜)

出林虎無以啖569)之則傷人。伏草蛇570)無以制之則損己。蜈蚣571)鉗裏。眠

∘冬瓜(동과) : 박과에 속한 한해살이 덩굴성 식물로 수종병(水腫病)이 처음 생겨 위급하게 되었을 때 마 음대로 먹으면 효과가 있다. 혹 즙을 내서 먹기도 한다. 오랜 병에는 쓰지 말아야 한다.

∘肥胖(비반) : 뚱뚱하다. 뚱뚱한 모양∘胖(반) : 살코기。∘有(유) 생기다.

568) 偃臥(언와) : 드러눕다. 앙와(仰臥)하다. ∘偃(언) : 눕다.

∘冬瓜(동과) : 박과에 속한 한해살이 덩굴성 식물로 수종병(水腫病)이 처음 생겨 위급하게 되었을 때 마 음대로 먹으면 효과가 있다. 혹 즙을 내서 먹기도 한다. 오랜 병에는 쓰지 말아야 한다.∘肥胖(비반) : 뚱뚱하다. 뚱뚱한 모양.∘胖(반) : 살코기。有(유) 생기다.

犬懷中。凡此惡形。擺之有法。

숲에서 나온 호랑이는 먹을 것이 없으면 사람을 상(傷)하게 하고, 풀 속에 엎드린 뱀을 통제하지 못하면 몸을 상하게 한다. 오공은 겸[鉗]

---

569) 啖(담) : 먹다. ◦無以 : ~할 수 없다. ◦啖之(담지) : 먹이를 먹다. (之는 代詞. 먹이) ◦裏(리) : 속[=裡]. 내부(內部). 가운데. ◦懷(회) : 가슴

570) 초사(草蛇) : 여러 산가운데서 지현(之玄)의 맥(脈)으로 요도지각(橈棹枝脚) 없이 달려 나오는 용맥이다. 지각이나 요도가 없는 용맥으로 원래 사룡으로 취급되나 초사맥은 예외이다.

571) 형국론(形局論)
① 오공지형국(蜈蚣之形局)은 용맥에 짧은 지각이 지네의 다리와 같이 많이 붙어 있다. 비천오공형(飛天蜈蚣形)과 행지오공형(行地蜈蚣形)이 있다. 지네는 겸체(鉗體) 가운데 천장.

② 호랑이 형국은 주산이나 현무봉이 호랑이 머리형상이고 안산은 동물형상의 사격이다. 혈처는 주로 호랑이 이마부위에 해당한다. 복호형[호랑이가 엎드린 형국으로 주산이나 현무봉은 호랑이 머리이고, 밋밋한 용맥은 호랑이에 해당하고, 용호는 호랑이 앞다리에 해당하고 짧다.]과 맹호출림형[호랑이가 먹이를 구하려고 숲속에서 나오는 형국]이 있다.

③ 뱀의 형국은 용맥은 가늘어 세는 작으나 주산이나 현무에서 출맥한 용맥이 뱀처럼 꿈틀거리는 형세로 안산은 뱀의 먹이(개구리나 쥐)를 연상하게 하는 작은 산이나 바위가 있어야 한다. 혈처는 뱀의 머리에 해당하는 부위에 있다.   <출처>『풍수지리학 원리』.

④ 사두혈의 눈은 선익에 해당하면 물형론으로 눈에 독이 있어 재혈할 수 없는 곳으로 표현. 즉 사두혈은 혈장이 작으므로 가운데에 점혈을 해야지 측면에 점혈을 하면 선익을 깨뜨리는 결과를 초래한다. 사두혈은 눈에 점혈 시 소경이 나온다. ☞ 사두혈은 눈에 점혈을 하면 소경이 나온다.

📖 요도지각(橈棹枝脚)
1.요도지각(橈棹枝脚)은 주룡의 능선(稜線)에서 좌우로 뻗어 내린 가지이다. 이는 행룡의 전진을 도와주고 주룡이 넘어지고 무너지는 것을 방지하는 받침대의 역할을 한다.
2.지각(枝脚)은 용을 지탱해주는 다리이며, 요도(橈棹)는 용의 진행 방향을 조정하는 다리다. 즉 요도는 항해중인 배의 방향을 조정하는 키와 같은 역할을 하는 것이다.
3.지각의 발생원리   <출처>『풍수지리개론』
용호(龍虎)의 응기점과 안산방향에서 공급되는 생기의 응기작용(應氣作用)에 의해 본신이 일시 정지 되면서 좌우지각을 발생하게 된다. 이때 용호가 불균형(不均衡)을 이루면서 편지각(偏枝脚)이 발생하거나 불실한 지각이 발생하게 된다. 만약 지각이 부실하거나 파쇄산만(破碎散漫)하고 죽은 뱀처럼 늘어진 모양은 용맥을 지지하고 보호할 수 없는 것이다.
4.간룡(幹龍)과 지룡(支龍)은 주맥으로 흘러가고, 지각요도는 용맥 옆 허리에 붙어있는 아주 짧은 가지로서 더 이상 분벽(分擘)을 할 수가 없다. 그러나 분벽을 하면 지룡이 되어 결혈이 될 수도 있다.
5.과협처(過峽處)를 보호하는 영송사(迎送砂)는 지각(枝脚)의 일부분이다.

의 속에 (혈이) 있고, 면견은 가슴 가운데 있다. 대개 이러한 악형에 도 천장하는 데는 법도가 있다.

此言穴有惡形當用法揷 如結穴之山 星體高露 如虎出林必得迅572)案以闌之 方不見 其暴露便是有以啖之也 否則體遇風吹殺遇風熾 誤於此處揷之 未免有傷人丁之患也 星體尖硬如蛇伏草必須閃脫以避之 方不受其殺氣 便是有以制之也

이는 혈이 악형에 있으면 마땅한 장법을 사용하여 장사해야 한다는 말이다. 만약 결혈하는 산이 성체가 높아 노출되어 호랑이[혈장]가 숲을 나오는 것 같으면 반드시 안산으로 막아야 비로소 포악한 모습이 보이지 않게 (혈장이 노출되지 않게) 하는 것이 곧 (먹이; 안산을) 먹을 수 있게 하는 것이다.(곧 혈이 맺히는 곳에) 안산이 막아주지 않으면 체백이 바람을 받아 세찬 바람을 만나게 살이 된다. 이러한 곳에 장사를 잘못하면 꼭 후손의 장정들이 상(傷)하게 하여 근심이 있게 된다. 성체가 뾰족하고 단단하여 뱀이 풀 속에 엎드린 모양과 같으면 반드시 그곳을 피하여 피신하여 벗어나야 비로소 살기를 받지 아니하여 곧 살기를 통제할 수 있다.

否則殺不能避穴不可受 誤於此處揷之 未免有損己身之凶也 至如蜈蚣之形穴結鉗裏 眠犬之形穴結懷中 此等573)凶惡之形不可輕易點穴 必須揷之有法 如虎揷額上則有 壓殺之法 蛇揷耳旁則有閃殺之法 蜈揷鉗裏則有脫殺之法 犬揷懷中有藏殺之法 如 此依法揷之庶不致傷脈鬪殺而遭凶禍也 舊註堆肉案不必拘也 蓋虎形之說不過取譬 之意 非謂虎形眞能食肉 堆肉案眞足以啖之也 使虎形眞能食肉 安可以人骸葬之也 智者詳之

안산이 막아주지 않으면 살기를 피할 수 없어 혈이 (살기를) 받는다. 이런 곳에 잘못 장사를 하면 자신의 몸을 손상하는 흉화를 입게 된다. 지네의 모양에서 혈은 겸체 속에 혈을 맺고 면견(眠犬)의 모양은 가슴 가운데에 혈을 맺는다. 이런 것들은 흉악한 형으로 함부로 점혈해서는 안된다. 반드시 법에 따라 장사해야 한다. 예를 들면 호랑이는 이마 위에 천장할 때에는 압살법(壓殺法)이다. 뱀은 귀 옆에 장사할 때에는 섬살법(閃殺法)이다. 지네[蜈蚣]는 겸체[鉗]

---

572) 迅(신) : 빠름[=急速. 疾]. ◦熾(치) : 왕성하다. ◦閃(섬) : 피신하다. ◦脫(탈) : 벗어나다. ◦不(불) : ~하지 아니하다. 便是(편시) : 다른 것이 없이 곧
573) 此等(차등) : 이런 것들. ◦輕易(경이) : 함부로. ◦取譬(취유) : 비유을 하다. ◦遭(조) : (나쁜 일을) 당(當)하다.

설심부 변와 정해

의 가운데에 천장할 때에는 탈살법(脫殺之法)이다. 개는 가슴 가운데 천장할 때에는 장살법(藏殺法)이다. 이와같이 장법에 의거하여 장사하면 거의 맥을 상하여 투살과 같은 화[凶禍]를 당하지 않는다. 옛 주[舊註]에서 퇴육안은 구애받을 필요가 없다. 대개 호랑이 모양의 설은 뜻에 비유한 것이다. 호형이 정말로 고기를 먹을 수 있고 퇴육안을 정말 먹이로 가능하다는 것은 아니다. 호형이 정말로 고기를 먹을 수 있다면[使] 어찌 사람의 유골을 장사할 수 있겠는가? 지혜로운 자는 상세하게 살펴야 할 것이다.

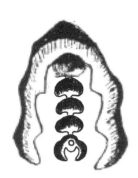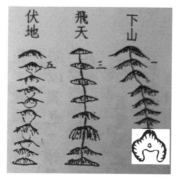

<그림4-1-48> 오공형(蜈蚣形)

<출처>『옥수진경』및 『풍수지리학개론』

嘶馬574)必聞風於他處。驚蛇還畏物於坡中。

시마(嘶馬)는 반드시 타처에서 바람소리를 들어야 하고 놀란 뱀[驚蛇]은 오히려 언덕 가운데 사물[物]을 두려워한다.

嘶馬形仰頭開口也 驚蛇形邊峻邊坡互換不均也 此言有形相似而無穴者又宜辨之 如山似馬形必低伏盤桓方可尋穴 若似嘶馬之形必是聞他處之風而欲奔馳者也 非謂眞欲奔馳 言其無眞止之情而特爲他處作應耳 至于驚蛇之形則雖伏在坡中還畏外物所

雪心賦 辯譌 正解

擊馬 有寧止之意 是以不可尋穴也

시마형(嘶馬形)은 머리를 쳐들고 입을 벌린 모양이다. 경사형(驚蛇形)은 한 변은 험준하고 한 변은 언덕으로 제멋대로 뒤섞여[換] 균일하지 않는 것이다. 이러한 형국은 형상이 서로 비슷하나 혈이 없는 것은 또 마땅히 살펴야 한다는 말이다. 산이 말의 형상과 비슷하면 반드시 저복(低伏)하여 머물러야 비로소 혈을 찾을 수 있다. 시마형상[嘶馬之形]과 같으면 반드시 타처(他處)의 풍문을 듣고서 빨리 달리고자 하는 것이다. 참으로 빨리 달리고자 하는 것은 진정으로 멈추고자 하는 정이 없는 것을 말한 것이 아나나 특별히 타처에서 감응하였을 뿐이다. 놀란 뱀의 형상을 말하면 비록 언덕 가운데에 엎드려 있을지라도 도리어 밖에서 공격하는 물체[먹을거리]를 두려워하며(즉 호종사가 없으면), 어찌 머물고자하는 뜻이 있겠는가? 그러므로 이러한 언덕에서는 혈을 찾을 수 없다.

取舟楫575)於前灘。貴遊魚於水上。

배의 노는 앞 여울에서 취하고, 유어(遊魚)는 물위에 귀하게 여긴다.

此言平地穴形謂地似船形必近水方可取用 故曰取舟楫於前灘 遊魚之形必以上水者爲貴 蓋取其逆水而有力也 指南云 遊魚上水方爲貴 乾灘之舟不可行 是也

이는 평지혈의 형상은 땅이 배의 모양과 같은 것을 일러 말한 것은 반드시 물 가까이에서 비로소 취하여 사용할 수 있으므로 배의 노는 앞 여울에서 취하는 것을 말한다. 고기가 뛰어노는 형상은 반드시 첫째로 물을 귀하게 여긴다. 대개 역수를 취하면 힘이 있다. <지남>에 이르기를 '유어(遊魚)는 물 위에서 비로소 좋고 마른 여울[乾灘]에서 배는 다닐 수 없다' 는 이것이다

荷葉576)不堪重載。瓜藤僅可小栽。

연잎은 많이[重;무거운 것] 실을 수 없고 참외 넝쿨은 다만 작게(小) 실을 수 있을 뿐이다.

言地如荷葉之形則氣薄力微不宜多葬 如小舟而任577)重載力不勝矣 水星在平地委曲

---

575) 楫(즙) : 노(배를 젓는 막대기). 노를 젓다. ◦灘(탄) : 여울. ◦水上(수상) : 물의 위. 흐르는 물의 상류(上流).
576) 荷葉(하엽) : 연꽃잎. ◦不堪(불감) : ~할 수 없다. ◦瓜藤(과등) : 참외줄기. ◦僅可(근가) : 다만~할 수 있을 뿐이다.
577) 任(임) : 맡기다. 주다. ◦勝(승) : 견디다. 능히 감당하다. ◦不勝(불승) : ~을 할 수 없다.

설심부 변와 정해

如瓜藤枝枝開花節節生芽其穴不一　然氣微力小不宜大加開鑿　僅可小載而已

땅이 연잎과 같은 형상이면 기가 적고 힘이 미약하여 많이 장사하는 것은 마땅하지 않다. 작은 배에 무겁게 짐을 실어[重載]을 감당할 힘[荷重能力]이 없다는 것과 같다. 수성이 평지에서 위곡(委曲)하여 참외의 넝쿨과 같으면 가지마다 꽃을 피우고 마디마다 싹이 돋아나 혈이 하나가 아니다. 그러나 기가 미력하고 작으므로 크게 파내는 것은 마땅하지가 않다. 겨우 조그만하게 재혈(裁穴;裁截)이 가능할 뿐이다.

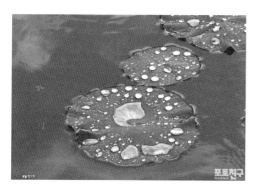
<사진 4-1-5 > 연꽃잎

<사진4-1-6 > 참외 덩쿨

泊岸[578]浮牌豈畏風。平沙落鴈偏宜水。

기슭에 정박해있는 부패가 어찌 바람을 두려워하겠는가? 평사에 내려앉는 기러기[平沙落鴈]는 꼭 물이 있어야 마땅하다.

言浮牌之形雖是體輕　若泊岸而有依靠則不畏風吹矣　或水底石骨過脈水中浮起高墩不可以其四圍有水而棄之　如平沙落鴈之形　偏宜水遠爲吉也

부패(浮牌)의 형상이 비록 물체가 가벼울지라도 기슭에 정박하여 머물러 의지할 수있으면 풍취를 두려워하지 않는다는 말이다. 혹 물밑에 바위로 지나가는 맥이거나 물 중간에 떠서 솟은[浮起] 높은 언덕은 사방에 물이 있어 혈이 될 수 없으므로 버린다. 평사낙안의 형상과 같으면 꼭 마땅히 물은 멀리 있어야 좋다.

---

578) 泊岸(박안) : 기슭에 배를 대다.。浮牌(부패) : 물 위에 떠있는 방패.。偏(편) : 꼭.。平沙落鴈:백사장의 평평한 모래와 내려와 안는 기러기의 모양.。依靠(의고) : 의지하다.。平沙 : 평평한 언덕. 조그마한 언덕.

魚貫579)而進。馨香在於卷阿。鴈陣而低。消息求於逈野。

고기를 꿴듯이 떼를 지어 가면 향기로운 미끼는 권아(卷阿)에 있다. 기러기가 무리를 지어 낮게 내려와 거닐며 쉴 수 있는 곳[혈이 있는 곳]은 넓은 들판에서 찾아라.

魚貫謂群魚貫串而不斷也 馨香即香餌580) 魚聞之必相聚而食 借此以喩穴也 卷阿盤曲之處 釣者下香餌則必擇水灣曲窩聚之處而下之 借此以喩結穴之處也 鴈陣謂群鴈陣 陣相接而飛也 消息猶言信息 即鴈落止之 信息借此以喩穴形之所在也。此言觀來龍之勢而推結穴之處也 謂由如群魚貫串而進則必有馨香之餌在於卷阿之處 故其情意趨向如此 由此推之則穴情可得矣 山如群鴈陣陣而低則落止之 信息必在於逈野之間 由此推之則穴形可知矣

어관(魚貫)은 여러 마리의 고기를 줄지어 꿴 것처럼 끊어지지 않는 것을 이른다. 형향(馨香)은 향기로운 먹이[香餌]로 고기가 그 냄새를 맡으면 반드시 함께 모여 먹게 된다. 이러한 것을 빌려 혈에 비유한 것이다. 권아(卷阿)는 만곡된 곳에 낚시하는 사람이 향기로운 미끼를 넣으려면 반드시 물이 활처럼 크게 굽어[灣曲] 음묵하게 갖추어진 곳[彎曲窩聚之處]을 택하여 미끼를 넣어야 한다. 이러한 것을 빌려 결혈된 곳을 비유한 것이다. 안진(鴈陣)이란 기러기 떼가 진을 친 것을 말한다. 진(陣)이란 서로 이어서 날아가는 것이다. 소식(消息)은 믿고 머무르다는 것과 같다. 고 말했다. 곧 기러기가 내려앉아 그침을 말한다 [용맥이 멈춰 결혈을 의미]. 믿고 쉰다는 것은 이러한 것을 빌려서 혈형이 있는 곳을 비유한 것이다. 이는 내룡의 기세를 살펴 결혈되는 곳을 추리하여 말한 것이다. 고기떼가 꿴 것같이 나아가면 반드시 만곡된 곳에 향기로운 먹이가 있으므로 그 정의는 이와 같이 대세를 따라가는 것을 말한다. 이것으로 추리하면 참으로 혈을 얻을 수 있다. 산이 기러기 무리와 같이 이따금 낮게 내려와 머무르면[落止] 확실하게 쉬는 것은 먼 들판의 공간에 반드시 있다 이로 미루어 추리하면 혈형을 알 수 있다.

---

579) 貫(관) : 뒤따름. 줄을 잇다. ∘馨香(형향) : 그윽한 향기. ∘消(소) : 거닐다. ∘息(식) : 쉬다. ∘逈野(형야) : 아주 먼 들판.
580) 香餌(향이) : 향기로운 먹이. ∘聞(문) : 냄새 맡다. ∘盤(반) : 굽다. 서리다. ∘聚(취) : 갖추어지다. ∘趨向(추향) : 대세를 따라감. ∘情(정) : 참으로. 진실로. ∘陣陣(진진) : 이따금. 간간이.

<그림> 4-1-49 > 권아(卷阿)

人形葬於臍腹。却要窩藏581)。禽形妙在翼阿。不拘左右。

사람 모양은 배꼽[臍腹]에 장사(葬事)하려면 오히려 우묵한 곳[窩]을 간직해야 한다. 새의 형국의 묘함은 새의 날개처럼 생긴 만곡처에 있으므로 좌우에 구애받지 않는다.

言人形有三停之穴 惟臍腹最爲中蓄 故宜葬之 然却要左右包裏周密 使穴窩聚深藏 不致露風斯爲吉也 禽形雖有冠尾等穴 然惟翼阿最隈582)藏 故其妙在於此也 乃穴不 拘左右 惟看 其脈止氣聚沙水環抱而已 楊公云 更有煖穴斷禽翼 此穴要君識左翼轉 遮右翼彎 左轉右邊安 是也

사람과 같은 모양에서는 삼정(三停)의 혈이 있는 것을 말한 것이다. 다만 배꼽[臍腹]은 기운이 배꼽 가운데 가장 축적되어 있으므로 마땅히 배꼽에 장사하는 것이 마땅하다. 그러나 속을 좌우로 주밀하게 감싸야 한다. 혈을 깃들어[窩聚;

581) 藏(장) : 간직함.。禽(금) : 날짐승.。阿(아) : 산이나 물 등이 만곡처(彎曲處). 산의 굽은 모퉁이[曲隅].언덕. ☞제륜혈(臍輪穴)은 인체중심처(人體中心處)인 배꼽에 비유되는 곳에 融結된 穴이다.

582) 隈(외) : 휘어서 구부러진 곳(굽이진 곳).。轉(전) : 둥글게 돌다。彎(만) : 활처럼 굽음.
☞형국의 예를 들면
  새의 형국은 주산의 형태가 날짐승의 형상이거나 전체적인 산의 형태가 날짐승의 날개를 연상하게 하거나 지명이 날짐승과 연관되어있는 경우가 이러한 형국에 속한다. 혈처는 새의 부리나 날개의 안쪽 등이 이다.
  비봉포란형은 주산이 목성체로 봉황의 형상이고, 용호가 **날개처럼 혈처**를 감싸고 있고 보국안에 **알**처럼 생긴 사격이 있어야 한다. 혈처는 날개의 안쪽이나 가슴 부위이다. 비봉귀소형은 조·안산이 봉황의 형상을 하고 혈처가 있는 주산 쪽으로 날아드는 형국으로 혈처는 둥지의 역할을 하는 와혈이고 용호가 잘 감싸고 있어야 한다. 예) 비학포란형(飛鶴抱卵形)

아늑하게 서려 들다, 우묵하게 갖추어] 깊숙이 간직하여[深藏] 바람에 노출되지 않아야 길하다. 새의 모양은 비록 관미(冠尾;벼슬과 꼬리) 등에 혈이 있을지라도 다만 익아[翼阿; 새의 날개 안처럼 생긴 만곡처 즉 와처]처럼 가장 굽이진 곳에 간직하므로 그 묘함은 이러한 곳에 있다. 이에 혈이 좌우 어느 곳에 있든지 구애받지 않는다. 오로지 그 맥이 그치고 기가 모였으면 사수가 환포를 하였는지 살펴볼 뿐이다. <양공>이 이르기를 '또 혈이 따뜻한 것은 금아(禽翼)와 같은 곳으로 판단한다. 이런 곳에 혈은 그대들은 알아야 하는 것은 좌측 날개가 둥글게 돌아 (혈을) 막아주고 우측 날개가 활처럼 굽어 감싸면 좌로 둥글게 돌아 우측이 편안하다' 는 것이 이것이다.

< 그림4-1-50 > 새의 형국

不可一途583)而取。豈容一例而言。

한 가지 방법만으로 취할 수 없으며 어찌 일례(一例)로 말하는 것을 받아드리겠는가?

此結上文言　穴形雖以人物禽獸等形名之　然形勢不一變換不同　當以<u>意會</u>隨形認穴 豈可一途而取一例而言哉

이는 앞 문장에서 결론지어 말한 것이다. 혈의 형상이 비록 인물·금수 등의 형상으로 이름을 지을 수 있다고 할지라도 형세가 일정하지 않고, 변환하여 같지 않으므로 마땅히 마음속으로 깨닫고 형상을 따라서 혈을 알아야 할 것이다.

---

583) 一途(일도) : 한 가지 방법.

☞사람의 형국은 산의 형상을 사람으로 비유하여 신선이나 장군과 연관하며, 주산은 주로 목성체를 이루다. 혈을 결지하는 곳은 주로 심장·단전 부위· 음부 등이다. 옥녀봉처럼 금성체인 경우도 있다. ◦意會(의회) : 마음속으로 깨닫다.(이해하다.)

어찌 한 가지 방법으로 한 가지 예(例)를 취하여 말하겠는가?

蓋粘倚撞。 細認穴情。

 개(蓋)·점(粘)·의(倚)·당(撞)은 지형(地形)을 세밀하게 살펴야 한다.

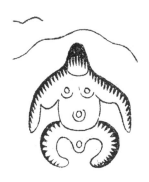

<그림4-1-51 > 仰眠人形穴圖(앙면인형혈도)   < 출처 > 『지학』

蓋[584]者取蓋覆之義也 脈來平緩暈結於星辰頂上則用蓋法 揭高放棺所謂緩來不妨安

---

584) 蓋(개) : 덮개。覆(부) : 덮다。。結(결) : 맺히다。。揭(게) : (덮어씌운 것을) 열다。摘(적) : 발췌하다。。奇集(기집) : 기이하게 모음 。遮蓋(차개) : 가리다。不敢(불감) : 감히~하지 못하다.

📖 하관(下棺) : 하관은 장지에서 광중(壙中)작업이 완료되면 시신을 광중으로 내려 모시는 일이다. 대개 좋은 시간을 맞추려고 한다. 여기서 좋은 시간은 황도시(黃道時)나 천을귀인시(天乙貴人時) 중에 적합한 시간을 선택하면 된다. 황도시는 일진(日辰)의 지지(地支)기준이고 귀인시(貴人時)는 일진(日辰)의 천간(天干)을 기준으로 한다.

📖 葬凶(장흉)
1.穴吉葬凶 與棄屍同 譯註 穴雖吉而葬不得其年月亦凶
<출처>『原本靑烏經全』
2.혈처를 잡았으나 장사를 잘못 치르면 마치 시체를 버리는 것과 같다. 비록 혈이 길하나 장사 지내는 때(년월일)가 알맞지 않으면(잘못 잡으면) 흉하다(穴吉葬凶이면 與棄屍同이니라. 穴雖吉이나 而葬不得其年月日이면 亦凶이니라).   <출처>『해설청오경』
3.청오경에서는 '經曰穴吉葬凶 與棄尸同(혈길장흉 여기시동; 혈이 길하나 장사가 흉하면 시신을 버리는 것과 같다)'이라고 하였다. 여기사 장흉(葬凶)은 형세가 길할지라도 장사에 혈을 얻지 못하거나 혈을 얻어도 천광의 깊이에 관한 법을 알지 못하면 모두 남에게 맡겨 버리는 것과 무엇이 다르겠는가?
 (言形勢雖吉而葬不得穴或葬已得穴 而不知深淺之度皆與委而棄之者 何以異哉)
<출처>『장서역주』
4.장사를 지냄에 있어서 택일·혈토층에 대한 재혈(裁穴) 등의 제반장법(諸般葬法)을 잘못 적

雪心賦 辯譌 正解

絶頂是也　亦要留頂腦後要有靠樂不可鑿太深亦不可露風悲吹散生氣立見敗絶也　以華蓋雲蓋寶蓋爲蓋者非也　雖摘奇集有此說吾不敢信也　彼乃龍虎山起頂作遮蓋　非謂蓋法也

개(蓋)란 덮개를 덮는다는 뜻을 취한 것이다. 용맥이 뻗어와 성진의 꼭대기에서 평탄하고 완만한[平緩] 혈훈(穴暈)이 이루어졌으면 개법(盖法)을 쓴다. 게고방관(揭高放棺)은 이른바 용맥이 완만하게 오면 절정[絶頂]에서 편안하게 모시는 데[安葬]는 지장이 없는 것이다. 역시 승금[頂腦]이 머물러야 하며 승금[정뇌] 뒤에 의지할 낙(樂)이 있어야 하고 너무 깊게 굴착해서는 안된다. 또한 바람에 노출되어서 안되는 것은 바람이 슬픈 것처럼 불면 생기를 흩어 없애므로 즉시 패절(敗絶)을 하게 된다. 화개(華蓋)·운개(雲蓋)·보개(寶蓋)라 하는 개(蓋)는 덮다는 뜻의 개(蓋)는 아니다. 비록 기집[奇集]에 발췌하여 이러한 설이 있을지라도 나는 믿지 못한다. 그것도 이에 용호산이 일으킨 정상[성진의 꼭대기]을 가리면[遮蓋] 개법을 말한 것이 아니다.

< 그림4-1-52 > 보개(寶蓋)

< 그림4-1-53 > 화개(華蓋)

<출처> 『인자수지』

粘者取粘綴之義也　脈來雄急[585]　暈結於星辰脚下則用粘法　就低放棺　所謂急時何怕

용하여 조상을 모시는 경우를 말한다.　　　　　　　　<출처>『청오경』,장정환

585) 직경(直硬) : 용맥은 반드시 많은 변화를 요(要)하나 용(龍)이 아무런 변화가 없이 똑바로 뻗어나가고 딱딱하여[硬直] 나무토막처럼 생긴 모양으로 생기가 없는 사룡(死龍)이다. ◦세(勢)가 급(急)하고 맥(脉)이 큰 곳에는 혈이 그 부드럽고 완만한 곳에 있으며 세(勢)가 완만하고 맥(脉)이 움추린 곳에는 혈이 그 급(急)한 중에 있다. ◦湲(원) : (물이)흐르다. ◦泥(니) : 진흙. 진창. (땅이 질어서 질퍽질퍽하게 된 곳.)

📖 개·점·의·당법(蓋粘倚撞法)+탄법·부법

개·점·의·당법(蓋粘倚撞法)은 보국형세(保局形勢)와 내룡(來龍)의 완급(緩急)에 따라 점혈(點穴)하는 장법(葬法)이다.

葬淺泥 是也 亦要露脚左右要相應平和忌水淋穴背也 然粘法有二漸漸近前脫脈而下
者曰虛粘 若有滴瀝而虛粘則爲鼈裙586)絶 稍稍湊脈而下者 曰實粘 若後山高峻而
實結則爲覆鐘絶 宜愼之

점(粘)이란 맥을 이어 붙임[粘綴]의 뜻을 취한 것이다. 내맥이 웅장하고 급하
여 성진의 지각아래 혈훈을 맺었으면 점법(粘法)을 사용한다. 낮은 곳을 취하
여 하관[放棺]한다. 이른바 급할 때 어찌 진흙 속[淺泥]에 장사를 하는 것을
두려워하는가 함이 이것이다. 또 좌우에 노출된 지각이 있어야 하고 상응하여
평화로워야 한다. 꺼리는 것은 혈 뒤로 물이 흠뻑 젖어드는 것 [滴瀝;淋頭水]이
다. 그러나 점법에는 두 가지가 있다. 점점 앞으로 나아가 맥을 벗어나 내려온
것을 허점(虛粘)이라 한다. 만약 물이 방울방울 맺혀 떨어져 (맥이 모이지 않

---

1) 당법(撞法)

　주룡(主龍)에 사세(四勢;전우좌우)가 순응(順應)하여 모든 살을 감추어[諸煞藏伏] 생룡(生龍)
에 매장하는 장법(葬法)이다.

2) 개법(蓋法) : 압살법(壓殺法)으로 팔풍을 받지 않아야 진혈이다.

　주룡(主龍)의 산등성이나 산봉우리(山峰)에 매장하는 장법이다.

3) 점법(粘法) : 탈살법(脫殺法)

　생룡(生龍)의 급락용진처(急落龍眞處)의 낮은 곳의 맥을 이어 붙여 하관[就低粘綴放棺]하는 장
법이다.

4) 의법(倚法) : 섬살법(閃殺法)

　맥의 세(勢)가 급(急)하고 직경(直硬)하면 직맥(直脈)의 옆에 작은 방맥(旁脈)이 있는 데 이에
기대고 앞은 마주 대하여(後靠朝對) 정맥 옆으로 붙여 하관[挨傍放棺]하는 장법이다.

5) 탄법(呑法)

수포혈(垂泡穴)이라면 수포(水泡)의 앞에 천광(穿壙)하여 포(泡)밑에 하관(下棺)을 하게 된다.
수포(水泡)를 입이라 보면 입에다 관을 물고 있는 모양과 같은 형상이 됨을 말한다. 수포란 물
이 솟아나서 물이 거품과 같은 모양으로 동그랗게 된 모양이 연결되어 이어지는 형상을 혈에
비유한 말이다.

6) 부법(浮法)

비록 용맥(龍脈)이 평탄하나 생기취결(生氣聚結)이 분명하면 평지상에 천광을 하지 않고 그대
로 관곽(棺槨)을 띄어놓고 객토로 성분하여 무덤을 조성하는 배토장(培土葬)이다.

586) 1.지리담자록 : 평평하고 넓은 것을 별군(鼈裙)이라 하고, 배후의 형세가 평평하고 점점
　　아래로 넓어지는 것을 별군절(鼈裙絶)이라 한다(平而簿者曰鼈裙 背勢平而漸下漸薄 謂之鼈
　　裙絶).

　　　2.疑龍經(의룡경):용 아래에 별군(鼈裙)과 같이 평평하다(龍下有坪如鼈裙).

　　◦平(평) : 평평하다. 나누다.◦薄(부) : 넓다. 낮음.◦鼈(별) : 자라처럼 생긴 납작한 것.

◦稍稍(초초) : 조금(稍微). 약간. 점점(漸漸).◦湊(주) : 모이다.

아) 허점(虛粘)으로 별군(鼈裙)이 되어[爲] 절손한다. 점점 맥이 아래로 모이는 것은 실점(實粘)이라 한다. 만약 후산이 높고 험한데 혈이 맺혔으면 복종으로 절손하게 된다. 이러한 곳을 마땅히 조심해야 한다.

倚者取倚靠587)之義也 脈來眞硬暈結在旁則用倚法 挨旁放棺如左砂逆水則倚左右砂逆水則倚右 朝山單秀單倚雙秀雙倚 後有頂爲實倚無頂爲虛倚 仍要靠定來脈 不可就虛而脫氣也

의(倚)란 의지한다[依靠]는 뜻을 취한 것이다. 내맥이 정말로 단단하고 옆[旁; 傍脈]에 훈(暈)이 맺혀 있으면 의법(倚法)을 쓴다. 옆에 의지하여 좌사(左砂)가 역수(逆水)하면 좌에 의지하고 우사(右砂)가 역수하면 오른쪽에 의지하여 하관한다. 조산이 한 곳이 수려하면 한 곳에 의지하고, 둘 다 수려하면 둘 다 의지한다. 뒤에 산꼭대기가 있으면 실제로 의지하고, 산정(山頂)이 없으면 공허한 의지[虛倚]가 된다. 오히려 반드시 내맥에 의지하여 머물러야 한다. 맥이 허한 곳을 취하여 기를 벗어나서는 안된다.

<그림4-1-54>비검출갑형(飛劍出匣形588))

< 출처 >『인자수지』

<그림4-1-55 > 의법(倚法)589)

587) 倚靠(의고) : 의지하다. ○倚(의) : 의지하다. ○挨(애) : 기대다. ○仍要靠定(잉요고정) : 오히려~에 의지하여 머물러야 한다. ○定(정) : 머무르다. 안정시키다.

588) 비검출갑형(飛劍出匣形)은 혈전에 여기가 없고, 저평(低平)한 가운데 결혈하였으나 사산(四山)이 높히 솟아 면전이 핍박(逼迫)하였으며 문필이 없고 외양(外洋)이 보이지 아니하며 본신(本身)의 하수(下手)가 직거(直去)하니 속안(俗眼)에 들지 않는 곳이다. 이러한 곳을 비검출갑형이라 한다.

589) 의법(依法): 정맥(正脈)에는 직경(直硬)하여 혈성(穴星)을 열지[開口] 못하고 측면의 방맥(傍脈)에서 결혈(結穴)

<그림4-1-56>橫坐穴場　　　　<그림4-1-57 > 斜坐穴場　　　　<그림4-1-58 > 依穴

< 출처 > 지학

撞者取衝撞之義也　脈來平軟宛而中蓄不偏不倚590)暈結於中心則用撞法就中放棺　或
脈斜來橫來而暈結在中者亦皆用撞法　然有輕撞重撞之分亦惟視其脈氣之厚薄以爲準
也

당(撞)이란 마주 대하여 친다는 뜻을 취한다. 맥이 평평하고 부드럽게 뻗어 내
려와 뚜렷하게 [宛]가운데로 모이고 치우치지 않아서 훈(暈)이 중심에 맺혀 있
으면 당법을 사용하여 가운데에 관을 하관한다. 혹 맥이 비스듬하게 오거나 횡
으로 와서 혈훈이 가운데에 맺힌 것도 모두 당법을 사용한다. 그러나 당(撞)은
경당(輕撞)과 중당(重撞)의 구분을 하는데 오로지 그 맥을 살펴서 기운의 후박
(厚薄)으로 기준으로 삼는다.

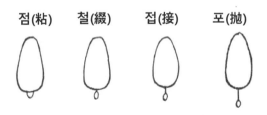

점(粘)　　　철(綴)　　　접(接)　　　포(抛)

<그림 4-1-59 > 점(粘)·철(綴)·접(接)·포(抛).　<출처> 『地理啖蔗錄』591)

---

590) 不偏不倚(불편불의) : 어느 한쪽으로 치우치지 않다. 。宛(완) : 눈에 보이는 것처럼 아주
　　뚜렷하게. 완연(宛然)히.
591) 기맥(氣脈)이 직래(直來)하고 형세가 준급(峻急)하면 탈맥취기(脫脈取氣)의 법이 있는데
　　오직 평평하고 늘어놓은 곳에 따른다. 즉 용이 거칠고 웅장하게 평지로 탈락(脫落)하면 면
　　전(面前)의 당구(當局를 취하여 결혈한다. 이를 탈용취국(脫龍取局)이라 한다.
　1) 점법(粘法)은 기가 급하게 와서 천천히 탄다.
　2) 철법(綴法)은 본체가 이미 끝난 곳에 있고 기운이 경급(硬急)하여 벗어나서 탄다.
　3) 접법(接法)은 성체가 이미 이루어졌고 또 달리 미형(微形)이 생겨 이미 기운이 다하고 또

以蓋爲天穴粘爲地穴倚撞爲人穴者非也　此以脈言彼以形言　如土腹藏金穴以形勢論
之則爲人穴　若脈來平緩則宜用蓋法　高山垂乳穴以形勢論之則爲天穴　若脈來急直則
宜用粘法　高山落平結穴以形勢論之則爲地穴　若脈直來592)則宜用倚法　若脈橫來則
宜用撞法之類　是也。上言穴形不可拘泥此言　當於穴情而辨之　蓋脈來結穴有緩急曲
直之不同　故蓋粘倚撞之法須細認穴情而用之　庶不致於有誤也

개(蓋)는 천혈(天穴)이고 점(粘)은 지혈(地穴)이다. 의(倚)와 撞(당)은 인혈이라
고 하는 것은 틀린 것이다. 이는 맥으로 말한 것이며 이들을 형상으로 말하면
토복장금(土腹藏金)혈을 형세로 논하면 인혈이 된다. 내맥이 평평하고 완만하
면 의당 개법(蓋法)을 쓰는 것이 마땅하다. 고산에 드리운 유혈은 형세로 논한
다면 천혈(天穴)이 된다. 맥이 급하고 곧게 오면 마땅히 점법(粘法)을 쓴다. 고
산에서 평지로 낙맥하여 맺힌 혈을 형세로 논하면 지혈(地穴)이다. 만약 맥이
곧게 오면 마땅히 의법(倚法)을 사용한다. 맥이 횡으로 오면 당법(撞法) 등을
쓰는 것이 마땅한 것이 이것이다. 앞에서 말한 혈형은 이 말에 구애받아서는
안된다. 마땅히 혈정으로 판별하여야 한다. 대개 맥이 와서 혈을 맺는 것은 완
급곡직(緩急曲直)이 같지 않는데 있으므로 개점의당(蓋粘倚撞)의 장법은 반드
시 혈정을 세밀하게 몸으로 터득하여[體認] 사용하면 잘못되는 것은 거의 이르
지 않게 된다.

呑吐浮沈。務依葬法。
탄토부침은 반드시 장법에 따른다.

水泡穴泡前開壙復探至泡下放棺如口中呑進　故曰呑593)　蓋水葬其湧　湧者泡也　不可

온다.
4) 포법(抛法)은 성체가 이미 이루어졌고 또 달리 갖추어 형태를 이룬다.
592) 목성과 도지목성
① 목성(木星) : 직목성(直木星) 또는 도지목성(倒地木星)으로 10 여장직행(十餘丈直行)하면
절처(節處)에 개와(開窩)를 열면 결혈(結穴)한다.　　　　　<출처> 『거림명당 풍수학』
② 도지목성(倒地木星)이 횡락(橫落)하면 허리를 끊어서[截腰] 묘지를 안장(安墳)하지 마라.
면목(眠木)이 직래(直來)하는 직목(直木)에 당두(當頭)하여 하혈(下穴)하면 투맥살(鬪脈煞)을 범
하므로 하혈(下穴)하지 말고 횡목(橫木)에서 요(腰)에 하혈(下穴)하면 참맥살(斬脈煞)을 범하므
로 반드시 돌(突)·와(窩)·겸(鉗)·구(口)로써 증거를 삼는다. 절포(節泡)를 찾아 당혈(撞穴)을 세운
다 여기서 절포(節泡)는 금정(金頂)이다.
593) 탄(呑) : 수혈식(竪穴式)장법으로 정뇌(頂腦 ; 到頭 ; 腦頭)를 깨뜨리면 안된다.
　◦ 토(吐) : 횡혈식(橫穴式)장법으로 순전이 끝나는 지점에서 굴을 파고 들어가는 장법으로

破頂破頂則氣洩　惟用吞葬始合其法即穿珠葬是也　高山垂乳穴後棺頭入壙前棺脚露
出用客土堆起包棺　如口中啣一半吐一半故曰吐　蓋垂乳體後高前低若欲全棺入壙不
免後壙掘深有損　穴低而犯氣冷惟用吐葬始合其法　平洋穴就平地上將棺浮安多加客
土堆成大塚內聚生氣外配堂局　故曰浮　蓋平洋土薄水淺氣浮　土面若開下放棺不免犯
濕　惟用浮葬始合其法即堆金葬是也

수포혈(水泡穴)은 포(泡)의 앞에 천광(穿壙)을 하고 다시 포(泡) 아래 내밀어
하관하는 것이 마치 입에 삼키고 나간 것 같으므로 탄(吞)이라고 한다. 대개
물이 끓어오르는 곳[湧]에 장사하는데, 용(湧)은 거품이다. 정뇌(頂腦;乘金;頭
腦;腦頭)를 파쇄해서는 안되는 것은 정뇌(頂腦)를 깨뜨리면 기(氣)가 누기[漏
洩]되기 때문이다. 다만 (정뇌에서 내려와) 탄장(吞葬)을 하면 비로소 장법(葬
法)에 적합하다. 곧 천주장(穿珠葬)이다. 고산에서 수유혈(垂乳穴)은 관의 뒤쪽
머리는 광중(壙中)에 들어가고 관의 앞쪽 다리 부위[棺脚]는 노출되므로 객토
(客土)하여 관을 감싸 쌓아 올려야 한다. 마치 입에 반[一半]은 물고, 반은 토
하고 있는 것과 같으므로 토(吐)라 한다. 대개 수유체(垂乳體)는 후고전저(後高
前低)하여 관(棺)을 전부 광중에 넣으려면 뒷의 광중[後壙]을 깊이 파서 손상
을 입게 된다. 혈이 낮으면 냉기가 침범하여[犯] 오로지 토장(吐葬)을 하여야
비로소 장법에 합당하다. 평지혈은 평지상에 관을 띄워 안장하려면[將] 객토
(客土)를 충분히[多加] 쌓아 큰 무덤을 만들어 안으로는 생기가 모이게 하고
밖으로는 당국에 맞게 배치를 하여야 한다. 고로 부법[浮]라고 한다. 대개 평
양(平洋)은 토피가 얕고[土薄] 수위는 낮아 흙면에 기(氣)는 뜨게 되므로 토면
의 아래를 파고 방관(放棺)하면 습(濕)한 것을 벗어날 수 없으므로 오로지 부
장(浮葬)을 하여야 비로소 장법에 합당하다. 즉 퇴금장(堆金葬)이 이것이다.

高山淺窩穴就窩弦旋594)開沈下尺許堆起羅圍再開壙放棺低成塚堆不致露風故曰沈
蓋高山風寒若就淺窩葬之不免塚堆露出有被風吹　惟用沈葬始合其法　或窩中浮土壅
塞穵去浮土做成窩體再開壙放棺亦謂之沈葬即開金取水　是也　以葬上爲吞　葬下爲吐

―――――――――

전순의 파손우려가 되므로 주의 요함.
◦啣(함)：머금다. 입에 물다[吞].◦合(합)：적합함.◦광중(壙中)：한 마디로 관을 묻기 위해
판 구덩이.◦將(장)：장차 ~하려고 한다.◦多加(다가)：충분히~(하다).◦堆成(퇴성)：쌓여서~
가 되다.◦薄(박)：얇다.◦淺(천)：얕다.
594) 弦(현)：초승달.◦旋(선)：둥글다.◦沈(침)：깊다. 크다.◦許(허)：가량. 정도.◦기(起)：
(건물을) 세우다. 짓다.◦壅(옹)：숨기다.◦塞(색)：요새. 여기서는 혈장을 의미.◦穵(알)：(구
멍을) 파다.◦做(주)：짓다. 만들다.◦培補(배보)：보충하다.◦務要：반드시 ~하기를 바라다.

葬淺爲浮 葬 深爲沈者非也 葬法者用法而葬也。上言蓋粘倚撞則就生成之穴而用之者 此言呑吐浮沈則有培補作用之工焉

탄(呑):竪穴式

頂腦破損主意

토(吐):橫穴式

고산에서 경사가 심하여 관의 반쯤은 본토 안에
들어가고 반은 밖에 객토하여 매장[葬事]

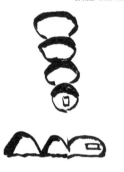

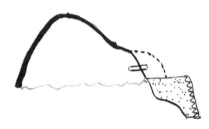

방울처럼 내려온 수포맥(水泡脈) 앞에 천광하여 하장

< 그림4-1-60> 탄·토(呑吐)

실례) 청송심씨 선대 묘

부(浮)

평지에는 지대가 낮아 기가 떠 있으므로
객토하여 성분(成墳)하여 천장(淺葬)

침(沈)

고산에서 혈장이 드러나므로(露出) 깊이 파고 장사(葬事).[深葬]

실례) 청송 대명콘도 선대 묘

< 그림4-1-61 > 부·침 (浮沈)

높은 산에서 천와혈(淺窩穴)은 와(窩)에 초승달의 등근 모양[弦旋]을 이루면 한자[一尺] 가량(尺許) 아래로 크게 파서 주위에 흙무더기를 쌓고 다시 광중을 파서 하관(放棺)하고 낮게 흙을 쌓아 봉분을 만들어 바람에 드러나지 않게 하여 풍취을 피하게 하므로 침(沈)이라 한다. 대개 고산에서는 바람이 차가워 얕게 와혈(窩穴)로 장사(葬事)를 하면 무덤이 노출되어 바람을 받는다. 다만 깊게 장사[沈葬]하여야 비로소 그 장법에 합당하게 된다. 혹 와중에 뜬 흙이 혈을 숨기면 부토(浮土;유기질 흙)를 파서 제거하고 와체(窩體)를 만들어 다시 천광

338

설심부 변와 정해

(穿壙)하여 하관(下棺)하여도 심장(沈葬)이라 일러 곧 개금취수(開金取水)가 이것이다. 위에서 장사하는 것이 탄(呑)이고 아래에서 장사하는 것이 토(吐)이다. 얕게 장하는 것을 부(浮)라 하고 깊게 장하는 것을 침(沈)이라고 하는 것은 잘못된 것이다. 장법(葬法)은 법을 사용하여 장하는 것이다. 위에 말한 개점의당(蓋粘倚撞)은 만들어진 혈을 취하여 이용하는 것이다. 여기에서 말하는 탄토부침(呑吐浮沈)은 모자라는 부분을 보충하여 사용할 수 있는 장사의 공법이다.

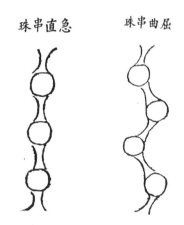

珠串直急   珠串曲屈

< 그림4-1-62 > 관주(串珠)[穿珠]595)

<출처 >『地理啖蔗錄』

蓋因穴情不同而葬法亦異　故宜呑則呑宜吐則吐宜浮則浮宜沈則沈　務要依乎葬法庶不致於有差也　謝氏言凡陽脈到葬口內純陽如仰掌要湊入596)毬簷內放棺597)謂之呑此因陽極揷上借陰氣一吸其氣方生　凡陰脈到葬口內純陰如劍脊要饒於毬簷下放棺謂之吐　此因陰極縮下借陽氣一噓其氣方生　其說雖似近理究竟　以葬上爲呑　葬下爲吐非呑吐葬法之義也.

---

595) 串珠(관주) : 혈 뒤로 한 마디가 소금(小金)이 연이어 일어나면 관주(串珠)라 하는데 반드시 굴곡하여야 혈이 될 수 있다. 만약 곧게 지나면 맥(脉)이 죽은 수주(垂珠)다. 완고하고 어리석은 모양이면 췌우(贅疣)·유해(遊胲)가 되니 잘못 천혈(扦穴)하면 흉하다.
　　　　　　　　　　　　　　　　　　　　<출처>『지리담자록』
596) 湊(주) : 접근하다. 향하다. ◦ 入(입) : 합치하다. 맞다. ◦ 吸(흡) : 숨을 들이쉬다. ◦ 縮(축) : 취(取)함. ◦ 噓(허) : 숨을 바깥으로 내쉬다.
597) 양맥이 장구에 이르면 순양이 와서 앙장과 같으니 양래음수로 위쪽 구(毬)로 당기어 방관(放棺)하는 것이 옳으니 이를 탄이라 한다. 음맥이 장구에 이르면 안에 순음이라 검척과 같으니 음래양작으로 아래쪽 첨(簷)으로 내려 방관하는 것이 옳으니 이를 토라 한다.
　　　　　　　　　　　　　　　　　　　　<출처>『풍수지리학 설심부역해』

대개 혈정(穴情)이 다르기 때문에 장법도 다르다. 탄(呑)이 합당하면 탄법을, 토(吐)가 합당하면 토법을, 부(浮)가 합당하면 부법을, 침(沈)이 합당하면 침법을 사용한다. 반드시 장법에 따라 차이가 거의 생기지 않기를 바란다. 사씨가 이르기를 대저 양맥(陽脈)이 장구(葬口) 내(內)가 앙장(仰掌)과 같은 순양에 이르렀으면 구첨 내(毬簷內)에 맞게 접근하여 방관해야 하는 것을 탄장(呑葬)이라 한다. 이는 양이 극하기 때문에 음기를 빌려 위쪽에 천장하여 그 기를 한번 들이마시면 비로소 생하게 된다. 대저 음맥(陰脈)이 장구 내에 이르면 순음(純陰)이라 검척과 같아 두터운 구첨 아래쪽으로 방관해야 하는 것을 토장(吐葬)이라 한다. 이는 음이 극하기 때문에 아래쪽을 취하여 양기를 빌려 기를 한번 내뱉으면(볼록하면) 비로소 생하게 된다. 그 설이 이치에 비슷해도 결국[究竟] 위에 장사하는 것을 탄장(呑)이라 하고. 아래에 장사하는 것을 토장(吐)라고 하는 것은 탄토장법(呑吐葬法)의 (참) 뜻이 아니다.

又引 家寶經云 陰者爲强脈來雄急 從上生下者乃天氣下降生氣露而不隱謂之浮 陽者爲弱脈來沈細從下生上者乃地氣上騰生氣隱而不露謂之沈 此論脈氣之浮沈非論葬法之浮沈也 蓋上二句言穴情乃天成也 下二句言葬法乃人爲也 不可混然[598]無別 所謂呑吐浮沈係四大葬法久矣 失傳 故特就賦旨而發明之 學者宜可究之可也

또 인용하여 <가보경(家寶經)>에 이르기를 음(陰)은 강한 맥이 내려와 힘차고 급하게 오는 것[雄急]이고, 생기는 위에서부터 아래로 내려온 것이다. 곧 천기가 하강하여 생기가 드러나 나타나 있는 것을 부(浮)라 한다. 양(陽)은 약맥(弱脈)이 가라앉아[沈] 가늘게 오는 것이고 생기는 아래에서 위로 오르는 것이다. 곧 지기가 위로 올라 생기가 숨어 드러나지 않는 것을 침(沈)이라 한다. 이것은 맥의 기운이 뜨고 가라앉음[浮沈]을 논한 것이지 장법이 뜨고 가라앉음을 논한 것이 아니다. 대개 위의 두 구절은 혈정(穴情)은 하늘이 만든다는 것을 말한 것이다. 아래에 두 구절은 장법(葬法)은 사람이 하는 것을 말한 것이며 뒤섞여 구별이 없어서는 안된다. 소위 탄토부침(呑吐浮沈)이 사대장법(四大葬法)에 관련된 것은 오래되었다. 실전(失傳)되었으므로 특별히 <설심부(賦)>에서 뜻을 취하여 밝힌 것이다. 학자들은 마땅히 성실하게 연구하여야 한다.

脣[599]臍目尾顙腹。三吉三凶。角耳鼻脇腰足。四凶二吉。

---

598) 混然(혼연) : 뒤섞인 모양.。沈(침) : 가라앉다.
599) 脣(순) : 입술(=脣).。臍(제) : 배꼽은 살이 깊고 우묵한 자리.。배(腹) : 기가 쌓인 곳.。

입술, 배꼽[臍] · 눈 · 꼬리 · 이마[顙] · 배[腹] 중 셋은 길하고 셋은 흉하다. 뿔 · 귀 · 코 · 옆구리 · 허리 · 발 중 넷은 흉하고, 둘은 길하다.

此借龍形以喩穴情之吉凶也 言脣目尾三處爲凶 臍顙腹三處爲吉 角腰足脇四處爲凶
耳 鼻二處爲吉 蓋脣則淺薄 腰則軟弱 角則偏斜600) 目則孤露 脇則遏勒 尾則尖削
足則淺露 不可作穴 故爲凶也 臍則深藏厚納 腹則寬博中蓄 耳則深曲藏聚 鼻顙則
中正而不偏乃可作穴故爲吉也 吉則宜取之凶則宜棄之不可不辨也 葬書云 鼻顙吉昌
角目滅亡 耳致侯王 脣死兵傷 宛而中蓄 謂之龍腹 其臍深曲必後世福 傷其胸脇朝
穴暮哭 是也

이는 용의 형상을 빌려 혈정(穴情)의 길흉(吉凶)을 비유한 것이다. 순목미(脣目尾) 세 곳은 흉(凶)하고, 제상복(臍顙腹) 세 곳은 길(吉)함을 말한 것이다. 각요족협(角腰足脇)의 네 곳은 흉(凶)하고, 이비(耳鼻)의 두 곳은 길(吉)하다. 대개 순(脣)은 얇고[淺薄] 요(腰)는 연약(軟弱)하며 각(角)은 편사(偏斜)하고, 목(目)은 외롭게 노출되고[孤露], 협(脇)은 형세가 좁아 억누르고[遏勒], 미(尾)는 칼로 깎은 듯이 뾰족하며[尖削], 족(足)은 얕아 드러나서[淺露] 작혈(作穴)을 해서는 안되므로 흉(凶)한 것이다. 배꼽[臍]은 깊이 간직하여[深藏] 받아들이고[厚納], 복(腹)은 넓어[寬博] 가운데 기를 모으고[中蓄], 이(耳)는 깊고 우묵하여[深曲] 기를 모아 감추며[藏聚], 비상(鼻顙)은 중심이 반듯하고 치우치지 않는 곳(中正)으로 치우치지 않아 혈을 작혈할 수 있으므로 좋다. 길(吉)하면 마땅히 취하고 흉(凶)하면 마땅히 버려야 할 것은 반드시 구별하여야 한다. <장서>에 이르기를 '비상(鼻顙)은 길하여 창성하고, 각목(角目)은 멸망하고 이(耳)는 왕후와 왕이 되고, 순(脣)은 군인(兵)으로 죽거나 다친다[死傷]. 우묵하여 가운데 기가 모이는 것을 용의 배라 한다. 배꼽은 깊고 우묵하여 반드시 후세에 복을 받는다. 흉(胸)과 협(脇)이 상(傷)하면 아침에 혈을 정하고 저녁에 곡소리가 난다'고 하는 것이다.

形似亂衣 妻必淫 女必妬 勢如流水 家必敗 人必亡

脇(협) : 옆구리.
600) 偏斜(편사) : 한쪽으로 치우쳐져.。협(脇) : 겨드랑이.。逼(핍) : 좁다.。勒(근) : 핍박하다.
억누르다.。淺露(천로) : 얕아서 드러남.。深藏(심장) : 깊이 감추(어 두)다.。厚(후) : 깊다.
。納(납) : 받아들임.

형상이 어지러운 옷과 같으면 처는 반드시 음란하고, 여자는 반드시 질투한다. 형세가 마치 흐르는 물과 같으면 집안은 반드시 패하고 후손은 필히 죽는다.

此又言形象之凶　應者謂山形亂雜如衣裳之亂擲者則主妻淫女妬　葬書云形如亂衣妬女淫妻是也　山勢飛走如流水直去[601]而無回顧之情則主家敗人亡　葬書云勢如流水生人皆鬼是也

이는 또 형상이 흉한 것을 말한 것이다. 감응[應]은 산형이 난잡하여 마치 의상(衣裳)을 어지럽게 던져놓은 것[擲] 같으면 반드시 아내가 음란하고 여자가 질투하게 되는 것을 말한 것이다. <장서>에 이르기를 '형상이 어지러운 옷 같으면 아내는 음란하고 질투한다. 산세가 비주하여 흐르는 물이 직거하여 돌아보는 정이 없는 것 같으면 가정은 패하고 사람은 죽는다' 고 하였다. <장서>에 이르기를 ' 형세가 흐르는 물과 같으면 살아있는 사람은 모두 귀신(鬼神)이 된다' 고 한 것이다.

或遇提籮[602]之山。定生乞丐。若見擎拳之勢。定出凶徒。

혹 제라(提籮)의 산을 만나면 반드시 거지가 나오고, 만약 경권(擎拳)의 형세가 보이면 반드시 흉한 무리가 나온다.

言或遇左右前砂如人提籮之狀者定生乞丐之類　若見龍虎砂頭高起如人擎拳之勢者定出凶狼之徒　蓋有此形自有此應也

혹 좌우나 앞에 사람이 광주리[提籮]의 형상과 같은 사를 만나면 반드시 거지의 무리가 나오고, 만약 용호사가 머리를 높게 들어 사람이 경권(擎拳)하고 있는 형세같으면 반드시 흉악한 무리가 나온다. 대개 이런 형상이 있으면 자연적으로 응함이 있게 된다.

水破太陰。雲雨巫山[603]之輩。　山敧文曲。風流洛浦之人。

---

601) 直流傾注而去 : ① 물이 곧장 흐르듯이 쏟아져 내려 가버리다. ② 정이 없다.

602) 提籮(제라: 提筐;제광) : 청룡이나 백호 끝부분이 밖으로 향하여 혹이 달린 모양으로 거지가 빈 밥그릇을 들고 있는 형상.。乞丐(걸개) : 거지 ☞丐(개) : 구걸하다. ☞ 丏(면) : 가리다. 보이지 아니하다.

603) 雲雨巫山(운무무산) : 남녀 간의 깊은 사랑을 이르는 말. 즉 음탕한 것.。洛浦(낙포) : 진

　　　　　　　　　설심부 변와 정해

물이 태음문성을 깨뜨리면 운우무산(雲雨巫山)의 무리가 나고, 산이
기울어 문곡이면 낙포(洛浦)와 같은 풍류를 즐기는 사람이 나온다.

<그림4-1-63>걸지 밥그릇 모양
(乞丐提籮)

<그림4-1-64 > 경권(擎拳)

〈출처〉『인자수지』

<그림4-1-65 > 수파태음(水破太陰)

〈출처〉『중휴지리천기회원』

太陰者蛾眉金星也　雲雨巫山昔楚襄王與宋玉遊雲夢高唐之觀有雲氣　
玉曰昔先王遊雲夢一婦曰妾巫山之女朝爲行雲暮爲行雨　朝朝暮暮　陽臺之下是也　文曲水星也　洛浦昔陳思王洛浦遇神女也。言太陰金星被水流破　或坑主出女人淫慾如雲雨巫山之輩也　若文曲水星欹斜搖擺主出男人淫蕩如風流洛浦之人也　董氏謂水流坤宮爲破太陰者非也

태음은 아미금성[아미문성]이다. 운우무산(雲雨巫山)이란 옛날 초양왕(楚襄王)
이 송옥(宋玉)과 함께 운몽에서 놀때 고당(雲夢高唐)에서 운기가 있는 것을 보

(陳)나라 사왕(思王)이 낙포(洛浦)에서 신녀(神女)를 만났다는 데서 유래한 말로 풍류를 비
유함.◦坑(갱) : 구덩이.◦淫慾(음욕) : 음탕(淫蕩)한 욕심(慾心).◦搖擺(요파) : 흔들거리다.

고 송옥이 말하기를 '옛 선왕이 운몽에서 유람하실 때 한 부인이 말하기를 소첩은 무산(巫山)의 여인으로 아침에는 떠다니는 구름이 되고 저녁에는 비가 되어 아침마다 저녁마다 늘 양대(陽臺;남성)의 아래에 있을 것이라'고 한 것이다. 문곡(文曲)은 수성이다. 낙포(洛浦)란 옛날에 진사왕 낙포가 신녀를 만난 것이다. 태음금성(太陰金星)이 흐르는 물에 깨어졌거나 혹 구덩이는 운우무산(雲雨巫山)의 무리와 같이 태어나는 여인은 음탕 욕심이 있다. 만약 문곡수성이 기울고[軟斜] 흔들거리듯 하면[搖擺] 남자는 풍류를 즐기는 낙포와 같은 음탕한 사람이 나온다. 동씨는 말하기를 물이 곤궁[☷]에 흘러서[水流坤宮] 태음금성을 깨뜨린다[破太陰]는 것은 그릇된 것이라고 했다. (사대국 포태법으로)

頭開兩指似羊蹄[604] 出人忤逆 腦生數摺如牛脇 犯法徒刑

산꼭대기가 두 손가락 모양으로 벌려진 것이 양의 발모양과 같으면 오역(忤逆)하는 사람이 나오고, 산의 꼭대기(腦)에 소의 옆구리의 갈비뼈같이 여러 겹의 주름[摺]처럼 골이 생기면 법을 어겨[犯法] 형벌을 받는다.

< 그림4-1-66 > 두개양지(頭開兩指)　< 그림4-1-67 > 뇌생수접(腦生數摺)

頭開兩指謂山面透頂有坳也 言山頭若開兩指像羊蹄之形 定出人不孝不弟而忤逆親

---

604) 若果**朝山**山頭開兩指似羊蹄之形 出人忤逆 不忠不孝不悌. <출처> 『설심부 도해(하)』, p229. ◦若果 : 만약. ◦蹄(제) : 발. ◦오역(忤逆) : 불효(不孝). 불충(不忠). ◦徒(도) : 형벌. ◦透頂(투정) : 극도에 이르다. ◦透(투) :극도에 이르다. 나타내다. ◦坳(요) : 요(凹)와 같은 모양. ◦徒配(도배) : 죄인을 도형에 처한 뒤에 유배하는 일을 이르던 말. ◦惡子(악자) : 부모를 잘 섬기지 않는 못된 자식.

長 山腦若生數摺如牛脇之狀 定出人爲非犯法而遭徒配之刑 仙婆集云忤逆之山如羊
蹄惡子敗門 閭砂法云山形如牛脇犯法配他州是也

두개양지(頭開兩指)란 꼭대기의 산면(山面)이 우묵한 것을 말한다. 산꼭대기가
두 손가락 모양으로 벌려진 것이 양의 발 모양과 같으면 반드시 불효하고 형제
간에 우애가 없으며 친척과 어른들에게 불손한 사람이 나온다. 산꼭대기가 소
의 옆구리의 갈빗대 모양과 같이 여러 겹으로 골이 생기면 반드시 태어난 사람
이 법을 어기지 않으면 도배(徒配)의 형벌을 받게 된다. <선파집(仙婆集)>에
이르기를 '양굽과 같은 오역의 산은 불효자로 집안이 망한다'고 하였다.
<여사법(閭沙法)>에 이르기를 '산형이 소 옆구리의 갈빗대와 같으면 법을 어
겨 다른 지방에 유배가는 것이 이것이라'고 한다.

文筆若坐懸605)針 切宜謹畏 孝帽606)若臨大墓 勿謂無凶

문필(火星)이 혈의 좌(坐)에 뾰족한 침[木脚;火星]과 같은 모양이 매
달려 있으면 절대로 삼가하고 두려워해야 마땅하다. 효모[孝帽]가 흘
륭한 무덤에 가까이 있으면 흉함이 없다고 말하지 마라.

<그림4-1-68 >文筆若坐懸針

針指木脚 言墓謂圓墩 似墓堆者以懸針爲正南午位 大墓爲辰戌丑未四墓607)者非也
蓋此段論形非論方也 孝帽山頭匾608)肩垂斜拖兩帶也 言文筆火星若卸下木脚爲坐

---

605) 懸(현) : 매달리다. 늘어짐. 。切(절) : 간절히[懇切].
606) 孝帽(효모) : (상제(喪制)가 쓰는) 두건. 대칭이 안되고 한쪽이 경사가 진 산. 산의 머리가
   한쪽으로 치우치고 어깨가 기울어진 모양.
607) 孝帽山(효모산)은 띠[帶] 같은 두 줄기 산이 비껴 펴[斜伸]있는 것을 말하니 만약 면전에
   있거나 사묘(四墓;辰戌丑未)에 있으면 어른들이 명이 짧다는 것이다.
   　　　　　　　　　　　　　　　　　　　　<출처>『풍수지리학 설심부 역해』
608) 匾(편) : 네모지다. 。帶(대) : 나타내다. 달아붙다. 。回祿(회록) : 화재. 。孝服(효복) : 상중

懸針主有火災故宜謹畏 或身露木硬爲帶懸針亦凶 所以文筆火星宜遠而不宜近 遠則
秀麗可觀 近則恐有回祿之患也 孝帽之山 若臨於圓墩之上如人帶孝帽而立於墓 堆
之間主常見孝服 勿謂無凶也

침(針)은 목각을 가리키며 묘(墓)란 등그런 작은 언덕을 말한다. 무덤과 같은
언덕이 정남의 오방위(正南午位)에 있다고 현침(懸針)하고, 대산[효모산]은 진
술축미(辰戌丑未)의 4묘(四墓)방위에 있다 하는 것은 옳지 않은 것이다. 대개
이 단락에서는 형상으로 논하고 방위로 논한 것은 아니다. 효모(孝帽)는 산두
가 각지고 어깨가 기울어 두 개의 띠를 늘어뜨려 드리워진 모양이다. 문필화성
(文筆火星)이 아래에서 목각으로 퇴사하여 좌에 현침(懸針)이 되면 화재가 생
기므로 마땅히 삼가고 두려워해야 한다. 혹 노출된 목성이 굳어 현침(懸針)
을 띠고 있으면 역시 흉하다. 이러한 이유로 문필 화성은 마땅히 멀어야 좋고
가까이 있으면 좋지 않다. 멀리 있으면 수려하게 보일 수 있으나 가까이 있으
면 화재의 근심이 있어 두려워한다. 효모의 산은 등그런 언덕 위에 임하고 있
으므로 사람이 효모의 모양을 띠고 묘 앞에 서 있는 것 같으면 언덕(의 공간)
에 늘 상복[孝服]이 보이므로 흉함이 없다고 말하지 말라.

<그림4-1-69> 효모산((孝帽山) <출처>『중휴지리천기회원』

小人中君子 鶴立鷄群 君子中小人 蓬[609] 生麻內
소인(小人)가운데 군자(君子)는 학(鶴)이 닭의 무리 속에 서있는 것
과 같고, 군자가운데 소인은 삼밭에서 쑥이 자란 것과 같다.

言四山散亂其中一山端正出衆者是小人中君子 如孤鶴之立於鷄群宜取而用之也 四

에 입는 예복.
609) 蓬(봉) : 쑥. ◦出衆(출중) : 뭇 사람 속에서 뛰어남. ◦蒿(호) : 쑥. ◦相(상) : (사물의 외관
을) 평가하다.가리다. cf) 평야지 혈은 작은 언덕 무리 중에 큰 언덕에 혈이 있음을 말한다.

설심부 변와 정해

山秀麗其中一山粗惡無相者是君子中小人如蓬蒿之生於麻內宜擇而棄之也

사방의 산이 어지럽게 흩어져 있는 가운데 하나의 산이 뭇 산 가운데 단정하게 뛰어난 것[出衆]은 소인 가운데 군자(君子)가 마치 외로운 학이 무리 닭 속에 서있는 것과 같으니 마땅히 취하여 사용해야 한다. 사방의 산이 수려한 그 가운데 하나 산이 조악하여 선택하지 못하면 이는 군자 가운데 소인으로 마치 쑥이 삼밭에 생겨 자란 것 같아 마땅히 가려서 버려야 한다.

<사진4-1-7> 무리의 꽃들이 분별이 안됨.

<사진4-1-8>무리의 꽃 중에
한송이 꽃이 뛰어남

珉610)中玉表 多生庶出之兒 狐假虎威 必主過房之子

속은 옥돌인데 겉이 옥과 같으면 대부분 서출이 아이를 낳고, 여우가 호랑이를 사칭하여 위엄을 부리 듯하면 반드시 첩실의 아들을 양자(養子)로 삼는다.

珉石似玉也。言來龍微弱至臨結穴之山 星峰秀麗與後山不同 如珉中之有美玉表異然 此乃母賤而子貴主多生庶出之兒也 主山微弱全憑來龍與四山有勢有情相抉成局 如狐狸之假虎以爲威然 此乃身弱而有助必主過養別房之子也.

옥돌[珉石]은 옥과 같다. 약한 내룡이 결혈하는 산에 이르러서는 성봉이 수려하고 뒷산과 같지 않는 것은 옥돌 속에 미옥이 있을지라도 겉은 다름이 있는

---

610) 過房(과방) 또는 별방(別房) ?
。過房(과방) : 입양(入養)· 양자(養子)· 형제의 아들을 양자로 삼다.
□ 별방(別房) ↔ 본처(正室;嫡室).
 1) 첩[妾] 또는 작은 집[小室]
 2) 작은 마누라· 별방(別房)·소첩(小妾)·첩실(妾室)·측실(側室)·후실(後室)·내연녀(內緣女).
 。珉(민) : 옥돌.。全憑(전빙) : 전적으로 ~에 의하다.。抉(결) : 고르다. 가려내다.。상(相) : 겉모양. 생김새.。狐狸(호리) : 여우.

것을 말한다. 이는 곧 어미가 천하나 자식은 대부분 서출의 자식이 태어나 귀하게 된다. 주산이 미약하나 전적으로 내룡과 사산에 전적으로 세가 있고 유정한 걸모양이 국(局)을 이루어 선택하니 마치 여우가 호랑이를 사칭하여 위엄이 있고 늠름한 것과 같다. 이는 곧 출신이 약하나 도움을 받아 반드시 첩실[別房]의 아들을 양자(養子;過養)를 들이게 된다.

爲人無嗣只因水破天心611) **有子出家定是水衝城脚**

사람이 후사가 없는 것은 오로지 수파천심 때문이다. 자식이 출가하는 것은 반드시 수충성각(水衝城脚)하기 때문이다.

물이 천심(天心)에 모이는 것

此水聚天心也, 主富貴。

물이 천심(天心)을 파(破)하고 빠져나가는 것

此水破天心也, 主貧絕。

<그림4-1-70 > 수파천심(水破天心) <출처>『인자수지』

此天心指穴 言城脚內堂水城脚也。言爲人而無子嗣 只因穴無脈氣天心不起 小水不分淋612)**頭而下流破天心 如茶槽竹梘之類 故氣冷而主絕也 有子出家而爲僧道定是穴無餘氣 龍虎短縮**613) **內堂無沙遮闌以致外來大水衝城割脚**614) **故住脚不牢而至於**

---

611) 1.水破天心(수파천심) : 일설에 계수(界水)가 묘두(墓頭)에 임수(淋水)이거나 유주(流注)하여도 역시 수파천심(水破天心)하면 자식이 없어(無子) 이 두 가지도 흉한 것이나 수림묘두(水淋墓頭)는 더욱 재화(禍)가 심하다.　　　　　　<출처>『인자수지』
　　2.천심수(天心水) : 천심(天心)은 혈 앞의 내명당(穴前明堂)의 한 가운데(中正處) 물을 말한다. 만약 물이 천심에 모이면[融聚·水聚天心] 큰 부자가 나고 지위가 높다[鉅富顯貴].
＊여기서 천심(天心)은 혈(穴) 앞 내명당(明堂)의 중정처(中正處)를 말한다.
612) 임(淋) : 방울져 떨어지다.∘槽竹(조죽) : 대나무로 된 홈통. ☞ 홈통 : 물이 흐르거나 타고 내리도록 만든 물건.∘梘(견) : 홈통.∘牢(뢰,뇌) : 에워싸다.
☞임두수(淋頭水) : 혈 뒤에 용맥이 없어 계수(界水, 分水)를 못하고 골이 패여서 물이 묘두(墓頭)로 흘러 유골을 적시는 것을 말한다. 대개 혈은 묘 뒤에 입수도두가 있어 물을 계수하는데 맥이 없기 때문에 그대로 물이 묘지의 내광(內壙)에 스며든다. 임두수가 스며들면 자손(人丁)이 끊기고 마침내 절사(絕嗣)하는 극히 흉한 물이다.

　　📖 맥(脈)이 없으면→임두수(淋頭水)가 <u>천심(혈)</u>에 흘러들어→유골을 젖서 → 그 결과 대(代)가 끊어진다.

613) 전호(纏護;護從砂)의 반대 개념?

出家也

여기서 천심(天心)은 혈을 가리킨다. 성각(城脚)은 내당수의 성각(城脚)을 말한다. 사람이 대를 이을 자식이 없는 것은 단지 혈에 맥의 기운이 없기 때문에 혈(天心)이 생기지 않는다. 작은 물도 나누어지지 않는 임두수(淋頭水)로 마치 차밭에 흐르는 대나무 홈통[竹視]과 같은 종류(類)로 아래로 흘러내려 혈(穴)을 파하기 때문에 (혈에 물이 흘러들어) 기가 쇠하여[冷] 대가 끊어진다. 자식이 출가하여 승도가 되는 것은 반드시[定是] 혈에 여기가 없기 때문이다. 용호가 단축(短縮)하여 내당을 차란(遮闌)하는 사가 없으므로 밖에서 오는 큰 물이 나성(羅城)에 부딪혀 할각(割脚)하므로 각이 머물러 혈을 에워싸지 않아 출가에 이르는 것이다.

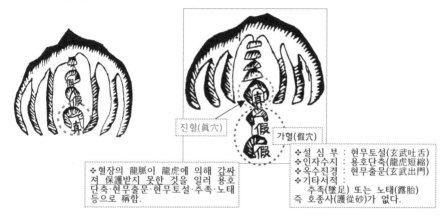

진혈(眞穴)

✧혈장의 龍脈이 龍虎에 의해 감싸져 保護받지 못한 것을 일러 용호단축·현무출문·현무토설·추족·노태 등으로 稱함.

가혈(假穴)

✧설 심 부 : 현무토설(玄武吐舌)
✧인자수지 : 용호단축(龍虎短縮)
✧옥수진경 : 현무출문(玄武出門)
✧기타서적:
   추족(墜足) 또는 노태(露胎)
   즉 호종사(護從砂)가 없다.

<그림4-1-71 > 龍虎短縮·玄武出門·墜足.

亦有虛拱。 無情似乎615)有情。 多見前朝。 如揖却非眞揖。

---

① 용호단축 (龍虎短縮) : 용호단축은 양쪽의 용호가 혈보다 짧아서 혈이 노출(露出)되어 의지할 곳이 없다[伶仃].

② 누태(漏胎) : 용호가 호태(護胎)만 하고, 혈을 지나지 못하여 호혈(護穴)을 하지 못함.

③ 양비장개(兩臂張開) : 용호사가 넓게 퍼져나가면서 혈을 호혈(護穴)하지 못한 모양.

④ 현무토설(玄武吐舌) : 혈전(穴前)의 여기(餘氣)가 길면 좌우에서 혈을 감싸주지 못하는 것을 현무토설(玄武吐舌)이라 한다. 혈전(穴前)에서 현무의 부리가 길어서 고처(高處)에 점혈을 하게 되면 마땅히 인력으로 끊어야 한다. 『삼보경(三寶經)』에 보면 원무(元武)가 만약 길게 혀를 토해내면 어린아이가 죽게 되어 있다고 하였다.　　　<출처> 『의룡경』

614) 성각은 용호의 바깥쪽의 물이 나성을 충(衝)하여 할각수(割脚水)가 된다.

615) 似乎(사호) : 마치 (~인 것 같다).。可愛(가애) : 예쁘다.

頂雖尖圓而可愛。脚必走竄而顧他。縱有吉穴可擂。不過虛花而已。

역시 헛되이 공읍하여 마치 무정한 것이 유정한 것같이 대부분 보여 전조(前朝)가 조읍하는 듯하나 사실은 읍하지 않는 것이다. 꼭대기가 비록 첨원하여 예쁠지라도 지각이 반드시 주찬(走竄)하여 다른 곳을 돌아보면 설령 좋은 혈이라고 천장할지라도 허화일 뿐이다.

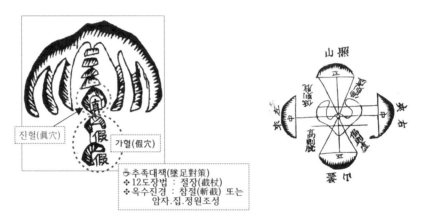

진혈(眞穴)
가혈(假穴)

☕ 추족대책(墜足對策)
✿ 12도장법 : 절장(截杖)
✿ 옥수진경 : 참절(斬截) 또는
  암자.집.정원조성

<그림4-1-72> 龍虎短縮·玄武出門·墜足. <그림4-1-73> 천심십도(天心十圖)

<출처>『인자수지』

< 사진4-1-9 > 선암사의 칠전선원 4단 다조(茶槽)[616]

---

616) 800년 이상 된 차밭에서 흘러내린 물이 4기의 돌확을 지나도록 이어놓은 것으로, 고고하게 흐를 수 있도록 배치한 다조(茶槽)의 자연스러운 형태.
< 출처>http://blog.daum.net/hyangto202/8729634(선암사)

설심부 변와 정해

此總承上文　言山之形象美惡固宜辨矣　然亦有山來虛拱本無情也　而乍見[617]之時似
乎有情　多見前朝之山　趨仰如拜揖也　而細觀其形却非眞揖　此何以辨之哉　蓋虛拱虛
揖之山乍觀其頂雖尖秀圓淨而可愛　細察其脚則必斜飛走竄而顧他　此無眞向之情焉
有眞結縱有吉穴可撼亦不過虛花而已　蓋凡結穴之處必左回右顧　前朝後應　大勢相聚
有情方爲眞結也

이는 앞의 말을 모두 받아들인 것으로 산의 형상의 미악은 진실로 마땅히 구별
하여야함을 말한 것이다. 그러나 역시 산이 뻗어와 헛되이 공읍하면 본래 무정
하다. 그러나 언뜻 보았을 때 유정한 것 같으면 대부분 앞의 조산이 추앙하여
배읍(拜揖)하는 듯하나 세밀하게 형상을 보면 오히려 진정으로 읍하는 것이 아
니다. 여기서 어떻게 그것을 변별할 것인가? 대개 헛되이 공읍하는 산은 언뜻
보면 꼭대기가 첨수 원정하여 좋아 보일지라도 자세하게 보면 산의 산의 각
(脚)이 반드시 비스듬하게 비주하여[斜飛] 달아나 혈을 향하지 않고 다른 곳을
바라본다. 이는 진실로 혈을 향한 정이 없다. 진결이 있고 설령 좋은 혈이 있
어 천장을 할 수 있을지라도 허화에 지나지 않을 뿐이다. 대개 결혈한 곳은 반
드시 좌로 돌고 우로 돌아보아 앞에서는 알현하고 뒤에서는 응해주어야 한다.
대세가 함께 모여 유정하면 비로소 진결이다.

萬狀千形咸在目。三才八卦本諸[618]心。好地只在方寸間。秘術不出文字
外。

천태만상(온갖 모양과 온갖 형상)이 모두 눈에 있고, 삼재팔괘는 본
래 마음속에 있다. 좋은 땅은 단지 마음속에 있고, 비술(秘術)은 문
자 밖에서 나오지 않는다.

三才天地人三穴也　八卦八方卦君也　指穴之坐向　言方寸心也。此總結上文言山雖有
千形萬狀之多咸在於目力之巧　以辨之穴雖有三才八卦之異　惟本諸心思之妙以得之
欲得好地　只在吾心方寸[619]之間　惟當積德以求之　欲求秘術　亦不出於書訣之外　惟

---

617) 乍見(사견)：언뜻 보다.。拜揖(배읍)：삼가 공읍하다.。趨仰(추앙)：따르고 우러러보다.
　　。虛花(허화)：산의 각이 혈을 환포하지 않고 밖으로 달아나는 형상.
618) 諸(제)：~에. ~에서.
619) 방촌(方寸)
　　①「사방(四方) 한 치의 넓이」라는 뜻으로,「좁은 땅」을 뜻함
　　②「마음이 한 치 사방(四方)의 심장(心臟)에 깃들인다」는 뜻으로 곧「마음」을 뜻함.
　　。간(間)：안. 속.

當因言以會之而已

삼재(三才)는 천지인(天地人) 삼혈이다. 팔괘(八卦)는 팔방괘의 부모로 혈의 좌향을 가리킨다. 방촌(方寸)은 마음[心]을 말한 것이다. 이는 앞 문장을 총결하여 산이 비록 천형만상으로 많을 지라도 모두 목력지교(目力之巧)에 달려있음을 말한다. 혈을 판단하는 데 있어서 비록 삼재팔괘가 차이가 있을지라도 다만 본래 모든 생각[心思]의 묘함은 깨우칠 수 있다. 좋은 땅을 얻고자 하는 것은 다만 내 마음 좁은 속(方寸之間)에 있다. 오로지 마땅히 적덕을 하여야 구할 수 있다. 비슬로 구하고자 해도 서결(書訣)의 밖에서 나오지 않는다. 단지 마땅히 말을 비슬(秘術)로 모았을 뿐이다.

右段論穴形異同及沙水凶形應驗

앞의 단원은 혈형이 다르거나 같은 것과 사수의 흉한 모양이 응험을 논하였다.

田氏謂自一例而言以上620)論穴形異同自蓋粘倚撞　以上論形象凶吉似宜分作兩段然亦不必也 謝氏只名章曰論形穴似略而未詳今正之

전씨가 스스로 일례를 말하여 앞에서 혈형이 같거나 다른 것은 개점의당(蓋粘倚撞)으로부터 논하였고 앞에서 형상의 길흉이 비슷한 것은 의당 두 단원으로 나누는 것이 옳다고 논하였으나 역시 불필요하다. 사씨는 다만 장을 만들어 형혈이 약간 비슷하고 아직 상세하지 않는 것은 지금 바로 잡아 언급하였다.

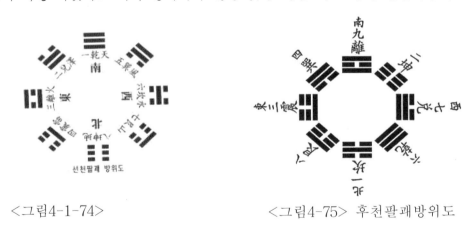

<그림4-1-74> 　　　　　　　　　<그림4-75> 후천팔괘방위도

---

620) 以上(이상) : (말·글 등에서) 말한 바. 。似略(사략) : 약간 비슷하다.

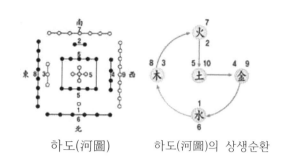

하도(河圖)　　　하도(河圖)의 상생순환

<그림4-1-76> 하도

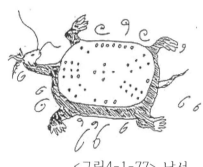

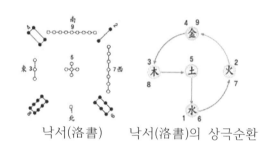

낙서(洛書)　　　낙서(洛書)의 상극순환

<그림4-1-77> 낙서

第二章 論山水吉凶

土崩陷[621]而神鬼不妥。木凋落而旺氣將衰。

흙이 무너지고 함몰(陷沒)되면 귀신이 편안하지 못하고, 나무가 잎이
시들어 떨어지면 왕성한 기운이 곧 약해진다.

<u>不妥猶言不安也。</u>言來龍與主山其土忽然崩陷則龍身剋剝驚動而所葬之神魂不安矣
草木得氣之先龍身氣旺則毛髮必茂　若樹木凋落則旺氣將衰必主退敗矣

불타(不妥)는 불안(不安)이란 말과 같다. 내룡과 주산에서 흙이 갑자기 붕괴되

---

621) 崩陷(붕함) : 붕괴되다. 함몰(陷沒)되다. ∘剋(극) : 깎다. ∘剝(박) : 벗겨져 떨어져 나감.
∘驚動(경동) : 놀라게 하다. ∘落(락) : 죽다. ∘退敗(퇴패) : 자손은 몰락하여 망한다.

면 용신이 깎여 벗겨져 떨어져 나가 놀라고[驚動] 매장된 곳의 영혼[魂靈]이 불안하게 되는 것을 말한다. 초목이 기를 얻으면 먼저 용신의 기가 왕성[旺盛]하니 모발인 초목은 반드시 무성하다. 만약 수목이 시들어 죽으면 왕기(旺氣)는 곧 약하여 반드시 자손은 퇴패(退敗)한다.

源泉[622]混混出明堂 氣隨飄散 白石磷磷張虎口 必主刑傷
샘이 명당에서 솟아나 흐르면 기(氣)는 (물을)따라서 흩어진다. 흰 바위[白石]의 험한 모양이 백호가 입을 벌린 것 같으면 반드시 형벌을 주관한다.

混混湧流貌 磷磷巉岩貌。承上言論地之凶衰不獨土木爲然 如明堂之中有源泉混混流出則內氣隨流飄散矣 有巉岩之白石張於白虎之口則如虎露牙必主有刑傷之凶矣
혼혼(混混)은 샘이 솟아나 흐르는 모양이며 인린(磷磷)은 참암(巉岩)한 모양이다. 앞의 말에 이어 땅이 흉하여 약해지는 것은 단지 흙뿐만 아니라 나무도 그러한 것을 논하였다. 만약 명당 가운데 수원이 있어 물이 솟아나 흘러나가면 내기는 흐르는 물 따라 흩어진다. 가파른 암석의 흰 바위가 백호가 입을 벌린 모양으로 있으면 마치 호랑이가 이빨을 드러내고 있는 것 같아 반드시 형상(刑傷)의 흉함이 있다.

更[623]防東屈西伸 最怕左牽右拽
더욱 피해야하는 것은 동이 움추리고 서가 펼쳐지는 것이다. 가장 두려운 것은 좌에서 끌어당기고 우에서 끌려 나가는 것이다.

承上言不但[624]石張虎口有凶 更防其東邊曲轉而逼穴 西邊伸出而直長 又最怕左邊

---

622) 源泉(원천) : 수원(水源)이 되는 샘.。混混(혼혼) : 물이 솟아나 흐르는 모양.。飄散(표산) : 날아 흩어지다.。磷(린) : 험하다. 험한 모양.

623) 更(갱) : 더욱.。防(방) : 피해야 하다.。牽(견) : 끌어당기다.。拽(예) : 끌다.

624) 不但(부단) : ~뿐만 아니라.。伸出(신출) : 밖으로 내어 뻗다. 펼치다.。未必(미필) : 반드시~한 것은 아니다.

☞동굴서신(東屈西伸) : 청룡은 찌르고 백호는 도망간다. 자식으로 인해 가슴을 치고 가족들은 헤어진다.

☞좌견우예(左牽右拽) : 청룡은 끌려 나가고 백호는 달려간다. 불효. 불충. 실패하는 사람[敗시]. 가족 모두 죽는다. <출처>『풍수학 설심부』

反牽而不顧 右邊拽去而不同 此皆龍虎無情之狀 未必無凶也

앞에 말을 이어 바위는 호랑이가 입을 벌린 모양은 흉할 뿐만 아니라[不但] 더욱 피해야 하는 것은 동[靑龍]변이 굽어 돌면 혈을 핍박[逼穴]하고 서[白虎]변이 밖으로 펼쳐 곧게 길게 뻗은 것이다. 또 가장 두려워하는 것은 좌변이 반대로 끌리어 혈을 돌아보지 않는 것이고, 우변이 끌려 나가 혈을 돌아보지 않는 것이다. 이와 같이 모두 용호가 무정한 형상이 꼭 흉함이 없다고 할 수 없다.

<그림4-2-1>동굴서신(東屈西伸)

<그림4-2-2>좌견우예(左牽右拽)

危[625]樓寺觀。忌聞鐘鼓之聲。古木壇場。驚見雷霆之擊。

사찰에 높고 험한 누(樓)가 보이면 종이나 북소리가 들리는 것을 꺼린다. 고목이 제단의 뜰에 있으면 벼락을 치는 소리에 놀란다.

危樓即寺觀高險之樓也 古木即壇場之古木也 承上言不獨嫌龍虎無情矣 即如[626]宅墓之旁有寺觀高險之樓則忌聞鍾鼓之聲 驚動龍神而不安也 若寺觀在去水邊或伏於山脚下不爲害者 又不必忌也 若來水邊及龍脈上[627]當面前即不宜有也 至古木壇場之處恐爲妖邪所棲則怕見雷霆之擊 震傷龍脈而有凶也

위루(危樓)는 사찰에 높고 험한 누(樓)가 보이는 것이다. 고목(古木)은 단장의 오래된 나무[古木]이다. 앞의 문장에 이어 용호가 무정한 것을 싫어함을 말할 뿐만 아니다. 바로 집이나 묘지의 곁에 높고 험한 누가 보이는 사찰이면 종소리나 북소리가 들리는 것은 용신이 놀라 불안하여 꺼린다. 만약 사찰에서 흘러가는 물가가 보이거나 산의 지각의 끝부분[下]이 보이면 해가 되지 않으므로

---

625) 危(위) : 험하다. 높이 솟아 있는 모양.。驚(경) : 놀라다.。見雷霆之擊(현뢰정지격) : 벼락 맞다. ☞見(현) : 수동(受動)의 뜻으로 당(當)하다[被]. 만나다.。雷霆(뇌정) : 벼락.
626) 即如(즉여) : 바로 ~와 같다. 。棲(서) : 깃들이다. 머무르다.。處(처) : 머물러 있다.
627) 上(상) : 위로. 상부에. 거슬러 올라가다. 。伏(복) : 살피다. 엿보다. 내려가다.

또 꼭 꺼릴 필요가 없다. 만약 흘러오는 물가[來水邊]에 이르러서 용맥이 거슬러 올라가[上] 눈앞에 마주하여 있다면 마땅하지 않다. 제단이 있는 곳에 고목이 있으면 요사한 것이 깃드는 곳이 되니 벼락을 맞는 것을 두려워한다. 벼락이 용맥을 상(傷)하여 흉하다.

怪石若居前案。必有凶災。吉星旣坐後龍。豈無厚福。

괴석이 안산 앞[前案]에 있으면 반드시 흉한 재앙[凶災]이 있고, 길성이 후룡(後龍)에 머물러 있으면 어찌 많은 복이 없겠는가?

言巉巖醜惡之石 若居於前案則爲劫殺之星必有凶險628)之災 若石骨入相方如玉印竪如牙笏則又反爲吉矣 尖圓方三吉之星旣坐於後龍則龍身貴重自有豐厚之福也

참암하고 추악한 암석이 만약 전안(前案)에 있다면 겁살의 성신이 되어 반드시 위험한 재앙[凶險之災]이 있다는 것을 말한 것이다. 만약 석골의 모양이 반드시 옥인과 같고 아홀과 같이 서 있으면 오히려 길하다. 첨원하고 방정한 삼길의 성신[三吉之星]이 후룡에 있으면 용신이 귀중하여 저절로 풍성한 복[豐厚]을 누린다.

忽覩山裂629)者 橫事必生 常聞水泣者 喪禍頻見

갑자기 산이 무너지는 것이 보이면 불의의 재난[橫事]이 반드시 생기고 늘 물소리가 우는 듯 들리면 죽는 재앙[喪禍]을 자주 당한다.

頻數630)也。言墳宅前後左右之山忽然見其崩裂者則橫禍之事必生 時常聞水之聲如人悲泣者則死傷哭泣之禍亦頻見矣

빈(頻)은 자주라는 말이다. 묘지나 집의 전후좌우에 있는 산이 갑자기 붕괴되는 것이 보이면 뜻하지 않는 변고(變故;災難)가 반드시 생길 것이다. 늘 물소리가 사람이 슬피 우는 듯 들리면 사람이 죽거나 다쳐서 소리내어 슬피 우는 화(禍)가 자주 생긴다.

---

628) 凶險(흉험) : (정세가) 아주 위험하다. 。豐厚(풍후) : 푸짐하다. 두텁다.
629) 忽(홀) : 갑자기. 。覩(도) : 보다. 。見 : 보(이)다. 당하다. 눈에 띄다. 。橫事(횡사) : 뜻밖의 재난(不意의 災難). 。水泣(수읍) : 물이 흐르는 소리가 사람이 우는 소리와 같이 들리다. 。裂(렬) : 깨지다. 무너짐. 。裂(렬) : 무너지는 것은 인위적으로 폭파 등으로 절취하는 것과 동일하게 볼 수 있다.
630) 數(수) : 자주. 。橫禍(횡화) : 뜻하지 않은 재난. 。事(사) : 변고(變故).

其或631)聲響如環佩 進祿進財 若然滴漏注銅壺 守州守郡 鼕鼕洞洞 響而
亮者爲貴 凄凄切切 悲而泣者爲災

혹시 물이 흐르는 소리가 허리에 찬 옥소리와 같으면 녹봉과 재물이
늘어나고, 만약 구리 항아리에 물이 방울방울 떨어져 모이는 소리 같
으면 주군을 맡은 벼슬을 하고, 동동동동하는 북소리같이 뚜렷하면
귀하게 되고, 매우 처량하게 슬피 우는 소리 같으면 재앙이 된다.

承上言水泣固不吉矣 其或水趺而響如金環玉佩相擊之聲則主進祿而又進財 如銅壺
滴漏之聲則必守州守郡而爲牧民之官矣 故水若趺漈其聲鼕鼕洞洞 如鼓聲響而亮者
斯爲貴也 水若急流其聲凄凄切切 如哭聲悲而泣者即爲災也 然則水聲有吉有凶宜詳
聽而辨之矣

앞의 문장에 이어 물소리가 울음소리로 들리면 확실히 불길하다고 말하였다.
혹시 물소리나 물이 떨어지는 소리[水趺而響]가 금환 옥패가 서로 부딪히는 소
리와 같으면 녹봉이 늘어나 재물이 증가한다. 구리 호리병에 물이 방울방울 떨
어지는 소리 같으면 반드시 주군을 지켜 곧 목민관이 된다. 고로 물이 만약 물
가에 떨어져 그 소리가 동동하는 북소리의 울림과 같이 뚜렷하면 그것은 귀하
게 여긴다. 물이 만약 급하게 흘러 소리가 처량하게 곡하는 소리 같이 슬피 우
는 것 같으면 재앙이 있다. 그러한 즉 물소리에 길흉이 있으므로 마땅히 잘 듣
고 판단하여야 한다.

然而有聲不如無聲 明拱不如暗拱632)

그러나 소리가 있으면 소리가 없는 것만은 못하고 명공[明拱]은 암

---

631) 其或(기혹) : 혹은. 혹시. ◦環佩 : 허리에 차는 옥. ◦祿(녹) : 녹봉. ◦進(진) : 더하다.
◦漏(누) : 물이 흐르다. (물체가 구멍이나 틈이 생겨) 새다. ◦注(주) : 한곳에 모으다. ◦銅壺
(동호) : 구리로 만든 호리병. ◦鼕鼕洞洞(동동동동): 동동 북소리의 의성어. ◦亮(량;양) : 분명
하다. 뚜렷하게 되다. ◦凄凄切切(처처절절) : 매우 처량함. ◦趺(질) : 떨어지다. ◦漈(제) : 물
가. ◦聲響(성향) : 소리의 울림. ◦然則(연즉) : 그러면. 그러한 즉.
632) 안산 밖(案外)에 暗朝(暗拱)하는 물의 길흉(吉凶).
1.횡사(橫斜)하여 흘러가나 폭포처럼 급류로 용맥(龍脈)을 따라 직류하면 단기발복.
2.중수교취(衆水交聚)하여 혈을 돌아보고 왔다 갔다 하면서 회류하면서[徘徊顧我] 모인 물
이 있으면 문장이 뛰어난 선비[文章秀士]가 나오고, 높은 벼슬이 오래동안 간다.
3.혈 앞에서는 보이지 않고 물이 사(砂)의 밖에 있거나 조산 안산의 방위에서 들어오는 물
[朝] 혹은 감싸는 물[抱] 혹은 모인 물[聚] 모두 그것을 일러 암공수(暗拱水)라 한다.
암공수(暗拱水)가 천리(數千)나 수백리(數百里)를 내려왔다면 그곳은 왕후지지(王侯之地).

공[暗拱]만 못하다.

承上言水聲固有吉者 然而有聲又不如澄注不流 流而平緩[633] 悠洋無聲可聽之爲愈也
蓋水本動妙在靜也 卽水明來朝拱亦不如朝案之外暗拱 有砂遮闌不致引洩內氣之爲
妙也 下文云逆水來朝不許內堂之洩氣 疑龍經云 朝水案外暗循環 此穴目非中下地
故暗拱最吉也

앞의 문장에 이어 물소리가 확실하게 좋은 것이 있다고 말하였으나 소리가 있는 것은 또 맑은 물이 모여 흐르지 않는 것만 못하다. 흐르나 평온하고 느리고 풍부하여(悠洋) 소리가 없는 것은 소리가 들리는 것보다 낫다. 대개 물은 본성(本)이 움직이므로 묘(妙)함은 정(靜)한데 있다. 즉 물이 보이게 흘러와 명당에 모여 공읍(朝堂拱揖)하는 것도 마주하는 안산의 밖 암공(暗拱)만 못하다. 사(砂)가 차란(遮闌)하면 내기를 끌어내어 설기되지 않게 하는 오묘함이 있다. 아래의 문장에 이르기를 '역수(逆水)가 흘러와 모이면[來朝] 내당의 기가 새어나가지 않게 한다'고 하였다. <의룡경>에 이르기를 '조수(朝水)가 안산 밖에서 보이지 않게 순환하면 이 혈의 등급이 중하(中下)가 아니다(가장 좋다)'라고 말하였다. 고로 암공수는 가장 좋다.

<그림 4-2-3 > 명공과 암공(明拱與暗

一來一去有福有災 一急一緩有利有害
한번 오고 한번 감은 복이 되기도 하고 재앙이 되기도 한다. 한번 급하고 한번 느린 것은 이로움도 있고 해로움도 있다.

---

633) 平緩(평완) : 평온하다. 완만하다. ◦不致(불치) : ~하게 되지 않다. ◦引(인) : 끌어내다. ◦
目(목) : 생물 분류학상의 한 등급.

承上言不獨水之無聲暗拱爲吉　即或一山一水有情來回者則主福　無情背去者則主災　故一來一去則有福有災也　或有一山一水平繞而緩者則爲利　陡瀉[634]而急者則有害　故一急一緩則有利有害也

앞의 문장에 이어 소리 없이 암공함이 좋다는 것을 말하였다. 즉 혹 하나의 산이나 하나의 물이 유정하게 흘러와 선회하면(감돌면) 복이 있다. 무정하게 가버리면 재앙이 생기므로 한번 오고 가면 복과 재앙이 있다. 혹 하나의 산이나 하나의 물이 평온하게 감싸 완만하면 이롭다. 가팔라 매우 빠르게 흐르면 해가 된다. 그러므로 한번 급하고 한번 느리면 이로움과 해로움이 있다.

留心[635]四顧　緩步重登

유심히 사방을 둘러보고 느린 걸음으로 반복하여 올라가라.

承上言山水惟其有來去緩急不問　故觀地之法必須留心四顧　先看來龍　次察穴情　次察左右前後堂局沙水　又須緩步細看重登再審　方無誤也

앞의 문장에 이어 산수는 다만 오고 가고는데 완급만 판단하지 않음을 말하였다. 그러므로 땅을 보는 법은 반드시 주의하여 사방을 둘러보아야 한다. 먼저 내룡을 살피고 그 다음은 혈정을 살피고 다시 좌우전후와 당국과 사수를 자세히 살펴야 한다. 또 반드시 느리게 걸으면서 자세하게 살피고 거듭 올라가 다시 살펴보아야 비로소 잘못이 없게 된다.

二十四山　山名太雜　三十六穴　穴法何迂[636]

24산의 산명은 너무 복잡하고 36혈의 혈법은 어찌 멀기만 한가?

---

634) 陡(두) : 가파르다. 높이 솟다.。瀉(사) : 매우 빠르게 흐르다.
635) 留心(류심) : 주의하다.。問(문) : 판결하다.。無誤(무오) : 오류가 없다.
636) 迂(우) : 멀다.。輸載(수재) : 재이(災異; 재난.천재지변).。眞(진) : 있는 그대로.。爲(우) : ~라고 하다。逐(축) : 구한다.。迂(우) : 진부하다.。切(절) : 적절하다. 절실함.
☞年神(년신)
연신(年神)이란 지정된 방위에 1년 동안 머물며 그 해의 길흉(吉凶)을 관장하던 신(神)이다. 연신방위지도에 의하면 동·남·서·북에 따라 한 바퀴를 24방위로 구분하고, 그 방위에 12개의 지지[地支; 자(子)·축(丑)· 인(寅)·묘(卯)·진(辰)·사(巳)·오(午)·미(未)·신(申)·유(酉)·술(戌)·해(亥)]와 8개의 천간[天干;갑(甲)·을(乙)·병(丙)·정(丁)·경(庚)·신(辛)·임(壬)·계(癸)]과 4개의 괘[卦; 손(巽)·곤(坤)·건(乾)·간(艮)]을 한 개씩 배당하여 24방위에 각각 신을 1년간 머물게 하였다.
태세(太歲)는 인군(人君)의 상으로 제신을 거느리는 신으로 역서의 세차(연간지)인 경인(庚寅)의 지명(支名)인 인(寅)의 방위에 자리를 잡고 있다.

言二十四方位之設原爲輪載 年神之吉凶分別 陰陽五行以便於選擇日期 非謂有二十
四方位便謂山有二十四實受名義也 蓋山不過在乾方即以乾稱之 如在亥方即以亥稱
之 其實非眞爲乾山亥山也 若認眞以爲乾山亥山 如俗云 乾山宜擺某穴作某向宜某
水來朝 亥山宜擺某穴作某向宜某水來朝 推至二十四山不免山之名義太雜 令人反忘
本而逐來矣 若論穴法窩鉗乳突 足以盡之 如所言三十六穴不免穴法太多 反迂濶而
不切矣 田氏改註甚謬 今正之

24방위의 배열은 원래 수재(輪載; 災異;재난)를 배치하여 연신(年神)의 길흉을
분별하는 것을 말한다. 음양오행으로 날짜[日期]를 택일(擇日)하는데 편리하다.
24방위는 곧 24에 실지로 명분을 부여하여 산이라는 것은 잘못한 것이다. 대개
산이 건방(乾方)에 있으면 곧 건(乾)이라 칭하고 해방(亥方)에 있으면 해(亥)라
고 칭하는 것에 불과하다. 사실은 건산(乾山)과 해산(亥山)이라고 하는 것은 있
는 그대로 아니다. 만약 참으로 건산(乾山)과 해산(亥山)이라고 하는 것을 인정
한다면 속(俗)에 '이르기를 건산은 당연히 모혈(某穴)에 모향(某向)을 천장해야
하며 모수(某水)가 내조하여야 합당하다. 해산(亥山)은 모혈(某穴)에 모향(某
向)을 하여 천장(擺葬)하여야 하며 모수(某水)가 내조(來朝)하여야 합당하다'
고 하였다. 24산을 얻어 추리한다면 산의 명분이 너무 복잡하여 사람들로 하여
금 오히려 근본을 잊고 와서 구하게 한다. 만약 혈법을 와겸유돌(窩鉗乳突)로
논하면 모두를 만족한다. 만약 36혈을 말한다면 혈법이 너무 많아 오히려 진부
하고 넓어 적절하지 않다.[不切] 전씨가 고친 주(註)에 오류가 너무 심하여 이
제 바로 잡는다.

宗廟之水637)法誤人 五行之山運有準

---

637) 년극(年剋)과 납음오행
1.연극(年剋坐 : 연운이 좌를 극함) : 태세(太歲)의 납음오행(納音五行)이 홍범오행(洪範五行)의
    산운(山運)을 극(克)하는 것을 년극이라 하는데, 새로 쓰는 신묘(新墓)의 좌(坐)가 극에 해당
    하면 좋지 않다.
예제)
2. 2006년 병술(丙戌)의 납음오행은 옥상토(屋上土)이다. 태세(太歲)의 오행(五行)인 토(土)가
홍범오행의 산운(山運)을 극(克)하는 것은 수(水)이므로. 위의 <오산년운표(五山年運表)>에서
병술년의 태세 간합(干合)이 되는 병신(丙辛)란을 보면 土(병술을 납음오행에서 土가 된다)가
剋하는 수(水)는 임진(壬辰) 수운(水運)이다. 수산(水山)에 해당하는 홍범오행의 甲·寅·辰·巽·
戌·子·辛·申 8개의 좌(坐)와 토산(土山)인 癸·丑·坤·庚·未 5개의 좌가 수운에 해당한다. 그러므
로 2006년(병술)에는 홍범오행으로 수운에 해당하는 13개의 좌[水]가 년극(年剋)에 해당한다.
즉 土가 水을 극하는 경우이다.

설심부 변와 정해

종묘의 수법은 사람을 그릇되게 하고, 오행의 산운은 기준이 된다.

宗廟即洪範五行[638]也　言論水法只當以形勢性情爲主　不可以方位五行雜之也　若以

3. 또한 납음오행(納音五行)이 천중수(泉中水)인 2005년 을유년(乙酉年)의 <오산년운표(五山年運表)> 을경(乙庚)란을 보면 태세(太歲) 수(水)가 수극화(水克火)하는 화운(火運)이 하나도 없어, 24좌 모두 년극(年剋)을 받지 않는다.

연극(年剋)의 제살(制殺)은 망인(亡人)이나 제주(祭主)의 납음(納音)이 태세의 납음오행을 극하거나 또는 행사하는 월일시(月日時)의 납음이 태세의 납음오행을 극하면 제살(除殺)이 된다.

<출처> 운봉 명리학 연구소, 『지리신법』

4. 천간합(天干合)

간합은 사학(斯學)에서 부부유정(夫婦有精)의 상(象)이라 함.

 1) 甲己合土 2) 乙庚合金 3)丙辛合水 4)丁壬合木 5) 戊癸合火

☞ 亡命과 分金의 납음오행을 비교하여 분금이 亡命의 납음오행을 상생하면 길하고, 상극하거나 설기시키면 흉하다.

638)　홍범오행(洪範五行). 종묘오행(宗廟五行).
　　　洪範五行 卽山家五行之名 : 대오행(大五行) 또는 종묘오행(又宗廟五行)이라 한다.

홍범오행 (洪範五行)	木	火	土	金	水	비고
좌(坐)	卯艮巳	午壬丙乙	癸丑坤庚未	酉丁乾亥	甲寅辰巽 戌子辛申	장택에서 산운과 년운

오산년운표(五山年運表)

홍범(좌) 태세(년)	卯艮巳 (木山)	午壬丙乙 (火山)	酉丁乾亥 (金山)	甲寅辰巽戌子辛申 (水山)	癸丑坤庚未 (土山)
甲己年	辛未土運	甲戌火運	乙丑金運	戊辰木運	戊辰木運
乙庚年	癸未木運	丙戌土運	丁丑水運	庚辰金運	庚辰金運
丙辛年	乙未金運	戊戌木運	己丑火運	壬辰水運	壬辰水運
丁壬年	丁未水運	庚戌金運	辛丑土運	甲辰火運	甲辰火運
戊癸年	己未火運	壬戌水運	癸丑木運	丙辰土運	丙辰土運

(千合란의 행 병합: 甲己年, 乙庚年, 丙辛年, 丁壬年, 戊癸年)

납음오행(納音五行): 60甲子를 오행으로 분류.

六十	甲乙	丙丁	戊己	庚辛	壬癸	甲乙	丙丁	戊己	庚辛	壬癸	甲乙	丙丁	戊己	庚辛	壬癸

宗廟五行論水法則誤人不淺矣　然論水法則不可　若用此五行以起坐山墓運則生剋吉
凶之理有準　又不可廢也

종묘는 홍범오행(洪範五行)이다. 수법을 논하여 말할 때는 당연히 형세(形勢)와
성정(性情)을 위주로 하여야 한다. 방위의 오행은 그것과 섞어서는 안 되는 것
이다. 만약 종묘오행으로 수법을 논하게 되면 사람에게 그릇되게 하는 것이 적
지 않을 것이다. 그러하여 종묘오행(宗廟五行)으로 수법을 논하는 것은 불가하
다. 만약 홍범오행을 사용하여 좌산묘운(坐向墓運)을 기용(起用)하면 생극길흉
(生剋吉凶)의 이치가 기준이 되므로 버릴 수 없다.

吳景鸞曰　洪範與正五行多不相合　然取以論山頭之納音不可廢也　田氏改註謂宗廟大
五行水法出於葬書　其言朱雀原於生氣卽養生之位[639]也　派於未盛卽沐浴冠帶之位也
朝於太旺卽臨官帝旺之位也　澤於將衰卽衰病之位也　流於凶謝卽死墓之位也　以返於
絶卽絶胎之位祿存宗廟[640]是也　殊不知朱雀源於生氣者謂氣者水之母　有氣斯有水

甲子	子丑	寅卯	辰巳	午未	申酉	戌亥	子丑	寅卯	辰巳	午未	申酉	戌亥	子丑	寅卯	辰巳
納音五行	海中金	爐中火	大林木	路傍土	劍鋒金	山頭火	澗下水	城頭土	白蠟金	楊柳木	泉中水	屋上土	霹靂火	松栢木	長流水
六十甲子	甲乙午未	丙丁申酉	戊己戌亥	庚辛子丑	壬癸寅卯	甲乙辰巳	丙丁午未	戊己申酉	庚辛戌亥	壬癸子丑	甲乙寅卯	丙丁辰巳	戊己午未	庚辛申酉	壬癸戌亥
納音五行	沙中金	山下火	平地木	壁上土	金箔金	覆燈火	天河水	大驛土	釵釧金	桑柘木	大溪水	沙中土	天上火	石榴木	大海水

639) 형기론적[주산] 양생방위와 이기론적[12포태법] 양생방위의 차이점
▣ 호순신의 12포태법은
1.기운을 절(絶, 胞)→태(胎)→**양(養)**→장생(長生)→목욕(沐浴)→관대(冠帶)→임관(臨官)→제왕(帝
旺)→쇠(衰)→병(病)→사(死)→묘(墓)와 같이 물의 득수와 소수를 12단계(방위)로 구분하여 설명
하였으나 용의 길흉을 판단하는 방법과 과정은 제시하지 못하여 이기풍수의 근간을 이루지는
못하였다.
2.호순신의 이론은 88향법에 영향을 끼침.
▣ 조정동의 88향법
1.향(向)을 위주로 용·혈·사·수의 길흉을 판단.
2.88향법에 근간은 호순신의 12운성이론과 사국법(四局法)을 근간을 두고 있다.
 1) 용(龍)은 음기(陰氣)로 시계 반대 방향으로 절(絶, 胞)→태(胎) 등의 順序로 역행(逆行)한다.
 2) 수(水), 향(向), 봉(峯)은 양기(陽氣)로 시계방향으로 절(絶, 胞)→태(胎) 등의 順序로 순행
(順行)한다.
 3) 수구기준으로 판단하여　辰·戌·丑·未 를 각국(各局)에 배치.

遡其水流之源實生氣之所溢也 故曰源於生氣 派於未盛者 謂水源初分流即未長勢猶
未盛也

오경란이 이르기를 홍범오행과 정오행은 대부분 서로 다르나 산두의 납음을 논

區分 四 局	수법(水法) 起胞點(絶)	용법(龍法) 起胞點(絶)	수구의 방위	파구 (破)
금국(金局)	간인(艮寅)에서 기포하여 順行	임자(壬子)에서 기포하여 逆行	계축(癸丑)·간인(艮寅)·갑묘(甲卯)	축(丑)
수국(水局)	손사(巽巳)에서 기포하여 順行	갑묘(甲卯)에서 기포하여 逆行	을진(乙辰)·손사(巽巳)·병오(丙午)	진(辰)
목국(木局)	곤신(坤申)에서 기포하여 順行	병오(丙午)에서 기포하여 逆行	정미(丁未)·곤신(坤申)·경유(庚酉)	미(未)
화국(火局)	건해(乾亥)에서 기포하여 順行	경유(庚酉)에서 기포하여 逆行	신술(辛戌)·건해(乾亥)·임자(壬子)	술(戌)

12포태법과 구성법의 관계

12 포태법	구성(九星)
절(絶)	녹존성(祿存星)
태(胎)	
양(養)	탐랑성(貪狼星)
장생(長生)	
목욕(沐浴)	문곡성(文曲星)
관대(冠帶)	보필성(輔弼星)
임관(臨官)	무곡성(武曲星)
제왕(帝旺)	
쇠(衰)	거문성(巨門星)
병(病)	염정성(廉貞星)
사(死)	
묘(墓)	파군성(破軍星)

640) 1.山에 따라 혈(穴)을 재단(裁斷)하고 혈(穴)을 타는 것이며, 혈장에서 내보내는 물은 곧
장 흘러가 버리지 않도록 하여 감돌도록 해야하는 데[回環] 이것이 종묘수법(宗廟水法)이다
(因山裁穴乘穴放水不使流去 欲其回還 此宗廟水法也).　　　　　　<출처>『장서역주』외편
　　2.그러므로 물이 녹존의 하나인 절(絶) 방위로 빠져나가면, 이것을 일러 태일(太一) 종묘
(宗廟)라도 한다(故水流絶 謂之太一宗廟 此爲吉之上).
　　3. 녹존론(祿存論)
　　녹존(祿存)은 끊긴 몸이며, 병든 용(龍)으로 질병(疾病)을 주관한다. 그러므로 포태법(胞胎
法)상 태(胎)와 절(絶)에 머문다. 물이 흘러들어오는 것이 흉(凶)한 것은 이치를 따르지 않
은 까닭이며 물(水)이 흘러 나가는 것이 길(吉)한 것은 이치를 따르는 까닭이다(祿存爲絶體
爲病龍 主疾病. 故居五行之胎絶. 水來爲凶者 以理不順 去爲吉者 理順故也).
　　　　　　　　　　　　　　　　　　　　　　　　　　<출처>『지리신법』
4.구성론(九星論)의 구성수법 (九星水法) 은 각각의 좌(坐)와 향(向)의 방위에 대해서 어떤 방
위의 파구(破口)가 좋은지 또는 나쁜지를 판별할 수 있다.

하여 취하면 버릴 수 없다. 전씨(田氏)는 주를 고쳐 장서(葬書)에서 종묘대오행수법(宗廟大五行水法)을 말하였다. 그것은 주작이 생기의 근원이라는 말이다. 곧 양생방위(養生方位)가 되고, 나누어지면 아직 성하지 못하니 곧 목욕(沐浴)과 관대(冠帶) 방위 이다. 모이면 태왕하니 곧 임관(臨官)과 제왕(帝旺)의 방위이다. 연못은 곧 쇠하니 쇠(衰) 방위와 병(病)의 방위가 된다. 유수는 가득 다음 흘러가니(합수처에서 흘러나갈 때) 사(死)방위와 묘(墓)의 방위이다. 돌아옴으로써 끊어짐이 없으니 곧 절과 태방위는 녹존(祿存)으로 종묘(宗廟)라 함이 이것이다. 주작이 생기에 근원이라는 것을 알지 못하여 기는 물의 어머니라 한다. 기가 있으면 물이 있다. 수류의 근원을 거슬러 올라가면[遡] 실제 생기가 넘치는 바이다. 옛말에 이르길 생기에 근원은 아직 성하지 않는 곳에서 갈라진 것이며 수원이 처음 나누어져 흐르는 것으로 아직 성하지 않아 수세가 크지 않다.

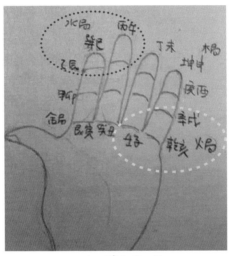

<그림4-2-4>

朝641)於太旺者謂衆水同朝於明堂　其氣太旺也　澤於將衰者謂水將流出必先滙642)爲澤其勢藏蓄而將衰也　流於囚謝者謂水流出處兩邊沙頭交牙關鎖猶如囚物而不令去也

---

641) 朝(조) : 모여들다. ∘藏蓄(장축) : 간직해 두다. ∘令(령) : ~하게 하다. ∘去曲 : 굽으러 진 곳으로 사라지다. ∘瀦(저) : 물이 고이다. ∘洋洋(양양) : 충만하다. ∘悠悠(유유) : 유구(悠久)하다 즉 지나온 시간이 길고 오래다. ∘悠(유) : 억누르다. ∘何嘗(하상) : 언제 ~한 적이 있었느냐.
642) 滙(회) : 물이 돌아 나감. 물이 한 곳으로 모이다. ∘瀆(독) : 도랑. 큰 강. ∘謝(사) : 물러나다.

以返不絶者謂氣溢而爲水 水又囚而不去反漬以養氣 氣水循生無有斷絶也 至法每一
折瀦而後洩者謂欲其曲折停蓄 不欲其直流速去也 洋洋悠悠顧我欲流者謂其於穴留
戀有情也 其來無源其去無流者謂來源莫知其源去曲不見氣流也 此書通篇俱論水之
形勢性情 何嘗有方位之說也

(풀이) 모여들어 태왕한 것은 중수(衆水)가 명당에 함께 모이는 것을 말한다.
그 기운은 크게 왕성하다. 연못이 장차 쇠하는 것은 물이 곧장 흘러나가 반드
시 먼저 고여 못이 되고 그 세를 가두어 두니[藏蓄] 장차 쇠(衰)한다. 유수(流
水)를 가둔 다음에 흘러나가는 곳 양변에 사두(沙頭)의 머리가 교아(交牙) 관
쇄(關鎖)하여 만물이 갇혀 흘러가지 않는 것 같다. 물이 혈의 앞으로 돌아옴
(순환함)으로써 끊어짐이 없으니 기가 넘쳐 물이 되기 때문이다. 물이 또한 갇
혀 흘러나가지 못하고 오히려 강이 되어 기를 기르게 된다. 기와 물이 순환[循
生]하여 단절하지 않는다. 법도에 의하여 물길이 한번 꺾이는 곳마다 고인 후
에 흘러나가는 것[瀦而後洩]은 곡절(曲折)하여 머물러 고여야[停蓄] 하고 직류
(直流)로 빨리 흘러가서는[速去] 안된다. 물이 충만하여 오래 동안[洋洋悠悠]
혈을 돌아보면서 흘러가고자 하는 것은 물이 혈을 연모하여 머무는 정이 있는
것을 이른다. 물이 흘러오는 근원이 없고 흘러가는 것도 흘러감이 없으니 흘러
오는 근원[來源]을 알 수 없고, 샘물이 흘러가면서 굽이쳐 기가 흘러나가는 것
을 볼 수 없는 것을 이른다. 이 책에 전하는 문장[通篇] 전부가 물의 형세(水
之形勢)와 성정(性情)을 논한 것으로 언제 방위를 말한 적 있었는 가?

且五行長生之說乃星家推人命運生死之理 今不解其義強以長生沐浴等位配 論水法
殊爲大謬 又謂誤人二字似當作非誣⁶⁴³⁾二字 以返不絶改爲以近於絶 曲爲解說 欲人
遵依宗廟水法 殊不知宗廟水法星水法之謬 不獨卜氏闢之

또 오행 장생설은 곧 성가(星家;星學家; 별을 보고 길흉을 점치는 사람)가 사람
운명과 생사이치를 추리한 것이다. 오늘날에 그 의미를 잘못 해석하여 억지로
장생(長生) 목욕(沐浴) 등 위치배합은 수법을 다르게 논한 것이 큰 오류가 있
다. 또 오인(誤人) 두 글자는 마땅히 비무(非誣) 두 글자와 같고 以返不絶은 以
近於絶로 고치는 것이 옳지 않음을 해설한 것이다. 사람들이 종묘수법 지키기
를 바라는 것은 종묘수법(宗廟水法)이 성수법의 오류임을 알지 못하기 때문이
다. 비단 복응천만 깨우쳤다고 할 것인가?

---

643) 誣(무) : 함부로 하다. 。遵依(준의) : ~에 의거하여 준수하다. 。以近(이근) : 더욱 가까운
곳. 。曲(곡) : 옳지 않다. 。闢之(벽지) : 깨우치다.

許公云 宗廟星卦何足用 陰陽剪[644]水是虛花 廖公云 單于梅花非正論 天星宗胡可知賴公云 卦爲宗廟誤人多 無龍無穴事何知 劉伯溫云 宗廟五行從此設 顚倒用假來混眞又云 何用九星[645]並八卦 生旺死絶供虛話免惑 時師卦例言福 無禍有須當審由此觀之則宗廟之水法斷斷不可用也明矣 學者詳之

허공이 이르기를 종묘성괘(宗廟星卦)가 어찌 사용에 충분한가? 음양(陰陽)에 물이 없으면(剪) 바로 허화(虛花)이다. 요공이 이르기를 매화역수로 단정하여 논하는 것은 정론이 아니니 천성의 근본은 어찌 알겠는가? 뇌공이 이르기를 괘를 종묘로 삼는 것은 사람을 그릇되게 함이 많다. 용이 없으면 혈도 없는 관계를 어찌 알겠는가? 유백온이 이르기를 종묘오행(宗廟五行)은 이를 따라 구상하였다. 전도(顚倒)는 가짜를 사용하여 진짜를 혼용하게 되었다. 또 이르기를 어찌 구성과 팔괘를 쓰겠는가? 생왕사절(生旺死絶)은 허황된 말[虛話]을 제공하여 미혹되게 하였다. 풍수사들은 괘례로 복을 말하고 화가 없으면 반드시 당연히 이를 통하여 살펴 바라본다면 종묘수법은 결단코 사용할 수 없다는 것이 명백하다. 학자들은 상세하게 살펴보아야 한다.

逆水來朝[646] 不許內堂之泄氣 翻身作穴 切須外從之回頭 所貴關藏最嫌空缺

역수로 명당에 흘러들어 모이면 내당의 기를 누설하지 않는다. 번신 (翻身)하여 혈을 만들면 반드시 외면에 따라오는 호종사가 회두하여

---

644) 剪(전) : 없애 버리다.。單(단) : 충분치 못하다. 하나. 오직.。宗(종) : 종지(宗旨).주지(主旨). 근본.。胡(호) : 어찌.。設(설) : 구상하다. 상상하다.。顚倒(전도) : 본말전도(本末顚倒).
645) 산봉우리(星峯)의 오성체(五星體)와 용(龍)의 구성(九星) 및 혈(穴)의 구성(九星).
1.산봉우리의 오성체(五星體) : 목체·화체·토체·금체·수체
2.용(龍)의 구성(九星) : 산을 볼 때 9개 별의 성격을 반영.
  산을 북두칠성(貪狼星·巨門星·祿存星·文曲星·廉貞星·武曲星·破軍星)과 左輔星·右弼星으로 간주한 것이다.
3.혈성(穴星)의 구성.
: 태양금성(太陽金星)·태음금성(太陰金星)·금수성(金水星)·자기목성(紫氣木星)·사뇌금토성(四腦金土星)·쌍뇌금수성(雙腦金,水星)·천강금성(天罡金星)·고요금성(孤曜金星)·조화성(燥火星)·소탕수성(掃蕩水星).
4.형세론에서 산을 별과 관련시켜 음양론·오행론·구성론을 정립하였다. 설심부에서는 하늘의 별이 상(象)을 이루고 땅에서는 산이 형(形)을 이룬다고 하여 하늘의 별과 지상에 산이 서로 감응하고 있는 것으로 언급하고 있다.   <출처> 『우리시대의 풍수』
646) 來朝(내조) : 명당으로 흘러들어오다.。關藏(관장) : 산이 관쇄하여 장풍이 되게 하다.

야 하고, 귀한 것은 관쇄하여 장풍이 되는 것이고, 공결함(空缺)을 가장 꺼린다.

言逆水來朝貴有陰沙遮闌不許衝入內堂反引洩本身之氣也　山若翻身作穴本身多無龍虎　切須外有護從之山回頭以顧穴方爲吉也　故貴有關闌包藏堂局緊密能使647)氣聚爲吉　最嫌周圍空缺漫無遮護致令氣散爲凶　不可不察也

역수내조(逆水來朝)가 귀함은 음사(陰沙)가 차란하여 내당을 충(衝)하여 들어오는 것을 받아들이지 않아 본신의 기운을 누설되지 않게 하는 것을 말한다. 산이 만약 번신하여 혈을 맺으면 본신은 대부분 용호가 없다. 모두 반드시 밖에 호종하는 산이 회두하여 혈을 돌아보아야 비로소 좋다. 그러므로 귀(貴)한 것은 관란(關闌)하여 당국을 긴밀하게 감싸 간직하면 능히 기를 모을 수 있어 길하다. 가장 싫어하는 것은 혈의 주위가 산만하여 막아 호종하는 것이 없어 공결하면 기가 흩어져 흉하니 반드시 자세히 살피지 않으면 안 된다.

隔水爲護者　何妨648)列似屏風　就身生案者　須要回如肘臂

격수(隔水)하여 호종하는 것이 병풍을 펼쳐 놓은 것 같은데 어찌 장애해가 되겠는가? 용신에서 안산을 만든 것은 반드시 용호[팔꿈치와 팔뚝]와 같이 반드시 혈을 향하여 회포해야 한다.

言隔水有山來作護衛者不妨排立似屏風以爲外障　則局無空缺而爲美也　本身龍虎生出爲案山者須要向環　如肘臂背外向內則氣有包藏而爲吉也

격수(隔水)는 산이 뻗어와 호위를 하면 병풍처럼 늘어서 있는 것을 외부를 막는 것으로 간주하여도 무방하면 국(局;圍域)이 공결(空缺)하지 않아서 좋은 것을 말한 것이다. 본신에서 용호가 생겨 나와 안산이 되는 것은 반드시 혈을 향하여 둥글게 환포 하여야 한다. 마치 팔꿈치와 팔뚝의 등은 밖으로 하고 향은

---

647) 使(사) : 행하다. ◦沖入(충입) : 부딪혀 들어오다. ◦引洩(인설) : 새다. ◦致令(치령) : ~한 결과가 되다. ◦遮闌(차란) : 사산이 막아주어 외풍(外風)도 차단시키는 것. cf) 關攔(관란); 관쇄(關鎖) : 물이 최종적으로 빠져나가는 곳(水口)에 산줄기나 봉우리가 교쇄(交鎖:물이 나가는 곳에 사(砂)가 있어 긴밀하게 막아 잠그는 듯한 것.)하여 물이 나가는 것이 보이지 않게 하고 외풍(外風)도 차단시키는 역할을 한다.

648) 何妨(하방) : (~해도) 무방하다. ◦妨(방) : 방해하다. 장애. ☞有似列屛障(유사열병장) : 마치 병풍 벌려 놓은 듯하구나. ◦就(취) : 이루다. ◦排立(배립) : 늘어서다. ◦排(배) : 늘어서다. ◦障(장) : 막다. ◦包藏(포장) : 속에 품다. ◦以 A 爲 B, A 以爲 B : A를 B로 여기다. A 를 B로 삼다. ◦無(무) : ~하지 아니하다.

안으로 하면 기는 속에 품고 있어 좋다.

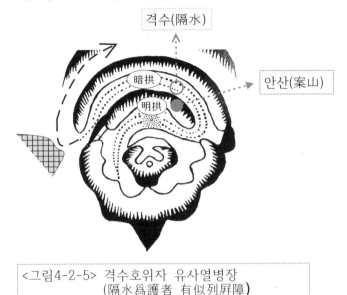

<그림4-2-5> 격수호위자 유사열병장
(隔水爲護者 有似列屛障)

母友不如己者[649] 當求特異之朝山 同氣然後求之 何必十分之厚壟

자기보다 못한 자를 벗으로 사귀지 마라하는 것은 당연히 특이한 조산을 구해야 한다. 기가 같으면 구할 것이지, 구태여 매우 후부(厚富)한 언덕을 구할 필요가 있는가?

同氣[650] 謂聲氣相同以喩主客一般相對有情也。以共祖宗分来作祖爲同氣者非也　若因共祖宗分来之山不論其美惡便求作朝不免誤矣　承上案山言夫賓主貴乎相稱　母向乎不如己者當求特異之朝山而對之　蓋主以客貴而愈顯[651]其尊也　至賓主一般有情猶如聲氣相同亦可求之作對　何必拘於十分高厚之壟哉

---

649) 母友不如己者 : 자기보다 못한 자와 벗하지 말라. <출처>『論語』1章 學而扁.
。母(무) : ~하지 마라.。友 : 벗으로 사귀다.。然後(연후) : 그러한 뒤. 그리고 나서. 。十分:
매우. 충분히.
☞ 생기가 미치지 못하는 것은 산이 모여 마주하여 조응하지 못한 것을 말한다.
☞마주하여 조응할 조、안산이 없어 음양배합이 되지 않아 생기가 이르지 못함 (不及者 言山之無朝山也). <출처>『청오경』
650) 同氣(동기) : 소리의 기운이 서로 같음. 。作(작): (어떤 모양을) 나타내다。 亦(역) : 다만 ~ 뿐.
651) 愈顯(유현) : 더욱 분명히 함. 더욱 드러냄.

동기(同氣)란 소리의 기가 서로 같은 것을 주객에 비유하여 일반적으로 서로 마주대하는 정이 있는 것을 말한 것이다. 같은 조종(祖宗)에서 분맥하여 뻗어와 조산을 만든 것을 동기(同氣)라고 하는 것은 틀린 것이다. 만약 같은 조종(祖宗)에서 분맥하여 뻗어온 산이면 미악을 따지지 않고 곧 조산이 된 것을 구하면 잘못됨을 면할 수 없다. 앞에 이어 안산은 대개 빈주(賓主)가 서로 어울리는 것을 귀하다고 말한다. 자기[혈]보다 못한 것(혈보다 좋은 조·안산이 없으면)을 향하지 말라는 것은 당연히 특이한 조산을 찾아 마주 대하여야 한다. 대개 주인은 객을 귀하게 여기면 그 높음이 더욱 드러낸다. 빈주가 일반적으로 유정하면 소리의 기가 서로 같아도 마주할 안산을 구할 수 있다. 구태여 대단히 높고 후부한 용에 구애받을 필요가 있는가?

尖山秀出 只消[652]一峰兩峰[653] 曲水來朝 不論大澗小澗

뾰족한 산이 빼어나면 다만 일봉(一峰)이나 양봉(兩峰)을 (향으로)사용할 수 있고, 곡수(曲水)가 흘러와 모이면 큰 계곡이나 작은 계곡을 논하지 않는다.

承上言朝山只要特異不在多也 若有尖山秀麗特出衆山之上只消一峰兩峰 亦足以爲貴應 如無朝山則看朝水 若有水曲折來朝 或大澗 或小澗 皆是有情於我 又何必論其大小哉

앞에 이어 조산이 만약 특이하면[只要] 많은 것에만 있는 것이 않음을 말한다. 만약 첨산이 수려하고 특출하게 뭇 산위에 있으면 오로지 1봉이나 2봉을 사용할 수 있고 또 충분히 귀(貴)가 감응한다고 여긴다. 만약 조산이 없을 것 같으면 조수(朝水)를 조산이라고 판단한다.[看] 물이 굽이쳐 흘러와 모여 큰 계곡이거나 작은 계곡이 되면 모두 나[혈]에게 유정하니 또 어찌 하천의 대소를 따질 필요가 있겠는가?

---

652) 只消(지소) : 필요로 하다. 사용하다.。消(소) : 사용하다 .필요로 하다.[앞에 항상 '不', '只', '何' 등이 붙음]。秀出 (수출) : 빼어남. 뛰어남. 。澗(간) : 계곡.

653) 만약 진용 진혈이나 향(向)을 둘 수 있는 산이 없으면 중수(衆水)가 유정하게 모이는 가운데 향을 두는 것이 좋다고 하였다. 이는 용맥의 말미(末尾)이거나 낮은 혈을 두고 한 말이다. 비록 산이 있더라도 같은 조건의 산이 삼봉(三峯)이 있을 때는 중간 봉우리에 향을 두는 것이 좋고, 쌍봉(雙峯)이 있을 때는 양봉의 중간에 향을 두는 좋으나, 쌍봉이 허공일 때는 산이 들어오는 [入力] 첫 봉우리로 향하는 것이 좋다. <출처>『유송 풍수지리개론』

衆水順流而散漫 不用勞神[654] 四山壁立而粗雄 何勞着眼

중수가 순류하고 산만하면 힘써 정신을 쓸 필요가 없고, 사산(四山)
이 벽립하고 거칠고 크면 어찌 힘들여 살피겠는가?

此言衆水順流而去而又漫散不聚決然[655]無地 不用勞神再看也 四山峻如壁立而又粗
惡高雄必不結也 不勞着眼再看也

이는 중수가 순류(順流;산수동거)하여 흘러가고 또 산만(漫散)하여 모이지 않는
다면 결코 기가 없는 땅이라고 한다. 애써 정신을 들여 다시 살펴볼 필요가 없
다. 사산이 벽이 서있는 것 같이 가파르고[峻] 또 조악하고, 높고 크면[高雄]
반드시 혈을 맺지 못한다. 애써 눈을 돌려 다시 살펴볼 필요가 없다.

山無朝移夕改之勢 水有陵遷谷變之時

산은 아침에 옮겨지고 저녁에 바꾸어 지는 세가 없으나 물은 언덕을
옮기고 계곡으로 변하는 때가 있다.

承上言山水固當詳辨 然山靜物也 若生成一定則無朝移夕改之勢吉凶 不可易矣 水
動物也 或推東蕩西塡深開淺 尙有陵遷谷變之時吉凶猶[656]可轉也 然惟龍眞穴正水
或有變凶而爲吉者矣

앞에 이어 산과 물은 확실히 상세하게 구별하여야 하는 것을 말하였다. 그러나
산은 움직이지 않는 물체[靜物]이다. 생성되는 것이 일정하면 조이석개(朝移夕
改)하는 형세가 없어 길흉이 바뀔 수 없다. 물은 움직이는 물체[動物]이다. 혹
동서를 움직여 변하게 하여[推東蕩西] 깊은 곳은 메우고 얕은 곳은 넓혀[塡深
開淺] 일찍이 능선을 옮겨 계곡으로 변화될 때[陵遷谷變] 길흉조차도 변화시킬
수 있다. 그러나 오로지 용진혈정(龍眞穴正)하면 물이 혹 흉이 되기도 하고 길
이 되기도 한다.

水不亂灣 灣則氣全 山不亂聚 聚則形止

수는 물굽이가 산만(散漫)하지 않으면 물굽이[灣;水流灣曲之處]에 기

---

654) 勞神(노신) : 정신을 쓰다。。粗雄(조웅) : 거칠고 크다。。着眼(착안) : 고려하다.
655) 決然(결연) : 확고하다. 절대로.
656) 猶(유) : ~조차도。。陵(릉) : 언덕。。推(추) : 변천함。。蕩(탕) : 움직이다。。淺(천) : 얕다.
   。開(개) : 넓히다.

(氣)가 온전하다. 산이 난잡하지 않으면 기가 모이고, 기가 모이면 형이 멈춘다.

言水性直流必不亂灣657)   若有灣環繞抱658)之情則外氣不散而內氣全也   山體鎭靜必不亂聚 若前迎後送左回右抱有相聚之勢則形必止於是而有結作也

물의 성정이 직류(直流)로 흐르는 것은 반드시 물이 구불구불 흐르지 않는 것을 말한다. 만약 만환요포하는[彎環繞抱] 정이 있으면 외기가 흩어지지 않아서 내기는 온전하다. 용신이 움직이지 않고 있으면[鎭靜] 반드시 난잡하지 않아야 기가 모인다. 만약 전영후송(前迎後送)하고 좌우회포(左回右抱)하여 서로 모이는 형세가 있으면 형상이 반드시 그 곳에 멈추어 결혈한다.

淺薄659)則出人淺薄 寬平則出人寬平

산수의 역량이 얕으면 출인이 천박하고 명당이 넓으면 출인이 마음이 넓고 편안하다[寬平].

言旣觀山水之灣聚660)又當審其力量何如 若力量小而淺薄則出人亦淺薄 力量大而寬平則出人亦寬平 蓋人之善惡妍媸富貴貧賤 總由山水之氣使然也

이미 산수가 물굽이에 모인 것을 보았으면 또 그 역량이 어떠한지를 마땅히 살펴야 한고 했다. 만약 산수의 역량이 작고 얕으면 태어나는 사람도 천박하다. 역량이 크고 명당이 넓고 평평하면 태어나는 사람도 마음이 넓고 공평하다. 대개 사람의 좋고 나쁜 것은 아름답고 추한 [美醜]·부귀(富貴)·빈천(貧賤)은 모두 산수의 기운(氣運)에 연유하여 그러하게 된다.

隻隻661)山尖射 豈予之所欲哉 源源水斜流 其餘不足觀也

---

657) 灣曲(만곡) ; 亂灣(난만) : 꼬불꼬불하게 굽어 바르지 않다.
658) 산(山)이 어지럽지 않으면 일어나고 산(山)이 일어나면 기(氣)가 모인다. 물길은 굽이치되 어지럽지 않아야 하는데 물길이 활처럼 휘어지면 기(氣)가 멈춘다. 산(山)과 물이 서로 얽어지기가 씨줄[緯]과 같고 날줄[經]과 같다. 천관(天關)으로써 산(山)과 물을 자세히 생각해 보고, 지축(地軸)로써 검증해 보면, 그 땅의 흥망성쇠가 저절로 드러날 것이다(山不亂起 起則其氣聚. 水不亂灣 灣則其氣止. 山水交搆 如經如緯. 攷之以天關 驗之以地軸而興廢見矣).
<출처>『명산론』「제2장 음양 편」
659) 淺薄(천박) : 얕다.[부족하다]. 깊지 않다.
660) 聚灣 : 물굽이에 모이다.。妍媸(연치) : 미추(美醜).。媸(치) : 추하다. 얼굴이 못생기다.
。觀(관) : 눈을 크게 뜨고 잘 보다.

산마다 뾰족하여 쏘면[尖射] 어찌 내가 바라는 바 있겠는가? 발원지마다 물이 비스듬하게 흐르면 그 나머지(다른 곳)는 살펴볼 필요가 없다.

隻隻猶箇箇也 源源謂處處源流也 言山以圓淨平遠爲貴 若隻隻山皆尖射則全是劫殺之 豈不662)予之所欲哉 水以灣環繞抱爲吉 若源源水皆斜流則毫無聚蓄663)之意 雖有他美亦不足觀也已

척척(隻隻)은 낱낱이 또는 하나하나[箇箇]와 같다. 원원(源源)은 처처(處處)에 원류(源流)가 흐르는 것을 말한다. 산은 원정하고 평평하게 감싸는 것을 귀하게 여긴다는 말이다. 하나하나의 산이 모두 뾰족하게 쏘면 전부 겁살(劫殺)이다. 어찌 내가 원하는 바가 아닌 것을 하겠는가? 물이 만환요포(灣環繞抱)한 것을 길하게 여긴다. 곳곳에 원류의 물이 모두 비스듬하게 흐르면 조금이라도 기가 모이는 뜻이 없다. 비록 다른 곳에 아름다움이 있다 할지라도 살펴보기에 부족할 뿐이다.

後山不宜壁立664) 去水最怕直流
후산이 벽같이 우뚝 서 있는 것이 마땅하지 않고, 흘러가는 물이 직류함을 가장 꺼린다.

言穴後之山峻如壁立則玄武不垂頭 名曰拒屍最不宜也 蓋壁立無降下之勢而眞脈難落 所爲一怕玄武壁立 是也 面前之水貴乎左回右轉而去 最怕直流無情 牽曲665)內氣致有退敗之凶也

661) 箇箇(개개) : 개개. 각개. 각각. 낱낱. ◦隻(척) : 하나. ◦箇(개) : 낱. ◦尖射(첨사) : 뾰족하다. ◦豈(기) : 어찌~하겠는가. 어떻게~하겠는가. ◦足(족) : 가(可)하다.
662) 豈不(기불)~ : ~이 아닌가? ◦毫無(호무) : 조금도~없다.
663) 聚蓄(취축) : 축적하다. 모으다.
664) 壁立(벽립) : (절벽 따위가) 벽같이 우뚝 서 있다., 깎아지른 듯이 낭떠러지가 벽처럼 서 있음.
☞「금낭경」에서 현무가 수두(垂頭)하지 못하면 주인(屍身;혈)을 거부(拒否)하는 것이라 하였고 또 면전의 물이 직류(直流)하여 무정함을 두려워한다. 이러한 곳은 두사명당(陡瀉明堂)으로 혈 앞 명당이 급하게 기울어져 물이 쏟아지듯 급히 흘러나가 이는 지극히 흉하여 먼저 자손이 상하고 후에 산업(産業)이 퇴패(退敗)한다. 혹 용진혈적지(龍眞穴的地)라도 일단 패가(敗家)한 후 재기(再起)하여 출관(出官)할 수 있다.　　　　　　　　　　　<출처>『人子須知』및『錦囊經』
665) 曲(곡) :그릇되게 하다. ◦牽(견) : 끌어당기다.

혈 후의 산이 벽을 세운 것 같이 준급(峻急)하면 현무가 수두하지 않는다는 것을 말한다. 명(名)에 이르기를 '시신(屍身)을 거부하는 것은 가장 좋지 않다'고 한다. 대개 벽립하여 내려오는 세가 없으면 진맥이 낙맥하기 어렵다. 이른바 첫째[一] 두려워하는 것은 현무가 벽립한 그것이다. 면전의 물이 좌우로 회전하여 돌아나가는 것을 귀하게 여긴다. 가장 꺼리는 것은 직류로 무정하면 내기(內氣)를 그릇되게 끌고 나가 퇴패한다.

更嫌來短去長 切忌左傾右瀉

더욱 싫어하는 것은 흘러오는 물이 짧고 흘러가는 물이 긴 것이며, 극히 꺼리는 것은 좌우에 경사져 흘러내리는 것이다.

來短去長就666) 一地 言之非謂山水發源之處也 承上言水不怕怕其直流 更嫌其來水邊短 去水邊長則下手667)大寬以致內氣難聚也 若龍眞穴正則培築下沙以兜收去水亦可轉爲吉也 又切忌內堂之水 或是左邊傾出 謂之左捲簾668) 或是右邊陟瀉669) 謂之右捲簾 皆爲洩氣之患 不可不忌也

내단거장(來短去長)은 곧 작은[一] 땅이다. 일지(一地)는 산과 물이 발원하는 곳을 말한 것이 아님을 말한다. 앞에 이어 물은 두렵지 않으나 두려워하는 것은 직류로 흐르는 물을 말한다. 더욱 싫어하는 것은 그 흘러오는 물의 방면[來水邊]이 짧고 가는 물의 방면[去水邊]이 길면 하수사(下手砂)가 크고 넓어

---

666) 就(취) : 곧.。一(일) : 작다.。非謂(비위) : ~라고 말하는 것이 아니다.。培築(배축) : 제방을 쌓다.。兜收(두수) : 주머니 모양에 거두어들이다.。兜(두) : 주머니. (자루·주머니 형태로 물건을) 에워싸다. 품다.。陟(척) : 나아가다.

667) 하수사(下手砂) : 혈(穴) 앞의 물길이 밖으로 나가는 쪽에서 그 물길을 막아주는 산줄기를 말 。邊(변) : 측. 방면.。以致(이치) : ~이 되다. ~을 가져오다.

668) 혈(穴) 앞에 두 물길이 흘러와 교회(交會)하면 두 물길이 서로 만나면 혈은 바람을 받는다는 것이다. 만약 마주 대하여(對面) 두 물길이 와서 만나도 흉하다. 권렴수(捲簾水)라는 것은 혈(穴) 앞의 물이 한 단계[보폭] 낮고, 한 단계[보폭] 경사져 빠르게 흘러나가는 것이다. 앞을 향하여 낮게 가는 것은 당권(堂捲)이라 한다. 왼쪽을 향하여 낮게 가는 것은 좌권렴(左捲簾)는 오른쪽을 향하여 낮게 가는 것은 우권렴(右捲簾)이라 한다. 외로운 과부가 사람을 방으로 불러들이고 점점 소멸에 이른다(疑龍經所謂 穴前二水來交會 二水相交穴受風 是也 若對面二水來交 亦凶 捲簾水者 穴前水一步低 一步傾跌而去也 向前低去者 謂之堂捲 向左低去者 謂之左捲簾 向右低去者 謂之石捲簾 主孤寡 招人入舍 漸至絶滅).

<　출처　> 『의룡경』

669) 陟瀉(척사) : 빠르게 흘러나가다. 혈의 앞이 준급하여 물이 경사져 흘러내리는 것이다(陟瀉者穴前峻急而水傾瀉也).　☞ 瀉(사) : 매우 빠르게 흐르다. 내리붓다. 쏟아지다.

내기를 모으기 어렵게 된다. 만약 용진혈정(龍眞穴正)하면 하사에 제방을 쌓아 흘러가는 물을 에워싸 거두어[兜收]도 방향을 전환할 수 있는 것이 좋다. 또 꺼리는 것은 내당의 물이 혹 좌측으로 경사져 흘러나가는 것을 좌권렴이라 하고, 혹 우측으로 빠르게 흘러나가는 것[陟瀉]을 우권렴이라 하며 모두 설기하는 우환이 있어 꺼린다.

流神峻急 雖屈曲而驟[670]發驟衰 水口關闌 不重疊而易成易敗
흘러가는 물이 가파르고 급하면 비록 굴곡하더라도 발복하였다가 곧 쇠한다. 수구가 관란하여 중첩하지 않으면 쉽게 이루고 쉽게 패한다.

流神卽去水也。承上言所忌其傾瀉者 蓋流神峻急其勢難以停留 雖屈曲有情亦主驟發而亦驟衰不能悠久也 所嫌其去長者 蓋水口貴有重疊關闌不見水去爲妙 若有關闌而不重疊緊閉仍見其水去則主易成而亦易敗不能長遠也

  유신(流神)은 흘러가는 물이다. 앞에 이어 꺼리는 바는 경사져 매우 빠르게 흐르는 것을 말한다. 대개 흘러가는 물이 준급(峻急)하면 흐르는 물의 세(勢)를 멈추기 어렵다. 굴곡(屈曲)하여 유정할지라도 갑자기 발복하였다가 또 곧 쇠하여 오래갈 수 없다. 싫어하는 것은 길게 흘러가는 것이다. 대개 수구의 귀함은 거듭 관란한 것이다. 물은 흘러가는 것이 보이지 않음이 좋다. 만약 관란하나 중첩하여 긴밀하지 못하여 여전히[仍] 물이 흘러가는 것이 보이면 쉽게 이루나 또 쉽게 패하여 오래가지 못한다.

其或勢如浪湧[671] 何須卓立之峰 脈若帶連 何必[672]高昂之阜 帶連者 貴接續而不斷 浪湧者須重疊以爲奇
혹시 세가 파도처럼 솟아오르면 어찌 우뚝 솟은(卓立) 봉우리가 필요하겠는가? 용맥이 띠처럼 이어지면 구태어 높게 솟아오른 언덕이 필요하겠는가? 띠처럼 이어진 것은 이어져 끊어지지 않는 것을 소중히 여기고 파도처럼 솟아오른 것은 반드시 여러 겹이어야 기이하게 여긴다.

---

670) 驟(취) : 빠르다. 갑자기. 곧。停留(정류) : (잠시) 머물다. 멈추다。緊閉(긴휴) : 긴밀하지 못하다。仍(잉) : 여전히. 거듭되다.
671) 浪湧(랑용) : 파도가 일어나다。帶連(대연) : 연이어 나란히 연결됨。亟(극) : 심하다。息(식) : 소멸하다. 멈추다。단박(單薄) : (힘이) 부족하다. 약하다.
672) 何必((=何須) : 구태여~할 필요가 있는가. ~할 필요가 없다.

言來龍之勢一起一伏如浪湧而來則力量亞重何須卓立之峰也　平支之脈隱隱隆隆似帶
連而來則地有吉氣　又何必高昂之阜也　但帶連者貴如藕斷絲牽接續而不斷絕斯爲吉
也　若斷絕則脈息矣　浪湧者須重重疊疊擁從而來方爲奇也　若單薄則氣弱矣　不可不
辨也

내룡의 세가 일기 일복(一起一伏)함은 파도가 일어나는 것 같이 뻗어오면 역량
(力量)이 지극히 큰 것[亞重]을 말하는데 어찌 반드시 우뚝 솟은(卓立) 봉우리
가 필요하겠는가? 평지의 맥은 은은룡룡(隱隱隆隆)하여 띠가 이어진 것같이 뻗
어오면 땅은 좋은 기가 있다. 또 구태여 높이 솟은 언덕일 필요가 없다. 다만
연결된 것이 우단사견(藕斷絲牽)처럼 붙어 이어져 단절되지 않는 것을 길하여
귀하게 여긴다. 만약 맥이 단절되면 맥은 소멸한다. 파도처럼 솟은 것은 반드
시 겹겹이 겹쳐 있는 모양[重重疊疊]으로 호종[擁從]하여 뻗어오면 비로소 기
이하다. 만약 용맥이 약하면[單薄] 기(氣)가 약하다. 용맥이 좋은 지 여부를 판
단해야한다.

脈有同幹異枝　枝嫌延蔓673)　勢有回龍顧祖　祖不厭高

맥은 같은 줄기이나 가지는 다르다. 가지가 산만하면[延蔓] 싫어한
다. 세(勢)가 회룡고조(回龍顧祖)이면 조산이 높아도 싫어하지 않는
다.

延蔓如藤之延長亂去也　言脈有幹枝之分　正龍爲幹　幹上674)分出爲枝　枝貴纏護有情
最嫌亂去不顧　李淳風云　枝蔓處爲散氣　氣散則無歸　故可嫌也　勢有回龍顧祖祖山自
是高聳　若似朝山開面相對則不厭其高也

연만(延蔓)은 등나무가 길게 뻗은 것처럼 어지럽게 가는 것이다. 맥(脈)이 줄기
와 가지로 나눔을 말한다. 정룡(正龍)은 줄기[幹]이고, 줄기에서 나뉘어 벌어가
면 가지[枝]가 된다. 가지[枝]는 전호(纏護)가 유정한 것을 귀하게 여긴다. 가
장 꺼리는 것은 어지럽게 가며 혈을 돌아보지 않는 것이다. 이 순풍이 이르기
를 가지와 덩굴처럼 뻗어 나가면(산만하면) 기를 흩어지게 한다. 기(氣)가 흩어
지면 돌아오지 않으므로 싫어한다. 세(勢)가 회룡고조(回龍顧祖)의 조산은 자연
히 높이 솟아있다. 만약 조산이 개면(開面)하여 서로 마주 대하는 것 같으면
조산이 높을지라도 싫어하지 않는다.

---

673) 延蔓(연만; 蔓延) : 널리 퍼지다.。延(연) : 연장다.
674) 上(상)~에서.☞ 줄기에서(幹上).。枝蔓(지만) : 가지와 덩굴. 잡다하다. 번잡하다.

疑龍經云　飜身675)顧母顧祖宗　此是回龍轉身處　宛轉回龍似挂鉤　未作穴時先作朝 朝山皆是宗與祖　不拘千里遠迢迢　此言祖宗先作朝山以待穴向已有相對之情　何必長 其高也　然亦要有數百步之遠方無凌壓之勢耳

<의룡경>에 이르기를 번신하여 어머니 산이나 조종산을 돌아보는 이곳이 바로 용신을 돌려 방향을 바꾸는 곳이다. 굽이 돈 용이 걸어놓은 갈고리같이 용신을 돌린 모양은 아직 혈을 맺지 않을 때이고, 먼저 조산(朝山)을 만든다. 조산(朝山)]은 모두 종산(宗山)이거나 조산(祖山)으로 천리 밖으로 아득히 멀리 있어도 문제가 되지 않는다. 이는 조종이 먼저 조산을 만들고 혈을 향하여 기다린 것은 상대향 정이 있는 것을 말한다. 구태여 그 높은 것을 멀다고 할 필요가 있는가? 그러하니 역시 수백보 떨어진 먼 쪽에 있어 능압(凌壓)하는 세가 없어야 할 뿐이다.

田氏謂不厭二字當改作忌壓二字　恐祖高而壓穴也　殊不知旣有回顧之勢　焉有畏其祖 高之理　怪穴篇云也　曾見穴而前欺676)顧祖　不嫌低欺指祖言低指穴　言祖高穴低其勢 雖欺亦不是嫌也　由此觀之則知不厭二字不必改也

전씨가 '불압(不厭) 두 글자는 마땅히 기압(忌壓) 두 글자로 고쳐야 한다'고 말하였다. 두려워하는 하는 것은 조산이 높아 혈을 누르는 것이다. 회룡고조의 세를 알지 못하여 어찌 조고의 이치를 두려워하겠는가? <괴혈편>에 이르기를 이미 혈이 앞에 보이면 고조(顧祖)라고 속이고 낮아 업신여기고 싫은 것은 조산을 가리키는 것이 아니고 낮은 것을 가리키는 것은 혈(穴)이다. 조산(祖山)이 높고 혈(穴)이 낮은 그 세(勢)는 비록 업신여길지라도 꺼리지 않는다. 이로 미루어 회룡고조의 세를 살펴보면 불압(不厭) 두 글자는 반드시 고칠 필요는 없다.

察677)其老嫩精粗　審其生旺休廢

산의 노눈정조(老嫩精粗)을 자세히 보고, 물의 생왕휴폐를 상세하게 살펴야 한다.

---

675) 飜身(번신) ; 宛轉(완전) : 몸을 돌리다.∘迢迢(초초) : 매우 멀다.
676) 欺(사) : 속이다. 업신여기다. ∘曾(증) : 이전에. 이미.
677) 察(찰) : 자세히 보다.(=審) ∘生(생) : 물이 발원하여 흘러오는 곳[水之發源].∘旺(왕) : 물이 모이는 곳.(聚會) ∘休(휴) : 수가 흘러나가는 곳.[流出]∘廢(폐) : 물이 모여다가 흘러 감을 말함.∘謝(사) : 물러나다.

山之嵯峨高雄爲老　低軟光潤爲嫩　圓淨秀麗爲精　蠻蠢678)直硬爲粗　入式歌云　老是
大山毛骨　粗嫩是換皮膚　亦當詳之　水之發源曰生　會聚曰旺　流出爲休囚　謝爲廢　以
方位論之者非也。此總結上文山水吉凶之意　言山則當察其老嫩精粗之異　水當察其
生旺休廢之殊　蓋山乘秀氣精嫩則有秀氣　粗老則無秀氣　水爲外氣外氣聚洋則內氣止
生　外氣流散則內氣隨洩　故不可不審察也

산이 높고 험악하며 웅장한 모양은 노(老)이다. 낮고 부드럽고 윤기가 나는 모
양을 눈(嫩)이다. 산이 원정하고 수려하면 정(精)이고, 산이 거칠고 아무런 변
화가 없이 곧고 딱딱한 모양은 조(粗)이다. <입식가>에 이르기를 노(老)는 큰
산의 모골(毛骨)이 거칠고 눈(嫩)은 겉모양[外皮]이 박환한 것으로 역시 마땅
히 자세히 밝혀야 한다. 수의 발원은 생(生)이라 하고 물이 모인 것은 왕(旺)이
라 하며 물이 모였다가 물이 흘러나가는 것은 휴수(休囚)이다. 물이 물러나
[謝] 떠난 것을 폐(廢)라 한다. 방위로 논하는 것은 그릇된 것이다. 위의 문장
에 산수길흉의 뜻을 모두 결론 지은 것이다. 산은 마땅히 노·눈·정·조(老嫩
精粗)의 다른 점을 살펴야 함을 말한다. 물은 마땅히 생·왕·휴·폐(生旺休
廢)의 다른 점을 살펴야 한다. 대개 산이 수기(秀氣)를 타서 정눈(精嫩)하면 수
기(秀氣)가 있고, 거칠고 험악한 것[粗老]은 수기(秀氣)가 없다. 물은 외기이
며, 외기가 모여 가득하면 내기가 멈추고 생기가 된다. 외기가 흩어지면 내기
는 외기를 따라 설기되므로 상세하게 살펴야 한다.

右段統論山水吉凶
앞의 단원은 산수길흉을 모두 논한 것이다.

此段論山水吉凶文義顯明　謝氏名章曰通論山水遺679)其吉凶　田氏名段曰泛論山水吉
凶泛字未確今正之
이 단원은 산수길흉의 문장의 뜻을 분명하게 밝혀 논하였다. 사씨는 장을 명
명하여 산과 물에 따르는 길흉에 대한 전반에 걸쳐 논하였고 전씨는 단원을 칭
하여 산수의 길흉에 미확정에 나타난 글자를 두루 논하여 지금 바로 잡았다.

第三章 論陽宅

若言陽宅680)何異陰宮 最要地勢寬平 不宜堂局逼窄

양택(陽宅)이 음궁과 무엇이 다른 가를 말하면 가장 중요한 것은 지세가 넓고 평평해야 하며 명당의 국[圈域]이 좁으면 마땅하지 않다.

陽宅居址也 陰宅墳墓也。言陰陽二宅 其祖山來龍過峽起頂與夫龍虎朝案羅城水口 件件俱同 所不同者陽宅穴場潤大 陰宅穴場窄小 所謂陽地一片 陰地一線者 是也 故陽宅則要地勢寬平堂局闊大而不宜逼近窄狹 難容衆居也

양택은 거주하는 터이고 음택은 분묘이다. 말하자면 음양 2택은 조산·내룡·과협·성봉을 일으킴과 용호(龍虎)·조안(朝案)·나성(羅城)·수구(水口) 등은 건건히 모두 같다. 같지 않은 것은 양택은 혈장이 넓고 음택은 혈장이 협소한 것이다. 이른바 양지(陽地)는 넓게 펼쳐진 평면(片)이고, 음지(陰地)는 맥이 들어오는 하나 선(線)이라 하는 것은 이것이다. 고로 양택은 지세가 관평하고 당국이 넓어야 하고 안산이 가까워 좁으면 마땅하지 않고 많은 사람이 살 수 없다.

若居山谷 最怕凹風 若在681)平洋 先須得水

산곡에 살면 가장 두려운 것은 요풍(凹風)이다. 평지[平洋]에 살면 먼저 반드시 득수(得水)을 하여야 한다.

凹風者山兩頭高中腰低陷682)如凹字一樣 其風來最急也。承上言陽宅固要局勢寬大

---

680) 양택과 음택의 개념
　○ 양택(陽宅)은 음택(陰宅)에 상대되는 개념으로 사람이 생활하는데 필요한 주거공간을 뜻하는데, 양택은 대체로 택기(宅基)와 건물을 함께 포함하는 개념으로 쓰이며, 양기(陽基)란 말은 단순히 택지만을 지칭하며 넓은 의미로 취락지 부락이나 도회지의 주택지 등을 가리킨다.
　○ 逼近(핍근) : 매우 가까이 닥침.○ 窄狹(착협) : 좁다[逼窄].
681) 在(재) : ~에 머물러 있다.○緊(긴) : 위태하다.○我(아) : 나.우리.자기.○虧(휴) : 손상됨. 무너지다.
682) 低陷(저함) : 낮아 꺼지다.○曠蕩(광탕) : 끝없이 넓다.○하수(夏水) : 하절(夏節)의 수(水). ○得(득) : 알맞다. 알다. 註(주) : 주해(註解).○至論(지론) : 지당한 논의. ○不得以는 不可能의 뜻이다.
☞ 의룡경에서 여러 곳의 물들이 모인 明堂(명당)은 앞에서 지각이 좌우로 어긋나(交牙) 眞氣(진기)를 가둔다고 했다. 또 이르기를 明堂(명당)의 물을 아끼는 것이 마치 피[血]를 아끼듯이

又當看其地位何如 若居山谷最怕凹風 蓋山風最緊凹風尤甚 風吹則氣散 居之自不
安也 故山谷以藏風爲主 若在平洋先須得水 蓋平洋曠蕩不畏風吹 須夏水來環繞水
爲外氣 外氣所以聚內氣我得其用居之 自獲福也 故平洋以得水爲先。諸註謂左凹風
則傷長 右凹風則虧幼 當面凹風則損中房 殊不知此論 陰宅則可 至論陽宅則不然
或長房居右邊 幼房居左邊則不得以左右分長幼也 讀者詳之

<사진4-3-1> (사과를) 혈장에 비유683)

하고, 明堂(명당) 속은 바람을 피하는 것이 마치 도적을 피하는 것 같다. 空缺(공결)하여 風吹
(풍취)를 받게 하지 마라. 흐르는 물에 혈이 水劫(수겁:물이 혈을 침.)을 입지 않게 하라고 했
다(疑龍經 衆水聚處是明堂 左右交牙鎭眞氣 又曰 明堂惜水如惜血 堂裡避風如避賊 莫令空缺被
風吹 莫使溜牙遭水劫)   <출처>『疑龍經』&『인자수지』(후) : p587&『인자수지』(전) : p.358.
。牙(아) : 혈.。溜(류) : 급류(急流). 흐르다.
683) 과일을 혈에 비유

과일을 혈에 비유하면	
구　분	용과 혈장 등
가지(柯枝)	용(龍)
꼭지	입수(入首)
꼭지가 매달린 곳	입수도두
씨앗 주변	선익
씨앗	혈(穴)
과일전체	혈장

요풍(凹風)은 산의 양두(兩頭)가 높고 중간 허리는 낮아 요자(凹字)와 같은(一) 형상으로 함몰되어 그곳으로 바람이 불어오면 가장 (바람이) 빠르다. 앞에 이어 양택은 진실로 국세가 마땅히 넓고 커야 한다는 것이다. 또한 마땅히 그 땅의 위치가 어떠한지를 살펴야 한다. 산곡에 살면 가장 두려운 것은 요풍이다. 대개 산바람이 가장 두려운 것은 요풍(凹風)이 더욱 심한 것이니 바람이 불면 기는 흩어져 그곳에 살면 저절로 불안해진다. 그러므로 산곡(山谷)은 장풍(藏風)을 위주하고 평지[平洋]이면 먼저 반드시 득수를 해야 한다. 대개 평양은 넓어서 풍취를 두려워하지 않으며 반드시 여름에 비가 와서 환요(環繞)해야 물은 외기(外氣)된다. 외기가 혈에 내기를 모아주기 때문에 그 쓰임을 알아서 그러한 곳에 살면 저절로 복을 얻게 된다. 고로 평지[平洋]는 득수를 우선으로 여긴다. 모든 주에 좌측이 요풍(凹風)이면 장손이 상(傷)하고 우측이 요풍(凹風)이면 작은 아들이 손상하고, 요풍을 마주하면 중방이 상(傷)한다고 한다. 이러한 논리는 알 수 없다. 음택(陰宅)은 가능하나 양택(陽宅)에도 그러하지 않은 것을 논의하였다. 혹 장방이 우측에 있고 유방이 좌측에 있으면 좌우(左右)로 장유(長幼)를 나눌 수 없으므로 독자들은 상세하게 살펴야 한다.

土有餘當鬬則鬬　山不足當培則培[684]

---

[684] 비보풍수.
'目力之巧 工力之具, 趨全避鬬, 增高益下'를 역주(譯註)에서는 의당 법에 따라 높일 곳은 더욱 높이고, 의당 법에 따라 낮게 할 곳은 낮게 하는 것이 용을 바꾸고[遷龍] 혈을 내리어, 피흉추길하는 하나의 단계이다.(法宜高處卽增崇之　法宜下處卽益下之　此亦遷龍下穴　避凶趨吉之一端이라.)　　　　＜출처＞『청오경·금낭경』, 최창조역, pp.158~159.
ㅇ鬬(벽) : 제거하다. ㅇ培(배) : 흙을 모아 북돋아 주는 일. 더하다.
ㆍ비보풍수는 땅의 용도를 결정하는 일[擇地], 선정된 땅에 대한 공간배치, 그리고 마지막에 부족하거나 지나친 점이 발견되면 그것을 고치는 행위이다.
☕ 개당(開堂). → 축당(築堂)./ 수수(收水). → 축수(蓄水).
발사경(撥砂經)에 보면 '혈전(穴前)을 정면으로 연못을 메우면 느리게 모이지[緩聚] 않으므로 원진수(元辰水)가 누설되지 않게 해야한다. 누설되지 않으면 근본(생기)이 되돌아 온다. 나(혈)가 나를 기르는 이치이다. 외기를 충분히 하여 내기를 도우면 산기(山氣)가 쇠퇴하지 않는다. 생기는 저절로 완전하다고 했다. 또 이르기를 고산(高山)의 혈전(穴前)에 객토(客土)로 막으면(축조하면) 못[池]이 되어 원진수(元辰水)를 거두어 천연적인 못에 이르러 모인다[及天澤之注]. 평지(平洋)의 혈 앞[穴前]에 본토(本土)를 굴착하면 못(池)이 되어 외래수 거두어 천연적인 못에 이르도록 물을 유도하여 서서히 들어가면[襲入] 또한 혈을 만드는 데[培養] 일조(一助)한다'고 했다. 또 이르기를 '개당(開堂)은 명당을 축조하여[築堂] 물을 거두어 들이는 것보다 못하고, 축당은 저수된 물보다 못하다. 끊어진 도랑[折溝]은 파낸 도랑[開溝]보다 못하다'고 했

흙이 남으면 마땅히 파서 없애야 하고, 산에 흙이 부족하면 마땅히 더하여 보충해야 한다.

關開685)除也 培增補也 承上言山谷平洋之居 固當辨之 又當知裁成之法 夫本山與護砂 土若有餘或高突 或尖長有 妨礙處當開除則開除之 山若不足或低陷 或低陷或短縮 有欠缺處當培補則當培補之 務使前後左右合法而後居之 自安也 葬書云 目力之巧 功力之妙 其增高益下爲三吉 是也.

벽(關)은 파서 없애는 것이고 배(培)는 더하여 보충하는 것이다. 앞에 이어 (음택과 양택)이 산의 골짜기와 평지에 있으면 진실로 마땅히 분별해야 하는 것을 말한 것이다. 또 마땅히 처리하여 만드는 법을 알아야 한다. 무릇 본산과 호종사(護從砂)에서 흙이 남거나 높이 돌출되어 있거나 혹 뾰족하고 길게 있으면 지장을 주는 곳은 마땅히 파서 제거 파해야 하면 제거한다. 산에 만약 흙이 부족하여 낮게 함몰(陷沒)되었거나 거리가 짧아 흠결이 있는 곳은 더하여 보충하여야 하면 마땅히 더하여 보충하여야 한다. 반드시 전후좌우가 법에 맞게 될 수 있도록 한 후에 살면 편안하게 된다. <장서>에 이르기를 형세를 보는 정교함[안목]과 땅을 다루는 솜씨가 좋아 높일 곳은 더 높게 하고, 낮출 곳은 더 낮게 하는 것이 세 번째 길함이 이것이다.

先宅後墳 墳必興而宅必敗 先墳後宅 宅旣盛而墳自衰
먼저 양택을 짓고 나중에 음택을 조성하면 음택은 반드시 흥하지만 양택은 반드시 패한다. 먼저 음택을 조성하고 나중에 양택을 건축하면 양택은 본래[旣] 번성하나 음택은 저절로 쇠하게 된다.

承上言陽宅固要裁成686) 又當辨陰陽先後之理 若來龍氣旺一體而分陰陽二結者不妨

다(撥砂經 穴前兜金池 不可緩聚 元辰之水 使之不洩 不洩則反本矣 以我養我之道 外足以助內 則山氣不衰 生氣自全 又曰 高山穴前 橫客土爲池。 以收元辰之水 及天澤之注 平洋穴前 鑿本土爲池 以收外來之水 及天澤之流導之 徐徐襲入 亦培養之一助 又曰 開堂不若築堂 收水不若蓄水 折溝不若開溝).   <출처> 『지리담자록(地理啖蔗錄)』

∘兜金池 : 정면으로 메워진 연못.∘金(금) : 입을 다물다.∘兜(두) : 정면으로. 에워싸다.∘反 : 본디대로 되돌아가다.∘養(양) : 기르다.∘橫(횡) : 가로로 놓다. 맞서다. 거스르다. (덮어)가리다.∘蓄水(축수) : 저수하다.

685) 開除(개제) : 제거하다.∘務使(무사) : 반드시 ~가 될 수 있게 하다.∘妨礙(방애) : 지장을 주다. 방해하다.

陽作居址陰作[687]墳地　彼此無礙發福也　若來龍正氣結陰地　餘氣作陽基　立宅在先
未始不發　若後安墳而得正氣　則餘氣皆爲墳用　是墳奪宅氣　墳必興而宅必敗矣　若來
龍正氣結陽基　餘氣作陰地　安墳在先　亦未始不發　若後立宅而得正氣則餘氣又爲宅
用　是宅奪墳氣宅旣盛而墳自衰矣　此一定之理　卜居者不可不知也　此論宅墳之先後
舊圖分作前後者非也

위에 이어 양택은 진실로 조성[裁成;裁斷]이 필요하고 또 의당 음양선후(陰陽
先後)의 이치를 분별하여야 함을 말한다. 만약 내룡의 기가 왕성한 하나의 용
신이 오다가 음양 둘로 나뉘어 결혈하면 양(陽)은 주거지가 되고, 음(陰)은 묘
지가 되어 무방하여[不妨] 서로[彼此] 방해가 되지 않아[無礙] 발복한다. 만약
내룡의 정기가 음지를 맺고 여기(餘氣)가 양기로 되면 집을 먼저 지으면 발복
되지 않는 적이 없다. 만약 뒤에 안분(安墳)하여 정기를 받으면 여기(餘氣)는
모두 묘지로 이용하게 된다. 이 분묘가 양택의 기를 빼앗아 묘지는 반드시 흥
성하나 양택은 반드시 패하게 된다. 만약 내룡의 정기가 양기를 맺고 여기가
음지를 만들었으면 먼저 안분(安墳)하여도 발복되지 않는 적이 없다. 만약 뒤

---

686) 발미론(裁成篇).
그 다음으로 또 응당 재성(裁成)을 알아야 한다. 재성裁成)은 그 인사(人事)를 말한다. 만약 재
절하지[裁截] 않으면 생성(生成)된 안정된 물체[定体]가 드물다. 일에 정체(定體)가 없는데 어찌
재절(裁截)하지 않겠는가. 무릇 하늘은 사람이 의지하지 않는 바가 아니니 사람은 하늘이 아니
면 스스로 이루지 못한다. 천하(天下)의 물(物)이 자연적으로 그런 것은 생성(生成)이다. 인력
(人力)으로 된 것은 재성(裁成)이다. 산천(山川)의 융결(融結)은 하늘에 있으며 산천(山川)의 재
성(裁成)은 사람에 있다. 혹 지나치면 나는 그 지나침을 마름질하여 부합하게 적절하게 한다.
혹 부족하면 그 모자람에 더 하여 부합하게 적절하게 한다. 풍수(風水)의 재성(裁成)은 사람에
있다. 이 글에서 재전작용(裁剪作用)의 법은 온전히 목력지교(目力之巧)에 의거하니 능히 추전
피결(趨全避缺)할 수 있다. 공력지구(工力之具)는 능히 증고익소(增高益少)할 수 있다.
☞ 《주역》지천태괘(泰卦:䷊) : 象(傳)曰 天地交泰 后以 財(裁)成天地之道 輔相天地之宜 以左右
民. 재성보상(裁成輔相) : 재성(財成)은 천지의 도를 재단하여 이루며 보상(輔相)은 천지의 마
땅함을 도와 이좌우민(以左右民)은 백성을 가르치고 인도하는 것을 의미한다. 즉 지나친 것을
억제하고 모자란 것을 보충해서 천지의 조화가 이루어지도록 돕는 것을 말한다.
☞ 천지교태(天地交泰)는 하늘과 땅이 서로 교감하는 모습이 태의 형상이다. 즉 천지교태가 가
르치는 핵심은 '화합'이다. 음과 양, 소와 대, 상과 하, 안과 밖이 서로 교감하고 소통하는 것
이다.
☞ 陽宅(양택) : 주택. 陽基(양기) : 마을. ◦未始(미시) : ~이지 않다. ◦卜居(복거) : (길흉(吉
凶)을 점쳐서) 거처를 정하다.
687) 作(작) : ~가 되다. ◦在先 : 미리 ~하다. 이전. 미리. 앞에서~해 두다. ◦未始(미시;未曾) :
일찍이~한 적이 없다. ~여태까지~한 적이 없다.

에 양택을 지어 정기를 받으면 여기 또한 양택으로 사용된다. 이는 양택이 분묘의 기를 빼앗아가 양택은 본래 번성하나 분묘는 저절로 약해진다. 이것은 고정불변의 [一定] 이치이다. 거처할 곳을 정하는 자[卜居者]는 반드시 알아야만 한다. 이는 양택음택의 선후를 논한 것으로 구도(舊圖)에 전후로 나누어 그린 것은 틀린 것이다.

明堂平曠 萬象森羅 衆水歸朝 諸山聚會688) 草盛木繁 水深土厚

명당이 평평하고 넓어 온갖 사물들이 숲처럼 빼곡히 퍼져 있는 모습은 많은 물이 조읍하듯 명당으로 돌아오고[歸朝], 제산이 모이면 초목이 번성하고 물은 깊고 흙은 두텁다.

曠闊大689)也 森衆木貌 羅羅列也 盛茂盛也 繁多也。此又承上言陽宅局勢 總之要平坦闊大方成富貴之居址 故明堂平正廣潤而四應聚秀如萬象森羅於其前 又得衆水歸來如朝宗諸山大聚如會同 如之以草盛木繁水深土厚則氣勢旺盛 規模宏大斯爲發福之大居也 然明堂山水由於天成 至於草木可以人工培之 所以人之居址貴裁草木蔭之也

광(曠)은 넓다. 삼(森)은 많은 나무의 모양, 나(羅)는 나란히 죽 벌여놓음이다. 성(盛)은 무성하다. 번(繁)은 많다. 이는 또 앞에 이어 양택의 국세(陽宅局勢)를 말한 것이다. 요약하면 (국세가) 평탄하고 넓어야 비로소 부귀가 있는 터가 된다. 그러므로 명당은 평평하고 바르고 넓어서 사방에서 응하여 명당 앞에서 온갖 사물들이 숲처럼 늘어서 모여들어 수려하고 또 여러 물줄기가 돌아와 조종(朝宗)의 여러 산들이 크게 모여 여럿이 한곳에 모인 것과 같다. 초목이 번성하고 물이 깊고 흙 두터우면 기세가 왕성하다. 규모가 거대함은 곧 발복이 많이 있는 곳이다. 이러한 명당과 산수(明堂山水)는 하늘이 만들고 초목은 인공으로 키울 수 있다. 그래서 사람의 주거지는 초목을 재배하여 무성하게 자라는 것을 귀하게 여긴다.

---

688) 산세는 혈장(穴場) 주위의 산수(山水)가 마치 귀인(貴人)이 많은 보배를 가지고 편안하게 휴식을 취하는 것과 같아야 하고, 사방의 산수(山水)는 상(床)에 산해진미(山海珍味)를 가득 차려놓은 것처럼 빈틈없이 국세가 어우러져 수려하고 단정하고 질서가 있어야 한다(若懷萬寶而燕息 若具萬饍而潔齊).   <출처> 『금낭경』 산세편

689) 闊大(활대) : 넓다。◦總之(총지) ; 總而言之(총이언지) : 총괄적으로 말해서. 한마디로 말하면。◦羅列(나열) : 나란히 죽 벌여 놓음. ◦如之(여지) : 이와 같다。◦由於天成(유어천성) : 하늘(자연)이 만든 것이다。☞ 由於(유어) : ~에 의하다. ~에 인하여。◦至於草木(지어초목) : ☞至於(지어) : ~로 말하면.

牆垣690)籬塹　俱要回環　水圳池塘　總宜朝揖　與夫鐵爐油榨　水碓牛車　立必辨方　作當依法

담장, 울타리, 도랑은 모두 (양택을) 등글게 감싸야 한다. 들판의 도랑과 지당은 모두 마땅히 조읍(朝揖)하여야 한다. 대개 철화로와 착유기, 물레방아와 우마차를 두는 곳은 반드시 방위를 분변하여 마땅히 법에 따라야 한다.

塹溝坑691)也　圳田潤也。承上言陽宅局勢之美　固貴生成至於作用之妙　又在人爲如修築牆垣圍籬掘塹　俱以回抱彎環爲要開挖水圳浚鑿池塘　總以朝向拱揖爲宜與夫設立鐵爐油榨水碓牛車等處　亦必辨其方位而依法以作之　庶無礙於居址也　蓋鐵爐油榨水碓牛車俱是響動之物　大概宜居水口　若後龍堂前與夫來水邊不宜立　此便是辨方之說　不可拘於俗忌　只謂靑龍邊宜立而白虎邊不宜立也　觀下文云　壇廟必居水口　羅星忌見當堂　可以推類而知矣.

참(塹)은 수로이고 천(圳)은 밭 사이의 도랑이다. 앞에 이어 양택국세(陽宅局勢)의 아름다움을 말한 것이다. 진실로 생성하여(만들어) 작용의 묘(이용하는 묘함)에 이르게 하는 것이 귀하다. 또 사람에게 달려있는 것은 예를 들면 담장을 쌓아 수리하고 울타리를 치거나 도랑을 파는 것은 모두 회포만환(回抱彎環)으로 되게 도랑을 파고[開挖水圳] 지당을 준설해야 한다. 모두 (혈을)향하여 공읍하는 것을 마땅하게 여기고 대개 철화로와 기름틀, 물레방아와 소가 끄는 수레 등을 세울 곳도 반드시 그 방위를 분별하여 법에 따라 설치하여야 거주지에 지장을 거의 받지 않는다. 대개 철화로·기름틀·물레방아·수레는 모두 움직여 소리가 나는 물건이다. 대개 수구에 있는 것이 마땅하다. 만약 후룡이나 명당 앞과 득수 쪽[來水邊]에 두는 것은 마땅하지 않으니 이는 곧 방위의 설로 판단해야 한다. 다만 청룡 쪽에 설치하는 것이 마땅하나 백호쪽에 설치하는 것은 마땅하지 않다는 속세의 금기에 구애받을 필요는 없다. <관하문>에 이르기를 단묘(壇廟)는 반드시 수구에 있어야 하고, 나성(羅星)은 명당에서 마주 보이

---

690) 牆垣(장원) : 담장(垣墻).☞ 牆(장) : 담장. ◦垣(원) : 담. 벽[wall]. ◦籬(리) : 울타리. ◦塹(참) : 도랑. ◦水圳(수천) : 들판의 도랑. ◦圳(천) : 논밭 사이의 도랑[田間水溝]. ◦塘(당) : 제방(堤岸). ◦油榨(유자) : 착유기.
　☞ 油(유) : 기름. ◦榨(자) : 기름틀. 짜다. ◦水碓(수대) : 물레방아. ☞ 碓(대) : 방아. 디딜방아.
691) 溝坑(구갱) : 수로. ◦田潤(전간) : 논밭 사이의 도랑[田間水溝]. ◦生成(생성) : (무엇이) 생겨나게 되다. ◦圍籬(위리) : 가시 울타리를 치는 일. ◦壇廟(단묘) : 제단과 사당. ◦開挖(개알) : 파다. ◦立(립) : 두다. 세우다. ◦朝向(조향) : ~향하여. 향하다.

는 것을 꺼리는 것은 유추하여 알 수 있다.

水最關於禍福 山宜合於圖經

물은 화복에 가장 관련이 있고, 산은 마땅히 산도와 풍수경전에 어울려야 한다.

此結上起下之意 言陽宅貴於山水兼全692) 然水爲外氣其情形之美惡 又最關於風水之禍福至於山之形勢乃脈氣之所鍾 又宜合於圖之所載 經之所言 以爲準則也

이는 앞의 내용을 결론 내리고 아래의 뜻을 시작한다. 양택은 산수를 모두 갖춘 것을 귀하게 여기는 것을 말한다. 그러나 물은 외기이며 그 정(情)은 형체의 미악이 있다. 또 풍수가 화복에 가장 연관이 되는 것[有關]은 산의 형세와 맥기가 모인 곳에 영향을 받는다. 또 산도에 실려있는 것과 풍수 경전에서 말한 것에 부합하는 것을 준칙으로 삼아야 한다.

所忌者水尾源頭 所戒者神前佛後

꺼리는 것은 수미(水尾;水口)와 원두(源頭;得水處)이며 경계하는 것은 신단(神壇)의 앞과 부처의 뒤다.

水尾者乃水出口之處也 源頭者乃水發源之初也。言水固關於禍福 若龍脈眞而水不吉猶可 用王693)改遷轉凶爲吉 所忌者水之出口之處爲脈氣窮盡之所 水之發源之初爲脈氣未止之處 俱不可居 故宜忌之 若水口間龍身飜轉逆水成局深山中眞有龍落開展鋪陽 又非水尾源頭之謂也 山固要合圖經 若來龍眞的而形勢有小節之疵 亦無大礙也 所戒者神前佛後之地旣爲神靈所棲則幽陰相觸鍾鼓相驚 恐居之不安 故宜戒之 若龍氣大旺各有結作則亦無碍立宅 又不可因此而棄之也 指南云 寺觀靈壇山秀異別生形穴任裁量 是也

수미(水尾)는 곧 물이 나가는 출구처[수구]이다. 원두(源頭)는 곧 물이 처음 시작하는 곳이다. 물이 확실하게 화복에 관련이 있다는 것을 말한다. 용맥이 참된 것 같으나 물이 좋지 않으면 오히려 보다 낫게 고쳐 좋은 데로 옮기면 흉이 변하여 길이 된다. 꺼리는 것은 물이 나가는 곳은 맥의 기운이 다한 곳이다. 물이 처음 발원하는 곳은 맥기가 아직 그치지 않는 곳으로 모두 거주할 수 없

---

692) 兼全(겸전) : 모두 갖추고 있다.
693) 王(왕) : 보다 나음. 。若猶 : ~할 것 같다.

다. 그러므로 마땅히 그런 곳을 꺼린다. 만약 수구 사이에 용신이 번신하여 역수로 국(局)을 이루고 깊은 산중에 진실로 용이 낙맥하고 개장하여 밝게 드러내면(펼치면) 또한 수미(水尾)나 원두(源頭)라고 하지 않는다. 산은 진실로 합당하게 도경[산도]에 부합하여 내룡이 진실로 확실하면 형세에 작은 마디[小節]의 흠이 있더라도 큰 장애가 되지 않는다. 경계하는 것은 신단 앞이나 부처가 있는 후원의 땅은 이미 신령이 머무는 곳이니 그윽한 분위기[幽陰]에 종과 북이 서로 부디쳐 놀라면 그런 곳에 머무는 것이 불안하여 두렵다. 당연히 그런 곳은 경계하여야 한다. 만약 용기(龍氣)가 대왕하여 각각 혈을 맺으면 또 집을 건립해도 거리낄 것이 없다. 만약 용기(龍氣)가 대왕하여 각각 혈을 맺으면 또 집을 건립해도 거리낄 것이 없다. 또 이로 인하여 버릴 수 없다. <지남>에 이르기를 절이나 영단(靈壇)은 산이 수이(秀異)하고 특이하게 형(形)이 생겨 보이면 혈은 자신의 생각과 판단에 따라 일을 처리한다[任裁量]고 한 것이다.

壇廟必水口[694] 羅星忌見當堂

단묘(壇廟)는 반드시 수구에 있어야 하고 나성(羅星)은 명당을 마주하여 보이는 것을 꺼린다.

羅星者乃羅城之餘氣湧突於水中 聯紐兩山枝脚抵住中流不容去水竟然[695]直出 則內水自然 淵渟而不竭也 北辰即羅星之別名 羅城當衆水之朝歸猶北辰當衆星之旋繞

---

694) 사대국 포태법(四大局 胞胎法) : 수구(水口)와 사국(四局)관계[依水立向法].
1. 물이 나가는 방향을 4개 구역으로 나누어서 동궁(同宮)으로 12개의 좌향을 정하는 이론.
2. 하나의 용맥이 다하여 결혈을 할 때 먼저 향(向)을 정(定)하기 전(前)에 수구(水口)를 찾아 사국 가운데(四局) 어느 국(局)에 속(續)하는 가를 관찰(觀察)하여 금국(金局;巳酉丑)은 癸丑·艮寅·甲卯 方位로 수구를, 수국(水局;申子辰)은 乙辰·巽巳·丙午方位로 수구를, 목국(木局;亥卯未)은 丁未·坤申·庚酉 방위로 수구를, 화국(火局;寅午戌)은 辛戌·乾亥·壬子方位로 물이 나가는 파구[수구]를 8층으로 측정하여 4국 중(四局中) 어느 국[何局]에 속(續)하는가를 판단한다.
3. 그 다음은 혈(穴)의 개면(開面)을 살피고 안산(案山)이 어느 방향인가를 살피며 이 국(局)의 향(向)은 어떤 향이어야 하는가를 결정(決定)하기 위해서는 수세(水勢)가 어느 곳[何處]으로부터 물이 와서[來水] 내수구(內水口) 가운데 어느 방향으로 소수(消水)하는 것인가에 따라[依] 향(向)을 결정(決定)하여야 한다.
4. 그러므로 향(向)이 길(吉)하면 용수(龍水) 모두 길(吉)하며 입향(立向)이 흉(凶)하면 용수(龍水)도 모두 흉(凶)하다.
695) 竟然(경연) : 결국. 마침내. ◦歸(귀) : 한곳으로 모이다. ◦至於(지어) : ~으로 말하면.

故名之 非羅星之外別有北辰也 或有圓山一邊在水一邊在山者 或在崖者 皆謂之羅
星 其間又有些少之石磊磊落落見於水中者名落河火星也。承上言大約 神壇佛廟宜
居水口鎭塞地戶以關鎖內氣爲妙 至於羅星[696]又宜居水口而忌見於當堂之前 恐(怕)
有墮胎傷目之患也 撼龍經云 羅星要在羅城外 若是羅星不居外 名爲抱養瘝又爲患
眼墮胎山 是也

나성(羅星)이란 나성(羅城)의 여기(餘氣)가 물 가운데 솟아오른 것[湧突]이다.
양산의 지각이 연결되어 흐르는 물 가운데를 머물러 가는 물이 결국 직출(直
出)하지 못하도록 하면 내수(內水)는 자연히 못에 고여[淵渟] 마르지 않는다.
북신(北辰)은 곧 나성(羅星)의 다른 이름이다. 나성(羅城)은 마땅히 중수(衆水)
가 한곳으로 모이니 북신이 의당 여러 성이 둥글게 감싸는 것[旋繞;環繞]과 같
으므로 북신이라 한다. 나성(羅星) 외에 다른 북신이 있는 것은 아니다. 혹 둥
근 산이 한 변은 물에 있고 한 변은 산에 있거나 혹 물가에 있는 것은 모두 나
성(羅星)이라 한다. 수구 사이에 또 약간 작은[些少] 암석이 떨어져[磊落] 물
가운데 보이는 것은 낙하화성(落下火星)이라 한다. 앞에 이어 대강을 말하였고
신단(神壇)이나 절[佛廟]은 의당 수구에 있어야 마땅하고 지호(地戶)가 막혀
[鎭塞] 관쇄(關鎖)되면 내기가 좋다. 나성(羅星)을 말하면 또 당연히 수구에 있
는 것이 좋고, 마땅히 명당 앞[堂前]에 보이는 것을 꺼려한다. 두려운 것은 타
태(墮胎)나 눈을 상하게 하는 우환[眼疾]이다. <감룡경(撼龍經)>에 이르기를
'나성(羅星)은 나성(羅城) 밖에 있어야 한다. 나성(羅星)이 나성(羅城) 밖에 있
지 않으면 포양관(抱養瘝)이라 하고 또 눈병[患眼]이나 타태산(墮胎山)이 된
다'고 하는 것이다.

形局小者 不宜傷殘 寸土[697]惜如寸玉 垣局潤者 何妨充廣 千家任住千年
형국이 작은 데 상잔(傷殘)하면 마땅하지 않다. 작은 땅이라도 작은
옥같이 아껴야 된다. 원국(垣局)이 넓으면 크게 넓혀[充當] 천가도

---

696) 羅星(나성) : 수구에 흐르는 물 가운데 돌기한 흙이나 바위로 된 언덕(水口處水流中突起
的土石洲阜). 나성은 수구 가운데를 막아 퇴적하여 솟은 흙이나 바위의 언덕 (夫羅星者 水
口關攔之中 有堆峙起 或石或土). 聯紐(련뉴) : 묶어 연결하다.。淳(정) : 물이 고이다. 멈
추다.。旋繞(선요) : 회전하면서 둥글게 감싸다(回旋而環繞).。抵住(저주) : 가로막다.。抵
(저) : 막다.。崖(애) : 물가.。佛廟(불묘) : 절.。鎭塞(진색) : 막아 지키다.。천문지호(天門
地戶) 물이 오는 쪽을 천문(天門)이라 하고, 나가는 쪽을 지호(地戶)라 한다. 。恐怕(공파) :
대체로. 두려워하다.。瘝(관) : 병들다. 잃다.
697) 傷殘(상잔) : 물체가 손상을 입어 생긴 흠.。寸土(촌토) : 손바닥만 한 좁은 땅.。充廣(충
광) : 넓게 확충하다.

천년을 능히 살면 무슨 장애가 있겠는가?

言陽宅局勢固要濶大　然亦有來龍的眞而形局小者亦可立宅　但結局旣小其脈氣必微
不宜開鑿698)傷殘恐有損於人財　故惜寸土當如惜寸玉之重　甚言其不可傷也　若龍氣
旺盛而垣局濶者其力量必大　何妨擴充廣居　雖有千家亦可任住千年　卽少有開鑿不是
畏也

양택의 국세는 진실로 넓어야 하는 것을 말하였으나 또한 내룡이 진실로 확실
하면[的眞] 형국이 작아도 집을 세울 수 있다. 다만 결혈한 국(局)이 작으면
맥의 기운은 반드시 미약하다. 산을 뚫거나 땅을 파서 길을 내면[開鑿] 기맥을
상하여 두려운 것은 사람과 재물에 손해를 끼치는 것이다. 그러므로 촌옥[寸
玉]을 귀중(貴重)하게 아끼는 것처럼 작은 땅[寸土]일지라도 당연히 아껴라.
극단적으로 땅은 상(傷)하게 해서는 안된다는 말이다. 만약 용기가 왕성하고
원국(垣局)이 넓은 것은 그 역량이 반드시 크다. 충분히 넓혀서 비록 천가일지
라도 천년을 능히 머물러 넓게 사는 데 무슨 장애가 되겠는가? 곧 땅을 파서
확충(擴充)하는 것[是]을 두려워하지 아니하는 것은 드물다. 즉 두려워 한다.

一699)山一水有情 小人所止 大勢大形入局 君子攸居

산수가 조금 유정하면 소인이 거할 곳이고, 대세의 큰 형국의 들면
군자가 살 곳이다.

承上言形局小者如一山一水有情只可爲小人家之居址而已　垣局濶者如四山輻輳衆水
會同而有大勢大形入爲堂局則氣象恢弘斯爲富貴綿遠之地而爲君子之所居也

앞에서는 형국이 작은 것은 산수가 조금 유정하여 다만 소인이 살만한 터일 뿐
이라고 말하였다. 원국이 넓은 것은 사산이 모이고[輻輳] 중수가 모여 만나 대

---

698) 開鑿(개착) : 산을 뚫거나 땅을 파서 길을 냄. ｡廣居(광거) : 넓은 처소. 너른 집.
☞ 산이 뚫리고 잘린 곳은 생기가 막히고 끊어져 서로 붙어서 이어지지 못했으므로 장사지낼
수 없다. <청화비수>에서 '만약 산이 뚫리고 잘려 맥이 없으면 뻗어오지 않는 용신은 바로 빈
껍데기'라 했다(山旣鑿斷　則生氣隔絶　不相接續　故不可葬　靑華秘髓云　一息不來身是殼). ｡일
(一) : 만약. ｡식(息) : 중지하다. 멸하다.　　　　　　　　　　　<출처>『완역풍수경전』

｡少有(소유) : 드물다. 별로 없다.
699) 一(일) : 작다. 소량. 온통. ｡止 : 살고 있다. ｡攸(유) : ~하는 바. 곳. ｡輻輳(복주) : (한곳
으로) 모여들다. ｡爲(위) : 하다. ｡恢弘(회홍) : 광대하다. 넓다. ｡入(입) : 어느 범위에 들
다.

설심부 변와 정해

세와 대형이 당국에 맞게 이루어져 있으면 기상이 커서 이러한 곳은 부귀가 면원한 곳으로서 군자가 거할 곳이다.

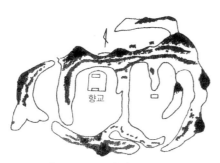

<그림4-3-1>와우형(臥牛形): 전북 부안 향교터

<출처>『풍수지리(집과 마을) 』

泰山700) 支麓 水交流 孔林最茂 龍虎山中風不動 仙圃長春
태산의 평지룡 자락에 물이 만나 흐르니 공자의 택묘는 자손이 가장 번창한다. 용호산 가운데는 바람이 움직이지 않으니 장진인의 도장[仙圃]은 대대로 쇠하지 않는것이다.

泰山魯之東嶽也 之當作支謂平支之龍也 舊本之字乃傳寫之譌耳 麓山足也 孔林者謂孔聖之宅墓也 龍虎山在江西貴溪縣 仙圃者謂張眞人之道場也 長春者謂世世不衰也 承上言所謂大形者如泰山發出支龍結局其麓四水交會而流 故孔聖之宅墓在焉 其傳世最久而子孫最盛也 至如龍虎山山勢完密局不露風 故張眞人世居於此 承襲不替而爲仙圃長春也
태산은 노나라의 동악(東嶽)이다. 지(之)는 당연히 지(支)로 써야하며 평지룡을 말한다. 구본에 지자(之字)는 사본하여 전할 때의 오류일 뿐이다. 녹(麓)은 산기슭[山足]이다. 공림(孔林)은 성인인 공자[孔聖]의 묘를 말한다. 용호산은 강서 귀계현(江西貴溪縣)에 있고 선포(仙圃)는 장진인(張眞人)의 도량을 말한다.

---

700) 泰山(태산)은 중국 산둥성 타이안 북쪽에 있는 중국 본토의 대표적인 산 가운데 하나이고, 산둥성에서 가장 높은 산이다. 최고봉은 1,535m 높이의 옥황봉이다. 중국의 다섯 명산인 오악 가운데 하나로 예부터 신령한 산으로 여겨졌으며, 진시황제나 전한 무제, 후한 광무제 등이 천하가 평정되었음을 정식으로 하늘에 알리는 봉선의 의식을 거행한 장소이다. ◦孔林(공림) : 공자의 택묘.◦長春(장춘) : 항상 봄이란 뜻으로 여기서는 살기 좋은 세상을 의미한다.◦譌(와) : 그릇되다. 잘못되다.◦替(체) : 쇠퇴하다[衰退·衰頹].◦至如(지여) : ~에 이르다.

장춘(長春)은 대대로 오랫동안 쇠하지 않는 것을 말한다. 앞에 이어서 소위 큰 형상이 만약 태산에서 지룡을 뻗어 기슭에 국을 만들어 사방의 물이 만나 모여 흐르는 것을 말하므로 공자의 묘지가 있다. 그러한 것은 오랫동안이나 자손이 가장 번창을 하였음을 세상에 전하였다. 용호산의 산세가 완전히 긴밀한 국이 되면 바람에 노출되지 않는다. 그러므로 장진인(張眞人)은 여기서 세습을 하여 쇠퇴하지 않고 대대로 살았으며, 선포는 살기 좋은 세상이 되었다.

因701)往推來 準今酌古
지나간 일로부터 미래를 추측하고 현재를 기준으로 옛일을 짐작한다.

此承上孔林仙圍而言 以結上文之意也 言局勢潤大爲陽宅所貴 往古已足徵矣 後之 論陽宅者惟當因其已往以推其後來 準擬乎今以參酌乎古 不可臆度而妄爲也 田氏謂 因往推來二句當屬此段方有歸結斷絕此說極是

이는 앞에서는 공림과 선포를 이어 앞의 문장의 뜻을 결론을 내려 말하였다. 국세가 넓으면 양택으로 귀한 곳으로 지나간 옛날[往古] 이미 충분히 징험하였음을 말하였다. 뒤에 양택을 논하는 것은 단지 이미 지난 것으로부터 그 후 미래를 추측하는 것이 합당하다. 현재를 기준하여 옛일을 참작해야하니 제멋대로 추측하여 함부로 행동해서는 안된다. 전씨가 인왕추래(因往推來) 두 구절은 마땅히 이 단원에 예속시킴은 비로소 단절하여 결말을 짓는다는 설이 지극히 옳다.

右段論陽宅
앞의 단원은 양택을 논한 것이다.

此段文義明白 諸註亦無大謬 惟少702)承接之意耳 至論陽宅處而陰宅間有可以類推 者宜祥之

이 단원에서는 문장의 뜻이 명백하여 모든 주 역시 큰 오류가 없다. 단지 진

---

701) 因(인) : ~에서. ~부터. ~에 의하여.。當(당) : 사리에 맞다. 합당하다.。準擬(준의) : 어떤 것을 기준으로 하여 비교하다.。擬(의) : 헤아리다.。準則 : 준거할 기준이 되는 법칙이나 규칙.↔ 臆度(억도) :근거가 없이 제멋대로 추측함.。屬(속) : 예속하다。歸結(귀결) : 결말.。妄爲(망위) : 함부로 행동하다.

702) 醇正(순정) : 순수하다.。疵(자) : 흠.。少(소) : 진기하다. 흔하지 않다.。接(접) : 이어받다.。虛(허) : 터.

기한 것은 이어 받는다는 뜻일 뿐이다. 양택지와와 음택공간을 논하여 유추할
수 있는 것은 의당 좋다.

第四章 免學勸善序著賦之意

牧堂之論深於理 醇正無疵 景純之術幾[703]於神 玄妙莫測
목당의 논리는 이치가 심오하며 순수하고 흠이 없다. 곽경순의 술법
은 신에 가까워 현묘하여 헤아리기 어렵다.

宋蔡神與號牧堂[704]所著發微論深於理致醇正而無疵病　晉郭璞字景純所著葬書術近
通神玄妙未易竅測　此數句乃註者之詞　蓋因上文有因往酌古之句而註釋者遂引蔡郭
二氏之　精於地理者以示人取法也　後之傳寫者因其詞句對偶　故認爲賦文而混錄之
不然　豈卜氏生於唐時而有預引宋書之理哉　大抵地理家非有深於文理者則傳寫易譌
莫能正之　後人遂以譌傳譌耳
송나라 채신여(蔡神與)의 호는 목당(牧堂)이며, 그가 지은 <발미론(發微論)>은
이치가 심오하고 순수하여 흠(疵病)이 없다. 진나라 곽박은 자가 경순으로 저
술한 <장서(葬書)>는 술법이 신통력에 가깝고 심오하여 아직까지 비결을 헤아
리기가 쉽지 않다. 이 몇 구절은 주석을 단 사람들의 글이다. 대체로 앞의 문
장에서 지나간 일로부터 옛 문장을 참작하여 주석한 것은 채원정과 곽박 두 사
람이 지리에 정통한 것을 인용하여 사람들에게 보여 법으로 취하게 하였다. 후
대에 글을 옮겨 쓴 사람들이 그 문장[詞句]을 우연히 마주 대하였기 때문이다.

---

703) 幾(기) : 거의[庶幾尙也]. 가깝다[近也].。疵病(자병) : 결점(缺點).。通神[(통신) : 신통력이
있다.。玄妙(현묘) : 오묘하다. 심오하다.。竅(규) : [비유] 비결. 일의 가장 중요한 부분.。
遂(수) : 완수(完遂)하였다.。未 : 아직 ~하지 않다.。認爲(인위) : 여기다.。預引(예인) : 미
리 인용하다.。譌(와) : 잘못.
704) 牧堂(목당) : 송(宋)나라 사람으로 성(姓)은 채(蔡)씨 이며 이름은 신여(神與), 호(號)는 목
당(牧堂)이다. 저서로 <발미론(發微論)>이 있다.

년대	저자	저서	비고
한대	청오자	청오경	
진대	곽박	장서	
남송	채목당(채원정)	발미론	채발(父)→채원정→채침(子)
당대	복응천	설심부	

그래서 설심부 문장[賦文]인 것으로 알고 섞어 기록한 것이다. 그렇지 않았다면 복응천씨가 당나라 때 태어났는데 어찌 송나라 서책[宋書]의 이론을 인용[預引]하였겠는가? 대저 지리가는 문리에 심오하지 않으면 글을 옮겨 쓸 때[傳寫] 쉽게 잘못된 것을 바로잡을 수 없다. 후대 사람들은 마침내 잘못된 것대로 그릇되게 전할 뿐이다.

法度705) 固難盡述　機關706)須自變通　旣造玄微　自忘寢食
법도는 확실하게 모두 서술하기 어렵고 진리의 기틀은 반드시 스스로 변통(變通)해야하고, 이미 현미(玄微)해졌으면 저절로 잠식되어 잊게 된다.

此承上文因往推來二句而言以起下文之意也。言學地理者固有合今法度可循　然其義多端亦難以盡道707)而機關之妙惟在人自變通而已　若能專志力學以造於地理之玄微則深造自得而寢食亦將忘之矣　此段當以此數句爲首　若入牧堂數句則文意不相貫串讀者須細詳之
이는 앞의 문장 인왕추래(因往推來) 두 구절을 이어 다음(아래) 문장의 뜻이 떠오르는 것을 말이다. 지리를 배우는 데는 진실로 오늘날의 제도에 합치하여야 따를 수 있다는 말이다. 그러나 그 뜻이 다단(多端)하여 역시 전부 말하기도 어렵고 깨달음을 얻게 하는 관문[機關]의 묘함은 오직 사람이 스스로 변통하는데 달려있을 뿐이다. 만약 능히 전심전학[專志力學]으로 지리의 현묘함에 이르렀으면 깊이 연구하여[深造] 저절로 터득하니 침식도 곧 잊어버리게 된다. 이 문단은 마땅히 이 몇 구절 으뜸으로 삼아야 할 것이다. 만약 목당의 몇 구절에 빠지면[入] 문장의 뜻이 서로 일관되지 못하므로 독자들은 반드시 상세하게 살펴야 한다.

---

705) 法度(법도) : 제도. 규칙.。機關(기관) : 지리의 진리가 담겨진 기틀. 원리.。寢食(침식) : 잠식(하다).
　。變通(변통) : 형편에 따라서 일을 융통성 있게 잘 처리함.。玄微(현미) : 도리(道理)나 기예(技藝)가 깊어서 썩 미묘(微妙)함.
706) '기관(機關)', '기관선(機關禪)'이란 스승이나 방장이 수행자를 깨닫게 하기 위하여 각자 근기에 맞게 그때 그때 제시하는 문제나 과제 혹은 투과(透過)해 보라고 내 놓는 관문을 뜻한다.
707) 起意(기의) : 생각이 떠오르다.。道(도) : 말하다.。惟在(유재)~ : 오직 ~에 달려있다.。專志(=專心) : 전념하다.。造(조) : (~에) 도달하다. 이루다.。深造(심조) : 깊이 연구하다.。貫串(관천) : 일관되다.

　　　　　　　　　　　　　　설심부 변와 정해

亟稱水708)何取於水 誰會孔聖之心 盡信書不如無書 還要離婁之目

물을 여러 번 칭하여 물에서 무엇을 취하였는지? 누가 성인 공자의 마음을 이해하는가? 책을 모두 믿는 것은 책이 없는 것만 못하다. 도리어 이루(離婁)의 밝은 눈이 필요하다.

離婁古人名 目之最明者也 承上言學地理者貴自變通深造玄微而書中陳言不可拘也 如孔聖之亟稱水何取於水也 其心有出於水之外 誰則會之 若徒盡信書之所言而執之 不通則不如無書之爲愈矣 還要離婁之目之明 方能得之也

이루(離婁)는 고인의 이름으로 눈이 가장 밝은 사람이다. 앞에 이어 지리를 공부하는 사람은 스스로 변통하여 지리의 현미함을 깊이 연구하는 것[深造]을 소중히 여기고 책 가운데 진언(陳言)에 구애받아서는 안된다는 것을 말한 것이다. 성인 공자는 여러 번 물을 칭하여 물에서 무엇을 취하였을까? 마음은 물 밖에서 나타나는 것을 누가 알겠는가? 만약 헛되이 책에서 말한 바를 모두 믿어 집착하여 통하지 않는다면 책에 없는 것을 연구하는 편이 더욱 좋다. 도리어 이루와 같은 안목[눈의 밝음]이 있어야 비로소 깨우친다.

賦稟雖709)云天定 禍福多自己求

부여받은 품성은 비록 하늘이 정해준 것을 말하지만 화복은 대부분 스스로 구한다.

賦稟者天賦而人稟之也 上勉學者 此勉積善 言人之富貴貧賤惟稟天之所賦 一定而 不可易 然禍福之來多自己求 不可不愼乎 故欲得吉地而發福者宜盡己求之可也 下 文遂詳言之

천생적으로 타고난 품성은 하늘이 부여하고 사람은 천생적으로 타고난다. 앞에서 배움에 힘쓰는 자는 적선(積善)에 힘써야 한다. 사람의 부귀빈천은 오로지 하늘이 부여한 품성은 반드시 바꿀 수 없다. 그러나 화복이 오는 것은 대부분 자기가 삼가하여 구할 수 있다. 길지를 얻고 복을 받고자 하는 사람은 의당 전

---

708) 亟稱水(극칭수) : 여러 번 물을 칭하다.。亟(극) : 여러 번.。稱(칭) : 일컫다.。會(회) : 이해하다. 還(환) : 도리어.。離婁(이루) : 시력이 좋은 사람으로 옛날 이름이 이루.。陳言(진언) : 진부한 말. 케케묵은 말.。誰則會之(수즉회지) : 누가 본받아 그 마음[之 : 其心]을 이해할 수 있겠는가?。執之(집지) : 집착하다. 여기서 之 : 書之所言.

709) 雖(수) : 비록~이지만. 설사~이더라도.。稟(품) : 받다. 천생적으로 타고남.。一定(일정) : 고정불변의, 반드시.

력을 다해야 자기가 구할 수 있다. 아래 문장에 마침내 상세하게 말하였다.

智者樂水 仁者樂山[710] 是之取爾 天之生人 地之生穴 夫豈偶然
지혜로운 자는 물을 좋아하고 어진 자는 산을 좋아하여 이를 취할 뿐이다. 하늘이 사람을 낳고 땅은 혈을 만드는 것이 어찌 우연인가.

此引言山水爲仁智之所樂因其理之有可取 以見秀氣所鍾之吉地 必爲善人之所求 故天之生人而與之以[711]一穴 地之生穴而歸之於一人 其榮華富貴皆係於此 夫豈偶然哉 是必有所以致之也 謝註混有天生一人 地生一穴之言而俗術遂執言有 一人必有一穴 深可笑也

이는 산과 물은 어질고 지혜롭다고 말한 것을 인용하여 이치에 따라 좋은 것은 취할 수 있다. 수기(秀氣)가 모인 길지가 눈에 띄면 반드시 선인(善人)이 구하게 된다. 그러므로 하늘이 사람을 태어나게 하고 하나의 혈을 주어 허락한다. 땅은 혈을 만들어 한 사람에게 그것(혈)으로 돌아가게 한다. 영화와 부귀는 모두 혈에 관계가 되는데 어찌 우연이라고 하겠는가? 이는 반드시 혈을 주는데 이유가 있다. 사씨가 주(註)에 천생일인(天生一人)을 혼돈하여 지생일혈(地生一穴)한다는 말은 속세 술법에 집착하여 한 사람이 있으면 반드시 혈도 있다고 말하는 것은 심히 가소롭다.

欲求騰公之佳城[712] 須積叔敖之陰德
등공(騰公)의 묘지(墓地:佳城)처럼 좋은 곳을 구하고자 하면 반드시 숙오(叔敖;초나라 사람)처럼 음덕을 쌓아야 한다.

漢夏侯嬰。封滕公駕至東都門馬鳴不前。以足跪地 公使人掘地三尺得石槨 銘曰 佳城鬱鬱三千年見白日 吁嗟滕公居此室公曰。嗟乎天也 吾死葬於此乎 楚孫叔敖幼時出遊見兩頭蛇殺而埋之旣歸泣告其母曰。人言見兩。頭蛇者必死 吾今日見之 母

710) 『논어』 옹야(雍也) 6.。爾(이) ; 耳(이) ; 而已(이이) : 일뿐이다.
711) 以(이) : (给~以 의 형식으로) ~에게 ~을 주다.。以一穴(이일혈) : 하나의 혈을 주다.。與(여) : 허락하다.。因(인) : 따르다.。歸(귀) : 돌아가다.。致(치) : 주다.
712) 佳城(가성) : 묘지를 가리켜 비유함.。駕(가) : 임금의 수레.。跪(궤) : 무릎을 꿇고 앉다.。鬱鬱(울울) : 깊숙하고 고요하다[幽深]. 마음이 펴이지 않고 답답함.。吁嗟(우차) : 아아!. 탄식하다.。吁(우) : 탄식하다.。汝(여) : 너.。陽報(양보) : 뚜렷이 보답이 나타남. 그 보답.。感召 : 감화(를 받다).。召(소) : 부르다.

曰。蛇今安在乎 對曰。恐他人又見之。已埋之矣 母曰。無憂 汝今不死矣。吾聞有
陰德者必有陽報。及長爲楚相。承上言。吉地不可偶得 惟積德可以動天 故欲求滕
公之佳城須積叔敎之陰德以感召之可也。

한나라 하후영(夏侯嬰)이 봉지에 등공(滕公)의 수레가 동도(東都)의 문에 이르
자 말이 울면서 앞으로 나가지 않고 땅에 무릎을 꿇어서 등공이 사람을 시켜
3척 쯤 땅을 파니 석곽(石椁)이 발견되었다. 석곽에 새기기를 '묘소[佳城]가
그윽하나 삼천년 만에 햇빛을 보리라 슬프게도 등공이 이 무덤에 있게 될 것'
이라고 하였다. 공이 탄식하며 하늘이여! 나 죽으면 여기에 장사지내려 하나
요? 초나라의 손숙오(孫叔敖)가 어린 시절 밖에 놀러 나갔다가 머리 들인 뱀을
보고 죽여 물고 돌아와 울면서 어머니에게 말하기를 '사람들은 머리 들인 뱀을
보면 반드시 죽는다' 고 하는데 오늘 내가 머리 들인 뱀을 보았습니다. 어머니
가 말하기를 '뱀은 지금 평안하게 있느냐?' 대답하기를 '다른 사람이 또 그
뱀을 볼까 걱정되어 물었어요.' 어머니가 말하기를 '걱정 말라. 너는 지금 죽
지 않는다. 내가 듣기로 음덕(陰德)이 있는 사람은 반드시 보답이 있다고 하더
라.' 그런 후에 장성하여 숙오(叔敖)는 초나라의 재상이 되었다. 위에서 길지는
결코 우연히 얻어지는 것이 아니라고 하였다. 다만 덕을 쌓아 하늘을 감동시켜
야 가능하다. 그러므로 등공처럼 좋은 묘지[佳城]를 구하고자 하면 반드시 숙오
[叔敖]같이 음덕을 쌓아 하늘이 감동하면 가능하다.

積德必獲吉擂 積惡還招凶地
적덕하면 반드시 천장할[揷;扞;埋] 길지[吉擂]를 얻고 적악하면 오히
려 흉지를 구하게 (招) 된다.

承上言所謂禍福多自己求者 蓋人能積善。則天必以吉地報之而獲吉矣 人若積惡則
天必以凶地應之。而招凶矣 然則欲得吉地者可不盡已求之哉。

앞에 이어 이른바 화복은 대부분 자기가 구해야한다고 말하였다. 대개 사람이
적선을 잘하면 하늘이 반드시 길지로 응답하여 길함을 얻게 된다. 사람이 적악
을 하면 하늘이 반드시 흉지로 응답하여 흉함을 초래한다. 그러한즉 길지를 얻
고자 하면 모든 정성을 다하지 않고서 그것을 구할 수 없다.

莫損人而利己 勿喪善以欺天 穴本天成 福由心造
다른 사람을 손해 보게 하고 자신을 이롭게 하지 말고, 하늘을 기만

하여 선을 잃지(喪) 말라. 혈은 본래 하늘이 만들고 복은 마음에서 만들어진다.

承上言積善爲求地之本 莫損人而利己 勿喪善以欺天 蓋山川之靈鍾而成穴 非人力之所能爲是本天意也 若得此生成之穴則不期福而福自至矣 然非此心之善 何以致之 故福由 心造也 蔡氏云心者氣之主氣者德之符 天未嘗有心[713]於人而人之一心一氣 感應自相符合 此之謂也

앞에서 적선은 땅을 구하는 근본인 것을 말하였다. 다른 사람을 손해보게 하고 자신을 이롭게 하지 말라. 하늘을 속여 선을 잃지 말라. 대개 산천의 신령스러움이 모여 혈을 만들어 사람의 힘으로 할 수 있는 바가 아니니 이는 본래 하늘의 뜻이다. 만약 이렇게 생성된 혈을 얻으면 복을 기대하지 않아도 복이 저절로 이루어진다. 그러나 마음이 선하지 아니하면 어찌 복에 이르겠는가? 고로 복은 마음으로부터 만들어진 것이다. 채씨가 이르기를 '마음은 기의 주인이고 기는 덕에 부합한다' 고 하였다. 하늘이 결코 사람에게 아직 마음을 주지 않으나 사람의 일심일기가 감응하여 저절로 서로 부합한다는 것을 말한 것이다.

發明古訣 以雪吾心 地理精粗 包括殆盡 切記寶而藏之 非人勿示 愼傳後之學者 永世無窮

내 마음을 눈처럼 하얗게 닦아서 옛 비결을 밝힌다. 지리의 정밀함과 조악함을 거의 모두를 포괄하였으니 꼭 보배로 기억하여 간직하라. 그릇된 사람에게는 보여주지 말라. 후학에게 신중하게 전하여 후세에 무궁하도록 하라.

此言作賦發明古人眞訣 盡雪吾心以告世人而其地理之精粗包括殆盡無有遺[714]義 誠爲陰陽之範圍千古俯察之要訣也 切記寶重而藏之。不可輕視匪人。以誤世人。惟愼於授受得其人而傳之 庶永垂萬世而無有窮盡也。

이는 부(賦)를 지어 옛사람의 진결을 밝히고 내 마음을 모두 눈처럼 희게 하여 세상 사람들에게 지리의 정교(精巧)함과 조악(粗惡)함을 포괄적으로 거의 다

<hr />

713) 天未嘗有心于人(천미상유심간인) : 하늘은 사람에게 마음을 주지 않는다.。有心 : ~할 마음이 있다. 。未曾 : 아직~하지 않았다.
714) 遺(견) : 운용하다.。匪人(비인) : 행위가 바르지 못한 사람.。匪人(비인) : 행위가 바르지 못한 사람.。垂(수) : 후세에 전하다.

설심부 변와 정해

운용하는 것이 옳지 않다는 것을 알린다. 진실로 음양의 범위를 오랫동안 부찰하는 것이 요결이다. 반드시 보배로 기억하여 간직하라. 세상 사람들을 잘못 판단하여 경솔하게 비인(匪人)에게 보여주지 말라. 오로지 주고받는 것을 삼가하여 적합한 사람을 만나면 전하라. 바라건대 영원히 만세토록 후세에 전하여 다함이 없어지지 않으니.

右段勉學勸715)善終序著賦之義
앞의 단원은 면학권선 설심부의 뜻을 종료하는 순서를 나타낸다.

賦中段落結語惟勉學勸善之。意居多今又諄諄告戒誠見。地理非自悟不能精吉地非積善不。能得故勸勉如此

설심부 단락 가운데 맺는 말은 오직 배움에 힘쓰고 적선을 장려하는 뜻이 대부분 지금 있고, 또 순순하게 경계하여 알리니 성실하게 보라. 지리는 스스로 깨우치지 않으면 길지에 능통하는 것이 불가하고, 적선하지 않으면 길지를 얻을 수 없으므로 이와 같이 배움에 힘쓰고 적선하도록 권장한다.

---

715) 勸勉(권면) : 장려(하다).◦諄諄(순순) : 순순하다.◦戒(계) : 경계하다.◦悟(오) : 깨우치다.
◦精(정) :능통하다.◦如此(여차) : 이와 같다. 이러하다

〈참고문헌〉

『發微論』

『靑烏經』,新文館,1925

『雪心賦 辯譌正解』,臺灣竹林印書局印行.(인쇄본)

『雪心賦 辯譌正解』,掃葉山房藏板(목판본)

『圖解雪心賦』,聚賢館文化有限公司出版,1995

『入地眼全書』,竹林書局,1905

『重鐫地理天機會員(上.下)』

『精校绘图地理人子须知(간자체)』,2007

『地理人子須知』,竹林書局

『山法全書』,武陵出版社,2001

『地理鉛彈子』,竹林書局

『地學探原』, 集文書局

『地理五訣』, 陝西师范大學出版社

『玉髓眞經』(上.下), 武陵出版有限公司整理編輯

『山羊指迷』, 正海出版社,1986

『地理啖蔗錄』, 珍藏古體重所新編訂發行

『周易』(上.下), 을유문화사, 정병석, 2010

『朝鮮의 風水』,최길성옮김,민음사

『葬書譯註』, 비봉출판사, 허찬구, 2005.

『明山論』 비봉출판사,김두규, 2002

『地理神法』, 비봉출판사,김두규, 2005

『풍수지리보감』,대한민국풍수지리 연합회

『풍수지리학 원리』, 리북스,문인곤

『풍수지리학 개론』, 김기선

『풍수지리(집과 마을)』, 김광언

『바른 재혈의 길잡이』, 남궁승

『千古祕傳 風水地理學雪心賦譯解』, 도서출판 예가, 이돈직, 2001

『古典 風水學 雪心賦』, 관음출판사, 신평 역주도해, 1999

『疑龍經·撼龍經』, 비봉출판사, 김두규역, 2009.

『人子須知』(前)·(後), 명문당, 김동규역, 2008.

『완역 풍수경전』, 문예원, 장성규·김혜정, 2010.

『우리시대의 풍수』, 민속원, 조인철, 2008.

『한국풍수의 원리』, 동학사, 유종근·최영주공저, 1997.

『한국의 풍수사상』, 민음사, 최창조.

『거림명당풍수학(上·下)』, 연암출판사, 노병한, 2005.

『한국의 풍수지리와 건축』, 일빛, 박시익, 2004.

『도선통맥지리』, 지선당, 윤갑원, 2005.

『풍수지리개론』, 신지서원, 손정고, 2003.

『명당답산기』,도서출판 행복을 만드는 세상, 김종철, 2007.

『풍수기초원리론』,황영웅.

『땅속 명당 땅 밖 풍수』, 동학사, 김용학, 2002.

『과학으로 증명하는 현장풍수』 상원문화사, 박봉주, 2009.

『풍수학 사전』, 비봉출판사, 김두규, 2005.

『한국의 풍수지리와 건축』, 일빛, 박시익, 2004.

『도선통맥지리』, 지선당, 윤갑원, 2005.

『풍수지리학 이론』한국풍수지리 연구소,채영석.

『大漢韓辭典』진현서관, 張三植,1980

 민중원 풍수학당(http://cafe.daum.net/vndtnalswnddnjs)

 국립중앙도서관(www.nl.go.kr)

 다음 사전 https://dic.daum.net/

 네이버 사전 https://dict.naver.com/

 전통지리사상의 관점에서 본 조선시대 읍성연구.(박사논문)

 국토지리정보원(www.ngii.go.kr)

부 록

용어 정의(定義)

풍수(風水)에서는 혈을 만들기 위한 지맥(地脈)을 용(龍)이라 칭하고 이 지맥(地脈)이 생기(生氣)를 맺는 곳을 혈(穴)이라 하며 이 혈(穴) 주위를 둘러싸고 있는 산·물·언덕·바위 등을 사(砂)라고 부른다. 따라서 풍수에서 사용되는 용어는 일반적으로 사용되는 사전적(辭典的) 의미와 일부 다르게 사용되는 경우가 있으므로 사용된 용어의 뜻을 분명하게 하기 위하여 용어(用語)를 정의하고자 한다.

1.**가상(家相)** : 가상(家相)은 주택이 놓인 방위와 주택의 모양세와 주택의 구조를 말한다.   cf) 동사택(東舍宅)·서사택(西舍宅)

2.**간룡(幹龍)** : 조종산에서 수백리 뻗어 내려오는 산의 본줄기를 말한다.↔지룡(枝龍);방룡(傍龍)

3.**간섭(干涉)** : 사(砂)의 작용으로 산맥(山脈)의 흐름과 혈장의 형성을 방해하고 용맥을 노사(老死)하게 한다. ☞ 무정(無有): 한쪽으로 기울거나 등을 돌려가는 것(飛走);無氣(무기).↔동조(同調).

4.**거산국(去山局)** : 국(局)을 이룰 수 있는 산(山)들이 물을 따라 흘러가는 국이다. 이는 산수동거(山水同巨)와 같은 맥락의 말이다. cf) 산수동거(山水同居)

5.**거수국(拒水局)** : 산들이 물을 막아 거슬러 들어오는 형태의 국이다. 이는 역수(逆水)와 거의 같은 말이다.≒거수룡(拒水龍)과 같다. cf) 역수룡(逆水龍)

  cf)거수(去水): 물이 빠져나가는 것을 말한다.일명 소수(消水)라 한다.

6.**개법(蓋法)** : 개법은 만두(峰巒)의 높은 곳에서 혈(穴)을 맺으면 아래쪽의 흉살(凶殺)을 눌러서 덮어 가린다고 하여 이를 개법(蓋法)이라고도 한다.

  cf) 개·당·의·점(蓋· 撞· 倚· 粘)

※배토장(培土葬) : 기가 얕은 곳에 있으면 장사지낼 때 천광을 얕게 파고 객토로서 봉분하는 것.

7.**개각(開脚)·개구(開口)·개면(開面)·개수(開手)**

 7-1.**개각(開脚)** : 만약 용호(龍虎) 밖에 다시 용호가 있으면 개각(開脚)이라 한다.

 7-2.**開口(개구)** : 藏口(장구)라고도 하며 개구(開口)는 입을 연다는 뜻으로 혈장

설심부 변와 정해

을 중심으로 사신사가 에워쌌다는 뜻이다. 주산이 생기고 용호사가 혈장을 감싼 모습을 이르는 말이다. 손을 벌려 연 것도 역시 용호가 혈을 보호한다는 뜻이다.

7-3.개면(開面) : 개면은 사람에 비유하면 얼굴에 이목구비(耳目口鼻)를 구비한 모양과 같이 혈(穴)에서 선익(蟬翼)·구첨(毬簷)·1차 분합수(分合水)·금어수를 구비하면 개면(開面)이고, 개면이 되면 와·겸·유·돌(窩鉗乳突)의 사상(四象)은 정상적인 혈이다. 分(분)·仰(앙)·向(향)·合(합) 중 하나라도 반대되는 것이 있으면 **개면(開面)이 되지 않는다.** 또 分斂[716](분렴)·仰覆(앙복)·向背(향배)·**合割(합할)**의 조건을 충족하지 않으면 **혈**이 되지 않는다.

1)오악(五岳)은 혈상(穴相)으로 평면이고, 혈상(穴象)은 입체이다.

2)개면(開面)·오악(五岳)·사상(四象)의 차이점?

구 분 (區分)	특 징(特徵)				출처(出處)
개 면 (開面)	分斂(분렴)	仰覆(앙복)	向背(향배)	合割(합할)	山羊指迷
오 악 (五岳)	좌·우선익 (蟬翼)	혈(穴)[717]	뇌두(腦頭);孕(잉)	전순(氈脣)	現場風水
사 상 (四象)	窩:窩有弦稜	乳: 乳有蟬翼	突:突有縣針	鉗:鉗有落棗	元本靑鳥經

7-4.開手(개수) : 좌우 용호사가 혈장 양쪽으로 팔을 길게 늘어트린 모양[兩臂]

cf) **兩臂(양비)** : 좌우 용호사를 사람의 팔뚝에 비유한 말. 혈장 옆의 좌우 용호사는 단단하고 단정하고 튼실해야 한다.

cf) **개혈(開穴)** : 천광(穿壙)과 같은 말이다. '혈을 연다'는 뜻으로 시신을 안장하

---

716) 分斂·仰覆·向背·合割

  1) 分斂(분렴): ①분(分)은 산이 내려오며 갈라지는 것이고, ② 염(斂)은 갈라지지 않고 뭉쳐 있거나 팔(八)자가 안으로 치고 들어오는 것이다. 즉 갈라져 내려오는 모양은 마치 닭발처럼 세 가닥으로 정확히 갈라지는 것이 이상적이다. 分으로 나누어지는 것으로 八자로 벌려주는 것이다. 이때 세 갈래 즉 <u>소(개)자</u>로 갈라지지 않으면 용(龍)이 아니며, 갈려져 내려오지 않으면 맥이라고 볼 수 없다.

  2) 向背(향배): 주위의 산들의 혈을 향한 성정의 유무를 말한다.

  3) 仰覆(앙복): 앙(仰)은 **양(陽)**이 되고 **복(覆)**이면 음(陰)이 되니 陽이 있는데 陰이 없으면 不可하고, 仰이 있는데 覆이 없으면 불가하다. 陰覆의 산은 陽仰의 脈을 얻어야 生氣가 바로 動한다. 喜仰은 正히 覆中에 仰을 取함이다.

  4) 合割(합할):주로 혈에서 갈라진 물이 혈 아래에서 모여 합하는 것을 의미한다. 즉 금어수를 말한다.   <출처>『자연풍수의 입문』『산양지미』

717) 묘지에서 광중(壙中;시체를 묻는 구덩이)자리

기 위해 땅을 파는 행위를 가리킨다.

8.개장(開帳)과 개장천심(開帳穿心): 대개 태조산이나 중조산 혹은 소조산에서 산줄기가 마치 새가 날개를 펼치는 것 같고 병풍을 치는 것과 같이 장차 형성하게 될 혈(穴)을 뒤에서 감싸주는 모습[형세]을 개장(開帳)이라 한다. 개장(開帳)한 가운데에서 하나의 산 능선이 뻗어 나온[이어져 나온] 것을 천심(穿心)이라고 하고, 천심을 한 산릉선[龍]의 끝부분에 혈이 맺히게 된다.

cf) 개장과 분벽의 차이점은 분벽(分擘)은 천심맥(穿心脈)이 없으며, 분벽(分擘)은 용맥이 앞으로 나아가는 과정에서 그 세력이 두 용맥 또는 세 용맥으로 나누어지는 형상을 용맥의 분지(分枝) 또는 분벽(分擘)이라 한다.

9.거수룡(拒水龍) : 용맥이 흘러기는 물을 거슬러 역(逆)을 하는 용맥이다.

10.검척사(劍脊砂) : 용맥(龍脈)이나 입수맥(入首脈)에 작두나 칼과 같이 뾰족한 흉석(凶石)이 있는 산을 말한다. 이런 산이 혈장 가까이 있으면 자손들의 성질이 흉폭하여 남을 해치거나 흉기로 죽음을 당한다. 또 지사가 검척사에 재혈을 해주면 지사가 해를 입는다.

11.격정(格定) : 용(龍)이 들어오는(來龍) 방위와 혈의 좌향과 물이 시작되고[得] 나가는[破] 방위 등을 패철[나경]을 이용하여 방위를 재어 알아보는 행위를 말한다. 즉 용맥(龍脈)의 격정(格定)은 명당을 찾는 시작점이다.

12.결인(結咽)과 결인속기(結咽束氣) : 용맥(龍脈)이 행도(行度) 중 좁고 낮게 되어 **혈장을 생성(生成)하기 전에** 내맥(來脈)을 움켜쥔 것처럼 잘록한 형상을 한 곳을 **결인(結咽)**이라고 하며, 잘록하게 되어 기운을 묶어 준다는 뜻으로 **결인속기**이라고 한다. **결인은 흉한 기운을 털어내는 곳이다.** 여기서 결인(結咽)은 용맥의 외적인 형태의 표현이고, 속기(束氣)는 땅속에 숨어있는 내면적 취기[기의 뭉침]를 뜻하는 표현이다. 이는 내룡이 혈을 맺기위하여 조산에서 출맥한 연후에 개장천심(開帳穿心)·기복굴곡(起伏屈曲)·박환(剝換)·과협(過峽)·결인속기(結咽束氣) 등 여러 생동작용을 거쳐 최종적으로 혈장(穴場)의 바로 뒤에서 내적인 **속기**와 외적인 **결인**으로 기맥을 잘록하게 모아 묶어서 혈장에 이어주는 작용을 한다.

cf) 봉요(蜂腰)는 과협으로 벌의 허리와 같이 잘록하게 된 곳이며, **결인**은 최종적으로 혈장 바로 뒤에 잘록하게 되어 기운을 묶어 주는 부위에 해당한다.

cf) **결인(結咽)과 과협(過峽)의 차이 ?**

13.결항사(結項砂) : 내룡맥이나 혈장 주변의 산맥이 자루를 동여맨 것과 같은 모양[束氣]으로 잘록한 부분의 산을 말한다. 이러한 산들이 있으면 자손들이 목을 매거나 교수형을 받는 화를 당한다.

cf) 속기처에 장막(帳幕)으로 보룡(保龍)하면 오히려 용세에 힘이 있는 것으로 본다.

cf) 영·송사(迎送砂) ?

14.계간수(溪⁷¹⁸⁾澗水) : 산골짜기(溪谷)에서 흐르는 시냇물[溪澗=溪流=溪水]이다. 이는 곧게 흐르거나, 경사도가 심하여 물이 다투듯이 흘러 소리가 나거나[爭流響]나 혈장(穴場) 쪽으로 곧게 흐르면[直冲水] 흉(凶)하다.

15.계명(界明) : 입수두뇌가 밝고 계수(界水)가 분명한 것.

16.과당(過堂) : 혈에서 향 앞으로 지나는 물

17.과두수(裹頭水) : 허약한 용에 붙어있는 수각(手脚;용호)에 여기(餘氣)가 없어 거센 물이 부딪혀 패이고 깎여 두루 돌아 머리(혈장)를 감싸는 물[貼脚洗割周廻而裹頭也]로 흉하다. 자손이 돌림병에 걸리고 빈한(貧寒)하다.

  cf) 과두수(裹頭水) · 전요수(纏腰水) · 금성수(金城水) ?

18.과맥(過脈) : 용맥이 머물지 않는 것으로 이는 그 어떤 형태로든지 안정을 추구하려는 형태를 취할 때까지의 진행하는 용맥이다. 과맥(過脈)은 생기가 멈추거나 응결되지 못한 채 그냥 흘러가는 산이며, 행룡(行龍)이라 한다.

19.과협(過峽) : 산봉우리와 산봉우리를 이어주는 산줄기로 좁고 잘록하며 낮은 부분을 말하며, 보통 이러한 곳은 고개[재;峽;嶺;跌斷處]가 되는 곳이다. 과협은 산과 산 사이의 생기(生氣)를 이어주며, 과협(過峽)이 좋아야 내룡(來龍)의 생기가 충만하다고 본다. 과맥이 길면 지각이 있어야 좋다.옛말에 '龍之過峽은 如人之咽喉니 龍之生死가 <u>關於過峽</u>이다'고 했다☞보통 혈은개장(開帳)·분벽(分擘)·<u>과협(過峽)</u>·강협(扛狹)·영송(迎送)·결인속기(結咽束氣)·잉(孕) 순으로 진행하여야 혈을 맺는다.

20.공망(空亡)

1)패철 5층의 천산 72룡(穿山七十二龍)을 보면 중간에 빈칸이 있는데 이 칸이 대공망이다. 이 칸으로 들어오는 내룡과 맥을 쓰지 않고, 중국에서는 '정(正)'字가 표시되어 있다.

2)공방(空亡)은 혈 뒤가 하늘로 말려 올라가 앙와의 형세로 우묵하게 꺼져 있는 것[仰瓦]을 말한다. 대개 요뇌천재성체(凹腦天財星體)는 또 대부분 혈후가 앙와(仰瓦)의 모양이다. 다만 혈뒤에 유(乳)가 있으면 진(眞)이 되고 뒤면에 낙산이 붙어있는 것이 기준이 된다. 다만 배후를 주밀하게 감싸야 하며 절대로 텅 비어서[空曠]는 안된다.

21.곽(槨) : 관을 넣는 궤 또는 외관(外棺)

22.관(棺) : 시체를 넣는 궤(櫃:궤짝) 또는 널이라고도 한다.

---

718) cf) 溪(磎시내 계), 산에 있는 것도 嵠(시내 계), 자갈이 깔려 있어도 磎(시내 계), 계곡이 들어가도 谿(시내 계, 다툴 해), 磎: 말다툼할 혜,시내 계

23.관귀(官鬼)와 금요(禽曜): 혈의 전후좌우에서 출발한 **여기(餘氣)의** 산을 말하는 것으로 앞에 있는 것을 **관성(官星)**이라 하고 뒤에 있는 것을 **귀성(鬼星; 拖撑之山 枕樂穴場者也)**이라 한다.

용호 바깥의 좌우에 있는 것은 **요성(曜星)**이라 하고, 명당의 좌우와 수구의 좌우에 있는 것을 금성(禽星) 또는 명요(明曜)라 하는데 이들은 모두 부귀용혈(富貴龍穴)의 증표가 되는 것이다.

24.관성(官星) : 관성은 안산(案山)이나 조산(朝山)의 뒤에 붙어있는 산으로 안산과 조산의 기운을 혈 쪽으로 밀어주는 역할을 한다. 관성은 크기나 모양에 상관없이 모두 길성(吉星)으로 보나 안산보다 높고 크면 좋지 않고 안산을 뒤에서 받쳐 주는 적당한 크기이면 된다. 관성은 혈에서 보이지 않는 것이 대부분이나 간혹 보이는 것도 있다. 혈(穴)에서 안산(案山) 뒷면의 관성이 보이는 것을 현세관(現世官) 또는 현면관(現面官)이라 하여 매우 귀한 것이며, 속발하여 당대에 현관(顯官)이 기약된다.

25.관쇄(關鎖) : 용호(龍虎)의 끝이 좌우에서 서로 맞닿아 있거나[龍虎相鬪] 서로 교차하여 [龍虎相讓;交牙關鎖;交揷;**交牙**]용호가 서로 양보하여 맞물려 있거나 지각이 서로 맞물려 물이 빠지는 곳이 좁아진 상태를 말한다.

26.광취명당(廣聚明堂) : 여러 산에서 나오는 물이 모두 혈 앞 명당에 모이는 것을 말한다.

 사방에서 물이 명당에 모여드니 기가 충만하여 큰 거부가 되는 지극히 길한 명당이다.

 cf) **핍착명당(逼搾明堂)· 질색명당(窒塞明堂)/대회명당(大會明堂)·융취명당(融聚明堂)**

 1) 핍착명당(逼搾明堂) : 혈과 마주하는 안산이 너무 가까워 **명당이 좁고** 혈을 누른다[壓迫].

 2) 질색명당(窒塞明堂) : 명당에 앞에 언덕이나 돌무더기가 가까이 있어 (명당이 좁아) **막혀[壅塞]** 답답하다.

 3) 대회명당(大會明堂) : 수십, 수백리를 달려온 용들이 명당에서 멈추고, 용을 따라 온 많은 물들이 혈앞의 명당에 모여들어 **큰 국세**를 이룬다.

 4) 융취명당(融聚明堂) : 사방팔방에서 흘러온 물이 명당의 중앙으로 흘러 들어와 연못을 이룬다. **연못**에 모인 물을 융취수(融聚水)라 한다.

27.괘례(卦例) : '괘례란 사신팔장·삼길육수·녹마·재백·천부천모·보성·생기 등과 같은 것을 말한다.(卦例卽所謂四神八將三吉六秀祿馬財帛及天父天母輔星生氣之類是也) 이러한 것들이 특정한 방위에 있거나 또는 특정한 방위에서 와서 특정한 방

위로 흘러가야 길하다는 주장이 바로 이 괘례를 준거로 하는데 전혀 근거가 없다'는 것이 맹호의 주장이다.

28.**교아(交牙)** : 용호가 안쪽으로 요(曜)를 내어 서로 교대로 엇갈리며 들락거려 이빨 같은 모양을 이룬 것. cf) 배아(排衙)

29.**구곡수(九曲水)** : 물이 지현굴곡(之玄屈曲;지그재그)으로 이리저리 굽어 구불구불 흐르는 것을 말한다.

30.**국(局)· 보국(保局)** : 혈장(穴場;마을이나 묘지)주위의 산과 물로 감싸고 있는 안쪽내부를 말한다. 혈장 주변의 산세들이 둥그렇게 감싸는 원형이 좋고, 사신사가 혈장을 등지고 사방이 확 트이면 좋지 않다. 국을 다른 말로 에너지장(Energy場) 또는 국세라고도 한다.

☞**Energy 장(場)**: 혈장 주변의 산·물·바람·일·월(日月) 등이 주고받는 에너지가 미치는 작용범위를 말한다. 즉 어떤 사(砂)의 에너지가 미치는 범위를 말한다.

31.**국세(局勢)** : 혈장의 주변에 산으로 둘러싸여[羅城] 구성된 산들의 짜임새를 말한다.

32.**규봉(窺峰)** : 멀리 있는 산봉우리가 가까이 있는 산 너머로 보이되, 그 형태가 보일듯 말듯 한 산을 말하며, 마치 담 너머에 있는 도둑이 집안을 들여다보는 듯한 모습이어서 '도둑봉'이라고도 한다. 규봉이 있는 지역에서는 도둑의 피해를 보게 된다.

33.**금정틀[金井機]** : 천광을 할 때 구덩이의 길이와 너비를 정하는데 쓰는 "井"자 모형의 나무틀. cf) 금정(金井) : 천광한 네모 모양의 광중(壙中)

34.**기룡혈(騎龍穴)** : 기룡혈은 혈이 용의 등을 타고 있는 것처럼 보이며, 용맥에 혈을 결지한다. ☞**기룡(騎龍)**이란 행하는 용이 앞으로 나가 혈(穴)을 맺지 못하고, 과협처에 성운(星暈;혈장)을 이루므로 주(珠)와 같은 넓은[宕] 등성마루에 혈이 생긴다. 뒤의 지각(枝脚)은 앞을 향하고, 앞의 지각은 뒤를 돌아보며[去八來八], 사방이 주밀(周密)하고 국세(局勢)가 완취(完聚)하니 넓고 구슬 같은[珠宕] 곳에 작혈(作穴)하는 것이다. 즉 기룡혈의 혈증으로 혈장에 남은 기운이 자기 안산을 만들고 거팔래팔(去八來八)이 분명해야 한다.

   cf) 순기룡·도기룡·횡기룡

35.**기충뇌산(氣沖腦散)** : 풍수에서 '직룡직향(直龍直向 ;直來直沖)은 대흉으로 기충뇌산(氣沖腦散)된다'고 한다. 기복(起伏)과 굴곡이 없고 가파르고 곧게 내려온 입수와 좌향의 방위가 일치되면 후손에게 정신적인 고통을 준다는 이 방위는 반드시 피해야 한다. cf) 의법(依法)

36.**나성(羅城)** : 나성(羅城)이란 명당의 사방에 감싸고 있는 여러 산을 말한다.

마치 성곽의 형상을 한데서 이름을 지은 것이다. 그 기능은 용의 기운을 보호하는 역할을 한다.

37.나성(羅星) : 나성은 수구를 막아주는 사(砂) 가운데 하나이다. 수구사이에 돌이나 흙이 쌓여서 이루어진 작은 섬 또는 봉우리를 뜻한다. 대체로 진(眞)의 나성은 외수구에 있다.

☞수구사의 종류 : 한문(捍門)·화표(華表)·북신(北辰)·나성(羅星)

38.낙맥(落脈) : 높은 산에서 맥이 급히 하강(下降)하여 뻗어간 맥. ☞맥(脈): 산줄기

39.낙산(樂山) : 혈 뒤쪽에서 응락(應樂)하는 산[枕樂]으로 혈장을 보호(護從)하여 혈장을 감싸는[翼蔽] 산이다. 횡룡으로 결혈할 때에는 반드시 낙산[枕樂]에 의지해야 한다.

40.낙조(落槽) : 혈 앞에 홈통[도랑]처럼 쭉 패어나간 모양[漏槽].

41.내룡(來龍) : 입수 이전까지의 뻗어온 용맥(龍脈)을 말한다. 흔히 혈의 뒷산을 두고 이르며 혈(穴) 뒤편의 산세(山勢)를 의미(意味)하기도 한다.

42.내팔거팔(來八去八):뒤의 지각(枝脚)은 앞으로 '八字'형태로 향하고, 앞의 지각은 뒤를 돌아 보고 '八字'형태로 있는 모양[去八來八]으로 보통 기룡혈에 필요

43.내수(來水):혈장이나 마을을 향하여 오는 물을 말한다.

cf) 분합증혈

44.노태(露胎):용맥의 혈장이 좌우의 용호에 의해 보호받지 못하고 오히려 더 길게 쭉 빠져나온 상태로 산의 생기가 응축되지 않아 혈이 맺기 어려운 상황이다.

cf) 추족(墜足)·현무토설(玄武吐舌)·용호단축(龍虎短縮)·현무출문(玄武出門)

☞ 대안(代案)으로 절장법(截葬法)이나 혈앞 용호의 입구(入口)안에 터를 굴착하여 암자나 정원을 만들어 노태산(露胎山)의 생기를 멈추게 한다.

45.누조(漏槽) : 주변에 고인 물이 흘러내리도록 구유[가축의 먹이를 담아 주는 그릇]처럼 홈을 파내어 만든 구조물[도랑]

46.누조수(漏槽水) : 누조수는 혈 아래로 파여 곧게 기울어 마치 말구유 통과 같이 도랑길[溝道]을 이루면 물이 있건 없건 구애되지 않고 모두 누조수(漏槽水)라 한다. 집안이 기울고 가업이 망하며 어린아이가 죽고 재앙이 있다.

cf)당문파(堂門破)와 임두수(淋頭水)의 차이점 ?

47.눈룡(嫩龍) : 예쁜 용 즉 박환(剝換;剝變;風化)이 된 용.↔노룡(老龍) : 거친 용 즉 박환 중이거나 박환이 안된 용

48.당문파(堂門破) : 득수하여 명당에 모인 다음 혈 앞으로 파구되는 것을 당문

파(堂門破)라 한다. 혈(穴)의 앞부분 즉 전순이 전무하거나 파괴되어 마치 문이 열려있는 형태

☞ 만약 진혈(眞穴)이며 백보전란으로 수구가 차란(遮攔)된다.

49.도화수(桃花水) : 목욕수(沐浴水)라 하며, 이기론상 각 국의 목욕방에서 흘러들어오는 물이다. 도화수가 혈 앞으로 흘러들어오면 여자들은 음란하고 강물에 투신하여 자살하는 일이 생긴다. 파구가 되면 풍류로 부귀를 얻는다.

cf) **목욕소수(沐浴消水)** : 사국의 12포태로는 태궁(胎宮)으로 파구가 되고 목욕향(沐浴向)이다. 향상작국으로는 향상목욕국(向上沐浴宮)으로는 파구가 되고, 향상왕향(向上旺向)이 되는 것을 목욕소수(沐浴消水)라 한다. **물은 반드시 우수도좌(右水到左), 용(龍)은 좌선룡(左旋龍)이 원칙이다. 파구(破口)는 천간자(天干字)로만 나가야 한다.**

50.돈기(頓起) : (문득) 봉우리가 솟다.

cf)頓伏(돈복) : 봉우리를 기봉(起峯)하고 산줄기가 뻗어 내려감

51.돈부(墩阜) : 약간 높고 평평한 땅과 언덕. 즉 토석으로 된 언덕

52.돈질(頓[719]跌) : 크게 굽이치며 변화가 있고 힘차게 가는 모양

☞기복돈질(起伏頓跌) : 크게 굽이치며 변화를 하며 힘차게 가는 모양

53.동궁(同宮): 쌍산(雙山)으로 볼 때 같은 방위에 있는 임(壬)과 자(子)를 동궁(同宮)이라고 하며, 정음정양(淨陰淨陽)에서 같은 정음이나 정양인 것도 동궁이라고 한다. 풍수에서 동궁의 방위는 같이 쓰지 않는다. 그러나 배합론에서 동궁[配合]만 혈이 된다는 논리다. 예로 壬子(配合)는 혈이 되고, 子癸(不配合)는 혈이 되지 않는 것으로 본다.

54.동기감응(同氣感應) : 유전인자(遺傳因子)와 같은 유전형질이 같을 경우 파장을 일으켜 서로 반응하는 현상이라고도 한다.

55. 동조(同調) : 어떤 일이나 주장에 대하여 자기의 의견을 일치시키거나 보조를 맞춤.
주(主)와 종(從)의 형상이 균형이 있게 화합함. ☞유정(有情) : 혈을 환포(環抱) 하여 유기(有氣)하나 비주(飛走)하면 무정(無情)하여 무기(無氣) cf) 지자기 교란?

56.득(得)과 파(破) : 혈(穴)이나 내명당(內明堂) 또는 용호내(龍虎內)에서 발원하여 흐르는 수류(水流)의 발원지[물이 흘러가는 것이 처음 보이는 곳}를 득(得) 또는 득수(得水)·천문(天門)이라고도 하며, 그 물이 혈 앞을 지나서 명당 밖으로 빠져나가는 곳을 파(破)) 또는 파구(破口)·수구(水口)·오호(五戶)·지호(地戶)라고도 한다. 다르게 표현하면 혈장에 보이는 시계내(視界內)에서 내수(來水)의 처음 보이는 곳을 득, 거수(去水)의 마지막 보이는 곳을 파(破)라 한다.

---

719) 돈(頓) : 잠시 멈추다. 조아리다. 봉우리를 일으키다. 즉시. 홀연히

57.**만곡(彎曲)** : 활모양으로 굽음

58.**만포(彎抱)** : 활같이 둥글게 감싸 안은 것

59.**만환(彎環)** : 물굽이가 고리처럼 감싸다. cf) **만포(彎抱)** ≒**만환(彎環); 환포(環抱)**

60.**매장(埋葬)** : 시체나 유골을 땅에 묻어 장사지내는 것

　cf)**장사(葬事)의 종류** : 매장·화장(火葬)·풍장(風葬)·조장(鳥葬)·수장(水葬)·다비(茶毘)

61.**맥(脈)** : 용(龍)을 산이나 능선의 외형을 일컫는다면 맥이란 통칭 산맥 즉 산줄기를 뜻하는 말이지만, 풍수학에서의 맥은 땅속을 흐르는 기맥(氣脈) 즉 생기(生氣;에너지)가 흐르는 통로(通路)를 맥이라 한다. ☞용맥(龍脈)이란 용(龍)과 맥(脈)을 합쳐서 용맥(龍脈)이라 한다.

62.**면궁(眠弓)** : 활처럼 생긴 모양 cf) **면궁안(眠弓案)·자기안(自己案)**

63.**면원(綿遠)** : 장구(長久;永久)하다. 예) 세대가 대대로 오래 이어감, 발복면원(發福綿遠);발복이 끊이지 않고 오래감)

64.**명당(明堂)** : 원래 명당이란 왕이 만조백관(滿朝百官)을 모아 놓고 회의를 할 때 신하들이 도열하는 마당이다. 왕이 앉아있는 자리가 혈이라면 신하들이 왕을 배알하기 위해서 모여드는 자리는 명당이다. 실례로 집에서 주 건물이 혈이라면 마당은 명당에 해당한다.『입식가』에 소명당(小明堂)은 원운(員暈) 아래에 있으니 혈(穴)의 진가(眞假)를 분별한다. 중명당(中明堂)은 청룡 백호 안쪽으로 교회(交會)에 소상(昭詳)함을 요(要)한다. 대명당(大明堂)은 안산(案山) 밖에 있으니 반드시 사방의 물이 모임을 요한다.

65.**물형론(物形論)**:산의 겉모양을 보고 그 산의 모양이 사람이나 동물 또는 물건의 생긴 모양과 흡사하다면 그 모양을 보고 땅속의 기운(氣運)이 어디에 있는지를 찾아내는 것을 말한다. 어떤 특정한 자리에는 어떤 기(氣)가 모여 있으며 또 주위의 산천으로부터 어떤 영향을 받는지를 주위 산세의 형상으로 따지는 것이 물형론이며, **형국론** 또는 **갈형론(喝形論)**이라 한다. 예(例)로 사자희구형(獅子戲毬形)·금계포란형(金鷄抱卵形)·와우형(臥牛形)·맹호출림형(猛虎出林形)·봉황귀소형(鳳凰歸巢形)·선인독서형(仙人讀書形)·행주형(行舟形) 등과 같이 땅의 형태를 사람이나 동물의 모습에 빗대어 설명하고 그 가운데에 핵심이 되는 장소를 혈로 간주한다.

66.**미망사(微茫砂)**:지맥(地脈)이 낮고 가늘어서 있는 듯, 없는 듯하여 뚜렷하지 않은 사(砂). cf)**초사맥(草砂脈)**

67.**박환(剝換)**(=탈변(脫變);박변(剝變);탈사(脫卸)): 풍화작용을 말한다. 암석이 물과 바람에 의해 기계적 풍화가 되거나 화학적 풍화 등으로 흙으로 변해 가는 것을 가리킨다. 박환이 잘 된 내룡이어야 생기가 왕성한 것으로 본다. 용이 행도를

하면서 오성(五星)이 변환하거나 **노룡(老龍**;거친 용;산이 높고 험악하며 웅장한 모양[山之嵯峨高雄爲老]에서 **눈용(嫩龍**;산이 낮고 연하고 윤기나 예쁜 모양[低軟光潤爲嫩]으로 변화하여 즉 사룡(死龍)에서 생룡(生龍)으로 변화하는 하는 것을 **박환**이라 한다. 용(龍)은 박환의 과정을 통하여 살기(殺氣)를 탈살(脫殺)하게 되고 묵은 나뭇가지에 새순이 돋아나서 새순에 꽃이 피고 열매를 맺는 것과 같이 용(龍)은 박환(剝換)을 한 후 혈을 맺게 된다.

68.**반궁수(反弓水)** : 물이 둥글게 흐르는 그 바깥쪽을 말한다.↔궁수(弓水)

69.**방룡(傍龍)** ; 지룡(支龍)↔정룡(正龍). ☞正龍[정맥;주룡]/ 傍龍[지룡;방룡] : 정맥의 곁에서 출맥한 용맥 방룡은 정룡에 대하여 종속적인 자세를 갖게 되므로 지룡(支龍)이라고도 하며 간룡에 대한 보조룡의 역할을 맡게 되므로 정혈(正穴)을 맺을 수는 없고 정룡(正龍)을 좌우에서 호위하는 용맥을 할 뿐이다.

70.**배아(排衙)** : 옛날 관청에서 의장기(儀仗旗) 따위를 배치하고 관아 좌우에 관리들이 관직의 순차대로 줄을 지어 상관을 알현(謁見)하는 모습. 즉 마치 군대 군사들이 양옆으로 도열한 모양

71.**백보전란(百步轉欄)**: 혈에서 물은 원진수 물이 백보(百步;약 130cm)정도 곧게 흐르다가 굽어서 흘러[蕩然하지 않고 直出하지 않아] 수구가 보이지 않게 물이 흘러나간다.
즉 용혈을 감싸는 청룡 및 백호사이의 명당길이가 짧아 혈에서 약 130cm 정도에서 파구(破口)가 이루어져야 한다. cf)**당문파(堂門破)** : 혈 앞에 물이 앞으로 곧게 나가는 것

72.**번신(飜身)** : 용이 가다가 방향을 바꾸어 용신(龍身)을 돌리는 모양. 우회번신(又回飜身)

73.**복룡(福龍)**은 주 방향에 후산이 있고 측면을 날개와 같이 보호해 주고 있는 것이다.

74.**본신룡(本身龍)** : 주룡(主龍)-태조산(太祖山)에서 입수(入首) 직전까지의 용맥(龍脈)으로서 혈장(穴場)을 형성하는 용맥이므로 본신룡 또는 주룡(主龍)이라 한다.

75.**봉요학슬(蜂腰鶴膝)** : 산봉우리를 연결하는 **줄기[過峽]가 넓으면** 벌의 허리(蜂腰)처럼 잘록하고 <u>가늘면 학의 무릎[鶴膝]</u> 같이 뭉친 곳이 있어 기운이 살아있다는 증거로 과협(過峽)의 좋은 형태를 말한다.
 cf)봉요학슬(蜂腰鶴膝)≠결인속기(結咽束氣)

76.**보호사(保護砂)** : 혈장과 본신 용맥을 보호하는 산맥과 산을 말한다. 호종사(護從砂)라고 도 한다.

77.분수계(分水界)·분수령(分水嶺)·분수척(分水脊):내린 비가 각각 반대쪽으로 흐르게 되는 능선의 제일 높은 경계선을 말한다. 일반적으로 하천의 유역을 나누는 경계가 되며 산맥의 봉우리를 이은 선에 해당한다.

78.분지(分枝)와 분벽(分擘) : 용이 가지를 나누고 맥을 나누는 것으로 하나의 용맥이 둘 이상의 용맥으로 나누어지는 것을 **분벽(分擘)**이라 하고, 분벽에는 정분벽(正分擘)과 부정분벽(不正分擘)이 있다. 용맥상에 새로운 가지가 생겨 나누어지는 것을 **분지(分枝)**라 한다. 나뉘어 끌고 나간[拖拽] 용(龍)이 너무 많으면 기(氣)가 흩어져 힘이 작고 약하여 혈을 맺지 못한다. 분벽은 천심맥(穿心脈)이 없으나 개장(開帳)은 천심맥(穿心脈)이 있는 점이 다르다.

☞ **분벽(分擘)구조의 형태는** 산맥구조에 따라 구분되는데, 산 능선으로 이어진 선구조(線構造)의 경우 선분벽(線分擘), 산봉우리로 이어진 입체구조(立體構造)의 경우 입체분벽(立體分擘)으로 구분 된다.

79.불급(不及):어떤 존재의 힘이 상대에게 미치지 못함을 말한다. 양이나 힘이 상대와의 거리에 비해 작거나 약하면 서로 간의 균형[相稱]과 안정을 깨뜨린다. 불급(不及)↔태과(太過)

80.비보(裨補)·압승(厭勝) : **비보(裨補)**는 지리환경의 부족한 부분을 보완하여 자연환경이 조화와 균형을 이루도록 인위적으로 더하고 북돋는 행태를 말하며, **압승(厭勝)**은 지리환경의 과도한 부분을 제압하여 자연환경이 조화와 균형을 이루도록 인위적으로 기운을 빼고 누르는 행태를 말한다.

81.사(砂):혈처(穴處)를 중심으로 24방을 둘러싸고 있는 대소의 모든 산을 포함하여 암석· 구릉(丘陵)·수목(樹木)·평야·도로·강·호수·바다 등을 총칭하여 사(砂)라고 한다. 사(砂)는 생기를 지취(止聚)하고 순화(醇化)하는 작용을 도와주므로 혈의 주위는 혈을 향하여 유정(有情)하게 감싸 바람을 막고 생기를 보호하여야 길(吉)한 사(砂)이다. 즉 혈장 주변의 산세를 말한다.

82.사신사(砂神砂) : 주맥과 혈장, 명당의 생기가 산기(散氣)되지 않고 응결될 수 있도록 혈장 주변을 둘러싸서 국(局)의 조화를 유지하고 혈장의 생기 유무를 결정한다. 사신사에 의하여 호위되고 있는 마을이나 산소에 매우 긍정적인 영향을 미친다는 풍수 사상이다.

📖**사신사의 특징은** 현무(玄武)는 수두(垂頭), 주작(朱雀)은 상무(翔舞), 청룡은 완연(蜿蜒), 백호는 순부(馴頫)해야 한다.

1)현무(玄武)

①현무는 사신 중의 하나의 산으로 혈 뒤쪽 태조산으로부터 맥세를 일으킨 용이 중산(中山)을 거쳐 혈 바로 뒤의 소조산(少祖山) 혹은 주산(主山)이라고 말한다. 현무는 머리를 숙인 듯하여 유정하여야 하나 꼿꼿이 치솟은[不首頭] 무정의

설심부 변와 정해

형태는 혐기(嫌忌)의 대상이 된다.

②혈의 형상 결정 시 지도상의 북쪽개념에 상관없이 혈처 뒤쪽을 무조건 북쪽으로 설정한다. 즉 상대향이나 절대향 모두가 혈처 뒤는 현무에 해당한다.

cf) 혈성(穴星):주산·현무·소조산.☞혈장이 있는 산의 성신(星辰)을 혈성(穴星)이라고도 한다.

2)주작(朱雀):혈장 앞에서 혈장을 보호하는 산으로 안산(案山);안대(案帶)이나 조산(朝山)을 이른다. 현무가 주인격의 산이라면, 주작은 손님격으로 혈장에 응축에 너지를 공급한다.

3)청룡과 백호 : 혈(穴)을 중심으로 좌측(左側)에 있는 산(山)으로 모양에 관계(關係)없이 청룡(靑龍)이라 하고, 우측(右側)에 있는 산은 백호(白虎)라 한다. 이것을 인체에 비유하면 양팔[兩臂]에 해당한다.

☞용호의 성정(性情): 귀(貴)한 용호는 둥글고 빼어나서 서로 상양(龍虎相讓)한 것이며 (혈장)굽어 감싸[彎包] 유정한 것을 취한다. 서로 상양(相讓)한 것은 혈 앞에서 서로 다투어 쟁투[龍虎爭鬪]하지 않는 것이다. cf)용호상쟁(龍虎相爭)

83.사성(莎城) : 선익이 있으나 혈심과 봉분(封墳)을 보호하는데 그 부족함이 있을 때 보호하기 위하여 입수(入首)에서 혈심(穴心) 주변을 둘러싸 안아 선익을 인위적으로 조성하는 것을 말함.

84.사초(莎草): 무덤에 흙을 덧씌우고 잔디를 다시 입히거나 비석상석 등을 설치하면서 묘지를 고치는 일로 보통 한식(寒食)날에 많이 한다.

85.산수동거(山水同居) : 용맥(龍脈)과 물이 같은 방향으로 흘러가는 것을 말한다. cf)역수(逆水)

86.산록(山麓) : 산기슭

87.산기(散氣) : 기운(氣運)이 모이지 않고 흩어지는 것

88.선익(蟬翼) cf) 연익(燕翼)
가.선익은 입수도두의 여기(餘氣)가 소분벽(小分擘)형태로 혈장좌우에 있는 미세(微細)한 사(砂)이다. 즉 혈장좌우에 있는 사(砂)로서 생김새가 매미의 날개[蟬翼]와 같다고 해서 붙여진 용어이다.
  1)선익이 너무 길면 분벽(分擘)현상이다.
  2)선익은 혈을 둥글게 감싸줘야 한다.
  3)선익의 여기(餘氣)나 입혈맥의 여기(餘氣)에 의해 전순이 형성된다.
나.선익이란 그 형태는 어깨 부위 양옆에서 내려오면서 반원(半圓)을 그려 감싸는 형태로 점차로 가늘어야 한다. 반대로 시작 부위가 가늘고 점차 굵어지는 선익은 비혈(非穴)이다.

89.상분하합(上分下合) : 물이 혈 위에서 팔자(八字) 모양으로 양분되고 혈 아래

에서 다시 합쳐지는 것을 말한다. 나누어지는 물을 분수(分水) 또는 해안수(蟹眼水)이라 하고, 합쳐지는 물을 합수(合水) 또는 합금(合襟) 또는 금어수(金魚水)라 한다.

cf) 만약 우각과 선익이 없다면 진사(眞砂)가 없는 곳이 된다. 무엇을 진수(眞水)라 하는가. 혈양[穴兩] 옆의 미세한 사(砂) 안으로 혈(穴)을 경계 짓는 미세한 물[微水]을 하수수(蝦鬚水)라 한다.

90.설기(洩氣) : 추족(墜足)이나 노태(露胎)와 같은 형태의 노출된 용맥에는 기운이 모이지 못하고 서서히 빠져나가는 상태를 말한다.

 cf) 장풍(藏風)필요. 환포(環抱),환요(環繞),만포(灣包)

91.수(夭壽) : 단명(短命)으로 생명이 짧음

92.수구(水口) : 물이 빠져 나가는 출구로 소수(消水)·파구(破口)·거수(去水)·물의 출구(出口)·오호(五戶)·지호(地戶)로 지칭한다. ↔득수(得水)

93.수구사(水口砂) : 수구사의 종류

가. 수구사의 종류 및 특징

수구사는 물이 빠져나가는 용호 끝에 우뚝 솟은 산봉우리나 바위이거나 또는 물 가운데에 있는 암석을 말한다. 수구사(水口砂)에는 크게 한문(捍門)·화표(華表)·북신(北辰)·나성(羅星) 등이 있으며 모두 귀격(貴格)들이다. 고서에 이르기를 "산을 보고 혈을 찾는 법은 수구사(水口砂)를 먼저 보는 것"이라 했다

나.수구사 역할

 수구사는 공결(空缺)되어 물이 직출(直出)되어 빠르게 나가지 못하도록 물길을 막아 명당수의 유속(流速)을 느리게 함으로써 명당의 기운을 보전하고 생기를 보호하는 기능과 밖에서 안으로 살기(殺氣)가 들어오는 것을 막아주는 역할

 1) 한문(捍門)은 수구 양쪽에 산이나 바위가 마주 서 있는 것[起峰]으로 보국의 출입문 기둥처럼 서 있는 것이다. 마치 문을 지키고 있는 것처럼 수구를 막아 주면서도 동시에 지켜주는 것을 말한다.

 2) 화표(華表)는 수구(水口)의 물 가운데에 우뚝 솟아 있는 한 개의 큰 바위이다. 즉 수구에 독립하여 중산(衆山)과 혼합(混合)되지 않고 홀로 솟아 있어야 화표로 본다.

 3) 북신(北辰)은 화표(華表)보다 더욱 웅장하고 큰 바위가 수구의 물 가운데에 탁립(卓立)한 사(砂) 또는 수구처(水口處)의 물 가운데에 모여 있는 일월성신(日月星辰)·잠룡(潛龍)·거북·학·물고기·고궤(庫櫃)·금상(金箱) 등 영물형상(靈物形象) 같은 기암괴석을 북신이라 한다.

 4) 나성(羅星)은 수구에 토석으로 된 높은 언덕으로 된 작은 섬으로 즉 명당수

의 수구에 있는 토석혼성 (土石混成)의 금체(金體) 또는 토체(土體)로 된 언덕을 말한다. 암석으로 된 것이 으뜸[上]이고, 흙으로 된 것이 그 다음이다.

cf) 나성(羅城)

94.수맥파 : 지하에서 물의 흐름에 의한 파형에너지 뿐 아니라 지질학적 단층작용에서 나오는 에너지, 지구 내부에서 발생되는 자기적 에너지, 지구내부 중심으로부터 방출되는 방사선 에너지를 말한다. 발생원인은 지하수는 압력 차이에 의해 흐름을 지속하고 암반층의 마찰에 발생된 파장이 전자파형태로 지상에 전달된다. 수맥파의 특징이 수직 상승하므로 수맥파 영향은 높은 빌딩에 까지 미친다.

95.수삭(瘦削) : 혈처에 임하여 산의 형태가 살찌지 못하고 약하고 얇게 깎인 것은 수삭으로 진실로 용의 기운이 미약하므로 경계한다(瘦削者當穴處山形不肥彩而弱瘦薄削也~若是瘦崚嶒誠). ↔후부(厚富):두껍다.두툼하고 실하다.

96.수성(水城) : 물로서 혈장(穴場)의 성(城)으로 간주하여 용의 기운이 흩어지지 않도록 경계를 짓는 것을 말한다. 즉 혈 앞의 강이나 혹 하천 혹은 시내 혹은 도랑으로 경계지어 내수(內水)를 못나가게 하고 외수(外水)는 못 들어오게 하는 것이다. 귀한 것은 혈을 굽어 둘러 감싸는 것이고 반배(反背)무정(無情)한 것을 꺼린다(水城者穴前.或江.或河.或溪.或溝.所以界內水不出外水不入者也.貴彎環抱穴忌反背無情).

97.장법(葬法) : 사람이 죽었을 때 장사(葬事:죽은 사람을 땅에 묻거나 화장함)하기 위해 재혈(裁穴)·천광(穿壙)·하관(下官) 등을 행하는 일체의 법

98.재혈(裁穴) : 장사 때[葬時]에 가장 주요한 일이다. 재혈은 심혈(尋穴) 과정을 통해 <u>정확한 혈 자리를 정하고[定穴]</u>, 정해진 혈 자리에서도 생기가 흐르는 정확한 지맥 위에 관(棺)의 중심이 올 수 있도록 <u>천광(穿壙)작업을 하는 행위</u>를 말한다.

99.전순(脣氈) : 혈장의 바로 앞에 맞닿아 있으면서 혈장의 생기를 보호하고 지탱해 주는 역할을 담당한다. 즉 소명당(小明堂) 아래로 새의 부리처럼 쭉 빠져나간 용혈(龍穴)의 여기(餘氣)이며 혈(穴)의 아랫입술에 해당하며 이를 전순(氈脣)이라고도 한다.

100.전호(纏護) : 전호(纏護)란 감싸고 호위(護衛)한다는 뜻으로 청룡과 백호가 본신 내룡맥을 좌·우에서 유정하게 감싸 안고 호위하듯이 보호하는 형태를 말하며, 청룡과 백호의 주요기능 중 하나에 해당된다.

101.절(節) : 용맥이 일기일복(一起一伏)하거나 좌절우곡(左折右曲)의 변화를 하면서 <u>가지가 분출되는 곳</u>으로 나무의 마디와 같이 생긴 모습 또는 대나무의 마디와 같은 모양을 절[節]이라고 한다. 예) 용맥(龍脈)을 이루고 있는 여러 산등성이

[分水處]

102.정룡(正龍;正脈)·방룡(傍龍;傍脈) : 정룡이란 조종산으로부터 정기(正氣)를 이어받은 용(龍)을 말하며, 주위에 있는 여러 산이 모두 정룡(正龍)을 공위(拱衛)한다. 조종산(祖宗山)에서 이어받은 여러 갈래의 용맥(龍脈) 중 주인이 되는 용(龍)이며, 좌우에서 공위(拱衛)하고 호종(護從)하는 용맥(龍脈)은 방룡(傍龍;傍脈)이다.

103.정출맥(正出脈)·편출맥(偏出脈) : 용이 행도 중 여러 갈래로 분맥하면서 주룡의 기운을 이어 받아 출맥하는 용맥이 정출맥(正出脈)이며, 주룡의 기운을 이어받지 못하고 주룡을 보좌하는 호종사(護從砂)의 역할을 하며 출맥한 용맥을 편출맥(偏出脈)이라 한다.

104.조래수(朝來水) : 안산이나 조산(朝山) 쪽에서 혈(穴)을 향하여 들어오는 물을 조래수라 한다. **cf)내수(來水)**

105.조산(朝山) : 혈 앞쪽에 있는 안산과 조산을 말한다. 생기가 미치지 않는 혈은 마주 대하는 산이 없다는 말이다. (『청오경』不及者 言山之無朝對也).

☞조산은 **좌향을 결정하는 중요한 요소·길흉판단·전면의 공간구성요소[陰陽配合].**

106.조윤(調潤) : 혈토에 습기가 없으면 흙 입자 간에 응집력이 없어 기(氣)가 없게 된다. 그러므로 적당한 습기가 있어야 하는데 이를 풍수에서 조윤(調潤)이라 한다. 혈(穴)에는 적절한 수분 공급하여 혈토가 건조(乾燥)하지 않게[調潤]되는데 이를 위해서 물기운이 항상 혈 주위에 둘러싸고 있어야 된다[相水]. **cf) 흡착수(吸着水)**

107.조종산(祖宗山) : 조종(祖宗)이란 사람에 비유하면 시조로부터 부모까지의 선조를 말한다. 그러므로 조종산(祖宗山)이란 태조산(太祖山)에서 부모산까지의 용맥과 산을 말한다.

108.지각(止脚) : 용신(龍身)의 말단(末端)에 발생하여 용맥을 정지시킨다. 대개 짧게 형성된다. 그리고 요도가 없다.

   cf) 지룡(枝龍) : 혈을 맺을 수 있는 독자적인 용

109.좌공조만(坐空朝滿) : **평양지(平洋地)**는 혈지(穴地)는 낮고 조안(朝案)이 높다. 산지(山地)는 좌실조공(坐實朝空:穴場이 높고 朝案이 낮음) 즉 산지(山地)는 산을 위주로 작혈하니 혈 뒤가 높음이 마땅하고, 평양(平洋)은 물을 위주로 작혈하니 혈뒤가 낮게 된다. ☞평양지는 물로써 용맥을 삼고 물로써 호위로 삼는다.

110.좌선(左旋)·우선(右旋) : 산이나 물이 진행하면서 시계방향으로 회전하거나 방향을 바꾸는 것을 좌선(左旋)이라고 하며, 시계 반대 방향으로 회전하거나 방향을 바꾸는 것을 우선(右旋)이라고 한다.

111.좌향(坐向) : 좌는 혈의 뒤쪽으로 집이나 무덤의 자리이며 향은 그것이 바라

보는 방향이다. 주거지의 경우 주 건축물을 세우는 곳을 좌라고 하며, 좌가 정면으로 향하는 방위를 향이라고 한다. 따라서 좌향은 일직선이 된다.

cf) 좌평(矬平)

☞머리가 수두(垂頭)하거나 수두(垂頭)하지 못한 것은 좌평(矬平: 낮아져 평평한 곳)이 있거나 없거나에 달려있고(頭之垂不垂 在矬平之有無 眞假定720)之 矬平之有無), 진룡과 가룡은 좌평의 유무로 결정한다.

112.주산(主山)과 진산(鎭山)

주산은 혈장을 형성시킨 주(主)된 산으로 혈장 뒤쪽에 위치하고

1) 명당 또는 국세(局勢)의 주된 후산(後山)으로서 국세(局勢)의 주인(主人)되는 역할을 하는 산을 주산(主山)이라는 의미로, 또 국도(國都) 및 지방의 취락을 진호(鎭護)하는 주요한 산을 진산(鎭山)이라는 의미로 사용되고 있다.

2)주산(主山)은 음택에서 사용하는 개념으로, 진산(鎭山)은 양택에서 사용되는 개념으로 구분된다. 대체적으로 주산(主山)은 좁은 범위의 혈(穴)을 기준으로 혈을 주관하는 산의 의미로, **진산(鎭山)**은 상대적으로 넓은 범위에 해당하는 일정한 지역의 주거지나 양기(陽基)를 기준으로 그 지역을 진호하는 산의 개념으로 사용된다.

3)조선 후기로 갈수록 **진산(鎭山)의 기능**은 풍수적인 **주산개념**으로 변천되어가는 경향을 보이며 취락을 진호하고 표상하는 **상징성(象徵性)**을 지닌다. 그리고 진산(鎭山)은 고을 공간구조에서 기본 축과 중심성을 파악하여 그와 직접적으로 관련된 고을의 입지·관아[건축물]의 배치·좌향·가로망의 형태·제의(祭儀)적 경관요소의 입지 등 읍성의 공간구성에 영향을 주었다. 그와 반대로 일부 진산은 공간구성과 아무런 관계가 없이 상징적인 것도 있다.

2).소조산(少祖山) : 주산(主山)이라고도 하며 혈을 맺기 몇 절(節) 앞에 특별히 우뚝 솟아 혈장과 가까이 있는 산을 **소조산(少祖山)**이라 한다. 이는 국(局)을 관장하는 산이 되므로 관국주산(管局主山)이라고도 한다. 국(局)의 범위를 어디까지로 하느냐에 따라 소조산이 다르게 된다. 용맥이 행도하다가 소조산 아래 2~5절(二.五節) 이내에서 혈을 맺게 되는 데, 길지(吉地)는 주산 아래 2·3절(二.三節)에서 혈을 맺고, 멀어도 4·5절(四·五節) 이내에서 혈(穴)을 맺는다. 그러므로 소조산이하 혈 앞까지의 2~3절 내지 4~5절을 입수룡(入首龍) 또는 용입수(龍入首)라 하여 용법에서 대단히 중요시 한다.

☞廖氏[료금정]가 이르길 '만약 풍수에서 결혈하는 용은 반드시 주성봉(主星峰)을

---

720) 좌(矬): (몸을) 아래로 숙이다. 낮추다. 낮아짐.。재(在) :~에 있다. ~에 달려있다. 。정(定): 정하다. 결정하다. 확정시키다.

일으켜야 하며 결지룡(結地龍)에는 반드시 少祖山이 있어야 主星[主山;소조산]이 되고 또 이르길 혈뒤에서 2~3절 내에 주성이 있으면 복력(福力)이 실로 가볍지 않고 절수(節數)가 많고 멀 때는 복력이 적으므로 주성(소조산)을 재기(再起)하여 만 비로소 묘(妙)하다'고 하였다.

113.주필산(駐蹕山) : 만약 혈장 뒤에 높은 산이 있더라도 그 산의 분맥(分脈)이 많아 혈장과 거리가 멀면 이는 **소조산**이 아니고 **주필산(駐蹕山)으로** 주룡이 행룡 하면서 중간 중간 잠시 멈추어 산봉우리를 만들어 몇 개의 지맥으로 분맥이 되 **는 산을 말한다.** 용의 정기를 정제하고 순화시키면서 분맥(分脈)하는 역할을 한 다.

114.중조산(中祖山) : 태조산과 주산의 연맥(連脈)사이에 중시조(中始祖)와 같은 높이 솟은 산이 있을 때 이를 중조산(中祖山) 혹은 종산(宗山)이라 한다. 혹은 태 조(太祖)의 조(祖)·소조(少祖)를 종(宗)이라 하기도 한다.

115.지각(枝脚) : 지각(枝脚)은 산줄기(龍)가 뻗어 나갈 때 양옆으로 뻗어 내린 줄 기를 **지각(枝脚)이라** 하고 또 요도(橈棹)라 하기도 한다. **지각**은 용신(龍身)을 안 정되게 지지하고 보호·균형을 유지하는 사(砂)이다. **요도(橈棹)는** 본신룡이건 지 룡이건 간에 용신이 좌우로 변화하는 데 기운을 공급하는 사(砂)로서 용맥의 방 향을 전환한다. 너무 길면 허(虛)하고 짧고 견고한 조직일수록 충실하다. cf) 지 룡(支龍);방룡(傍龍)

116.지각(枝脚)의 종류

오동지각(梧桐枝脚)·작약지각(芍藥枝脚)·오공지각(蜈蚣枝脚)·양류지각(楊柳枝脚)· 권렴지각(捲簾枝脚)·무지각(無枝脚) 등이 있다.

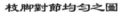

120.진응수(眞應水) : 진응수란 샘(泉)이 혈전(穴前)에 있고 물이 그곳으로 모이 는 것으로 진룡(眞龍)의 결작(結作)의 증거이다. 대개 좋은 용은 왕성하여 혈을 맺은 후에 수기(秀氣)가 다하지 않고 넘쳐 샘이 되어 응한다. 진혈은 맑고 달고 맛이 좋으며 봄·여름에 넘치지 않고 가을·겨울에 마르지 않고 고이며 흐르지 않

고 고요하고 소리가 없는 것을 또한 영천(靈泉)이라 한다. 만약 이 물이 있으면 반드시 크게 귀한 자리이다.

오동지(梧桐枝)

(그림) 지각(枝脚)의 종류

121.**암공수(暗拱水)**: 암공이란 혈 앞에서는 보이지 않지만 물은 안산[砂]의 밖에 있거나 혹은 조산이나 안산의 방위에서 들어오는 물[朝] 혹은 감싸는 물(環抱) 혹은 모인 물[融聚] 모두 그것을 일러 암공수(暗拱水)라 한다(暗拱者 穴前不見而 水在砂外或朝或抱或聚皆 謂之暗拱也). 속담에 이르기를 '보이는 물은 보이지 않는 물만 못하다(明朝不如 暗拱)'고 했다. 대개 보이는 물은 혹 살기(殺氣)가 있을까 두렵고 보이지 않는 물이 유정하여 해롭지 않으면 그것이 좋다.

122.**앙와(仰瓦)** : 혈산(穴山)의 등 뒤가 암키와같이 오목하게 꺼져 있는 형태. 즉 그릇의 속 모양으로 파여진 상태. 즉 공망(空亡)은 있어야 할 것이 비어있고 없는 상태

123.**양기(陽基)·양택(陽宅)·음택(陰宅)** :국도(國都;한나라의 수도), 주(州;고을)·읍촌(邑村)및 개인 가옥의 택지를 **양기(陽基)**라고 하며, 산 사람이 사는 집은 **양택(陽宅)**이라 하며, 죽은 자의 집에 해당하는 묘지를 **음택(陰宅)**이라 한다.

124.**역룡(逆龍)** : 본신룡을 보호하지 않고 다른 방향으로 변역(變易)해가는 지룡(枝龍)이라 한다. cf) 역룡(逆龍) ↔ 순룡(順龍)

125.**연익(燕翼)** : 선익에 비하여 두텁고 크다고 하여 붙여진 용어로서 제비의 날개를 의미한다.

 ○**혈장의 4요소** : 입수도두·선익·전순·혈토. cf) **오악(五嶽)**

126.**역수(逆水)** : 명당수[국내(局內)의 작은 물]와 외수(外水;국외(局外)의 큰 물)가 합류되는 합수처의 물 흐르는 방향이 서로 반대로 되어 있는 것을 역수(逆水)라 한다. 작은 물과 큰물이 역수(逆水)로 만나게 되면, 작은 물의 흐름이 느려지

게 되어 국내(局內)의 기운이 설기(泄氣)되지 않는다고 본다.

127.연주(連珠) : 옥구슬처럼 둥근 언덕들이 연이어져 중심(中心)으로 내려온 용(龍)　☞ 관주(串珠); 천주(穿珠)

128.염(簾):묘터가 좋지 않거나 관리 소홀로 물이나 바람,나무뿌리,벌레 등이 유골에 피해를 주는 것. 염의 종류는 수렴(水簾)·화렴(火簾)·목렴(木簾)·충렴(蟲簾)·모렴(毛簾)·풍렴(風簾) 등이 있다.

129.영송사(迎送砂) : 오는 용(龍)을 맞이하고[迎], 가는 용을 전송하는[送] 사(砂).　☞과협처(過峽處)에서 발생. cf) 영송사(迎送砂)의 종류. 공협사(拱峽砂)

130.오동지(梧桐枝):**지각(枝脚)**이 좌우(左右) 대칭적으로 고르게 나와[出脈]서 개장천심(開帳穿心)하듯 가운데로 용맥(龍脈)이 행도(行道)하는 용맥(龍脈). 즉 용신(龍身)에 지각(枝脚)이 균형(대칭)을 이루는 형태이다.

131.오성(五星):산의 형태를 목(木)·화(火)·토(土)·금(金)·수(水)의 오행(五行)의 기운으로 나눈 것이다. **목성(木星)**은 나무와 같이 솟은 모양이며, **화성(火星)**은 불과 같이 뾰족한 모양, **토성(土星)**은 넓고 평평한 모양이다. **금성(金星)**은 산의 윗부분이 둥글고 아래가 넓어 종(鐘)을 엎어 놓은 형태이며, **수성(水星)**은 산형이 굽이쳐 움직이는 파도의 모습을 취한 형태(形態)이다.

132.완경(頑[721]硬) : 산형(山形)이 급하고 단단하고[急硬] 용신(龍身)이나 혈처에 거칠고 추한 돌이 널려 있는 곳[粗頑]의 형체는 사직(死直)하고 활동(活動)이 없어 죽은 꼴이다.

133.요망(夭亡) : 일찍 죽음

134.요성(曜星) : 청룡·백호 용맥의 배후 면에 나온 지각(枝脚)으로 작은 산이나 바위로 이루어져 있다. cf) 금요(禽曜)·관성(官星)·귀성(鬼星)·요성(曜星)

135.요절(夭折) : 요사(夭死)·젊은 나이로 죽음

136.용(龍) : '용(龍)'이란 기복하고 굴곡하는 능선을 말한다. 마치 용이 조화를 부리는 것처럼 변화한다는 뜻을 가지고 있다. 일어섰다 엎드렸다 하는 산줄기를 용이 꿈틀거리며 달려가는 모습으로 본 것이다.

137.용맥(龍脈) : 용(龍)과 맥(脈)을 합쳐서 용맥이라 한다.

138.용진혈적(龍眞穴的) : 용이 진실하면 혈이 확실함

139.원두수(源頭水) ; **골육수(骨肉水)** : 처음 함께 시작되는 용과 물

140.원진수(元辰水) : 원진수(元辰水)란 용호내(龍虎內)에서 흘러 혈전(穴前)에서 합금(合襟)하는 물을 말한다. 나의 본신(本身)에 가까이 붙어있는 물이며, 물이

---

721) 완(頑):악(惡):추하다.

있건 없건 구애(拘礙되지 않고 원진수라고 한다. 원진수가 당심(當心)으로 곧고 길게 직출(直出)하는 것을[당문파(堂門破)] 크게 꺼린다[大릉].

141.위이(逶迤) : 마치 뱀이 구불구불 비스듬하게 내려오는 형태로 작은 언덕이나 야산(野山)의 행룡(行龍)에서 많이 나타난다.

142.응기(應氣) : 물체들이 서로 주고받는 기운의 작용이며, 물체의 응기 각도는 직각이다. 혈장 주변의 산들이 혈장을 향해 기운을 보내주는 작용

143. 응룡(應龍) : 혹(시) 횡안(橫案)이 없어도 좌우회포(左右回抱)하는 것이 있는 것을 말한다.(『명산론(明山論)』; 或無橫案 左右回抱 是謂應龍)

144.응축(凝縮): (혈심이나 혈장에) 에너지가 모여서 엉켜 압축이 되는 현상을 말한다.

145.이기론(理氣論) : 나경과 괘례(卦例)를 이용하여 방위를 측정하고 좌향을 정하는 방법에 의하여 이법(理法)으로 풍수지리를 해석하는 방법이다.☞『雪心賦』에서 이르길 이미 도장(倒杖)의 법을 밝힌 바 바야흐로 괘례(卦例)의 그릇됨을 알리라(旣明倒杖之法方知卦例之非). 산이 허물어지고 기울며 경사졌는데, 설령 괘례(卦例)가 맞다고 한들 무엇 하리요(若敧斜破碎形勢不吉則縱是山方得位與卦例之吉宿相合亦何用之有哉).

☞이기론(理氣論) : 나경과 괘례(卦例)를 이용하여 방위를 측정하고 좌향을 정하는 방법

146.이장(離杖) : 허점법(虛粘法):세(勢)가 웅장하고 기운이 사납고 높으며 도두(到頭)가 높고 가팔라서 머물 곳이 없다. 아래로 내려가 맥을 이탈하여 평탄한 곳에 미요(微凹) 미돌 (微突)을 찾아 쓴다.(양공(楊公)의12장법(十二杖法) 중 하나)

147.임두수(淋頭水) : 묘자리나 집터의 뒤를 치고 들어오는 듯한 골짜기나 물길. 임두수는 혈 뒤에 맥(脈)이 없어 골이 패여 물이 묘의 머리[龍尾]로 치고 흘러들어오는 것이다. 그래서 흉하므로 거기에 장사하면 오래지 않아 자손이 점차로 끊어진다[滅絶]. cf) 임두수(臨722)頭水)와 임두수(淋頭水)의 차이점?

148.입수(入首) : 용맥과 혈장의 두뇌 부분을 이어주는 곳으로 즉 부모산과 혈을 잇는 맥을 말한다. 용맥의 기운이 두뇌로 들어온다는 의미를 내포하고 있다. 입수라고 하는 것은 혈을 용의 머리 부분에 비유하고 용맥을 용의 몸통 부위에 비유하여 목 부위에 해당한다는 뜻과 생사의 요긴처라는 뜻에서 붙여진 이름이다.

☕입수의 종류로는 입수 6격이 있는데,

---

722) 임두수(臨頭水):눈앞에 닥치는 물. 。임(臨): 임하다, 이르다.

1)직룡입수(直龍入首) 2)횡룡입수(橫龍入首) 3)비룡입수(飛龍入首) 4)회룡입수(回龍入首) 5)잠룡입수(潛龍入首) 6)섬룡입수(閃龍入首)；기룡혈

   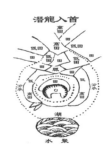

○**입수(入首)** : 부모산과 승금(乘金)과 잇는 맥

○입수는 목 부분에 해당하는 것으로 결인처(結咽處)를 말하며 입수룡[용맥]에 해당한다. 승금은 혈에 소속된다.

○**태(胎)** : 낙맥처(落脈處)

○**식(息)** : 결인속기처. 입수

○**잉(孕)** : 식(息) 아래 재기(再起) 성봉한 봉우리

○**육(育)** : 혈(穴). 혈처

☞**입수**는 좌향 관계되는 데 현무정의 기(氣)를 받는데 필요한 용맥.

1)**입수일절용(入首一節龍)**이 정음룡(淨陰龍)이면 향(向)을 정음(淨陰)으로 입수룡이 정양룡이면 향도 정양으로 하는 좌향법.

2)**나경 5층의 천산 72룡**은 입수도두까지 들어오는 용의 생기가 어느 맥을 뚫고 오는가를 자(字)로 판단하는 것.

3)**나경 7층의 투지60룡**은 주산이나 현무봉에서 천산72 용맥으로 혈장의 입수도두까지 도달한 기맥이 기선(氣線;생기가 흐르는 선)을 타고 흐를 때 화갱살요공망맥(火坑煞曜空亡脈)을 피하여, 주보왕상맥(珠寶旺相脈)만이 혈로 정확하게 입맥

(入脈)되게 올바르게 재혈(裁穴)을 하는데 사용한다.

  cf) 나경(羅經)의 1층 : 용상팔살(龍上八殺;入首龍五行을 向의 五行이 剋),황천수(黃泉水;입수룡의 오행을 물의 오행을 剋), 2층 : 팔로사로황천살, 3층 : 오행, 4층 : **지반정침(地盤定針)** 으로 입수룡 측정(淨陰淨陽), 혈의 좌향(坐向), 양택의 가상(家相) 측정, 6층으로 **인반중침(人盤定針)** 으로 사격측정, 8층 **천반봉침(天盤縫針)** 으로 득수처(得水處),수구처(水口處),지호수(池湖水)의 위치측정, 9층 : 분금.

149.입수도두(入首到頭) : 입수도두는 혈 뒤의 볼록한 부분[乘金;巒頭]으로 산천정기의 취결처로 사람에 비유하면 이마에 해당되고, 전기에 비유하면 집안에 있는 두꺼비집과 같다.

150.입수룡:입수룡이란 주산(主山)이나 현무봉(玄武峰)을 출발한 내룡(來龍)이 입수도두(入首到頭) 직전까지를 입수룡이라고 하고, 도두(到頭)부터는 혈의 소속으로 보아 용(龍)으로 보지 않는다.

151.입혈맥(入穴脈) : 두뇌와 혈심을 이어주는 생기의 통로이다.

152.파접(擺摺)[723]: 개장하여 방향을 바꾸어 움직이다, 개장하여 방향을 바꾸다. (개장과 변화)

가.사룡도

  예)조완옹종(粗頑臃腫;거칠고 종기 같고)하고 기복(起伏)이 없고 움직여(또는 개장하다) 방향을 바꾸는 것(擺摺)이 없는 것이니~

나.강룡도

  예1) 태조산(祖)을 출맥한 이래로 形勢가 헌출(軒出;매우 강하고)하고 역량이 성대하며, **파접횡활(擺摺橫闊;옆으로 넓게 개장하여 방향을 바꾸어)하여 스스로 행도(行度)하고 혹 출동하는 뱀과 같고~

  예2.) 혹(或) 지자(之字)나 현자(玄字)모양으로 굴곡(屈曲)하면서 파접(擺摺;개장하여 유행(流行)하고~

153.평강룡이나 평지룡: 평강룡이나 평지룡은 눈으로 보아 주산이 없는 경우에도 혈을 정하는 예(例)이다. 평강룡(平岡龍)은 평평한 등성이로 내려온 용(龍)으로 그 줄기가 구불구불하게 내려오면서 끊기듯 이어지고 잘록하게 속기된 흔적을 남기고 맥(脈)이 혈장까지 이어지면 주산(主山)이 있는 것과 마찬가지로 취급한다.

154.편룡(片龍) : 단면상 왼쪽이나 오른쪽 한쪽이 급경사를 이뤄 좌우균형을 잃은 용을 말한다. 편룡은 양변이 고르지 못하여 불균형하기 때문에 역량이 감소가 되고 자손들의 성품도 편협(偏狹)하게 된다. 또 불구자손이 나온다.

155.풍수가(風水家) : 감여가(堪輿家);지리가(地理家);산가(山家);상지관(相地官);형

---

723) 파(擺):열다(開帳).움직이다. ∘접(摺):접다. 방향을 바꾸어 움직이다.

가(形家)·용가(龍家) : 풍수지리를 전문적으로 보는 사람

156.핍박(逼迫)[724] : (안산이) 가까워 (공간이)좁다. 즉 안산이 혈이나 명당을 억누르다. 안산이 닥쳐(공간이 좁아져) 혈이 꽉 막힘. 또는 혈 앞이 높은 경우.

157.핍착(逼窄)[725] : 형세가 가깝고 좁음. 즉 혈을 억누르다.

158.탁산(托山) : 혈장 좌우측, 즉 청룡 백호 밖에서 혈장을 간접적으로 보호하는 산이다. 청룡 백호를 혈장 쪽으로 밀어준다는 의미를 갖고 있다. cf) 귀성鬼星), 낙산(樂山), 탁산托山)

159.태과(太過) : 어떤 물질에 있어서 적당한 구성비율 이상으로 너무 많은 양이나 힘을 말한다. 한쪽에 양(量)이나 힘 등이 너무 많거나 크면 균형과 안정을 깨뜨린다. ↔ 불급(不及).

160.태·식·잉·육(胎·息·孕·育) : 용(龍)과 혈(穴)을 육친에 비유한 말로 부모산의 낙맥처(落脈處)가 바로 태(胎)이며, 태 아래 결인속기처(結咽束氣處)가 식(息)이 되고, 다시 기봉한 봉우리[星面]가 잉(孕)이 되고, 혈(穴)을 응결한 곳이 육(育)이 된다. 부모는 태(胎)를 내린 봉우리[峰]로 비교적 높다.

☞**태·식(胎息)은 용(龍)의 소속이고, 잉·육(孕育)은 혈(穴)의 소속이다.**

●**풍수지리에서 혈이 형성되는 과정을 얼굴에 비유해 설명하기도 하는데, 용맥에 비유하면 머리에서 내려오다가 산근(山根·눈과 눈 사이)은 과협이 되고, 다음에 코는 혈이 되고, 입은 물이 되고, 턱은 안산이 되고, 광대뼈는 좌청룡과 우백호가 된다. 풍수지리에서는 아무렇게나 혈이 만들어지는 것이 아니라 이러한 태·식·잉·육·(胎·息·孕·育)의 과정 속에 생성되는 법이다.**

161.태조산(太祖山) : 태조산은 조상의 해당하는 산으로 나무에 뿌리가 있고 물에 근원이 있음과 같다. 한 지역에 가장 높고 크고 멀고 특이한 것으로 가령 우리나라 전체의 태조산을 백두산으로 말한다.각 지역에서는 계룡산, 지리산 등을 말한다.

162.차고(借庫) : 88향법에서 자생향(自生向)과 자왕향(自旺向)의 경우 예를 들면 수국(水局)의 용(龍)을 그대로 사용하되, 물은 본국이 아닌 타국의 수(水)를 빌리는 것을 말한다. ☞ **차고소수(借庫消水)**

163.참암(巉巖) : 바위가 깎아지른 듯이 높고 험함

164.천광(穿壙;金井) : 시신을 안장(安葬)하기 위하여 무덤 구덩이[壙]를 파는 것을 말한다.

---

724) 핍(逼): 다그치다, 좁다. ∘박(迫):가까이 하다.
725) 핍색(逼塞):형세가 꽉 막힘.∘협착(狹窄): 협소하다, 비좁다.∘핍근(逼近): 매우 가까이 닥침.

165.천심십도(天心十道) : 전후좌우에 있는 사산(四山)의 정상을 선으로 그었을 때 그 십자(十字)의 중앙에 혈이 있는 경우를 말한다. 즉 뒤에 후개산(後蓋山)이, 앞에는 전조산(前照山)이,좌우 양쪽에는 협이산(夾耳山)이 있어 사산이 잘 어울리면 이를 사응등대(四應登對726))라고 모두 (혈을) 곁에서 에워싸 조응하면 개조공협(蓋照拱夾)으로 그곳 중심에 혈을 정하는 것이다. 즉 사격 중심으로 **혈장의 위치**를 판단할 때를 말한다. 그러나 이것은 한 곳[一位]이라도 공결(空缺)하면 안된다.

166.천심십도(穿心十道) : 재혈 시 혈장(穴場)의 중심인 혈심(穴心)을 정하는 행위를 말한다.

167.천옥(天獄) : 천옥이란 혈장보다 주변에 둘러싸인 산들이 더 높고 험하여 감옥과 같은 자리를 말한다.

168.철장(綴杖) : 식점법(寔粘法):후룡(後龍)은 곧고 강하며 도두(到頭)는 급(急)하여 살(煞)을 범하고 머무를 곳이 없으니 역장(逆杖)·개장(開杖)·천장(穿杖)의 법을 쓸 수 없다. 맥 진처(脈盡處)에 내려가 육지(肉地:살찐 곳)가 있으면 점맥(粘脈) 방관(放棺)하여 객토(客土)를 써서 봉분을 만든다.(양균송의 12도장법 중 하나)。寔(식) : 두다.

169.초사(草蛇) : 성두(星頭)가 개면(開面)하면 평평하고 넓게 흩어지니 진상을 포착할 수 없다. 평평한 가운데에 구불거리는 근소한 등마루가 문득 드러나니 이것이 초사(草蛇)이다. ☞ **개면된 용은 개자(个字) 모양으로 갈라진 용이다.**

170.초사회선(草蛇灰線) : 협(峽)이 넓은 것은 초사회선(草蛇灰線)의 맥(脉)을 분별하나 너무 넓으면 기(氣)가 뜬다. 협이 긴 것은 산이 호위하는 것을 좋아하나 너무 길면 힘이 약하다. ☞ 여러 산 가운데 구불구불한 맥으로 요도와 지각도 없이 달려 나오는 용맥으로 수풀 속에 뱀이 지나가는 형태 또는 불탄 재 속에 실이 지나가는 형태 즉 초사는 용맥이 마치 풀 속에 있는 뱀처럼 찾으려 해도 쉽게 보이지 않는다는 뜻이고, 회선이란 용어도 재속에 실처럼 눈에 쉽게 띄지 않는다는 의미를 강조한 풍수지리 용어다.

171.추길피흉(趨吉避凶) : 길한 것을 따르고 흉한 것을 피함

172.추족(墜足) : 혈장의 용맥이 좌·우측에서 보호하는 용호보다 더 길게 빠져나간 상태를 말하며 노태(露胎)라고도 한다.
☞혈장의 용맥이 용호에 의해 감싸져 보호받지 못하는 것을 『설심부(雪心賦)』에

---

726)。등대(登對): 잘 어울리다. 알맞다. 。개(蓋):숭상하다. 덮개. 모두. 。공(拱): 에워싸다. 두르다. 。협(夾):좌우에 배치함. 곁. ☞ 협이산(夾耳山)은 천심십도정혈(天心十道定穴)에서 혈의 좌우(左右)에 있는 (龍虎의)산을 말한다.

는 현무토설(玄武吐舌), 『인자수지(人子須知)』에서는 용호단축(龍虎短縮), 『옥수진경(玉髓眞經)』에서는 현무출문(玄武出門)이라 한다.

173.취기(聚氣) : 기[에너지]가 이동하다가 (혈이나 입수도두에서) 모이는 현상 ↔ 취산(聚散)·산기(散氣)

174.취산(聚散) : (기나 물)이 모이고 흩어짐. ※산기(散氣) : 기의 흩어짐.

175.하수사(下手砂) : 하수사란 방위와 관계없이 물이 나가는 한쪽을 하수(下手)라고 한다. 즉 수구(水口)에서 청룡·백호 가운데 긴 쪽의 사(砂) 끝부분을 지칭한다. 용맥(龍脈)을 보호하면서 따라온 원진수(元辰水)가 직거(直去)하지 않도록 혈장 아래에서 손과 팔처럼 혈을 앞에서 감아주어 걷어준다 하여 하수사(下手砂), 하비사(下臂砂), 역관사(逆關砂 ↔ 順關)라고 하며, 하수사와 객수가 서로 반대 방향으로 될 때 그 하수사(下手砂)를 '역관(逆關)'이라고도 하는데,'역수하관'의 줄임 말이다. 이러한 역관의 땅[逆水下關]에는 재물이 크게 늘어나는 땅이라 하여 또 재사(財砂)라 하기도 한다.

☞ 자리를 보는데 먼저 하수사(下手砂)를 보아라. (看地有 先觀下手砂) 또 하관이 기밀 한가? 아닌가? 를 보는 것이다.(且看下關緊不緊) 대개 혈(穴)은 하수사와의 관계가 가장 밀접한(緊切) 것이니 하관이 있으면 결작(結作)을 한다.

176.합폄(合窆) : 합장(合葬)

177.행도(行度) : 용(龍)이 움직여 나가는 것을 행도(行度)라고 한다.

178.혈(穴) : 침구학(鍼灸學)에서 따온 말로 경락의 요처인 침을 꽂는 자리를 뜻한다. 풍수에서는 지기(地氣) 즉 생기가 모이는 곳으로서 묘를 쓰거나 집을 짓는 자리를 말한다. 다시 말하면 풍수에서 혈이란 산수(山水)의 음양이 배합되어 정기(精氣)가 응결된 곳이다. 혈이 응결된 곳을 결혈처(結

cf) 이기론적으로 배합(配合)은 내룡이 뻗어온 방향을 나경으로 격정(格定)할 때 내룡의 중심이 간지(干支: 천간과 지간)의 중심선 상에 놓인 것을 말한다.예) 내룡의 중심이 계(癸)와 축(丑) 사이에 놓이면 배합이고, 자(子)와 계(癸) 사이에 놓이면 불합이 된다.

179.혈성(穴星)[727] : 행룡이 끝나고 혈을 맺으려는 산의 형상에 따른 분별법으로

---

727) 『인자수지』 점혈은 입수한 산이 어느 성체(혈장이 소속된 성진)를 이루었는가를 살피는 것은 바로 기가 제대로 혈처에 뭉쳤는지 여부를 살피는 데 매우 중요하다고 하였다. 『인자수지』에 따른 혈성은 정체, 측뇌, 평면 등 3가지로 나뉘는데 이것을 혈성삼대격(穴星三大格)이라 하고.이를 다시 오성에 따라 나눈다. ☞주산(주성) → 玄武(穴星) → 혈장→혈상(穴相) ☞혈성으로 구성[태양(太陽)·태음(太陰)·금수(金水)·천재(天財)·자기(紫氣)·조화(燥火)·소탕(掃蕩)·고요(孤曜)·천강(天罡)]이 있다.
2) 『지리정종』에 수록된 「산룡어류」편에서는 혈성을 혈형의 모습이라 하였습니다. (穴星乃穴形之象)
3) 『거림 명당풍수학(上)』, p339, 그림5-13 & 下, p96, 그림3-1.혈법대상 개념도에서 혈성(穴

혈을 맺은 산을 말한다. 즉 혈성(穴星)은 현무정(玄武頂) 또는 현무정이 없으면 혈이 있는 자체 봉우리이고, 오행으로 나누어 목성(木星)·화성(火星)·토성(土星)·금성(金星)·수성(水星)으로 구분되며 5성에는 각기 정체(正體)·측뇌(側腦)·평면(平面)의 3격이 있다. 또 변체로 구성이 있다.

☞ 지나치게 강한 화기(火氣)를 가진 화성(火星)은 혈(穴)을 맺을 수 없으므로 제외한다. 또한 순수한 수성(水星)은 혈을 맺을 수 없어 보통 금성체를 포함한 수성체에서 혈(穴)을 맺는다.

180.혈의 사상(四象) & 혈상(穴相)

▸**혈상(穴象)** : 혈형(穴形) : 혈의 형상(形象) 즉 혈의 사상(四象;窩·鉗·乳·突)을 말한다. 여기서 와(窩)는 태양을, 겸(鉗)은 소양을, 유(乳)는 소음을, 돌(突)은 태음을 나타낸다.

☞四象(사상)

 1) (기본 의미)일·월·성신(日·月·星辰)을 아울러 이르는 말

 2) 음양의 4가지 상징. 곧 태양(太陽)·소양(少陽)·태음(太陰)·소음(少陰)을 아울러 이른다.

 3) 땅속의 물·불·흙·돌을 아울러 이르는 말

▸**혈상(穴相)** : 묘를 써야 할 혈판(穴坂)을 뜻하며, 사람이 이목구비(耳目口鼻)가 있어야 인상(人相)이 되듯이 혈에도 입수도두(入首到頭)·양선익(兩蟬翼)·혈(穴)·전순(前脣)이 있는 **오악(五嶽)**을 말한다. cf)관상(觀相)

181.혈장(穴場)
: 혈의 바탕이 되는 것으로서 한가운데 혈이 이루어진다. 혈이란 생기가 강하게 결집된 곳으로 하늘 또는 자연[즉 주룡의 지기가 최종적으로 모여서 응축된 곳]이 만들어 놓은 장소이며, 혈을 포함한 일정한 부분을 혈장(穴場)이라고 하며, 혈판(穴坂), 당판(堂坂)이라고도 한다. 즉 건물이 들어설 곳이나 묘터를 말한다.

☞혈장의 사신사(穴場四神砂) : 혈장 구성요소 중 혈의 중심인 혈토를 제외하고 승금을 입수두뇌(入首頭腦)로 좌우의 인목(印木)인 청룡선익(靑龍蟬翼)과 백호선익(白虎蟬翼)으로 하단부를 전순(纏脣)으로 정하여 혈장의 사신사(穴場四神砂)라 한다.

182.형기론(形勢論)
: 풍수에서 용(龍)·혈(穴)·사(砂)·수(水)의 외면적인 형태를 살펴 혈을 정하고 풍수지리를 해석 하는 방법이다. ↔이기론(理氣論)

183.호종사(護從砂)
: 용이 행도하면서 주룡을 보호하고 공위(拱衛;호위하다.둘러싸고 지키다)하며 따라가는 사(砂)

184.회룡고조
: 혈이 결지하는 곳에서 조상(祖上)에 해당하는 조산(祖山)을 향하여 바라다보는 것을 말하며, 지맥의 흐름이 행도 중 180도로 되돌아선 형세를

星)으로 표기함.

말한다.

186.횡대(橫帶) : 시신을 보호하기 위하여 관위에 가로로 덮는 널판으로 보통 일곱 개를 사용한다.

187.24方位 : 나경(羅經)의 360도(度)를 8간(干)·4유(維)·12지(支)를 이용하여 매 15도씩 24방위(方位)로 나눈 것을 말하며, 정북(正北)은 자(子),정남(正南)은 오(午),정동(正東)은 묘(卯), 정서(正西)는 유(酉)가 되며, 정북(正北) 자(子)에서 좌선(左旋; 時計方向)으로 자(子)·계(癸)·축(丑)·간(艮)·인(寅)·갑(甲)·묘(卯)·을(乙)·진(辰)·손(巽)·사(巳)·병(丙)·오(午)·정(丁)·미(未)·곤(坤)·신(申)·경(庚)·유(酉)·신(辛)·술(戌)·건(乾)·해(亥)·임(壬)의 24방위(方位)를 말한다.

188.등고선 읽는 법

등고선은 같은 높이의 지점을 끊어진 곳이 없게 연결한 평면 곡선이다. 등고선은 간격이 좁은 곳이 급경사이고 넓을수록 완만하다. 등고선은 높이를 나타내는 것으로 등고선의 종류에는 주곡선(主曲線)·계곡선(計曲線)·간곡선(間曲線)·조곡선(助曲線)이 있다. 같은 등고선이라도 축척에 따라서 나타내는 간격(동고선간의 수직 높이)이 서로 다르다.

주곡선은 기본적인 등고선이며 가느다란 실선으로 되어 있다. 5만분의 1 지도에서는 실제 지형의 20m 높이마다 1개씩 그리며, 2만 5,000분의 1 지도에서는 10m마다 그려 넣는다.

계곡선은 지형의 높고 낮음을 쉽게 알 수 있도록 주곡선 5개마다 굵은 선으로 표시해 놓은 선이다. **간곡선**은 경사가 완만한 곳 등 주곡선만으로는 높낮이를 표현하기 어려운 곳에서 부분적으로 사용되며 점선으로 표시한다. **조곡선**은 지형을 더욱 상세히 나타내기 위해 사용되며 간곡선보다 짧은 점선으로 그린다.

한편 해저 지형을 나타내기 위하여 지도상에 해저의 같은 깊이의 지점을 연결하여 그린 곡선을 **등심선**이라 한다.

축척에 따른 등고선의 고도차

구분	1:5,000	1:25,000	1:50,000	비고
계곡선	10m	50m	100m	굵은 실선
주곡선	2m	10m	20m	가는 실선
간곡선	1m	5m	10m	주곡선을 2분하는 파선
조곡선	0.5m	2.5m	5m	간곡선

©doopedia.co.kr

426

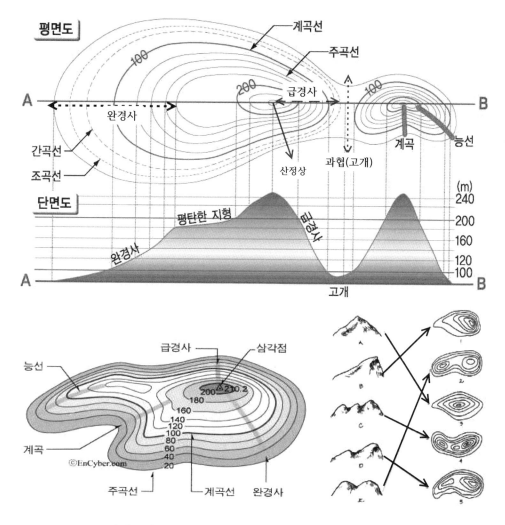

지형도상에 나타난 등고선의 실제 예

<출처 >국토지리정보원(www.ngii.go.kr)의 지리백과,백과사전,
www.doopedia.co.k,월간산(http://san.chosun.com..)

설심부 변와 정해

초판 1쇄 인쇄 2023년 04월 04일
초판 1쇄 발행 2023년 04월 12일
역주 김상태

펴낸이 김양수
펴낸곳 도서출판 맑은샘
출판등록 제2012-000035
주소 경기도 고양시 일산서구 중앙로 1456 서현프라자 604호
전화 031) 906-5006
팩스 031) 906-5079
홈페이지 www.booksam.kr
블로그 http://blog.naver.com/okbook1234
이메일 okbook1234@naver.com

ISBN 979-11-5778-590-2 (03180)